AF679638

आज़ादी

उनके लिए जो मिटने को तैयार हैं

अचिंत्य

Copyright © Achintya
All Rights Reserved.

This book has been self-published with all reasonable efforts taken to make the material error-free by the author. No part of this book shall be used, reproduced in any manner whatsoever without written permission from the author, except in the case of brief quotations embodied in critical articles and reviews.

The Author of this book is solely responsible and liable for its content including but not limited to the views, representations, descriptions, statements, information, opinions and references ["Content"]. The Content of this book shall not constitute or be construed or deemed to reflect the opinion or expression of the Publisher or Editor. Neither the Publisher nor Editor endorse or approve the Content of this book or guarantee the reliability, accuracy or completeness of the Content published herein and do not make any representations or warranties of any kind, express or implied, including but not limited to the implied warranties of merchantability, fitness for a particular purpose. The Publisher and Editor shall not be liable whatsoever for any errors, omissions, whether such errors or omissions result from negligence, accident, or any other cause or claims for loss or damages of any kind, including without limitation, indirect or consequential loss or damage arising out of use, inability to use, or about the reliability, accuracy or sufficiency of the information contained in this book.

Made with ♥ on the Notion Press Platform
www.notionpress.com

क्रम-सूची

प्रस्तावना

मनुष्य का जीवन केवल बाहरी परिस्थितियों से नहीं बनता; वह मुख्यतः उसके भीतर उपस्थित मान्यताओं, पहचानों और मानसिक संरचनाओं से बनता है। हम संसार को वैसा नहीं देखते जैसा वह है—हम उसे वैसे देखते हैं जैसे हमारा मन उसे देखने का आदी हो चुका है। यही कारण है कि मनुष्य अक्सर अपने ही बनाए हुए मानसिक संसार में जीता रहता है।

यह पुस्तक उसी मानसिक संसार को देखने का आमंत्रण है।

हममें से अधिकांश लोग जीवन भर किसी न किसी उद्देश्य के पीछे दौड़ते रहते हैं। हम संघर्ष करते हैं, भय में जीते हैं, दूसरों की अपेक्षाओं को पूरा करने की कोशिश करते हैं। लेकिन बहुत कम लोग रुककर यह प्रश्न करते हैं कि जिस दिशा में हम दौड़ रहे हैं, वह वास्तव में हमारी अपनी समझ से उत्पन्न है या केवल संस्कार, भय, प्रभाव, ईर्ष्या या लालच से बनी हुई है।

कल्पना कीजिए कि मनुष्य अपना पूरा जीवन किसी उद्देश्य के पीछे बिताए—और अंत में उसे पता चले कि वह उद्देश्य वास्तव में उसका अपना था ही नहीं। तब उस उपलब्धि का क्या अर्थ रह जाता है? यदि भीतर बेचैनी बनी रहे, तो सफलता भी बंधन ही बन जाती है। इसलिए मनुष्य की पहली और सबसे मूलभूत आवश्यकता है—आज़ादी।

आज़ादी का अर्थ केवल बाहरी स्वतंत्रता नहीं है। सच्ची आज़ादी तब होती है जब मनुष्य अपने भ्रमों, अपने भय और अपनी मानसिक गुलामी को पहचानना शुरू करता है। जो मस्तिष्क स्वतंत्र रूप से देखने और समझने के लिए मुक्त नहीं है, वहाँ न सत्य है, न सौंदर्य, न आनंद और न मुक्ति।

इस पुस्तक का उद्देश्य किसी विश्वास को स्थापित करना नहीं है। यहाँ कोई मत या सिद्धांत प्रस्तुत नहीं किया गया है जिसे आपको स्वीकार करना पड़े। बल्कि यहाँ केवल प्रश्न हैं—ऐसे प्रश्न जो मनुष्य को स्वयं को देखने के लिए प्रेरित करते हैं।

यदि आप इस पुस्तक को खुले मन से पढ़ेंगे, बिना किसी पूर्वाग्रह के, तो संभव है कि आप अपने भीतर बहुत-सी ऐसी बातों को देख पाएँ जो अब तक अनदेखी रह गई थीं। लेकिन यदि आप इसे अपनी पुरानी मान्यताओं के चश्मे से पढ़ेंगे—किसी पहचान, धर्म, विचारधारा या मानसिक लेबल के साथ—तो संभव है कि आप वही देखेंगे जो पहले से मानते आए हैं।

यह पुस्तक उन लोगों के लिए नहीं है जो केवल जानकारी चाहते हैं। यह उन लोगों के लिए है जो सचमुच समझना चाहते हैं—जो भ्रम में नहीं रहना चाहते, जो बंधनों से मुक्त होना चाहते हैं और जिनके लिए सत्य और आज़ादी केवल शब्द नहीं बल्कि एक जीवित प्रश्न हैं।

जिन्हें आज़ादी भी चाहिए, लेकिन बंधन भी नहीं छोड़ने; जिन्हें बोध भी चाहिए, लेकिन अहंकार भी बचाना है—उन्हें शायद यह पुस्तक पसंद ना आए।

भूमिका

आप इस पुस्तक को मुझे जानने के लिए नहीं पढ़ रहे हैं। आप इसे स्वयं को जानने के लिए पढ़ रहे हैं। यह पुस्तक केवल एक दर्पण है—जिसमें आप स्वयं को देख सकते हैं। इसलिए इसे पढ़ते समय ईमानदार, निष्पक्ष, सजग और संवेदनशील रहना आवश्यक है। यदि आप ऐसा नहीं करते, तो यह पुस्तक भी अन्य पुस्तकों की तरह केवल शब्दों का संग्रह बनकर रह जाएगी।

मैं आपके लिए कोई गुरु नहीं हूँ। मैं केवल एक साथी हूँ—एक दर्पण की तरह, जो केवल दिखाता है। देखना या न देखना, समझना या न समझना—यह पूरी तरह आप पर निर्भर है। यहाँ जो कुछ कहा गया है, उसका उद्देश्य किसी सिद्धांत को स्थापित करना या किसी विचारधारा को सही सिद्ध करना नहीं है। हमारी पूरी चर्चा का उद्देश्य केवल इतना है कि मनुष्य के जीवन में जो भ्रम, भय, बंधन और दुःख हैं, उन्हें समझा जा सके और उनसे मुक्ति संभव हो सके।

ज्ञान इकट्ठा करना, जानकारी जुटाना या कोई बौद्धिक उपलब्धि प्राप्त करना इस पुस्तक का उद्देश्य नहीं है। मेरे लिए वही सही है जो मनुष्य के भ्रम, भय और दुःख का अंत करे। यदि कोई बात सुनने या समझने से भ्रम हटते हैं, बंधन ढीले पड़ते हैं और जीवन में स्पष्टता आती है—तो वही सार्थक है।

मेरी किसी भी बात को अंतिम सत्य मानने की आवश्यकता नहीं है। आप उसमें त्रुटि खोज सकते हैं, प्रश्न कर सकते हैं। वास्तव में मैं यही चाहता हूँ कि आप किसी भी बात को केवल इसलिए स्वीकार न करें कि वह इस पुस्तक में लिखी है या किसी तथाकथित प्रसिद्ध व्यक्ति ने कही है। अंधानुकरण का यहाँ कोई स्थान नहीं है। जो बात समझ में आए, उसे देखिए; जो उपयोगी लगे, उसे जीवन में परखिए; और जो सही न लगे, उसे छोड़ दीजिए। बस इसलिए किसी बात को गलत मत कहिए क्योंकि वह आपकी मान्यताओं से मेल नहीं खाती या आपके अहंकार को नहीं भाती। ईमानदार और सत्यनिष्ठ रहिए।

यह पुस्तक जल्दी-जल्दी पढ़कर समाप्त कर देने के लिए नहीं है। यदि आप इसे केवल इसलिए पढ़ रहे हैं कि एक और पुस्तक पढ़ ली जाए, तो संभव है कि आपको इसमें कुछ भी समझ न आए। इसे पढ़ते समय धैर्य और ध्यान की आवश्यकता है। बिना समझे आगे बढ़ते रहना केवल शब्दों को पढ़ना है, जीवन को समझना नहीं।

मेरी कही हुई बातें केवल तभी अर्थपूर्ण हैं जब उन्हें समझा जाए और जिया जाए। केवल सुन लेने या पढ़ लेने से कोई परिवर्तन नहीं होता।

इस पुस्तक में प्रस्तुत प्रश्न अलग-अलग लोगों द्वारा विभिन्न ऑनलाइन माध्यमों से पूछे गए हैं। इन प्रश्नों के उत्तर अचिंत्य द्वारा वीडियो रिकॉर्डिंग के माध्यम से दिए गए थे। उन्हीं संवादों और उत्तरों का यह पुस्तक रूप में संकलन है।

कुछ वार्तालापों में रिकॉर्डिंग के दौरान नयना जी (सहयोगी) भी एक प्रश्नकर्ता के रूप में उपस्थित रही हैं। इसलिए इस पुस्तक में कई स्थानों पर संवाद की शैली दिखाई देगी।

ये संवाद किसी निष्कर्ष को थोपने के लिए नहीं हैं, बल्कि देखने और समझने के लिए हैं—ताकि मनुष्य अपने जीवन के भ्रम, भय, बंधन और दुःख को स्वयं देख सके।

1

बंधन को बंधन जानना ही आज़ादी की शुरुआत है

प्रश्नकर्ता: (ऑनलाइन पूछे गए प्रश्नों पर) आज़ादी क्या है और आज़ाद कैसे जिएँ?

अचिंत्य: आप पूछते हैं कि आज़ादी क्या है? मैं आपसे पूछता हूँ—बंधन क्या हैं? क्या हम अपने बंधनों को जानते हैं? संभवतः नहीं।

आज़ादी वह है जो हम सब चाहते हैं। कोई ऐसा नहीं है जिसे आज़ादी से प्रेम न हो। प्रेम से भी ऊपर है आज़ादी, क्योंकि जहाँ आज़ादी नहीं, वहाँ प्रेम भी नहीं हो सकता। आज़ादी से प्रेम करने के लिए भी कुछ तो आज़ादी चाहिए—मगर जहाँ आज़ादी है, वहाँ प्रेम होगा ही। धन में हम धन नहीं खोजते; धन में भी हम आज़ादी खोजते हैं। हम सोचते हैं कि धन होगा तो हर तरह की समस्याओं का अंत हो जाएगा। क्या यह आज़ादी की तलाश नहीं है?

रिश्ते बनाकर हम रिश्ते एकत्रित नहीं करना चाहते, बल्कि रिश्तों के माध्यम से हम आज़ादी खोज रहे होते हैं। हमें किसी स्त्री, पुरुष या वस्तु से प्रेम नहीं होता; हमें प्रेम होता है आज़ादी से। प्रेम पूर्णता पाता है आज़ादी में, क्योंकि यदि आप आज़ाद ही नहीं हैं, तो आप प्रेम कैसे कर सकते हैं? फ़िर तो आपको प्रेम करने की भी आज़ादी नहीं है। यदि भ्रम, मान्यताओं और छवियों के गुलाम हो, तो कैसे जानोगे कि प्रेम वास्तव में होता क्या है? प्रेम का नाम और छवियाँ लेकर घूमते रहना। जब पता ही नहीं कि प्रेम क्या है, तो प्रेम करोगे कैसे? गुलाम होने के कारण यदि प्रेम के लिए भी आपको इजाज़त माँगनी पड़े, तो वह प्रेम फिर प्रेम हुआ ही नहीं। प्रेम करने के लिए भी यदि लोगों की बेहोशी से उठे समाज के तयशुदा नियमों और ढर्रों का अनुकरण करना पड़े, तो क्या वहाँ आज़ादी और प्रेम संभव है? नहीं। जब साफ-साफ "देखते हो" कि भ्रम, भय, दुख और बंधनों की दलदल में फंसे हुए हो, तब उनसे आज़ादी के प्रति प्रेम उठता है। बंधनों के प्रति विद्रोह उठता है।

तो क्यों हमें प्रेम है आज़ादी से? क्यों हम हर तरीके से आज़ादी को ही चाह रहे होते हैं? सत्ता के माध्यम से वह व्यक्ति वास्तव में क्या चाह रहा है? आज़ादी। वह मानता है कि जब उसके पास ताकत होगी, तब शायद वह अपनी हर तरह की समस्याओं, भय, असुरक्षा की

भावना, अपूर्णता और कमजोरियों से आज़ाद हो जाएगा—शायद उस अनिश्चित और अज्ञात भय से मुक्त हो जाएगा। यह बात और है कि ऐसा होता नहीं, मगर जाने-अनजाने वह भी यही उम्मीद करता है कि वह 'आज़ाद' हो जाएगा। तो चाहे हम कुछ भी कर रहे हों, उन सबके माध्यम से अंततः हम आज़ादी ही तलाश रहे होते हैं।

हमने पूछा था कि हम आज़ादी क्यों चाहते हैं। वास्तव में ऐसा पूछना भी हमारी चालाकी और नासमझी को ही दर्शाता है। मगर फिर भी यदि कुछ शब्दों में कहें तो—हम आज़ादी चाहते हैं, क्योंकि आज़ादी हमारा स्वभाव है। स्वभाव यानी आप स्वयं वह हैं; अन्यथा आप क्या हैं? और 'वह' कोई नाम, वस्तु या छवि नहीं है। क्या फल, अनाज, सब्ज़ी—इनका पुतला भर ही हैं आप, या इससे आगे भी कुछ हैं? और यदि यही आप हैं—जो कि मिट्टी से उठे हैं—तो मिट्टी तो चारों तरफ़ बिखरी हुई है। फ़िर एक शरीर मात्र में क्यों कैद हो? पीड़ा इसमें नहीं है कि आप मिट्टी ही हो जाएँ; पीड़ा यह है कि वास्तव में आप स्वयं को मिट्टी से पृथक—कुछ विशेष मानते हैं। और जो कुछ भी आप स्वयं को 'मानते' हैं, उसके बावजूद आप अशांत-परेशान हैं।

तो आज़ादी, चूँकि आपका स्वभाव है, इसीलिए आप उसे चाहते हैं—लेकिन अभी आप अपने स्वभाव से दूर हैं। 'स्वभाव' यानी वह जो वास्तव में आप 'हैं'। आप स्वयं से बहुत दूर हैं। आपने बहुत कुछ ऐसा पकड़ रखा है, ऐसा मान रखा है, ऐसी गलतियाँ लगातार कर रहे हैं, जिनके कारण आप अपने स्वभाव से दूर बने रहते हैं। और चूँकि दूरी है, इसीलिए ढेरों कामनाओं की पूर्ति के माध्यम से आप लगातार उसी को—अर्थात् स्वयं को—खोज रहे हैं। आज़ादी के रूप में भी आपको आपकी ही तलाश है। आज़ादी माने नकली होने से आज़ादी।

स्वयं से जो यह दूरी है, यह कुछ ऐसी ही है, जैसे कोई व्यक्ति दलदल से निकलकर आए और मिट्टी से लथपथ अपने शरीर को दर्पण में देखकर डर जाए और पुकारने लगे—"मेरा शरीर कहाँ है? यह मेरा शरीर नहीं है।" यह मिट्टी की परत उसका प्रतीक है, जो आपने मैं के इर्द-गिर्द लपेट रखा है। जैसे शरीर के ऊपर मिट्टी लिपटी हुई है, स्वयं को पहचान नहीं पा रहे हो और उसके कारण पीड़ा हो रही है—वैसे ही 'मैं' के ऊपर आपने जो कुछ भी 'लपेट' रखा है—जैसे मैं यह हूँ, मैं वह हूँ, मैं ऐसा हूँ, मैं वैसा हूँ, मेरा यह, मेरा वह आदि—वही आपको सत्य से, यानी स्वयं से, दूर रखे हुए है।

सारा दुःख इसी बात से शुरू होता है कि आप स्वयं को मिट्टी वाला वही शरीर मान लेते हैं, जो दर्पण में दिखाई दे रहा है। यानी आप, जब तक ठीक ढंग से सोचने-समझने की स्थिति तक पहुँचते हैं, तब तक वह सब कुछ स्वीकार कर चुके होते हैं जो दुनिया ने आपको बता दिया है—कि आप कौन हैं, क्या हैं, कैसे हैं; आपका नाम, जाति, धर्म इत्यादि क्या हैं—और स्वयं को वही मानकर जीते जाते हैं। यदि कभी कोई आपकी मिट्टी (माने भ्रामक ज्ञान, मान्यताएँ, पूर्वाग्रह और संस्कारबद्धता आदि) धोने के लिए आता भी है, तो वह आपको दुश्मन की भाँति प्रतीत होता है। क्योंकि अब आप उसी मिट्टी वाले चेहरे से आसक्त हो गए हैं; उसी से आपने अपने नाम, काम, पहचान, रिश्ते और स्वार्थ आदि जोड़ लिए हैं। उसी के

आधार पर आपने अपनी पूरी ज़िंदगी खड़ी कर ली है।

इसमें समस्या क्या है? समस्या यह है कि अब आपकी पूरी ज़िंदगी और उसमें जो कुछ भी है, वह सब टिका हुआ है एक 'झूठी' पहचान पर—जिसके उजागर हो जाने और ढह जाने का भय लगातार बना रहता है। अब एक भयभीत ज़िंदगी से बर्बाद और पीड़ाई क्या कुछ हो सकता है? यही भय फिर जीवन में दुःख, चिंता, हिंसा, अलगाव जैसी अनेक समस्याएँ पैदा करता है। मगर कोई भी मनुष्य दुःख में नहीं जीना चाहता; वह ज़िंदगी भर तरह-तरह से दुःख से ही तो भागता रहता है। लेकिन जब तक वह नकली पहचानों को ही सत्य मानता रहेगा, उन्हीं के आधार पर जीता रहेगा, तब तक दुख जारी रहेगा। मनुष्य की हर चाहत के मूल में यही तो एकमात्र चाहत है—"मैं कौन हूँ?" मेरी असली पहचान क्या है?

इसीलिए देखिए, 'मैं' के ऊपर आपने कितनी अधिक परतें चढ़ा रखी हैं। आप कभी भाई या बहन बनते हैं, कभी पुत्र या पुत्री, कभी मामा या चाचा; कभी हिंदू, मुसलमान; कभी भारतीय, अमेरिकी। मगर आप चाहे कितने ही मुखौटे पहन लें, आपको तब तक चैन नहीं मिलेगा, जब तक कि आप अपने असली चेहरे से वाक़िफ़ नहीं हो जाते। और असली चेहरा तब प्रकट होता है, जब आप अन्य सभी चेहरों के झूठ और सीमाओं को देख लेते हैं, और उनसे मुक्त हो जाते हैं। तब जो रहता है, वही आपका असली चेहरा है—जो सदैव एक ही है। नकली चेहरों की पहचान यही है कि वे पल-पल, समय, स्थान, माहौल, व्यक्ति इत्यादि के बदलते ही बदल जाते हैं। असली चेहरा, अर्थात् वह जो केवल सत्य के प्रति निष्ठावान है—न कि किसी तथाकथित धर्म, जाति, देश, लिंग, रंग, गुरु, रिश्ते या मान्यताओं के प्रति। हमको वही एक चेहरा चाहिये। हमारी हर चाहत के पीछे उसी की चाहत है। क्या आप कभी उसे चाहते हैं, जो मिला ही हुआ है? नहीं।

जैसे कि जब आपकी आँखें स्वस्थ होती हैं, तब आप आँखों की माँग नहीं करते। पेट भरा हो, तो आपको भोजन की बहुत याद नहीं आती। जब प्यास नहीं लगती, तो पानी की याद नहीं आती। अर्थात् जो चीज़ आपके पास है, उसकी आप माँग नहीं करते। और यदि आप किसी चीज़ की माँग कर रहे हैं, तो इसका अर्थ है कि अभी वह चीज़ आपके पास नहीं है—और यदि है भी, तो आपको उसका बोध नहीं है। किसी कारण से ऐसा हो सकता है न कि आपके नाम पर बैंक में लाखों रुपए जमा हों, मगर आप भिखारी की तरह ज़िंदगी जी रहे हों—क्योंकि आप नहीं जानते कि आपके नाम पर बैंक में लाखों रुपए जमा हैं। इसी तरह यह भी हो सकता है कि आनंद और आज़ादी उपलब्ध हों, मगर उन्हें न जानने के कारण आप उनसे वंचित हों।

कामना करने में दो ही बातें हो सकती हैं—या तो वह चीज़ आपके पास है ही नहीं, या वह चीज़ आपके पास है—मगर आपको उसका पता ही नहीं। जैसे, स्वास्थ्य उपलब्ध रहता है, मगर बीमारी होने पर पता चलता है कि स्वास्थ्य जैसा भी कुछ था। चूँकि आँख का होना शरीर की प्रकृति है, है न? यह एक प्राकृतिक अंग और शरीर की आवश्यकता है। इसलिए आँखें न होने पर उसे दिक्कत होती है। दो हाथ होने पर आप असहज महसूस नहीं करते, लेकिन जब हाथ तीन या एक होता है, तब समस्याएँ आती हैं। क्योंकि यह जो मनुष्य-शरीर

है, इसकी प्रकृति है कि इसमें दो हाथ होंगे—कम से कम आज की स्थिति में।

तो चूँकि आपके जीवन में आज़ादी और मौज (आनंद) नहीं है, इसीलिए उसकी चाहत है; इसीलिए आप उसे खोज रहे हैं। मगर मैं आपसे पूछ रहा हूँ—आज़ादी को आपने खोया कैसे? क्योंकि वह तो आपका स्वभाव है और स्वभाव कभी छिन नहीं सकता। जैसे आग से ताप नहीं छिन सकता, अन्यथा वह आग ही नहीं है। स्वभाव के छिनने का अर्थ यही होता है कि आपसे आपको ही दूर कर दिया गया है; आपने स्वयं को ही खो दिया है। आप ख़ुद को ऐसा कुछ मानकर जी रहे हैं, जो आप वास्तव में हैं ही नहीं।

इंसान जन्म के साथ ही स्वयं (स्वभाव) से दूर होने लगता है—ख़ुद को खोता जाता है और कुछ और ही बनता चला जाता है। कैसे? उसके पास अपना नाम तक नहीं होता, मगर उस पर ढेरों सीमित और संकुचित पहचानों के ठप्पे लगा दिए जाते हैं। अबोध और पर-निर्भर होने के कारण वह सब कुछ सत्य मानकर स्वीकार करता जाता है और शायद ही कभी सवाल उठाता है। और यदि कभी उठाता भी है, तो उसे या तो गलत उत्तर दे दिए जाते हैं, या कुछ बताया ही नहीं जाता और अनसुना कर दिया जाता है—अथवा उसे चुप करा दिया जाता है।

अब उसे—अर्थात् आपको—वास्तव में जिसकी तलाश है, वह है 'स्वयं'। मनुष्य की सारी भागदौड़ वास्तव में स्वयं (सत्य) की ही तलाश है। लेकिन भ्रम यह है कि आप उसे—अर्थात् स्वयं को—स्वयं से दूर, अलग और बाहर कहीं खोज रहे हैं; कभी खुदा कहकर, कभी किसी और नाम से। मगर आपको केवल स्वयं से स्वयं की ओर बढ़ने की ज़रूरत है। यहाँ पहला 'स्वयं' अहंकार का प्रतीक है—वह झूठा 'मैं', जिसे आप अभी स्वयं मानकर बैठे हैं। और दूसरा 'स्वयं' उस सत्य का प्रतीक है, जो वास्तव में आप हैं। आप वह नहीं हैं, जो अभी आप स्वयं को मानते हैं।

लेकिन जो बंधन—अर्थात् आत्म-अज्ञान—में जी रहा है, उसके लिए तो मुक्ति एक खोई हुई चीज़ जैसी ही प्रतीत होती है। आपने आज़ादी को खोया है—उसे पकड़कर जो आज़ादी नहीं है; जो आपको केवल बाँधता है, सीमित करता है और संकुचित कर देता है। क्योंकि आपने बंधनों को पकड़ा है, इसलिए अब आपके भीतर आज़ादी की माँग उठ रही है। आज़ादी आपने खोई है—बंधनों को पकड़कर। बंधन अर्थात् वही झूठा, सीमित और संकुचित 'मैं'—जो झूठी पहचानों, मान्यताओं, धारणाओं, रूढ़ियों, अनुभवों, नामों और छवियों से आसक्ति के परिणामस्वरूप निर्मित हुआ है। जब तक वह झूठा 'मैं' मौजूद है, तब तक मुक्ति संभव नहीं। और जब तक मुक्ति नहीं, तब तक भय, दुःख, चिंता, बेचैनी, असुरक्षा की भावना, अपूर्णता—और उनके सामूहिक परिणामस्वरूप: युद्ध, हिंसा, शोषण, अन्याय, और असंवेदनशीलता आदि—जारी रहेंगे।

लेकिन आज़ादी के लिए केवल प्रेम और बंधनों का बोध ही पर्याप्त है। जैसे ही आप यह जान लेते हैं कि यह आपका बंधन है, उसी क्षण उससे मुक्ति आरंभ हो जाती है। क्योंकि आपके बंधन कहीं बाहर नहीं हैं—वे मानसिक हैं, माने हुए हैं। आपकी बेहोशी, आपकी मान्यताएँ, आपकी संस्कारबद्धता और आपके पूर्वाग्रह ही आपके वास्तविक बंधन हैं। जो

कुछ आप बिना जाने-समझे, बिना जाँचे-परखे बस मानकर बैठे हैं—वही आपको बाँधे हुए है। यदि आप यह कहते हैं, कि हमें तो पता है कि हमारे बंधन क्या हैं—अर्थात् बोध तो है—मगर फिर भी जीवन से भय, चिंता, दुःख, ईर्ष्या, तुलना, अकेलापन, बेचैनी, क्रोध जैसी पीड़ा जाती नहीं। तो इसका अर्थ है कि बोध वास्तव में है ही नहीं। बंधनों को जानना भर पर्याप्त नहीं होता है, बंधनों को बंधन ही जानना होता है। बंधनों को बंधन जानना—ज़हर को ज़हर जानने जैसा है। मगर उसके बाद भी यदि आपका इरादा ज़हर ही पीने का है, तो पी सकते हैं। जिन्हें मरना होता है—वे पीते ही हैं।

बोध कुछ ऐसा है—जैसे आप रात के अँधेरे में रास्ते पर पैदल निकलें, और रास्ते में पड़ी लकड़ी को भ्रमवश साँप मानकर उससे डर जाएँ। वह लकड़ी है, साँप नहीं। मगर अँधेरे के कारण आपने उसे साँप मान लिया। और चूँकि आप साँप से डरते रहे हैं, इसलिए उसे साँप मान लेने मात्र से आपके भीतर भय पैदा हो गया। लकड़ी भले ही साँप नहीं है, मगर उसे साँप मान लेने से जो डर पैदा हुआ—वह तथ्य है। अब आप जेब से टॉर्च निकालते हैं और उस पर प्रकाश डालते हैं। जैसे ही दिखाई देता है कि यह तो लकड़ी है, वैसे ही भय तुरंत समाप्त हो जाता है। एक सेकंड भी नहीं लगता। बोध ऐसा ही होता है। वह आपको भ्रम, भय, बंधनों, चिंता, बेचैनी, दुख आदि से मुक्त कर देता है—हल्का कर देता है। हमारे जीवन में जो भी पीड़ाएँ हैं, वे सब ऐसी ही हैं। जिन भी बातों को लेकर आप भयभीत, चिंतित, कामुक या अशांत हैं, उनका सीधे सामना कीजिए। जाँच-परख कीजिए। अन्यथा आप व्यर्थ ही उनका बोझ उठाते रहेंगे।

यह भी ध्यान रहे कि आज़ादी कोई उपलब्धि नहीं है, यह तो खुली साँस लेने जैसा है। अब ऐसा तो है नहीं कि आज साँस लेली, तो कल बिना साँस लिए जी लोगे। अब आपको देखना है कि साफ और शुद्ध वायु में साँस लेना है—या प्रदूषित वायु में घुटना है। आज़ादी तो घर की सफ़ाई जैसी है, जब तक कचरा हटाते रहोगे—सफाई बनी रहेगी। जैसे धूल-मिट्टी रोज़ आ जाती है, तो सफ़ाई भी रोज़ करनी पड़ती है। वैसे ही चुनौतियाँ, कमजोरियाँ, बंधन, भ्रम, भय आदि रोज और बार-बार उभरते रहेंगे—अवलोकन की झाड़ू से उन्हें रोज़ साफ़ करते रहना होता है। अब कोई व्यक्ति घर में अकेला है और किसी दिन चुपचाप मर जाए। और कोई देखे भी नहीं। तो घर में धूल-मिट्टी जम ही जाएगी। ऐसे ही यदि आप ध्यान में नहीं जिएंगे, तो भ्रम भी पलते ही रहेंगे।

चूँकि हमारे बंधन मनोवैज्ञानिक हैं। इसलिए बंधनों को बंधन जानने से ही आज़ादी की शुरुआत होती है। इसलिए यदि अभी आप आज़ादी चाह रहे हैं, तो इसका अर्थ है कि अभी आप आज़ाद नहीं हैं। और यदि अभी आप आज़ाद नहीं हैं, तो इसका अर्थ है कि आप यह नहीं जानते कि आपके बंधन क्या हैं। क्योंकि यह जानने के लिए अपने कर्मों, व्यवहारों, चुनावों, संबंधों, विचारों आदि के प्रति निष्पक्ष और ईमानदार जागरूकता चाहिए। मगर हम अपने बंधनों को मीठे-मीठे नाम दे देते हैं—जैसे ज़िम्मेदारियाँ, कर्तव्य, परम्परा, मान्यताएँ, फ़र्ज़, वचन, क़समें, वादे, धर्म इत्यादि—और इसीलिए उन्हें कभी बंधन नहीं कह पाते। क्या जीवन

इन्हें ढोने के लिए होता है? बिल्कुल नहीं।

हमारी समस्या यह है कि हम अपने बंधनों को बंधन जानते ही नहीं। इसका मतलब यह नहीं है कि हम किसी भी चीज़ को अपना बंधन नहीं मानते। हमारे जीवन में बहुत कुछ ऐसा है, जिसे हम अपने लिए बंधन मानते हैं। लेकिन यह ज़रूरी नहीं है कि जिसे आप अपना बंधन मानते हैं—वही आपका असली, गहरा और मूल बंधन हो। इसीलिए सबसे पहले यह देखना ज़रूरी है कि आप किसे अपना बंधन मानते हैं। इसके लिए अपनी ज़िंदगी में झाँककर देखिए कि कब आप मानते हैं कि आप आज़ाद हैं? कब आपको यह महसूस होता है कि आप आज़ाद नहीं हैं? देखिए कि वास्तविक आज़ादी क्या है? और वास्तविक बंधन क्या हैं?

तो सबसे पहली बात—कब आप यह मानते हैं कि आप आज़ाद हैं? एक आम इंसान कब यह मानता है कि वह आज़ाद है? क्या हम ऐसा कह सकते हैं कि जब एक आम व्यक्ति अपनी मन-मर्जी कर पाता है—किसी भी बात को लेकर, कहीं पर भी, किसी भी समय—तब उसे ऐसा अनुभव होता है कि वह आज़ाद है? और जब वह अपनी मन-मर्जी नहीं कर पाता, या उसे मन-मर्जी करने से रोका जाता है, तब उसे ऐसा लगता है कि वह आज़ाद नहीं है। क्या हम ऐसा कह सकते हैं? क्या आप अपने आसपास और अपने जीवन में यह देख पा रहे हैं?

नयना जी: हाँ, लोग ऐसा ही मानते हैं। उनके लिए मन-मर्जी ही आज़ादी है—फिर चाहे वे कुछ ग़लत ही क्यों न कर रहे हों।

अचिंत्य: हर व्यक्ति—चाहे वह कुछ भी कर रहा हो—यह संभव है कि जो कुछ वह करना चाह रहा है, वह ग़लत हो। यह भी संभव है कि जो कुछ वह बोल रहा है, वह बोलने लायक न हो। उसकी हरकतें, उसके काम, उसके चुनाव, उसके निर्णय आदि—सब उसके लिए ही ग़लत हो सकते हैं। मगर वह तो ऐसा नहीं जानता न। वह तो मानता है कि वही सही है। अब, चूँकि वह वही करना चाहता है, ऐसी स्थिति में यदि आप उसे रोक देते हैं, तो वह महसूस करता है कि वह आज़ाद नहीं है।

मान लीजिए कि किसी देश में दो राजनीतिक पार्टियाँ हैं। अब यदि उस देश का राष्ट्रपति, प्रधानमंत्री या किसी राज्य का मुख्यमंत्री कोई ऐसा व्यक्ति है, जो उस पार्टी से है जिसे आप पसंद नहीं करते—तो आपको बंधन महसूस होता है। इसके विपरीत, यदि वही पद उस व्यक्ति को मिल जाता है जिसे आप पसंद करते हैं, जिसे आपने चुना है—तो आपको अच्छा लगता है, और आपको लगता है कि आप आज़ाद हैं। हो सकता है कि वह व्यक्ति नेता होने लायक ही ना हो, मगर चूँकि उसे आपने चुना है, इसलिए आप उसे पसंद करते हैं और सही भी मानने लगते हैं।

लेकिन ज़रा ठहरिए—अब आपकी मन-मर्जी का नेता चुन लिया गया है, तो भी क्या आप वास्तव में आज़ाद हैं? नहीं। आपको इस बात से तो कोई समस्या ही नहीं है कि कोई व्यक्ति आपका नेता बना हुआ है—यानी आप किसी का अनुकरण कर रहे हैं। हुआ यह है कि आप अभी भी गुलाम हैं; बस आपने मन-पसंद का मालिक चुन लिया है। अभी भी आपका कोई मालिक है—बस वह वही है, जिसे चाहने के लिए आप संस्कारबद्ध कर दिए गए हैं।

आपको ग़ुलामी से तो कोई समस्या ही नहीं है, न ही किसी मालिक के होने से कोई समस्या है—आपको समस्या सिर्फ़ इस बात से है कि मालिक आपकी पसंद का नहीं था। लेकिन आपने यह भी कैसे मान लिया कि आपकी पसंद—वास्तव में आपकी ही है? आप आज़ादी के नाम पर सिर्फ़ मालिक बदल लेते हैं। यही है आपकी मन-मर्जी।

कबीर साहब कहते हैं—"मन के मते ना चालिए, मन के मते अनेक।"

मत (राय) यदि आपका होता, तो वह एक होता—ये अनेक इसलिए हैं क्योंकि वे आपके हैं ही नहीं। आप अपने मन के मुताबिक चल रहे हैं, मगर हक़ीक़त यह है कि न मन आपका है, न मर्ज़ी। जिस मन की मर्ज़ी के अनुसार आप अपनी ज़िंदगी जीते आ रहे हैं, वह मन किसी और के द्वारा संस्कारबद्ध है। वह किसी और के हाथों की कठपुतली मात्र है। तो फिर बताइए—आप आज़ाद कैसे हुए? आप तो गहरे भ्रम—यानी बंधन—में हैं। क्या इस भ्रम से बाहर आना ही वास्तविक आज़ादी नहीं है?

नयना जी: हाँ। लेकिन इस भ्रम से मुक्त कैसे हों?

अचिंत्य: उसी को समझकर—जो भ्रमित है। एक संस्कारबद्ध मस्तिष्क ही वह मन है, जिसे आप अपना मन या 'मैं' कहते हैं। संस्कारबद्ध मस्तिष्क यानी ऐसा मस्तिष्क जो नाम, रूप, अर्थों, निष्कर्षों, छवियों, मान्यताओं, पूर्वाग्रहों, अनुभवों, संस्कारों, उद्देश्यों आदि से भरा हुआ है। यह मस्तिष्क बेहोशी, परिवार, शिक्षा, समाज, संस्कृति, वातावरण, विज्ञापनों आदि से प्रभावित है। यह चालाकियों, पाखंड, बेईमानी, महत्वाकांक्षा, सुरक्षा और सुख-सुविधा की दौड़ से भरा हुआ है—और इस सबके प्रति जागरूक भी नहीं है। इसी संस्कारबद्ध मस्तिष्क को आप 'अपना' मन मान लेते हैं।

लेकिन यदि ध्यान से देखें, तो यह मस्तिष्क केवल समय, स्थान, शरीर, माहौल और संयोग का परिणाम है। यदि आप किसी और समय में, किसी और स्थान पर, किसी और समाज या परिवार में, किसी अन्य लिंग के साथ पैदा हुए होते, तो आज जो कुछ भी आपके मस्तिष्क में भरा हुआ है—उसकी जगह कुछ और ही भरा हुआ होता। कुछ और ही आप मान रहे होते। तो इसमें आपका अपना क्या है? कुछ भी तो नहीं। सब-कुछ उधार का है। लेकिन इसी उधार के आधार पर आप निर्णय लेते हैं, रिश्ते बनाते हैं और जीवन जीते हैं। इससे जो मन निर्मित होता है, वह आपका मन नहीं है। इस मस्तिष्क में जो विचार और कामनाएँ उठ रही हैं, वे भी आपकी नहीं हैं। लेकिन चूँकि भ्रमवश आप उन्हें अपना मान लेते हैं, इसीलिए आप उनके अनुसार जीना चाहते हैं। मगर ऐसा मान लेने से वे आपके हो नहीं जाते।

इसीलिए जब आप उनके हिसाब से जीते हैं, तो धोखा खाते हैं, पछताते हैं, दुःख पाते हैं—और आज़ाद होने के बजाय और अधिक बंधनों में बंधते चले जाते हैं। वास्तव में विचार और मन अलग-अलग नहीं, बल्कि एक ही हैं। और विचार में वही सब कुछ होता है, जो बाहर से मिला हुआ है—नाम, छवियाँ, उद्देश्य, मान्यताएँ, संस्कार, पहचानें आदि। यह सब समाज से आया है, संस्कृति से आया है, उस माहौल से आया है जिसमें आप संयोगवश पैदा हो गए। यह उस देश से आया है जहाँ आप रहते हैं, उन लोगों से आया है जिनके बीच आप

रहते हैं—परिवार और शिक्षा से आया है। यही सब मिलकर पहले आपके विचार बने और फिर मन। और अब आप कहते हैं—"मैं अपने मन के हिसाब से जीना चाहता हूँ।" क्या यह विचार भी आपने दूसरों से ही नहीं सीखा है? अन्यथा न आप हैं, न मन या विचार आपके हैं, और न ही वह 'हिसाब' आपका है—मगर आप उसके अनुसार जीना चाहते हैं।"

आप भ्रमवश यह मान लेते हैं कि अपनी मन-मर्जी से जीना ही आज़ादी है। मगर हम देख रहे हैं कि वह मन, जिसे आप अपना मन कहते हैं, वह आपका है ही नहीं। तो वास्तव में आप आज़ाद नहीं हैं। आप केवल उस सबके द्वारा संस्कारबद्ध हैं, जो समय, स्थान और संयोग से आपको मिल गया है—और मशीन की तरह जिए जा रहे हैं, क्योंकि अपनी संस्कारबद्धता के प्रति आप संवेदनशीलता-पूर्वक और ईमानदारी से सजग नहीं हैं। फिर भी आप इसी मशीनी जीवन को आज़ादी मान लेते हैं, क्योंकि आप यह जानते ही नहीं कि यही आपका बंधन है।

आप नहीं जानते कि जिसे आप अपना मन कहते हैं, वह मन आपका है ही नहीं। और इसका प्रमाण क्या है? इसका प्रमाण है कि आप आज़ाद नहीं हैं। और आप आज़ाद नहीं हैं—इसका प्रमाण है कि आपको आज़ादी चाहिए। और आपको आज़ादी चाहिए—इसका प्रमाण है कि आपके जीवन में दुःख, बेचैनी और अपूर्णता है। क्योंकि जहाँ आज़ादी होती है, वहाँ ये नहीं होते। जब कोई आज़ाद होता है, तो उसे आज़ादी की माँग नहीं होती। जब कोई आज़ाद होता है, तो बेचैनी और अपूर्णता का अनुभव भी नहीं होता, क्योंकि बेचैनी और अपूर्णता अपने झूठ और अपनी सीमाओं के बोध मात्र से समाप्त हो जाती हैं। पर यदि यह सब आपके जीवन में मौजूद है, तो इसका सीधा अर्थ है कि अभी आप आज़ाद नहीं हैं।

जब आप मन-मर्जी कर पाते हैं, तब आपको कुछ देर के लिए यह महसूस होता है कि आप आज़ाद हैं। तो एक आम इंसान कब यह महसूस करता है कि वह आज़ाद है? जब वह मन-मर्जी कर पाता है। और जब वह मन-मर्जी नहीं कर पाता, तब वह यह महसूस करता है कि वह आज़ाद नहीं है। इसके अलावा जब आपकी सुख-सुविधाएँ, सुरक्षा और आराम छिनते हैं, तब आप यह महसूस करते हैं कि बंधन है। यानी हमारे जीवन में जब भी कुछ ऐसा होता है, जिसके कारण हमारा सुख, सुविधाएँ, सुरक्षा और आराम छिनते हैं, तो हम उसे बंधन मान लेते हैं—या कम से कम अपने लिए ठीक नहीं मानते। मगर सुख केवल तभी और उतना ही अनुभव होता है, जब और जितना जीवन में दुःख होता है। यदि दुःख का ही अनुभव न हो, तो सुख का अनुभव भी नहीं होगा। जैसे प्यास की पीड़ा जितनी गहरी होती है, जल से मिलने वाली तृप्ति भी उतनी ही गहरी होती है। सुरक्षा का भी कोई अर्थ नहीं रह जाएगा, यदि जीवन में असुरक्षा का कोई कारण ही न हो। यदि आपने मेहनत नहीं की है और शरीर थका हुआ नहीं है, तो आराम का भी कोई अर्थ नहीं रह जाएगा—चाहे सुविधाएँ कितनी ही क्यों न हों।

इसका अर्थ तो यह हुआ कि यदि आप सुख, सुविधा, आराम और सुरक्षा चाहते हैं, तो आपको जीवन में दुःख, असुविधा और असुरक्षा को भी बनाए रखना होगा—जैसे जल पीने का सुख पाने के लिए पहले प्यास की पीड़ा से गुजरना होता है। मगर एक आम व्यक्ति—अर्थात्

वह व्यक्ति जो स्वयं को नहीं समझता—यही मानता है कि सुख बिना दुःख के हो सकता है, गहरी नींद बिना मेहनत के आ सकती है। इसी भ्रम में वह जीता है।

जब आप कुछ करना चाहते हैं और वह नहीं कर पाते, तब आप बंधन महसूस करते हैं। या जब आप ऐसा कुछ कर रहे होते हैं, जो आप करना नहीं चाहते, तब भी आप बंधन महसूस करते हैं। मगर इसका यह अर्थ बिल्कुल नहीं है कि जो आप करना नहीं चाहते, वह ग़लत ही है, और जो आप करना चाहते हैं, वह सही ही है। क्योंकि हम देखते हैं कि अधिकांश लोग वही करते रहते हैं, जो करने लायक नहीं होता—और उससे बचते रहते हैं, जो वास्तव में करने लायक होता है। करने लायक वही है, जो बोध से आता है। जहाँ बोध है, वहाँ मुक्ति और आनंद है; और जहाँ बेहोशी है, वहीं भ्रम, बंधन और दुःख है।

पर जो करने लायक होता है, वही आपको बंधन जैसा लगता है—क्योंकि वहाँ संघर्ष है, असुरक्षा है और सुख-सुविधाओं के छिनने की संभावना है। ध्यान से देखिए—जिस सही काम से आप बचते रहते हैं, क्या वहाँ यह नहीं होता है कि आराम और सुविधा छिन रही होती है और संघर्ष की आवश्यकता पड़ रही होती है? मगर आप यह नहीं देखते कि वह काम करने लायक है या नहीं; आप केवल यह देखते हैं कि उससे आपकी सुख-सुविधाओं पर क्या असर पड़ेगा। इसलिए, जब तक आप अपने मन की संस्कारबद्धता को नहीं समझते, तब तक आपके किसी भी चुनाव को आप अपना चुनाव नहीं कह सकते।

इसी संदर्भ में यदि स्त्रियों के जीवन को देखें, तो अधिकांश स्त्रियाँ अपनी आर्थिक ज़रूरतों, सुरक्षा और सुख-सुविधाओं के लिए पुरुषों पर आश्रित रही हैं। यह स्थिति शारीरिक, मानसिक, सामाजिक, सांस्कृतिक, राजनीतिक और धार्मिक व्यवस्थाओं के कारण बनी है। वे घर के भीतर के काम करती हैं—बच्चा पैदा करना, खाना बनाना, सफ़ाई करना—और इसी को अपना जीवन मान लेती हैं। यदि कोई उनसे कहे कि यह जीवन गुलामी का है, कि चारदीवारी के भीतर ही रहना कोई आज़ादी नहीं है, तो वे इसे अपना बंधन मानने से ही इनकार कर देती हैं। वे कहती हैं—यही तो हमारा धर्म है, हमारी ज़िम्मेदारी है, हमारी पहचान है। उन्हें सिखाया गया है कि वे क्या हैं और उन्हें क्या करना है। उन्होंने वही देखा, वही सीखा और उसी को सत्य मान लिया। मगर यह उनका स्वभाव नहीं है। केवल यही सब करने के लिए वे पैदा नहीं हुई हैं। इसका प्रमाण यह है कि उनके जीवन में दुःख, बेचैनी, कलह और अशांति है। यदि यही उनका स्वभाव होता, तो इतना दुःख नहीं होता। वे अपने दम पर जी सकती हैं, बाहर जा सकती हैं, अपने जीवन का उत्तरदायित्व स्वयं उठा सकती हैं—मगर अपनी मान्यताओं के कारण ऐसा नहीं कर पातीं। और फिर भी वे इसे अपना बंधन नहीं मानतीं।

जब कोई उन्हें यह दिखाने की कोशिश करता है कि उनकी मान्यताएँ ही उनका बंधन हैं, तब वे मुक्त होने से डरती हैं। क्योंकि मुक्ति का अर्थ है—संघर्ष, मेहनत, असुरक्षा, अनिश्चितता और बने-बनाए ढर्रों के विरुद्ध जाना। उन्हें बाहर के ख़तरों का भय दिखाया जाता है—और कुछ ख़तरा होता भी है, क्योंकि बाहर भी वही लोग हैं जो स्वयं बंधनों में जी

रहे हैं। मगर इस ख़तरे को उनके सामने बढ़ा-चढ़ाकर रखा जाता है। और तब होता यह है कि आज़ादी के बदले सुख-सुविधा चुनी जाती है, और सुरक्षा के नाम पर बंधन।

यही आम इंसान की स्थिति है। जब सुख-सुविधाएँ, आराम और सुरक्षा छिनने की आशंका होती है, तब वह बंधन महसूस करता है; मगर असली बंधनों को वह कभी बंधन जानता ही नहीं। इसलिए यदि आप अपने बंधनों को बंधन के रूप में नहीं देखेंगे, तो आप आज़ाद नहीं हो सकते। बंधनों को बंधन जानना ही आज़ादी की शुरुआत है। इसके लिए पहले यह स्वीकार करना होगा कि आप बंधन में हैं, और फिर ईमानदारी से देखना होगा कि बंधन कहाँ-कहाँ है। जिन चीज़ों को आपने अपना तथाकथित धर्म, कर्तव्य, परम्परा, मान्यता, ज़िम्मेदारी या पहचान बना लिया है—यदि वहीं आपके बंधन हैं—तो उन्हें बंधन के रूप में स्वीकार करना बहुत कठिन हो जाता है। मगर जब तक आप उन्हें बंधन नहीं जानेंगे, तब तक उनसे मुक्त भी नहीं हो पाएँगे।

मान लीजिए कि आपको प्यास लगी है। सामने दो गिलास रखे हैं—एक में जल है और दूसरे में ज़हर। देखने में दोनों एक जैसे प्रतीत होते हैं, जैसे दोनों में जल ही हो। अभी आपको यह नहीं पता है कि किस गिलास में जल है और किसमें ज़हर, मगर इतना ज़रूर जानते हैं कि एक में जल है और दूसरे में ज़हर। निर्णय हो नहीं पा रहा, क्योंकि भीतर द्वंद्व है। और प्यास भी लगी है, इसलिए बेचैनी बढ़ गई है। आप जीना भी चाहते हैं, और जीने के लिए पानी चाहिए; मगर यदि ज़हर पी लिया, तो मर जाएँगे। तो यह जो भीतर द्वंद्व चल रहा है—यह जो उलझन और पीड़ा है—इससे आप मुक्त कैसे होंगे? उचित निर्णय और उचित कर्म कैसे होगा?

नयना जी: यह जानने से कि किस गिलास में जल है और किसमें ज़हर।

अचिंत्य: जानने भर से आपका द्वंद्व, आपकी उलझन और आपकी पीड़ा—सब समाप्त हो जाएँगे। अब आप गिलास को थोड़ा सा घुमाते हैं। एक गिलास पर लिखा है—'जल' और दूसरे पर—'ज़हर'। यह देखते ही निर्णय हो गया। चुनना नहीं पड़ा; चुनाव अपने आप हो गया। अब आपने जल पी लिया और ज़हर को एक तरफ रख दिया। आपने ज़हर को फेंका नहीं; उसे वहीं रखा जहाँ उसका स्थान है। क्योंकि ज़हर का भी उपयोग होता है। दवाई भी यदि आवश्यकता से अधिक ले ली जाए, तो ज़हर बन जाती है। उसी तरह, यदि ज़हर का उपयोग उचित स्थान पर, उचित समय पर, उचित मात्रा में और उचित तरीके से किया जाए, तो वही दवाई का काम करता है। बहुत-सी दवाइयाँ ऐसी हैं जिनमें उन्हीं पदार्थों का उपयोग होता है, जिन्हें हम ज़हर कहते हैं। वास्तव में दवाई और ज़हर अलग-अलग नहीं हैं। "दवाई वही ज़हर है, जिसका उपयोग करना आ गया हो; और ज़हर वही दवाई है, जिसका उपयोग करना न आता हो।"

तो हम यह कह रहे थे कि जो बंधन, द्वंद्व, उलझन और प्यास की पीड़ा थी—उससे मुक्ति कैसे मिली? बस यह जान लेने से कि किस गिलास में जल है और किसमें ज़हर है। इसलिए जब अपना हाल पता होता है और अपनी ज़रूरतों का बोध होता है, तो जानना

ही पर्याप्त होता है; उचित कर्म सहज ही होते चले जाते हैं। आप जो भीतर भ्रम में जीते हैं—बंधनों, उलझनों और द्वंद्व में—उनसे मुक्त होने के लिए आपको उन्हें पूरी ईमानदारी से जानना होगा। देखना होगा कि वे क्या हैं, क्यों हैं और कैसे काम कर रहे हैं।

शरीर स्वस्थ हो सकता है, पेट भरा हो सकता है, तन पर कपड़े हो सकते हैं—लेकिन यदि मन अशांत, परेशान और भयभीत है, तो जीवन नर्क हो जाता है। और कई बार ऐसा भी होता है कि शरीर पर चोट लगी हो, भूख लगी हो, प्यास भी लगी हो—फिर भी भीतर आनंद बना रहता है। सहज और शांत रहते हो। तो यह कब और कैसे हो जाता है? कि आप भूखे हो, आपको चोट भी लगी हुई है, पैसा भी बहुत नहीं है—मगर फिर भी मौज में हो। क्यों? क्योंकि समझते हो, मनोवैज्ञानिक तल पर व्यर्थ और अंधी भागदौड़ से मुक्त हो। भीतर कोई समस्या नहीं है—कोई भ्रम नहीं, कोई बंधन या उलझन नहीं, किसी बात का भय नहीं। इसलिए सहज आनंद है। यही असली आज़ादी है। तब वे सारी परिस्थितियाँ मौजूद हो सकती हैं, जिनमें पहले आप भयभीत, बेचैन और दुःखी हो जाया करते थे; मगर अब, उन्हीं परिस्थितियों के बावजूद, आप शांत हो—क्योंकि अब आप उन्हें समझते हो, उनकी सीमाओं को जानते हो और यह भी जानते हो कि उनसे कैसा संबंध रखना है। तो बंधन को बंधन जानना ही आज़ादी की शुरुआत है।

नयना जी: लेकिन यदि हमने अपने बंधनों को ही अपनी पहचान बना लिया हो, तो हम उन्हें छोड़ें कैसे?

अचिंत्य: असली समस्या यही है कि हम अपने बंधनों को अपनी पहचान मान लेते हैं और उनसे अपने स्वार्थ जोड़ लेते हैं। जो हम ख़ुद को मानते हैं, जो बनकर हम जीते हैं—वही हमारी पहचान बन जाती है, और वही हमारा बंधन भी हो जाता है। वह पहचान झूठी होती है, मगर वैसा मानने में और वैसा बनकर जीने में हमारे स्वार्थ जुड़े होते हैं। हम बंधन से होने वाली पीड़ा से तो मुक्त होना चाहते हैं, लेकिन उससे मिलने वाले स्वार्थ छोड़ना नहीं चाहते—लेकिन यह संभव नहीं है। इसलिए देखिए कि किसे आप अपनी पहचान मानते हैं। जो आप स्वयं को मानते हैं, जिसे आप अपनी पहचान कहते हैं—वही आपका बंधन है। बंधन का अर्थ है—जो आपको बाँध दे, कैद कर दे, सीमित कर दे, छोटा कर दे। तो अब अपने जीवन में देखिए कि क्या है जो आपको सीमित कर देता है, जो आपको बाँध देता है, जो आपको अस्तित्व से काट देता है। देखिए कि कहाँ द्वैत खड़ा हो जाता है। वही आपका बंधन है। और यदि बंधन होते हुए भी आप उसे बंधन नहीं जानते, तो फिर आज़ादी संभव नहीं। क्योंकि आज़ादी की शुरुआत ही यही है कि बंधन को बंधन जाना जाए। हमारा अज्ञान यही है कि हम बंधन को बंधन स्वीकार नहीं करते, बल्कि उसे कुछ और मान लेते हैं।

धर्म के नाम पर दुनिया में अनेक संप्रदाय, पंथ, संगठन और समुदाय प्रचलित हैं—इस्लाम, हिंदू, बौद्ध, जैन, ईसाई और न जाने कितने तथाकथित धर्म। इनमें विश्वास रखने वाले और इन्हें मानने वाले करोड़ों लोग हैं। आप कहते हैं—"मैं फलाने धर्म में मान्यता रखता हूँ, वही मेरा धर्म है।" लेकिन ज़रा ध्यान से देखिए कि जैसे ही आप यह कहते

हैं—उदाहरण के लिए—"मैं इस्लाम, ईसाई या हिंदू धर्म का व्यक्ति हूँ", वैसे ही आप अगला वाक्य कहते हैं—"मैं मुसलमान हूँ", "मैं हिंदू हूँ", "मैं ईसाई हूँ।" अब आपने क्या किया? आपने अपने आप को एक नाम दे दिया, एक पहचान दे दी। वह नाम—मुसलमान, हिंदू, ईसाई या कोई अन्य—आपकी पहचान बन गया, आपकी हस्ती बन गया। जबकि तथ्य यह है कि यह पहचान आप लेकर पैदा नहीं हुए थे। यह आपको बाहर से दी गई थी—समाज ने दी, परिवार ने दी, परंपरा ने दी—और जो चीज़ बाहर से दी गई है, वह उतारी भी जा सकती है। इसीलिए आप देखते हैं कि लोग धर्मांतरण करते हैं।

लेकिन जब आप कहते हैं—"मैं मुसलमान हूँ" या "मैं हिंदू हूँ"—तो क्या आपने स्वयं को बाकी मनुष्यों से अलग नहीं कर लिया? क्या आपने स्वयं को एक सीमा में कैद नहीं कर लिया? क्या आप स्वयं को संकुचित और सीमित नहीं कर रहे? और क्या ऐसा करके आपने लोगों को बाँटना शुरू नहीं कर दिया? क्या आपने अपने लिए भय और शत्रुता की ज़मीन स्वयं नहीं तैयार कर ली? तो फिर पूछिए—यह आपकी पहचान है या आपका बंधन? क्योंकि बंधन का अर्थ यही है—जो आपको सीमित कर दे, जो आपको एक दायरे में कैद कर दे, जो आपको बाँट दे और भ्रमित करे।

आप कहते हैं—"फलाना मेरा देश है।" लेकिन आप यहीं नहीं रुकते। आप यह नहीं कहते कि "अमेरिका मेरा देश है" या "भारत मेरा देश है"; आप कहते हैं—"मैं अमेरिकी हूँ", "मैं भारतीय हूँ", "मैं चीनी हूँ।" यानी देश को भी आपने अपनी हस्ती से जोड़ लिया। पहले आपने स्वयं को धर्म के नाम पर काटा, फिर देश के नाम पर और अधिक सीमित कर लिया। हो सकता है कि उस धर्म को मानने वाले लोग पूरी दुनिया में फैले हों, लेकिन आपने स्वयं को एक देश के भीतर बंद कर लिया। फिर आपने कहा—"मैं पुरुष हूँ" या "मैं स्त्री हूँ।" यानी उसी धर्म और उसी देश के भीतर भी आपने स्वयं को एक और खाँचे में डाल दिया। फिर आपने कहा—"मैं फलानी जाति का हूँ", "यह मेरी संस्कृति है", "ये मेरी मान्यताएँ हैं।" इस तरह आप अपने बंधनों को ही अपनी पहचान बनाते चले गए। धर्म, देश, राजनीतिक सीमाएँ, जाति, संप्रदाय, लिंग, रंग, उम्र, भाषा—इन सब पिंजरों में आपने स्वयं को कैद कर लिया।

अब ज़रा ईमानदारी से देखिए—जिसे आप अपनी पहचान कहते हैं, वह वास्तव में आपकी पहचान है या आपका बंधन? वह आपको विराट बना रही है या आपको छोटा कर रही है? वह आपकी सीमाएँ तोड़ रही है या आपको और कसकर बाँध रही है? आपकी अमीरी यदि आपको दुनिया के हर दूसरे मनुष्य से काट देती है, तो वह अमीरी आपकी आज़ादी है या आपका बंधन? उसने आपको पूर्ण किया या और अधिक अपूर्ण कर दिया? आप धनवान हो गए, लेकिन यदि आप एक निर्धन व्यक्ति से सही संबंध नहीं बना पा रहे, उसके दुःख के प्रति असंवेदनशील हैं, तो यह कैसी अमीरी है? बाहर से आप चाहे दिखा दें कि आप उससे जुड़े हैं, लेकिन भीतर न करुणा है, न संवेदनशीलता। इसका अर्थ यही हुआ कि धन ने आपको मुक्त नहीं किया, बल्कि और अधिक बाँध दिया। असली अमीरी तो बोध, प्रेम, पूर्णता और करुणा में है। धन तो चोरों, लुटेरों, हिंसकों, भ्रष्टाचारियों और नासमझों के पास भी खूब होता है।

सतत परिवर्तित होने वाली देह और मान्यताओं के आधार पर आप कहते हैं—"मैं पुरुष हूँ" या "मैं स्त्री हूँ।" आपने इनको भी अपनी पहचान बना लिया। लेकिन यदि स्वयं को पुरुष या स्त्री मानने के कारण ही आप स्वयं को सीमाओं में बाँध रहे हैं, तो फिर पूछिए—यह आपकी पहचान है या आपका बंधन? यह आपको संपूर्ण से जोड़ रही है या काट रही है? जब आप कहते हैं—"मैं पुरुष हूँ"—तो आपने स्वयं को पुरुषों में कैद कर लिया और स्त्रियों को पराया कर दिया। और जब आप कहते हैं—"मैं स्त्री हूँ"—तो आपने स्वयं को स्त्रियों में कैद कर लिया और पुरुषों को पराया कर दिया। इसी परायापन से भेदभाव जन्म लेता है; फिर प्रकट शोषण, अन्याय, हिंसा, कलह और संघर्ष पैदा होते हैं। ध्यान दीजिए—जब तक आप किसी को "दूसरा" नहीं मानते, तब तक आप उस पर हिंसा नहीं कर सकते। जिसे आप अपना मानते हैं, उस पर आप कभी जानबूझकर हिंसा नहीं करना चाहते। इसलिए यदि जीवन में हिंसा है, तो उसका मूल कारण क्या है? यही कि आपने किसी को "दूसरा" माना है।

जिसे आप दूसरा नहीं मानते, उस पर आप कभी हिंसा नहीं करते। आपने देखा होगा—जब तक आप किसी को अपना मानते हैं, तब तक उसके लिए प्रेम उमड़ता है। लेकिन जैसे ही वह पराया हो जाता है, वैसे ही ईर्ष्या, घृणा, नफ़रत और बदले की भावना पैदा हो जाती है। पहले आप उसे अपना मानते थे—क्योंकि उससे कोई स्वार्थ जुड़ा था। अब स्वार्थ पूरा नहीं हो रहा, तो वह पराया हो गया। इसलिए प्रेम भी चला गया। यानी पहले भी प्रेम नहीं था—केवल स्वार्थ था। हिंसा वहीं संभव है, जहाँ आप स्वयं को कुछ मानते हैं और सामने वाले को पराया मानते हैं।

तो आपका बंधन है वह सब कुछ जो आपको सीमित करता है, जो आपको छोटा करता है—और वही सब चीज़ें हैं जिन्हें आप अपनी पहचान कहते हैं। इसलिए जब तक आप उन्हें बंधन के रूप में नहीं देखते, तब तक आज़ादी संभव नहीं है। सत्य, मुक्ति, ईश्वर, आत्मा—या जो भी नाम आप दें—उसकी तलाश करने की आवश्यकता नहीं है, क्योंकि वह है ही। अभी है, यहीं है। न कोई दूरी है, न कोई देरी। आपको केवल अपने बंधनों को देखना है—और उन्हें हटाना है। और उसके लिए पहला और अंतिम कदम यही है—बंधनों को बंधन ही जानना। जैसे ही आप उन्हें देख लेते हैं, वे टिक नहीं पाते।

हम दुःख से भागते हैं—किसकी ओर?—सुख की ओर। मगर जितना अधिक आप सुख की ओर भागते हैं, उतना ही अधिक आप दुःख को भी अपने जीवन में आमंत्रित कर लेते हैं। सुख के पीछे दौड़ना ही आपके जीवन में दुःख का निमंत्रण बन जाता है। तो क्या आप यह देख पाते हैं कि सुख की कामना ही वास्तव में आपका बंधन और आपके दुःख का कारण है? जिस व्यक्ति को सुख की कामना नहीं है, उसके लिए दुःख का कोई अर्थ नहीं रह जाता। जो कहता ही नहीं कि "मुझे सुख चाहिए", फिर दुःख उसका क्या बिगाड़ लेगा? मगर इसके लिए यह समझना ज़रूरी है कि सुख और दुःख वास्तव में हैं क्या। दुःख तभी तक बंधन है, जब तक आपके भीतर सुख की कामना मौजूद है। कामना का पूरा न होना ही दुःख बन जाता है। जब भी आपको दुःख हुआ है, ध्यान से देखिए—किसी न किसी रूप में आपने कुछ चाहा था,

मगर वह मिला नहीं, या वैसा हुआ नहीं जैसा आप चाहते थे। कोई उम्मीद थी जो टूट गई, कोई सपना था जो पूरा नहीं हुआ।

मगर सपना तो सपना है—उसमें अपना कुछ भी नहीं होता। उसमें कोई सच्चाई नहीं होती। इसलिए जैसे ही नींद खुलती है—यानी जैसे ही होश और समझ प्रकट होती है—सपना टूट जाता है, और टूटना चाहिए भी, क्योंकि आपको सपनों में नहीं, सत्य में जीना है। और जिस प्रकार आप कभी किसी अन्य की उम्मीदें पूरी नहीं कर पाते हैं, वैसे ही कोई अन्य व्यक्ति भी कभी आपकी उम्मीदें पूरी नहीं कर सकता—वह चाहे तो भी नहीं कर पाएगा। दुःख का कारण कोई दूसरा व्यक्ति नहीं होता, बल्कि आपकी अपनी उम्मीदें और कामनाएँ होती हैं। सपनों और उम्मीदों में जीना ही दुःख है; आनंद तो बोध में है, सत्य में है। सुख की कामना, उम्मीदों और सपनों के झूठ, सीमाओं और व्यर्थता को यदि आप जान लेते हैं, तो वे आपके लिए बंधन नहीं रहते।

लेकिन यदि आप सुख की इच्छा को बंधन की तरह नहीं देख पाते, तो आप लगातार इस आशंका से भयभीत रहेंगे कि कहीं सुख छिन न जाए, और साथ ही दुःख के डर में भी जिएंगे। आशंका और भय में जीना अपने आप में दुख है। क्या करें ऐसे सुख का। क्या आपके जीवन में ऐसा नहीं होता कि सुख, सुविधा और सुरक्षा के छिन जाने की आशंका से आप भीतर ही भीतर भयभीत रहते हैं? तो फिर उस सुख, सुविधा और सुरक्षा के होने या न होने का अर्थ ही क्या रह गया—जबकि उनके होते हुए भी आप भय से मुक्त नहीं हैं, बेचैनी से मुक्त नहीं हैं? जब आपके पास सुख, सुविधा और सुरक्षा के तथाकथित संसाधन नहीं होते या बहुत अधिक नहीं होते, तो आप इस बात से परेशान रहते हैं कि वे आपके पास नहीं हैं। और जब वे मिल जाते हैं, तो आप इस बात से परेशान रहते हैं कि कहीं वे छिन न जाएँ। यानी चाहे वे हों या न हों—आप परेशान ही रहते हैं।

नयना जी: तो इस परेशानी से मुक्त होने का तरीका क्या है?

अचिंत्य: यह जान लो कि बाहरी सुरक्षा का इंतज़ाम भी आपको भीतर से सुरक्षित और भयमुक्त नहीं कर सकता, और सुख का इंतज़ाम भी आपको दुःख से मुक्त नहीं कर सकता। उस सुख, सुविधा और सुरक्षा के छिनने का भय बना ही रहेगा, क्योंकि ये सभी बाहरी संसाधन सीमित हैं और हर कोई उन्हें पाना चाहता है। इसलिए उनके खो जाने का डर होगा ही—और यह डर अपने आप में पीड़ादायक है। यदि ध्यान से देखो, तो इन चीज़ों के पीछे दौड़-दौड़ कर ही आप स्वयं को बर्बाद कर लेते हो। अन्यथा, यदि आपको इस बात की परवाह ही न हो कि कोई आपका सम्मान करता है या नहीं—यदि सम्मान का मोह नहीं है—तो कोई अपमान भी करे, तो फर्क नहीं पड़ेगा; क्योंकि आपको पता है कि आप वास्तव में क्या हैं। फिर कोई दूसरा यह क्यों तय करे कि आप सम्मान के योग्य हैं या नहीं?

मगर जब आपको न तो अपनी वास्तविकता का बोध होता है और न ही स्वयं से प्रेम होता है, तब आप दूसरों के पास अपनी तारीफ़ सुनने चले जाते हैं। वे लोग जिनकी अपनी कोई वास्तविक हस्ती नहीं होती, मगर भ्रम पूरा होता है कि उनकी कोई स्वतंत्र सत्ता है, वे

अक्सर दूसरों से ध्यान और सम्मान की भीख माँगते नज़र आते हैं। जिसे वे “मैं” कहते हैं, जिसे वे अपनी पहचान मानते हैं, वह वास्तव में स्मृतियों, अनुभवों और जानकारियों से भरे मस्तिष्क की प्रतिक्रिया मात्र होता है—जिसमें अपना कहने जैसा कुछ भी नहीं होता। यदि मैं बोधवान (होश का होना) है, तो मुझे पता होगा कि कौन कितना सम्मान के योग्य है। मैं बुद्धुओं से यह पूछने नहीं जाऊँगा कि मैं सम्मान के योग्य हूँ या नहीं। जो लोग स्वयं सम्मान के योग्य नहीं हैं—न तो उनके सम्मान का कोई मूल्य है, न उनके अपमान का; वे केवल कठपुतली हैं। और यदि मैं यह समझता हूँ, तो फिर सम्मान या अपमान को लेकर परेशान क्यों रहूँ?

यदि मैं स्वयं बुद्धू हूँ और कोई मुझे महान मान ले, मेरी वाह-वाही करे—तो सोचिए, वह कितना बड़ा बुद्धू होगा! और यदि मैं समझदार हूँ, तो किसी नासमझ की तारीफ़ से मुझे क्या लेना-देना? तो हम सुख चाहते तो हैं, मगर सुख के होते हुए भी वास्तव में सुखी नहीं हो पाते? हम सुरक्षा तो चाहते हैं, मगर सुरक्षा के साधन मिल जाने के बाद भी भीतर से सुरक्षित महसूस नहीं करते—और लगातार असुरक्षा में जीते रहते हैं? समझ आ रहा है?

नयना जी: हाँ।

अचिंत्य: भेदभाव हमारे जीवन में भरा हुआ है, है ना? और फिर भी हम भय से मुक्ति चाहते हैं—ठीक? हम यह देख रहे हैं कि किस तरह हम अपने बंधनों को बंधन नहीं जानते, इसीलिए बंधन में हैं और आज़ाद नहीं। हम जीवन में भेदभाव से भरे हुए हैं, मगर यह भेदभाव आता कहाँ से है? वहीं से, जो आप स्वयं को मानते हैं। है ना। जिस क्षण आपने स्वयं को कुछ मान लिया, उसी क्षण आपने स्वयं को अस्तित्व से अलग कुछ मान लिया, उससे काट लिया। अब आप कुछ हैं, और कुछ अन्य भी है—जो आपके लिए पराया है।उदाहरण के लिए, आपने स्वयं को किसी जाति में कैद कर लिया—तो बाकी लोग आपके लिए पराये हो गए। आपने स्वयं को किसी संप्रदाय, देश, लिंग या रंग में कैद कर लिया—तो बाकी सब आपके लिए पराये हो गए। यहीं से भेदभाव जन्म लेता है। अब सामने वाला आपके लिए “दूसरा” है। कुछ लोग हैं जिन्हें आप अपना मानते हैं और कुछ हैं, जिन्हें आप पराया मानते हैं। है ना? अब बताइए—आपको भय किससे लगता है? क्या आप उस व्यक्ति से भयभीत होते हैं, जिसे आप सचमुच दिल से अपना मानते हैं? नहीं ना?

नयना जी: बिल्कुल नहीं।

अचिंत्य: मान लीजिए कोई व्यक्ति है, जिसे आप अपना मानते हैं—अर्थात आप ‘मानते’ हैं कि आप उससे प्रेम करते हैं। ठीक? मान लीजिए कोई स्त्री या पुरुष हैं, जो किसी अन्य पुरुष या स्त्री से प्रेम करते हैं—तो क्या वह उनसे भयभीत रहते है? नहीं ना? क्या उनके आने से उसे डर लगता है?

नयना जी: नहीं। बल्कि वह तो चाहता है कि वह उसकी ज़िंदगी में आए।

अचिंत्य: वास्तव में जिसे आप “दूसरा मानते” हो, जिसे पराया मानते हो—आपको डर उसी से लगता है। है ना? मगर देखिए, आप भय से तो मुक्त होना चाहते हैं, लेकिन भेदभाव

को छोड़ना नहीं चाहते। देखिए स्वयं को, आपने तो अपना एक छोटा-सा संसार रच लिया है और पूरे अस्तित्व को पराया बना रखा है। उदाहरण के लिए—भारत में हिंदू-मुसलमान का मुद्दा बार-बार उठता रहता है। जो स्वयं को हिंदू मानता है, वह भी भय से मुक्त होकर जीना चाहता है; और जो स्वयं को मुसलमान मानता है, वह भी।

भारतीय, अमेरिकी, चीनी और पाकिस्तानी भी भय मुक्त होकर जीना चाहते हैं। स्त्री भी भय मुक्त होकर जीना चाहती है और पुरुष भी। मगर जब तक सामने वाला व्यक्ति आपके लिए "दूसरा" है, तब तक क्या आप भय से मुक्त हो सकते हैं? नहीं। भय है ही इसलिए क्योंकि वह आपके लिए दूसरा है। यदि "दूसरे" की यह मान्यता—जिसे आपने पकड़ा हुआ है—बीच से हट जाए, अर्थात कोई भी आपके लिए दूसरा रहे ही नहीं, केवल तभी भय से मुक्ति संभव है। और सामने वाले को "दूसरा" मानने से आप तभी मुक्त हो सकते हैं, जब आप स्वयं भी वह नहीं रहें—जो आप अभी स्वयं को मानते हैं। क्योंकि जब आप स्वयं को कुछ मानते हैं, तभी सामने वाला पराया बनता है; और पराया बनते ही भेदभाव खड़ा होता है, और भेदभाव से भय पैदा होता है।

एक उदाहरण से समझिए—दो सेनाएँ होती हैं, मगर एक ही सेना का सैनिक अपनी ही सेना के किसी अन्य सैनिक पर हमला नहीं करता। क्यों? क्योंकि वह उसके वस्त्र और सकल आदि देखकर पहचान लेता है—"यह तो हमारी ही सेना का व्यक्ति है।"—इसलिए वह उस पर हमला नहीं करता। वह किस पर हमला करता है? उस पर, जो उसके लिए पराया होता है। अब कल्पना कीजिए, यदि दोनों सेनाओं के लोग अपने वस्त्र उतार दें—और यहाँ वस्त्र से तात्पर्य उन सभी पहचानों से है, जिनके कारण भेद और भय खड़ा होता है—तो क्या वे एक-दूसरे को मार पाएँगे? नहीं। क्योंकि अब वह कारण ही नहीं बचा जिसके कारण सामने वाला पराया था। अब कोई पराया रहा ही नहीं, क्योंकि हमने वह पहचान ही छोड़ दी जिसने भेद, भय और हिंसा को जन्म दिया था। यदि भय है, तो हिंसा होगी ही; और यदि भय नहीं है, तो हिंसा क्यों होगी? जब कोई व्यक्ति किसी से डरता है, तो वह उसके प्रति हिंसक हो जाता है। जो जितना अधिक भयभीत होता है, वही उतना अधिक हिंसक होता है। क्यों? क्योंकि उसे लगता है कि यदि मैंने हिंसा करके इसे समाप्त नहीं किया, तो मेरा नाश हो जाएगा, मेरा कुछ बिगड़ जाएगा।

तो क्या आप देख पा रहे हैं कि जिस पहचान को आप अपनी पहचान मानते हैं, वही वास्तव में आपके भय का कारण है? वही भेदभाव, हिंसा, गुलामी और आपकी बेचैनी का भी कारण है। वही है जो आपको सीमित करती है। क्या इस बंधन को आप देख पा रहे हैं? और यह बंधन केवल मानसिक है। यदि मनोवैज्ञानिक तल पर आप इसे देख पाएं—जैसा अभी हमने समझा—तो स्पष्ट हो जाएगा कि यदि व्यक्ति इनसे मुक्त हो जाए, तो बाहर की जितनी भी समस्याएँ हैं—युद्ध, हिंसा, लड़ाइयाँ, दंगे, शोषण—वे स्वतः ही समाप्त हो जाएँगी। क्योंकि बाहर जो कुछ भी दिखाई दे रहा है—कर्मों में, व्यवहार में, संबंधों में, समाज में, संस्कृति में, देश और दुनिया में—वह सब भीतर से ही उपजा है। उसका स्रोत विचार है।

और जब तक आप यह नहीं समझते कि विचार क्या है, वह कहाँ से आता है, तब तक बाहर सब कुछ चलता ही रहेगा। बचपन से लेकर आज तक व्यक्ति ने जो कुछ भी देखा, सुना, पढ़ा और अनुभव किया है—परिवार, शिक्षा, समाज, संस्कृति, देश, काल और वातावरण ने उसे जो कुछ सिखाया और दिखाया है; राजनीति, विज्ञान और तथाकथित धर्म ने जो उसके भीतर भरा है—वही सब मिलकर उसकी स्मृति और उसका "मैं" बन जाता है। वही उसका मन बन जाता है। फिर किसी भी घटना, दृश्य, ध्वनि या अनुभव के प्रति उसी केंद्र से विचार के रूप में प्रतिक्रिया होती है। आपकी पहचानें आपके विचार हैं, और आपके विचार केवल अतीत हैं। और यह अतीत समय, संयोग, माहौल, शरीर और स्थान का परिणाम है—जो सीमित, संकुचित, अपूर्ण और भ्रामक है। इसलिए उससे उठा विचार और उससे बनी पहचानें सत्य नहीं हैं। मगर आप उन्हें सत्य मानकर जीते हैं—इसलिए यही फ़िर भ्रम, अलगाव, भय, बंधन, हिंसा और दुःख का मूल कारण बनते हैं।

तो आपकी जो पहचानें हैं—जो आप स्वयं को मानते हैं—देखिए कि वह किस प्रकार से आपका बंधन है। और देखिए कि जो भी कुछ आप स्वयं को मानते हैं, वह आप क्यों मानते हैं? आप स्वयं को जो भी कुछ मानते हैं, यदि वह सिर्फ़ इसलिए मानते हैं क्योंकि किसी ख़ास देश में, ख़ास माहौल में, किसी ख़ास तरह की संस्कृति को मानने वाले लोगों के बीच पैदा हो गए—तो फिर वह पहचान सीमित और सांयोगिक है। तो उसके प्रति आसक्त अथवा कट्टर होने की कोई आवश्यकता नहीं है। उसके आधार पर स्वयं को कुछ विशेष मानने और अन्य को पराया मानने की भी कोई आवश्यकता नहीं है। जिसे हम अपनी पहचान कहते हैं, वास्तव में वह ऐसी ही है कि—आप जहाँ पैदा हुए, जिन लोगों के बीच बचपन से लेकर अभी तक रहे—यदि आप वहाँ नहीं रहते; यदि आपका जन्म होते ही किसी अन्य देश, धर्म, मान्यता अथवा जाति में विश्वास रखने वाला व्यक्ति आपको चुरा लेता—तो क्या तब भी आप स्वयं को वही मानते जो अभी मान रहे हो? क्या आपकी जीवनशैली ऐसी ही होती? क्या आप वही सब कर रहे होते जो अभी कर रहे हैं? क्या तब भी उन्हीं को अपना कहते, जिनको अभी अपना मानते हो? नहीं ना?

नयना जी: नहीं—सबकुछ बिल्कुल अलग ही होता।

अचिंत्य: जन्म के तुरंत बाद भी यदि कोई आपको चुरा ले जाता और आपकी पूरी परवरिश कोई अन्य देश, अन्य जाति, अन्य धर्म को मानने वाला व्यक्ति करता, तो आपके विचार, संस्कार, खानपान, पहनावा, पसंद-नापसंद—कुछ भी वैसा नहीं होता जैसा अभी है। अतः जिन्हें आप अपना मानते हैं—अपनी पसंद, अपनी संस्कृति, अपना धर्म, अपनी पहचान, अपनी मर्ज़ी—कहीं वही तो आपका बंधन नहीं है? क्योंकि वह आपका अपना नहीं है, वह संयोग से मिला है, समय से मिला है। वह आपको सीमित और अपूर्ण बनाए हुए है। आप आज पैदा हुए, इसलिए आपको वह सब कुछ दिख रहा है जो आपके आसपास है। आप किसी और समय में यदि पैदा हुए होते—हज़ारों वर्ष पूर्व—तो माहौल वैसा नहीं होता, आपकी पसंद, काम, मान्यताएँ, परंपराएँ आदि वही सब नहीं होतीं जो अभी हैं।

आज से पाँच हज़ार वर्ष पूर्व भी यदि आप पैदा हुए होते, तो शायद आप इनमें से कोई धर्म नहीं मान रहे होते जो आज प्रचलित हैं, जिनके नाम पर लोग अक्सर लड़ते-मरते रहते हैं—क्योंकि तब वे थे ही नहीं। आज हर तरफ़ धर्म का बोल-बाला है—आपके आसपास, आपके तन, मन और जीवन में वह छाया हुआ है; वही आपके जीवन को आकार दे रहा है, मगर आप उसके प्रति संभवतः जागरूक नहीं हैं। तो संयोग से किसी खास समय में, खास स्थान पर पैदा हुए—इस कारण जो कुछ भी आपको मिल रहा है—देखिए कि कहीं वही तो आपका बंधन नहीं है? क्योंकि जब तक आप यह नहीं जानेंगे कि जिसे आप सत्य मान रहे हैं, वह केवल समय, संयोग, शरीर, संस्कृति और स्थान का परिणाम है—तब तक कोई आज़ादी नहीं। जो सीमित है, उसको आपने सत्य मान रखा है। यही बंधन है।

तो इस तरह से जिसे आप 'अपना' कहते हैं, वह आपका अपना है नहीं, लेकिन आपका मन बन बैठा है। इसलिए यदि 'मन-मर्ज़ी' करने वाला मन ही आपका नहीं है, तो 'मन-मर्ज़ी' करके भी आप जो कुछ करते हैं, उसमें कोई आज़ादी नहीं हैं। आप जो भी चुनते हैं, आपको लगता है कि वह आप चुन रहे हैं; मगर आप जो कुछ चुन रहे हैं, वह चुनने के लिए यदि कोई अन्य है जो आपके भीतर बैठा है—जो आपसे यह तय करवा रहा है कि आप क्या चुनेंगे और आपको उसका बोध भी नहीं—तो वह चुनाव आपका नहीं है।

जब कोई चीज़ आपको पसंद आती है, तो आप मानते हैं कि उसको पसंद करने के लिए आप आज़ाद हैं; किन्तु आपको क्या पसंद आएगा यदि यह भी किसी अन्य ने निश्चित किया है—तो आप आज़ाद कहाँ हैं? आज़ादी यह देख पाने में है कि जो आप चुन रहे हैं, वास्तव में वह आप नहीं चुन रहे—बल्कि आपकी मान्यताएँ, आपके संस्कार, आपकी स्मृति और अनुभव आदि मिलकर वह चुन रहे हैं। यह देख पाना कि जो आपकी पसंद है, वह आपकी पसंद नहीं है—वह किसी संस्कृति, किसी समाज, किसी माहौल या प्रभाव से आ रही है। इसीलिए यह आवशयक नहीं है कि आपके लिए वह चुनाव पूरी तरह उचित हो। आप कोई विज्ञापन देखते हैं—मन उस विज्ञापन और विज्ञापनकर्ता से प्रभावित हो जाता है, इसलिए वह वस्तु आपको पसंद आने लगती है। कुछ समय बाद वह चीज़ मन से उतर भी जाती है। लेकिन जब वही वस्तु आपको बार-बार दिखती है—कभी दोस्तों के पास, कभी किसी दुकान में—तो आपको वह और ज्यादा आकर्षित करने लगती है। तो क्या आप देख पा रहे हैं कि जिन्हें आप अपनी पसंद कहते हैं, वह वास्तव में आपकी पसंद है या किसी माहौल, विज्ञापन और संस्कृति आदि की।

जैसे—एक-एक करके आवाज़ें आ रही हों: मंदिर से भी, मस्जिद से भी, गुरुद्वारे और चर्च से भी। आपको कौन-सी आवाज़ प्रिय लगती है? क्या आप देख पा रहे हैं कि जो आवाज़ आपको प्रिय लग रही है, वह क्यों प्रिय लग रही है? यह देख पाना कि—"मैं स्वयं को फलाने धर्म या संप्रदाय का व्यक्ति मानता हूँ, इसलिए मुझे इन चारों में से वही एक आवाज़ अधिक प्रिय लग रही है और बाकी पराई या डरावनी लग रही हैं"—यही आज़ादी की शुरुआत है। यदि आप ईमानदारी और समझने की नीयत रखते हैं, तो उन आवाज़ों को सुनते ही भीतर और

बाहर जो प्रतिक्रियाएँ होती हैं, अब आप उनके प्रति सजग रहेंगे और समझेंगे। आप देखेंगे कि ये केवल अतीत की प्रतिक्रियाएँ हैं—जो सीमित, अपूर्ण और भ्रामक हैं—और तब आप "जो है, जैसा है" उसे वैसे ही देखेंगे और सुनेंगे। यही अवलोकन है। मगर अधिकांश लोग अपनी संस्कारबद्धता के प्रति बिल्कुल जागरूक नहीं हैं।

लोग दुखी हैं, परेशान हैं—और आप स्वयं भी; मगर आप यह स्वीकार नहीं करते कि आप अपने जीवन में कुछ गलतियाँ कर रहे हैं। यदि आप जो कुछ भी कर रहे हैं, वह सब कुछ सही है—तो फिर आप इतने दुखी, अशांत, परेशान, भयभीत और भ्रमित क्यों हैं? आप इतना धोखा क्यों खाते हैं? जीवन में बार-बार पछताते क्यों हैं? आज़ादी की शुरुआत इस स्वीकार से होती है कि—"यदि मैं धोखा खा रहा हूँ, तो इसका अर्थ है कि मैं अभी साफ़-साफ़ नहीं देख पा रहा हूँ, मैं अभी ठीक से समझ नहीं पा रहा हूँ।" यदि आप दुखी, अशांत और डरे हुए हैं, तो इसका अर्थ है कि आप कहीं-न-कहीं कुछ गलतियाँ कर रहे हैं। लेकिन आप ऐसा स्वीकार नहीं करते, क्योंकि आप स्वयं को सही मानते हैं—और यही कारण है कि फिर अपने दुख, दर्द, समस्याओं, पीड़ाओं और बंधनों का उत्तरदायित्व आप दूसरों पर डाल देते हैं।

दूसरों को दोष देने से क्या कभी आपके दुख का अंत होता है? नहीं—कभी नहीं। क्योंकि दुःखी आप (अहं) हो, दुःख का कारण भी आप ही हो। दुख, बेचैनी और बंधन का मूल कारण दूसरा नहीं—आप स्वयं हैं। अपने ही भीतर की सत्यता को न देख पाना, अपने ही विचारों की चालाकियों को न देख पाना—और देखकर अनदेखा कर देना—यही बंधन है। स्वयं के प्रति आपकी बेईमानी और चालाकी ही आपका बंधन है। ऐसा कर के आप किसी अन्य का जितना नुक़सान कर रहे हैं, उससे कहीं अधिक अपना कर रहे हैं। मगर आप यह देखकर भी स्वीकार नहीं करते कि आपकी मान्यताओं, संस्कारों, पूर्वाग्रहों और विश्वासों में त्रुटि हो सकती है।

तो वास्तव में बंधन क्या है? बंधन को न जानना ही बंधन है। बंधनों को बंधन की भाँति जान लेने से ही आज़ादी की शुरुआत होती है। आज़ादी कहीं बाहर से नहीं आती—यह अभी और यहीं है। जैसे-जैसे आप ईमानदारी के साथ अपने बंधनों के प्रति सजग होते जाते हैं, वैसे-वैसे प्रेम, करुणा और आज़ादी उसी प्रकार प्रकट होते जाते हैं—जैसे किसी पेड़ के नीचे पड़े फर्श पर झाड़ू लगाने से पत्ते हटते जाते हैं और सफ़ाई प्रकट होती जाती है। जैसे सब्ज़ी के तेल और मसालों से लथ-पथ कढ़ाही (अहं) को जब साबुन और पानी रूपी अवलोकन से धोया जाता है, तो स्पष्टता और आत्मज्ञान प्रकट होता है—और उसी में प्रेम, आज़ादी और करुणा खिलती है। आपके भीतर अनेक प्रकार के बंधन हैं—मानसिक, शारीरिक, भावनात्मक, आध्यात्मिक। आप उन्हें अलग-अलग वर्गों में बाँट सकते हैं, लेकिन मूल रूप से ये सभी मनोवैज्ञानिक बंधन हैं। और इसीलिए इनको जान लेने मात्र से आप उनसे आज़ाद हो सकते हैं—क्योंकि बंधन भ्रम मात्र हैं और आज़ादी हेतु बोध ही पर्याप्त होता है। कुछ उदाहरणों से इसे समझने का प्रयास करते हैं।

भूत और बरगदः जब मैं गाँव में रहा करता था, तो बचपन में हमने सुना था कि कुछ "भूत-पेड़" होते हैं—जैसे कोई घना बरगद या पीपल का पेड़, विशेषतः जो जंगल में हो। हमें

डराने के लिए कहा जाता था कि उस पेड़ के नीचे भूत रहते हैं। भूत क्या है—इसको लेकर पहले ही कुछ किस्से और डरावनी छवियाँ हम सुन और देख चुके होते थे। फिर उन पेड़ों और भूतों के बारे में कुछ मनगढ़ंत कहानियाँ भी सुनाई जाती थीं—जैसे, "अमावस्या की रात को वहाँ ऐसा होता है", "उस पेड़ के नीचे फलाने व्यक्ति का भूत रहता है", इत्यादि। इन कहानियों में न कोई सत्य था, न तथ्य था—बस मान्यताएँ और कल्पनाएँ थीं। मगर जब हमें यह सब बताया गया, तो हमारे भीतर एक वास्तविक भय उत्पन्न हो गया और हम डरने लगे। क्योंकि तब तो हम उन बातों को सत्य ही मान रहे थे।

जब भी हम उस पेड़ के पास से गुजरते, तो भीतर एक तरह का डर पनपने लगता था। हम वहाँ से जल्दी-जल्दी निकल जाया करते थे—चाहे पैदल हों या बैलगाड़ी से। तो अब यहाँ हो क्या रहा था? हम उस पेड़ और उस स्थान को पूरी तरह जानते भी नहीं हैं, न ही उसके अतीत का कोई तथ्य हमें मालूम है; मगर हम डर रहे हैं, क्योंकि हमने सुनी-सुनाई बातों को बिना जाँचे-परखे सत्य मान लिया। डर के कारण हम कभी वहाँ ठहरे ही नहीं, उस पेड़ के निकट गए ही नहीं और इसीलिए हम उसे साफ़-साफ़ देख भी नहीं पाते।

दरअसल हमारे भीतर एक मान्यता बैठा दी गई है—एक विश्वास, एक भ्रम, एक अज्ञान। तब हमें न तो भूत के बारे में कोई स्पष्ट ज्ञान था, न ही उसका कोई ठोस प्रमाण। मगर 'भूत' शब्द के साथ कुछ डरावनी छवियाँ जोड़ दी गई थीं, जो हमने फिल्मों, कहानियों आदि में देखी-सुनी थीं। अब होता यह है कि हमें जो कुछ आँखों से देखने पर अच्छा नहीं लगता, जो आकर्षक नहीं लगता—हम उससे घृणा करते हैं, ऊबते हैं, अथवा डरते हैं। 'भूत' शब्द के साथ जुड़ी छवियाँ हमारे भीतर डर पैदा कर रही थीं, जबकि भूत जैसी कोई चीज़ होती ही नहीं। भूत अगर होता भी है, तो अतीत के रूप में होता है। अतीत को भूत कहते हैं। मानसिक संचय ही भूत होता है, उसी को लेकर मनुष्य पछताता है और ग्लानि भी करता है।

उस पेड़ के नीचे ठंडी और घनी छाया हुआ करती थी, जो आनंददायक होती थी; वहाँ पक्षी बैठते थे, गाते थे। मगर वर्षों से सुनी कहानियाँ भीतर बैठ गईं थीं और अब वही डर का कारण भी बन रही थीं। जब बात समझ में आने लगी, तो मैं उस पेड़ के निकट गया। वहाँ बैठा, वहाँ ठहरा। तो देखा कि वहाँ वैसा कुछ भी नहीं है—डरने की कोई आवश्यकता नहीं है। अब हम वहाँ खेलते हैं, झूलते हैं, मस्ती करते हैं। भीतर कहीं थोड़ा डर अब भी बचा रह सकता है, क्योंकि पुरानी मान्यता बहुत गहराई से बैठी हुई है।

मगर अब जान लिया गया है—कि यह बस एक कल्पना है। अब हम बोध को महत्व दे रहे हैं, न कि कल्पना को, न ही संस्कार और मान्यताओं को। संस्कार अब भी भीतर से डराने की कोशिश कर सकते हैं, मगर बोध कहता है—डरने की कोई आवश्यकता नहीं है। और इस तरह आप आज़ाद होते जाते हैं। अब आप उस ठंडक, उस छाया और उस मस्ती से चूकते नहीं हैं, जो जीवन में सहज ही उपलब्ध है। भीतर जब कोई भय नहीं होता—और भीतर प्रेम, संवेदनशीलता, स्पष्टता और बोध होता है—तो बाहर भी सहजता, सरलता, आनंद, करुणा और सौंदर्य होता है। अब जब भूत का भ्रम और भय हट चुका है और आप खेल रहे हैं, तो आप

जीवन को जी रहे हैं; अन्यथा भ्रम और भय के मारे आप उसी चारदीवारी में, उसी घुटन और गर्मी में सड़ रहे होते।

तो यहाँ चल क्या रहा है? यहाँ पहले से कुछ ज्ञात है—कोई मान्यता, कोई संस्कार, कोई छवि, कल्पना या कहानी—जो झूठ है, मगर आप उसे सत्य मान लेते हैं। और उस झूठे ज्ञान को सत्य मानने के कारण आप डर रहे हैं। मगर जैसे ही आप उस भ्रम को भ्रम, मान्यता को मान्यता और कल्पना को कल्पना की तरह—यानी बंधन को बंधन की भाँति—जान लेते हैं, वैसे ही आप उससे मुक्त होने लगते हैं। क्या आप यह देख पा रहे हैं?

नयना जी: जी।

अचिंत्य: तो क्या आप अपने दैनिक जीवन में यह देख सकते हैं कि क्या-क्या है, जिसे आप पहले से मानकर चल रहे हैं—और इसीलिए बाहर भी उससे डर रहे हैं? जैसे, यदि आप स्त्री हैं, तो देखिए कि इस पहचान से संबंधित आपके भीतर कौन-सी मान्यताएँ, संस्कार और पूर्वाग्रह हैं। यदि आप उस रास्ते पर चल रहे हैं जिसे 'आध्यात्म की राह' कहते हैं, तो देखिए कि अध्यात्म को लेकर आपने कौन-कौन से पूर्वाग्रह पाल रखे हैं। आपने गुरुओं की छवियाँ बना रखी हैं—उनके पहनावे से, उनके आचरण और कर्मकाण्डों से, उनकी भाषा से। फिर कोई ढोंगी आकर वैसा ही पहनावा पहन लेता है, वैसी ही भाषा बोलने लगता है, उसी तरह के शब्दों का उच्चारण करता है—और आप उसे गुरु मान लेते हैं। क्या यह पूर्वाग्रह नहीं है? क्या यह एक छवि नहीं है? वह व्यक्ति कोई चोर, लुटेरा, हिंसक या पाखंडी भी तो हो सकता है। मगर फिर वही व्यक्ति आपसे कोई डरावनी बात कह देता है—और आप उससे डरने लगते हैं।

एक खास तरह की वेश-भूषा को, खास तरह के पहनावे को आप साधु-संत, ऋषि-मुनि का पहनावा मान लेते हैं। तो कोई भी व्यक्ति वैसा पहनावा धारण कर सकता है और आप उसे साधु या संत मान लेते हैं—और इस तरह आप धोखा खाते हैं। पर यह धोखा आपने क्यों खाया? क्या सामने वाले व्यक्ति ने आपको धोखा दिया? नहीं। आपके ही आत्म-अज्ञान ने, आपकी ही मान्यताओं और छवियों ने आपको धोखा दिया। यदि आप पहले से ऐसा न मान रहे होते, यदि आप अतीत के केंद्र से संचालित न हो रहे होते और वर्तमान के प्रति जिज्ञासा से भरे होते, तो सामने वाले के पहनावे को देखकर आप उसके सामने सिर न झुकाते। आप प्रश्न करते। आप देखते कि वह जानता-समझता भी है या नहीं—और यदि जानता है, तो उसका प्रमाण क्या है?

मगर वह सच्चा है या झूठा—यह आप कैसे जानेंगे, जब आप स्वयं ही भ्रमित हैं? यदि आप पहले ही इतना जानते-समझते होते, यदि तथ्य और झूठ की परख रखते, तो आपको उसके पास जाने की आवश्यकता ही नहीं होती। आप किसी भी तथाकथित गुरु या बाबा के पास क्यों जाते हैं? क्योंकि आप दुखी हैं, अशांत और परेशान हैं, भ्रमित हैं, बंधन और पीड़ा में हैं—और आप यह नहीं समझ पा रहे हैं कि यह सब क्यों हो रहा है? कैसे हो रहा है? इसलिए आप उनके पास जाते हैं। ठीक? तो असली ज्ञानी, असली गुरु की पहचान क्या होगी? वही—जो आपको इन भ्रमों से आज़ाद होने में सहायता करे, जो आपको आपके बंधनों

के प्रति सजग करे, जो आपको आपके दुख और दुख के कारणों के प्रति जागरूक करे, जो आपको आप तक लाए। यदि वह ऐसा कर पा रहा है, तो इससे कोई फर्क नहीं पड़ता कि उसका पहनावा कैसा है, उसकी उम्र क्या है, वह स्त्री है या पुरुष, किस भाषा में बात करता है, या किसी खास तरह का आचरण करता है अथवा नहीं—ये सब बातें बहुत कम महत्व की हैं। यदि वह बोधपूर्ण जीवन जी रहा है, तो उसके जीवन में जो कुछ भी होगा, उसका केंद्र बोध ही होगा।

वास्तव में आत्मज्ञान यदि होगा, तो वह आज़ाद भी होगा। और आज़ाद होने का अर्थ यह है कि अब वह किसी खास पहनावे या आचरण का गुलाम नहीं रहा, किसी खास संस्कृति, जाति, संप्रदाय या राष्ट्र का गुलाम नहीं रहा, किसी खास नियम-कायदे का गुलाम नहीं रहा, वह भ्रम और मान्यताओं का गुलाम नहीं रहा—तभी तो आज़ादी है। अब किसी बाहरी ढाँचे की आवश्यकता नहीं रहती; बोध ही प्रकाश की भाँति जीवन-पथ को प्रकाशित कर रहा होता है। यदि व्यवस्था बनाए रखने के लिए आपको नियम-कायदों, सज़ा और कानूनों की आवश्यकता पड़ती है, तो इसका अर्थ यही है कि अभी बोध का प्रकाश नहीं है। किसी सभा में यदि लोगों से कहा जा रहा है कि "शांत बैठिए", तो इसका अर्थ यह है कि लोग स्वयं इतने जागरूक नहीं हैं कि तत्क्षण देख सकें—क्या उचित है और क्या नहीं। तो अपने जीवन में देखिए—जिन बातों से आप डरते हैं, क्या आप उन्हें सचमुच जानते भी हैं, या बस मान लेते हैं कि वे डरावनी हैं, उनमें खतरा है, या ऐसा करने से कुछ बिगड़ जाएगा?

ध्यान से देखो कि क्या है जिससे आप डरते हैं, और देखो कि उसको लेकर क्या मान्यता है, जिसके कारण आप डरते हैं। जैसे—जहाँ आप झुकते हैं (सिर झुकाना / हाथ जोड़ना), वहाँ क्यों झुक जाते हैं? और जहाँ आप नहीं झुकते, वहाँ क्यों नहीं झुकते? जिनको आप अच्छा इंसान मानते हैं—उन्हें अच्छा क्यों मानते हैं? जिन्हें आप गलत मानते हैं—उन्हें ग़लत क्यों मानते हैं? जिन्हें आप धार्मिक मानते हैं—वे आपके लिए धार्मिक क्यों हैं? और जिन्हें आप धार्मिक नहीं मानते—उन्हें धार्मिक क्यों नहीं मानते? यह धर्म क्या है—क्या आप यह जानते भी हैं? इस "क्या, कैसे और क्यों" की खोज में ही हकीकत प्रकट होती है। इन्हीं "क्या, कैसे और क्यों" के भीतर भय, स्वार्थ, मान्यता, भ्रम, ईर्ष्या जैसे बंधन बैठे हुए हैं। उन्हें जानोगे, उनकी व्यर्थता को देखोगे—तो मुक्त होते जाओगे।

जो कुछ भी आप मानते हैं, उस पर सवाल उठाइए। किसी भी व्यक्ति को आप धार्मिक—क्या सिर्फ इसलिए मानते हैं कि आपको बता दिया गया है कि "ऐसा-ऐसा जो करता है, वही धार्मिक होता है"? जबकि जो कुछ भी वह व्यक्ति कर रहा है, उसके कारण यदि समाज में हिंसा हो रही है, भेदभाव फैल रहा है, शोर-शराबा बढ़ रहा है—तो फिर यह कैसी धार्मिकता हुई? धर्म तो भ्रम, भय, अज्ञान और दुःख से मनुष्य की मुक्ति के लिए होता है। यदि उस तथाकथित धर्म से मनुष्य के बंधन नहीं कट रहे, दुःख नहीं मिट रहा, भ्रम नहीं हट रहे, हिंसा नहीं रुक रही—बल्कि ये सब और अधिक बढ़ रहे हैं—तो वह धार्मिकता झूठी है। चाहे जो कुछ भी हो, यदि वह सत्य, बोध और आज़ादी को समर्पित नहीं है, तो वह व्यर्थ है

और बंधन ही बनेगा। इसलिए सवाल उठाओ।

एक और उदाहरण से देखिए कि किस प्रकार बोध (होश / जानना) मात्र आपको भ्रम, भय, बंधन और दुःख से आज़ाद कर देता है। मान लीजिए कि रात को आप घर से बाहर आँगन में या सड़क पर निकले हैं और बाहर अंधेरा है। रास्ते पर पड़ी है एक रस्सी या लकड़ी। अंधेरे के कारण वह आपको दिख तो रही है, मगर स्पष्ट नहीं—और प्रतीत ऐसी हो रही है जैसे कोई साँप पड़ा हो। अचानक उसे देखकर आप डर जाते हैं। ध्यान दीजिए—वह लकड़ी या रस्सी आपको साँप जैसी ही क्यों प्रतीत हुई?

क्योंकि साँप की छवि आपके पास पहले से (स्मृति में) मौजूद है और उससे आप पहले से ही डरते आए हैं। जैसे ही आँखों ने एक छवि देखी, उन्होंने सूचना तुरंत मस्तिष्क को भेज दी। मस्तिष्क में यदि कोई छवि है, तो उसके साथ कोई नाम भी जुड़ा होता है—कोई किस्सा, कहानी, जानकारी या अनुभव भी जुड़ा होता है। तो जैसे ही आँखों से वह छवि मस्तिष्क तक पहुँची, वहाँ तुरंत खोज-बीन शुरू हो गई। पाया गया कि इस छवि के साथ एक नाम जुड़ा है—"साँप"—और उससे जुड़ा अनुभव भी है, कि इससे डरना होता है। इसके साथ क्या व्यवहार करना है, क्या प्रतिक्रिया करनी है—यह सब भी वहाँ पहले से संस्कारबद्धता के रूप में मौजूद था। इसलिए जैसे ही उस रस्सी या लकड़ी की छवि साँप जैसी प्रतीत हुई, आपके भीतर डर उत्पन्न हो गया।

मगर जिसे आप साँप मान रहे हैं, वह तो केवल एक लकड़ी है, जो अंधकार के कारण साँप जैसी प्रतीत हो रही है। अतः डर तथ्य है—यानी डर तो लग रहा है, डर का अनुभव तो है—मगर डर का कारण वास्तविक नहीं है। आपने बिना जाने मान लिया कि यह साँप है और अतीत के सीमित अनुभव व जानकारी के आधार पर प्रतिक्रिया हो रही है कि इससे डरना है। और यदि वह सचमुच साँप ही होता, तो भी यह ज़रूरी तो नहीं है कि हम उसके साथ हमेशा वही व्यवहार करें जो आज तक करते आए हैं? वही पुरानी प्रतिक्रिया दोहराएँ? क्यों न हम जीवन की चुनौतियों को अभी और यहीं सीधे देखें और उनका सामना करें? क्यों न हर स्थिति को एक मौलिक उत्तर दिया जाए? लेकिन यह केवल तभी संभव है, जब आप यह देख पाते हैं कि जीवन अभी और यहीं है—इसी क्षण में है।

जब आप वर्तमान में पूरी तरह जागरूक होते हैं और "जो है" उसे सीधे देखते हैं—ना कि अतीत के आधार पर उसे नाम देते हैं या छवियाँ बनाते हैं—और जब आप यह देख पाते हैं कि वर्तमान जीवन का सामना अतीत के केंद्र से नहीं किया जा सकता, तब बोध रूपी प्रकाश आपका मार्गदर्शन करता है। तब प्रेम, सौंदर्य, करुणा और आनंद का उदय होता है। कोई व्यक्ति कल तक हिंसक रहा होगा, किन्तु यह संभव है कि उसने कुछ जाना हो और आज वह हिंसा के प्रति जागरूक हो। जरूरी नहीं है कि वह आज भी हिंसक ही हो। मगर यदि अभी भी मैं उसे अतीत के चश्मे से ही देखता हूँ, तो उसके वर्तमान को देख ही नहीं पाऊँगा, सम्यक संबंध नहीं बन पाएगा और इसीलिए वास्तविकता से चूक जाऊँगा—यही भ्रम, भय, बंधन और दुःख का कारण बनता है।

मान लेते हैं कि वह आज भी हिंसक ही है—तो भी मैं उसे अतीत के आधार पर आज हिंसक की तरह क्यों देखूँ? यदि वह आज भी हिंसक ही है और मैं होश में हूँ, तो इसी क्षण, अभी और यहीं, उसके व्यवहार, कर्म, शब्दों और प्रतिक्रियाओं से यह स्पष्ट दिखाई देगा कि वह हिंसक है। और वही बोध यह तय कर देगा कि अब उसके साथ संबंध कैसा होगा। "अंधों को अपने ही घर का रास्ता रटना पड़ता है, होश वालों के लिए तो मंज़िल का बोध मात्र ही पर्याप्त है। मुझे तो मुझ तक आना है—यही मेरा ठिकाना है। मुझे अतीत को ढोने की आवश्यकता नहीं है। अतीत सीमित, अपूर्ण, भ्रामक और मृत होता है; उससे पूर्ण और जीवंत कर्म नहीं आ सकते।"

जैसे बच्चे जवान हो जाते हैं और अभिभावक बूढ़े हो जाते हैं—न तन वही रहता है, न मन। मगर आत्म-अज्ञान के कारण दोनों को ही यह भ्रम रहता है कि वे वही हैं, जो बीस या चालीस वर्ष पहले थे। क्यों? क्योंकि नाम और रिश्ता वही है। इंसान बदल गए, मगर नाम नहीं बदला—और इसी कारण भ्रम बना रहता है कि कुछ बदला ही नहीं। इस तरह वे वर्तमान को अतीत के चश्मे से देखते हैं और न एक-दूसरे को समझ पाते हैं, न समझा पाते हैं—और केवल दुःख, हिंसा, शोषण, शक और संदेह पाते हैं, एक-दूसरे को अपने दुःख का कारण ठहराते हैं। जबकि समस्या बस इतनी है कि वे स्वयं को और जीवन को अभी और यहीं, निष्पक्षता और ईमानदारी से स्पष्ट नहीं देख रहे हैं। इसलिए अतीत के केंद्र से जीना हमेशा भ्रम, भय, बंधन और दुःख ही पैदा करता है।

अब साँप वाले उदाहरण पर फिर लौटते हैं। देखिए—अंधेरे में लकड़ी को देखकर भ्रमवश साँप की प्रतीति क्यों हुई? मस्तिष्क में सर्प की ही छवि, सर्प का ही नाम और उससे जुड़ी बातें ही क्यों उभरीं? कोई बिल्कुल नया नाम क्यों नहीं आया—जो किसी भाषा में कभी रहा ही न हो? किसी ऐसे जीव की छवि क्यों नहीं आई, जिसे आपने कभी देखा ही न हो? क्योंकि विचार स्मृति से आता है—और स्मृति अतीत है, सीमित है। इसलिए कोई भी विचार नया और पूर्ण नहीं हो सकता। आपका मस्तिष्क ऐसी किसी भाषा की कल्पना भी नहीं कर सकता, जिसे आपने कभी सुना या जाना ही न हो। इसलिए उस छवि (लकड़ी) को देखकर स्मृति ने उससे मिलती-जुलती प्रतिक्रिया कर दी। छवि जब मस्तिष्क तक पहुँची, तो भाषा में उस छवि से सम्बन्धित जो शब्द था, प्रतिक्रिया-स्वरूप वह उभर आया।

मगर कोई भी प्रतिक्रिया सत्य और पूर्ण नहीं होती—भ्रमवश हम ही उसे सत्य मान लेते हैं और इसीलिए धोखा खाते हैं, पछताते हैं और दुःख पाते हैं। इसीलिए भविष्य की कल्पना करना और उससे भयभीत रहना भी व्यर्थ है—और जीवन की बर्बादी है। विचार भविष्य को नहीं सोच सकता, क्योंकि भविष्य वास्तव में अतीत से उठा हुआ विचार ही तो होता है। भविष्य तो कुछ होता ही नहीं है—जो है, अभी और यहीं है—हम वर्तमान में अतीत के आधार पर भविष्य की कल्पना करते हैं और इस तरह वर्तमान में भी अतीत में ही जीते रहते हैं। अतः अतीत को ढोना, उसके आधार पर वर्तमान को जवाब देना और भविष्य की कल्पनाओं में जीना—यह सब केवल भ्रम, भय, बंधन और दुःख ही पैदा करता है।

हकीकत कभी भी वैसी नहीं हो सकती जैसी आप सोचते हैं, क्योंकि आपकी सोच सीमित और मृत है—जबकि हकीकत पूर्ण और जीवंत है। प्यास न अतीत को याद करके बुझती है, न भविष्य की कल्पना करके; प्यास बुझती है तो अभी—जल पीने से। तो जीलो न अभी, क्योंकि मनोवैज्ञानिक समय जैसा कुछ होता ही नहीं—"जो है, अभी और यहीं है।" वर्तमान ही जीवन है।

अब ज़रा गहराई से देखिए कि यह जो 'जानना' है, यह कोई बौद्धिक जानकारी इकट्ठा करना नहीं है। यह ऐसा नहीं है कि आपने किसी किताब में पढ़ लिया, किसी गुरु से सुन लिया, या किसी वीडियो में देख लिया—और आपको बोध हो गया। नहीं। बोध का अर्थ है—सीधे देखना। अभी और यहीं, बिना नाम दिए, बिना तुलना किए, बिना अतीत के चश्मे से। जब आप सीधे देखते हैं, तब कोई मध्यस्थ नहीं रहता—न विचार, न मान्यता, न स्मृति। और तभी वास्तविकता प्रकट होती है।

आप देखेंगे कि जीवन में अधिकांश भय ऐसे ही हैं, जैसे अंधेरे में पड़ी रस्सी। कोई धन को लेकर है भयभीत है, कोई संबंधों को लेकर, कोई भविष्य को लेकर और कोई मृत्यु को लेकर। लेकिन क्या आपने कभी वास्तव में देखा है कि आप किससे डर रहे हैं? या आप बस उस नाम से डर रहे हैं जो आपने उसे दे रखा है? जैसे—"असफलता", "लोग क्या कहेंगे", "अकेलापन", "बुढ़ापा", "मृत्यु"। इन सबके साथ आपकी स्मृति में पहले से छवियाँ जुड़ी हुई हैं—कहानियाँ, अनुभव, दूसरों की बातें, समाज की चेतावनियाँ आदि। और उन्हीं छवियों से डर पैदा होता है। आप जिस क्षण उस डर को सीधे देखते हैं, उसी क्षण आप पाते हैं कि वहाँ कुछ भी वैसा नहीं है जैसा आप मानते आए थे।

उदाहरण के लिए, आप कहते हैं—"मुझे अकेलेपन से डर लगता है।" लेकिन क्या आपने कभी अकेलेपन को जाना है? या आपने सिर्फ लोगों को यह कहते सुना है कि अकेलापन बहुत बुरा होता है? क्या आपने कभी बिना मोबाइल, बिना संगीत, बिना किसी से बात किए, चुपचाप अकेले बैठकर देखा है कि अकेलापन वास्तव में है क्या? यदि आप ईमानदारी से देखें, तो पाएंगे कि डर अकेलेपन का नहीं है—आप डरते हैं अकेले होने की कल्पना से, डर है स्वयं के साथ होने का। क्योंकि स्वयं के साथ होने का अर्थ है—अपने भीतर के झूठ, अपने डर, अपनी चालाकियाँ, अपनी अपूर्णताओं को देख लेना। और अहंकार यह देखने से डरता है। भीड़ आपको स्वयं से दूर कर देती है।

इसी तरह मृत्यु का भय है। क्या आपने मृत्यु को देखा है? नहीं। आपने मृत्यु के बारे में सुना है, पढ़ा है, फिल्मों में देखा है, दूसरों को मरते देखा है। आपने मृत्यु को एक घटना मान लिया है—और उस घटना के बारे में ढेर सारी कल्पनाएँ जोड़ ली हैं। लेकिन तथ्य यह है कि आपने मृत्यु को कभी जाना ही नहीं। आप केवल जीवन को जानते हैं—और वह भी अधूरा। फिर भी आप मृत्यु से डरते हैं। क्यों? क्योंकि 'मृत्यु' शब्द के साथ अंधकार, समाप्ति, अज्ञात, खो जाना, बिछड़ना जैसे शब्द और छवियाँ जुड़ी हुई हैं। यह भय मृत्यु का नहीं है, यह भय—झूठे, अधूरे और भ्रामक ज्ञान का परिणाम है।

यदि आप जागरूक होकर देखें, तो आप पाएँगे कि जीवन हर क्षण नया है, हर क्षण जन्म और मृत्यु से गुजर रहा है। एक विचार आया—और चला गया। वही उसकी मृत्यु है। एक भावना उठी—और ढल गई। वही उसकी मृत्यु है। बचपन गया, जवानी आई; जवानी जाएगी, बुढ़ापा आएगा। जो जा रहा है, वही मर रहा है। लेकिन आप उसे मृत्यु नहीं कहते, क्योंकि उससे आपकी पहचान जुड़ी हुई है। जहाँ पहचान जुड़ जाती है, वहीं भय पैदा होता है। इसलिए मूल प्रश्न यह नहीं है कि भय कैसे हटेगा। मूल प्रश्न यह है कि आप किससे अपनी पहचान बनाए बैठे हैं। जैसे ही पहचान किसी चीज़ से जुड़ती है—धन, पद, शरीर, विचार, धर्म, राष्ट्र, संबंध आदि—उसी क्षण भय का जन्म हो जाता है। क्योंकि वह छिन सकता है, बदल सकता है, समाप्त हो सकता है। और जो छिन सकता है, वह डराएगा ही। इसलिए भय कोई समस्या नहीं है; भय एक संकेत है कि आप कहीं न कहीं किसी झूठे आधार पर आश्रित हैं।

जब यह स्पष्ट दिखाई देने लगता है, तो आप भय से लड़ते नहीं हैं, उसे दबाते नहीं हैं, उससे भागते नहीं हैं—आप उसे देखते हैं। जैसे ही आप देखते हैं, वह अपना बल खो देता है। क्योंकि भय अंधेरे में फलता-फूलता है, प्रकाश में नहीं। बोध प्रकाश है। और प्रकाश में भ्रम टिक नहीं सकता। जो डराए, उसे पूरा जान लो। उसके प्रति भ्रम ही भय है। इसलिए जीवन को सुरक्षित बनाने की कोशिश मत कीजिए—जीवन को स्पष्ट बनाने की कोशिश कीजिए। सुरक्षा अहंकार चाहता है। सुरक्षा के पीछे दौड़ते रहोगे तो डर बना रहेगा, क्योंकि सुरक्षा कभी पूरी नहीं होती। लेकिन स्पष्टता आ जाए, तो असुरक्षा भी डरावनी नहीं लगती। भय का अंत संघर्ष से नहीं, समझने से होता है। बंधनों का अंत त्याग से नहीं, बोध से होता है। और आज़ादी कोई भविष्य की उपलब्धि नहीं है—जिस क्षण आपने भ्रम को भ्रम की तरह देख लिया, उसी क्षण आज़ादी है। आज़ादी अर्थात् होश में जीना।

एक और उदाहरण लेते हैं। एक पक्षी (यानी जीव) है, जो पिंजरे—यानी बेहोशी, भ्रम, बंधन, दुःख और आत्म-अज्ञान—में ही पैदा होता है। फिर जीवन में भी वही सब पाता है, क्योंकि जिन्होंने उसे जन्म दिया, वे भी पिंजरे में ही थे। जब यह बच्चा पैदा हुआ, तो यह पिंजरे में पैदा हुआ, पिंजरे में ही पला-बढ़ा। इसको जन्म देने वालों की भी पिंजरे में ही मृत्यु हो जाती है। कभी-कभी यह उड़ने की कोशिश करता भी है, तो इसको उड़ने नहीं दिया जाता। इसके खाने-पीने, रहने-सोने जैसी लगभग सभी चीज़ों की व्यवस्था पिंजरे के भीतर ही कर दी जाती है। कुछ समय बाद इसने उड़ने का प्रयास करना ही बंद कर दिया, क्योंकि बिना मेहनत के सब कुछ आसानी से मिल रहा था और इसने पिंजरे को ही अपना घर मान लिया।

कभी-कभी यह बाहर देखता है, तो पाता है कि कुछ पक्षी हैं जो उड़ रहे हैं, संघर्ष कर रहे हैं, कुछ खोज रहे हैं—शायद दाना-पानी और आज़ादी। तो उन्हें देखकर यह पक्षी अब ऐसा नहीं कहता कि "मुझे भी उड़ना है", बल्कि यह कहता है—"देखो, मेरी ज़िंदगी कितनी बढ़िया है। मुझे कोई मेहनत नहीं करनी पड़ती, कोई संघर्ष नहीं करना पड़ता और सब कुछ बैठे-बिठाए मिल जाता है। देखो, मेरा नौकर (यानी शोषण-कर्ता) मुझे रोज़ दाना-पानी लाकर देता है। आराम से बैठकर खाता-पीता हूँ। और देखो मेरी शान, कि मुझे न आसमान में उड़ना पड़ता

है, न ही आसमान में उड़ने के लिए अपने पंखों का प्रयोग करना पड़ता है। मेरा पिंजरा इतना मज़बूत है कि पक्षी तो छोड़ो, यह बिल्ली भी मेरा कुछ नहीं बिगाड़ सकती, क्योंकि मेरे पिंजरे के भीतर वह आ नहीं सकती। तो मैं सुरक्षित हूँ। ज़रा बाहर के पक्षियों को देखो—कैसे उनके शरीर पर मिट्टी लगी हुई है, शरीर पर घाव हैं। बाहर कितना अधिक खतरा है, कोई भी आकर उन्हें मार सकता है।"

तो इस तरह से यह जो पक्षी है, इसने अपने बंधनों को ही अपनी पहचान बना लिया। बंधनों को ही सुख-सुविधा, आराम और सुरक्षा मान लिया। अब इसका जो मालिक है—जिसे यह अपना सेवक मानता है—वह यदि पिंजरे का दरवाज़ा भी खोल देता है, तो यह पक्षी उड़कर कहीं नहीं जाता। क्योंकि गुलामी के लंबे अभ्यास ने इसको यह एहसास दिलाना ही बंद कर दिया है कि यह बंधन में है—उड़ना इसकी प्रकृति है और आज़ादी इसका स्वभाव है। मगर इसके बावजूद भी एक बेचैनी इसके भीतर बनी रहती है। अपूर्णता और खोखलापन इसे भी महसूस होता है।

बाहर के पक्षियों को मस्ती करता और खेलता हुआ जब यह देखता है, तो कई बार यह भी महसूस करता है कि बाहर वाले क्या सचमुच इतनी मौज में हैं? क्या इनको डर नहीं लगता? या भय के बावजूद ये मौज में हैं? यह लाख छुपाए, मगर ज़िंदगी इसे झटके देती है और जब भी अन्य पक्षियों को आज़ाद देखता है, तो अक्सर इसे अपने ऊपर भी संदेह होता है कि कहीं मैं ही तो गुलाम नहीं? मगर जहाँ इसे बिल्ली से सुरक्षा मिल रही हो, उस पिंजरे को यह पक्षी किसी बंधन की तरह कैसे स्वीकार कर सकता था? जहाँ बिना मेहनत किए अथवा थोड़ी मेहनत करके इसे खाने-पीने और रहने को मिल रहा हो, कैसे कह सकता था कि यही तो मेरा बंधन है? जिस पिंजरे के कारण इसे आंधी-तूफ़ान, बरसात और धूप का सामना नहीं करना पड़ रहा था, उसे कैसे कह सकता था कि यह जेल है?

यह पक्षी कौन है? यह हम हैं। क्या यह पक्षी अपने बंधनों को बंधन कह पाएगा?

नयना जी: शायद नहीं। मगर बंधन महसूस तो वह भी करता ही है।

अचिंत्य: हाँ, मगर इसके भीतर जो बेचैनी है, जो अपूर्णता यह महसूस कर रहा है—उससे कब और कैसे मुक्ति मिलेगी? जब यह वास्तव में आज़ाद होगा। और यह वास्तव में आज़ाद कब होगा? जब यह अपने बंधनों को बंधन की भाँति जानेगा। जब यह ख़ुद चाहेगा। कोई भी आपको जबरन आज़ाद नहीं कर सकता। सत्य, बोध और आज़ादी की राह पर पहला कदम तो इसे ही उठाना होगा। आज़ादी से प्रेम ही इसे आज़ाद कर सकता है। अन्यथा दरवाज़े खुले होंगे और आप फ़िर भी जान-बूझकर पिंजरे में सोते रह सकते हैं।

जिस तरह इस पक्षी के बंधनों को आप तो शायद देख पा रहे हैं, मगर यह पक्षी ख़ुद नहीं देख पा रहा है। उसी तरह अपने आप को भी, अपनी ज़िंदगी को भी अपने से थोड़ा अलग होकर देखिए—थोड़ा दूर हटकर और ईमानदारी से देखिए। अपनी ज़िंदगी को ऐसे देखिए जैसे किसी अन्य की ज़िंदगी देख रहे हों। और देखिए कि जिसे आप सुख-सुविधा मान रहे हैं, सुरक्षा मान रहे हैं, जिसको आप अपना सेवक मान रहे हैं—कहीं वही तो आपका शोषक

(बंधन) नहीं है! ज़रा देखिए तो कि जो कुछ भी आपको मिल रहा है, उसके बदले में आप क्या-क्या और कितनी कीमत चुका रहे हैं। बस यही मत देखिए कि आपको मिल क्या रहा है—यह भी देखिए कि जो कुछ मिल रहा है, उसके बदले में आप क्या कीमत चुका रहे हैं।

अब देखिए इस पक्षी के अज्ञान को और अपने आत्म-अज्ञान को भी; पक्षी सोचता है कि बिल्ली मेरे लिए खतरा है, कुत्ता मेरा दुश्मन है, और केवल इस पिंजरे की वजह से ही मुझे इन सबसे सुरक्षा मिल रही है—इसलिए पिंजरा मेरा बंधन नहीं हो सकता। एक बात बताइए—इस पक्षी को आसमान में उड़ने के लिए क्या बहुत संघर्ष करना पड़ता है?

नयना जी: नहीं। जैसे हम चलते हैं, वैसे ही वह भी उड़ता है।

अचिंत्य: क्योंकि उड़ना तो इस पक्षी का प्राकृतिक स्वभाव है, और उस स्वभाव में जीने के लिए संघर्ष नहीं करना पड़ता। उसके लिए उड़ना सहज है—जैसे आपके लिए चलना, नदी के लिए बहना। संघर्ष वहाँ करना पड़ता है जहाँ आप अपनी प्रकृति और स्वभाव के विपरीत कुछ करते हैं; अन्यथा जो होता है, वह सहज ही होता है। श्वास लेना शरीर की प्रकृति है। क्या श्वास लेने में कोई संघर्ष करना पड़ता है? या जब आप श्वास को रोकते हैं, तब संघर्ष करना पड़ता है? श्वास को रोकने में संघर्ष करना पड़ता है। कान की प्रकृति है कि उनसे सुनाई देगा—यदि वे स्वस्थ हैं, तो। तो सुनने के लिए संघर्ष नहीं करना पड़ता है, संघर्ष होता है कान को बंद करने में। उसी प्रकार, पक्षी की प्रकृति है कि वह उड़ेगा। उसी प्रकार आज़ादी आपका स्वभाव है। वह तो सहज उपलब्ध है—यदि आप बंधनों को न पकड़ें तो। बंधनों से आपका क्षुद्र और झूठा स्वार्थ ही आपको आज़ाद नहीं होने देता है।

तो पहली बात—वह जिस डर से ग्रसित है, जिस बात की कल्पना करके वह भयभीत हो रहा है कि "कैसे उड़ूंगा, कैसे इतनी मेहनत करूंगा, कैसे इतना संघर्ष करूंगा"—जिस चीज़ से वह डर रहा है, वह चीज़ वैसी है ही नहीं। यह बस इसलिए कल्पना कर रहा है, इसलिए डर रहा है, क्योंकि यह मैदान में कभी उतरा ही नहीं, आसमान में इसने उड़ान कभी भरी ही नहीं। और जब भी इसने भरने की कोशिश की, तो यह भर नहीं पाया, क्योंकि बहुत लंबे समय तक पिंजरे में रहने के कारण इसके पंख कमज़ोर हो गए। इसके पंख कभी मज़बूत हो ही नहीं पाए, क्योंकि यह पैदा ही पिंजरे में हुआ था। और क्या यही हालत हम सब (इंसान) की भी नहीं है? हम भी उससे ही डरते हैं जो हमारी प्रकृति और स्वभाव है—जो सहज और सरल है। देह प्रकृति है और आज़ादी स्वभाव है।

मगर चूँकि हम सब (समय, संयोग, शरीर, स्थान और समाज-रूपी) पिंजरे में ही पैदा होते हैं, इसलिए एक आज़ाद ज़िंदगी को जब हम सामने देखते हैं—किसी आज़ाद इंसान को जब हम देखते हैं—तो हमें लगता है कि इसके जैसा हम कैसे जी पाएंगे? कैसे हम इतना संघर्ष कर पाएंगे? कैसे हम उस सब से मुक्त हो पाएंगे जो कुछ हमने पकड़ रखा है? और इस तरह हम भी उस पक्षी की भाँति ही भयभीत और बेईमान होकर पिंजरे में ही पड़े रहते हैं। हमने कभी आज़ादी का स्वाद चखा ही नहीं, लेकिन जो आज़ाद है उसकी ज़िंदगी को देखकर हम भयभीत हो जाते हैं। क्यों? क्योंकि जिन इंद्रियों से आप देख रहे हैं, जिस मस्तिष्क से आप

उसे अर्थ दे रहे हैं—वह देखने-सुनने के लिए मुक्त ही नहीं है, वह संस्कारबद्ध है।

मगर वह आपका ही भाई है, आपका ही दोस्त है, आपके ही जैसा है। और यदि वह सत्य के साथ आज़ाद होकर जी सकता है, तो आप क्यों नहीं? यदि वह पक्षी उड़ सकता है, तो आप क्यों नहीं? तो पहली बात—जिस संघर्ष से, जिस ज़िंदगी से, जिस उड़ान से आप डर रहे हो, वह आपकी केवल कल्पना है। और वह कमज़ोरी जो आपको महसूस हो रही है, वह इसलिए हो रही है क्योंकि आपने कभी उड़ने का प्रयास ही नहीं किया। और यह भ्रम केवल होशपूर्वक प्रयोग करने से ही हट सकता है, चुनौती का सामना करने से ही हट सकता है। दूसरी बात यह कि—जिस बिल्ली और कुत्ते को आप अपना दुश्मन मान रहे हो, अपने लिए खतरा मान रहे हो—वह आपके लिए खतरा है ही नहीं। क्योंकि आपका घर है आसमान और बिल्ली-कुत्ते का घर है ज़मीन। वे ज़मीन पर चलते-फिरते हैं, घूमते हैं, और आप तो आसमान में उड़ने वाले पंछी हो, पेड़ पर सोने वाले और फल खाने वाले हो। आपको उनसे क्या खतरा है? आपको उनसे क्यों भयभीत होना है? वह आपके दुश्मन कैसे हो गए?

तो देखो अपनी ज़िंदगी में—सत्य की जिस मुक्त उड़ान से आप डरते हो, जिस संघर्ष के बारे में सोचकर परेशान होते हो—कहीं ऐसा तो नहीं कि केवल वही उड़ान और वह संघर्ष ही आपको आनंद दे सकता है? मगर आप डर रहे हो सिर्फ इसलिए क्योंकि आप कभी उसमें उतरे ही नहीं। सत्य में जीने वाले को सत्य से ही बल मिलता है; सत्य ही उसका बल है। देखो, जिन बातों को लेकर आप डर रहे हो, जिनको आप अपने लिए ख़तरा महसूस करते हो, जिस अस्तित्व से आप भयभीत हो—क्या वास्तव में वह आपके लिए ख़तरा है? क्या वास्तव में वह आपका दुश्मन है? या बस आप ऐसा मानते हो?

जो दुश्मन नहीं हैं, जो ख़तरा नहीं हैं—यह पक्षी केवल अज्ञानवश उन्हें अपने लिए दुश्मन और ख़तरा मान रहा है। जिस आसमान की उड़ान इसकी सहज प्रकृति और नियति है, उसी को यह परेशानी और ख़तरा मान रहा है। और इसके पंखों की कमज़ोरी को यह अपनी पहचान मान रहा है—जबकि इसके पंख कमज़ोर सिर्फ इसलिए हैं क्योंकि इसने उड़ने का कभी प्रयास ही नहीं किया। अन्यथा उड़ने की काबिलियत तो हर पक्षी में है। पक्षी का मतलब ही है—वह, जो विराट आकाश में उड़ने के लिए ही पैदा हुआ है। मगर देखो, कैसे आत्म-अज्ञान उस पक्षी को पिंजरे का गुलाम बना देता है; कमज़ोर बना देता है; भयभीत, झूठा और बेईमान बना देता है। इसलिए बंधनों को बंधन ही जानना ज़रूरी है, क्योंकि बंधनों का बोध ही मुक्ति है। कौन-सी स्त्री है, कौन-सा इंसान है, जो अपने दम पर नहीं जी सकता? एक चींटी भी अपने दम पर जीती है। वह भी भूखी-प्यासी नहीं मरती; उसकी भी व्यवस्था प्रकृति ने की है। मनुष्य ज़रूर प्रकृति के साथ छेड़छाड़ कर रहा है, जिसके कारण अन्य सभी प्रजातियों और पशु-पक्षियों को समस्याएँ हो रही हैं, मगर प्रकृति की तरफ़ से कोई समस्या, कोई ख़तरा, कोई चुनौती नहीं है। प्रकृति निष्पक्ष है।

फिर यह भी देखिए कि कौन-सी चीज़ें हैं जो इस पक्षी (और मनुष्य) के भीतर भय और लालच पैदा कर रही हैं। जब यह पक्षी उड़ने का प्रयास करता है, तब जिसे यह अपना

सेवक मानता था, वही अपना असली चेहरा दिखाता है और कहता है—"अगर तुम उड़े, तो मैं तुमसे सारी सुख-सुविधाएँ, सुरक्षा और आराम छीन लूँगा।" आज़ाद ज़िंदगी जिओगे तो कहा जाएगा कि आपका पिंजरा आपसे छीन लिया जाएगा। और पक्षी इस बात से डर जाता है, क्योंकि वह सोचता है—"आज तक मैं आसमान में कभी उड़ा नहीं, भोजन-पानी कभी खोजा नहीं, हवाओं का कभी सामना नहीं किया।" और ऐसे ही अनेक ख़याल उसे डराते हैं। और यह बिल्कुल तथ्य है कि जब वह पहली बार उड़ेगा या उड़ने का प्रयास करेगा, तो उसे समस्याएँ आएँगी। भोजन खोजने में दिक्कत होगी; कैसे हवाओं का सामना करना है, कैसे गर्मी और बारिश से निपटना है, कहाँ से पानी खोजना है—इन सबमें उसे समस्या ज़रूर होगी। लेकिन जैसे-जैसे वह आगे बढ़ता जाएगा, ये समस्याएँ उसके लिए समाप्त होती चली जाएँगी।

मगर जब यह पक्षी उड़ने का प्रयास करने की सोचता भी है, तो एक तरफ़ इसके भीतर इन चुनौतियों और अनिश्चितताओं को लेकर भय उत्पन्न होता है, और दूसरी तरफ़ वही सारी सुख-सुविधाएँ, सुरक्षा के इंतज़ाम और आराम—इसे लुभाते भी हैं और छूटने को लेकर डराते भी हैं। तो यह उड़ता ही नहीं। इसे एक सच्ची, आज़ाद और बेपरवाह ज़िंदगी की अपेक्षा गुलामी की झूठी, शोषित, बेहोश और सीमित ज़िंदगी ही लुभाती है। मगर उन सबके बावजूद—यदि जीवन में शांति और सुकून नहीं है, आज़ादी नहीं है, जीवन में आसमान नहीं है, मुक्त उड़ान नहीं है—तो किस काम की वे सुख-सुविधाएँ, वह सुरक्षित और लंबी ज़िंदगी?

ज़िंदगी इसलिए थोड़ी नहीं है कि स्वभाव आसमान है और जी रहे हैं किसी पिंजरे में क़ैद होकर। पक्षी का स्वभाव यदि आसमान है, तो वह आसमान में उड़े। और हाथी का स्वभाव यदि जंगल में चिंघाड़ना और मस्त-मलंग होकर विचरण करना है, तो क्यों क़िसी छोटी-सी खूंटी को अपनी नियति मानकर उसी से बँधा रहे? तो लालच भी उठेगा। लेकिन यह जो लालच उठ रहा है—ये जो सुख-सुविधाएँ, सुरक्षा और आराम आपसे कह रहे हैं कि "हम ज़्यादा ज़रूरी हैं, आज़ादी नहीं"—जिन्हें आप बंधन नहीं समझते, क्या आप देख पा रहे हैं कि यही तो असली बंधन हैं, जो आपके मालिक बनकर बैठे हैं? और यदि इन्हें आप बंधन की तरह ही देख पा रहे हैं, तो अब आप ही देखिए कि आपको आज़ादी प्यारी है या बंधनों की गुलामी?

यदि आप सचमुच देख पाते हैं कि यही तो असली बंधन हैं—इन्हीं के कारण ज़िंदगी बेचैन है, भीतर अपूर्णता है, आज़ादी और सुकून नहीं है—जिसे मैं आज़ादी मान रहा था, वही वास्तव में बंधन है—तो फिर आप आज़ाद होते जाते हैं। आज़ादी के प्रति आपके भीतर प्रेम जागता है, और फिर उन सब सुख-सुविधाओं, सुरक्षाओं इत्यादि के प्रति कोई आसक्ति नहीं रहती। वे हैं तो हैं, नहीं हैं तो नहीं हैं—मगर अब वे मालिक नहीं हैं। जिसे आज़ादी से प्रेम होता है, उसके लिए बाकी सब चीजें बहुत कीमती नहीं रहती। फिर उसके लिए कोई भी चीज आज़ादी से बड़ी नहीं रहती। फिर एक दिन पक्षी मौक़ा देखता है और उड़ जाता है। उसे भय भी दिखाया जाता है—कि बाहर देखो, चील, गिद्ध और कौवे हैं; इंसान हैं; इतना बड़ा आसमान है; आँधी-तूफ़ान और धूप है—बहुत ख़तरा है! डराया भी जाता है। लेकिन अब उसे आसमान से प्रेम है और वह

जानता है कि मुक्त उड़ान ही उसकी प्रकृति और नियति है। और वह यह भी जानता है कि अस्तित्व उसके (आपके) लिए ख़तरा नहीं है। और वह उड़ जाता है। न लालच उसे बाँध पाता है, न भय रोक पाता है।

नयना जी: पंछी झटके मार रहा है पिंजरे की दीवारों को।

अचिंत्य: (हँसते हुए) खून भी बहेगा—किसी और का नहीं, अपितु ख़ुद का ही। और यही कीमत है। तन भी टूटेगा और मन भी। मगर आप प्रेम के सहारे भिड़े रहना। यह मत कहना कि "पूरी कोशिश कर ली, लेकिन पिंजरा टूट नहीं रहा, न ताला खुल रहा है।"

अगर पिंजरा भी है और आप भी बचे हुए हो, तो इसका अर्थ यही है कि आपने पूरी कोशिश अभी की ही नहीं है। पूरी कोशिश तब हुई होती है, जब या तो पिंजरे को तोड़कर आप बाहर निकल गए होते, अथवा पिंजरे को तोड़ने के प्रयास में आप इतना टूट चुके होते कि आप ही नहीं रहते। अगर पिंजरा भी है और आप भी हो, तो इसका अर्थ है कि कुछ है जो आपको आज़ादी से भी ज़्यादा प्यारा है—आपने ख़ुद को बचाया है। ईमानदारी से अपनी हक़ीक़त देखिए। ख़ुद से झूठ मत बोलिए कि आपकी हालत क्या है। और उस आज़ादी के प्रति प्रेम रखिए—यह कहकर कि "मुझे ऐसे नहीं रहना है; अब या तो आज़ाद जीना है, या आज़ादी के लिए जीना है।" आज़ादी किससे? ख़ुद से—अपनी ही निर्मित सीमाओं से, अपनी ही कमज़ोरियों और मूर्खताओं से, अपनी ही चालाकियों, नकली चेहरों और झूठी, जर्जर हस्ती से। मगर इसके लिए इन सबका पता होना भी ज़रूरी है। अन्यथा अपने बंधनों को ही हम न जाने क्या-क्या और मीठे-मीठे नाम देकर पूजते रहते हैं। तो बंधनों को बंधन जानने का सूत्र यही है—ईमानदारी से अपनी दैनिक ज़िंदगी का अवलोकन करना; स्वयं को लेकर ख़ुद से बिल्कुल झूठ न बोलना; और उस गुलाम जीवन से आज़ादी के प्रति प्रेम रखना।

हाथी के माध्यम से और थोड़ा बताता हूँ, वह भी इसी तरह है—पक्षी की (यानी हमारी) ही भाँति। बचपन से उसको ज़ंजीरों में बाँधा गया। पहले जब उसमें ताक़त कम थी, तो वे ज़ंजीरें उसे बहुत मज़बूत लगती थीं। वह उनको तोड़ नहीं पाता था। लेकिन जब वह बड़ा हो गया, विशाल हो गया, ताक़तवर हो गया—इतना ताक़तवर कि उन ज़ंजीरों को एक झटके में बड़ी ही आसानी से तोड़ सकता है—तो भी वह उन्हीं ज़ंजीरों से बँधा रहता है। ज़ंजीरें वे ही हैं और हाथी बलवान है, मगर फिर भी वह उन ज़ंजीरों को नहीं तोड़ता। क्यों? क्योंकि वह मान चुका है कि वह इन ज़ंजीरों को नहीं तोड़ सकता। यही उसकी नियति है, और इन्हें तोड़कर जाएगा भी कहाँ, और कहीं जाएगा भी तो जिएगा कैसे? इस तरह के भ्रम और भय उसके भीतर भर दिए गए हैं और बहुत सारे उसी ने कल्पित कर लिए हैं।

देखा होगा न आपने कि किस तरह हाथियों को एक साधारण-सा इंसान अपने नियंत्रण में कर लेता है? कैसे कर लेता है? शारीरिक रूप से तो हाथी दर्जनों मनुष्यों के क़ाबू में न आए इतनी ताक़त रखता है, मगर एक-दो व्यक्ति मिलकर उस हाथी को अपने इशारे पर कैसे नचा लेते हैं?—उसके मन को गुलाम बनाकर। और मन को गुलाम बनाया जा सकता है—केवल मान्यताओं, विश्वासों, संस्कारों, भय और लालच आदि के माध्यम से।

तो हाथी जब छोटा था, कमज़ोर था, तब बार-बार प्रयोग करवा-कर उसके भीतर यह भ्रम बैठा दिया गया, यह मान्यता बैठा दी गई कि—"तुम इतने कमज़ोर हो कि इस पतली-सी ज़ंजीर को भी नहीं तोड़ सकते।" और फिर उसे एक साधारण-सी खूंटी से बाँध दिया जाता है—तो भी वह कहीं नहीं भागता, उसे तोड़ने का प्रयास तक नहीं करता। अन्यथा वह इतना बलवान है कि उसे प्रयास करने की भी आवश्यकता नहीं है—बस हल्का-सा झटका देना ही पर्याप्त है और वह उससे आज़ाद हो जाएगा। पर चूँकि उसका असली बंधन भीतर है—उसकी मान्यताएँ—इसलिए जब तक उसका भ्रम नहीं हटेगा कि वह कमज़ोर नहीं है, वह इस तरह जीने के लिए पैदा नहीं हुआ है, उसका घर तो जंगल है—तब तक वह न तो उस ज़ंजीर के ख़िलाफ़ विद्रोह करेगा, न वह उस सबको छोड़ पाएगा जो उसे मिल रहा है।

तो उसका भय, लालच, सुख-सुविधाएँ, कल्पनाएँ और उसकी मान्यताएँ—यही सब उसके लिए बंधन बन जाते हैं, उसे आज़ाद होने से रोक लेते हैं; कुछ उसे लुभाता है, तो कुछ डराता है। और ये सब उसी क्षण समाप्त होने लगते हैं, जब हाथी को यह बोध होता है कि—"मेरी प्रकृति है जंगल में मस्त-मलंग होकर मौज करना, घूमना-फिरना, नदियों में नहाना और चिंघाड़ना। और मुझे बल अर्जित करने की कोई आवश्यकता नहीं है—बलवान तो मैं हूँ ही; इस ज़ंजीर को एक झटके में तोड़ देने की ताक़त मुझमें है।" यदि हाथी को इसका बोध हो जाए—तो क्या वह गुलाम बनकर रह सकेगा? नहीं। कभी नहीं।

पर चूँकि वह अपने बंधन को बंधन नहीं स्वीकार करता—बल्कि उसे अपनी ज़िंदगी, अपनी क़िस्मत, अपना भाग्य और अपनी नियति मान लेता है; अपने पिछले जन्मों के कर्मों का फल मान लेता है—इसलिए इस ज़िंदगी में दुख सहता रहता है, गुलामी सहता रहता है और शोषित होता रहता है। क्या यही मनुष्य की—यानी हमारी भी—हालत नहीं है? कहीं वह अंधविश्वास से भरा हुआ है, कहीं उसकी मान्यताएँ हैं, कहीं वह भ्रमित है, कहीं भयभीत है, कहीं कल्पनाओं में जी रहा है—और एक नर्क जैसी गुलामी की ज़िंदगी जिए जा रहा है। कोई पाखंडी आता है और कहता है, "यह तुम्हारे पिछले जन्मों के कर्मों का फल है—इसे भुगतो।" और आप भुगतते रहते हो; शोषित होते हो; दुख, बंधन और पीड़ा झेलते रहते हो। जिन पीड़ाओं से इसी जीवन में जीते-जी मुक्त हुआ जा सकता है, उनको भी आप जीवनभर सकते रहते हो। सिर्फ़ इसलिए क्योंकि आप जानने-समझने को महत्व नहीं देते हो। आप साधु, संतों और ज्ञानियों की छवियाँ बना कर बैठे हो। समाज, संस्कृति और इन तथाकथित बाबाओं ने—प्रचलित शिक्षा और पारिवारिक व्यवस्था ने—आपके भीतर मान्यताएँ बैठा दीं, और आप उनका पालन किए जा रहे हो।

दुनिया ने आपको कुछ पहचानें दे दीं—आप उन्हें अपनी पहचान मान लेते हो। दुनिया सम्मान देती है तो आप खुश हो जाते हो, और कुछ अपशब्द कहती है तो अपमानित महसूस करते हो और दुःखी हो जाते हो। सम्मान मिलने पर खुश होते हो—उसे बंधन नहीं जानते; इसलिए अपमानित होने पर दुःखी भी होते हो। आप दुःख से मुक्ति चाहते हैं, मगर सुख छोड़ना नहीं चाहते—यही भ्रम और यही बंधन है। क्योंकि जिसे आप सुख मानकर बचा लेते

हैं, वही दुःख बन जाता है। जिन मुद्दों को लेकर आप आज दुःखी हैं, ज़रा देखिए—उनसे कभी सुख का रिश्ता भी रहा होगा, और शायद अभी भी है; अन्यथा वह मुद्दा आपके जीवन में होता ही क्यों?

तो जो उदाहरण हमने देखे—हाथी का, पिंजरे के पक्षी का, साँप का और भूत के पेड़ का—इन सबमें समान क्या है? इन सबमें लालच है। अपने बंधनों के आधार में बैठे स्वार्थ और लालच को देखिए। इन सबमें सुख-सुविधाओं और सुरक्षा का थोड़ा-बहुत इंतज़ाम है, आराम है। देखिए कि ये सब आपको कहाँ से मिल रहा है, और फिर देखिए कि कहीं यही सब आपका बंधन तो नहीं है?देखिए कि आप कहाँ भयभीत होते हैं? कौन आपको भयभीत करता है? और आप भयभीत क्यों हो जाते हैं? देखिए कि भीतर वह कौनसी चीज है, जो भय का कारण बन रही है। फिर यह भी देखिए कि जिन बातों को लेकर आप भयभीत रहते हैं—क्या वास्तव में उनसे डरने की कोई आवश्यकता है भी? और क्या आप सचमुच जानते हैं कि वे आपके लिए ख़तरा हैं? या आप बस ऐसा मानते हैं क्योंकि आपने ऐसा सुना है—किस्सों और कहानियों में, भयभीत और भ्रमित लोगों के मुँह से?

तो आप चाहे स्त्री हों या पुरुष, विद्यार्थी हों या नौकरी करते हों; आपका परिवार हो या कोई काम-धंधा—चाहे आप ख़ुद को जो भी मानते हों, चाहे स्वयं को आध्यात्मिक व्यक्ति ही क्यों न मानते हों—अपने बंधनों को पहचानिए। और जो भी बंधन हैं, उनके मूल में जाइए। यदि बाहर कोई बंधन दिख रहा है, तो देखिए कि वह भीतर कहाँ से आ रहा है। उसके पीछे कौन-सी मान्यताएँ हैं, कौन-सा संस्कार या पूर्वाग्रह है? कौन-सा भय है और कौन-सा लालच? और जब आप इनके प्रति सजग होते हैं—तो स्वाभाविक है कि आप इनसे मुक्त होते चले जाते हैं।

हाथी और पक्षी यदि देख लें कि उन्हें जो मिल रहा है, वह बहुत छोटा है—और जो मिल रहा है, उस क्षुद्र को लेने के बदले में वे उससे चूक रहे हैं जो विराट है, जो अनंत है—तो उनकी मुक्ति के द्वार खुल जाते हैं। पर चूँकि उन्होंने उस विराट का आनंद कभी चखा ही नहीं, इसलिए उन्हें (यानी आपको भी) ऐसा लगता है कि जो पहले से ही मिला हुआ है, जो संसार हमने रचा-बसा रखा है, जो ज्ञात है—उसे छोड़े बिना ही यदि वह स्वाद चखने को मिल जाए, तो वे इसको छोड़ देंगे। क्योंकि यहाँ—पिंजरे में, बेड़ियों में—बहुत कुछ निश्चित है। पिंजरे में कुछ सुख-सुविधाएँ और सुरक्षा है। कुछ निश्चितता है। बाहर की सुख-सुविधा और सुरक्षा—आप सुनिश्चित करवा दें, तो हम इसको छोड़ देंगे। क्या आप ऐसा नहीं सोचते हैं?

नयना जी: हाँ, ऐसा सोचते तो हैं। शायद इसीलिए फिर बंधनों को छोड़ते-छोड़ते हम दोबारा उन्हें और अधिक कसकर पकड़ लेते हैं।

अचिंत्य: हम निश्चितता तलाशते हैं, मगर आज़ादी ऐसी नहीं है। उस आज़ादी का कोई अर्थ नहीं—जहाँ पहले ही सब कुछ निश्चित हो, जहाँ सुख-सुविधा-सुरक्षा सब तय हो। आज़ादी केवल तब है जब सब कुछ मौलिक हो, नूतन हो; और ऐसा केवल तभी हो सकता है जब पहले से कुछ भी तय न हो। असुरक्षा में जीना ही असली आज़ादी है। जो व्यक्ति

असुरक्षा के बीच भी आज़ाद नहीं है, वह सुरक्षा का गुलाम हो जाएगा—सुरक्षा देने वाले विषयों पर निर्भर हो जाएगा और उनसे आसक्त हो जाएगा; अतः उनके छिन जाने अथवा नष्ट हो जाने के भय में जिएगा—और भय ही तो पीड़ा है। सुख और सुविधा की परवाह न करने में ही आज़ादी है, किन्तु इसका अर्थ यह बिल्कुल नहीं है कि आप बेवजह ही ख़ुद को सुख-सुविधाओं से वंचित करें या ख़तरे खड़े करें। केवल सत्य (आज़ादी) की परवाह करें—फिर सुख-सुविधाएँ और सुरक्षा मिलें तो ठीक, न मिलें तो भी ठीक।

इसलिए केवल यही मत देखिए कि आपको मिल क्या रहा है। यह भी देखिए कि जो मिल रहा है—उसे लेते रहने के बदले में आप अपने जंगल, नदी और पहाड़ से हाथ धो रहे हैं; आप अपने आसमान से चूक रहे हैं। कोई सुख, सुविधा, सुरक्षा, सम्मान या आराम—आज़ादी से बड़ा नहीं होता। आज़ादी नहीं है—तो सब व्यर्थ है। लेकिन यह भी ध्यान रहे कि आत्मबोध के बिना कोई आज़ादी नहीं होती। हमारी नासमझी यह है कि हमने अपने बंधनों को ही सुख, सुविधा, सुरक्षा और आराम का नाम दे रखा है। अपने बंधनों को ही हमने अपनी पहचान मान लिया है। अपने बंधनों को हमने अपने "होने" का आधार मान लिया है। भ्रमवश हम यह मानते हैं कि यदि वे सब नहीं हैं—तो फिर हमारा तो कोई अस्तित्व ही नहीं। इसलिए हम अपने बंधनों को बंधन की तरह कभी जानते ही नहीं। लेकिन यही तो मूल बंधन है, कि आप अपने होने के लिए किसी अन्य पर आश्रित हैं और जहाँ आश्रयता है, वहाँ आज़ादी कैसे हो सकती है। वास्तव में जो अपने होने के लिए किसी अन्य पर आश्रित है, वह तो है ही नहीं—और आप वह नहीं हैं। आप किसी पर भी आश्रित नहीं हैं, बल्कि सबकुछ आपके होने से है। आप नहीं, तो कुछ भी नहीं।

अतः बंधन को बंधन जानना ही मुक्त करता है। बंधन के बोध और आज़ादी के प्रति प्रेम से ही आज़ादी का पुष्प खिलता है। वास्तव में बंधनों का बोध मात्र ही पर्याप्त है—आज़ादी के लिए।

आज के लिए इतना ही।

धन्यवाद!

2

मालिक बदलने को आज़ादी नहीं कहते

प्रश्नः (कुछ ऑनलाइन प्रश्नकर्ता पूछते हैं) आज़ादी क्या है? क्या आप मानते हैं कि भारत आज़ाद है? क्या हम मनुष्य आज़ाद हैं? जिसे हम आज़ादी मानते हैं, क्या वह आज़ादी है भी या हमें बस भ्रम है कि हम आज़ाद हैं?

अचिंत्यः सबसे पहले तो आज़ादी कोई मानने की चीज़ नहीं है—मान्यताओं में जीना स्वयं में गहरी गुलामी है और बेहोशी के रहते कोई आज़ादी संभव नहीं। दूसरी बात यह कि आज़ादी की माँग इंसान करता है, जमीन का टुकड़ा नहीं। तो भारत या कोई भी देश आज़ाद है अथवा नहीं, यह इस बात से तय किया जाना चाहिए कि वहाँ रहने वाले लोग आज़ाद हैं अथवा नहीं। हमें यह समझने की जरूरत है कि "मालिक बदल लेने को आज़ादी नहीं कहते हैं।" आज़ादी के नाम पर दुनिया के अधिकांश लोग केवल मालिक बदल लेते हैं और गुलामी जारी रहती है। जिन्होंने अपना ईश्वर अपने से बाहर, अपने से दूर और अपने से अलग—कहीं किसी आसमान, पहाड़ या गुफा आदि जगह पर कल्पित कर लिया है; वे दुनिया में भी किसी न किसी को तो अपना मालिक बनाएँगे ही। और गुलामी में जीने की जिनकी आदत हो जाती है, मालिक तो वे भी चुनते ही हैं—मगर अपने मनपसंद का। और अपने मनपसंद मालिक की गुलामी हमें स्वीकार्य हो जाती है, क्योंकि वह हमारे अहंकार को पोषण देती है।

हम बहुत खुश होते हैं यह कहकर कि—देखो, अपने मालिक को मैंने ख़ुद चुना है। क्योंकि ऐसा कहकर वास्तव में हम यह कह रहे होते हैं कि मालिक तो मैं ही हूँ, क्योंकि मैंने ही तो उसे अपना मालिक चुना है न। और आप (यानी अहंकार) ऐसा मानकर बहुत खुश होता है। ज़िंदगी बर्बाद हो रखी है, मगर ख़ुद को सांत्वना देने के लिए एक भ्रम पकड़ रखा है कि हम चुनने के लिए आज़ाद हैं। यदि मालिक को आपने चुना है, तो उसे हटाकर दिखाइए। भारत की राजनीति में आजकल यह मुद्दा गरमाया हुआ है कि—"विपक्ष कह रहा है कि जिन्हें हम प्रधानमंत्री मान रहे हैं, वे वास्तव में वोट चोरी करके प्रधानमंत्री बने हैं।" अब इसमें सच्चाई है या नहीं, हम इसकी बात नहीं कर रहे हैं। लेकिन मान लो कि ऐसा है, तो सोचिए जिन लोगों

ने तथाकथित व्यक्ति को प्रधानमंत्री के रूप में चुना है, उन्हें तो ऐसा ही लग रहा होगा न कि यह व्यक्ति हमारे ही द्‌वारा चुना गया है। मगर तथ्य यह है कि आपके वोट की उन्हें ज़रूरत ही नहीं है, वे अन्य तरीकों से जीत जाते हैं। आपसे तो वोट केवल इसलिए डलवाए जा रहे हैं ताकि आपको यह भ्रम बना रहे कि उन्हें आपने चुना है। मगर इस भ्रम और मान्यता में ही अहंकार पनप सकता है, क्योंकि जहाँ जिज्ञासा होती है, जहाँ जाना जाता है—वहाँ तो अहंकार मिटने लगता है। अहंकार केवल भ्रम में ही पल सकता है।

जिन्हें भी आप अपनी मन-पसंद कहते हैं, ज़रा देख तो लीजिए कि जिसे आप अपना मन (विचार) कह रहे हैं—क्या वह मन आपका है भी? क्या वह पसंद आपकी ही है? हम यह सवाल नहीं करते, क्योंकि यह तथ्य दिखाता है और इससे अहंकार टूटता है; और अहंकार केवल मान्यताओं में ही ज़िंदा रह सकता है। ध्यान से देखिए तो पाएँगे कि आपका मस्तिष्क संस्कारों, मान्यताओं, जानकारियों आदि से भरा हुआ है और माहौल, संस्कृति, देश, काल, वातावरण आदि द्‌वारा प्रभावित है। उस सबके बारे में आप बिल्कुल जागरूक नहीं हैं, मगर वहीं से आपकी पसंद भी आ रही है। इस तरह अधिकांश लोग आज़ादी के नाम पर मालिक बदल लेते हैं—जिनका संभवतः उन्हें पता भी नहीं होता—और गुलामी ज़ारी रहती है, हमारी ज़िंदगी का नर्क जारी रहता है। हमारे जीवन, समाज, परिवारों, देश और दुनिया भर में अलगाव, हिंसा, शोषण, असमानता, भुखमरी, भ्रष्टाचार, दुख, दर्द, चिंता, भय आदि सब जारी रहते हैं; मगर उसके बाद भी हम बेहोश और पागलों की तरह आज़ादी के नारे लगाते रहते हैं, गीत गाते हैं, आज़ादी के नाम पर उत्सव मनाते रहते हैं और स्वयं को ही मूर्ख बनाते हैं।

जब कोई व्यक्ति किसी तरह की कोई तथाकथित सफलता प्राप्त करता है, तब वह उत्सव मनाता है, क्योंकि उसके जीवन में यह कभी-कभार घटने वाली घटना है। इसके विपरीत, जो नित्य होता है, सहज और सरल होता है—उसके लिए आप उत्सव नहीं मनाते। जैसे आप इन बातों के लिए उत्सव नहीं मनाते कि आज फ़िर आपने श्वास ली, आज फ़िर आपका दिल धड़का, आज फ़िर आपको सूरज उदय होते हुए देखने को मिला। लेकिन यदि आज़ादी के नाम पर आप किसी खास दिन विशेष उत्सव मना रहे हैं, और बाकी दिनों में मुर्दा, बेहोश, झूठी, हिंसक, प्रेमहीन, असंवेदनशील और गुलाम ज़िंदगी जीते हैं—तो इससे यही पता चलता है कि आपकी आज़ादी वास्तविक नहीं है। फिर कैसे मान लें कि यह आज़ादी ही है? भीतरी आज़ादी के बिना बाहरी आज़ादी का कोई अर्थ नहीं रह जाता; यह बस मालिक बदलने जैसी ही बात हो जाती है। पहले गोरे लोग शोषक थे, अब तथाकथित अपने और काले-साँवले लोग मालिक हैं—ऐसी स्थिति केवल और अधिक शोषण, हिंसा, अन्याय और विनाश ही लाती है।

कपड़े मात्र बदल लेने से शरीर और मन के भीतर की बीमारियाँ और भ्रम ठीक नहीं हो जाते; अन्यथा किसी व्यक्ति के बीमार होने पर डॉक्टर नहीं, दर्ज़ी को बुलाया जाता। भीतरी आज़ादी के बिना बाहरी आज़ादी भी कपड़े बदलने जैसी ही बात है—जिसमें कपड़े (मालिक/

शोषक) बदल जाते हैं, किन्तु बीमारी (गुलामी, अहंकार, हिंसक और रूढ़िवादी मान्यताएँ, अंधविश्वास, हीनता, भेदभाव, बेईमानी आदि) बची रह जाती है।

जहाँ सचमुच आज़ादी होती है, क्या वहाँ किसी का शोषण हो सकता है? शोषण का मतलब ही है कि कोई शोषक है और कोई शोषित। इसका अर्थ है कि अभी वे आत्म-अज्ञानी हैं, यानी अहंकार के केंद्र से जी रहे हैं—और यही वास्तविक गुलामी है। क्योंकि शोषण केवल वहीं हो सकता है, जहाँ आपकी यह मान्यता हो कि मैं और सामने वाला जीव (मनुष्य, पशु, पक्षी आदि) अलग-अलग हैं, यानी हमारी अपनी पृथक और स्वतंत्र सत्ता है। जबकि ऐसा नहीं है, क्योंकि जो भी कुछ आप स्वयं को मानते हैं, वह इसी प्रकृति के तत्व हैं। ये शरीर इसी प्रकृति की पैदाइश हैं; दोनों को दुःख होता है, भय लगता है, दोनों जीना चाहते हैं—यानी मूल रूप से दोनों में कोई भेद नहीं है।

प्रकृति भी किसी के साथ भेदभाव नहीं करती। उसके फल, अनाज, सब्ज़ी, जल, वायु और आकाश—सबके लिए उपलब्ध हैं। पशु, पक्षी, कीड़े, वनस्पति; जल-जमीन-जंगल और आकाश में विचरने वाले किसी भी जीव के साथ प्रकृति कोई भेदभाव नहीं करती। फिर हम (मनुष्य) कौन होते हैं भेदभाव करने वाले? इससे बस यही पता चलता है कि यदि अभी भी हम ऐसे ही जी रहे हैं, तो इस क्षण में हम पशुओं से भी कम बुद्धिमान और कम समझदार, किन्तु अधिक हिंसक और अधिक असंवेदनशील हैं। क्योंकि किसी का शोषण करने के लिए, किसी पर हिंसा या अत्याचार करने के लिए यह गहरी मान्यता आवश्यक है कि मैं और सामने वाला पृथक और स्वतंत्र हैं, और वह 'पराया' है। क्योंकि जिसे आप अपना मानते हैं—जानते-बूझते आप न कभी उसका बुरा चाहते हैं, न उस पर हिंसा या अत्याचार करना चाहते हैं; बल्कि आपको तो इस बात की फिक्र रहती है कि कहीं उसके साथ कुछ ग़लत न हो जाए। इसलिए किसी पर हिंसा या अत्याचार करने के लिए, किसी का शोषण करने के लिए 'पराएपन' की गहरी मान्यता का होना ज़रूरी है।

इसी 'पराएपन' को अहंकार कहते हैं। और जो अहंकार का गुलाम है, जो मान्यताओं में जी रहा है—न कि समझ, प्रेम और सच्चाई में—उसे गुलाम न कहें तो क्या कहें? वह गुलाम है, और इसका प्रमाण है उसका भीतरी खोखलापन; भेदभाव और हिंसा से भरा जीवन; निरंतर दुःख और बेचैनी; प्रकृति के साथ असंवेदनशील और प्रेमहीन संबंध। यदि आपके समाज में, घरों, रिश्तों और दुनिया में युद्ध, शोषण, हिंसा आदि हैं, तो आप स्वयं को आज़ाद कैसे कह सकते हैं? लिंग के नाम पर जिन घरों में स्त्री और पुरुष में, लड़के और लड़की में भेदभाव हो रहा हो; जिन घरों में दो संतानों के बीच इस आधार पर भेद किया जा रहा हो कि कौन ज़्यादा कमाता है और कौन कम—वहाँ कौन-सी आज़ादी है? यह कैसी आज़ादी है, जहाँ सब-कुछ आपकी जागरूकता और समझ से नहीं, बल्कि पहले से निर्मित मान्यताओं, ढर्रों-ढाँचों, रूढ़ियों, तथाकथित जातियों और लिंग आदि के नाम पर जन्म से ही तय हो जाता हो कि अब आप क्या करेंगे और क्या नहीं; कैसे जिएँगे और कैसे नहीं; कहाँ जाएँगे और कहाँ नहीं; किससे बात करेंगे और किससे नहीं; क्या पहनेंगे और क्या नहीं?

जिस व्यक्ति के जीवन में सब-कुछ पहले से ही निश्चित है, वह तो इंसान ही नहीं है—अपितु मशीन हो चुका है। पर चूँकि शरीर और मस्तिष्क मनुष्य वाला है, लेकिन जी रहा है एक मशीनी यानी गुलाम ज़िंदगी, इसलिए बहुत दुःख पाएगा। हीनता और भय में जिएगा। यही सब तो मनुष्य के लिए बंधन हैं, जिनसे उसे मुक्ति चाहिये। लेकिन यदि यह सब जारी है, तो कौन-सी आज़ादी? तो यदि किसी भी समाज में किसी भी मनुष्य या जीव के साथ रंग, लिंग, वर्ण, जाति, प्रजाति, भाषा आदि के नाम पर भेदभाव, दुर्व्यवहार, हिंसा, अन्याय या शोषण जैसा कुछ भी होता है, तो ऐसी स्थिति में आप कैसे कह सकते हैं कि आप आज़ाद हैं? न तो भेदभाव करने वाला व्यक्ति आज़ाद है, न ही उस भेदभाव को सच्चा मानकर उसके माध्यम से शोषित होने वाला व्यक्ति आज़ाद है—क्योंकि दोनों ही झूठी, भ्रामक और काल्पनिक मान्यताओं और रूढ़ियों के गुलाम हैं।

जिस समाज में अमीर और गरीब के बीच गहरी खाई हो; जहाँ कुछ लोग विशाल महलों में बैठकर भोग-भोग कर मोटे हो रहे हों और दूसरी ओर करोड़ों लोग बेघर हों और भुखमरी से मर रहे हों—आज जिस दुनिया में कुछ लोग (2019 की रिपोर्ट के अनुसार कुल आबादी का लगभग 1% लोग) इतना अधिक भोग रहे हों कि उनके कारण जलवायु परिवर्तन (यानी मनुष्य की गतिविधियों द्वारा उत्पन्न ग्रीनहाउस गैसों के कारण पृथ्वी के तापमान और मौसम में असामान्य बदलाव आना, जिसके कारण बाढ़, आंधी-तूफ़ान, सूखा, गर्मी जैसी आपदाओं का बढ़ना) जैसी भयानक आपदाएँ पैदा हो रही हों—और इसके दुष्परिणामों को वे लोग, जीव, पशु, पक्षी आदि भुगत रहे हों, जो कि इसके लिए गुनहगार ही न हों अथवा बहुत कम हों; ऐसी स्थिति में आप यह कैसे कह सकते हैं कि कोई भी व्यक्ति आज़ाद है?

मैं इसको किसी भी तरह से आज़ादी नहीं समझता, क्योंकि बिना आत्मबोध के आज़ादी सम्भव नहीं। और जहाँ सतत आत्मबोध है, वहाँ आज़ादी, प्रेम, करुणा, संवेदनशीलता, सहजता और सरलता वैसे ही प्रकट हो आते हैं, जैसे किसी वृक्ष पर फल, फूल और पत्तियाँ आती हैं—और कोई जीव उसी की टहनी पर बैठकर या उसकी छाया में बैठकर फल खाता है। जब आज़ादी होती है, तब व्यक्ति अन्य के लिए वैसा ही छायादार और फलदार हो जाता है, जैसे किसी भी जीव के लिए कोई वृक्ष। जो स्वयं आज़ाद (जागरूक) होगा, वह सामने वाले को भी आज़ादी देगा—यानी उसका मालिक बनने का प्रयास नहीं करेगा, क्योंकि वह गुलामी की पीड़ा को भी जानता है और आज़ादी के आनंद को भी। मगर ऐसा न हमारे अपने जीवन में है, न हमारे घरों में है, न समाज में, न दुनिया में; फिर किस आधार पर हम स्वयं को आज़ाद मान रहे हैं?

आपने भारत की बात की; भारत पर कितने ही आक्रांताओं ने आक्रमण किया, शासन किया, आते गए-जाते गए, और अंग्रेज़ों के चले जाने के बाद आप कहते हो कि भारत आज़ाद हो गया। यह कौन-सा मज़ाक है? भारत क्या कोई चलता-फिरता जीव है, जिसे किसी ने हथकड़ियों में जकड़ दिया हो? क्या ज़मीन के किसी टुकड़े को दर्द या दुःख हो रहा था? क्या कोई पहाड़, नदी, तालाब गुलामी अनुभव कर रहा था? भारत से आपका मतलब यदि ज़मीन

का टुकड़ा है, तो उसे कोई इंसान कैसे गुलाम बना सकता है? उसे न दर्द होता है, न दुःख होता है। और यदि उसकी प्राकृतिक व्यवस्था को बर्बाद करोगे, उस तरह से उसे नष्ट करोगे, उसके मालिक बनने का प्रयास करोगे, तो एक सीमा के बाद वह व्यवस्था स्वयं ही आपको आपकी औक़ात दिखा देगी—जैसे अभी दिखा रही है; जलवायु परिवर्तन के रूप में। यानी ज़मीन-रूपी भारत का तो कोई मालिक हो ही नहीं सकता। प्रकृति को आप जितना दबाओगे, उतनी ही तीव्रता से वह प्रत्युत्तर देगी। यह कोई दार्शनिक कल्पना नहीं, बल्कि आज का प्रत्यक्ष यथार्थ है।

भारत के गुलाम होने का अर्थ है भारत के लोगों का गुलाम होना, और लोगों के गुलाम होने का अर्थ है मन के तल पर स्वयं ही गुलामी, अन्याय, अत्याचार, शोषण, भेदभाव, कमजोरी आदि बीमारियों को स्वीकार कर लेना। इसीलिए आज़ादी का मतलब भी है लोगों का मानसिक गुलामी से आज़ाद होना, बेहोशी से जाग जाना। क्योंकि समस्या गोरे या काले लोग नहीं थे; समस्या थी शोषण, लूट, हिंसा और अत्याचार। अन्यथा इससे क्या फर्क पड़ता है कि हवाई जहाज़ को चला कौन रहा है, यदि चलाना आता है। आज हर किसी देश में अन्य देशों के लोग, ऊँचे-ऊँचे कहे जाने वाले पदों पर बैठे हैं।

मैं उस जहाज़ में बैठना चाहूँगा, जिसको किसी तथाकथित अन्य देश का अनपढ़ व्यक्ति चला रहा हो, मगर उसे जहाज़ चलाना आता हो; न कि उस जहाज़ में, जिसको तथाकथित अपने ही देश का पढ़ा-लिखा व्यक्ति चला रहा हो, मगर उसे चलाना ही नहीं आता। पढ़ा-लिखा वही है, जो काम करके दिखाए—बस कह कर नहीं। जनता से वादे करना आसान है, मगर काम करने के लिए नीयत और करुणा चाहिये—अन्यथा लुटेरों, शोषकों और अधर्मियों के बदल जाने से जनता आज़ाद नहीं हो जाती। अगर आप यह कहते हैं कि अंग्रेज़ों के चले जाने से भारत के लोग आज़ाद हो गए, तो यह भी बता दीजिए कि किससे और कैसे आज़ाद हो गए। क्या बदला भारत में—यानी यहाँ रहने वाले अधिकांश लोगों की ज़िंदगी में?

क्या आपकी गुलामी हटी? क्या आम जनता का शोषण बंद हो गया? क्या लोगों के भीतर से भय, अलगाव, ईर्ष्या, जैविक जरूरतों की चिंता, कुपोषण, असमानता और कमजोरी मिट गई, या और अधिक बढ़ गई? लोगों के भीतर जाति, वर्ण, लिंग, रंग, भाषा, संप्रदाय इत्यादि के नाम पर जो काल्पनिक और व्यर्थ के भेदभाव भरे हुए थे, क्या वे सब समाप्त हो गए? क्या सत्ता, धर्म, व्यापार, मनोरंजन इत्यादि के नाम पर आम और अबोध जनता का शोषण होना बंद हुआ? क्या मनुष्यों द्वारा अपने स्वाद, स्वार्थ, मनोरंजन और भोग के लिए इस प्रकृति और इसके अन्य जीवों का अंधाधुंध विनाश और शोषण रुक गया? या ये सारी समस्याएँ और अधिक बढ़ गई हैं, और बढ़ती ही जा रही हैं?

यह सब कुछ बढ़ता जा रहा है और आपके दुःख का कोई अंत नहीं हो रहा है, और आप कहते हैं कि आप आज़ाद हैं! यह कैसा मज़ाक है, दोस्त? क्यों स्वयं को ही अंधकार में रखकर मूर्ख बना रहे हो? क्या लोग इतने जागरूक हुए हैं कि एक सच्चे, बोधवान, प्रेमपूर्ण, आज़ाद और करुणावान व्यक्ति को अपना नेता, आदर्श और गुरु चुनें—न कि किसी हिंसक, भ्रष्ट,

अंधविश्वासी, रूढ़िवादी, बेहोश और अवैज्ञानिक व्यक्ति को? अथवा क्या लोग इतने सजग, संवेदनशील और बोधवान हुए हैं कि उन्हें किसी भी तरह के नेता की ज़रूरत ही न हो, न किसी नियम-कानून की, न पुलिस और न फौज की?

क्या ऐसा हुआ है? कुछ देर के लिए भी किसी सभा में बैठे होने पर, जिनको बार-बार यह कहना पड़ता हो कि बातें न करें, शोर न करें—वे अभी ऐसे नहीं हैं कि बिना पुलिस और न्यायालय के भय के किसी अन्य के लिए समस्या न बनें। क्या आप स्वयं भी ऐसे हैं कि आपके पास धन, धर्म और सत्ता की बहुत ताक़त हो, किंतु फिर भी आप किसी भी तरह के गुनाह को अंजाम न दें? उस ताकत का दुरुपयोग न करें—अर्थात् अपने क्षुद्र अहंकार के लिए उसका दुरुपयोग न करें? अगर नहीं, तो यह कौन-सी आज़ादी है? आप तो अभी भी गुलाम ही हैं, जिसका परिणाम है आपके भीतर का भय, दुःख और अपूर्णता। आम और अबोध जनता की हालत, पीड़ा और सब कुछ वैसा का वैसा ही बरकरार है, शायद और अधिक बढ़ रहा हो। ज़िंदगी बर्बाद है, मगर फिर भी हर व्यक्ति को यही भ्रम है कि वह आज़ाद है। मैं तो आपसे पूछ रहा हूँ—क्या आप भी आज़ाद हैं, या बस भ्रम है कि आज़ाद हूँ? क्या आप जानते हैं कि आज़ादी के नाम पर हम क्या करते हैं?

आज़ादी के नाम पर हम केवल मालिक बदल लेते हैं, गुलामी नहीं छोड़ते। वास्तव में गुलाम को तो मालिक बदलने की भी आज़ादी नहीं होती; यह भ्रम भी उसकी गुलामी का ही प्रतीक है कि उसको ऐसा लगता है कि वही मालिक बदलने वाला (कर्ता) है, जबकि वह तो कठपुतली है। उसके मालिक ख़ुद-ब-ख़ुद बदलते रहते हैं। कभी गोरे थे, तो अब काले हो गए; कभी दाढ़ी वाले थे, तो अब मूँछ-दाढ़ी वाले हो गए; कभी पैंट-शर्ट वाले थे, तो अब कुर्ता-पायजामा वाले हो गए—मगर गुलामी जारी है। ऐसी है आपकी तथाकथित आज़ादी। समाज में अंधविश्वास जारी है। रूढ़ियों, मान्यताओं, परंपराओं और तथाकथित धर्म के नाम पर पुरुषों द्वारा महिलाओं का शोषण, महिलाओं द्वारा अपने तरीकों से पुरुषों का शोषण, और तथाकथित धर्म-गुरुओं द्वारा उन दोनों और उनकी संतानों का शोषण—सब जारी है। सोशल मीडिया के माध्यम से ढोंगी और तथाकथित चमत्कारी बाबाओं का धंधा बढ़ता ही जा रहा है। बच्चों और युवाओं की बर्बादी जारी है; अशिक्षा, भुखमरी और बेरोज़गारी जारी है।

मनुष्य के अज्ञान से उठी भोग-वासना जारी है, जिसका परिणाम आज एक भयानक समस्या—जलवायु परिवर्तन—के रूप में हमारे सामने है। विकास के नाम पर प्रकृति; नदियों, पर्वतों, समुद्र, आकाश, वायु, जीव, जल, ज़मीन, जंगल—सबका शोषण जारी है। और आप कह रहे हैं कि आप आज़ाद हो गए, देश ने आज़ादी पा ली। कैसे? पहली बात तो यह है कि "आज़ादी कोई हासिल करने या पाने की चीज़ नहीं है, यह तो जीने की बात है, यह तो श्वास की तरह होती है, धड़कन की भाँति होती है। जिस तरह श्वास और धड़कन लगातार चलती हैं, मगर आप उनका संचय नहीं कर सकते, आज़ादी भी कुछ उसी तरह होती है, जिसका आप संचय नहीं कर सकते। यह कोई उपलब्धि नहीं है, जिसे एक बार हासिल करके तिजोरी में रख सको। यह तो वैसी ही है जैसे फूल की खुशबू, जो तब प्रकट होती है

जब बोध रूपी पुष्प खिला रहता है, और बोध-रूपी पुष्प तब खिला रहता है जब आप स्वयं और जगत के साथ अपने संबंध के प्रति—अपनी चालाकियों, बेईमानियों, झूठों, मान्यताओं, संस्कारबद्ध प्रतिक्रियाओं और दैनिक जीवन में अहंकार की दखल के प्रति—पूरी ईमानदारी और निष्पक्षता से जागरूक रहते हैं।

जहाँ आज़ादी होती है, वहीं प्रेम भी होता है, और जहाँ प्रेम है, वहाँ संवेदनशीलता न हो—ऐसा हो ही नहीं सकता। संवेदनशीलता से मेरा आशय है; अन्य और स्वयं की पीड़ा के प्रति जागरूक रहना, और उसे समझ पाना, और दैनिक जीवन में संबंध, व्यवहार और क्रिया-कलापों के दौरान स्वयं (अहंकार) की दखल और संस्कारबद्ध प्रतिक्रियाओं के प्रति जागरूक रहना। मगर हम लोग बड़े बेईमान और पाखंडी हैं; जीवन में न प्रेम है, न आज़ादी, मगर दावा खूब करते हैं। जंगल में कभी-कभार मजबूरीवश कच्चा मांस खाते थे, और अब आपने विज्ञान और प्रौद्योगिकी का उपयोग करके नई तरह की मशीनों का विकास कर लिया है। अब आप बहुत आसानी से अपने मनोरंजन, स्वाद और स्वार्थ के लिए कहीं भी, कभी भी और लगभग किसी भी जीव का तला-भुना और मसालेदार माँस खा सकते हैं। आपके मनोरंजन, स्वाद और स्वार्थ के लिए प्रत्येक वर्ष हज़ारों करोड़ जीवों की हत्या की जाती है, और आप बात करते हैं प्रेम की—क्या ख़ाक प्रेम करेंगे आप?

वह इंसान, जो अभी-अभी किसी कमज़ोर, बेगुनाह और निर्दोष जीव की हत्या करवा कर उसका माँस खाकर आया है, क्या वह किसी इंसान से भी प्रेम कर पाएगा? नहीं। जिस इंसान में उस जीव की पीड़ा के प्रति कोई संवेदनशीलता नहीं, जिसका माँस इसकी प्लेट में रखा है—यह अपने भाई, बहन, पति, पत्नी, माता, पिता, बच्चों या किसी के भी प्रति संवेदनशील कैसे रहेगा? यह उनसे प्रेम कैसे करेगा? जिन देशों में करुणाहीन लोगों की भीड़ हो, वे देश अभी आज़ाद नहीं हैं। अपनी बौद्धिक या शारीरिक ताक़त के दम पर किसी निर्दोष और मासूम जीव का शोषण करने और उसकी हत्या करने को आप आज़ादी कहते हैं? मगर यहाँ भी आपने (या आपके) मालिक ही बदले हैं, गुलामी नहीं छोड़ी। कल तक आप कच्चे माँस के स्वाद के गुलाम थे, आज आप तले-भुने माँस के गुलाम हो गए हैं। उस बेहोश और भोगवादी मानसिकता से उठी इस हिंसक और मांसाहारी भोजन की लत से क्या आप आज़ाद हुए? नहीं। क्या आप इस भ्रम से मुक्त हुए कि माँस खा-खा कर, यानी स्वाद के पीछे दौड़ने से चैन-सुकून मिल जाएगा? दुःख और बेचैनी मिटेगी? नहीं न? वह लत जारी है।

अरे, निर्दोष पशुओं से उनके बच्चों के हिस्से का दूध छीनकर आप पी जाते हैं—जबकी आपको उसकी जरूरत नहीं है—उससे बनी चीज़ों का भोग करते हो; दूध और दूध से बनी चीज़ों का स्वाद तक आपसे नहीं छूटता। लेकिन अपने दैनिक जीवन में, काम और संबंधों में आप बात करते हैं प्रेम और आज़ादी की। आप क्या ख़ाक आज़ाद हैं—वह स्वाद और स्वार्थ ही आपका मालिक बना हुआ है। मगर न आपमें इतना दम है कि आप उस स्वाद और स्वार्थ को छोड़ सकें, न आपमें इतना प्रेम, करुणा और संवेदनशीलता है कि उस नन्हें और अभी-अभी पैदा हुए बच्चे जैसे जीव की पीड़ा को देख और समझ पाएं और उसकी खातिर उसकी माँ से

उसके हिस्से का दूध छीनना बंद कर दें। आप इतना सा भी नहीं कर सकते।

पशु और पशु-पदार्थों से जुड़े मनोरंजन, स्वाद और स्वार्थ के हिंसक धंधों को आप नहीं छोड़ पाते, और आप बात करते हैं प्रेम और आज़ादी की। आप बात करते हैं समाज में शांति, समानता, न्याय और बिना किसी भेदभाव के जीने की। जहाँ बाज़ार से गुज़रते हैं, तो हर कहीं निर्दोष जीवों की लाशें लटकती दिखाई देती हैं—कुछ उन्हें स्वार्थ के लिए मार कर बेचते हैं और बाकी स्वाद के लिए उन्हें खाते हैं। ऐसे लोगों से आप प्रेम और आज़ादी की उम्मीद करते हैं। जहाँ लोग किसी भी जीव पर अत्याचार, हिंसा और अन्याय करते हों, वहाँ लोगों के जीवन, काम और संबंधों में भी प्रेम, शांति और आज़ादी नहीं हो सकती। ऐसे भी लोग देखे और सुने हैं, जो भगतसिंह जैसे क्रांतिकारियों को अपना आदर्श मानते हैं, मगर कहते हैं कि वे मांसाहार और पशु-हिंसा से प्राप्त पदार्थों जैसे दूध, लेदर, माँस आदि के बिना नहीं रह सकते। एक भगतसिंह (भारतीय क्रांतिकारी) थे, जिन्होंने आज़ादी के प्रेम में शरीर तक कुर्बान कर दिया; और दूसरे वे हैं, जो उन्हें अपना आदर्श मानते हैं, लेकिन माँस जैसी हिंसक चीज़ का स्वाद तक उनसे नहीं छूटता। बल्कि उसकी खातिर अपने भीतर प्रेम, करुणा और संवेदनशीलता की ही कुर्बानी दे देते हैं।

भगतसिंह ने आज़ादी के प्रेम में 'अपना शरीर' तक कुर्बान कर दिया, और उन्हें आदर्श मानने वाले लोगों ने अपने 'स्वाद और शरीर' को ही बचाने के नाम पर—अपनी आज़ादी का ही हवाला देकर—किसी अन्य निर्दोष जीव की आज़ादी छीन ली और उसे ही कुर्बान कर डाला। ग़ज़ब के पाखंडी हैं आप भी। जब तक आपके भीतर हिंसा और अलगाव है—चाहे वह व्यक्ति और व्यक्ति के बीच हो, या व्यक्ति और पशु-पक्षी अथवा प्रकृति के बीच—जब तक प्रेम, करुणा और संवेदनशीलता नहीं है, तब तक आप भ्रम और बंधन में हैं, यानी गुलाम हैं। और तब तक आपके दुःख का अंत भी नहीं हो सकता। आप आज़ादी के नाम पर मालिक बदलते हो, अपनी मन-मर्जी के मालिक चुनते हो, क्यों? इसलिए ताकि अपनी मन-मर्जी कर सको। किंतु अपनी मन-मर्जी करने के बाद भी क्या आपको चैन मिला? क्या आपके दुखों का अंत हुआ? क्या आपकी बेचैनी और अपूर्णता हटी? नहीं ना? यही इस बात का प्रमाण है कि आपकी आज़ादी झूठी है, क्योंकि मनुष्य लगातार इस दुःख से ही तो मुक्त होने का प्रयास करता रहता है, कभी दुःख और उसके कारणों को जानकर और कभी दुःख से पलायन द्वारा। जीवन के हर क्षेत्र में, हर क्रिया और चुनाव में, हर संबंध और व्यवहार में हर समय हम यानी अधिकांश लोग केवल मालिक बदल रहे होते हैं; किसी एक वस्तु, व्यक्ति, विचार, मान्यता, संगठन या संप्रदाय आदि की गुलामी छोड़कर अन्य की गुलामी स्वीकार कर रहे होते हैं।

लेकिन जिसको आप छोड़ रहे हैं, क्या उसको आपने ध्यान से समझा कि उसे पकड़ा ही क्यों था? उसकी समस्या क्या है? आज तक क्यों उससे जुड़े रहे? वह चीज क्या है? नहीं ना? आप जिसे छोड़ या त्याग रहे हैं उसको समझे बिना ही आप किसी अन्य तथाकथित नए धर्म, संगठन या पहचान आदि की गुलामी स्वीकार कर लेते हैं और इसको आप मानते हैं कि यह आपका-अपना चुनाव है और आप आज़ाद हैं। बिना जाने-समझे और बेहोशी में चाहे आप

कुछ पकड़ो या कुछ छोड़ो, उसमें ना बोध है ना आज़ादी। बिना बोध के आप केवल मशीन हैं। आप किसी पहचान, संगठन, संप्रदाय, जाति इत्यादि कि अंधी गुलामी (यानी सहारे) के बिना रह नहीं पाते और स्वयं को आज़ाद मानते हो, यह केवल ख़ुदको ही मूर्ख बनाने के तरीके नहीं तो क्या हैं।

मैं कुछ छोड़ने या पकड़ने की बात नहीं कर रहा हूँ, मैं कह रहा हूँ कि कुछ भी बेहोशी में ना हो और ना ही वह आपकी मजबूरी हो; जो भी हो बोध में हो और मौज में हो, ना कि बेहोशी और मजबूरी में हो। आपमें अकेले, अनिश्चित और असुरक्षित खड़े होने का दम हो यानी बिना किसी अतीत के; जो कि आपके नाम, पहचान, काम, रिश्तों, जाति, धर्म, देश आदि के रूप में ही होता है। आपके पास अपनी पहचान बताने के लिए यदि कुछ भी है, तो वह केवल अतीत है—और आपकी पहचान के रूप में लोग आपसे आपके अतीत के अलावा और क्या पूछते हैं? जो अतीत के गुलाम हैं, वे लोग तो पूछेंगे ही और हो सकता है कि आप उनको कुछ बताओ भी, मगर आपको यह बोध रहे कि यह अतीत आप नहीं हैं, यह तो मुर्दा है, जो आप बता रहे हैं वह तो अतीत कि राख है और आप जो हैं, "वह तो अभी, यहीं और प्रत्यक्ष हैं"।

अकेले खड़े हो पाने की जिन लोगों में ताकत नहीं, जो व्यक्ति किसी भी तथाकथित धर्म, जाति, संगठन, पहचान, परिवार या अतीत इत्यादि से जुड़े बिना अकेला और खाली खड़ा होने से कांपता है; क्या वह आज़ाद है? उनसे जुड़े बिना जिसकी अपनी कोई हस्ती नहीं, क्या वह आज़ाद है? इसका मतलब मैं यह नहीं कह रहा हूँ कि आप सबकुछ छोड़ दें, मगर मैं यह कह रहा हूँ कि उनके बिना भी सहज जीना सीखें। वे हैं तो हैं, नहीं हैं तो नहीं हैं। पहले आप जिस भी संप्रदाय, जाति या संगठन आदि से जुड़े हुए थे, जिसको भी आप अपनी पहचान मान कर के बैठे थे, यदि वह आपकी वास्तविक पहचान थी; तो फिर वह बदल कैसे गई? मगर लोग धर्म परिवर्तन में लगे हुए हैं। यह कौनसा धर्म है, जो बदलता रहता है? जिसके लिए कभी मरने-मारने को तैयार रहते थे, आज उसी को छोड़कर उसे पकड़ने जा रहे हो—जिसे आज तक गालियाँ देते थे। यदि आप मानते हैं कि किसी खास धर्म या संप्रदाय का होना आपकी पहचान है, तो आप उसे बदल कैसे सकते हैं? यदि वह सत्य है, तो बदल नहीं सकती; और यदि बदल पा रहे हैं, तो इसका अर्थ है कि वह सत्य नहीं है—यानी वह आपकी वास्तविक पहचान नहीं है और केवल एक बाहरी ठप्पा मात्र है। अब वह आपने चाहे किसी भी कारण से पकड़ा हो, मगर अपने होने के लिए आपको उस पर आश्रित होने की कोई ज़रूरत नहीं है, उसे खोने से डरने की भी कोई ज़रूरत नहीं है, और उसके लिए लड़ने, मरने और किसी भी जीव को मारने (यानी हिंसा) की भी कोई ज़रूरत नहीं है। क्योंकि वह बाहरी और काल्पनिक चीज़ है, और संयोग मात्र है। क्या ऐसा नहीं है?

आपका पालन-पोषण यदि किसी अन्य देश में होता या किसी अन्य संप्रदाय को 'मानने' वालों के घर में होता, तो क्या तब आपके जीवन में कुछ भी वैसा होता, जैसा अभी है? नहीं। आपके विचार, मान्यताएँ, परंपराएं, कपड़े, भोजन, त्योहार, रिश्ते—कुछ भी अभी जैसा नहीं रहता। तो यह सब केवल संयोग है कि आप स्वयं को कुछ मानते हैं; अन्यथा आपका होना

स्वयं में पूर्ण है। पूर्णता और आज़ादी के लिए उसे किसी भी सहारे—यानी अतीत की—ज़रूरत नहीं है, किसी मानसिक स्मृति, सूचनाओं, मान्यताओं, अनुभवों आदि पर आश्रित होने की ज़रूरत नहीं है। आपका बंधन ही यह है कि आपको सहारों की ज़रूरत नहीं है मगर आप सहारे पकड़ कर बैठे हैं; आपको पहचानों की ज़रूरत ही नहीं है और आप पहचानों में सीमित, संकुचित और क़ैद होकर बैठे हैं।

आपकी एक-एक पहचान आपको बहुत छोटा कर देती है और सारा जगत आपके लिए पराया हो जाता है; फिर आप उसी को दुश्मन मानने लगते हैं, उसी से डरते हैं और उसी से सुरक्षा के लिए इंतज़ाम भी करते हैं। उसी इंतज़ाम का परिणाम हैं आपके तथाकथित परिवार, जाति, संगठन, संप्रदाय और देश आदि के नाम पर होने वाले भेदभाव, दंगे, हिंसा और युद्ध। ये सब प्रेम का परिणाम नहीं है। लोग चार-चार लड़के पैदा करते हैं यह कह कर कि चार लड़के होंगे तो कोई डरा नहीं पाएगा—वाह री कायरता। प्रेम नहीं सिखाओगे तो वे आपस में ही लड़ पड़ेंगे। बोध, प्रेम और भीतरी आज़ादी के अभाव में मनुष्य अपना दुश्मन आप (ख़ुद) है—उसे किसी अन्य दुश्मन की जरूरत नहीं है। आपके घर-परिवार और रिश्ते—अज्ञान, डर, स्वार्थ, हीनता, मान्यताओं और कमजोरियों जैसे आधारों पर खड़े हैं, इसलिए उनमें सत्य, प्रेम और शांति कहीं नहीं है। कौरे शब्दों और मिथ्या मान्यताओं को आप अपनी पहचान बनाकर बैठे हैं, उन्हें सत्य मानकर संभाले बैठे हैं; पर चूँकि वे सत्य नहीं हैं, इसीलिए उनकी रक्षा आपको करनी पड़ती है—वे आपकी रक्षा नहीं करतीं।

जब मैं सत्य कह रहा हूँ, तब सत्य से आशय है—वह जो समय से मुक्त है, जो आज है और कल भी है। जो स्थान से मुक्त है, जो यहाँ भी है और वहाँ भी। जिसके लिए न कुछ अपना है न कुछ पराया, जो पूर्ण और शाश्वत है। आप स्वयं को जो कुछ भी मानते हैं, आप अपनी उन पहचानों को सत्य मानते हैं, मगर उनको बदला जा सकता है और लोग बदलते भी हैं। तो जो भी आपकी पहचान है—यदि वह सत्य है—उसी के लिए आप जीते हैं, लड़ते हैं और उसी को आप अपना "मैं" मानते हैं; किन्तु यदि वह बदली जा सकती है, तो वह झूठ है। और अगर ऐसा है, तो अब आप जिस नई पहचान को स्वीकार करने जा रहे हैं, वह असली कैसे हो सकती है? क्योंकि जो कल था लेकिन आज नहीं है, वह भी सत्य नहीं है; और जो आज आपकी पहचान बनने जा रहा है लेकिन आज तक नहीं था, वह भी सत्य नहीं है। कल तक आप स्वयं को कुछ और मानते थे, आज आप स्वयं को कुछ और ही मानने लग गए।

तो कल तक जो आप स्वयं को मानते थे, वह तो अब बदल गया—यानी वह आपकी सत्य पहचान तो नहीं थी। और कल तक आप जो स्वयं को नहीं मानते थे, लेकिन अब मानना शुरू कर दिया है, तो इसका अर्थ है कि वह पहचान भी सत्य नहीं है; क्योंकि इन पहचानों के बिना भी आपका होना संभव है। ये पहचानें कुछ भी हो सकती हैं—जैसे: मैं यह हूँ या वह हूँ; आदमी-औरत, बच्चा-बूढ़ा, सुंदर-कुरूप, हिंदू या मुसलमान, अच्छा या बुरा, पति या पत्नी, अभिभावक या संतान। चाहे कोई भी पहचान क्यों न हो, वे आपको केवल सीमित, संकुचित और आश्रित ही बनाएँगी, इसी में भय और दुःख है। कल तक आपकी कोई संतान नहीं थी,

मगर आप एक हिंसक, बेईमान, भ्रष्ट, महत्वाकांक्षी, डरे हुए, कमजोर और अहंकारी इंसान थे; और आज आपकी एक संतान हो गई, तो क्या आप भगवान हो गए? आप अभी भी वही हैं—बस अहंकार को एक और शिकार मिल गया, जिसका वह शोषण करेगा। अब आप माता या पिता बनकर बच्चे के मालिक बनेंगे। इन पहचानों के प्रति आपकी आसक्ति आपको भ्रमित करेगी; आपको सीमित, संकुचित, हिंसक, प्रेमहीन और असंवेदनशील बनाएगी, जो स्वयं आपके और आपकी संतान के लिए अत्यंत घातक है। पहचानों के चोले में आप कुछ और ही हो; पहचानों से आसक्त हो, तो अहंकार हो और दुःख ही पाओगे। और जीवन यदि पहचानों से मुक्त है, संबंध यदि पहचानों के केंद्र से मुक्त हैं, तो मुक्त हो—आज़ाद हो। जैसे कल तक आप स्वयं को हिंदू, मुसलमान या ईसाई मानते थे, पर अब आप स्वयं को बदल करके यहूदी बन जाते हो। इसका अर्थ है कि पिछली वाली पहचानें मिथ्या निकलीं और नई वाली भी सत्य नहीं हैं, क्योंकि आज तक तो उसके बिना भी आप थे। अर्थात् आपके होने के लिए किसी भी पहचान की कोई अनिवार्यता नहीं है।

तो पिछली पहचान को छोड़ने और नई पहचान को पकड़ने के बीच—माता या पिता न होने से माता या पिता होने के बीच—हिंदू या मुसलमान होने से ईसाई अथवा यहूदी होने के बीच में—वो जो क्षण भर का अंतराल है न, जिसमें आप दोनों ही पहचानों से मुक्त हो—वही आप हो, वहाँ आज़ादी है। न इस पहचान से चिपके रहने में आज़ादी है, न उस पहचान से चिपके रहने में। आज़ादी है इन दोनों ही पहचानों की सीमाओं को जानने में और उनमें छिपी हिंसा, अलगाव, शोषण और मान्यताओं आदि के प्रति जागरूक होने में। और जब जागरूकता यानी बोध होता है, तो न कुछ छोड़ना पड़ता है न कुछ पकड़ना पड़ता है; जो छूटना होता है, छूट जाता है; जो बचना होता है, बच जाता है; और जो जीवन में नया आना होता है, वह भी आ जाता है। बिना जाने-समझे किसी भी चीज़ को त्यागना, उसे गालियाँ देना, उसे बुरा या भला कहना, उसका सम्मान या अपमान करना—उतना ही गलत है जितना बिना जाने-समझे किसी चीज़ को स्वीकार कर लेना। जाने-समझे बिना कुछ भी मानना ही ग़लत है और जहाँ समझते हो—वहाँ मानने या ठुकराने की जरुरत नहीं रहती, सब सहज होता है।

गुलामी इसमें नहीं है कि आपने अपनी जाति या संप्रदाय बदल लिया, या पहचान बदल ली, क्योंकि वह तो असली होती ही नहीं। इसलिए उसको बदलो या न बदलो, उससे कोई फर्क नहीं पड़ता, क्योंकि उसके बावजूद आप तो वही होते हैं जो आप हैं। महत्वपूर्ण कुछ बदलना नहीं है; महत्वपूर्ण यह है कि जो आप बदलने जा रहे हो, क्या आप उसे समझते भी हो? कि वह चीज़ क्या है? वह क्यों है? वह कैसे शुरू हुई? उसका प्रभाव आप पर क्या पड़ता है, समाज पर क्या पड़ता है, दुनिया पर क्या पड़ता है? क्योंकि जब आप समझते हो, तब जो होना होता है, सहज होता है। हम जीवनभर कुछ न कुछ बदलते ही तो रहते हैं—जैसे; दोस्त, रिश्ते, पढ़ाई, काम, नौकरी, घर, जगह, घर के सामान, धर्म, देश, मान्यताएँ, पसंद और न जाने क्या-क्या। मगर क्या कभी हमारी पीड़ा का अंत हुआ है? नहीं। क्योंकि बिना जाने-समझे हम सब कुछ बस बदलते रहते हैं; कुछ छोड़ते हैं तो कुछ पकड़ते हैं। मगर भीतर बेहोशी तो जारी

रहती है। इसी को मैं कह रहा हूँ—मालिक बदलना। मगर इसी को आप आज़ादी मानते हैं। बेहोशी में आप चाहे कुछ बदलो या छोड़ो, उससे कुछ नया नहीं हो सकता। बेहोशी का हटना ही वास्तविक नयापन होता है और वही आज़ादी है।

जैसे; आपकी जेब में दो हज़ार रुपए का नोट हो और किसी कारण से उस नोट का कोना आपको चुभ रहा हो। अब आप जेब में हाथ डालते हैं और उस चुभने वाली चीज़ को निकालकर बिना देखे ही फेंक देते हैं। क्यों? क्योंकि उसकी चुभन से आपको दर्द हुआ और आपको गुस्सा आ गया। उन्हीं दो हज़ार रुपयों से आप अपनी आगे की यात्रा करने वाले थे, और अब आप पछता रहे हैं। दर्द का अर्थ हमेशा कुछ बुरा ही हो, ऐसा ज़रूरी तो नहीं; अन्यथा जिम (व्यायाम) कैसे करोगे? मगर जब आपकी यह मान्यता रहती है कि दर्द तो बुरा ही होता है, तब वह मान्यता काम कर रही होती है—आप नहीं। और आप बस उसका नुकसान झेलते हैं, क्योंकि दर्द मिलने पर आप जानना ही नहीं चाहेंगे कि दर्द क्या है, क्यों है। केवल बेहोश प्रतिक्रियाएँ होंगी और आपको लगेगा कि यह आपने किया, इसलिए आप उसके लिए दुःखी भी होंगे—पहले उस नुकसान के लिए और दूसरा इसलिए कि आप यह मानेंगे कि वह आपकी गलती से हुआ। नहीं, असली नुकसान है मान्यता के प्रति वह बेहोशी, जो आपसे दोबारा ऐसी ही गलतियाँ कराएगी। और उसको न जानना ही आपकी असली गलती है। अगर आप यह नहीं जानेंगे कि कुछ चुभना हमेशा बुरा ही हो, यह आवश्यक नहीं है, तो आप यह गलती अपने पूरे जीवन में—रिश्तों और काम में, दैनिक व्यवहार में, निर्णय और चुनाव में—सदा ही दोहराएँगे, क्योंकि समस्या "न जानने" में है। मगर बिना जाने-समझे आप कुछ भी करते रहते हैं और इसी को आप आज़ादी कहते हैं; दुःख पाते हैं और यदि कोई समझाए तो उसे आप दुश्मन मानते हैं। यह कौन-सी आज़ादी है?

ऊपरी कपड़े बदल लेने से क्या आपका दुख, दर्द, पीड़ा खत्म हो जाती है? शरीर पर गहरे घाव हैं, शरीर में बीमारियाँ लगी हुई हैं और उनको आप महंगे, आकर्षक और नए कपड़ों से यदि ढक भी दो, तो इससे क्या आपके शरीर की बीमारियाँ, आपका दर्द और पीड़ा समाप्त हो जाएँगी? नहीं न? आपके शरीर की हालत तो वही रहेगी न। मगर क्या आप अपने दुखों, बेचैनी, अकेलेपन, खालीपन, डर जैसी अनेक पीड़ाओं के लिए ऐसे ही उपाय नहीं करते हैं? उसी प्रकार मनोवैज्ञानिक तल पर आप चाहे किसी भी व्यक्ति, वस्तु, जाति, धर्म, संगठन, पहचान, मान्यता इत्यादि से आसक्त हो जाएँ या किसी को त्याग दें, मगर इससे आपकी भीतरी स्थिति में बदलाव नहीं आएगा। पहले आप एक तरह का कर्मकांड करते थे, अब अन्य तरह का करते हैं; लेकिन कर्मकांड तो जारी है। मान्यताएँ, संस्कार, अंधविश्वास सब जारी हैं और अगर ऐसा है, तो फिर क्या यह आज़ादी है?

और क्या ऐसा आपके जीवन में नहीं है? और यदि है, तो क्या आप उसे देख पा रहे हैं कि हाँ, मेरे जीवन में भी ऐसा कुछ चल रहा है? अगर आप देख रहे हैं, तो अब आप वास्तव में आज़ाद होने की तरफ बढ़ रहे हैं, क्योंकि बंधनों को बंधन ही न जानना गुलामी और अज्ञान होता है। और जिसने ज़हर को ज़हर ही जान लिया हो मगर चाहता हो जीना, क्या अब वह उस

ज़हर को पिएगा? नहीं। जिस क्षण आप सचमुच बंधन को बंधन, भ्रम को भ्रम और मान्यता को मान्यता जानते हैं, और आज़ादी के प्रति प्रेम रखते हैं—आप बंधनों से मुक्त हो जाते हैं। जो भीतर से आज़ाद होते हैं, वे जेल की सलाखों के भीतर भी आज़ाद ही होते हैं, बल्कि सलाखों के भीतर भी वे अपनी ही मर्जी से होते हैं, क्योंकि शायद यह भी उनकी योजना का ही हिस्सा होता है। अन्यथा इन गुलामों की क्या औकात कि उन्हें बेड़ियाँ पहना सकें। और जो भीतर से आत्म-अज्ञानी, बेहोश और गुलाम होते हैं, वे खुली सड़कों और खुले आसमान के नीचे भी गुलाम ही होते हैं। वे केवल चलती-फिरती लाशें और कठपुतलियाँ होते हैं। आज के दौर के हिसाब से वे केवल रोबॉट हैं, मगर ऐसे कि दुःख अनुभव करते हैं। तो आज़ादी पाना नहीं है, आज़ाद आप हो ही, मगर आपने अज्ञान और स्वार्थवश बंधन यानी गुलामी पकड़ रखी है।

आपने मान्यताएँ पकड़ रखी हैं, जैसे; आप बस मानते हैं कि ऐसा तो होता ही है, यह तो करना ही होता है, सब करते हैं तो ठीक ही होगा, हमारे पूर्वज ऐसा मानते थे तो सही ही होगा। और ऐसी ही ढेरों मान्यताएँ हैं, जिन पर आप आँख बंद करके, बिना सवाल उठाए और बिना जाने-समझे उन्हें बस स्वीकारते जाते हैं, और यही आपके बंधन हैं। क्योंकि जैसे आप कुछ नहीं समझते और केवल भीड़ को देखकर जीते हैं, वैसे ही भीड़ का हरकोई व्यक्ति जी रहा है। आप कुछ इसलिए कर रहे हैं क्योंकि वे कर रहे हैं, और वे कुछ इसलिए कर रहे हैं क्योंकि आप कर रहे हैं। दोनों भ्रमित। तो आपके बंधन वास्तविक नहीं हैं, यानी हथियार नहीं चाहिए उन्हें काटने के लिए। आपके बंधन केवल माने हुए हैं और आपको बस उन्हें जानने-समझने की जरूरत है। जैसे बच्चों को पुस्तकों में पढ़ाया जाता है और विज्ञापनों में भी ऐसा ही दिखाया जाता है कि "गाय दूध देती है, मुर्गी अंडे देती है और खुश रहती है।" दूध के पैकेट पर भी गाय का चित्र कुछ ऐसा ही बनाया जाता है जैसे कि वह बहुत खुश है और उसका बच्चा भी स्वस्थ है। किताबों में घरों के चित्र ऐसे बनाए जाते हैं जैसे कि घर के आसपास हरियाली है, पेड़-पौधे हैं, नदी बह रही है, पक्षी उड़ रहे हैं और पहाड़ है जिसके ऊपर से सूर्योदय हो रहा है। लेकिन क्या तथ्य भी यही है? नहीं। तथ्य तो बहुत भयानक है। मगर हम इतने बेहोश हैं कि उसे देख ही नहीं पाते हैं।

पहले तो यह देखना-समझना आना चाहिए कि मेरी या किसी की भी, किसी भी बात में मान्यता कहाँ है। जो बात कही जा रही है, क्या उसमें कुछ ऐसा है जो तथ्यात्मक, सहज, प्राकृतिक अथवा स्वाभाविक नहीं है? यानी "जैसा है, वैसा नहीं है?" जैसे; अगर ध्यान दिया जाए तो इस बात में यह माना जा रहा है कि गाय और मुर्गी अपनी मर्जी से दूध और अंडे हमें देती हैं, लेकिन यह बात तथ्यात्मक, सहज और प्राकृतिक प्रतीत नहीं होती, है ना? क्योंकि कोई भी जीव ऐसा क्यों करेगा? वह अपने बच्चे के हिस्से का दूध किसी अन्य को क्यों देगा? और किसी अन्य प्रजाति को तो बिल्कुल नहीं देना चाहेगा, क्योंकि उसके लिए तो वह है भी नहीं। तो यही सोचकर अब एक दिन मैंने इसको जानना चाहा कि वास्तव में चल क्या रहा है? क्या सचमुच गाय दूध 'देती' है? और क्या मुर्गी अंडा 'देती' है? तो हकीकत कुछ और ही

निकली। मेरे माँगने पर मुझे तो उसने कुछ नहीं दिया, बल्कि मैंने देखा कि गाय से उसके अभी-अभी जन्मे छोटे से बछड़े के हिस्से का सारा दूध छीन लिया जाता है। उसका बछड़ा यदि नर है तो उसे कसाईखाने भेज दिया जाता है और यदि वह मादा है, तो उस छोटी सी बछिया को उसकी ही माँ यानी गाय से दूर कर दिया जाता है। जब तक गाय दूध देने की स्थिति में होती है, तब तक मशीनों से उसका दूध निचोड़ा जाता है और बूढ़ी हो जाने पर उसे भी कसाईखाने भेज दिया जाता है।

यह भी देखा कि वे हरे-भरे जंगलों में नहीं रहती हैं, जैसा कि दूध के पैकेट पर दिखाया जाता है, बल्कि बहुत छोटी सी जगह में फर्श पर उठती-बैठती हैं। उसके आसपास गंदगी होती है, अगर वह खुली रहती तो ऐसी गंदगी में उसे नहीं रहना पड़ता। लेकिन अपने पूरे जीवन में जंगल तो शायद वे कभी देखती ही नहीं हैं। यही हाल बेचारी मुर्गियों का भी है। वे भी गाय की तरह ही छोटे-छोटे पिंजड़ों में कैद रहती हैं, उनसे जबरन अधिक अंडे लिए जाते हैं और वे या तो पिंजड़ों में ही बीमारियों से तड़पते-तड़पते मर जाती हैं, अन्यथा जब उनकी हालत अंडे देने लायक नहीं रहती हैं तो उन्हें बेरहमी से मार दिया जाता है—और मारने के कई तरीके होते हैं। तो अब अगर मैं जानना ही नहीं चाहूँगा कि क्या सचमुच गाय दूध 'देती' है, मुर्गी अंडे 'देती' है, या मामला कुछ और ही है, तो क्या होगा? अगर मैं यह सोचूँगा कि सब पीते हैं और बहुत पहले से पीते आ रहे हैं, बड़े-बड़े मंचों से तथाकथित धर्मगुरु भी कहते हैं कि दूध पियो, हमारे पूर्वज भी पीते आए हैं; तो मैं हकीकत कभी जान ही नहीं पाऊँगा और मेरे माध्यम से हिंसा, शोषण, अन्याय और अत्याचार होता रहेगा।

मैं यह भी नहीं जान पाऊँगा कि यह जो जलवायु परिवर्तन की समस्या है, जिसके कारण कहीं बाढ़ तो कहीं सूखा है, कहीं आँधी-तूफान तो कहीं भयानक गर्मी और तापमान है, कहीं बेरोजगारी और भुखमरी तो कहीं पीने के पानी की कमी है, इस सबके लिए भी यह दूध, अंडा और माँस जैसे पशु आधारित धंधे बहुत ज़्यादा जिम्मेदार हैं। वायु प्रदूषण, जल प्रदूषण, भूमि प्रदूषण, जंगलों की कटाई, हिंसा, असंवेदनशीलता और गरीबी को बढ़ाने में भी ये पशु आधारित धंधे बहुत ज्यादा जिम्मेदार हैं—अगर नहीं जानोगे, तो पता ही नहीं चलेगा। क्योंकि इसके लिए बहुत अधिक संख्या में गाय, भैंस, मुर्गी, बकरे, बतख, सुअर जैसे जीवों को 'जबरन' पैदा किया जाता है, जिनके रहने के लिए बहुत अधिक ज़मीन चाहिए, जिसके लिए जंगल कटते हैं। उनके भोजन के लिए बहुत अधिक अनाज और चारा चाहिए, उसे उगाने के लिए जंगल कटते हैं; उनके रहने के लिए जमीन चाहिये, तो उसके लिए जंगल कटते हैं और पृथ्वी पर होने वाली कुल खेती के लगभग 80% से ज्यादा हिस्सा जब पशुओं के लिए उपयोग हो जाएगा—जिन्हें कृत्रिम रूप से जबरन पैदा किया गया है—तो उसी से भुखमरी भी फैलती है।

इतनी बड़ी मात्रा में जब जंगल कटते हैं, तो उससे वातावरण में ग्रीनहाउस गैसें बढ़ने लगती हैं। पशुओं के शरीर से मीथेन जैसी ग्रीनहाउस गैस निकलती है, जो तापमान को बढ़ाती है और ग्रीनहाउस गैसों के कारण ही तो जलवायु परिवर्तन की समस्या पैदा होती है।

यह सब हम जैसे बेहोश, हिंसक, स्वार्थी, असंवेदनशील, मान्यताओं के गुलाम और प्रेमहीन लोगों के कारण ही हो रहा होता है। मगर आप इससे अंजान रहते हैं और आप इस सबके लिए न जाने किन-किन को ज़िम्मेदार ठहराते हैं, गालियाँ देते हैं, प्रकृति के प्रकोप के सामने ख़ुद को असहाय महसूस करते हैं और न जाने क्या-क्या व्यर्थ उपाय करते हैं; मगर ईमानदारी से ख़ुद को नहीं देखते कि मेरी कौन-सी मान्यता है, जो इस सबको बढ़ावा दे रही है।

अगर आप जागरूक नहीं रहेंगे, अपने और लोगों के शब्दों, बातों, व्यवहारों आदि पर ध्यान नहीं देंगे और सब-कुछ बस मानते चले जाएँगे, तो हकीकत कभी नहीं जान पाएँगे। धोखे खाएँगे, पछताएँगे और केवल दुःख पाएँगे। अगर बिना जाने-समझे आप सुनते हैं और बस मान लेते हैं कि गाय और मुर्गी तो दूध और अंडे देती ही हैं, तो आप यह कभी नहीं जान पाएँगे कि वे देती नहीं हैं, बल्कि उनसे जबरन और क्रूरतापूर्ण तरीकों से छीना जाता है। आप यह भी नहीं जान पाएँगे कि आपकी इस तरह की मान्यताओं के कारण ही जलवायु परिवर्तन, बाढ़, सूखा, गर्मी, तापमान वृद्धि, आँधी-तूफ़ान जैसी अनेक प्राकृतिक आपदाएँ आ रही हैं। इसी कारण प्रदूषण, भुखमरी, बीमारियाँ, हिंसा और अनेक समस्याएँ बढ़ रही हैं।

और इन सारी समस्याओं का बस यही उचित समाधान है कि पूरी ईमानदारी और निष्पक्षता से हम अपनी इन मान्यताओं का झूठ देखें, इनकी व्यर्थता देखें, इनके कारण होती बर्बादी, हिंसा, विनाश, शोषण और बढ़ती पीड़ा देखें और उनसे मुक्त हो जाएँ। क्योंकि कोई भी जीव पीड़ा में तो नहीं रहना चाहता न। इसलिए ही कह रहा हूँ कि आपके बंधन केवल माने हुए हैं और जिस क्षण आप सचमुच बंधन को बंधन, भ्रम को भ्रम और मान्यता को मान्यता जानते हैं, आप उससे और उससे उपजने वाली पीड़ा, भय और चिंता से मुक्त होते जाते हैं; क्योंकि उसका झूठ, उसकी व्यर्थता और उसमें बैठा दुःख आपको साफ़ दिखाई देने लगता है। और वह दुःख कोई नहीं चाहता, बल्कि सब उससे मुक्ति ही चाहते हैं। तो आज़ादी केवल बाहर-बाहर कुछ करने या बदलने से नहीं आती, बल्कि भीतरी बोध और भीतरी बदलाव से प्रकट होती है। फिर बाहर भी सब कुछ सहज ही बदलने लगता है, कम से कम उसके लिए जो भीतर से मुक्त है। क्योंकि बाहर हम क्या करेंगे, कैसे रहेंगे, किसे चुनेंगे, किससे क्या और कैसा संबंध बनाएँगे, किसकी संगत करेंगे, कौन हमारा नेता, अभिनेता या आदर्श होगा अथवा होगा भी कि नहीं होगा—यह सब तो हमारी भीतरी स्थिति से ही तय होगा। इसलिए भीतरी जागरूकता, भीतरी आज़ादी और भीतरी बदलाव सबसे पहली और शायद सबसे ज़रूरी आवश्यकता है; अन्यथा क्रांतियों के नाम पर भी लोग केवल मालिक बदल लेते हैं और गुलामी जारी रहती है।

बंधन बस माने हुए हैं, मगर बंधन चाहे वास्तविक हों या चाहे माने हुए; उनका प्रभाव तो वास्तविक रूप में ही पड़ता है, क्योंकि आप तो अपनी मान्यताओं को सत्य ही मानते हैं। और आपके जीवन के सारे फैसले तो आप उन्हीं के अनुसार लेते हैं न? हो सकती है कोई मान्यता झूठी और गलत, मगर आप तो उसे सच्ची और सही मानते हैं न? उसी के हिसाब से जीते हैं न? इसलिए आपके जीवन में भ्रम, भय, बंधन, पछतावा और दुःख रहता है। तो

आज़ादी के नाम पर हम यह जो मालिक बदलते रहते हैं, मगर गुलामी नहीं छोड़ते; इस बात के प्रति हम जब अपनी दैनिक ज़िंदगी में, अपने व्यवहारों और संबंधों में, अपनी क्रियाओं, प्रतिक्रियाओं और चुनावों में जागरूक रहते हैं और देखते हैं कि गुलामी छोड़ी जा रही है या नई गुलामी पकड़ी जा रही है, तभी आज़ादी की शुरुआत होती है। देखिए कि जो भी आप स्वयं को मानते हैं, जिस भी पहचान से आपने स्वयं को जोड़ रखा है, कहीं वह सब संयोग मात्र तो नहीं है? जो भी आप स्वयं को मानते हैं; क्या वह केवल संयोग से, किसी खास समय-अवधि में, किसी खास स्थान पर, किसी खास मान्यता में विश्वास रखने वाले लोगों के बीच, किसी खास प्रजाति और किसी खास शरीर के रूप में पैदा होने मात्र का परिणाम तो नहीं है? अगर आप आज से चार-पाँच हज़ार वर्ष पूर्व पैदा हुए होते, या अभी किसी अन्य देश में पैदा हुए होते, या किसी अन्य धर्म, जाति इत्यादि में मान्यता रखने वाले लोगों के बीच जन्में होते, या जब आप पैदा हुए थे तब यदि कोई आपको चुरा ले गया होता; तो क्या तब भी आप स्वयं को वही और वैसा ही मान रहे होते, जो अभी ख़ुद को मानते हैं?

क्या पता आप चुराए हुए ही हों? क्या पता आपके असली अभिभावक कोई और ही हों? जिन्हें आप अपनी पहचान मानते हैं; जिनके गुलाम होकर, जिनमें सीमित-संकुचित होकर और जिनके अनुसार अपने जीवन के निर्णय बदलकर आप जीते हैं, कहीं वे केवल समाज से और शरीर के आधार पर मिले ठप्पे मात्र तो नहीं हैं? क्या आप उन्हें लेकर पैदा हुए थे, या वे केवल जन्म के बाद ही आपके ऊपर थोपे गए हैं? सारे भेदभाव, पहचानें, मान्यताएँ, संस्कार, परंपराएँ आदि सब उस बच्चे के ऊपर जन्म के बाद थोपे जाते हैं, जो अपना नाम तक लेकर पैदा नहीं होता है। ऐसा ही आपके साथ भी हुआ है और आपको गुलाम बना लिया गया है, फिर ये पहचानें आपकी अपनी कैसे हो सकती हैं? जब आप अबोध थे, तब उन्होंने कहा और आपने मान लिया, मगर जिस क्षण बच्चा पैदा हुआ—यानी गर्भ से बाहर आया—तब इन पहचानों के बिना भी वह बच्चा तो था ना। उस बच्चे के पास अपना नाम तक नहीं था और फिर भी वह था। तो जन्म के बाद जो इतना कुछ उसके मस्तिष्क में डाल दिया जाता है, और फिर वह अपने आप को ना जाने क्या-क्या मानने लगता है और उसी अनुसार जीने लगता है; वह सब उसकी वास्तविक पहचान कैसे हो सकती हैं? वह बच्चा आप ही तो हैं। तो पूछिए स्वयं से कि वह सब आपका सत्य कैसे हो सकता है?

जैसे आपके अभिभावकों और समाज ने कुछ पहचानें, मान्यताएं और रूढ़ियाँ आदि आपके कानों में बचपन से डाल दी थीं और आपने कोई सवाल नहीं उठाए, वैसे ही वे बातें आपके अभिभावकों के कानों में उनके माता-पिता और तब के समाज ने डाल दी थीं। मगर उन्होंने भी न सवाल उठाए और न कुछ जानना-समझना चाहा। जिन चीज़ों का आपके अभिभावकों को ही सचमुच कुछ नहीं पता कि वे क्या हैं, क्यों हैं, उनकी उपयोगिता क्या है; आप भी उन्हें अंधे होकर, बिना जाने-समझे बस स्वीकार कर रहे हैं। क्या यह अंधविश्वास नहीं है। क्या यह अज्ञान और गुलामी ही नहीं है? बिना जाने-समझे अगर आप बस मानते चले जाएंगे, तो आपकी हालत शायद उनसे भी बुरी होगी और आप भी उन्हीं की तरह स्वयं

से ही अनभिज्ञ रह जाएंगे। वह जो इंसान स्वयं की हक़ीक़त से ही अनभिज्ञ रह जाता है, उसी दूरी का इंसान जीवनभर दुःख पाता है। शायद उसी की तलाश में वह हर समय और हर जगह भटकता रहता है। लेकिन यात्रा तो केवल आप से आप तक की ही है, स्वयं से सत्य तक की ही है; यानी, जो स्वयं को 'मानते' हो, उससे 'जो हो' तक की।

तो अब आपको देखना यह है कि जो भी आप स्वयं को मानते हैं, जिन मान्यताओं के अनुसार आप जीते हैं, क्या वह सब केवल शब्द मात्र ही तो नहीं हैं? और क्या आपका 'होना' उन शब्दों और पहचानों के शोर से परे कहीं 'मौन' तो नहीं है? यदि आपने पिछली पूरी बात को ध्यान से सुना और समझा है, तो आप यह तो जान रहे होंगे कि जो भी कुछ आप स्वयं को मानते हैं, वह आपका सत्य नहीं है। मगर किस तरह वह झूठ है और किस तरह वह झूठी पहचानें आपकी ज़िंदगी में, आपके संबंधों और रिश्तों में, व्यवहारों में, आपके उत्सवों में, काम के चुनावों और ऐसे ही किसी भी व्यवहार में झलकती हैं; कैसे वह बीच में आती हैं—यह आपको स्वयं ही देखना और ध्यान देना होगा। इसके प्रति आपको जागरूक रहना होगा। इसी को कहते हैं सतत् अवलोकन, ध्यान और सुमिरन। तब जीवन में आज़ादी की खुशबू आने लगती है।

देखो, हर क्षण उठने वाली कामनाओं को—कैसे हम एक कामना की पूर्ति होने पर अथवा उससे संतुष्ट न होने पर, दूसरी कामना की ओर दौड़ पड़ते हैं। हम थोड़ा भी नहीं ठहरते और एक के बाद दूसरी, दूसरी के बाद तीसरी—और ऐसे ही दौड़ते रहते हैं। हम पूछते भी नहीं कि पहली वाली कामना ने जो हमसे वादे किए थे, वे पूरे क्यों नहीं हुए? उसकी पूर्ति होने पर भी हमें चैन क्यों नहीं मिला? जब तक उस कामना की पूर्ति नहीं हुई थी, तब तक यह उम्मीद थी, यह भ्रम था कि यदि वह कामना पूरी हो जाएगी तो ज़िंदगी में मौज ही मौज होगी। कामना पूर्ति होने से पहले तक उसके लिए आप कितने अधिक लालायित थे, और जब वह पूरी हो जाती है तो पाते हो कि नई कामनाएं प्रकट हो गई हैं। मगर आप ध्यान ही नहीं देते कि आपने धोखा खाया है।

आपने देखा है ना कि जब किसी भी वस्तु या व्यक्ति को पाने की कामना होती है, कुछ बनने या कुछ करके दिखाने या कहीं पहुँचने की कामना होती है, तब किस कदर वह कामना आपके मन की मालिक बनी रहती है। किस तरह हर समय वह आपके मन पर छाई रहती है। उसी के लिए आप चिंतित और परेशान होते हैं और उसी को पूरा करने के लिए जुगाड़ करते रहते हैं कि कैसे वह पूरी हो जाए। लेकिन जैसे ही वह पूरी होती है, तुरंत आप उस कामना की गुलामी छोड़कर किसी अन्य कामना के पीछे दौड़ने लग जाते हैं, अन्य कामना की गुलामी स्वीकार कर लेते हैं—बिना यह जाने कि पिछली कामना की गुलामी से मिला क्या और खोया क्या। पिछली कामना ने जो वादे किए थे, वे पूरे क्यों नहीं हुए? उसकी पूर्ति से चैन क्यों नहीं मिला? मैंने यह धोखा क्यों खाया? इसी को तो भ्रम और धोखा कहते हैं।

धोखा क्या होता है? जैसा सोचा था, जैसा माना था—वैसा कुछ हुआ ही नहीं। यही तो धोखा है। जैसे अक्सर मैं कहता हूँ कि, "दूर से देखा तो दो अंडे उछल रहे थे और पास जाकर

देखा तो दो गंजे उछल रहे थे।" अब दूर से देखा तो अंडे प्रतीत हो रहे थे—क्यों? क्योंकि पेट में भूख लगी थी और कुछ खाने की कामना थी, और संयोग से कुछ दूर दो गंजे उछल रहे थे, इसलिए आपने सोचा कि जाते हैं और अंडे खा लेंगे। मगर पास गए—यानी तथ्य जाना—तो पता चला कि वे तो दो गंजे बच्चे हैं। तो यह भ्रम क्यों पैदा हुआ? गंजों को आपने अंडा कैसे मान लिया? इन बातों पर ध्यान दिए बिना ही हम अक्सर अगली कामना को मालिक बना लेते हैं, बिना यह जाने-समझे कि जो पिछली कामना थी, क्या वह हमारी अपनी ही थी? और यह जो अगली कामना है, जिसकी गुलामी करने के लिए मैं तैयार हूँ—क्या वह कामना मेरी ही है? क्या मैं इसे समझता भी हूँ? जिस कामना की पूर्ति के लिए मैं दौड़े जा रहा हूँ, जिसके लिए ज़िंदगी लगा रहा हूँ—कहीं वह केवल किसी व्यक्ति, वस्तु, विज्ञापन, कल्पना अथवा किसी अन्य चीज़ का प्रभाव भर तो नहीं है?

कहीं यह बस शरीर की प्राकृतिक वृत्तियों से उठी कामना ही तो नहीं है? कहीं यह संयोग से उठी कामना तो नहीं है? कहीं यह संस्कार, मान्यता और अंधविश्वास से उठी कामना तो नहीं है? कहीं यह सिर्फ एक खास माहौल और स्थिति में होने के कारण ही उठी कामना तो नहीं है? और यदि इनमें से किसी भी तरह से आपको कामना उठ रही है, तो वह कामना आपकी नहीं है। अर्थात् उसे पूरा करके भी आपको शांति और सुकून नहीं मिलेगा, क्योंकि जैसे ही संयोग, समय, स्थान और माहौल बदलेंगे, वैसे ही उस कामना की पूर्ति के प्रति जो आकर्षण था, वह भी बदल जाएगा। क्योंकि जिसे हम अपनी कामना कहते हैं, अक्सर वह हमारी नहीं होती। जिसे यही नहीं पता कि "वह कौन है?", वह यदि कहे कि फलानी 'मेरी' कामना है, तो यह गहरी बेहोशी और अहंकार का प्रतीक है। मैं का कुछ पता नहीं—और मेरी के चर्चे।

जैसे किसी दिन बस ऐसे ही किसी बाज़ार के बीच से या किसी मॉल से होकर जाइए, और तब जाइए जब आपको बाज़ार से कुछ भी खरीदना न हो। इस उद्देश्य से जाइए कि बस घूमने के लिए जा रहा/रही हूँ। अगर आप अपने मानसिक तल पर हो रही हलचल के प्रति, उठ रहे विचारों, क्रियाओं, प्रतिक्रियाओं और संवेदनाओं के प्रति जागरूक हैं, तो आप हैरान होंगे यह देखकर कि किस प्रकार उस मॉल में होने भर से, बाज़ार से गुज़रने मात्र से और कुछ चीज़ों को देखने भर से लगातार आपके भीतर अनेक चीज़ों को लेकर कामनाएँ उठ रही हैं। अब आप कुछ खरीदने के लिए तो नहीं गए थे, है न? मगर आपके भीतर बैठी अपूर्णता की मान्यता आपको प्रेरित कर रही है कि आप उन चीज़ों को खरीदें। अगर वह वस्तु इतनी ही जरूरी होती, तो पहले ही पता होता। आप कुछ खाने-पीने के लिए नहीं गए हैं, मगर कुछ खाने या पीने का देखेंगे तो आपके भीतर उन्हें लेकर कामना उठने लगेगी। और संभावना यही है कि यदि आप सचमुच जागरूक नहीं हैं, तो कोई-न-कोई तर्क देकर, किसी-न-किसी बहाने से, कोई-न-कोई ज़रूरत खड़ी करके आप न जाने क्या-क्या खरीद लेंगे। और शायद आपको भी ऐसा ही लगेगा कि वह सब तो आपको चाहिए ही था और उन्हें खरीदना आपका अपना चुनाव था। यह क्या हुआ? समझ रहे हैं?

जो कुछ आपने खरीदा, खाया या पिया—इन चीज़ों को लेकर कुछ देर पहले तक आपकी कोई कामना नहीं थी। मगर अब यह क्या हुआ? (हँसते हुए) आपने तो झोले भर लिए! यही है वास्तविक गुलामी, जिसका शायद आपको पता भी नहीं, क्योंकि आप ध्यान नहीं देते। यदि आपके विचार ही किसी अन्य के नियंत्रण में हैं, तो उनके माध्यम से जो कुछ भी हो रहा है, वह न आपके द्‌वारा हो रहा है, न आपके द्‌वारा चुना गया है, न आपके हित के लिए चुना गया है। वह केवल आपके माध्यम से किसी अन्य के लिए हो रहा है। आपके भीतर उठी कामनाओं से आपकी अपूर्णता नहीं मिट रही है, बस किसी अन्य के क्षुद्र स्वार्थ पूरे हो रहे हैं। कोई अन्य है जो आपके माध्यम से चुनाव करवा रहा है, खरीदवा रहा है—शायद बेचने वाला और आपकी ही यह भ्रमजनित मान्यता कि जगत से ही कुछ बटोर कर पूर्णता, सुकून और शांति मिल जाएगी।

जो व्यक्ति अपनी मानसिक संस्कारबद्‌धता, मान्यताओं, बेईमानी और अहं की चालाकियों के प्रति जागरूक नहीं रहता और उनके साथ बह जाता है, वह बेहोश और गुलाम है। और जो व्यक्ति मानसिक रूप से गुलाम होता है, उसे फिर शारीरिक रूप से गुलाम बनाने के लिए मेहनत नहीं करनी पड़ती, बल्कि उसे शारीरिक गुलाम बनाने की ज़रूरत ही नहीं है; क्योंकि अब वह ख़ुद ही आपके लिए काम करेगा, आपके इशारों पर चलेगा। लोग सोचते हैं कि गुलाम वे होते हैं जिनके हाथों में हथकडियां होती हैं, जिनको कोड़े पड़ते हैं, जिनको जेल में कैद किया जाता है, इसलिए उनको भ्रम रहता है कि वे आज़ाद है। अब इनको पता ही नहीं कि असली गुलामी मानसिक होती है। और जब आसपास हरकोई मानसिक रूप से गुलाम ही होते हैं, तो हमें ख़ुद पर शक भी नहीं होता कि कहीं हममें कोई समस्या तो नहीं। जो अपनी पूरी जिंदगी ही बेहोश और गुलाम लोगों की भीड़ के अनुसार जी रहा है, उसके लिए आज़ादी का मतलब भी वही होगा जो भीड़ कहती है। बल्कि शक उसपर किया जाएगा, जो आज़ाद होने लगेगा। उसे लोग पागल और बीमार कहेंगे। यह ऐसी ही बात है जैसे जेल के सभी कैदियों को यह भ्रम हो जाए कि वे सब आज़ाद हैं—क्योंकि सबकी जिंदगी एक जैसी ही है—और उसे पागल कहने लग जाएं, जो कहे कि मैं जेल से बाहर जा रहा हूँ।

तो इसी तरह आपके जीवन में जो भी छोटी-से-छोटी अथवा बड़ी-से-बड़ी कामनाएँ हैं—फिर चाहे आप कुछ पाना चाहते हों या कुछ करके दिखाना चाहते हों, चाहे आप शादी करना चाहते हों या बच्चा पैदा करना चाहते हों, और चाहे किसी को गाली ही क्यों न देना चाहते हों—जो भी छोटी या बड़ी कामना है, उस सबके प्रति जागरूक रहो और देखो। क्या सचमुच वह आपकी ही कामना है? क्या वह कामना आपको भ्रमों, बंधनों और कमजोरियों से मुक्त करती है, या वह कामना आपको बस क्षणिक सुख, सुविधा और थोड़ी देर की उत्तेजना का लालच देती है और फिर चूसे हुए आम के गुठले की भाँति छोड़कर विदा हो जाती है? ग्लानि, पछतावा और बर्बादी छोड़ जाती है?

मगर हम इतना ध्यान नहीं देते, इतने सवाल-जवाब नहीं करते और एक कामना की गुलामी छोड़कर दूसरी कामना की गुलामी शुरू कर देते हैं। क्यों? क्योंकि हम तो भोगना

चाहते हैं। लेकिन ध्यान देना हमें यह याद दिलाता है कि कितनी ही बार तो यह दोहरा चुके हैं, मगर फिर भी चैन नहीं पाया। केवल पछताए और नुक्सान ही हुआ। क्योंकि भोगने से बेचैनी का अंत नहीं होता, बल्कि बेचैनी और बढ़ती जाती है। लेकिन यह यदि याद रखते हैं, तो उस भोग में दख़ल पैदा हो जाती है—जो कि हम नहीं चाहते। इसलिए आप सवाल ही नहीं करते, आप ठहरते ही नहीं और बस भटकते रहते हैं। लेकिन ध्यान रहे कि किसी भी अनुभव के दौहराव से न तो अनुभव की मात्रा बढ़ जाती है न ही अनुभव की गहराई। क्योंकि जिस विषय को आप भोग रहे हैं, उसकी अपनी प्राकृतिक सीमाएँ हैं कि वह एक सीमा से अधिक आपको सुख नहीं दे सकता। उसी तरह जिस शरीर या इंद्रियों के द्वारा आप किसी भी विषय का भोग कर रहे हैं, उन इंद्रियों और शरीर की भी अपनी प्राकृतिक सीमाएँ होती हैं—वे भी एक सीमा से अधिक किसी भी विषय से सुख नहीं निचोड़ सकती। इंद्रियाँ भी असंवेदनशील होने लगती हैं।

जब आप यह नहीं समझते तो आप पूछते हैं कि भोगने में या क्षणिक सुख लेने में समस्या क्या है? समस्या उसमें यह है कि इस सुख-भोग की दौड़ के बावजूद भी क्या चैन मिलता है? क्या संतुष्ट होते हैं? और क्या अपूर्णता से मुक्ति मिलती है? क्या आप शांत रहते हैं? नहीं न? मगर बात बस इतनी ही नहीं है; महत्वपूर्ण बात यह है कि इस सारी भाग-दौड़ के दौरान आपने लगातार दुःख पाया है, धोखे खाए हैं, पछताए हैं, ईर्ष्या, तुलना और हीनता में जले हैं। कलेह-क्लेश, तनाव, चिंता और पीड़ा से गुज़रे हैं और अभी भी गुज़र ही रहे हैं। समस्या यह है कि व्यर्थ और अंधा भोग आपको भी लूटता है और दुनिया को भी बर्बाद करता है। न आप शांति से जीते हैं, न दुनिया को जीने देते हैं। अपनी बेचैनी मिटाने के लिए शादी के नाम पर खूब डी.जे. बजाए जा रहे हैं; मन मर्जी के नाम पर जिंदा जीवों को मारकर, उनकी लाश में मसाले डालकर खाए जा रहे हैं—न ख़ुद जी रहे हैं न दूसरों को जीने दे रहे हैं।

चूँकि आपके "भीतर" बर्बादी और बेहोशी है, इसलिए बाहर भी जीवन बर्बाद और बेहोश है, और ऐसा व्यक्ति दुनिया में भी क्या बर्बादी और बेहोशी के अतिरिक्त कुछ बढ़ाएगा? नहीं। आपसे वही बंटता है जो आप होते हैं, जैसे—फूल से खुशबू और गंदगी से बदबू। तो जब तक आप ही हिंसक, दुखी, अशांत और परेशान हैं, तब तक इस जगत में आपके माध्यम से केवल हिंसा, दुख, अशांति, परेशानी, चिंता, कलेह और क्लेश के अलावा और कुछ नहीं बढ़ सकता। इससे कोई फर्क नहीं पड़ता कि आपने मुखौटा किसका पहना है। आप ईमानदारी, सच्चाई, समाज सुधारक, क्रांतिकारी, सदाचारी, ब्रह्मचारी, संस्कारी, सभ्य और नैतिक व्यक्ति का मुखौटा भी पहन सकते हैं, किन्तु जो व्यक्ति भीतर से स्वयं बेहोश, बेईमान, हिंसक, पाखंडी, भ्रष्ट, महत्वाकांक्षी और अहंकारी है, तो उससे वही सब बंटेगा जो वह स्वयं है, ना कि जो वह स्वयं को दिखा रहा है। आप प्रेम का दिखावा करके किसी का भला नहीं कर सकते। आपके प्रेम में भी हिंसा ही होगी। क्योंकि प्रेम कोई दिखावे की चीज नहीं होती है। प्रेम तो बोध और आज़ादी के साथ आता है। जहाँ न सत्य न बोध न आज़ादी—वहाँ कैसा प्रेम।

एक महिला अपने पड़ोसी के बच्चों के प्रति हिंसक और क्रूर हो सकती है और अपने बच्चों के प्रति तथाकथित प्रेम (मोह और ममता) दर्शा सकती है, और उसको भी ऐसा लग सकता है कि वह सचमुच अपने बच्चों से तो प्रेम ही करती है। हैं न? मगर ऐसा संभव नहीं। जो व्यक्ति किसी एक के प्रति भी हिंसक और क्रूर है, वह अन्य सब के प्रति भी हिंसक और क्रूर ही होगा। अगर आप भीतर से हिंसक हैं, तो आपकी हिंसा और प्रेम में केवल इतना ही अंतर होगा जैसे कि—एक से उसके हिस्से का भोजन छीन कर आप उसे भूखा मार दें, और दूसरे को ममता के चलते ज़रूरत से ज़्यादा खिला-खिला कर उसे भी फुलाकर मार दें। आपकी हकीकत यदि हिंसा है, तो प्रेम और शांति के मुखौटे पहनने से वह बदल नहीं जाती है। मगर अधिकांश लोग यही तो करते रहते हैं। इसी को कहते हैं—पाखंडी और बेईमान होना। तो ये जो आप पल-पल चेहरे बदलते रहते हैं ना—कभी प्रेम और कभी हिंसा के—यही वे चेहरे हैं जिनको मैं मालिक बदलना कह रहा हूँ। इसलिए मैं कह रहा हूँ कि मालिक बदल लेने को आज़ादी नहीं कहते हैं, मगर हम लगातार सिर्फ मालिक बदलते रहते हैं और गुलामी जारी रहती है। यह ऐसा ही है जैसे कोई दिल में आग लेकर, बाहर ठंडक की उम्मीद रखे, जो कि संभव नहीं है।

अब एक-एक करके अगर मैं गिनाने चलूँ कि हम कहाँ-कहाँ सिर्फ मालिक बदलते हैं और गुलामी जारी रहती है, तो शायद उम्र बीत जाए और फिर भी न बता पाऊँ। मगर फिर भी हम उन गुलामियों की बात करेंगे जो आपको अपने भीतर, अपनी ज़िंदगी में—जहाँ कहीं भी आप गुलामी कर रहे हैं—उसे देख पाने की अंतर्दृष्टि (समझ) दे। जैसे अभी हमने कामना की गुलामी को लेकर कुछ बातें कीं, इसी तरह हम तुलना, ईर्ष्या और आत्मग्लानि आदि की भी गुलामी करते हैं। हम किसी एक व्यक्ति से, किसी एक चीज़ के संबंध में तुलना करते हैं, और जब स्वयं को उससे कमतर पाते हैं, तो उससे ईर्ष्या करते हैं। किसी तरह यदि उस बात को लेकर या उस व्यक्ति से तुलना और ईर्ष्या बंद होती भी है, या कहें कि कुछ देर के लिए तुलना और ईर्ष्या करना यदि भूल भी जाते हैं, तो तब तक उसी व्यक्ति से अथवा किसी अन्य व्यक्ति से, किसी अन्य चीज़ के नाम पर तुलना, ईर्ष्या और आत्मग्लानि शुरू हो जाती है।

यह हमने क्या किया? हमने बस मालिक बदल लिया, यानी विषय बदल लिया। भीतर हमारी बेहोशी, मान्यताएँ, गुलामी, ईर्ष्या और तुलना—सब वैसी की वैसी ही हैं; बस बाहर हमने विषय बदल लिए। लेकिन अभी भी हम बाहर की तरफ ही दौड़ रहे हैं। हमें लगता है कि बाहर कुछ करके ज़िंदगी का दुःख और अपूर्णता मिट जाएँगे—बिना यह जाने कि इस पीड़ा का एकमात्र कारण है, आत्मअज्ञान। पहले आप वहाँ किसी एक व्यक्ति और किसी ख़ास चीज़ को लेकर उसकी गुलामी (तुलना और ईर्ष्या) कर रहे थे, अब यहाँ किसी अन्य व्यक्ति या किसी अन्य चीज़ को लेकर गुलामी कर रहे हैं। गुलामी आप छोड़ ही नहीं रहे हैं, और तुलना करना कितनी मूर्खतापूर्ण और अज्ञान की बात है—यह आप समझ ही नहीं रहे हैं। एक व्यक्ति की दूसरे व्यक्ति से तुलना करना ऐसा ही है जैसे ज़मीन और आसमान की आपस में तुलना की जाए, जैसे आग और पानी की तुलना की जाए, जैसे जल में रहने वाली मछली और

आकाश में उड़ते पक्षी की तुलना की जाए। क्योंकि मछली जल में रहती है, उसी में तैरती है, जल ही उसका जीवन है; आकाश में उड़ना तो दूर की बात है, जल से बाहर निकलेगी तो भी वह मर जाएगी।

सोचिए, अगर अब यह मछली किसी पक्षी से तुलना करने लगे और कहे कि—अरे, मैं वैसे क्यों नहीं उड़ पा रही हूँ? मेरे पास पंख क्यों नहीं हैं? तो क्या होगा? शायद मछली की कामना कभी पूरी नहीं होगी, मगर यह जो अज्ञानवश उसने किसी पक्षी से उड़ने को लेकर तुलना कर ली है (बिना यह जाने कि वह स्वयं क्या है, उसकी ख़ुद की हक़ीक़त क्या है), उसके कारण उस मछली के भीतर अपूर्णता का भाव और कमी का अनुभव पैदा हो जाएगा, जो कि केवल एक ग़लत तुलना का परिणाम है। हैं ना? मगर इसके कारण अब वह बेचैन, अशांत और दुःखी है, और स्वयं के प्रति एक तरह की हीनता का अनुभव कर रही है। क्या ऐसा ही हमारे साथ भी नहीं है? हम ऐसी चीजों की तुलना करने लग जाते हैं, जिनकी तुलना हो ही नहीं सकती। अब उस अज्ञान-जनित हीनता के अनुभव को मिटाने के लिए वह लगातार एक व्यर्थ का संघर्ष कर रही है, और वह कोशिश कर रही है किसी तरह उस समंदर से बाहर निकल जाने की—जो कि वास्तव में उसका जीवन है, वह स्वयं है। क्या हमारी सारी दौड़ के केंद्र में भी अक्सर ऐसी ही अज्ञान-जनित तुलना, ईर्ष्या, हीनता और अंधी दौड़ नहीं होती है?

उस मछली की कोशिश रंग लाती है, और किसी तरह उछलकर अब वह समंदर से बाहर किनारे तक पहुँच जाती है। पर चूँकि जल ही उसका जीवन है, इसलिए उससे बाहर आने के कारण वह पीड़ा भी पा रही है। मगर स्वीकार कैसे करे कि धोखा खाया है? और जैसा सोचा था, वैसा कुछ नहीं पाया है? क्योंकि ग़लत होने पर भी जो अपने ग़लत होने को स्वीकार न करना चाहे—उसी को तो अहंकार कहते हैं। अब वह कैसे वापस लौटे समंदर में? क्योंकि लौटेगी तो उससे पूछा जाएगा—क्यों लौट आई? अब उन्हें क्या जवाब देगी? अगर सच बताया कि मैंने धोखा खाया—यानी जैसा सोचा था, वैसा कुछ नहीं पाया—तो सब पागल कहेंगे, सारी इज़्ज़त पानी में मिल जाएगी; और झूठ ज़्यादा दिन टिकेगा भी नहीं। इसलिए वह समंदर के किनारे पर आने को अपनी सफलता कहकर, सफलता का जश्न मना रही है।

मगर पानी से बाहर मछली का फड़-फड़ाना—मछली का नृत्य, मौज या आनंद नहीं होता है; वह उसकी तड़प होती है। क्या यही हाल उन सबका भी नहीं है, जो मौज-मस्ती आदि के नाम पर कभी बार और क्लब जाते हैं और कभी फिल्में देखने जाते हैं? कभी अलग-अलग तरह के नशे करते हैं, तो कभी तेज़ आवाज़ में डी-जे बजाकर अपनी बर्बाद हक़ीक़त को कुछ देर भुलाने की कोशिश करते हैं? और उनसे कुछ कह दो तो तुरंत उत्तेजित हो जाते हैं? कभी विवाह करते हैं, तो कभी बच्चे पैदा करते हैं, और कभी किसी के जन्मोत्सव में शामिल होकर खुश होने का नाटक करते हैं? क्या यह सब उस मछली जैसा ही नहीं है?

मछली को फड़-फड़ाता देख कर कोई छोटा बच्चा यह सोच सकता है कि मछली शायद नाच रही है। अरे बेटा, तू क्या जाने उसका हाल! यह पीड़ा हम क्यों सहते रहते हैं? क्योंकि हम उस सुख से चिपके रहते हैं, जो इस नकली पहचान को कायम़ रखने से मिल रहा होता है, और

हम उस तथ्य का सामना नहीं करना चाहते जो हमारी हक़ीक़त है। और आप स्वयं इसको गहराई से देख सकते हैं कि आप क्यों उस नकली चेहरे को ढोते हैं? क्यों तथ्य से भागते हैं? क्यों पल-पल चेहरे बदलते रहते हैं? ईमानदारी से पूछिए स्वयं से, झाँकिए स्वयं में—किस बात का भय है कि आप अपनी हक़ीक़त को छुपाते हैं? यह मछली समंदर से बाहर ज़मीन पर तो आ जाती है, मगर आसमान में नहीं उड़ पाती है। अब यह न समंदर की रही, न आसमान की—इसी को कहते हैं; घर के रहे न घाट के। अब यह ज़मीन पर पड़ी हुई है, न इसे पंख मिले, न पानी रहा। अब यह तड़प रही है। यह दुःख पा रही है, और अब यदि यह वापस वहीं न लौटी, जो इसका स्वभाव है—जहाँ यह हीनता और अपूर्णता के भ्रम से मुक्त है, जहाँ यह किसी से भी तुलना नहीं कर रही है यानी तुलना की व्यर्थता को जान लेना—तो यह ऐसे ही तड़प-तड़प कर मर जाएगी।

यह मछली इस स्थिति में पहुँची कैसे? जब उसने स्वयं, अपनी ही हक़ीक़त को जाना-समझा नहीं कि जल ही उसका जीवन है, और फिर किसी ऐसे से तुलना कर ली जिससे करनी ही नहीं थी; जिसके कारण ख़ुद में कमी महसूस करने लगी और दौड़ पड़ी—उसी का परिणाम है यह पीड़ा। तुलना और ईर्ष्या के नाम पर, क्या हम भी अपने दैनिक जीवन में हर समय यही सब नहीं करते रहते हैं? जैसे आप एक व्यक्ति हैं; आपकी स्थिति, आपका माहौल और आपकी दैनिक ज़िंदगी और सब कुछ अन्य लोगों से बहुत अलग है। अलग इस तरह से कि, हो सकता है कोई व्यक्ति आपकी तुलना में अधिक धनवान हो और कोई ग़रीब हो। हो सकता है कोई व्यक्ति बुद्धि के तल पर जन्म से ही प्राकृतिक रूप से आपकी तुलना में अधिक बुद्धिमान हो; मगर इसमें कोई महानता नहीं हो गई। बुद्धि, स्मरण शक्ति, मस्तिष्क की क्षमता आदि प्राकृतिक होती हैं। बेहतर जीवनशैली और अन्य अभ्यास से कुछ हद तक उसे बढ़ाया जा सकता है, मगर मुख्य रूप से वह प्राकृतिक ही होती है।

तो इसमें उस व्यक्ति ने बहुत कुछ नहीं किया। यह बुद्धि उसकी मेहनत का परिणाम कम है, बल्कि प्रकृति और संयोग का योगदान अधिक है, जिसके कारण वह अन्य की तुलना में आसानी से बहुत कुछ याद कर पाता है, काम कर पाता है, हिसाब-किताब कर लेता है, जुगाड़ लगा पाता है, चालाकियाँ चल पाता है। आप या दूसरा व्यक्ति उसके जितना बुद्धिमान, चालाक और होशियार नहीं हैं; मगर यदि आप भी ऐसा मानते हैं कि तेज़ बुद्धि होना बहुत महान बात है, तो ऐसी स्थिति में तुलना करके आप केवल दुःख पाएँगे। किसी व्यक्ति का शरीर लंबा-चौड़ा, हट्टा-कट्टा और मज़बूत हो सकता है। उसके पीछे कारण कुछ भी हो सकते हैं—डीएनए, प्राकृतिक कारण और अन्य संयोग भी हो सकते हैं; मेहनत भी ज़रूरी है। एक अन्य व्यक्ति है, जो पहले वाले की तुलना में हल्का-फुल्का है और उसकी ऊँचाई भी कम है। दोनों व्यक्तियों के शरीर अलग हैं; उनका खान-पान, रहन-सहन, सोना-जागना—सब अलग-अलग हैं। मगर आप उनसे तुलना करते हैं और जब उसकी तुलना में स्वयं को कमतर पाते हैं, तो स्वयं के प्रति हीनता अनुभव करते हैं। मगर क्या यह तुलना उचित है? बिल्कुल नहीं।

किसी तरह शरीर की तुलना हटती है, तो फिर आप कहते हैं कि फलाना व्यक्ति बहुत सुंदर है और आप सुंदर नहीं हैं—अब सुंदरता की तुलना करने लगते हैं। फिर यह तुलना किसी तरह हटती है, तो आप कहते हैं कि फलाना व्यक्ति बहुत सफल है और आप सफल नहीं हैं। मगर आपको न तो यह पता है कि जिसे आप सुंदरता कह रहे हैं, उसे ही सुंदरता क्यों कह रहे हैं? और जिसे आप सफलता कह रहे हैं, उसे ही सफलता क्यों कह रहे हैं? किस आधार पर आप यह तय कर रहे हैं कि सौंदर्य क्या है और सफलता क्या है? आपका पैमाना क्या है? कहीं सिर्फ़ इसलिए तो नहीं कि आपके आस-पास अधिकांश लोग उन्हीं बातों को सौंदर्य और सफलता मानते हैं? और इतिहास में भी ऐसे ही लोगों और चीज़ों को सफल और सुंदर माना गया है? यानी आपका कहना है कि जिस चीज़ या बात को इतिहास में सत्य माना गया है, या अधिकांश लोग जिसे सत्य मानते हैं, उसे आप भी सत्य मान लेंगे? मगर सत्य का न संख्या से कोई संबंध है न समय से। संख्या माने—कितने लोग मानते हैं; और समय माने—वह बात पुरानी है या नई।

विज्ञान ने मनुष्यों की ऐसी अनेक मान्यताओं को ग़लत साबित किया है, जिन्हें अरबों-खरबों लोग (अर्थात् संख्या) लंबे समय से (अर्थात् समय) आज तक मानते आए थे। जैसे कुछ समय पहले तक दुनिया के अधिकांश लोग यह मानते थे कि पृथ्वी चपटी है; मगर तथ्य यह है कि पृथ्वी चपटी नहीं, अपितु गोल है। इसी तरह लोग यह भी मानते थे कि सूर्य पृथ्वी के चक्कर लगाता है, मगर आज तथ्य सामने है कि पृथ्वी सूर्य के आस-पास घूमती है। पहले केवल कल्पना की गई थी। उसी तरह कोई भी वस्तु, व्यक्ति या विचार सिर्फ़ इसलिए सुंदर या सफल नहीं कहा जा सकता, क्योंकि ऐसा बहुत लंबे समय से और बहुत अधिक लोग मानते आए हैं। सत्य का न तो संख्या से और न ही समय से कोई संबंध होता है। जो सत्य है, वह तब भी सत्य था जब कोई उसे नहीं मानता था, और आज भी सत्य है चाहे अधिकांश लोग उसे मानें या न मानें।

अधिकांश मनुष्यों द्वारा किसी भी वस्तु, व्यक्ति या विचार आदि को सुंदर, सफल, सही या अच्छा मानने के पीछे एक और बहुत महत्वपूर्ण कारण होता है। और वह क्या होता है? जो भी वस्तु, व्यक्ति, विचार, मान्यता या परंपरा आदि आपके किसी स्वार्थ को पूरा करती है, अथवा आपको यह आशा देती है कि वह आपकी किसी कामना को पूरा कर देगी, उसे अधिकांश लोग सफल, अच्छा या सही मान लेते हैं। क्या ऐसा नहीं है? यानी जो आपके भोग में बाधा न डाले, अथवा भोग में सहयोग करे, लोग उसे सही और अच्छा मान लेते हैं। जैसे अक्सर होता है कि यदि कोई आपकी हाँ में हाँ मिलाए, तो आपको वह पसंद आ जाता है, और यदि कोई बार-बार आपकी प्रत्येक बातों (अर्थात् आपकी मान्यताओं) को काटता है, तो वह आपको पसंद नहीं आता—फ़िर चाहे आप ग़लत और वह सही ही क्यों न हो। होता है न ऐसा? पूछिए ख़ुद से, झाँकिए अपने जीवन में।

इस तथाकथित समाज और लोक-धर्म में अधिकांश इंसान उस व्यक्ति को सफल मानते हैं, जो अपने अनेक प्रकार के स्वार्थों की पूर्ति कर पाने में सफल हो गया हो, जो बहुत अधिक

भोग कर पाने में सफल हो गया हो। अधिकांश लोगों को इस बात से सचमुच कोई फ़र्क नहीं पड़ता कि उस तथाकथित सफल व्यक्ति ने जो कुछ भी पाया है, वह कैसे पाया? उसने जो कुछ भी हासिल किया है, वह चाहे हिंसा, बेईमानी और भ्रष्टाचार से ही क्यों न पाया हो; चाहे अन्याय और अत्याचार से ही क्यों न पाया हो। चाहे उसने लोगों के मन को गंदा और हिंसक करके ही सबकुछ क्यों न पाया हो—अधिकांश लोगों को इससे सचमुच कोई फ़र्क नहीं पड़ता। पता है क्यों? क्योंकि वे भी वैसे ही हैं। और यदि उन्हें भी ऐसा कुछ करके तथाकथित रूप से सफल होने का अवसर मिले, तो वे भी वैसा ही होना चाहेंगे। समझे? और यदि नहीं समझे हैं, तो ख़ुद को देखिए।

दुनिया में ऐसे भी बहुत लोग हैं जो बहुत हिंसक, क्रूरतापूर्ण और न करने लायक काम करते हैं, मगर खूब धन कमाते हैं, समाज में बहुत प्रसिद्धि और सम्मान पाते हैं। क्या इनको आप सफल कहेंगे? लोग ऐसे हथियारों के धंधे करते हैं, जिनसे केवल हिंसा फैलाई जाती है। क्या उस धंधे को करने वाले लोग धनवान नहीं हैं? उनके पास धन, सत्ता, प्रसिद्धि आदि की ताकत है, तो क्या इससे वे सफल हो गए? अपने स्वाद और स्वार्थ के लिए आज के समय में हमारी इस तथाकथित भली दुनिया में हर वर्ष हजारों-करोड़ पशु-पक्षियों—जैसे गाय, भैंस, सूअर, मुर्गे, बतख, भेड़ आदि—को पहले तो जबरदस्ती पैदा किया जाता है, फिर उनका शोषण होता है। वे जीवनभर तड़पते हैं, एक भयानक और दर्दनाक ज़िंदगी जीते हैं। फ़िर अंत में उन्हें मारकर उनका माँस बेच दिया जाता है, और तथाकथित प्रेमपूर्ण, जागरूक, संवेदनशील और करुणावान लोगों द्वारा वह माँस खाया जाता है। क्या यह कोई अच्छा काम है? नहीं न? मगर ऐसा काम करके भी लोग खूब धन और प्रसिद्धि कमाते हैं, बड़ी-बड़ी कंपनियाँ और उद्योग चलाते हैं। तो इससे क्या ये लोग सफल हो गए?

कोई इंसान सड़क पर किसी भी एक निर्दोष कुत्ते, बिल्ली या गाय आदि को मार दे, तो जनता उसे ग़लत, अन्याय और हिंसा कहकर उस इंसान की पिटाई कर देती है। मगर जो बड़ी-बड़ी कंपनियाँ हर वर्ष करोड़ों-अरबों जीवों को मारकर उनका माँस बेचती हैं, उन कंपनियों के तथाकथित अमीर, प्रसिद्ध, हिंसक और भोगी मालिकों को यही जनता सफल और सम्माननीय मानती है। उनकी कंपनियों के उत्पादों का प्रचार-प्रसार करने वाले अभिनेताओं और सेलिब्रिटियों का आप खूब सम्मान करते हैं, उन्हें अपना आदर्श मानते हैं। क्यों? क्योंकि आप भी वैसे ही हैं। क्या यह दौगलापन नहीं है? मगर आप उन्हीं को सफल मानते हैं जिनके पास सत्ता, पैसा, पहचान, लोगों की भीड़ और कोई पदवी आदि है, फ़िर चाहे वह सब उन्होंने किसी भी तरह क्यों न पाया हो। क्यों? क्योंकि इसी के माध्यम से वे अपनी कामनाएँ पूरी कर पा रहे हैं, और आप भी वही सब चाहते हैं, बस किसी कारणवश आप वैसा कुछ कर नहीं पा रहे हैं। इसलिए आप उनको सफल कहते हैं, उन्हें सलाम करते हैं, उनसे तुलना करते हैं और उनके सामने स्वयं को हीन और कमज़ोर पाते हैं। मगर वास्तव में वे सफल नहीं हैं, क्योंकि जो कुछ भी उन्होंने हासिल किया, चाहे कितनी ही ताकत उनके पास हो, चाहे कितना ही पैसा उनके पास हो—लेकिन उन सबके बावजूद भी यदि उनकी ज़िंदगी

खोखली है, यदि वे भीतर से अपूर्ण हैं, दुखी, अशांत, परेशान और बेचैन हैं, लगातार भयभीत हैं—तो कैसे कह दें कि वे सफल हैं?

जो मनोवैज्ञानिक तल पर लगातार पीड़ा से गुजर रहे हों, जिनका शरीर स्वस्थ न हो, जो सोना तो चाहते हैं मगर नींद ही न आ रही हो, और जिनकी ज़िंदगी चैन, सुकून, प्रेम और शांति से खाली हो, और केवल हिंसा, अन्याय, शोषण, झूठ और महत्वाकांक्षा से ही भरी हो—बताओ फिर कैसे कह दें कि वे सफल हो गए? ईमानदारी के साथ स्वयं से पूछिए, क्या आप जीना चाहेंगे ऐसी ज़िंदगी? एक भ्रष्ट और हिंसक व्यक्ति किसी तरह सत्ता की गद्दी पर आसीन हो जाता है। उसके पास धन और कानूनी अधिकारों की ताकत आ जाती है। यह वही व्यक्ति है जिसे ना अपना कुछ पता है ना जगत का, जिसको पूछने वाले आज तक शायद कोई न रहे हों, मगर जैसे ही किसी तरह उसके पास सत्ता और धन की ताकत आती है, उसको सम्मान देने वालों की भीड़ लग जाती है। पर यदि वह शांत नहीं है, यदि उसके भीतर की अपूर्णता, बेचैनी और खोखलापन—यानी दुःख—अगर उसका मालिक बना हुआ है, तो क्या सचमुच वह आज़ाद है? नहीं न?

क्योंकि अंततः मनुष्य कुछ भी क्यों कर रहा होता है? क्योंकि उसे कहीं न कहीं कोई पीड़ा, कोई अपूर्णता, कोई डर या बेचैनी होती है। किसी तरह का कोई दुःख, अशांति और कमी महसूस होती है—उसी से मुक्त होने के लिए ही तो वह जीवनभर दौड़ता रहता है, कुछ करता रहता है। मुक्ति, शांति, पूर्णता या जो भी आप कहो, उसी को वह—जाने-अंजाने—तलाशता रहता है। उस पूर्णता के बिना—बोध, प्रेम और बेपरवाही के बिना—किसी भी उपलब्धि का कोई अर्थ नहीं। जो जागरूक है, सच्चा है और मौज में है, केवल वही आज़ाद, सफल, सम्माननीय और सुंदर है। मगर आप यह सब नहीं देखते। आप उस व्यक्ति को आज़ाद, सफल, सम्मननीय, महान और सुंदर मान लेते हैं, जिसको अधिकांश जनता ऐसा मानती है। क्यों?

एक कारण तो यह कि जिस भी चीज़ की आपके भीतर गहरी कामना होती है, वह आपको बहुत आकर्षित करती है। और दूसरा कारण यह कि क्योंकि आप भीड़ के गुलाम हैं, इसलिए आप भीड़ के चलाए चलते हैं। जहाँ भीड़ होती है, वहाँ आप प्रभावित हो जाते हैं। क्यों? क्योंकि आपकी अपनी तो कोई हस्ती ही नहीं है, आपके पास अपना जैसा कुछ नहीं है। जो कुछ भी आप स्वयं को मानते हैं और जिसे भी आप अपनी पहचान और अपना कहते हैं, ध्यान से देखो तो पाओगे—वह सब कुछ आपको इस भीड़ से ही तो मिला है। नाम, काम, पहचान, रिश्ते, धर्म, डिग्री, सम्मान, सुख, दुःख—सब कुछ इसी भीड़ ने दिया है। सफलता, सौंदर्य, प्रेम, अपने-पराए, पाप, पुण्य, धर्म, कर्म, उद्देश्य आदि की परिभाषाएँ, मान्यताएँ और जो कुछ भी आपके पास हैं, वह सब आपको इस भीड़ से ही तो मिला है न।

इसमें आपका अपना क्या है? क्या है ऐसा जो आपको इस भीड़ से नहीं मिला है और जिसको कोई भी आपसे छीन नहीं सकता? क्या कुछ है ऐसा? क्या आप उसे जानते भी हैं? यह तन, मन, विचार, पसंद, नापसंद आदि—सब दूसरों का ही तो दिया हुआ है। इसलिए

आपको भीड़ के अनुसार चलना पड़ता है, क्योंकि उसके अनुसार यदि नहीं चलोगे, तो यह भीड़ आपसे वह सब कुछ छीन लेगी, जो इसने आपको दिया है। याद रखना, यह तन भी दूसरों से ही मिला है, और जब यह एक बच्चे के रूप में पैदा हुआ था, तब इसके पास अपना नाम तक नहीं था। अब देख लो कि इसमें से क्या कुछ भी आपका अपना है?

आप भीड़ के पीछे इसलिए चलते हैं क्योंकि, "वह एक मात्र, जो आपका अपना और आप ही हो सकता है, वह बोध रूपी प्रकाश आपके पास नहीं है।" प्रकाश प्रकट होता है अपनी दैनिक ज़िंदगी के प्रति ईमानदारी-पूर्वक जागरूक रहने और सत्य के प्रति प्रेम रखने से। यह प्रकाश उसके लिए नहीं है, जिसमें यह ईमानदारी नहीं है कि वह साफ़-साफ़ स्वीकार करे कि अभी उसकी ज़िंदगी ठीक नहीं है, वह भ्रम, बंधन और दुःख में है; और जिसमें यह प्रेम नहीं है, जो कहे कि—मुझे ऐसी बेहोश और गुलाम ज़िंदगी नहीं जीनी है। किसी भी कीमत पर मैं इस भ्रम, भय, बंधन और दुःख से आगे बढ़कर, इससे ऊपर उठकर—सच्चाई, बोध, प्रेम और जागरूकता के साथ जीना चाहता हूँ।

जो स्वयं के प्रति ईमानदार और जागरूक है, और सत्य के प्रति प्रेम रखता है; वह प्रकाश के लिए तैयार है। जो बेईमान और चालाक हैं, जो ख़ुद से ही झूठ बोलते हैं, सच्चाई से भागते हैं; उनके लिए जीवन की सम्पदा, सौंदर्य, आनंद, शांति, समझ और प्रेम—कुछ भी नहीं है। आप भीड़ के पीछे इसलिए चलते हैं क्योंकि आपके पास अपना प्रकाश नहीं है, और अपना प्रकाश इसलिए भी नहीं है क्योंकि आपने भीड़-रूपी सहारा पकड़ रखा है। प्रकाश इसलिए भी नहीं है क्योंकि आपने यह मान लिया है कि जो कुछ दिखाई-सुनाई देता है, जो कुछ अनुभव होता है और जो कुछ भी लोग कहते हैं—वही सब सत्य है। जो कुछ भी चल रहा है, आपने उसको ही सही और सत्य मान लिया है। और आप कहते हैं कि ऐसा तो होता ही है, यह तो करना ही होता है, या सब करते हैं इसलिए सही ही होगा। आप सवाल नहीं करते, आप जिज्ञासा नहीं करते, आप जानने का प्रयास नहीं करते, आप जानने-समझने की चुनौती नहीं उठाते और बस मान लेते हैं कि ऐसा तो होता ही है।

अगर सब कुछ सही ही होता, तो आपकी ज़िंदगी इतनी बर्बाद क्यों होती? यदि जो कुछ दिखाई-सुनाई देता है और अनुभव होता है, वह सब सत्य ही होता; तो जीवन में रोज़-रोज़ इतने धोखे क्यों खाते? कुछ कर देने या कुछ न करने का, या कोई ग़लत चुनाव करने का यह पछतावा क्यों होता? क्यों अतीत के लिए पछताते हैं और क्यों भविष्य की चिंता करते हैं? कभी काम और कभी रिश्तों को लेकर इतना द्‌वंद्‌व और पछतावा क्यों होता? रिश्तों में इतना कलह-क्लेश, तनाव और दुःख क्यों होता? मगर आप सवाल करने का खतरा नहीं उठाते, क्योंकि उस नर्क-भरी व्यवस्था—जो कि वास्तव में अव्यवस्था है— और ढर्राबद्‌ध गुलाम ज़िंदगी में कुछ स्वार्थ आपके भी हैं। इसलिए भी आप भीड़ के पीछे चलते हैं।

आप भीड़ का अंधानुकरण करते हो। भीड़ जिधर जाती है, आप भी उधर चल देते हो। भीड़ जो और जैसा करती है, आप भी वैसा ही करते हो। सब (यानी आपकी जानकारी में अधिकांश लोग) पढ़ते हैं, तो आप भी पढ़ते हो। जिस उम्र में और जिस उम्र तक सब पढ़ते हैं, आप भी

लगभग उतना ही पढ़ते हैं। सब नौकरी करते हैं, तो आप भी नौकरी करते हो। सब सरकारी नौकरी के पीछे दौड़ते हैं, तो आप भी सरकारी नौकरी के ही पीछे दौड़ते हो। सब जिस समय पर सोते हैं, आप भी लगभग उसी समय पर सोते-जागते हैं। सब दिन में दो-तीन बार खाना खाते हैं, तो आप भी वैसा ही करते हो। सब जिसके सामने झुकते हैं, आप भी बिना जाने-समझे वहाँ झुक जाते हैं। आप पूछते भी नहीं कि किसी भी वस्तु, व्यक्ति अथवा मूर्ति आदि के सामने क्यों झुकूँ? क्यों किसी का भी सम्मान करूँ? यह झुकना और सम्मान करना होता क्या है? आप कुछ नहीं पूछते और बस भीड़ का अंधानुकरण करते हैं।

आपके आस-पास सब जैसे कपड़े पहनते हैं, वैसे ही आप भी पहन लेते हो और आप कहते हो कि यह सब तो मैंने किया, यह हमारी इच्छा है कि हम कैसे जिएँ। इस तरह की जीवनशैली, खान-पान, रहन-सहन, आचरण आदि हमारा अपना चुनाव है। अच्छा! जिस भी तथाकथित धर्म में आप मान्यता रखते हो, उसके अलावा जो अन्य प्रचलित धर्म हैं, किसी दिन उनके जैसा आचरण करने की कोशिश करना, वैसे कपड़े पहनकर देखना। तब पता चलेगा कि जिसे आप अपनी मर्जी कह रहे हो, वह आपकी मर्जी है या बस अंधा-अनुकरण, मान्यता, संस्कार, भय, स्वार्थ और बेहोश गुलामी का परिणाम है। उस दिन घर में भी प्रवेश नहीं मिलेगा। तब पता चलेगा कि आप कपड़े पहनने तक के लिए भी आज़ाद नहीं हैं। सब जिस तरह की मान्यताओं, परंपराओं, संस्कारों, ढर्रों, ढाँचों आदि का अंधानुकरण करते हैं, आप भी मशीन की भाँति बिना सवाल किए, जाने-समझे बिना ही वही सब दोहराने लग जाते हैं। वे लोग भी मशीन की भाँति ये सब चीज़ें इसलिए दोहराते आ रहे हैं, क्योंकि आपकी ही भाँति उन्होंने भी कभी सवाल नहीं किए। कुछ भी जानना-समझना नहीं चाहा कि जिसे हम अपनी संस्कृति कह रहे हैं, वह अपनी है भी या बस अन्य की थोपी हुई है? और बस उसे ढोते जा रहे हैं।

सब जिस तरह के त्यौहार मनाते हैं, आप भी वैसा ही करने लग जाते हैं। क्यों? क्योंकि आप भीड़ के गुलाम बने हुए हैं और आत्म-अज्ञान के कारण आपके पास अपना प्रकाश नहीं है। इसलिए आपके भीतर यह मान्यता है कि इतने अधिक लोग अगर बोल रहे हैं, तो सत्य ही होगा। मगर हम जानते हैं कि संख्या, समय और स्थान—कुछ भी सत्य का आधार नहीं हो सकता, और भीड़ भी गलत हो सकती है। चाहे बात कुछ भी हो, भीड़ सत्य का प्रमाण नहीं है। करोड़ों-अरबों लोग भी अगर कहें कि पानी से मनुष्य शरीर की प्यास नहीं बुझती, तो इससे यह बात सत्य नहीं हो जाती। उन्हें धूप में खड़ा कर दो और पानी मत पीने दो—या तो वे पानी माँगेंगे, अन्यथा मर जाएँगे। स्पष्ट हो जाएगा कि लोगों की भीड़ सत्य नहीं कह रही थी।

आप भीड़ के पीछे चलते हो क्योंकि आपके पास बोध (जागरूकता) का प्रकाश नहीं है। इसलिए भीड़ जिसको धर्म कह देती है, आप उसको धर्म मान लेते हो और उसके लिए लड़ते, मरते और मारते हो। मगर आप कुछ भी स्वीकार करने से पहले यह पूछते तक नहीं कि इसकी मेरे जीवन में उपयोगिता क्या है? धर्म, त्यौहार, मान्यता, परंपरा या किसी भी नाम से क्यों मैं किसी भी चीज़ को अपना समय, ऊर्जा, संसाधन, धन और जीवन समर्पित कर

दूँ? मेरे जीवन में भ्रम, भय, बंधन, दुःख, चिंता और अर्थहीनता जैसे अनेक मुद्दे हैं और मैं अशांत-परेशान हूँ, क्या ये सब मानने से मुझे इनसे मुक्ति मिल सकती है? यदि नहीं, तो क्यों मैं किसी भी चीज़ को अपने जीवन में प्रवेश दूँ?

भीड़ आपको जो पहचान देती है, आप उसे अपनी पहचान मान लेते हो। भीड़ सम्मान देती है, तो आप ख़ुश हो जाते हैं और ख़ुद को सम्माननीय मानने लगते हो। वही भीड़ जब आप पर ध्यान नहीं देती, आपको महत्व नहीं देती अथवा आपको अपशब्द बोलती है, तो आपको बुरा लगता है। इसी को गुलामी कहते हैं। अरे, लोगों को यह भ्रम हो सकता है कि आप सम्मान के योग्य हैं, मगर आपने अपने बारे में यह भ्रम कैसे पाल लिया कि आप सम्माननीय हैं? आपको तो पता होना चाहिए ना कि आप किस स्तर के इंसान हैं? आपकी औकात क्या है? आपको तो पता होना चाहिए ना कि मिट्टी से उठे हो और मिट्टी ही हो जाना है। और रही बात सम्मान देने अथवा न देने वाले लोगों की, तो वे ख़ुद तो सम्मान के योग्य नहीं हैं। न इनके सम्मान की कोई कीमत है, न अपमान की। लाखों मूर्ख लोग किसी का सम्मान भी कर दें, तो भी उसका मूल्य और उपयोगिता उस एक व्यक्ति द्वारा किए गए अपमान और डाँट से भी कम है—जो समझदार है, जगा हुआ है; जिसमें करुणा है।

मगर जब आप बिना जाने-समझे बस भीड़ के अनुसार जीते हैं, तब मूढ़ और नासमझ लोगों द्वारा किया गया सम्मान और अपमान भी आपके लिए बहुत बड़ी चीज़ हो जाती है। वही आपके लिए सुख और दुःख का कारण बन जाता है। जब एक बच्चा पैदा होता है, तब उसके लिए अपना-पराया, हिंदू-मुसलमान, सुंदर-कुरूप जैसा कुछ नहीं होता। लेकिन फिर उसके कान में यह ज़हर डाल दिया जाता है। उसको सिखा दिया जाता है कि गोरा व्यक्ति सुंदर होता है। अब वह जब भी किसी गोरे व्यक्ति को देखता है, तो उससे तुलना करने लगता है और ख़ुद को उसकी तुलना में साँवला या काला पाकर हीनता और दुःख महसूस करता है। अन्यथा आज तक वह मौज में था, मस्त था। यह हीनता और दुःख भीड़ की मान्यता को सच मानने के कारण उत्पन्न हो रहे हैं, क्योंकि उसने यह जाना-समझा ही नहीं कि लोग किसी भी चीज़ को सुंदर या कुरूप क्यों कहते हैं?

क्या हर व्यक्ति के लिए सुंदरता और कुरूपता की परिभाषा एक ही है? क्या ये परिभाषाएँ हर समय और हर जगह पर एक जैसी ही हैं, या लोग बस अपने स्वार्थ और मान्यताओं के अनुसार किसी भी चीज़ को सुंदर या कुरूप मान लेते हैं? और यह सब जाने बिना ही उसने मान लिया कि गोरा रंग सुंदर होता है और काला रंग कुरूप। जबकि शरीर के ये रंग, वजन, आकार-प्रकार आदि केवल प्रकृति, संयोग, वातावरण, खान-पान और जीन्स आदि का परिणाम होते हैं। मगर जब लोग ऐसा नहीं जानते, तो वे इनके नाम से भी दुःखी-परेशान होते हैं। ऐसी मान्यताएँ शोषण और हिंसा का कारण बनती हैं और समाधान के रूप में बाज़ार खड़े हो जाते हैं, जहाँ लोग लुटते हैं। कॉस्मेटिक उद्योग इसी का तो परिणाम है। अगर लोग त्वचा के गोरे या काले होने को सौंदर्य और कुरूपता से जोड़कर न देखें—तो कितनी ही व्यर्थ कंपनियाँ बंद हो जाएँगी, जीवों का शोषण न होगा, आत्महत्याएँ न होंगी, रिश्तों में व्यर्थ की

समस्याएँ न होंगी और भेदभाव जैसी अनेक समस्याएँ खतम हो जाएँगी।

प्रकृति में कोई भी वस्तु अपने आप में ना सुंदर होती है ना कुरूप, वह बस होती है। देखना चाहते हो, तो सीधे देखो; उसे कोई नाम ना दो। नाम दोगे, तो उसकी सच्चाई दिखाई ना देगी। लेकिन इंसान अपने स्वार्थ के अनुसार उसे कोई नाम दे देता है और सुंदर-कुरूप में बाँट देता है; अन्यथा आपके 'भीतर' यदि सौंदर्य है, तो सब सुंदर है और आपके भीतर ही यदि कुरूपता है, तो सब कुरूप है। जिन्हें आप सुंदर या कुरूप मानते हैं, वे तो समय, स्थान और मान्यताओं की सीमाओं में बंधे हैं। एक स्थान पर कुछ लोगों द्वारा जिस तरह की वस्तु, व्यक्ति, मान्यता आदि को सही और सुंदर माना जाता है, दूसरे स्थान पर उसी चीज को कुछ लोगों द्वारा गलत और कुरूप भी माना जा सकता है, अथवा वे किसी अन्य चीज को सही और सुंदर मानते हैं। आज जिन वस्तुओं, व्यक्तियों और मान्यताओं आदि को आप सुंदर मानते हो, कभी अन्य को ही सुंदर माना जाता था। आज जिन्हें आप कुरूप मानते हो, कभी वे ही सुंदर कहे जाते थे। इसी तरह जिन चीजों या बातों को किसी एक तथाकथित संप्रदाय में सही और सुंदर माना जाता है, बिल्कुल जरूरी नहीं है कि किसी अन्य तथाकथित संप्रदाय में भी उन्हें ही सही और सुंदर माना जाता हो। अर्थात् सौंदर्य और कुरूपता जैसी आपकी किसी भी मान्यता में कोई सत्य नहीं है। वह समय, स्थान, समाज, संयोग आदि में कैद केवल एक 'मान्यता' है; जो कभी भी बदल सकती है।

इसी दुनिया में किसी देश, राज्य अथवा किसी खास तरह की जाति में मान्यता रखने वाले लोग ऐसे होते हैं; जहाँ काले लोगों को सुंदर कहा जाता है, तो कहीं पर गोरे लोगों को, कहीं पर साँवले लोगों को, तो कहीं पर किसी खास तरह की आँख, नाक अथवा कान वाले लोगों को सुंदर कहा जाता है। कहीं पर किसी की तोंद बहुत बड़ी है, तो उसको सुंदर कहा जाता है और कहीं पर जिसकी कमर बहुत पतली हो, उसको सुंदर कहा जाता है, और इसी तरह बहुत कुछ। तो सुंदरता की जो आपकी परिभाषा है, वह सत्य नहीं है। वह तो समय, स्थान, मान्यता और व्यक्ति के बदलने के साथ ही बदल जाती है। ज़रा-सी जगह बदलो तो सौंदर्य के पैमाने बदल जाते हैं। आज जिन चीज़ों को आप सुंदर मानते हो, जिनकी कामना करते हो और हासिल न कर पाने पर दुःखी और हीन अनुभव करते हो; कुछ सैकड़ों वर्ष पहले तक तो वे चीज़ें थीं ही नहीं और तब जो चीज़ें हुआ करती थीं, आज वे भी नहीं हैं। आज उनका नामोनिशान नहीं है।

तो आप जिसे सुंदर या कुरूप, सफल या असफल, अच्छा या बुरा मानते हो; जिसे आप करने योग्य और नहीं करने योग्य मानते हो; जिसे आप धर्म, जाति, पाप-पुण्य अथवा कुछ भी मानते हो—वैसा आप क्यों मानते हो? क्योंकि भीड़ ऐसा कहती है। और भीड़ ऐसा क्यों कहती है? क्योंकि भीड़ को इन सब चीज़ों में अपने किसी स्वार्थ की पूर्ति होती दिखाई देती है। जिस भी स्त्री या पुरुष को आप सुंदर मानते हो, क्यों मानते हो? क्योंकि उसे भोगने में आपको मज़ा आएगा—ऐसा आप मानते हो। क्या आपने कभी ध्यान दिया कि कौन-से भोजन को आप स्वादिष्ट कहते हो? जो आपको कुछ देर के लिए ही सही मगर उत्तेजित कर

दे, जिसे खाने में आपको क्षणिक सुख मिले; उसको आप स्वादिष्ट कहते हो। ऐसा भोजन जो सेहतमंद हो, जिससे शरीर स्वस्थ रहता हो, मगर यदि वह आपको उत्तेजित नहीं करता, सुख नहीं देता; तो आप उस भोजन को स्वादिष्ट नहीं कहते—भले ही वह आपके स्वास्थ्य के लिए उपयोगी और आवश्यक ही क्यों न हो।

तो इससे फर्क नहीं पड़ता कि आप किसी भी चीज़ को क्या नाम देते हैं। फर्क इससे पड़ता है कि नाम क्यों देते हैं, और नाम देने से होता क्या है। आप चीज़ों को नाम तब देते हैं, जब आपके भीतर किसी कमी या अपूर्णता का एहसास होता है और उस कमी को मिटाने के लिए आप किसी चीज़ को भोगना चाहते हैं। नाम देने से चीज़ें सीमित हो जाती हैं, बँट जाती हैं और इसी से अपूर्णता का एहसास बढ़ता जाता है; जिसके परिणामस्वरूप तुलना, ईर्ष्या, हीनता और फिर कामना उत्पन्न होती है और हक़ीक़त छुप जाती है। जिस विषय को आप पाना (कामना) चाहते हैं या जिससे आप भयभीत होते हैं—यानी जहाँ कामना होती है—वहाँ सच्चाई दिखाई नहीं देती। फिर आप उसे या तो देख ही नहीं पाते हैं अथवा वैसा नहीं देख पाते हैं, जैसा कि वह विषय है।

तो चाहे आप रंगों की तुलना करो, चाहे उम्र, बुद्धि और धन की, चाहे सफलता और सुंदरता की तुलना करो; तुलना की शुरुआत इस मान्यता से होती है कि मुझमें कोई कमी है, और कामना यह होती है कि वैसा कुछ अगर हो जाऊँगा, तो मुझे कई तरह के सुख भोगने को मिल जाएंगे और मुझे चैन मिल जाएगा, मैं पूर्ण और तृप्त हो जाऊँगा। मेरी ज़िंदगी का खोखलापन, अकेलापन, सूनापन आदि सब मिट जाएगा—यह मान्यता होती है। अन्यथा क्यों वह तथाकथित रूप से सुंदर होना चाहेगा? क्यों किसी को आकर्षित और प्रभावित करना है? क्यों लोगों का ध्यान और सम्मान चाहिए? ईमानदारी से अपने जीवन में झाँक कर देख लो, कि आप यह सब क्यों चाहते हैं? अंततः आपको ऐसा लगता है कि यह सब होने से चैन, सुकून, शांति, मौज या जो भी कहो—मिल जाएगा। है ना?

इसीलिए फिर आप अन्य से तुलना करते हो और अन्य की तुलना में यदि स्वयं को कमतर पाते हो, तो सामने वाले के प्रति आपके भीतर ईर्ष्या उठती है। बताओ; जो व्यक्ति भीतर से हीनता और ईर्ष्या में जल रहा हो, क्या उसे आज़ाद कह सकते हैं? नहीं ना? क्योंकि इसमें किसी अन्य व्यक्ति को आप चाहे चोट पहुँचाएँ या न पहुँचाएँ, मगर आप तो भीतर से अशांत और परेशान रहते हैं ना? और हमको तो इस पीड़ा से ही मुक्ति चाहिए थी, उसी के लिए तो हमने तुलना भी की थी, मगर तुलना करके तो वह पीड़ा और बढ़ गई। क्रोध, तुलना, हीनता, हिंसा और ईर्ष्या आग के अंगारे जैसे होते हैं; आप उन्हें उठाते हैं किसी अन्य पर फेंकने के लिए, मगर अन्य पर फेंकने से पहले वे आपको ही जलाते हैं और पीड़ा देते हैं। इस तरह चीज़ों को नाम देना, उन्हें बाँटना और आपस में उनकी तुलना करना—आपके लिए ही घातक होता है, और भ्रम, बंधन, दुःख आदि से मुक्ति के स्थान पर और अधिक दुःख उत्पन्न होता है।

जिस व्यक्ति को यही नहीं पता कि जिसे वह सफलता मान कर उसके पीछे दौड़े जा रहा है—इस उम्मीद में कि उसके बाद सब ठीक हो जाएगा—वह सफलता है भी या बस मान्यता और कल्पना भर है? क्या ऐसे व्यक्ति को आप आज़ाद कहेंगे? वह प्रभावों, विज्ञापनों, छवियों, कल्पनाओं और मान्यताओं का गुलाम है। वह बस मानता है, जानता नहीं कि लोग जिसे पाप, पुण्य या धर्म मानते हैं; आख़िर वह चीज़ है क्या, और क्यों ये लोग उसे पुण्य या धर्म मान रहे हैं? और क्या सचमुच उसी को पुण्य और धर्म कहा जाना चाहिए? जबकि उसमें इतनी हिंसा, शोषण, अंधविश्वास, मान्यताएँ, अन्याय और भेदभाव हैं। एक इंसान के रूप में मुझे इन सब पीड़ाओं से मुक्ति चाहिए, लेकिन जो तथाकथित धार्मिक, सामाजिक, सांस्कृतिक मान्यताएँ हैं; वे लोगों को इनसे मुक्त नहीं करतीं। फिर क्यों लोग उसे धर्म मानकर पूज रहे हैं? मगर आप सवाल नहीं उठाते, और बस वही ढर्राबद्ध, शोषित, प्रेमहीन, झूठा, बेहोश और गुलाम जीवन जीते रहते हैं। जो व्यक्ति हक़ीकत से अनभिज्ञ है, लेकिन फ़िर भी सवाल नहीं करता, जानना-समझना नहीं चाहता, और केवल भ्रम, मान्यताओं और छवियों में जी रहा है—क्या वह आज़ाद है? नहीं। उसे आज़ाद नहीं कहा जा सकता।

मगर हम चीज़ों को नाम देना, फिर अन्य से तुलना और ईर्ष्या करना जारी रखते हैं। हम शब्दों को पकड़ लेते हैं और मर्म से चूक जाते हैं। हम प्रेम-प्रेम दोहराते रहते हैं और प्रेम ही हो जाने से चूक जाते हैं। जैसे उँगली के इशारे से किसी को चाँद दिखाया जाए और वह केवल उँगली को ही देखता रह जाए। ऐसे ही मनुष्य जब भ्रम और आत्म-अज्ञान में जीता है, जागरूकता में नहीं जीता; तो प्रत्यक्ष उपलब्ध सौंदर्य, शांति और आनंद से भी वह अनभिज्ञ और वंचित रह जाता है। तुलना आपका ध्यान स्वयं से हटाकर किसी अन्य विषय पर डाल देती है। तुलना आपको स्वयं से दूर कर देती है और वह आपको नहीं देखने देती कि आपकी वास्तविकता क्या है और आप अभी कहाँ हैं।

कभी हम इस बात की तुलना करेंगे कि सामने वाले के पास धन अधिक है, उसका घर बड़ा है और मेरा घर छोटा है। जब तक पड़ोसी का घर आपके ही घर के बराबर और आपके ही घर जैसा था, तब तक आपको अपने घर की दरारें भी नहीं दिखा करती थीं; लेकिन जैसे ही पड़ोसी का मकान नया, मज़बूत और आपके घर से ऊँचा होता है, वैसे ही आपके घर की बारीक से बारीक दरारें भी आपको दिखाई देने लगती हैं। बारिश में कहीं से एक बूँद भी अगर टपक जाए, तो अब वह भी आपको दिखने लगती है। यह वही घर है जिसमें कुछ दिन पहले तक आपको कोई समस्या नहीं थी, बल्कि उसी घर को लेकर आप गर्व से भरे रहते थे, क्योंकि तब या तो कोई तुलना ही नहीं थी, अथवा तब तक पड़ोसी का घर आपके घर की तुलना में छोटा था।

मगर पड़ोसी ने एक मंज़िल क्या बढ़ा ली, आप हीनता से भर गए और ईर्ष्या करने लगे। अभी आपको नए और बड़े घर की कोई आवश्यकता नहीं है, मगर अब आप पड़ोसी के घर से भी बड़ा, ऊँचा, आकर्षक और महँगा घर बनाना चाहेंगे। इसी को अहंकार कहते हैं, और ऐसे ही अज्ञान-जनित कर्म जीवन में दुःख को उत्पन्न करते और बढ़ाते हैं। फ़िर दुःख जितना

बढ़ता है, अज्ञान-जनित कर्म उतने अधिक होते हैं, पीड़ा बढ़ती है और अपने 'कुछ होने का अनुभव'—यानी अहंकार—उतना ही अधिक बढ़ता है। अहंकार जितना अधिक सघन होता है, दुःख उतना अधिक बढ़ता है, और यह चक्र ऐसे ही चलता रहता है। यह चक्र तब तक चलता रहता है, जब तक कि इस अज्ञान-जनित दौड़, इसकी व्यर्थता, भ्रम और इससे उत्पन्न दुःख को आप ईमानदारी से ज्यों का त्यों नहीं देख लेते; जब तक आप यह नहीं देख लेते कि ऐसे ही जीते रहना जीवन की नियति नहीं है। ये केवल आत्म-अज्ञान और स्वयं के प्रति बेईमानी—यानी तथ्य से आँख चुराने और चालाकियों—का परिणाम है।

पड़ोसी या रिश्तेदार के घर से बड़ा घर बना लेने के कारण, कुछ समय के लिए आपको यह भ्रम हो सकता है, या आप ऐसा दिखावा कर सकते हैं कि आपने कुछ पा लिया है। मगर आप जानते हैं कि कुछ नहीं पाया, बल्कि व्यर्थ ही एक नया बोझ खड़ा कर लिया। अब पड़ोसी आपसे तुलना और ईर्ष्या करेगा, उसके भी अहंकार को चोट लगेगी और वह अपने मकान पर एक मंज़िल और बनवा देगा। जैसे ही उसकी मंज़िल आपके घर से ऊँची होगी, फिर से आप क्षुद्र महसूस करेंगे और फिर से आप कुछ हरकत करेंगे। ये आप क्या कर रहे हो? क्या जीवन में और कुछ करने को नहीं है? क्या ज़िंदगी सिर्फ़ इसलिए है कि आप कभी इससे तुलना करो, तो कभी उससे; और तुलना करते-करते क्रोध, ईर्ष्या और जलन में जलते-मरते रहो? क्या ज़िंदगी बस इसलिए है कि कभी इस चीज़ की तुलना करो, तो कभी उस चीज़ की? और क्या ज़िंदगी इसलिए है कि तुलना, हीनता, ईर्ष्या और भय से उठी उन्हीं कामनाओं की पूर्ति के लिए जाकर कोई घटिया काम करो, अपने ही जैसे महत्वाकांक्षी और हीनता से ग्रस्त व्यक्ति की गुलामी करो और अपनी ज़िंदगी बर्बाद कर लो?

फिर आत्म-अज्ञान-जनित ये अधूरी कामनाएँ, और तुलना, ईर्ष्या, अहंकार, हीनता आदि से उठे आपके रंगीन सपनों को; आप अपने बच्चों पर थोप देते हैं। और वे यदि आपकी उम्मीदों को पूरा नहीं कर पाते हैं, तो आप उन्हें दोष देते हैं; मगर आप अपनी इस बेहोश और गुलाम ज़िंदगी को नहीं देखते कि यह सब चल क्या रहा है। आप यह नहीं देखते कि आप स्वयं किस चक्र में फँसे हुए हैं और उसी चक्र को अगली पीढ़ी पर थोप रहे हैं। आप तुलना भी करते हैं, तो किससे? अपने ही जैसे, अपने आस-पास के किसी पड़ोसी या रिश्तेदार से। मगर उनसे आगे यदि निकल भी गए, तो क्या हो गया? दुनिया में जो आपसे बहुत बड़े और आगे हैं, उनसे तुलना क्यों नहीं करते? और दुनिया में इतना कुछ है; किस-किस से और किन-किन चीज़ों को लेकर तुलना करोगे? कोई कवि है, तो कोई लेखक; कोई नृतक है, तो कोई गायक; कोई बेहतर शिक्षक है, तो कोई डॉक्टर; कोई राष्ट्रपति है, तो कोई प्रधानमंत्री; कोई काला है और कोई गोरा, कोई लंबा है और कोई बौना। किस-किस चीज़ की तुलना करोगे? और आप ऐसी चीज़ों की तुलना कर रहे हो, जिनकी तुलना करने का कोई अर्थ ही नहीं है। क्योंकि जिन चीज़ों की आप तुलना कर रहे हो, उनमें बहुत कुछ ऐसा है जिनका कोई वास्तविक आधार नहीं है। वे सिर्फ़ कोरी मान्यताएँ, छवियाँ और कल्पनाएँ हैं। जिनकी तरह आप होना चाहते हैं, ज़रा पता तो करो—क्या वे ख़ुद भी वैसे होने से सचमुच संतुष्ट हैं? या आप उनकी तरह

बनने में लगे हुए हो और वे किसी अन्य की तरह बनने में? जहाँ आप पहुँचना चाहते हो—यह सोचकर कि वहाँ पहुँच गए तो ज़िंदगी मस्त हो जाएगी—पहले यह पता तो कर लो कि जो वहाँ पहले ही पहुँच चुके हैं, क्या वे वहाँ होकर सचमुच खुश हैं?

इसके अलावा आप उन चीज़ों को लेकर तुलना करते रहते हो, जिन पर आपका कोई बस नहीं; क्योंकि बहुत-सी चीज़ें ऐसी होती हैं जो प्राकृतिक होती हैं, जो शरीर के साथ या किसी संयोग से मिली होती हैं। जैसे—कोई स्त्री है तो कोई पुरुष, कोई काला है तो कोई गोरा, कोई अधिक बुद्धिमान है तो कोई कम, कोई धनवान के घर पैदा हुआ है तो कोई निर्धन के घर, और ऐसे ही अनेक भेद। इनको लेकर यदि तुलना करने लग जाओगे, तो हीनता, ईर्ष्या, आत्मग्लानि, दुःख और हिंसा के अलावा क्या पाओगे? इसलिए यह देखना अधिक आवश्यक और उचित है कि जो कुछ भी आपको उपलब्ध है, उसका अपनी मुक्ति के लिए उचित उपयोग कहाँ और कैसे किया जाए। किसी की आवाज़ अधिक मधुर हो सकती है, तो आप अपने ढंग से गाओ ना। आपकी ज़िंदगी का बैकग्राउंड जैसा है, उसके अनुसार अपनी जीवन-यात्रा को आगे बढ़ने दो। वहाँ अपना श्रेष्ठतम दीजिए। आप वहीं वह कर सकते हो जो आपकी उच्चतम संभावना है। और वह उच्चतम संभावना क्या है? मुक्त हो जाने की संभावना ही उच्चतम संभावना है। वहाँ जो भी सीमाएँ, मान्यताएँ, भ्रम, बंधन और भय हैं, उन्हें जानो और उनसे आगे बढ़ो—उन्हें ढोते मत रहो।

हर तरह के दुःख, दर्द, ईर्ष्या, बेचैनी, कमजोरी, भय और आत्म-अज्ञान से उठी कामनाओं को जानते हुए, उनसे मुक्ति की दिशा में बढ़ते रहना ही उच्चतम संभावना है—और यह हर व्यक्ति के लिए उपलब्ध है। वहाँ कोई भेदभाव नहीं चलता, वहाँ कोई संयोग निर्णायक नहीं होता, वहाँ प्रकृति का कोई खेल नहीं चलता। वहाँ समय, समाज, स्थान, धन संस्कृति और शरीर—इन सबका अर्थ समाप्त हो जाता है। हर व्यक्ति के लिए मुक्ति उपलब्ध है; चाहे वह किसी भी उम्र का हो, चाहे वह काला हो या गोरा, बच्चा हो या बूढ़ा, पुरुष हो या स्त्री, धनवान हो या निर्धन। वह चाहे किसी भी धर्म या संप्रदाय में मान्यता रखने वाला हो, चाहे किसी भी देश में रहने वाला हो—मुक्ति (आज़ादी) सबके लिए समान रूप से उपलब्ध है। मुक्ति का अर्थ ही है—"जीने का वह ढंग, बोध का वह तल; जहाँ सारे भेद मिट जाते हैं और सारी सीमाएँ शून्य हो जाती हैं।" मगर क्या हम इस बोध में जी रहे हैं? क्या हमारे जीवन में सचमुच सीमाएँ शून्य हुई हैं? या हम केवल शब्दों में आज़ादी की बात कर रहे हैं और व्यवहार में वही पुराने ढर्रे-ढाँचे और मान्यताएँ ढोए जा रहे हैं?

आप पूछ रहे हो—"क्या हम आज़ाद हैं?" मैं आपसे पूछ रहा हूँ, क्या अपनी दैनिक ज़िंदगी में, काम करते समय और किसी भी संबंध के दौरान आप इन सारी बातों के प्रति सचमुच संवेदनशील और जागरूक हैं, जिनकी अभी तक हमने चर्चा की? रोज़मर्रा की ज़िंदगी में जब भी आप इन बातों से संबंधित किसी शब्द, विचार, व्यक्ति या स्थिति से टकराते हैं, तो क्या आप उन शब्दों, मान्यताओं, प्रतिक्रियाओं और विचारों के प्रति जागरूक रहते हो—जो भीतरी बेहोशी और संस्कारबद्धता का परिणाम होते हैं? यदि नहीं, तो आप आज़ाद नहीं हो;

क्योंकि तब आप अहंकार, भ्रम, मान्यताओं और छवियों में जी रहे हो, भीड़ के चलाए चल रहे हो—और शायद एक मशीन बन चुके हो। एक ऐसी मशीन, जिसे दुःख भी अनुभव होता है।

आपके आस-पास जो लोग हैं, क्या वे ऐसे नहीं हैं? क्या उनकी ज़िंदगी एक चक्र बनकर नहीं रह गई है? क्या जीवन केवल दौहराव नहीं हो गया है? और यदि ऐसा है, तो क्या उनके जीवन में सचमुच आज़ादी है? ऐसे में जीवन यदि अर्थहीन, नीरस और बोझिल लगे, तो इसमें आश्चर्य की बात ही क्या है? दौहराव में भी कोई समस्या नहीं थी, यदि वह सत्य और बोध को समर्पित होता, यदि उसमें प्रेम और आज़ादी होती; और किसी तरह की पीड़ा या भ्रम न होता। मगर ऐसा नहीं है। इसलिए यदि आपकी ज़िंदगी भी ऐसे ही किसी ढर्रे-ढाँचे में क़ैद है, यदि आप समाज की पाइपलाइन में घुट रहे हो—जहाँ कुछ भी नया नहीं होता, केवल घना अँधेरा, घुटन, बेचैनी, रोज़-रोज़ का दौहराव और नीरस, बोझिल, अर्थहीन जीवन है—तो क्या आप इसे आज़ादी कहना चाहेंगे? शायद नहीं। क्योंकि यह आज़ादी है ही नहीं। और इसका सबसे बड़ा प्रमाण है—आपके जीवन का दुःख, द्वंद, कलह-क्लेश, बेचैनी, अर्थहीनता, अपूर्णता और यह नीरस, बोझिल ज़िंदगी।

मनुष्य की भीतरी बेहोशी, बेचैनी, अपूर्णता और गुलामी का ही प्रकट और अभिव्यक्त रूप है—देश, दुनिया और रिश्तों में चल रही इतनी बर्बादी, हिंसा, युद्ध, अंधविश्वास, अन्याय, भ्रष्टाचार, भेदभाव, पशु-हिंसा, जलवायु परिवर्तन और प्रकृति का विनाश। अनेक तरह के हिंसक धंधों का खुलेआम चलना इस बात का प्रमाण है कि मनुष्य भीतर से हिंसक, असंवेदनशील, करुणाहीन, प्रेमहीन और बेहोश है, और यही उसकी असली गुलामी है। जब तक आपके 'भीतर' इन सबका अंत नहीं होता, तब तक बाहर भी यह सब चलता ही रहेगा, क्योंकि इन सबके मूल में आप हैं। जैसे होंगे आप, वैसी ही होगी आपकी दुनिया। जब तक व्यक्ति आज़ादी के नाम पर केवल मालिक बदल रहा है—तब तक वह आज़ाद नहीं है। जब तक आप वही बने हुए हैं—जो आज तक रहे हैं—तब तक बाहर चाहे कुछ भी बदल जाए, चाहे कितनी ही उम्मीदें और कामनाएँ पूरी हो जाएँ; मगर आप पाएँगे कि तलाश अभी भी जारी है। क्यों? क्योंकि तलाशने वाला—अहंकार—अभी भी बाक़ी है। वह मानता तो है कि वही सत्य है, मगर है मिथ्या, और इसीलिए अपूर्ण और बेचैन है। जहाँ अपूर्णता की मान्यता है, वहाँ सदा ही पूर्णता की तलाश रहती है; वहाँ जीवन में प्रेम, सहजता, सरलता और सच्चाई कभी नहीं होती—वहाँ होती है तो केवल उम्मीदें, पछतावे, दोषारोपण और दुःख।

मगर आपके दुःख का कारण कोई अन्य व्यक्ति नहीं है। आपके दुःख का कारण है—अन्य वस्तुओं, व्यक्तियों और परिस्थितियों से की गई आपकी अपनी उम्मीदें। और उम्मीदें पैदा ही होती हैं इस मान्यता से कि मैं अपूर्ण हूँ; कि मैं वही हूँ, जो मैं स्वयं को मानता हूँ; और यह जगत, जो अनुभव हो रहा है, वही सत्य है—और इसी में कुछ हासिल करके शांति और पूर्णता मिल जाएगी। यह सब केवल स्वयं के प्रति बेईमानी, असंवेदनशीलता और स्वयं को न जानने-समझने का परिणाम है कि आप ऐसा कुछ मानते हैं और ऐसी उम्मीदें करते हैं। अन्यथा, यदि आप स्वयं के प्रति जागरूक होते, तो आप देखते कि स्वयं आप ही अपनी

उम्मीदों पर खरे नहीं उतरते; तो कोई अन्य कैसे आपकी उम्मीदों पर खरा उतर सकता है? जिससे आप उम्मीदें लगाए बैठे हैं, वह स्वयं अपूर्ण है—उसकी ख़ुद की ज़िंदगी उलझी हुई है और वह अपनी ही उम्मीदों को पूरा नहीं कर पा रहा है; तो वह आपकी उम्मीदें कैसे पूरी कर सकता है?

जबकि हक़ीक़त यह है कि आपकी उम्मीदें ही भ्रामक और व्यर्थ हैं। वे अगर पूरी हो भी जाएँ, तो भी आपको पूर्णता नहीं मिलेगी, क्योंकि भ्रमवश आप बस ऐसा मानते हैं कि आप अपूर्ण हैं, लेकिन आपकी अपूर्णता केवल एक मान्यता है—वह सत्य नहीं है। दवाई से इलाज उसी का हो सकता है, जो सचमुच बीमार हो। मगर जो बीमार है ही नहीं, बस मानता है कि वह बीमार है—उसे दवाई की ज़रूरत है या यह जानने की, कि वह बीमार ही नहीं है? अन्यथा, जो बीमार ही नहीं है, उसे यदि दवाई खिलाओगे, तो संभावना है कि वह बीमार हो जाएगा। यही हमारे साथ भी होता है। जब आप यह मान लेते हैं कि 'मैं हूँ' और वही हूँ, जो स्वयं को मानता हूँ; और यह जगत भी वैसा ही है, जैसा मुझे अनुभव और प्रतीत हो रहा है; और मैं अपूर्ण हूँ—और इसी जगत में किन्हीं कामनाओं की पूर्ति करके पूर्ण हो जाऊँगा—तो हमारी कामनाएँ, उम्मीदें, सपनें आदि वैसे ही हैं, जैसे कोई बीमार न हो और फिर भी दवाई खाने की माँग करे। झाँकिए अपनी ज़िंदगी में और देखिए कि कहाँ और किससे आपने उम्मीदें लगा रखी हैं। ज़रूर होगा कोई व्यक्ति, वस्तु, उद्देश्य, भविष्य या कोई विचार—जो कि सब बदलते रहते हैं और स्वयं ही सीमित हैं, अपूर्ण हैं। उम्मीदें सदा भविष्य से संबंधित होती हैं और भविष्य कभी आता नहीं।

समय भी विचार ही तो है, क्योंकि जिसे आप अतीत कहते हो, वह केवल वर्तमान के प्रति स्मृति की प्रतिक्रिया स्वरूप उठा विचार मात्र ही तो है—यानी अतीत केवल स्मृति है। उसी स्मृति के आधार पर (जो कि अतीत ही है) आप एक कल्पना खड़ी करते हैं और उसे भविष्य का नाम दे देते हैं। यह भविष्य केवल स्मृति, यानी अतीत की प्रतिक्रिया मात्र है। अब देखिए कि जो भविष्य केवल आपकी कल्पना मात्र है, आपने उस भविष्य—यानी कि समय—से भी उम्मीदें लगा रखी होती हैं कि आज नहीं तो कल, और कल नहीं तो परसों; कुछ करके, कुछ बनके चैन मिल जाएगा। बचपन में नहीं तो जवानी में ही सही, जवानी में नहीं तो बुढ़ापे में ही सही; पर शायद जैसे हैं, वैसे ही रहते हुए मुक्ति मिल जाएगी और दुःख का अंत होगा।

अरे, 10वीं कक्षा में नहीं तो 12वीं कक्षा में ही सही, और नहीं तो नौकरी के दौरान तो चैन मिल ही जाएगा; कुछ ऐसा मिल जाएगा जो मुझे पूर्ण कर देगा, जो दुःख का अंत कर देगा, और जीवन में मौज होगी, आनंद होगा—अन्यथा अगला जन्म तो है ही। क्या अधिकांश लोग ऐसा नहीं सोचते हैं? मगर वह मौज कभी मिलती नहीं। क्यों? क्योंकि मौज आती है आत्मबोध के साथ, और स्वयं को जाना जाता है किसी भी संबंध-व्यवहार के दौरान स्वयं की संस्कारबद्धता, क्रियाओं, प्रतिक्रियाओं, मान्यताओं, विचारों, चुनावों और सब कुछ के प्रति ईमानदारी से जागरूक रहकर; अहंकार (मैं भाव) की दखल के प्रति जागरूक रहकर। जो ईमानदारी-पूर्वक स्वयं के प्रति जागरूक है और सच्चाई के लिए जिसमें प्रेम है, जो अभी

और इसी क्षण के प्रति पूर्ण संवेदनशील है—वह अभी और यहीं मौज में है, आनंद में है। वह स्वयं मौज है। वह है ही नहीं, केवल मौज है, आनंद है।

मगर जिस तरह आप किसी व्यक्ति, वस्तु अथवा समय आदि से उम्मीदें लगाते हैं, वैसे ही आपने स्थानों से भी उम्मीदें जोड़ रखी हैं; जैसे कि—भारत में नहीं तो अमेरिका जाकर चैन मिल जाएगा, गाँव में नहीं तो शहर जाकर सुकून मिल जाएगा, और झोपड़ी में नहीं तो महल में शांति मिल जाएगी। अरे भाई, अमेरिका या शहर जाने वाले भी तो तुम ही हो न? फिर इससे क्या फ़र्क़ पड़ता है कि तुम यहाँ हो या वहाँ? समस्या किसी जगह में नहीं है, और यदि समस्या किसी जगह में होगी भी तो बाद में; असली समस्या तो स्वयं आप में है, और शायद आप ही समस्या हो। आपकी यह मान्यता ही समस्या है कि जगह बदलने से मुक्ति मिल जाती है। "जगह बदलने से मुक्ति नहीं मिलती; मुक्ति मिलती है भ्रम और बेहोशी के हटने से, और होश के प्रकट होने से।"

मगर जगह बदलने के भी बहुत लाभ होते हैं—इससे मैं मना नहीं कर रहा हूँ; मगर लाभ भी तभी होते हैं जब आप यह समझते हैं कि वर्तमान में जहाँ हो, वहाँ असली समस्या क्या है। अन्यथा वर्तमान जगह को बर्बाद करने वाला तो इंसान ही है न? वह अगर वैसा ही रहे—उसकी मान्यताएँ, बेहोशी, नासमझी और सब कुछ यदि वैसा ही रहे—और यदि वह किसी अन्य शांत और साफ जगह पर चला भी जाए, तो वह क्या करेगा? वह वहाँ भी बर्बादी ही लाएगा। हैं न? स्वयं को बदले बिना, स्वयं वही रहते हुए; बाहर-बाहर आप चाहे घर बदलो, चाहे रिश्ते, नौकरी, कपड़े, गाड़ी, मोबाइल, सरकार, पार्टी, संप्रदाय, देश या कुछ भी बदलो—यानी चाहे कितने ही मालिक बदल लो—इससे न आपका दुःख मिटेगा, न मुक्ति मिलेगी।

आज़ादी किसी खास समय, उम्र, लिंग, धन, धर्म, मान्यता, विश्वास या किसी विशेष स्थान की मोहताज़ नहीं। वह तो बोध और सच्चाई के प्रति प्रेम, जागरूकता, ईमानदारी और संघर्ष के साथ स्वतः प्रकट होती है—कभी भी, कहीं भी और किसी के लिए भी। वह सदा उपलब्ध है, किसी के साथ पक्षपात नहीं करती। जो मिटने को राज़ी है, उसके लिए वह हाज़िर है। और जगह भर बदलने के कितने लाभ होते हैं—यह अगर सच में जानना हो, तो जो वहाँ पहले से मौजूद हैं, ज़रा उनसे तो पूछो कि उनका क्या हाल है। आँकड़े ही देख लो। कहीं ऐसा तो नहीं कि वे स्वयं पीड़ा में जी रहे हैं? जगह बदलने के लाभ भी तभी होते हैं, जब जगह बदलने के साथ आप भी भीतर से बदलते जाओ। और आपका बदलना तभी सार्थक है, जब बेहोशी छूटे और होश में प्रवेश हो।

हैं ना लोगों में ऐसी कामनाएँ? जैसे, भारत में नहीं तो अमेरिका जाकर चैन मिल जाएगा—इसी भ्रम में लोग अमेरिका जाने को पागल रहते हैं। अब इसको थोड़ा और पीछे ले आओ। भ्रमवश और बेईमानी के चलते आप सोचते हो कि गाँव में नहीं तो शायद शहर में सुकून मिल जाएगा, और इस शहर में नहीं तो शायद उस शहर में। इस राज्य में नहीं तो उस राज्य में। घर में नहीं तो मंदिर, मस्जिद या चर्च में। हिंदू होकर नहीं तो मुसलमान या ईसाई

होकर। और तथाकथित धार्मिक होकर नहीं तो शायद नास्तिक बनकर सुकून मिल जाएगा। आप यह क्या कर रहे हो? यह कैसा भ्रम है? अभी भी बाहर ही तलाश रहे हो। अभी भी विषय ही बदला जा रहा है। एक गुलामी छोड़कर दूसरी पकड़ी जा रही है, मगर गुलामी छोड़ी नहीं जा रही। जिसको बदलना था, जिसको मिटना था—उसके अलावा सब कुछ बदला जा रहा है। आप यह नहीं देख पा रहे हैं कि समस्या आत्म-अज्ञान की है, और आत्म-अज्ञान इसलिए बना हुआ है क्योंकि सच्चाई के प्रति प्रेम नहीं है और मान्यता यह है कि हम तो स्वयं को जानते हैं। लेकिन जब दिखता है कि आप स्वयं को नहीं जानते हैं, तो आपके द्वारा हकीक़त को नकार दिया जाता है, और जब तथ्य सामने आते भी हैं, तो आपके भीतर बेईमानी और पाखंड शुरू हो जाता है। अहंकार चालाकियाँ चलने लगता है।

समस्या बिल्कुल शुरुआत में ही है। जो आप सचमुच माँग रहे हो, उसे माँगने की कोई आवश्यकता ही नहीं है। आप उसे चाहे आज़ादी कहो, शांति, सुकून या चैन कहो, ईश्वर, मुक्ति या सत्य कहो—नाम चाहे कुछ भी हो, उसे पाने की कामना व्यर्थ है। क्योंकि भीतर उठने वाली यह कामना किसी गहरे खालीपन और अपूर्णता के एहसास से आती है। लेकिन अपूर्णता का यह एहसास किसी वास्तविक कमी से नहीं, बल्कि आत्म-अज्ञान, भ्रम, संस्कारबद्धता और मान्यताओं से जन्म लेता है। अब अज्ञान-जनित अपूर्णता के उस एहसास को मिटाने के लिए आप दुनिया भर में न जाने किन-किन वस्तुओं, व्यक्तियों, विचारों, समय, स्थान, परंपराओं, ईश्वर आदि से उम्मीदें पाले बैठे हैं। हर बार आप धोखा खाते हैं, पछताते हैं, दुःख भी पाते हैं और फिर अपने दुःख के लिए उन्हीं को इल्ज़ाम भी देते हैं। मगर उन सबके बावजूद आप भ्रम, अपूर्णता, उम्मीद, पछतावे और दुःख के इस पूरे खेल को—इस चक्र को—समझने का प्रयास नहीं करते। उसे समझे बिना ही आप फिर किसी अन्य वस्तु, व्यक्ति, भविष्य या स्थान से उम्मीदें जोड़ लेते हैं और एक नई गुलामी शुरू कर देते हैं।

एक उम्मीद की गुलामी और उससे मिले धोखे को समझे बिना ही आप दूसरी उम्मीदों की गुलामी करने लग जाते हैं। आपने मालिक बदल लिए, विषय बदल लिए, मगर गुलामी नहीं छोड़ी। अब गुलामी 'उम्मीद' के नाम से आई है। कभी वह कामना बनकर आई थी, तो कभी तुलना, हीनता, ईर्ष्या, बदला, मोह, ममता और लोभ बनकर आती है। कभी वह धर्म, जाति, संगठन, संप्रदाय, पहचान और भेदभाव का रूप ले लेती है। कभी रंग, रूप, पसंद, सफलता, सम्मान और उद्देश्य के नाम से आती है—मगर होती वह हर बार गुलामी ही है। इन्होंने आपको खूब नचाया और आप नाचते चले गए; खूब दुःख पाया और अब भी पा रहे हैं, क्योंकि आप ठहरकर उसे देखने को तैयार ही नहीं हैं। तो ऐसा व्यक्ति जिसे एक उम्मीद से धोखा और दुःख पाए देर नहीं लगती और जो तुरंत किसी दूसरी चीज़ से उम्मीद जोड़ लेता है—क्या उसे आप आज़ाद कहेंगे? और क्या यही हमारी भी हालत नहीं है? मगर क्या ऐसे ही जीते रहना ज़रूरी है? मैं समझता हूँ कि ऐसे जीते रहना हमारी मजबूरी नहीं, बल्कि हमारा आत्म-अज्ञान और स्वार्थ है। आज़ादी के प्रति जिसमें प्रेम होता है, वह मजबूरी का रोना नहीं रोता;

वह जो भी कीमत होती है, उसे चुकाने को तैयार रहता है।

उम्मीदें करने के लिए मस्तिष्क तो संस्कारबद्ध है, मगर क्या आप यह जानते-समझते भी हैं कि उम्मीदें वास्तव में हैं क्या? जिससे आप उम्मीद लगा रहे हैं, वह क्या है? और आपके भीतर जो उम्मीद लगाने वाला है, वह कौन है? भीतर के किस केंद्र से ये उम्मीदें उठ रही हैं, और क्यों उठ रही हैं—क्या इस पर आपने कभी ध्यान दिया है? सबसे पहले तो अपनी ही ज़िंदगी, यानी अपने अतीत में झाँकिए। देखिए कि कितनी बार आपने स्वयं से वादे किए, मगर पूरे नहीं कर पाए। आपने सोचा था कि सुबह जल्दी उठेंगे, मगर उठ नहीं पाए। रोज़ व्यायाम करने का संकल्प लिया, लेकिन कुछ ही दिनों में छोड़ दिया। किसी काम को पूरा करना था, मगर टालते रहे और आधा भी न कर पाए। जैसा करना चाहा था, क्या वैसा कर पाए? नहीं। मतलब साफ़ है—आप स्वयं भी अपने आप से उम्मीदें रखते हैं, मगर क्या सदा उन्हें पूरा कर पाते हैं? नहीं। और यदि उम्मीदें कभी पूरी हो भी जाएँ, तो क्या आप स्थायी रूप से संतुष्ट हो जाते हैं? नहीं। इसीलिए कई बार आपको खुद पर भी गुस्सा आता है, क्योंकि वैसा नहीं हुआ जैसा सच में आप चाहते थे।

तो जब आप स्वयं ही अपनी उम्मीदें पूरी नहीं कर पाते—जबकि आप तो अपनी उम्मीदों को सबसे बेहतर समझते हैं—तो कोई दूसरा व्यक्ति या कोई भी विषय आपकी उम्मीदों को कैसे पूरा कर सकता है? कोई अगर चाहे भी कि वह आपकी उम्मीदें पूरी कर दे, तब भी वह ऐसा नहीं कर सकता। क्यों? क्योंकि आप ख़ुद ही नहीं जानते कि वास्तव में आपको चाहिए क्या। इसी कारण आपकी उम्मीदें पल-पल बदलती रहती हैं, आप स्वयं बदलते रहते हैं और वे सभी विषय भी बदलते रहते हैं जिनसे आप उम्मीदें लगाए बैठे हैं। समझ रहे हो?

मान लीजिए कि मैं 15 वर्ष का हूँ। आपने मुझसे कुछ उम्मीदें लगाईं और मैंने भी आपसे कुछ उम्मीदें लगाईं—ठीक? अब उन उम्मीदों को पूरा करने में लग रहा है लगभग 10 वर्ष का समय। जैसे माता-पिता अपने बच्चों की पढ़ाई, उनकी नौकरी, उनके विवाह और संतान आदि को लेकर अनेक तरह की उम्मीदें रखते हैं। मगर जब उन उम्मीदों की पूर्ति हो भी जाती है, तब भी क्या उन्हें चैन मिलता है? नहीं मिलता न? दुनिया ऐसे उदाहरणों से भरी हुई है। चैन क्यों नहीं मिला? क्योंकि जिन्होंने उम्मीदें की थीं, वे 10 वर्षों में पूरी तरह बदल गए, और जिनसे उन्होंने उम्मीदें की थीं, वे भी पूरी तरह बदल गए।

तो आपने मुझसे कुछ उम्मीदें लगाईं और मैंने भी आपसे कुछ उम्मीदें लगाईं—मगर कब? जब हम 15 वर्ष के थे। लेकिन 10 वर्ष बाद, जब उन उम्मीदों के पूरे होने का समय आया, तब हमारे पास क्या है? सिर्फ वे बातें हैं, वे विचार हैं, उनकी स्मृतियाँ और छवियाँ हैं—हैं न? लेकिन न तो हमारा तन वैसा रहा, न हमारा मन वैसा रहा, न हमारी स्थिति वही रही। हम पूरी तरह बदल गए। वैसे तो हमारी स्थिति पल-पल बदलती रहती है, मगर 10 वर्ष पहले जो उम्मीदें और कामनाएँ हमने एक-दूसरे से की थीं, वे भी एक खास समय, माहौल, स्थान, परिस्थिति, किसी प्रभाव और एक खास मानसिक अवस्था का परिणाम थीं। अब वैसा कुछ भी नहीं है, क्योंकि ये सब लगातार बदलते रहते हैं। इसलिए अब यदि आप मेरी

उम्मीदें पूरी भी कर दें, तब भी मैं उससे संतुष्ट नहीं हो सकता।

हालाँकि उसी क्षण भी, यदि मेरी कामना पूरी हो जाती, तो भी चैन नहीं मिलता। क्योंकि जिस सुख की मैं कल्पना कर रहा हूँ, उस काल्पनिक सुख और वास्तविक सुख के बीच ज़मीन-आसमान का अंतर है। कल्पना तो कल्पना होती है, सत्य नहीं। और मूल पीड़ा तो केवल मान्यता है, उसमें सत्य नहीं। इसीलिए एक समय के बाद, जब आप किसी की कामना पूरी भी कर देते हैं, तब भी वह व्यक्ति आपसे संतुष्ट नहीं होता। जैसे किसी को दोपहर में भूख लगी हो और उसने आपसे भोजन माँगा हो। आप उसके लिए भोजन का इंतज़ाम करने लग जाते हैं, मगर शाम तक उसने कहीं और से भोजन कर लिया। अब जब उसने भोजन कर लिया, उसके दो घंटे बाद आप आकर कहते हैं—"लो, मैं तुम्हारे लिए बढ़िया सा भोजन बनाकर लाया हूँ।" वह कहता है—"भाई, मैंने तो भोजन कर लिया है। अब न भूख है, न पेट में जगह।"

मगर बात यहीं खत्म नहीं होती। वह आगे कहता है कि आप जानते-बूझते भोजन इतनी देर से लाए, शायद आप खिलाना ही नहीं चाहते थे; इसीलिए जब मैंने भोजन कर लिया, तभी आप भोजन लेकर आए। और भी न जाने क्या-क्या इल्ज़ाम देता है। जब हम एक-दूसरे की उम्मीदें पूरी नहीं कर पाते, तब हम बहुत मूर्खताएँ करते हैं—व्यर्थ की कल्पनाएँ गढ़ते हैं, इल्ज़ाम लगाते हैं, दोष देते हैं, और फिर सामने वाले से ईर्ष्या करने लगते हैं। जब भी कोई आपकी उम्मीदें पूरी नहीं कर पाता, तब आप अपने जीवन के दुःख, दर्द, पीड़ाओं और समस्याओं के लिए उसे दोष देने लगते हैं। जबकि वह आपके दुःख का कारण नहीं है। आपके दुःख का कारण आप स्वयं हैं—आपके द्वारा की जा रही बेहोश उम्मीदें हैं। यदि आप यह समझ लें कि उम्मीदें कभी पूरी नहीं होतीं, और यदि कोई विषय प्राप्त हो भी जाए, तब भी चैन नहीं मिलता, तो बात स्पष्ट हो जाएगी। क्योंकि किसी विषय के बारे में आप जो कुछ भी सोचते हैं, वह केवल आपकी मान्यता और कल्पना होती है; विषय की वास्तविकता कुछ और ही होती है।

जब आप ऐसा जानते हैं, तब आप उम्मीदें नहीं करते और उन उम्मीदों के पूरा न होने के कारण जो दुःख, पीड़ा, कलह-क्लेश, शक-संदेह और ईर्ष्या आदि आपके जीवन में पैदा होते थे; एक-दूसरे को जो दोष देते थे और जिसके कारण पूरा जीवन नर्क हो जाता था—वह सब जीवन से विदा होता जाता है। जब आप उम्मीदों की व्यर्थता और उनमें छिपे दुःख, हिंसा आदि को साफ-साफ देख लेते हैं, तब उन उम्मीदों के कारण दुःख की जो एक लम्बी प्रक्रिया शुरू हो जाती थी, वह शुरू ही नहीं होती। अगर आप थोड़ा और पीछे जाएँ और देखें कि उम्मीद या कामना वह है, जो किसी कमी या अपूर्णता के एहसास से उठती है, और आप यह भी देख लेते हैं कि अपूर्णता के उस एहसास में ही कोई सच्चाई नहीं है—क्योंकि वह एहसास केवल तुलना, ईर्ष्या, मान्यताओं, कल्पनाओं और छवियों आदि का परिणाम है—तो कामनाओं का पूरा खेल वहीं समाप्त हो जाता है।

उदाहरण के लिए, आपने अपने पिताजी से यह उम्मीद की थी कि वे आपको एक बड़ी सी गाड़ी खरीदकर देंगे, तो आपको मौज मिल जाएगी और आप सफल हो जाएँगे। किसी कारण यदि पिताजी आपको वह गाड़ी नहीं दिलवा पाते हैं, तो आप कहते हैं कि आपको मौज नहीं मिली, आप असफल रह गए—क्योंकि आपके पिता ने आपको गाड़ी नहीं दी। और अगर वह गाड़ी आपको मिल जाती है, तो आप अपने दोस्तों को वह दिखाने जाते हैं कि देखो, मैं तुमसे ज़्यादा सफल हूँ, मेरे पास ज़्यादा धन है। लेकिन फिर आप देखते हैं कि आपके दोस्त के पास उससे भी अधिक महँगी गाड़ी है, और आप फिर दुखी हो जाते हैं।

कहने का आशय यह है कि उम्मीदें कभी पूरी नहीं होतीं, क्योंकि उनका आधार कभी वास्तविक और पूर्ण नहीं होता। आप में जो अपूर्णता का एहसास पैदा हुआ था, वह क्यों हुआ था? क्योंकि आपने अपने दोस्त से तुलना की थी—दोस्त के पास गाड़ी है, आपके पास नहीं है—और आपने मान लिया कि शायद इसी कारण आपके जीवन में दुःख है। मगर आपने यह नहीं जानना चाहा कि दोस्त के पास गाड़ी तो है, लेकिन क्या उसके जीवन में कोई दुःख नहीं है? उससे भी ज़्यादा महँगी गाड़ियाँ अनेक लोगों के पास हैं, मगर आपने न तो उन्हें देखा और न ही यह जानना चाहा कि उन्हें चैन मिला भी या नहीं। इतनी बड़ी दुनिया है, मगर हम अपने पड़ोसियों, रिश्तेदारों, दोस्तों और आसपास के लोगों से ही तुलना करते रहते हैं, उन्हीं की नज़रों में श्रेष्ठ होने का प्रयास करते रहते हैं और परेशान होते रहते हैं।

ऐसे ही आपने अपने दोस्त से तुलना कर ली और ज़बरदस्ती अपने भीतर एक अपूर्णता, एक हीन-भावना पैदा कर ली कि—अरे, मैं तो हीन हूँ, मैं गरीब हूँ, और मेरे दुःख का कारण यह है कि मेरे पास गाड़ी नहीं है। अब पिताजी ने गाड़ी ला दी—तो उससे थोड़ा-सा सुख मिल जाएगा, थोड़ा आराम मिल जाएगा, अहंकार थोड़ा और फूल जाएगा; मगर इससे दुःख तो समाप्त नहीं होगा ना? कल आपका दोस्त कुछ और नया ले आएगा, फिर आप उस चीज़ की तुलना करेंगे और पिताजी से उसकी माँग करेंगे। फिर वह कुछ और चीज़ ले आएगा, फिर आप उसकी माँग करेंगे। फिर आप सिर्फ़ दोस्त से ही तुलना क्यों करेंगे? फिर दुनिया भर में न जाने किन-किन लोगों से और न जाने किन-किन चीज़ों को लेकर आप तुलना करोगे। फिर उनकी माँग करोगे और पिताजी एक समय के बाद आपकी कामनाओं को पूरा करने में असमर्थ हो जाएँगे। उन्हें बर्बाद करने के बाद फिर आप स्वयं एक अंधी, बेहोश, दुःख-दर्द और गुलामी से भरी—शोषण, हिंसा और भ्रष्टाचार से भरी—दौड़ में शामिल हो जाओगे, उसमें शोषित होते रहोगे, घुटते रहोगे और अंततः बर्बाद हो जाओगे।

शायद तब भी आपको यह समझ नहीं आएगा कि आपके दुःख का कारण उन कामनाओं की पूर्ति न होना नहीं है; अपितु आपकी मान्यताएँ, आपकी नासमझी ही आपका दुःख है। जैसे कि आप महल सिर्फ़ इसलिए चाहते हैं क्योंकि पड़ोसी का घर आपके घर से बड़ा है, या किसी ने आप पर कोई तंज कस दिया है, जिसके कारण आपको भीतर चोट लग गई है, आप आहत हो गए। आप सरकारी नौकरी इसलिए चाहते हैं क्योंकि आपने देखा है कि जिनके पास सरकारी नौकरी होती है, उन्हें कुछ सुख, सुविधा और सुरक्षा मिलती है। सरकारी

नौकरी करने वालों को हर जगह सम्मान मिलता है, आसानी से उनका विवाह हो जाता है और अंततः इन सबके माध्यम से आप यह उम्मीद करते हैं कि ज़िंदगी मस्त हो जाती होगी, कोई समस्या नहीं रहती होगी। मगर होती है क्या? नहीं। लेकिन आप मान लेते हैं कि होती है। इसी मान्यता से फिर कमी का एहसास पैदा होता है और सारी दौड़ शुरू हो जाती है। जब आप यह देख लेते हैं कि यह मान्यता ही झूठ है कि कुछ हासिल करके या कुछ बनकर पूर्णता मिल जाएगी, तब आप पाते हैं कि आप में कोई कमी नहीं है—आप पूर्ण हैं। व्यर्थ की सारी दौड़ रुक जाती है, व्यर्थ का सारा संघर्ष समाप्त हो जाता है और जीवन स्वतः ही सहज, सरल और स्वाभाविक होने लगता है।

आप पाते हैं कि किसी को भी कुछ करके या बनकर दिखाने की कोई आवश्यकता नहीं है। आपको विशेष होने की कोई ज़रूरत नहीं है। और जो व्यक्ति ऐसा होता है—निर्विशेष—जो कुछ होने या बनने के प्रयास में नहीं लगा है, जिसके भीतर किसी भी बात को लेकर न कोई मान्यता है, न हीनता है, न कोई उम्मीद है; वही मुक्त है। सड़क पर चलते हुए ठोकर लग जाए तो उसके मुँह से गाली नहीं निकलती, क्योंकि उसने यह उम्मीद ही नहीं पाली कि रास्ते में ठोकर नहीं लगेगी। चोट उसे दर्द दे सकती है, मगर दुःख नहीं दे पाती, क्योंकि इस दुनिया से उसने यह उम्मीद ही नहीं रखी कि यह उसे चोट नहीं देगी। कोई उसका अपमान करे या सम्मान दे—उसमें न वह दुःखी होता है, न खुश होता है—क्योंकि वह जानता है कि कोई भी वही दे सकता है जो उसके पास है। वह यह उम्मीद ही नहीं करता कि कौन उसे क्या दे रहा है। जिसके पास जो होगा, वह वही तो देगा, ना?

मगर हम उम्मीदें रखते हैं और वही हमारे दुःख का कारण बनती हैं। हम कभी एक व्यक्ति से उम्मीद करते हैं, कभी दूसरे से। माता-पिता बच्चों से उम्मीदें रखते हैं और बच्चे अपने अभिभावकों से। भाई-बहन, पति-पत्नी, दोस्त—सब एक-दूसरे से उम्मीदें रखते हैं। यदि कभी आप किसी की आर्थिक या किसी अन्य तरह की सहायता कर देते हैं, तो आप उससे भी उम्मीदें लगा लेते हैं। यदि किसी ने आपको जन्मदिन या किसी उपलब्धि पर बधाई न दी हो, तो आपको दुःख होता है। क्यों? क्योंकि भीतर कहीं न कहीं यह उम्मीद थी कि बधाई मिलेगी; अन्यथा दुःख नहीं होता। उसने बधाई क्यों नहीं दी—इसका कारण कुछ भी हो सकता है, मगर हम वह जानना ही नहीं चाहते, अन्यथा यह कैसे कहेंगे कि वही हमारे दुःख का कारण है। ना हम यह स्वीकार करते हैं कि हमारी बेहोश उम्मीदें ही हमारे दुःख का कारण हैं। हम अपनी जिम्मेदारी लेने से भागते हैं, और ऐसा व्यक्ति कभी आज़ाद नहीं हो सकता।

कोई किसी की उम्मीदें पूरी नहीं कर सकता और यदि कर भी दे, तो भी व्यक्ति संतुष्ट नहीं होता। क्योंकि दुःख का मूल कारण आत्म-अज्ञानवश स्वयं को ऐसा कुछ मान लेना है, जो सीमित, संकुचित और अपूर्ण है। जब आप यह देख पाते हैं कि जो कुछ भी आप स्वयं को या स्वयं के बारे में मानते हैं—वह सब केवल मान्यताएँ हैं और उनमें कोई सत्य नहीं है—तब अपूर्णता और कामनाएँ अपने-आप शून्य होती जाती हैं और जीवन में स्वतः ही पूर्णता प्रकट

होती है। ध्यान से देखेंगे तो आप पाएँगे कि हमारी कोई भी कामना अंतिम नहीं होती। हर कामना के केंद्र में एक गहरी और मूल कामना होती है। उसे आप कोई भी नाम दे सकते हो—प्रेम, आज़ादी, शांति, चैन, सुकून, संतुष्टि, ईश्वर, सत्य—या जो भी आप चाहें। किसी भी नाम से आप उसे पुकार सकते हैं। इसीलिए तो इतनी कामनाओं की पूर्ति के बाद भी कामनाओं का अंत नहीं होता और अपूर्णता जारी रहती है। क्यों? क्योंकि हर कामना के केंद्र में जो मूल कामना होती है—पूर्ण, आज़ाद और शांत हो जाने की—वह अभी पूरी नहीं हुई है। इसलिए कामनाएँ उठती रहती हैं, मगर वे कुछ भी हासिल करके पूरी नहीं होने वाली। वे पूरी होती हैं यह जानकर कि अपूर्णता ही झूठी और भ्रम मात्र है; आप पूर्ण ही हैं। आप में कोई कमी नहीं है।

फिर आप पानी से प्रेम नहीं माँगते। फिर आप भोजन से शांति नहीं माँगते। आप यह नहीं कहते कि फलानी होटल का भोजन खाऊँगा तभी सुकून मिलेगा। आप जानते हैं कि सुकून कोई ऐसी चीज नहीं है जो कुछ भोगकर मिल जाए। फिर आप भोजन से बस इतना ही चाहते हैं कि वह भूख मिटा दे और सेहत ठीक रखे—क्योंकि यही उसकी उपयोगिता है। आप चाहते हैं कि पानी आपकी प्यास मिटा दे, बस; आप इतना ही चाहते हैं और इसमें कोई समस्या नहीं है, कोई दुःख नहीं है। मगर यदि कोई पानी से प्रेम माँगने लगे और भोग से शांति, तो वह दुःख ही पाएगा। और अधिकांश लोग यही तो कर रहे होते हैं—यह मोटापा उसी का तो परिणाम है।

हम वस्तुओं, व्यक्तियों, उपलब्धियों और अन्य कामनाओं की पूर्ति के रूप में इस जगत से वह माँग रहे होते हैं, उसकी उम्मीद कर रहे होते हैं—जो यह जगत दे ही नहीं सकता। क्योंकि वह हमें मिला ही हुआ है और वह स्वयं आप ही हैं। आपको स्वयं आप ही चाहिए। पीड़ा बस इस बात की है कि आप स्वयं को ऐसा कुछ मानते हैं, जो आप हैं हीं नहीं। इस नकली पहचान के नकलीपने को देख लेना ही आज़ादी है। अब जिसे देख ही लिया कि वह तो नकली है, उससे आसक्त क्यों रहोगे। नकली के प्रति आसक्ति का ना रहना ही आज़ादी है। फ़िर जो रहता है, वह आप हैं। और कोई अन्य आपको यह लाकर नहीं दे सकता। यह तो स्वयं आपको ही देखना होगा। आपको यह देखना होगा कि जो आप स्वयं को मानते हैं, वह केवल एक मान्यता है—सत्य नहीं। जब आप यह देख लेते हैं कि जो भी आप स्वयं को मानते हैं, वह सीमित और अपूर्ण है, केवल संयोग, समाज, देश, काल, वातावरण, अनुभव आदि का परिणाम है और मिथ्या है, और उसी में सारे भ्रम, बंधन और दुःख हैं—तब आप यह जान पाते हैं कि आप क्या नहीं हैं। और यह जानने में ही उसका बोध होता है, जो आप हैं।

उसी में पूर्णता है। उसी में सौंदर्य है और आनंद भी। उसी में मुक्ति है और शांति भी। आपकी प्रत्येक कामना के मूल में उसी की माँग होती है, मगर वह कुछ माँगने से नहीं मिलता— वह मिलता है स्वयं को जानने से। कोई शेर यदि स्वयं को भेड़ मानकर जिएगा, तो दुःख ही पाएगा और अंततः भूखा मरेगा। मगर यही हाल आपका भी है। आप अभी और यहीं आज़ाद हो, यदि बंधन के झूठ को देख पाओ। मगर आप सोचते हैं कि आज़ादी तो

शायद कुछ हाँसिल करके मिलेगी। नहीं। आज़ादी तो आवश्यक है, वह तो है ही—आपने बंधन जबरन पकड़ रखें हैं। आज़ादी नहीं माँगनी है, बंधन को बंधन जानना है। जैसे, इच्छा की पूर्ति करके भी वास्तव में आप इच्छा से मुक्त ही होना चाहते हैं। मगर इच्छा से मुक्त तो आप उसकी पूर्ति किए बिना भी हो सकते हो ना। कैसे? उसकी व्यर्थता जानकर। यह जानकर कि आप इच्छा की पूर्ति चाहते ही इसीलिए हैं ताकि उस इच्छा से मुक्त हो जाएँ। तो फिर आप इच्छा क्यों करोगे? क्यों व्यर्थ और अंधी दौड़ में पड़ोगे? फिर केवल शारीरिक आवश्यकताएँ रह जाती हैं, कामनाएँ नहीं। आवश्यकताए शारीरिक होती हैं और कामनाएँ आत्मअज्ञान (अपूर्णता की मान्यता) से उठती हैं। और आवश्यकताओं का पूरा न होना दर्द दे सकता है, दुःख नहीं। जो ऐसा नहीं जानते, वे स्वयं अपने ही प्रक्षेपित जगत में शांति की तलाश में भटकते रहते हैं और अलग-अलग तरीकों से उसे स्वयं से दूर, बाहर और पृथक—जगत में ही कहीं खोजते रहते हैं।

जैसे कि पहले तो आप "सफलता" नाम की एक काल्पनिक मान्यता खड़ी कर लेते हो, उसकी एक छवि रच लेते हो और फिर अपनी ही रची उस काल्पनिक चीज़ को पाने के लिए दौड़ते रहते हो। जब वह नहीं मिलती, तो दुःखी होते हो। जो व्यक्ति वैसा कुछ हाँसिल नहीं कर पाता, उसे आप असफल घोषित कर देते हो और जो व्यक्ति वैसा कुछ कर पाता है, उसे सफल कहकर उसके पीछे अंधे होकर दौड़ने लगते हो। लेकिन यदि आप स्वयं ही बेचैन हो, तो आपकी ही बेचैनी से उठी सफलता की छवि में आपको चैन कैसे मिल जाएगा? सफलता इसमें नहीं है कि आप किसी खास ढाँचे में कैद हो पाए अथवा नहीं। वास्तविक सफलता इस बात में निहित है कि आप इस तरह की काल्पनिक और मान्यता जनित भ्रांतियों से मुक्त होकर जी रहे हैं या नहीं।

केवल वही सफल है जो बेहोशीवश उत्पन्न हुए भ्रम, भय, बंधन, मान्यताओं और दुःख के प्रति जागरूक है, क्योंकि यही तो मनुष्य की वास्तविक पीड़ा है। आप किसी तरह की सफलता, उपलब्धि अथवा बहुत धन आदि भी इसलिए नहीं चाहते कि उनमें कुछ विशेष है; आप इन्हें इसलिए चाहते हैं क्योंकि आप ऐसा मानते हैं कि जब ये मिल जाएंगे, तो शायद आपके सारे दुःख, दर्द, पीड़ाएँ, चिंताएँ, अपूर्णता, भय और बेचैनी समाप्त हो जाएँगी; और आपको शांति और सुकून मिलेगा। मगर ऐसा होता नहीं है। जब तक आप उस झूठ को नहीं देख लेते जिसे आप "स्वयं" मानते हैं, और जब तक आप सफलता व धन की सीमाओं को नहीं जान लेते, तब तक जीते-जी दुःख का अंत नहीं हो सकता। जीवन में पाप भी मूलतः एक ही है—भ्रम, भय, बंधन, बेहोशी और दुःख में जीना; और ये सब एक ही हैं।

ध्यान रखें कि दुःख में जीने की कोई आवश्यकता नहीं है, मगर फ़िर भी आप जी रहे हैं। कौन चाहता है गुलामी में जीना? कोई नहीं। आप भी नहीं चाहते, मगर फ़िर भी आप जी रहे हैं—और आपको पता भी नहीं कि आप गुलाम हैं। सोचिए, यह कितनी बड़ी गुलामी है कि आपको दिखता भी नहीं कि आप गुलामी कर रहे हैं, और आप मानते भी नहीं कि आप गुलाम हैं। जैसे जब मैल, धूल और मिट्टी किसी के शरीर का हिस्सा बन जाती है, तो व्यक्ति

को यह दिखाई नहीं देता कि मैल और शरीर अलग-अलग हैं, मगर उसके कारण वह पीड़ा अवश्य पाता है। शरीर की धूल-मिट्टी तो एक समय के बाद दिख भी जाती है, मगर अपनी मान्यताओं, बंधनों, भ्रमों, संस्कारबद्धता और गुलामी को देखने के लिए सत्य और आज़ादी से प्रेम के साथ स्वयं के प्रति गहरी ईमानदारी और निष्पक्ष सजगताचाहिए। तभी अपनी गुलामी दिखाई देने लगती है और अपने भ्रमों व मान्यताओं का बोध होता है—और यही स्वयं को जानना है।

अपनी क्रियाओं, प्रतिक्रियाओं, निर्णयों और संबंधों के दौरान यह देख पाना कि वास्तव में "चल क्या रहा है"—यही सजगता है। ये विचार, कामनाएँ, उम्मीदें, ईर्ष्या, मान्यताएँ, संस्कारबद्धता और स्मृतियाँ—इन सबका खेल कैसे चल रहा है? किस प्रकार काम, क्रोध, लोभ, मोह, ईर्ष्या, भय और कामना आदि आपके कर्मों और निर्णयों को संचालित कर रही हैं? यह देख पाना कि अपूर्णता कैसे भावना और भावनाएँ कैसे विचार बनती हैं; विचार कैसे कर्म और कर्म किस तरह व्यवहार, संबंध, गतिविधियों और निर्णयों को निश्चित करते हैं—यही अवलोकन है। इसीलिए केवल ऊपर-ऊपर कर्म बदलने से कुछ नहीं होता, जब तक कि कर्ता न बदले। आप बेहोशी, भ्रम, मान्यताओं, काम, क्रोध, लोभ, मोह, भय और ईर्ष्या आदि—अर्थात् अहंकार के केंद्र से एक तरह का कर्म कर सकते हैं और उसी केंद्र से कोई दूसरा कर्म भी कर सकते हैं, मगर मालिक तो तब भी अहंकार ही रहता है। अहंकार के केंद्र से जीना ही मनुष्य का मूल बंधन और गुलामी है, और जब तक ऐसा है, तब तक दुःख बना रहता है। इसलिए इस बात के प्रति निरंतर सजग रहना आवश्यक है कि कहीं आपके कर्म उस सीमित और संकुचित अहंकार के केंद्र से तो नहीं आ रहे हैं।

अहंकार, भावनाओं और विचारों के तल पर जो गतिविधियाँ, चलाकियाँ और बेईमानियाँ हो रही हैं, यदि उन्हें नहीं समझोगे, तो बस एक गुलामी छोड़ोगे और दूसरी पकड़ लोगे, और आपको यह भी समझ नहीं आएगा कि जिंदगी में इतना दुःख क्यों है। इतना दुःख इसलिए है क्योंकि आप रोज़ धोखे खाते हो, ठोकरें खाते हो, उम्मीदें टूटती हैं; कामनाओं की पूर्ति को लेकर किए गए जितने भी वादे होते हैं, वे सब चकनाचूर हो जाते हैं—मगर इसके बावजूद भी आप अपना पाखंड, चलाकियाँ और बेईमानी नहीं छोड़ते। आप ईमानदारी से यह नहीं देखते कि वास्तव में हो क्या रहा है। जिंदगी रोज़ पीटती है, मगर फिर भी आप स्मरण नहीं करते कि आप दोबारा वही गलती करने जा रहे हैं, जो पिछली बार की थी और पछताए थे।

आप स्मरण क्या रखते हो? कामनाएँ, किसने गाली दी, किससे बदला लेना है, किसने सम्मान किया और किसने अपमान; किस पर आप एहसान करके आए हो, किसके सामने सिर झुकाना है और किसके सामने अकड़ना है। तथाकथित दोस्त, दुश्मन, अपने, पराए, नाम, जाति, लिंग, मान्यताएँ, आचरण आदि—यह सब आप याद रखते हो, मगर यह याद नहीं रखते कि जिंदगी में आप लगातार धोखे खा रहे हो, दुःख पा रहे हो और जीवन गंवा रहे हो। इस पर आप ध्यान नहीं देते, इसलिए जीवन से दुःख भी नहीं जाता और आप मुक्त नहीं जी पाते। जो कुछ भी आप स्वयं को मानते हैं, उसके झूठ को जानिए और उस केंद्र से

जीना बंद कीजिए। अन्यथा जब तक आप वही बने रहोगे, तब तक गलतियाँ होती ही रहेंगी। मगर आप वह न रहें—यह तभी संभव है जब आप अपनी दैनिक जिंदगी में, अपनी बातों और संबंधों में उस सीमित केंद्र रूपी अहंकार की दख़ल के प्रति सजग रहें और उस केंद्र से जीने की व्यर्थता तथा मूर्खता को साफ़-साफ़ देखें। कोई किसी का पिता और किसी की माँ बनकर देख रहा है, तो कोई पुत्र या पुत्री की दृष्टि से देख रहा है। कोई पति या पत्नी बनकर देख रहा है। कोई हिंदू, मुसलमान और ईसाई बनकर देख रहा है, तो कोई भारतीय, अमेरिकी या रूसी बनकर।

कोई स्वयं को आदमी, औरत, बच्चा या बूढ़ा मानकर देख रहा है, तो कोई गरीबी या अमीरी की दृष्टि का गुलाम है। मगर गुलाम सब हैं। ये दृष्टियाँ कभी भी वह नहीं देखने देतीं जो वास्तव में 'है'—"बल्कि इन्हीं दृष्टियों के अनुसार आपको कुछ दिखाई और सुनाई देता है"। जब तक आप स्वयं को कुछ भी मान रहे हैं और उसी केंद्र से जी रहे हैं, तब तक भ्रम और धोखे जारी रहेंगे और आप दुःख में जीते रहेंगे। आप स्वयं को जो कुछ भी मानकर जीते हैं, उससे क्या फर्क पड़ता है—यदि यह समझना हो, तो प्रयोग कीजिए और ध्यान दीजिए, आपको स्वयं दिख जाएगा। जैसे यदि आप स्वयं को स्त्री या पुरुष की भाँति देखते हैं, तो अब स्वयं को केवल एक इंसान की तरह देखें। स्वयं को हिंदू या मुसलमान नहीं, पति या पत्नी नहीं, सफल या असफल नहीं, अमीर या गरीब नहीं—अपितु केवल एक इंसान की तरह देखें। बच्चे या बूढ़े होकर न देखें, अपने या पराए की तरह न देखें। यदि आप सचमुच ऐसा देख पाएं और ऐसे ही जी सकें, तो आप पाएंगे कि जिंदगी से कितना कुछ —भ्रम, भय, बंधन, दुःख, हिंसा, शोषण, अन्याय, अत्याचार, ईर्ष्या, तुलना, हीनता, अलगाव आदि—स्वतः और सहज ही विदा हो सकता है।

आपके काम, व्यवहार, बातें करने का ढंग, आपका खान-पान और पहनावा—सब बदल जाएंगे। आप क्या कपड़े पहनेंगे? आप मंदिर जाएंगे या मस्जिद, या कहीं नहीं? आप किससे बात करेंगे और किससे नहीं? आप क्या पढ़ेंगे और क्या नहीं? घर में खाना कौन बनाएगा और कौन नहीं—यह सब अपने-आप बदल जाएगा और बेहतर हो जाएगा। वह सारी तथाकथित व्यवस्था, जो लिंग-भेद, जाति-भेद, धर्म-भेद, अमीर-गरीब आदि के आधार पर खड़ी है, ध्वस्त हो जाएगी और उनके कारण जो भी समस्याएँ उत्पन्न होती हैं, वे भी समाप्त हो जाएँगी। मानसिक तल पर आप न जाने कितने भयों, चिंताओं, तनावों और बीमारियों से मुक्त हो जाते हैं, यदि आप केवल मनुष्य होकर जीते हैं—जिसकी पहचान है उसकी जागरूकता।

यदि इसे थोड़ा और आगे बढ़ाया जाए, तो आप यह भी कर सकते हैं कि केवल देखें—इंसान होकर भी नहीं—केवल देखना ही रह जाए। कोई आए तो आए, कोई जाए तो जाए। स्वयं कुछ भी होकर न देखें, केवल दर्शन रहे। दृश्य आते हैं और जाते हैं, ध्वनियाँ आती हैं और शून्य हो जाती हैं। उनके प्रति भीतर से प्रतिक्रियाएँ भी उठती हैं, मगर आप केवल साक्षी रहें, केवल दर्शन रहे। जब ऐसा होता है, तब प्रकृति में सामंजस्य प्रकट होता है। दृष्टा

और दृश्य का, देह और जगत का खेल वैसे ही चलता है, जैसे रात के समय दो व्यक्ति आपस में बातचीत कर रहे हों और साक्षी वह प्रकाश हो, जिसके आलोक में वे व्यवहार कर रहे हैं। तो आप कुछ भी होकर न देखें—केवल जागरूकता रहे, केवल ध्यान रहे। जो हो—होश के प्रकाश में हो। इसी में सारे भ्रम, भय, बंधन, दुःख और पीड़ाओं का अंत है। इसी में मुक्ति है, आनंद है, सौंदर्य है, सहजता है, सरलता है और करुणा है। इसी कुछ नहीं होने में सब कुछ होना है। इसी शून्यता में पूर्णता है।

अन्यथा कभी हम व्यक्तियों के गुलाम बनते हैं, कभी वस्तुओं के; कभी एक पहचान के, कभी दूसरी पहचान के; कभी छोटी और सस्ती पहचान के, तो कभी किसी तथाकथित बड़ी, सम्मानित और कीमती पहचान के। कभी पद, प्रतिष्ठा और सम्मान के गुलाम बन जाते हैं। जैसे कोई व्यक्ति किसी तरह मुख्यमंत्री या प्रधानमंत्री के पद पर बैठ जाए और उससे अपनी पहचान जोड़ ले। कोई अभिनेता या कलाकार बन जाता है और उसी पहचान से आसक्त हो जाता है। ऐसा तब ही होता है जब आपके पास कुछ असली नहीं होता—अर्थात जब आपके पास आप स्वयं नहीं होते। जब हमें अपना कुछ नहीं पता होता, तब हम दूसरों की दी हुई बाहरी और काल्पनिक पहचानों को ही अपनी पहचान मान लेते हैं और उनसे आसक्त हो जाते हैं।

किसी भी वस्तु से आसक्ति आपकी कमजोरी और उस वस्तु पर आपकी निर्भरता का प्रमाण है। ऐसी स्थिति में व्यक्ति उन पहचानों का गुलाम हो जाता है, क्योंकि उसकी पूरी जिंदगी, उसका सारा व्यवहार, उसका स्वार्थ और उसके संबंध उसी पहचान पर टिके होते हैं। यानी अहंकार उस पहचान से चिपक जाता है। यही भ्रम है, यही बंधन है और इसी में दुःख है। इससे कोई फर्क नहीं पड़ता कि आप किस वस्तु, व्यक्ति या पहचान आदि के गुलाम हैं—दुनिया उसे बड़ा माने या छोटा, सम्मानित माने या तुच्छ, कीमती माने या सस्ता; यदि आप किसी भी चीज़ या पहचान से आसक्त हैं, तो आप गुलाम हैं। मगर गुलामी आपका स्वभाव नहीं है, इसलिए जब तक गुलाम रहोगे—पीड़ा ज़ारी रहेगी। क्योंकि इसमें गुलाम बचा रह जाता है—वह है अहंकार।

3

नाम रूप और अर्थ ही बंधन है—दृष्टा और दृश्य

प्रश्नकर्ता: (ऑनलाइन प्रश्नकर्ता) वे कौन-सी चीज़ें हैं जो हमें वह नहीं देखने देतीं "जो है"? हम धोखे क्यों खाते हैं? हम भ्रमित क्यों हो जाते हैं? क्यों हमारे संबंधों में इतने टकराव और कलह क्लेश रहते हैं? क्यों हमें वास्तविकता दिखाई-सुनाई नहीं देती? हम एक-दूसरे को समझ क्यों नहीं पाते?

अचिंत्य: क्योंकि हर ध्वनि, हर शब्द और हर दृश्य को लेकर हमारे पास पहले से नाम, काल्पनिक अर्थ और छवियाँ मौजूद होती हैं। जब हम किसी भी वस्तु को कोई नाम दे देते हैं, उसकी एक छवि बना लेते हैं और उस पर मनगढ़ंत अर्थ चिपका देते हैं, तब हम उसकी हक़ीक़त को देख ही नहीं पाते। ऐसा इसलिए होता है क्योंकि हम उस वस्तु को उन्हीं नामों, अर्थों और छवियों के चश्मे से देख रहे होते हैं। जब हम किसी वस्तु को कोई नाम दे देते हैं, तब हमें यह भ्रम हो जाता है कि हम उसे समझते हैं। जबकि किसी वस्तु का नाम जान लेने का अर्थ यह बिल्कुल नहीं है कि आप उस वस्तु को समझ भी गए हैं। नाम तो उस वस्तु की ओर संकेत करने के लिए प्रयोग किया गया केवल एक प्रतीक भर होता है। नाम स्वयं वह वस्तु नहीं होता।

इसलिए जहाँ नाम और छवियाँ हैं, वहाँ सत्य तो है ही नहीं, तथ्य भी नहीं है। और है क्या? वहाँ हैं वे सारी समस्याएँ जिनकी आप बात कर रहे हैं। वहाँ है सिर्फ़ भ्रम और कल्पनाएँ। और जो व्यक्ति कल्पनाओं में जी रहा है—अर्थात भ्रम, नामों और छवियों में जी रहा है—क्या वह आज़ाद है? नहीं। उसके जीवन में न तथ्य है, न सत्य; और यदि कुछ है भी, तो वह है—भ्रम, भय, बंधन, सीमाएँ, तुलना, दुःख, चिंता, ईर्ष्या, अलगाव, हिंसा और बहुत कुछ। आज़ादी के लिए यह अत्यंत महत्वपूर्ण है कि आप नामों के स्रोत, उनकी सीमाओं, उनके महत्व, उनकी व्यर्थता और उनके पीछे छिपे अज्ञान को जानें; क्योंकि इंसान की गुलामी मानसिक होती है, अन्यथा तन तो खुला हुआ है।

यदि आप नामों, मानसिक जानकारियों और छवियों की सीमाओं को नहीं समझते, उनके पीछे के झूठ को नहीं देख पाते, तो आप भ्रम में हैं; अतः आज़ाद नहीं हैं। आपको यह समझना होगा कि नाम देना क्या है, यह कैसे काम करता है, किस प्रकार यह सीमित है, किस प्रकार यह भ्रम पैदा करता है, और किस प्रकार नाम देने के कारण—भ्रम, भय, बंधन, पीड़ा, हिंसा, भेदभाव इत्यादि—उत्पन्न हो जाते हैं। अपने आसपास देखिए—कितने सारे विषय हैं—और देखिए कि क्या कोई भी ऐसी वस्तु है जिसे आपने कोई नाम न दिया हो और उसे अपने मस्तिष्क का विषय न बनाया हो? विषय से आशय है वह वस्तु जिसको आपने नाम दे दिया है, जिसकी आपने कोई छवि बना ली है, जिसको लेकर आपमें कोई कामना है और जो आपके मस्तिष्क का विषय बन गया है। वस्तु माने बिना किसी नाम, छवि, मान्यता और चुनाव के देखना, सुनना और अनुभवों से गुजरना।

महत्वपूर्ण यह नहीं है कि किसी पुस्तक में उस वस्तु को क्या नाम दिया गया है, महत्वपूर्ण है यह समझना कि—क्या आपके लिए उस वस्तु का कोई विशेष नाम, अर्थ या कोई छवि नहीं है? है न? जैसे अभी मेरे आसपास भी बहुत सारी वस्तुएँ हैं—एक है जिसे मैं पेन कहता हूँ, एक रिमोट है, पेंसिल, गिलास, पानी, रिकॉर्डर, टेबल, लैपटॉप, पुस्तक, चश्मा, लाइट, पंखा, दीवार और बहुत कुछ। सामने एक व्यक्ति है, उसका भी नाम है। रिश्तों में देख लें तो—भाई, बहन, माता, पिता, दोस्त, दुश्मन, अपने, पराए और बहुत कुछ है। कोई विशेष धर्म, जाति, संप्रदाय और कोई विशेष देश है। काम और नौकरियों को देखें तो वहाँ भी नाम हैं—कोई डॉक्टर बनना चाहता है, कोई पुलिस में जाना चाहता है और कोई आर्मी में। कोई वकील बनना चाहता है, कोई आई.ए.एस. और बहुत कुछ।

देख रहे हो? हमारी ज़िंदगी नामों ही नामों से भरी हुई है। मगर नाम कभी अकेला नहीं होता। इन नामों के पीछे कई कहानियाँ, किस्से, मान्यताएँ, अनुभव, छवियाँ आदि जुड़े होते हैं। अभी यदि मैं आपके सामने केवल एक नाम ले लूँ, तो उस नाम से जुड़े अतीत के आपके अनुभव, मान्यताएँ, छवियाँ, संबंध और व्यवहार—सब आपकी स्मृति में उभर आएँगे। उदाहरण के लिए, यदि मैं कहूँ—"पिताजी"—तो देखिए कि इस शब्द के साथ आपके मस्तिष्क में क्या-क्या खड़ा हो जाता है। इस शब्द के साथ जुड़े व्यक्ति, छवियाँ, अनुभव, मान्यताएँ, झगड़े, संस्कार, सुख-दुःख, चोट, व्यवहार और पूरा अतीत स्मृति में उपस्थित हो जाता है—है न? अर्थात कानों से जो शब्द सुना गया, उस शब्द से संबंधित जो कुछ भी आपने आज तक अपनी अन्य इंद्रियों के माध्यम से देखा, जाना या अनुभव किया है, वह सब भी एक साथ जागृत हो जाता है। समस्या और भ्रम तब पैदा होते हैं, जब आप इस अतीत की संचित जानकारी के कारण यह मान लेते हैं कि आप फलानी वस्तु, व्यक्ति या बात को जानते हैं, उसी के केंद्र से देखते और प्रतिक्रिया करते हैं और इसी कारण वर्तमान—तथ्य—को देख ही नहीं पाते। अब आपने देखा कुछ नहीं है, मगर आपको भ्रम हो जाता है कि आपने सबकुछ देख लिया।

यदि मैंने कानों से कोई नाम सुना है, तो आँखों से उसे देखा भी होगा या विचारों के तल पर उसकी कोई छवि तो बनाई ही होगी। अब जैसे ही वह नाम दोबारा सुनूंगा, वह छवि भी तुरंत उभरकर सामने आ जाएगी। इसी तरह जो कुछ भी हम देखते या अनुभव करते हैं, उसे कोई-न-कोई नाम तो दे ही देते हैं। तो जैसे ही वह छवि या दृश्य आँखों के सामने दिखाई पड़ता है, वह मस्तिष्क तक जाता है और वहाँ पूरी प्रक्रिया शुरू हो जाती है। वहाँ यह देखा जाता है कि स्मृति में इस छवि के साथ कोई अन्य जानकारी या अनुभव जुड़े हुए हैं या नहीं। यदि वह छवि पहले से स्मृति में संचित है, तो उसके साथ कोई नाम, किस्सा, कहानी, अनुभव इत्यादि भी जुड़े ही होंगे; वे सब भी उभरकर सामने आ जाते हैं।

इसके अलावा, यदि वह छवि, अनुभव या शब्द—जिसे आप देख, सुन या अनुभव कर रहे हैं—पहले से आपकी स्मृति का हिस्सा नहीं है, तो जैसे ही आप किसी बिल्कुल नई छवि को देखते हैं या किसी नए शब्द को सुनते हैं, आप अतीत की संचित जानकारियों और अनुभवों के आधार पर उस छवि, अनुभव या शब्द के बारे में भी कल्पनाएँ करने लगते हैं। क्योंकि हम किसी भी वस्तु को सीधे देखने के बजाय उसके बारे में कुछ मान लेने के लिए अधिक संस्कारबद्ध रहते हैं। शायद इसलिए ताकि अज्ञान छुपा रहे और हम—स्वयं की और दूसरों की नज़रों में—ज्ञानी बने रहें। अपनी हक़ीक़त से नज़रें चुराना ही तो अहंकार है। यह अहंकार ही तो है, जो स्वीकार ही नहीं करता कि वह नहीं जानता है और चलाकियाँ चलता है। क्योंकि हम जानना नहीं चाहते, बस मान लेना चाहते हैं। क्यों? क्योंकि अहंकार केवल भ्रम और मान्यताओं में ही पल सकता है। इसलिए वह जानने से डरता है, क्योंकि जानने से भ्रम मिटते हैं और अहंकार का मतलब ही होता है, भ्रम और मान्यताएँ। और यदि कभी हक़ीक़त सामने आ भी जाए, तो अपनी मान्यताओं को बचाने के लिए हम उसे स्वीकार नहीं करते।

जैसे; यदि मैं कहूँ कि "एक औरत और एक पुरुष एक घर में साथ रहते हैं। औरत खाना बनाती है, घर के अन्य काम करती है और पुरुष नौकरी करने जाता है। दोनों साथ खाते, सोते, घूमते और बातें करते हैं। उनके साथ दो बच्चे भी हैं।" अब ईमानदारी से देखिए कि इस वर्णन को सुनकर आपके मन में कौन-सी छवि बनती है। संभावना यही है कि आपने तुरंत यह मान लिया होगा कि वे दोनों पति-पत्नी हैं और वे दो बच्चे उन्हीं की संतान हैं, अर्थात यह एक परिवार है। शायद कुछ इसी तरह की कल्पना आपके भीतर बनी होगी। है ना? आपके आसपास यदि कोई इस तरह रहता हो, तो आप ऐसी ही छवि बनाएँगे। मगर क्या यह आवश्यक है कि वे पति-पत्नी ही हों? नहीं ना? यह भी तो हो सकता है कि वे दोनों अच्छे मित्र हों, जो किसी आवश्यक और सार्थक काम के लिए साथ रह रहे हों। यह भी संभव है कि वे भाई-बहन हों और दोनों के एक-एक बच्चे हों। और भी कई संभावनाएँ हो सकती हैं। फिर आपने उन्हें पति-पत्नी ही क्यों मान लिया? क्योंकि आपने यही देखा है, यही सीखा है। अधिकांश लोगों के लिए एक स्त्री और पुरुष का साथ होना अपने-आप में पति-पत्नी का अर्थ ले लेता है, क्योंकि इसके अलावा उनके लिए स्त्री-पुरुष के साथ रहने का और कोई मतलब होता ही नहीं है। क्योंकि उनका जीवन बस यहीं तक सिमट जाता है। आप स्वयं को केवल

इंसान नहीं, बल्कि अनेक पहचानों और रिश्तों के रूप में देखते हैं; इसलिए दूसरे को भी इंसान की तरह नहीं देख पाते।

हमारे पास केवल कुछ नाम, छवियाँ, अनुभव, कल्पनाएँ और ढेर सारी मान्यताएँ होती हैं, इसलिए जो कुछ भी हमें दिखाई या सुनाई देता है, उसे हम "जैसा है, वैसा ही" नहीं देखते, बल्कि उनके चश्मे से देखते हैं। हम मान लेते हैं कि हम तो इसे जानते ही हैं। जबकि हर व्यक्ति का तन, मन, रुचियाँ, अनुभव, जानकारियां और जीवन लगातार बदलते रहते हैं, मगर नाम वही रहता है; इसलिए हमें भ्रम हो जाता है कि वह व्यक्ति आज भी "वही और वैसा ही" है। जैसे एक बच्चा समय के साथ लगभग पूरी तरह बदल चुका होता है। उसके मस्तिष्क में अब अभिभावकों से अधिक समाज, मित्र, फिल्में, स्त्री अथवा पुरुष, राजनीति, नौकरी, संस्कृति और मीडिया के प्रभाव और विचार होते हैं; उसका शरीर भी बदल चुका होता है। लेकिन फिर भी माता-पिता इस भ्रम में रहते हैं कि वह अभी भी बच्चा ही है—और उन्हीं का बच्चा है। अब वे उसकी वर्तमान स्थिति को देख ही नहीं पा रहे हैं। उसकी वर्तमान हक़ीक़त कुछ और ही होती है और अभिभावक उसे कुछ और ही मान रहे होते हैं, इसलिए फिर संबंधों में संघर्ष पैदा होता है। कोई किसी को समझ नहीं पाता। क्यों? क्योंकि सबसे पहले आप स्वयं को ही नहीं समझते। जो स्वयं को नहीं समझता, वह दूसरे को क्या ख़ाक समझेगा। औलाद तो कोई अनपढ़, नासमझ, आवारा, भ्रष्ट, बेईमान या पागल इंसान भी पैदा कर सकता है; महत्वपूर्ण यह नहीं है। महत्वपूर्ण होता है स्वयं को समझना। जब आप स्वयं को समझते हैं, जब आप अपनी ही संस्कारबद्धता और संस्कारबद्ध प्रतिक्रियाओं, व्यवहारों, चुनावों आदि के प्रति जागरूक रहते हैं, तभी कुछ मौलिक रूप से बदलता है, अन्यथा ये द्वंद और संघर्ष चलते ही रहते हैं।

जब आप अपनी संस्कारबद्धता और अहंकार की चलाकियों के प्रति जागरूक रहते हैं, आपमें करुणा होती है और बोध के केंद्र से जीते हैं, तब ही आप दूसरे के लिए भी दर्पण बन पाते हैं। अभिभावक को संतान के लिए दर्पण की भाँति होना चाहिए, जो उसे उसकी हक़ीक़त (तथ्य) दिखाते रहें और भ्रम हटाते रहें। मगर इसके लिए पहले स्वयं अभिभावक का जागरूक होना आवश्यक है। यदि अभिभावक ही स्वयं को नहीं समझते, तो वे संतान के लिए दर्पण नहीं, बल्कि दीवार बन जाते हैं; उनके मन को सुलझाने के स्थान पर और अधिक उलझा देते हैं। इसलिए यह समझना अत्यंत आवश्यक है कि नामों की अपनी सीमाएँ होती हैं। माता-पिता या बेटा-बेटी बन कर देखोगे, तो कुछ नहीं दिखेगा। नाम, छवियों और रिश्तों में सब छुप जाएगा। हमें यह जानना चाहिए कि 'पानी' शब्द, पानी नहीं होता; 'प्रेम' शब्द, प्रेम नहीं होता। यदि पानी शब्द ही पानी होता, तो "पानी-पानी" दोहराने से ही प्यास बुझ जाती। मगर ऐसा नहीं होता। इसलिए केवल किसी नाम, शब्द या छवि के आधार पर यह मत मान लो कि तुम जान गए। पास जाओ, जाँचो, परखो, सवाल करो, बात करो और देखो। अन्यथा तुम भ्रम में रहोगे, हिंसा करोगे, डरोगे, धोखे खाओगे, पछताओगे और बहुत दुःख पाओगे। स्वयं भी परेशान रहोगे और दूसरों को भी परेशान करोगे।

जैसे यदि किसी खास रंग, आकार या प्रकार के वस्त्र पहनकर कोई व्यक्ति हमारी आँखों के सामने से गुजरता है, तो उस छवि को देखते ही हमारे मस्तिष्क—अर्थात स्मृति या अतीत—से तुरंत एक प्रतिक्रिया उठती है। उसी क्षण आप उस व्यक्ति को कोई नाम दे देते हैं और उसको लेकर एक छवि बना लेते हैं। और ज्यों ही नाम दिया, त्यों ही आपने उसकी हक़ीक़त को देखना छोड़ दिया। अब आप उसे ना देखना चाहेंगे, ना सुनना, ना समझना और यहीं से द्वंद शुरू हो जाते हैं। अब आप अतीत के आधार पर उसकी कल्पना करने लगते हैं और उसी कल्पना के केंद्र से उसके साथ व्यवहार करते हैं, न कि उसकी वर्तमान हक़ीक़त के अनुसार। ऐसी स्थिति में कोई किसी को स्पष्ट नहीं देख पाता है, समझ नहीं पाता है, बातें पूरी नहीं हो पाती हैं और अधूरी बात फ़िर मन में घूमती रहती हैं।

इस स्थिति में आप व्यक्ति को देख ही नहीं रहे होते, आप तो केवल उस छवि को देख रहे होते हैं जो आपने स्वयं ही उसके ऊपर प्रक्षेपित कर दी है। इसका यह अर्थ नहीं है कि स्मृति या अतीत की जानकारी की कोई उपयोगिता नहीं है। स्मृति उपयोगी है, मगर उसकी अपनी सीमाएँ हैं। स्मृति अतीत का वर्णन कर सकती है, जबकि हक़ीक़त सदा नई और ताज़ी होती है। कोई भी जीवित प्राणी सदा एक-सा नहीं रहता; वह बदलता रहता है, विशेषकर मनुष्य। प्रकृति में सबकुछ सतत परिवर्तनशील ही तो है।

संभव है कि कोई व्यक्ति कल तक हिंसक और असंवेदनशील रहा हो और यह भी संभव है कि आज भी वह वैसा ही हो। किंतु यदि आप बेहोशी में नहीं जी रहे हैं और जागरूकता है, तो आप उसे केवल अतीत के आधार पर हिंसक या असंवेदनशील नहीं कहेंगे। जब आप ध्यानपूर्वक उसके वर्तमान व्यवहार, उसकी बातें, उसकी हरकतें, उसके संबंध और उसकी वर्तमान चालाकियाँ देखेंगे—तब उसकी वास्तविक स्थिति स्वयं प्रकट हो जाएगी। यदि वह आज भी हिंसक, असंवेदनशील, बेईमान, धूर्त और अहंकारी है, तो वह हक़ीक़त उसके वर्तमान आचरण, व्यवहार, चुनावों और निर्णयों में साफ़ दिखाई देगी। और यदि वह उसे छिपाने की कोशिश कर रहा होगा, तो उसकी चालाकियाँ भी उतनी ही स्पष्ट दिखाई देंगी।

यह तथ्य देखने में यदि अतीत (यानी स्मृति) उपयोगी हो, तो उसका उपयोग कर लो—क्योंकि हमें तो सत्य से मतलब है और उसके लिए तथ्य को तथ्य और भ्रम को भ्रम जानना ज़रूरी है—मगर उसे सिर्फ़ इसलिए हिंसक और असंवेदनशील मत मान लो, क्योंकि वह अतीत में भी ऐसा था। अन्यथा हो सकता है कि कोई व्यक्ति अज्ञानवश कल तक हिंसक, बेईमान, पाखंडी और अहंकारी रहा हो; मगर यह संभावना तो है ही न कि आज वह वैसा न रहा हो, अथवा आज भी वैसा ही बने रहने के लिए अड़ा हुआ न हो। शायद आज उसकी नीयत बदल गई हो। इसलिए वर्तमान हक़ीक़त को देखना ज़रूरी है। यह धोख़ा भी हो सकता है कि कल तक कोई व्यक्ति आपको अपना मित्र मानता था, आपकी भलाई चाहता था; और आज हो सकता है कि वही व्यक्ति आपको अपना शत्रु मानता हो और आपको बर्बाद कर देना चाहता हो। इसलिए हक़ीक़त (अर्थात् वर्तमान तथ्य और अतीत) को स्पष्ट देखना आवश्यक है, अन्यथा जीवन में भ्रम, भय, बंधन, धोखे, पछतावे, हिंसा और पीड़ा बनी ही

रहती है।

तो जिन वस्त्रों, चेहरों या छवियों को देखते ही आप किसी व्यक्ति के संबंध में कोई मान्यता बना लेते हैं, वे वस्त्र तो कोई भी व्यक्ति अपने तन पर ऊपर से ओढ़ सकता है, है न? आप भी ओढ़ सकते हैं। जिन लोगों को आप किसी तथाकथित धर्म, जाति, संप्रदाय, संगठन इत्यादि के आधार पर पराया अथवा दुश्मन मानते हैं, वे लोग जैसे वस्त्र पहनते हैं; वैसे वस्त्र तो आपके भाई, बहन, दोस्त, रिश्तेदार और आपके बच्चे भी पहन सकते हैं। किसी दिन वे ही यदि उस तरह के वस्त्र पहनकर आपके सामने से गुज़रें और आप बिना जाने-समझे प्रतिक्रियाएँ करने लग जाएँ, तो आप उन्हें भी नहीं जान पाएँगे। उनसे भी डरेंगे अथवा उनके प्रति भी हिंसक हो जाएँगे, जबकि उन्हें तो आप अपना कहते हैं। इसलिए नामों, छवियों, मान्यताओं, कल्पनाओं, अतीत और पूर्वाग्रहों—जो कि सब अतीत मात्र ही हैं—के केंद्र से नहीं, बल्कि अभी और सीधे देखो, बोध के केंद्र से देखो।

अन्यथा दूर से जैसे ही आप उन वस्त्रों को देखेंगे, तो आपके भीतर से प्रतिक्रिया यही आएगी कि यह तथाकथित पराए धर्म, जाति, संप्रदाय, देश आदि का व्यक्ति है। उसकी सकल के आधार पर भी उसके बारे में कोई छवि मत बनाओ। उससे बात करो, जानो, समझो। इसी प्रकार आप संस्कारबद्धता, स्वार्थ, भय और अहंकारवश किसी को बच्चा-बूढ़ा, अमीर-गरीब, आदमी-औरत, अपना-पराया, अच्छा-बुरा जैसे नाम दे देते हैं और बेहोश प्रतिक्रियाएँ करते रहते हैं। यदि आप इस तरह की बेहोश प्रतिक्रियाएँ करते हैं, तो इसका अर्थ है कि आप बात करने, देखने, जानने और समझने को महत्व नहीं दे रहे हैं; यानी आप कल्पना के सामने तथ्य को महत्व नहीं दे रहे हैं। आप अहंकार (झूठ) के केंद्र से जी रहे हैं।

यदि आप शारीरिक और इंद्रिय 'अनुभवों' के प्रति होने वाली शारीरिक और मानसिक क्रियाओं, प्रतिक्रियाओं और गतिविधियों की पूरी 'प्रक्रिया' के प्रति ईमानदारी और निष्पक्षता से जागरूक नहीं हैं, तो आप तथ्य को तथ्य और भ्रम को भ्रम की तरह देखने से चूक जाते हैं। इसी को बेहोशी कहते हैं, और यही बेहोशी फिर आपके दुख का कारण बन जाती है। यदि बेहोशी है, तो आप मुक्त नहीं हैं; क्योंकि इसी बेहोशी से तो मुक्ति चाहिए। इसके रहते कुछ समझ में नहीं आता और जीवन में भ्रम, भटकाव, धोखे और दुख के अतिरिक्त कुछ भी नहीं होता। मगर जो व्यक्ति इस प्रक्रिया के प्रति जागरूक नहीं है कि—"किस प्रकार अतीत आकर वर्तमान में दख़ल देता है और वर्तमान को आकार देता है? किस प्रकार अतीत की स्मृति वर्तमान के तथ्य को तोड़-मरोड़ देती है?"—ऐसा व्यक्ति भ्रम में है। अब यह व्यक्ति किसे सत्य मानेगा? वह अपनी ही कल्पनाओं, अपने ही द्वारा किए जा रहे प्रक्षेपणों, अपनी मान्यताओं और अनुभवों को ही सत्य मान लेगा। मगर आपके द्वारा अपनी ही कल्पना को सत्य मान लेने से तथ्य तो नहीं बदल जाता, है न? तथ्य तो तथ्य ही रहता है। ज़हर को जल मान लेने से वह जल नहीं हो जाता। ज़हर तो ज़हर ही रहता है, और यदि ज़हर को जल मानकर पियोगे—तो मारे जाओगे।

मान लो कि पानी पीने वाले काँच के एक गिलास में किसी मेज़ पर ज़हर रखा हुआ है और वह देखने में बिल्कुल पानी जैसा लग रहा है। ठीक? और पानी से भरे गिलास की एक छवि पहले से आपके पास है। तो जैसे ही वह छवि आपके सामने आती है, आप तुरंत उसे नाम दे देते हैं। आप उसे छूते भी नहीं हैं और कह देते हैं कि यह तो गिलास है और इसमें पानी भरा हुआ है। मगर तथ्य क्या है? तथ्य यह है कि उस गिलास में पानी नहीं, ज़हर है। लेकिन आप बिना जाँचे, बिना देखे अतीत की छवियों, अनुभवों और नामों के आधार पर निर्णय कर लेते हैं। सोचो, यदि एक बच्चा ऐसा मान ले, तो उसका क्या हाल होगा? यही हाल हमारी पूरी ज़िंदगी का है। हम हैं प्यासे और पी रहे हैं ज़हर। ऐसे ही बेहोशी में रोज़ हमारी दैनिक ज़िंदगी बीतती है और हम ज़हर के घूँट पीते जाते हैं—पीते ही जाते हैं। उस पर भी क़यामत यह कि हम जल्दी मरते भी नहीं, मौत भी नहीं आती और पीड़ा ज़ारी रहती है। बिना जाने-समझे हम कुछ भी छोड़ते और पकड़ते रहते हैं, चुनते और नकारते रहते हैं; खाते, पीते, पहनते और दोहराते रहते हैं। इसी नासमझी में हम रिश्ते बनाते हैं, गुरु चुनते हैं, पढ़ाई और काम चुनते हैं, परिवार खड़ा कर लेते हैं, जीवन के उद्देश्य बना लेते हैं—और बहुत कुछ करते रहते हैं। क्यों?

क्योंकि आप जानने को महत्व ही नहीं देते। आप तो बस मशीन की भाँति समाज के पूर्व-निर्धारित ढाँचे पर चलते रहते हैं। बचपन से लेकर आज तक आपकी खोपड़ी में जो कुछ भी भर दिया गया है—इस दुनिया, समाज, संस्कृति, शिक्षा, परिवार, फिल्मों, मीडिया, तथाकथित धर्मगुरुओं, इंद्रियों, समय और स्थान के द्वारा—उसी के अनुसार आप चलते चले जाते हैं। बिना यह जाने कि यह सब क्या है, क्यों है और कैसे चल रहा है। आप सवाल ही नहीं करते। अतीत आपके वर्तमान को संचालित और नियंत्रित करता है, उसे ढँक लेता है, और इस तरह "जो है" और "जो आप मानते या चाहते हैं"—इन दोनों के बीच संघर्ष पैदा हो जाता है। क्योंकि आपकी मान्यता आपके भ्रम और अतीत से आ रही है और वर्तमान बिल्कुल नया और अभी है। केवल प्रत्यक्ष बोध में ही यह संघर्ष समाप्त हो सकता है, और इसके लिए आवश्यक है कि वर्तमान में अतीत की दख़ल के प्रति ईमानदारी और निष्पक्षता से सजग रहा जाए।

अब आप गिलास उठाते हैं और उसमें भरे द्रव को पी लेते हैं—और मारे जाते हैं। क्यों? क्योंकि आप ज़हर को पानी मान रहे थे। आपको यह भ्रम था कि आप वही देख रहे हैं जो सामने रखा हुआ है। आप अतीत की दख़ल के प्रति सजग ही नहीं थे कि आप अतीत के अनुभवों, नाम, छवियों और पूर्वाग्रहों के आधार पर उसे पानी कह रहे थे। अतीत की कहानी के आधार पर संभव है कि कल यहाँ पानी ही रखा हो। संभव है कि आपने यही देखा हो कि इस तरह के गिलास में पानी ही होता है। संभावना है—मगर यह आवश्यक नहीं कि अभी भी पानी ही हो। आप अतीत के चश्मे से देख रहे हैं, इसलिए आप उसे पानी मानकर पी लेते हैं। मगर आप क्या 'मानकर' किसी भी वस्तु, व्यक्ति, काम, विचार, जीव या इस पूरे अनुभव्य जगत से संबंधित होते हैं—इससे क्या फर्क पड़ता है? यह जगत तो उसी तरह अपना काम

करेगा, जैसी उसकी प्रकृति है, जैसा तथ्य है। इसी को कर्मफल कहा जा सकता है।

अर्थात् आप मानते क्या हैं, उससे कोई फ़र्क़ नहीं पड़ता, उससे तथ्य नहीं बदल जाता—बस आप धोखा पा जाते हैं। तो महत्व आपकी मान्यता का नहीं बल्कि इस बात का है कि "आपकी मूल नीयत क्या थी और आपने किया क्या"—यानी तथ्य क्या है। फल उसी का मिलता है, जो आपने किया। हो सकता है कि आप यह मानते हों कि आप जानते हैं और आपकी नीयत भी सही है; मगर यदि आप समझते नहीं हैं, तो परिणाम क्या होगा? केवल विनाश, धोखे, पछतावे और पीड़ा। क्योंकि कर्मफल आपको आपके कर्म और नीयत (यानी कर्ता) का ही मिलेगा—न कि इस मान्यता का, कि आप 'मानते' क्या थे।

जैसे लगभग हर अभिभावक को यही लगता है कि उन्हें पता है—बच्चों का भला किसमें है। और वे यह भी मानते हैं कि उनकी नीयत तो बच्चों का भला करने की ही है। मगर आप मानते क्या हैं, इससे बच्चों की ज़िंदगी नहीं बनती। उनकी ज़िंदगी इस बात से बनती है कि उनके साथ आप करते क्या हैं, उनके साथ आपका संबंध कैसा है। भला चाहने भर से भला नहीं हो जाता—यह भी तो पता हो कि भला माने होता क्या है? आप अपना भला कर पाए क्या? अपनी ही जिस बुद्धि, ज्ञान, मान्यताओं, संस्कारों और रूढ़ियों आदि से आप अपना भला नहीं कर पाए, उन्हीं सब को बच्चों पर थोपकर आप उनका क्या ख़ाक भला कर दोगे? आप बड़े हो गए क्या? शरीर मात्र बड़ा हो जाने से आप ना तो बड़े हो जाते हैं, ना ही इंसान। आपको इतनी सी बात समझ नहीं आती और आप उन्हें पैदा करके उनका भला करने निकल पड़ते हैं, बिना यह जाने-समझे कि मेरी ख़ुद की ज़िंदगी इतनी बर्बाद क्यों है। मेरा भला क्यों नहीं हुआ। इसलिए आप भले ही ऐसा मानते हों कि आप बच्चों का भला चाहते हैं, मगर यदि आप स्वयं को ही नहीं समझते, यदि आप ही बेहोशी, भ्रम, भय और अहंकार के केंद्र से जी रहे हैं, तो जो कुछ भी आप अपने बच्चों के साथ कर रहे हैं, उससे वे बर्बाद ही होंगे। उनके जीवन में भी बेहोशी, भ्रम, भय और पीड़ा ही पनपेगी।

क्योंकि फ़र्क़ इस बात से पड़ता है कि तथ्य क्या है, न कि इससे कि आप मानते क्या हैं। नासमझ, प्रेमहीन और गंवार व्यक्ति भी स्वयं को विश्वगुरु और बहुत समझदार मान सकता है, मगर मान लेने भर से वह वैसा हो नहीं जाता। हाँ, जब आप भ्रम और मान्यताओं में जीते हैं, तो आपकी ज़िंदगी बर्बाद ज़रूर हो जाती है। जब आप स्वयं को पिता और बच्चे को अपनी संतान मान लेते हैं, तब संबंध दो व्यक्तियों के बीच नहीं, बल्कि चार छवियों और दो नामों के बीच बन रहा होता है। जो व्यक्ति स्वयं को पिता मान रहा है, उसके पास—संतान के संबंध में—स्वयं को लेकर भी एक छवि है और संतान की भी एक छवि है। उसी तरह जो स्वयं को संतान मान रहा/रही है, उसके पास भी—पिता या माता के संबंध में—स्वयं को लेकर एक छवि है और अभिभावक की भी एक छवि है। इस प्रकार नामों, मान्यताओं और छवियों के बीच संबंध बनता है और व्यक्ति हमें दिखाई ही नहीं देता।

इसलिए स्वस्थ संबंध और सामान्य व्यवहार के लिए भी नाम का उपयोग तब ही उपयोगी हो सकता है, जब हम नाम और छवियों की सीमाओं के प्रति सजग रहें और व्यक्ति

को सीधे देखें ना कि अतीत के चश्मे से। जब यह बोध बना रहे कि नाम और छवियाँ अंतिम चीज़ नहीं हैं, वे पूर्ण और सत्य नहीं हैं और अतीत का अनुभव भी अंतिम नहीं है, क्योंकि सब कुछ लगातार परिवर्तनशील है—केवल तब ही नाम और स्मृति किसी तरह के भ्रम, भय, बंधन और द्‌वंद को पैदा नहीं करतीं। जहाँ सब कुछ लगातार परिवर्तनशील है, वहाँ किसी भी चीज़ को स्थायी नाम कैसे दिया जा सकता है? जिस भी चीज़ को आप कोई नाम देते हैं, तो जितनी देर में आप उसे नाम देते हैं, उतनी देर में वह बदल चुकी होती है—चाहे वह कोई वस्तु हो, व्यक्ति हो, अनुभव हो या कोई विचार। मगर हमारी आँखें इस सूक्ष्म परिवर्तन को इतनी जल्दी देख नहीं पातीं, इसलिए हम बार-बार वस्तुओं, व्यक्तियों और जीवों को नाम देते रहते हैं और यह मान लेते हैं कि सब कुछ वैसा ही है जैसा पहले था। जबकि चीज़ वास्तव में बदल चुकी है। तथ्य अब कुछ और ही है, मगर आप नाम से चिपक जाते हैं।

आपको यह भ्रम हो जाता है कि नाम वही है, तो व्यक्ति भी वही होगा। क्योंकि आप भी स्वयं को अभी भी वही मानते हैं। इसी कारण फिर आप लोगों से उम्मीदें लगाते हैं, आशाएँ बाँधते हैं। मगर "उम्मीद" और "आशा" का अर्थ ही है कि उसमें समय लगेगा। और समय का अर्थ ही है—परिवर्तन। जब तक उम्मीदें पूरी होने का समय आता है, तब तक व्यक्ति ही बदल जाता है। न उम्मीदें करने वाला वही रहता है और न ही वह, जिससे उम्मीदें लगाई गई थीं। फिर आप कहते हैं कि रिश्तों में धोखा मिला, काम में धोखा मिला, दोस्तों और बच्चों से धोखा मिला, वादे टूट गए। आप कहते हैं कि उम्मीदें पूरी नहीं हुईं। तो कोई आपकी उम्मीदें पूरी कैसे करे? न आप वही रहे जिसने उम्मीदें लगाई थीं और न वह व्यक्ति वही है जिससे आपने उम्मीदें लगाईं थीं। मगर आप यह स्वीकार ही नहीं करना चाहते कि सब बदल गया है। इसलिए उम्मीदें टूटने पर आप दुखी होते हैं। आप स्वयं अपनी कितनी उम्मीदों पर खरे उतर पाते हैं? रात को यह सोचकर सोते हैं कि सुबह जल्दी उठकर कुछ काम करेंगे, और सुबह अलार्म बजते ही भीतर से कोई कहता है—सो जाओ, मत उठो। कुछ ही घंटों में तन, मन, विचार और ऊर्जा सब बदल जाते हैं।

आप कोई काम शुरू करते हैं और सोचते हैं कि उसे पूरा करके ही रुकेंगे, मगर कुछ समय बाद पाते हैं कि अब उसमें मन नहीं लगता। क्यों? क्योंकि न आप वही रहे, न वह काम वैसा रहा। क्योंकि आपका काम आया था विचारों, भावनाओं और एक स्थिति से—ना कि बोध, प्रेम और करुणा से—इसलिए उनके बदलते ही काम के प्रति आपका झुकाव भी बदल जाता है। समझ और प्रेम की कमी थी—आप न स्वयं को समझते थे, न उस काम को। न यह समझते थे कि वह काम करना क्यों चाहते हैं, न यह कि वह चाह भीतर से कहाँ से आ रही है। न ही उस काम से कोई प्रेम था। इसलिए वह बहुत आगे तक चला नहीं। जहाँ समझ और प्रेम नहीं होते, वहाँ निरंतरता नहीं हो सकती। वास्तव में जहाँ समझ और प्रेम होता है, वहाँ निरंतरता की माँग ही समाप्त हो जाती है। तो जब आप स्वयं ही अपनी उम्मीदों पर कुछ देर भी खरे नहीं उतर पाते, तो कोई दूसरा व्यक्ति आपकी उम्मीदों पर कैसे खरा उतर सकता है? क्यों किसी को भी कसमों, वादों और उम्मीदों में बाँधते हो? ये हिंसा है। और मान लीजिए

कि वह व्यक्ति वैसा ही कर भी दे जैसा आप चाहते थे, तब भी आप पूर्ण और संतुष्ट नहीं होंगे। क्योंकि एक तो आप स्वयं बदल चुके होंगे—जिसने उम्मीद की थी वह कोई और ही था—और दूसरी बात यह कि आपकी बेचैनी कुछ और ही है। आपकी बेहोशी ही आपकी बेचैनी है। इसलिए बेहोशी से उठी उम्मीदें यदि पूरी भी हो जाएँ, तो भी चैन नहीं मिलता।

यदि आप ध्यान दें, तो पाएँगे कि सब कुछ बदल रहा है—समय, स्थान, माहौल, वस्तु, व्यक्ति, विचार, संस्कार और अनुभव। दुख तब पैदा होता है, जब आप इसके प्रति सजग नहीं रहते और नाम और छवियों को पकड़कर बैठे रहते हैं। यदि आप यह देख और समझ लें कि सब कुछ सतत परिवर्तनशील है, तो आप उम्मीदें नहीं करते, और यदि करते भी हैं, तो उनके पूरा न होने पर दुखी और क्रोधित नहीं होते। क्योंकि तब आप पहले से ही जानते होते हैं कि "यह तो होना ही था।" जैसे कोई आपसे पूछता है कि समय कितना हुआ है, और आप घड़ी में देखकर बताते हैं—मान लो, बारह बजकर पाँच मिनट। लेकिन जितनी देर में आपने समय देखा, सामने वाले को बताया और सामने वाले ने उसे सुना और जाना; क्या उतनी देर में समय कुछ सेकेंड आगे नहीं बढ़ गया होता? बढ़ जाता है, मगर हम उस पर ध्यान नहीं देते। समझ रहे हैं? घड़ी लगातार घूम रही है। एक पल के लिए भी समय रुकता नहीं है—किसी के लिए नहीं रुकता। होंगे तुम अपनी नज़रों में कोई सूरमा, सत्ताधीश या धनपति, मगर समय सबको ख़ाक कर देता है। घड़ी जो घूम रही है, उसमें तो फिर भी आपको यह दिखाई देता है कि उसका काँटा कैसे झटके मार-मार कर आगे बढ़ता है।

मगर समय झटके मार-मार कर एकदम से आगे नहीं बढ़ता। वह तो सूक्ष्म तल पर सतत् गतिशील है, और गतिशीलता का अर्थ है—परिवर्तन। मगर आप स्मृति में नाम और छवियाँ पकड़कर बैठे रह सकते हैं, और आपको यह भ्रम हो सकता है कि सब वही हैं, सब वैसे ही हैं। आप मान सकते हैं कि मेरे रिश्तेदार, दोस्त, बच्चे सब वही हैं। मगर हक़ीक़त यह है कि कुछ भी वैसा नहीं है। यदि हम परिवर्तन के सौंदर्य को देख पाएं और उसका सम्मान करें, तो किसी का भी किसी से कोई रिश्ता तो हो ही नहीं सकता—यानी रिश्तेदारी संभव ही नहीं है। हाँ, संबंधित हो सकते हो। और संबंधित होने का अर्थ होता है—अभी और इसी क्षण में एक जीवंत संबंध का होना। ऐसा संबंध, जिसकी जड़ें अतीत में गड़ी हुई नहीं हैं। वर्तमान में ऐसा संबंध, जिसमें अतीत की दख़ल का कोई स्थान नहीं है। ऐसा संबंध, जो प्रत्यक्ष बोध से आ रहा है। जो व्यक्ति वर्तमान में अतीत के केंद्र से संबंधित होता है, और उसकी सीमाओं को भी नहीं समझता, वह भ्रम और बंधन में है; और इसीलिए द्वंद और दुख उत्पन्न करता है। अक्सर अतीत, किसी संबंध के दौरान—"नाम और छवि" के रूप में—वर्तमान में दख़ल देता है।

तो क्या इसका अर्थ यह है कि मैं—यानी वक्ता—नामों, शब्दों और छवियों का प्रयोग नहीं करता? क्या ऐसा है कि मैं वस्तुओं, व्यक्तियों, जगहों इत्यादि को कोई नाम नहीं देता? तो ऐसा है भी, और नहीं भी। क्योंकि बात सिर्फ मेरी नहीं है। मैं आपसे बात कर रहा हूँ। ठीक? लेकिन मैं यह जानता हूँ—अर्थात् जागरूकता है—कि जो भी शब्द और नाम हम प्रयोग कर

रहे हैं, चाहे एक-दूसरे को लेकर हों या किसी भी वस्तु, व्यक्ति, स्थान, लिंग, धर्म, जाति अथवा देश को लेकर—वे कहाँ से आ रहे हैं। मैं उनकी सीमाओं और स्रोत को देख पा रहा हूँ, और एक सीमा के बाद उनकी व्यर्थता को भी समझ पा रहा हूँ। मगर मैं आपसे बात कर रहा हूँ, और आप वह हैं जिनके लिए नाम बहुत महत्वपूर्ण है। आपके लिए तो जैसे नाम ही सब कुछ है। मेरे लिए कोई भी नाम केवल एक शब्द है, मगर आपके लिए तो जैसे नाम ही वह वस्तु—सत्य—है, जिसकी ओर शब्दों के माध्यम से इशारा किया जा रहा है। यदि आप बोले बिना ही जान जाते, तो शब्दों की ज़रूरत ही नहीं होती। बोलने के लिए तो शब्दों का उपयोग होगा ही। यह ठीक वैसा ही है, जैसे कोई "चाँद" शब्द कहकर चाँद की ओर उँगली से इशारा करे, और आप या तो शब्द को ही रट लें या केवल उँगली को ही देखते रह जाएँ—और चाँद को देखें ही नहीं। मगर भ्रम यह पाल लें कि हम तो चाँद को जानते हैं।

उदाहरण के लिए—आप कहते हैं कि मैं हिंदू, मुसलमान या ईसाई हूँ। तो ईसाई या हिंदू होना आपके लिए बस एक शब्द भर नहीं है, एक पहचान (इशारा) मात्र नहीं है। आपने तो उसे अपनी हस्ती के साथ एक कर लिया है। वह नाम अब 'मैं' बन गया है। आप कहते हैं—मैं हिंदू हूँ, मैं मुसलमान हूँ, मैं ईसाई हूँ। मैं भारतीय हूँ, पाकिस्तानी हूँ अथवा अमेरिकी हूँ। मैं आई-ए-एस हूँ, डॉक्टर अथवा इंजीनियर हूँ, इत्यादि। आपके लिए वह शब्द अब बस संकेत भर नहीं रहा, व्यवहारिक मात्र नहीं रहा; वह 'मैं' बन गया है। ईमानदारी से देखो, तो पाओगे कि आपका होना उस पहचान पर आश्रित हो गया है। उसके बिना जैसे आप हो ही नहीं। यह 'कुछ नहीं होना' ही आपकी सच्चाई है। मगर आप 'कुछ नहीं' होने से डरते हैं। इसीलिए फिर इन पहचानों के खोने, मिटने और दूषित होने से भी आप डरते हैं—क्योंकि उनके बिना आप कुछ नहीं हैं। इस तरह आप नामों में जीते हैं। नामों को ही सत्य मानकर बैठे हैं। नाम, उसके साथ जुड़ी भ्रामक छवि और उससे जुड़े भ्रामक व काल्पनिक अर्थ को ही आपने व्यक्ति और वस्तु मान लिया है।

तो 'मैं' भले ही किसी नाम की व्यर्थता, उसकी सीमाओं और उसके मिथ्यापन को देख पा रहा हूँ, पर यदि आप यह नहीं देख पा रहे हैं—तो आपसे बात करने के लिए मुझे भी शब्दों का प्रयोग करना पड़ेगा। अन्यथा हो सकता है कि मैं स्वयं को कोई भी नाम न दूँ। हो सकता है कि मैं किसी भी तरह की पहचान में स्वयं को क़ैद न करूँ और स्वयं पर किसी भी तरह का ठप्पा न लगाऊँ। इसी तरह आप भी जब मेरे सामने आते हैं, तो मैं आपको भी सीधे देखता हूँ—ज़्यादा से ज़्यादा एक इंसान की भाँति। एक ऐसा इंसान, जो अन्य सभी की भाँति इस प्रकृति का ही एक और बुलबुला मात्र है। मैं आपको आपके कपड़ों या पहनावे के आधार पर, अथवा आपकी मूँछ-दाढ़ी की बनावट इत्यादि देखकर कोई नाम नहीं दे देता, न ही आपकी कोई छवि बना लेता हूँ। और यदि छवि बनती भी है, नाम दिया भी जाता है, तो उसके प्रति सजगता रहती है—कि नाम और छवि वह व्यक्ति नहीं हैं। उनका आधार केवल अतीत है—अतीत की अपूर्ण, भ्रामक और सीमित जानकारी व अनुभव मात्र। यह सब केवल व्यवहारिक हो सकता है, आख़िरी सत्य नहीं। सत्य तो प्रत्यक्ष बोध में ही प्रकट होता है। इसी

तरह मैं आपको उन सब नामों के आधार पर भी नहीं देखता, जिनको आप अपनी पहचान मानते हैं—जैसे धर्म, जाति, संप्रदाय, संगठन, लिंग, रंग, भाषा, उम्र, पद इत्यादि।

मैं आपको व्यक्ति की भाँति देखता हूँ। मिट्टी से उठा एक पुतला, जो संस्कारबद्ध है और यह भी नहीं जानता कि वह जो कुछ भी स्वयं को मानता है—वह सब कल्पना मात्र है। मैं आपसे सीधे मिलता हूँ। क्योंकि यह सब, जो आपने 'मैं' से चिपका रखा है, वह तो संयोग मात्र है। यह सब बाहरी है—जो वातावरण, समाज, संस्कृति, माहौल, स्थान, समय और संस्कार आदि से आ रहा होता है। मुझे आपके कपड़ों, रंग, उम्र, तथाकथित जाति और मूँछ-दाढ़ी इत्यादि से बात नहीं करनी है; मुझे आपसे बात करनी है। और आप वास्तव में क्या हैं—यह तो आपसे बात करके ही जाना जा सकता है। आप सच्चाई और ईमानदारी के केंद्र से जी रहे हैं या झूठ और चालाकी के? बोध और स्पष्टता के केंद्र से जी रहे हैं या बेहोशी और भ्रम के? यह तो आपके जीवन को होशपूर्वक और निष्पक्षता से देखकर ही जाना जा सकता है। इसके लिए ज़रूरी है कि देखना और सुनना तो हो, किंतु अहंकार न हो। केवल तभी स्वस्थ संबंध बन सकता है।

लेकिन 'आप' जब मुझसे या किसी भी अन्य से मिलते हैं, तब आप क्या करते हैं? आप तुरंत पूछते हैं—आपका नाम क्या है? आपकी जाति क्या है? आपका धर्म क्या है? आप कौन से देश और शहर से हो? किस कुल में पैदा हुए? आपके पिताजी क्या करते हैं? और आप क्या करते हैं—यानी आपकी नौकरी क्या है? किस पद पर बैठे हो? कितना कमा लेते हो? अमीर हो या गरीब? और भी बहुत कुछ। हैं न? तो 'आप' कुछ इस तरह मुझसे या किसी भी अन्य से संबंधित होते हैं। आप यह सब इसलिए पूछते हैं क्योंकि इनके अलावा आपको अपना भी कुछ नहीं पता। क्योंकि स्वयं को जानने पर आपने कभी ध्यान ही नहीं दिया और दूसरों ने आपको जो भी नाम और पहचानें दी, आपने उन्हें मान लिया। किसी भी व्यक्ति के बारे में ये सारी बातें पूछकर आप बस यह निश्चित करते हैं कि अब इससे किस हद तक संबंधित होना है।

आप इंसान को प्रत्यक्ष और अभी नहीं देखते। आप उसके ऊपर लगे बाहरी ठप्पों के अनुसार उसे देखते हैं। आप उसे उसके अतीत के अनुसार कोई नाम देते हैं और उसकी एक छवि बना लेते हैं। क्यों? क्योंकि आप भी जो कुछ स्वयं को मानते हैं, वह भी—नाम, अर्थ, संस्कारों, अनुभवों और छवियों के अतिरिक्त और कुछ नहीं है। इसलिए फिर मुझे भी इन्हीं शब्दों का प्रयोग करके आपको शब्दों से मुक्ति—अर्थात् बोध—की ओर ले जाना होता है। शब्दों की सीमा, उनकी व्यर्थता और उनका झूठ दिखाना होता है। अन्यथा शब्दों का अपने आप में कोई अर्थ नहीं। वे केवल दिशा-निर्देशों के लिए उपयोगी हैं, और वहाँ तक उनका महत्व है। जीवन—शब्दों और छवियों से परे है।

तो बहुत सारे जो शब्द हैं, जिन्हें आप अपनी पहचान कहते हैं, 'मैं' कहते हैं—जैसे नाम, जाति, तथाकथित धर्म, राष्ट्रीयता, कोई काम, उस काम से जुड़ी पहचान, खेल, अभिनय, तथाकथित धर्मगुरु इत्यादि—ये शब्द आप नहीं हैं। इन शब्दों को यदि आप 'मैं' बना लेते हैं,

तो ये आपको मूल रूप से नहीं बदल देते। यह तो शरीर पर कपड़े बदलने जैसी बात है। कपड़े बदलने से शरीर को कितना फर्क पड़ता है? न के बराबर। कपड़े भर बदल लेने से शरीर की भीतरी बीमारियाँ तो ठीक नहीं हो जातीं। उसी तरह किसी भी तथाकथित शब्द या पहचान को 'मैं' मान लेने से—आपके भ्रम, भय, बंधन और दुख का अंत नहीं हो जाता। पीड़ा का अंत यह जानने से होता है कि 'मैं' जैसी कोई पृथक और स्वतंत्र चीज है ही नहीं। 'मैं' के साथ जो कुछ भी—सूक्ष्म और स्थूल रूप से, शारीरिक और मानसिक रूप से—जोड़ रखा है, उसके अतिरिक्त 'मैं' की अपनी कोई स्वतंत्र सत्ता नहीं है। शरीर तो प्रकृति मात्र है, और शरीरों में भी मूल रूप से कोई बहुत अंतर नहीं होता। स्मृति के तल पर भी जो कुछ आप स्वयं को मानते हैं, वह भी समय, संयोग, स्थान, संस्कृति और शरीर की देन है। यह सब प्रकृति के ही अंतर्गत आता है। अतः इसमें व्यक्तिगत, पृथक और स्वतंत्र सत्ता जैसा कुछ नहीं है। यह तो समंदर की लहरों जैसा है।

यह जान लेने पर कोई द्‌वैत नहीं बचना चाहिए। जहाँ द्‌वैत नहीं बचता, जहाँ द्‌वैत का भ्रम हट जाता है—वहाँ बोध मात्र है। वहाँ कोई द्‌वंद्‌व नहीं। केवल होश है। आप वह हैं, जो शब्दों से अछूता है, जो निर्मल और पवित्र है। यदि आप स्वयं को ये शब्द ही मान रहे हैं—जिन्हें आप अपनी पहचान कहते हैं—और इनके प्रति आपमें आसक्ति और ममत्व है, तो यही आपके लिए भ्रम और बंधन हैं। यही भय और दुख का कारण हैं। यही जीवन का मल और गंदगी है। वह सारे नाम, पहचानें, अनुभव, मान्यताएँ और छवियाँ इत्यादि—जो आपमें पृथक और स्वतंत्र होने का भाव तथा भ्रम उत्पन्न करती हैं—सब व्यर्थ हैं। वे सब कोरी कल्पनाएँ हैं। यही सब हिंसा और दुख पैदा करती हैं, भेदभाव और सीमाएँ खड़ी करती हैं, व्यक्ति को व्यक्ति और जगत से काट देती हैं। आप जो भी हैं, वह प्रत्यक्ष है—उसके अतिरिक्त आप कुछ भी नहीं हैं। बाकी सब केवल मानसिक कल्पनाएँ भर हैं।

उदाहरण के लिए मान लीजिए कि हम दोनों आपस में बात कर रहे हैं। आपका भी कोई नाम है और मेरा भी। तो मेरे लिए अपने और आपके नाम का बस इतना ही अर्थ है कि हम नामों के माध्यम से एक-दूसरे की ओर इशारा कर सकें—कि मैं आपसे बात करना चाहता हूँ या कुछ कह रहा हूँ। है न? इसलिए मैं किसी विशेष नाम का प्रयोग करूँगा। मगर आप वह नाम नहीं हैं। जब आप स्वयं को नाम ही मान लेते हैं, किसी नाम में स्वयं को कैद कर लेते हैं—तभी सीमाएँ और उनसे अपूर्णता, कामनाएँ, द्‌वंद, भय और दुख उत्पन्न होते हैं।

नाम क्या है? नाम सिर्फ़ एक शब्द है। और शब्द वास्तव में क्या है? वह एक विशेष प्रकार की ध्वनि है, जो आप अपनी शारीरिक संरचना के कारण निकाल पाते हैं। समझ रहे हैं? जैसे आपका कोई नाम है—वह किसी भी भाषा में हो सकता है। मगर आप चाहे किसी भी भाषा में किसी भी नाम या शब्द का प्रयोग करें, वह है तो मात्र ध्वनि ही। जैसे यदि हम कहते हैं "रोहित", तो यह क्या है? यह एक विशेष प्रकार की ध्वनि ही है, जिसे हम किसी विशेष व्यक्ति—यानी प्रकृति के एक बुलबुले—को संबोधित करने के लिए प्रयोग करते हैं। एक ऐसा बुलबुला, जिसमें भ्रमवश यह भाव पैदा हो गया है कि जैसे उसकी अपनी कोई पृथक और

स्वतंत्र सत्ता है, जैसे उसके भीतर कोई बैठा है—जो कुछ खास है। उस ध्वनि को हम शब्द और नाम कह देते हैं, और उसी को पहचान भी कह देते हैं। मगर भ्रम, भय, स्वार्थ और बेईमानी के कारण हम उसे सत्य मान लेते हैं, 'मैं' बना लेते हैं। यहीं से अलगाव, हिंसा और सारी पीड़ाएँ उत्पन्न होती हैं।

तो मेरे लिए कोई भी नाम या पहचान केवल शब्द और ध्वनि मात्र है। उसकी उपयोगिता बस इतनी है कि यदि मैं बुलबुलों की भीड़ में किसी विशेष बुलबुले—यानी किसी व्यक्ति—को संबोधित कर रहा हूँ, उसे आवाज़ दे रहा हूँ, तो मेरा संदेश उस तक पहुँच जाए। लोगों से संबंधित हो सकूँ, व्यवहार कर सकूँ। शब्दों या नामों के प्रयोग में अपने आप में कोई समस्या नहीं है। समस्या तब उत्पन्न होती है, जब हम यह भूल जाते हैं कि शब्द और पहचान—वह वस्तु या व्यक्ति नहीं हैं, बल्कि केवल व्यवहारिक संकेत हैं। इनके आधार पर स्वयं को विशेष मानना, भेदभाव या हिंसा करना, स्वयं को पृथक और स्वतंत्र मानना—यह सब केवल अज्ञान का प्रतीक हैं, जिससे दुख ही उत्पन्न होता है। मगर देखिए, दुनिया भर में युद्धों, दंगों, संघर्षों, हिंसा, शोषण, अत्याचार और भेदभाव के आधार में—यही नाम, पहचानें, मान्यताएँ और छवियाँ होती हैं। इनसे शायद विनाश के अतिरिक्त और कुछ नहीं हुआ है। क्योंकि ये सब मिलकर 'मैं' बन जाती हैं। और जहाँ 'मैं'—अर्थात् अहंकार—खड़ा हो जाता है, वहाँ आँखें तो होती हैं, मगर वे उसे देखने के लिए नहीं होतीं, 'जो है'। वे वही देखने लगती हैं—जो या तो अहंकार देखना चाहता है, या जिसे देखने के लिए मस्तिष्क को संस्कारबद्ध कर दिया गया है।

देखो न, देशों की सीमाओं के नाम पर हमने ज़मीन पर रेखाएँ खींच रखी हैं। क्या यह उन बाड़ों, दीवारों और फेंसिंग से अलग हैं, जो आपने अपने घर के आसपास कर रखी हैं, जो आपने पड़ोसी और अपने घरों के बीच खींच रखी हैं? नहीं न? बल्कि ये उन्हीं का विस्तार हैं। जो लोग अपने पड़ोसियों के साथ ही शांति और सहजता से नहीं रह पाते हैं, वे तथाकथित दो देशों और धर्मों के बीच शांति, सहजता और एकता की बाद करें—तो ये बेईमानी और पाखंड नहीं तो क्या है। जहाँ 'मैं' है, वहाँ सीमाएँ और अपूर्णता ही होंगी। सब-कुछ सीमित ही होगा। और जो सीमित है, वह मिटेगा। उसके मिटने का भय सदा बना रहेगा। जहाँ 'मैं' है, वहाँ 'मैं' के रहते—भ्रम, भय, अपूर्णता, चिंता, कामनाएँ, तनाव और दुख जैसी पीड़ाओं का अंत कभी नहीं हो सकता, क्योंकि यह सब-कुछ 'मैं' ही है।

यह एक चक्र है। 'मैं' बचा रहे, उसके लिए सीमाओं (द्वैत) का होना आवश्यक है; अन्यथा सीमाओं के बिना वह शून्य हो जाता है। और जहाँ सीमाएँ होंगी, वहाँ अपूर्णता और अन्य रूपों में पीड़ा भी होगी। अब अहंकार चाहता है कि पीड़ा से तो मुक्ति मिले, मगर वह स्वयं—अर्थात् अहंकार, सीमाएँ, नाम और पहचानें—बचा रहे। किन्तु जहाँ अहंकार है, वहाँ पीड़ा का अंत नहीं हो सकता, क्योंकि वह स्वयं ही पीड़ा है। उसका—अहंकार का—होना केवल एक भ्रम है, आकाश में खींची गई लकीर की भाँति, मगर आप स्वयं को वही मान लेते हैं।

तो जहाँ 'मैं' होगा, वहाँ विचारों, व्यक्तियों, घरों, शहरों, जीवों और देशों आदि—सबके बीच सीमाएँ होंगी ही। क्योंकि सीमाओं के बिना उसके होने का एहसास शून्य हो जाता है, और वह इस मिटने से डरता है। मगर ये सारे भेद और सीमाएँ केवल आपकी मान्यताओं से आ रहे हैं; इनमें सत्य कहीं भी नहीं है। क्या आपने सचमुच ज़मीन को बाँट लिया है? नहीं। आप होते कौन हो ज़मीन को बाँटने वाले? पृथ्वी के बुलबुले मात्र हो—उसी में मिल जाओगे। पृथ्वी तो पृथ्वी है; वह मेरी, तुम्हारी या हमारी नहीं है। हम सब पृथ्वी के हैं और पृथ्वी ही हैं। उससे पृथक और स्वतंत्र उसकी कोई सत्ता नहीं है, जिसे आप 'मैं' कहते हैं। आपकी खींची लकीरों से, आपकी कल्पनाओं और मान्यताओं से पृथ्वी नहीं बँट जाती। ना आकाश बंटता है, ना समंदर। क्या सूर्य भेदभाव करता है? क्या वायु, अग्नि, आकाश और जल भेदभाव करते हैं? नहीं। सूर्य को इस बात से कोई फर्क नहीं पड़ता कि जिस तक रोशनी पहुँच रही है, वह स्वयं को क्या मानता है। वह स्वयं को किस तथाकथित जाति, धर्म, संप्रदाय या मान्यता से जोड़कर देखता है। वह स्वयं को तुच्छ और हीन मानता है या श्रेष्ठ—सूर्य को इससे कोई मतलब नहीं। आप स्वयं को नेता मानें या अभिनेता, बच्चा कहें या बूढ़ा, अमीर मानें या भिखारी, आदमी कहें या औरत—इन सब बातों से न सूर्य को फर्क पड़ता है, न वायु, न मिट्टी और न अन्य तत्वों को।

प्रकृति नियमों पर चलती है; वह किसी के साथ भेदभाव नहीं करती। जिस तत्व की जैसी प्रकृति होती है, वह वैसा ही व्यवहार करता है। इससे कोई फर्क नहीं पड़ता कि आप स्वयं को मानते क्या हैं। आग में कूदोगे, तो जलोगे, और आपकी कोई भी तथाकथित पहचान, मान्यता, जाति, विश्वास या नाम आपको नहीं बचा पाएगा। आग इस आधार पर भेद नहीं करती कि आप स्वयं को क्या मानते हैं। ज़िंदगी वही आग है। उससे यदि मान्यताओं, छवियों, नामों और काल्पनिक पहचानों के आधार पर संबंध बनाओगे, तो जलोगे और बहुत पीड़ा पाओगे। मगर हम शब्दों से चिपक जाते हैं और हक़ीकत का होश ही नहीं रहता। इसीलिए फिर भ्रम, धोखे, पछतावे, भय, बंधन और दुख हमारे जीवन पर छाए रहते हैं।

मनुष्य की मूल पीड़ा है—'दुख', और दुख का कारण है—'भ्रम'। जो कुछ भी मनुष्य को भ्रम और दुख से मुक्त होने में सहायक होता है, उसे कहते हैं—धर्म। इस तरह मनुष्य के लिए 'धर्म' कुछ ऐसा हो जाता है, जिसे वह पवित्र और पूजनीय समझता है। और इसमें कोई समस्या भी नहीं है। मगर समस्या तब हो जाती है, जब आप यह नहीं समझते कि धर्म क्या है, और धर्म के नाम पर जो कुछ भी ऊल-जुलूल चलता है—जिनका धर्म से दूर-दूर तक कोई संबंध ही नहीं—उसे ही धर्म मानकर पूजने और ढोने लग जाते हैं। और यदि कोई आपको वास्तविक धर्म के बारे में कुछ बताए, तो आप उसे ही धर्म-विरोधी कहने लग जाते हैं। यह समस्या तब होती है, जब आप सिर्फ़ शब्दों से चिपक जाते हैं और उसे देखते ही नहीं—जिसकी ओर उस शब्द के माध्यम से इशारा किया जा रहा है।

जब आप व्यर्थ, हिंसक, शोषणकारी, रूढ़िवादी, भेदभाव और अंधविश्वास से भरी मान्यताओं, परंपराओं, रूढ़ियों, विश्वासों, रीति-रिवाजों, आचरण और कर्मकांडों इत्यादि को

धर्म का नाम दे देते हैं, तो आप बिना जाने-समझे और बिना कोई सवाल उठाए—अंधों की तरह—उन्हें ढोते जाते हैं। फिर चाहे उसमें आपका शोषण हो रहा हो, चाहे हिंसा; अन्याय और अत्याचार हो रहे हों, चाहे वहाँ कितना ही अंधविश्वास और भेदभाव भरा हो। भले ही उस तथाकथित धर्म का पालन करने से आपके भ्रम और दुख न मिट रहे हों, मगर फिर भी आप उस तथाकथित धर्म-रूपी पहचान को पकड़े रहते हैं। और जो कुछ भी उसके नाम पर हो रहा होता है—उसे ख़ुद भी ढोते हैं और अपने बच्चों की खोपड़ी में उड़ेल कर, उनके माध्यम से आगे भी बढ़ाते रहते हैं। आप उसके नाम पर भेदभाव, शोषण, अन्याय, हिंसा, अंधविश्वास और मान्यताएँ सब जारी रखेंगे और लड़ेंगे—मगर उससे ख़ाली नहीं होंगे।

धर्म तो जीवन रूपी भवसागर में पुल जैसा है, मगर अधिकांश लोग उसका दुरूपयोग ही करते हैं। दुनिया के अधिकांश लोग, धर्म के नाम पर और धर्म का मुखौटा पहन कर—अधर्म ही करते आए हैं। मगर नाम उसे धर्म का दे दिया गया है, इसलिए बदनाम धर्म है। मगर इसे आगे बढ़ाने में हर वह इंसान ज़िम्मेदार है, जो इससे जुड़ा हुआ है। दस रुपए का सामान भी खरीदने से पहले लोग मोल-भाव करते हैं, उसकी गुणवत्ता जाँचते हैं और इस बात के प्रति सजग रहते हैं कि दुकानदार कहीं उन्हें लूट न ले। ऐसे लोग यदि इस तथाकथित धर्म को—जो वास्तव में अधर्म है, जिसमें हिंसा, शोषण, अंधविश्वास, अन्याय और भेदभाव हैं—फिर भी आगे बढ़ाते रहे हैं, तो इसमें लोगों का ही कोई स्वार्थ है। अन्यथा वे उससे मुक्त हो चुके होते और वास्तविक धर्म की ओर बढ़ते—जो है, जिज्ञासा और सवाल करने का; स्वयं और जगत को जानने का; भ्रम से मुक्त होने का। इससे फर्क नहीं पड़ता कि आप उस धर्म को नाम क्या देते हैं, अथवा देते भी हैं या नहीं। शायद उसे धर्म कहना ही पर्याप्त है—बशर्ते आप समझते हों कि धर्म कहकर किसे संबोधित किया जा रहा है।

अन्यथा, "समझ के बिना शब्द, मनुष्य को अंधा कर देते हैं।" और जो आपके बहुत निकट होते हैं, अक्सर उन्हीं से आप बहुत दूर हो जाते हैं—आप उन्हें देख नहीं पाते, क्योंकि आप उन्हें नाम दे देते हैं और उसके अनुसार उनकी छवियाँ बना लेते हैं। आप छवियों से मिलते हैं, उनसे कभी नहीं। देखो अपने घरों में क्या होता है। कोई पिता बनकर बैठा है और कोई माँ। कोई स्त्री, तो कोई पुरुष। कोई लड़का, तो कोई लड़की। कोई छोटा, तो कोई बड़ा। आप इंसान को इंसान की तरह नहीं देखते, बल्कि उस पहचान के केंद्र से देखते हैं, जो उसके संबंध में आपने बना ली है। इसलिए कोई भी किसी को नहीं समझ पाता, क्योंकि सबसे पहले आप "स्वयं" और "स्वयं के भ्रमों" को ही नहीं समझते। इसका प्रमाण यह है कि हमारे संबंधों में केवल स्वार्थ, शोषण, हिंसा, कलह-क्लैश, दोषारोपण, भय और दुःख के अलावा और कुछ नहीं है। समझ, प्रेम, ईमानदारी, सच्चाई, खुलेपन और संवेदनशीलता का तो नामोनिशान भी नहीं है। क्योंकि हर किसी ने हर किसी के संबंध में—अपनी और उसकी—एक छवि बना ली है और उसे कोई नाम दे दिया है; इस तरह वह उसकी पहचान बन गई है। यह पहचान—नामों, छवियों, मान्यताओं और कल्पनाओं से बना एक ऐसा चश्मा है, जो आपको एक पूर्व-निर्धारित ढाँचे में कैद कर देता है, जहाँ सब-कुछ पहले से तय है। यह

चश्मा और यह ढाँचा आपको वास्तविकता, यानी 'जो है', से तब तक दूर रखेंगे—जब तक कि आप इसकी हक़ीकत को न जान लें, इससे उत्पन्न पीड़ा को न देख लें।

लेकिन जो व्यक्ति इस तरह किसी पहचान, नाम या शब्द का गुलाम है—यानी किसी ध्वनि का गुलाम है—और फिर भी वह स्वयं को आज़ाद मानकर जीता है, लेकिन धोखे और दुख पाता है, तो इसमें क्या किसी ईश्वर ने कुछ किया है? नहीं। यह उसकी अपनी मान्यताओं, छवियों, कल्पनाओं और भ्रमों का परिणाम है। कोई व्यक्ति ध्वनियों का गुलाम होकर जिए, जिसके परिणामस्वरूप धोखे और दुख पाए—तो इसमें फिर आश्चर्य क्या है? आप गुलाम हो और गुलामी में दुख नहीं मिलेगा, तो क्या मिलेगा? गुलामी में अगर शोषण नहीं होगा, तो क्या होगा? ज्ञान के नाम पर आपने शब्द, दोहे, श्लोक, मंत्र और मोटे-मोटे शास्त्र रट लिए हैं—इससे आप आत्मज्ञानी नहीं हो जाते। ये सब तो मशीनें भी कर सकती हैं—दौहराना ही तो है। मशीन व्याख्या भी कर सकती है, लेकिन उसे कोई दुःख नहीं है। दुःख आपको है, और आपका दुःख सिर्फ़ शब्द या श्लोक दौहराने से नहीं मिटेगा; न ही व्याख्या कर लेने अथवा सुन लेने भर से। आपका दुःख मिटता है भ्रम के हटने से, आत्मज्ञान से।

बहुत लोग ऐसा मानते हैं कि संस्कृत के श्लोकों की ध्वनि जब कानों में पड़ती है, तो उससे आध्यात्मिक लाभ होता है। इसलिए वे बस श्लोक दोहराते हैं; श्लोक के अर्थ और मर्म का उन्हें कुछ पता नहीं होता। यह सब सस्ती विधियाँ हैं—ताकि जानना न पड़े और अहंकार (भ्रम) न टूटे कि हम कुछ नहीं समझते। शब्द रटने से भ्रम नहीं हटते, और भ्रम हटे बिना दुख का अंत नहीं होता। अर्थात् आप यह नहीं कह सकते—"मैं आज़ाद हूँ।" जहाँ 'मैं' है, वहाँ कोई आज़ादी नहीं।

तो मेरे लिए 'कोई भी' नाम या शब्द केवल संकेत भर है—वह नहीं, जिसकी ओर संकेत किया जा रहा है। जैसे—जल। मैं प्यासा हूँ और मुझे बस अपनी प्यास मिटानी है। मैं देख पा रहा हूँ कि सामने जो पदार्थ है, उससे शरीर की प्यास मिट जाएगी। तो अब आप उस पदार्थ को चाहे 'जल' नाम दें या 'वॉटर', 'पानी', 'नीर' अथवा केवल 'पदार्थ' कहें—इससे कोई अंतर नहीं पड़ता। चाहे उस जल को आप लकड़ी, दरवाज़ा, हथौड़ा कहें; चाहे उसे सुंदर या कुरूप कहें। यदि मैं समझता हूँ कि मैं प्यासा हूँ और सामने जो पदार्थ है, वह प्यास बुझा सकता है—तो इन सब शब्दों से न मुझे कोई फर्क पड़ेगा, न ही उस पदार्थ को।

महत्व बस यह समझने का है कि मैं प्यासा हूँ, और सामने जो पदार्थ है—क्या वह मेरी प्यास बुझा सकता है? यदि वह मेरी प्यास बुझाता है, तो वह मेरे लिए उपयोगी है; अन्यथा वह मेरी प्यास बुझाने के लिए अनुपयोगी है। हो सकता है कि वह पदार्थ किसी अन्य काम के लिए उपयोगी हो, मगर मेरी पीड़ा यह है कि मैं प्यासा हूँ। और यदि वह मेरी प्यास नहीं बुझा पा रहा, तो वह मेरे लिए व्यर्थ है। फ़िर उसका नाम चाहे कितना ही आकर्षक, मधुर और कर्ण-प्रिय ही क्यों न हो—इससे उस पदार्थ में कोई अंतर नहीं आ जाएगा। वह यदि पत्थर है, तो पत्थर से प्यास नहीं बुझ पाएगी—फिर आप चाहे उस पत्थर को पूजते ही क्यों न हों।

मगर लोग बड़े पाखंडी हैं। वे जिंदा इंसान और जीवों को मारते हैं, और अपनी ही कल्पना से रची पत्थर की मूर्ति को 'भगवान' नाम देकर पूजते हैं। पत्थर है, मगर उसे भगवान का नाम दे दिया गया है; और अब वे सोचते हैं कि किसी जिंदा जीव की बलि देकर या उसे पूज-कर उन्हें मुक्ति मिल जाएगी। लोग उससे डरते भी हैं और भयवश चंदा भी चढ़ाते हैं। जिसको ख़ुद उन्होंने ही रचा है, उसी से वे कामना-पूर्ति की आशा भी रखते हैं। पचास रुपये चढ़ाकर, पचास हज़ार रुपये प्रति माह की नौकरी चाहते हैं। यह कैसी भक्ति है, जहाँ सबके मन की बात जानने वाले तथाकथित भगवान को ही उनका भक्त टोपी पहनाता है—माने मूर्ख बनाने का प्रयास करता है। माना कि पत्थर भगवान नहीं है, मगर वह भी तथाकथित इंसानी भक्त की तरह इतना मूर्ख नहीं है। पचास हज़ार तो छोड़िए—अब वह पचास रुपये भी नहीं लौटाएगा। मगर यह क्या है? यह पत्थर से प्यास बुझाने जैसा नासमझी भरा प्रयास ही तो है।

तो सिर्फ़ नाम सुनकर कोई छवि मत बना लो। चाहे किसी भी वस्तु, व्यक्ति इत्यादि के साथ कोई भी खास शब्द अथवा नाम जुड़ा हुआ हो, उससे वह समझदार, नासमझ, तुच्छ, हीन, महान अथवा श्रेष्ठ कुछ भी नहीं हो जाता। आपकी ज़िंदगी क्या इसलिए है कि आप हर जगह सिर झुकाते रहें? बिना जाने-समझे और अंधों की तरह, भीड़ के देखे-देखे कहीं भी और किधर भी दौड़ते रहें? नहीं। समझो। क्योंकि आपकी मूल पीड़ा है—'दुख', और उसका मूल कारण है—'भ्रम'। भ्रम माने आत्मअज्ञान; झूठा, अपूर्ण और भ्रामक ज्ञान। इसलिए समझना ही धर्म है, और बिना जाने-समझे मान लेना ही अधर्म—अर्थात् बंधन।

जैसे किसी व्यक्ति के साथ 'गुरु' शब्द जुड़ा है, तो गुरु शब्द जुड़ जाने से वह गुरु नहीं हो जाता। शब्द सुनकर, तथाकथित गुरु की छवि और आचरण से प्रभावित होकर, और लोगों की भीड़ देख कर सिर मत झुका दो। उसके भक्त मत बन जाओ। कम से कम भीतर से तो उससे मुक्त रहो और समझो। क्या जीवन अपने ही जैसे किसी व्यक्ति का अंधभक्त होने के लिए है? नहीं। गुरु क्या होता है और क्या नहीं—यह जानने से पहले आपको यह स्पष्ट होना चाहिए कि आप बीमार हैं; यानी भ्रम, भय और दुख में हैं। और आपको सबसे पहले अपनी बीमारी के इलाज से मतलब है, न कि इस बात से कि किसी व्यक्ति के साथ कौन-सा नाम जुड़ा हुआ है, उसकी छवि कैसी है, उसके सामने भीड़ कितनी है, उसकी भाषा मधुर है या कठोर। आपको उससे क्या लेना-देना?

यदि आप यह ध्यान नहीं रखते, तो आप अपनी बीमारी को पालते रहते हैं और किसी भी व्यक्ति के बेहोश भक्त बन जाते हैं। और यदि वह नकली गुरु है, तो वह आपका खूब शोषण करता है—लेकिन यह अधिकार भी, जाने-अनजाने, आपने ही उसे दिया होता है। नाम, भीड़ और छवियों से आप इतने प्रभावित हो जाते हैं कि अपनी बीमारी ही भूल जाते हैं। मुक्त नहीं होते, बस भूल जाते हैं। यह वैसा ही है जैसे कोई मरीज किसी घातक बीमारी का इलाज कराने अस्पताल जाए, मगर इलाज न कराए; आर्थिक कीमत चुका कर कुछ दिन अस्पताल के बिस्तर पर आराम करे और वापस घर लौट आए। अब क्या होगा? बीमारी पनपती रहेगी,

पीड़ा बढ़ती रहेगी। धन खर्च हो गया—अब पछताओगे। यही होता है, जब नाम और प्रसिद्धि देख-सुन कर तथाकथित गुरुओं के पास चले जाते हो और अपनी बीमारी भूल जाते हो।

गुरु का अर्थ क्या है? 'गु' का अर्थ है—'अंधकार', और 'रू' का अर्थ है—'प्रकाश', अर्थात् अंधकार को हटाने वाला। जो ज्ञानरूपी प्रकाश से अज्ञान और भ्रमरूपी अंधकार को हटाता है, वही गुरु होता है। तो जिसे भी आप गुरु कहते हैं, क्या वह आपके भ्रम हटा रहा है? क्या आप यह देखते हैं कि वह आपको बोध दे रहा है, या बस नाम, छवि, प्रसिद्धि और भीड़ देखकर उसे गुरु मान लेते हैं? कोई भी पाखंडी, शोषक, भ्रष्ट और हिंसक व्यक्ति तथाकथित गुरु की छवि बना सकता है, किसी तरह कुछ लोगों की भीड़ जुटा सकता है, और घोषित कर सकता है कि वह "आपके तथाकथित धर्म का अनुयायी" है। और जैसे ही आप यह सुनते हैं, आप उसकी चरण-वंदना करने लगते हैं। क्यों? आप कहते हैं—अपने धर्म का है न। अब यह अहंकार नहीं तो और क्या है? आपको यदि पता ही होता कि आपका धर्म क्या है, तो उसको गुरू मानने की जरूरत ही क्यों होती। गुरु प्रकाश है, बोध है; किसी भी तथाकथित धर्म-विशेष से उसका कोई संबंध नहीं होता।

दुनिया में ऐसे बहुत लोग हैं, जिन्होंने अपने नाम के साथ 'गुरु' शब्द का ठप्पा तो लगा लिया है, लेकिन वे समाज में केवल अज्ञान, अंधविश्वास, रूढ़ियों, शोषणकारी प्रथाओं, पाखंड, भय, भेदभाव और हिंसा को ही बढ़ावा देते हैं। धर्म के नाम पर अधर्म को ही फैलाते हैं। लोगों को तथ्यों और वास्तविकता से दूर कर के व्यर्थ कल्पनाओं, परंपराओं और मान्यताओं में धकेलते हैं। इस सारे पाखंड के पीछे उसकी नीयत को आप देखते नहीं। जो कुछ भी वह कर रहा है, उसके दुष्परिणामों को आप देखते नहीं और बस उसके अंधभक्त हो जाते हैं। उसको अपना गुरु, आदर्श और तारणहार बना लेते हैं। आप उसको पूजने लगते हैं। मगर किस आधार पर? क्या उन सब आधारों पर, जहाँ वह आपके भ्रम-रूपी अंधकार को हटाने के अलावा और सब कुछ कर रहा होता है?

जैसे ये तथाकथित गुरु होते हैं। किसी खास रंग का वे चोगा पहन लेते हैं। विशेष ढंग के वस्त्र और मालाएँ धारण कर लेते हैं। बड़ी-बड़ी जटाएँ और मूँछ-दाढ़ी कर लेते हैं। शरीर और मस्तक पर हल्दी, चंदन, कुमकुम आदि लगा लेते हैं। उँगलियों में अंगूठियाँ पहन लेते हैं, और बहुत कुछ। आप उस छवि को ही देखकर प्रभावित हो जाते हैं और उसके प्रति इस मान्यता से भर जाते हैं कि यह तो कोई साधु, संत, गुरु अथवा संन्यासी ही होगा। क्यों? क्योंकि हजारों वर्षों से यही मान्यता चली आ रही है कि गुरु होगा तो वह कुछ इसी तरह की विशेष वेशभूषा और आचरण वाला होगा। जानने-समझने को लोगों ने कभी विशेष महत्व ही नहीं दिया। कोई व्यक्ति यदि साधारण कपड़ों में असली और खरी बात भी करेगा, और सचमुच लोगों के भ्रम हटाने का प्रयास करेगा, तो भी अधिकांश लोग उसे कभी गुरु नहीं कहना चाहेंगे। क्यों? क्योंकि वह किसी परंपरागत आचरण का पालन नहीं कर रहा है। मगर यदि वह भ्रम दूर करने का प्रयास कर रहा है, तो गुरु कहलाने का असली हकदार भी फिर वही है। परंतु अधिकांश लोगों को भ्रम में जीने की आदत है, क्योंकि उसी से उनका स्वार्थ और

अहंकार जुड़ा होता है। इसलिए जो उनके भ्रम हटाने की कोशिश करता है, उसे वे गुरू नहीं बल्कि अपना दुश्मन मान लेते हैं।

अतीत में कभी कोई व्यक्ति रहा होगा, जिसने इस तरह के वस्त्र पहने होंगे और ऐसा आचरण किया होगा। हो सकता है कि वह सचमुच ज्ञानी, करुणावान और प्रेमपूर्ण रहा हो। शायद उसने स्वयं को जाना-समझा हो और ऊँचाई पाई हो। उसके लिए इस आचरण का भी कुछ महत्व रहा ही होगा। मगर जो लोग स्वयं को जानते-समझते नहीं, जिनमें न प्रेम है और न करुणा—वस्त्रों और मालाओं का आवरण, कर्मकांड और खास तरह का आचरण तो वे भी दर्शा सकते हैं। कोई व्यक्ति बहुत हिंसक, बेईमान, पाखंडी और भ्रष्ट हो सकता है, मगर बाहरी आचरण तो कोई भी कर सकता है। फिल्में और क्या हैं? वहाँ अभिनय ही तो होता है। जिन्हें आप अभिनेता कहते हैं, वे वास्तव में वैसे नहीं होते, जैसा वे अभिनय करते हैं—वे केवल अभिनय करते हैं। मतलब अभिनय करने में तो लोग माहिर हैं न। सोशल मीडिया पर इसके अलावा और चल ही क्या रहा है? केवल अभिनय। तो तथाकथित बाबा जी या गुरु जी होने का अभिनय कोई व्यक्ति क्यों नहीं कर पाएगा? इसलिए वैसा रूप और आचरण धारण कर के कोई भी आ जाता है। कुछ शब्द रट लेता है और उन्हें दोहराता है। लोग उसे नाम-जप कह देते हैं और आप सोचते हैं कि यह गुरु हो गया।

आप उन्हें पूजने लगते हैं और भ्रम व दुख-रूपी आपकी बीमारी बढ़ती जाती है। वह गुरु नहीं है और आपको कोई लाभ नहीं हुआ—इसका एक ही प्रमाण है कि आपके जीवन के भ्रम नहीं हटे और भ्रम नहीं हटने के कारण आपके जीवन का दुख भी नहीं हटा। क्योंकि आप नामों, छवियों और मान्यताओं के गुलाम हैं, इसलिए जीवन में रोज़-रोज़ धोखे खाते हैं। आप यह भी नहीं देखते कि जिस व्यक्ति को आप अपना पति, पिता, पत्नी, बहन, दोस्त, पड़ोसी या कुछ और मानते हैं—वह इंसान वास्तव में कैसा है। उसकी हक़ीकत क्या है। वह कहता क्या है और करता क्या है। वह प्रेमपूर्ण, करुण और संवेदनशील है या नहीं। किसी अन्य की पीड़ा के प्रति उसमें संवेदनशीलता है या नहीं। आप कुछ नहीं देखते। आप तो उसे बस उस नाम, अर्थ और छवि—यानी अतीत के चश्मे—से देखते हैं, जो आपने उसके बारे में बना रखा है।

जैसे ही कोई व्यक्ति आपके सामने आता है, आप तुरंत कहते हैं—"अरे! ये तो पिताजी हैं।" और फिर पिताजी के साथ क्या और कैसा व्यवहार करना है, और क्या नहीं करना है—यह सब आपको समाज ने, स्वयं पिताजी ने और आपके कुछ अनुभवों ने रटा दिया है। मगर आप व्यक्ति को सीधे नहीं देखते। आपका संबंध एक मशीनी प्रक्रिया बनकर रह जाता है, जहाँ एक-दूसरे को लेकर केवल नाम और छवियाँ होती हैं। और इसका अर्थ होता है—संबंध में समझ, प्रेम, आज़ादी, ईमानदारी और खुलेपन का अभाव। अर्थात्, कोई संबंध ही नहीं है, केवल एक ख़ास तरह का रिश्ता और नाम है।

इसी तरह आपने हर व्यक्ति के साथ जो रिश्ता बना रखा है, उसके अनुसार आपने उसे कोई नाम और अर्थ दे दिया है और उसकी एक छवि बना ली है। फिर उसी के आधार पर

आप पहले से निश्चित और ढर्राबद्ध व्यवहार उसके साथ करते हैं। पति-पत्नी, भाई-बहन, रिश्तेदार, पड़ोसी, तथाकथित अन्य जाति या धर्म के लोग, स्त्री और पुरुष—सबको लेकर आपने छवियाँ बना रखी हैं। व्यक्ति की वर्तमान हालत, उसकी शारीरिक अथवा मानसिक स्थिति चाहे जो भी हो, आप उसके साथ उसकी वर्तमान स्थिति के अनुसार व्यवहार नहीं करते। क्योंकि उसे तो आप देख ही नहीं पा रहे हैं; क्योंकि आपने अतीत का चश्मा पहन रखा है। आप उसके साथ उस नाम, अर्थ, अनुभव और छवि के अनुसार व्यवहार करते हैं, जो उसके बारे में आपके मस्तिष्क में पहले से संचित है। यह स्मृति उपयोगी हो सकती है, मगर केवल तब ही, जब आप वर्तमान के प्रति भी सजग और संवेदनशील हों।

आप जिन्हें संबंध और व्यवहार करना कहते हैं, वे केवल स्मृति की प्रतिक्रियाएँ भर हैं—जिनके प्रति आप संभवतः सजग नहीं हैं। अन्यथा हमारी, हमारी दुनिया और इस पृथ्वी की यह दुर्दशा नहीं होती। मगर शायद आपको तो वह बर्बादी दिखाई भी नहीं दे रही होगी। आप अपनी ही बर्बादी और गुलामी को नहीं देख पा रहे हैं, तो दुनिया की बर्बादी को कैसे देखेंगे। लेकिन दुनिया की सारी बर्बादी मनुष्य के मन से ही शुरू होती है, फिर चाहे वह किसी भी रूप में सामने आए। जलवायु परिवर्तन, युद्ध, धार्मिक और जातिगत दंगे व हिंसा, राजनीतिक भ्रष्टाचार और शोषण, सामाजिक भेदभाव और रूढ़ियाँ, अंधविश्वास, नदियों और पहाड़ों की बर्बादी, प्रदूषण, भुखमरी और वे तमाम मूर्खताएँ, जो हम देखते हैं—सब मनुष्य के भ्रमित मन से ही शुरू होती हैं। सारी बर्बादी हमारी नासमझी, असंवेदनशीलता और प्रेमहीन जीवन का ही परिणाम है। मगर अधिकांश लोग केवल बाहर-बाहर ही कुछ बदलने की कोशिश करते हैं, वे ख़ुद को कभी ईमानदारी और निष्पक्षता से देखते ही नहीं और इसीलिए स्थिति वैसी की वैसी ही बनी रहती है।

बाहर-बाहर आप चाहे कितना ही बेहतर बदलाव ले आएँ, यदि बाहर का बदलाव व्यक्ति को भीतर से सजग, संवेदनशील और रूपांतरित नहीं कर रहा है, तो व्यक्ति या तो उस बेहतर बदलाव को फिर से बर्बाद कर देगा, अथवा जिन लोगों के लिए आप बाहर-बाहर यह बेहतर बदलाव लाए हैं, वे लोग भीतर ही भीतर स्वयं बर्बाद हो जाएँगे। क्योंकि उन्हें यह बेहतर बदलाव भी बंधन जैसा ही लगेगा क्योंकि इसके कारण उनके स्वार्थ टूट रहे हैं। इसलिए स्वयं को समझना और भीतरी रूपांतरण बहुत आवश्यक है, ताकि बेहोशी हटे और बोध, प्रेम, करुणा, संवेदनशीलता और आनंद का आविर्भाव हो—उनके द्वार खुलें। और इसकी शुरुआत होती है स्पष्ट देखने से—'जो है', उसे वैसा ही देख पाने से, जैसा वह है। मगर जब आप उसे लेकर कोई छवि बना लेते हैं, उसे कोई नाम और अर्थ दे देते हैं, तब आप उसे स्पष्ट देख ही नहीं पाते।

आपको लगता है कि आप वही देख रहे हैं, जो है। नहीं—अब आप केवल अतीत को वर्तमान में दोहरा रहे हैं। अब आपको कुछ दिखाई नहीं दे रहा है। अब आप केवल भ्रम में जी रहे हैं और अतीत के केंद्र से संचालित हो रहे हैं। शायद अब आप जी ही नहीं रहे हैं, और इसीलिए जीवन में दुख है। क्योंकि जीवन होता है वर्तमान में, मगर आपकी हर क्रिया,

प्रतिक्रिया, व्यवहार और संबंध में—आपके देखने, सुनने और करने में—अतीत आकर दखल दे देता है और वर्तमान को तोड़-मरोड़ देता है। ऐसी स्थिति में जो एक जीवंत, सहज, सरल और ताज़ा संबंध बन सकता था—जिसमें होश, समझ, प्रेम, संवेदनशीलता, आनंद और सौंदर्य हो सकता था—उससे हम वंचित रह जाते हैं।

उसी को फिर हम भोग और क्षणिक सुख के माध्यम से पाने के लिए अंधी और बेहोश कोशिश करते रहते हैं। किसी भी वस्तु, व्यक्ति, पशु, पक्षी अथवा किसी को भी यदि उसके नाम, छवि, कपड़ों, धर्म, जाति इत्यादि के चश्मे से देखोगे, तो जीवन के सौंदर्य और हक़ीकत से वंचित ही रह जाओगे। क्योंकि तब आप जीवन को नहीं देख रहे होते, बल्कि अपने ही प्रक्षेपण को देख रहे होते हो। और जहाँ देखना नहीं है, वहाँ बोध नहीं है; और जहाँ बोध नहीं है, वहाँ प्रेम, करुणा और आनंद भी नहीं हो सकते। वहाँ सहजता, सरलता और शांति भी नहीं हो सकती। इसीलिए जीवन यांत्रिक और बोझिल हो जाता है—और हम उसी बोझ को ढोते हुए जीने को ही जीवन मान लेते हैं।

स्वयं को समझो, सत्यनिष्ठ रहो, अपने भीतर की चलाकियों के प्रति ईमानदारी से सजग रहो, बोध के केंद्र से जियो और किसी भी व्यक्ति को सीधे देखो। उससे बात करो, उसे सुनो, देखो और उसी में यह प्रकट होगा कि सामने वाले व्यक्ति से किस हद तक बात होनी है और उसके साथ कैसा व्यवहार होना है—सब सहज होगा। किसी भी वस्तु अथवा व्यक्ति को देखते ही, या उसका नाम सुनते ही, भीतर से जो भी प्रतिक्रियाएँ उठती हैं—उनके प्रति ईमानदारी से सजग रहो। जानो कि वे केवल अतीत यानी सीमित, अपूर्ण और भ्रामक स्मृति से उठे विचार मात्र हैं, और हक़ीकत कुछ और भी हो सकती है। ताकि प्रकट कर्म अंधी और बेहोश प्रतिक्रियाएँ भर होकर न रह जाएँ, अपितु प्रत्यक्ष बोध और भीतरी होश के केंद्र से आएँ। केवल तभी स्वस्थ संबंध बन सकता है, और प्रकृति के साथ स्वस्थ संबंध में ही प्रेम, सौंदर्य और आनंद है। उसी में शांति और सुकून है। प्रकृति का अर्थ है 'जो है'।

मगर जैसे ही आप किसी ऐसे व्यक्ति का नाम सुनते हैं, जिसके साथ खिलाड़ी, नेता, अभिनेता, सेलिब्रिटी, धनपति, बिज़नेसमैन जैसे बड़े और ऊँचे माने जाने वाले शब्द जुड़े होते हैं—जिनके आगे-पीछे लोगों की भीड़ होती है—आप भी उनकी प्रसिद्धि, नाम, संपत्ति, ताकत और भीड़ को देखकर उनके सामने सिर झुका देते हैं। बिना जाने-समझे उन्हें अपना आदर्श बना लेते हैं और नासमझ, बेहोश और भ्रमित लोगों की भीड़ में शामिल हो जाते हैं। आप यह नहीं देखते कि वह व्यक्ति वास्तव में कैसा है? वह उस प्रसिद्धि, ताकत, सत्ता और धन का उपयोग कहाँ और किस नीयत से करता है? वह समाज को वास्तव में क्या दे रहा है? आप बस भीड़ के साथ बहने लगते हैं।

सिर्फ़ यही भर मत देखो कि उसके पास सत्ता, नाम, पैसा, भीड़ और प्रसिद्धि है। किसी व्यक्ति के पास इन चीज़ों का होना यह सिद्ध नहीं करता कि वह एक भला इंसान ही होगा। आप यह क्यों नहीं देखते कि वह इनका दुरुपयोग कैसे कर रहा है? किस तरह वह समाज के लोगों को—आपको, आपके आसपास के नन्हे बच्चों को, आपके भाई-बहन, माता-पिता,

मित्र, रिश्तेदारों और अन्य सभी को—नशे, हिंसा, सट्टेबाज़ी, अंधविश्वास और जुए जैसी दलदल में धकेल रहा है? किस तरह वह विज्ञापनों के माध्यम से आपको व्यर्थ वस्तुओं की अंधी दौड़ में झोंक रहा है, केवल इसलिए ताकि उसके क्षुद्र और हिंसक स्वार्थ पूरे हो सकें?

आप यह भी नहीं देखते कि वे किस तरह आपको लूटते हैं, और आपसे लूटे गए संसाधनों का उपयोग करके ही आपका शोषण करते हैं। आप उन्हें पूजते चले जाते हैं, उन्हें आदर्श बनाते हैं—सिर्फ़ इसलिए क्योंकि उनके साथ कुछ खास नाम और पहचान जुड़ी हुई है, और उनके पास पैसा व प्रसिद्धि है। क्योंकि आप भी वैसे ही होना चाहते हैं। इसलिए आप मक्खियों की तरह उनके आसपास भिन-भिनाते रहते हैं। क्या यही आपका जीवन है? क्या ऐसे ही कठपुतली बनकर जीना है? क्या स्वयं के प्रति आपमें थोड़ा भी सम्मान नहीं? क्या आपको सच्चाई से, जानने-समझने से कोई प्रेम नहीं? क्या आप बेहोश ही जीना चाहते हैं? क्या अपने मन में ज़हर घोलने वालों को ही पूजते रहना चाहते हैं? जिन्हें भी आप अपना आदर्श मानते हैं, ज़रा यह तो देखिए कि वे आपके भ्रम, भय, बंधन और बेहोशी को हटाने का काम करते हैं, या आपको और अधिक भ्रम, भय, अज्ञान, नशे, बर्बादी और बेहोशी में धकेलते हैं। यदि वे आपको बर्बाद ही कर रहे हैं, तो उन्हें आदर्श क्यों बनाए बैठे हो? क्यों उनकी पूजा करते हो? मगर आप कहते हैं कि इतने अधिक लोग उन्हें यूँ ही तो नहीं मानते होंगे। बड़े-बड़े लोग उनका सम्मान करते हैं। यहाँ आप भीड़, पैसा, पद, प्रसिद्धि और ताकत को सबसे ऊपर रख रहे होते हैं—समझ, प्रेम और सच्चाई को नहीं। आप जानते ही नहीं कि आपकी मूल बीमारी क्या है और उसका इलाज क्या है। यही तो ग़ुलामी है।

हो सकता है कि उनसे कहीं अधिक सच्चे, समझदार, जागरूक और प्रेमपूर्ण इंसान आपके आसपास ही हों, मगर आप न उन्हें सम्मान देते हैं, न उनकी सुनते हैं। वे आपके आदर्श नहीं बनते, क्योंकि उनके पास वह सब नहीं है जो आपके तथाकथित आदर्शों—नेताओं, अभिनेताओं, व्यापारियों, धर्म-गुरुओं आदि—के पास है: पैसा, प्रसिद्धि, सत्ता, नाम और पहचान। आप यह नहीं देख पाते हैं कि इन सबके माध्यम से भी अंततः तो मनुष्य सुकून ही पाना चाहता है, हर पीड़ा से मुक्त ही तो होना चाहता है—और वह केवल आत्मबोध से ही संभव है। उसके लिए ईमानदारी, निष्पक्षता, सजगता और प्रेम चाहिए। मगर भ्रम और बेईमानी के कारण आप अभी इन्हें महत्व नहीं देते। क्या यह ग़ुलामी नहीं है? क्या इसे आप आज़ादी कहेंगे? जहाँ भ्रम है, वहाँ आज़ादी नहीं हो सकती। और जहाँ भ्रम है, वहाँ जीवन का हर पहलू—उद्देश्य, प्रेम, कामनाएँ, रिश्ते और आदर्श—सब भ्रामक हो जाते हैं। इसीलिए वे धोखे, हिंसा, पीड़ा और शोषण से भरे होते हैं।

जब आप नामों और छवियों में जीते हैं—अर्थात् जब आप उन्हें ही अंतिम और सत्य मान लेते हैं—तब आप तथ्य, यानी जो है, उसे नहीं देख पाते। हक़ीकत यह है कि जो द्रष्टा है, वही दृश्य है। देखने वाले का ही प्रक्षेपण है—दृश्य। द्रष्टा से तात्पर्य है: शरीर, इंद्रियाँ, भावनाएँ, स्मृति और आपकी बेहोशी। दृश्य का अर्थ है—वह सब कुछ जो शरीर, इंद्रियों और मन के अनुभव का विषय है। आपको क्या दिखाई देगा और क्या नहीं? जो दिखाई देगा, उसका

आकार, रंग, रूप कैसा प्रतीत होगा? वह भारी लगेगा या हल्का, ऊँचा लगेगा या छोटा? यह सब निर्भर करता है मनुष्य कहे जाने वाले इस शारीरिक ढाँचे, आँखों की संरचना और उनकी क्षमताओं पर।

आपको क्या और कितना सुनाई देगा और क्या नहीं—यह कानों की प्रकृति और क्षमताओं पर निर्भर करता है। कोई वस्तु आपके लिए गर्म होगी या ठंडी—यह इस पर निर्भर करता है कि आपके शरीर का तापमान क्या है। अर्थात् जो कुछ भी आप अनुभव कर रहे हैं, देख या सुन रहे हैं—वह सब इस शरीर की विशेष प्रकृति, स्थिति, आकार, संरचना और वजन का ही प्रक्षेपण है। सब कुछ इसी पर आधारित है। एक चींटी, वायरस, पक्षी या किसी अन्य पशु के लिए जगत का अनुभव कुछ और ही होगा। उनके लिए दुनिया वैसी नहीं होगी, जैसी हमें प्रतीत होती है। अब जो कुछ भी इस देह और इंद्रियों के माध्यम से अनुभव होता है, उसे आप क्या नाम और अर्थ देते हैं—यह मन पर निर्भर करता है। और मन अर्थात् स्मृति। यानी किसी भी अनुभव को दिया गया नाम और अर्थ—स्मृति का ही प्रक्षेपण है। प्रश्न यह है कि क्या इस पूरी प्रक्रिया के प्रति आप तब सजग रह सकते हैं, जब यह घट रही हो? यदि आप निष्पक्ष रूप से इस प्रक्रिया के प्रति सजग रहते हैं—अनुभव की सीमाओं के प्रति सजग रहते हैं—तो भ्रम नहीं रहता। तब वह आयाम प्रकट होता है, जो समय और स्थान से परे है। जो प्रेम, आनंद और सौंदर्य से पूर्ण है। तब केवल बोध होता है। वही होश है। वही ध्यान है। वही आज़ादी है।

जो व्यक्ति शारीरिक, मानसिक और इंद्रिय अनुभवों की भ्रामकता, झूठ और सीमाओं के प्रति सजग नहीं है, और उन्हें ही सत्य मानकर जी रहा है—वह भ्रम में है। वह वास्तव में जी ही नहीं रहा। वह आज़ाद नहीं है। अपने दैनिक जीवन में, मानसिक तल पर होने वाली छोटी से छोटी हरकत के प्रति भी—पूरी ईमानदारी और निष्पक्षता से सजग रहो। जो कुछ भी और जैसा भी आपको दिखाई-सुनाई दे रहा है, और उसका जो भी अर्थ आप लगा रहे हैं—यह देखो कि वह वैसा ही क्यों प्रतीत हो रहा है। कहीं ऐसा तो नहीं कि उसे लेकर पहले से ही बनी हुई मान्यताएँ, छवियाँ, संस्कार, नाम और अर्थ आपके भीतर 'मैं' बनकर बैठे हुए हैं? कोई व्यक्ति आपको बहुत अच्छा लग रहा है और कोई बहुत बुरा। कोई दोस्त दिख रहा है और कोई दुश्मन। कहीं वह ऐसा सिर्फ़ इसलिए तो नहीं दिख रहा है क्योंकि उसके बारे में आपने पहले से ही एक निश्चित छवि बना रखी है।

उदाहरण के लिए, मान लो कि सामने से कोई व्यक्ति आ रहा है, जो ख़ुद को कट्टर मुसलमान मानता है और उसने एक ख़ास तरह के वस्त्र पहने हैं। वहीं बगल में दूसरा व्यक्ति बैठा है, जो ख़ुद को कट्टर हिंदू मानता है और उसने भी एक विशेष तरह के वस्त्र धारण किए हुए हैं। यहाँ 'कट्टर' से मेरा आशय उन लोगों से है, जो भ्रमवश एक-दूसरे से नफ़रत करते हैं। जैसे ही ये दोनों एक-दूसरे को देखते हैं, सामने वाले को दुश्मन मानने लगते हैं। इन्होंने वास्तव में क्या देखा? इन्होंने बस बाहरी पहनावा और आचरण देखा। जैसे—एक ने टोपी पहनी है, दूसरे ने नहीं। एक ने तिलक लगाया है, दूसरे ने नहीं। एक ने माला पहनी है, दूसरे

ने नहीं। दोनों की मूँछ-दाढ़ी अलग-अलग ढंग की हैं। बस कुछ बाहरी चीज़ें देख ली गईं—जो स्वयं उनकी ही संस्कारबद्धता और मान्यताओं का ही परिणाम हैं।

यह क्या है? यह केवल छवियाँ हैं, जो इन दोनों ने एक-दूसरे को लेकर और ख़ुद को लेकर बना रखी हैं। सबसे पहले तो दोनों ही अपने आप को कुछ ना कुछ मानते हैं और सामने वाले को भी कुछ मान लेते हैं। मगर दोनों को ही यह नहीं पता कि वे स्वयं को और दूसरे को जो कुछ भी मानते हैं, वह क्यों मानते हैं। ये एक-दूसरे को बिल्कुल नहीं जानते। न ये आज से पहले कभी मिले हैं, न इन्होंने एक-दूसरे से बात की है और न ही करना चाहते हैं। ये जानना-समझना ही नहीं चाहते कि वे एक-दूसरे के बारे में क्या सोचते हैं और क्यों सोचते हैं। ये सारी धारणाएँ इनके मन में आई कहाँ से हैं—इस पर कोई ध्यान नहीं देता। ये बस संस्कारबद्ध हैं और उसकी कठपुतली हो गए हैं।

किसी के भी सुख, दुःख, भय और भ्रम के बारे में इन्हें कुछ नहीं पता। वे क्या करते हैं, क्या नहीं करते, कैसे जीते हैं—इससे भी ये अनजान हैं। वास्तव में इन्हें अपना भी कुछ नहीं पता। स्वयं को लेकर भी ये भ्रम में जी रहे हैं। इसीलिए ये सामने वाले को भी जानना नहीं चाहते। जैसे ही आँखों के सामने किसी विशेष तरह के आचरण वाला व्यक्ति दिखाई देता है, आँखें वह सूचना मस्तिष्क तक पहुँचा देती हैं। फिर मस्तिष्क में खोज-बीन की पूरी प्रक्रिया शुरू हो जाती है। स्मृति में उस छवि को खोजा जाता है और यह देखा जाता है कि इस छवि से संबंधित कोई जानकारी पहले से मौजूद है या नहीं। यह प्रक्रिया बिल्कुल वैसी ही है, जैसे हम किसी ब्राउज़र, यूट्यूब या गूगल पर कुछ लिखकर खोजते हैं। जैसे ही हम खोजते हैं, उससे जुड़ी हुई सारी जानकारी सामने आ जाती है। उसी तरह, शरीर और इंद्रियों के माध्यम से जो कुछ भी आप देखते, सुनते या अनुभव करते हैं, उसकी सूचना मस्तिष्क तक जाती है। वहाँ स्मृति में उस छवि, नाम, ध्वनि या अनुभव को टटोला जाता है। उसके साथ जुड़ी पहचानें, कहानियाँ, किस्से, घटनाएँ, मान्यताएँ और सारा अतीत विचारों के रूप में उभर आता है। और फिर उन्हीं के अनुसार प्रतिक्रियाएँ होने लगती हैं।

यह पूरी प्रक्रिया अत्यंत तेज़ और सूक्ष्म गति से होती है। मगर जब हम इसके प्रति सजग नहीं रहते और इसे समझते नहीं हैं, तो हम इस भ्रम में रहते हैं कि जो कुछ भी हम कर रहे हैं या जो कुछ भी हमें अनुभव हो रहा है, वही सत्य है। हमें लगता है कि यह 'मैं' कर रहा हूँ और अभी, वर्तमान में, होशपूर्वक कर रहा हूँ। जबकि वास्तव में वहाँ न सत्य होता है, न होश होता है और न ही कोई कर्ता (मैं) होता है। वहाँ केवल एक संस्कारबद्ध और मशीनी प्रक्रिया चल रही होती है। समस्या यह है कि इसी बेहोश प्रक्रिया से भय, नफ़रत, हिंसा और सारी पीड़ा उत्पन्न होती है—और हम उसे ही अपना सच मान लेते हैं। वह सोचता है कि सामने वाला मुझसे पृथक और स्वतंत्र है—यह भी उसका भ्रम है। दोनों में मूल रूप से कोई भेद नहीं है। दोनों ही हाड़-माँस के पुतले हैं। दोनों का ही दिल धड़कता है, श्वास चलती है, भोजन पचता है। खून, हड्डी, माँस, दिल, फेफड़े—यही सब तो है। दोनों ही दुखी, परेशान, अशांत और भयभीत होते हैं। दोनों को एक जैसी पीड़ा होती है। कहाँ कुछ अंतर है? वही वायु, वही सूर्य, वही जल,

वही पृथ्वी और वही अन्न—इन्हीं से दोनों पलते हैं। मगर देखो, दोनों ने कैसा भ्रम पाल रखा है। पहले तो 'स्वयं' को कुछ 'मान' लिया, फिर सामने वाले को भी कुछ मान लिया।

सामने वाला जो कुछ और जैसा भी आपको प्रतीत हो रहा है, उसे आप जो कुछ भी मान रहे हैं—और वह भी आपको जो कुछ मान रहा है—और आप दोनों स्वयं को जो कुछ मान रहे हैं; यह सब सिर्फ़ इसलिए हो रहा है क्योंकि यह सब आपके भीतर, यानी आपके मस्तिष्क में, पहले से भरा हुआ है। ऐसा देखने, सुनने और व्यवहार करने के लिए आप पहले से ही संस्कारबद्ध हैं और उसके प्रति सजग भी नहीं हैं। कुछ दिखते ही मान्यताएँ और कल्पनाएँ गढ़ लेना—यह एक सीखी हुई प्रक्रिया है। यह संस्कारबद्धता और मान्यताएँ मिलकर आपको एक ख़ास तरह की प्रतिक्रिया करने के लिए बाध्य करती हैं, और भय, लालच, ईर्ष्या, क्रोध, कामना इत्यादि उसमें और सहयोगी हो जाते हैं। आपकी बेहोशी और भावनाएँ, आग में तेल डालने जैसा काम करती हैं।

यदि आप अपने दैनिक जीवन में किसी भी वस्तु, व्यक्ति या कार्य से संबंध के दौरान इसके प्रति सजग नहीं हैं, तो यही भ्रम, बंधन और दुख है। क्योंकि तब आप बेहोशी में जी रहे होते हैं—एक मशीन की तरह। जब आप इन संस्कारबद्ध प्रतिक्रियाओं के प्रति सजग हो जाते हैं, तब ये प्रतिक्रियाएँ बाध्यता नहीं रहतीं। तब आप इनके गुलाम नहीं रहते। तब आप चुनाव करने के लिए स्वतंत्र होते हैं। जो व्यक्ति इस गुलामी को समझता है और इससे आज़ाद जीना चाहता है, वह अब संस्कारबद्धता के केंद्र से नहीं, बल्कि प्रत्यक्ष बोध के केंद्र से जीता है। जो जगा हुआ है, वह यह देखता है कि सामने वाले व्यक्ति के प्रति मस्तिष्क से जो प्रतिक्रियाएँ उठ रही हैं, वे केवल अतीत से आ रही हैं। मगर अतीत का गुलाम होकर जीने की कोई अनिवार्यता नहीं है, क्योंकि वर्तमान बिल्कुल नया है। अतीत तो अतीत था—वह बह गया। स्मृति में उसके नाम पर केवल मुर्दा राख बची है। जैसे अतीत में पिए गए पानी के अनुभव को याद करके आज प्यास नहीं बुझ सकती। यदि उसी अनुभव से चिपके रहे, तो प्यासे ही मर जाओगे।

जब आप अहंकार और संस्कारबद्ध मस्तिष्क की इस पूरी प्रक्रिया के प्रति सजग रहते हैं और इस केंद्र से संचालित न होकर वर्तमान में जो कुछ सामने है, उससे प्रत्यक्ष रूप से संबंधित होते हैं, तब वहाँ दृष्टा और दृश्य में कोई भेद नहीं रहता। तब केवल दर्शन, केवल बोध शेष रहता है। दृष्टा—अर्थात देखने वाला—और दृश्य—अर्थात देखा जाने वाला—इनके बीच जितनी कम दूरी होती जाती है, उतना ही स्पष्ट यह दिखने लगता है कि दृश्य केवल दृष्टा का ही प्रक्षेपण है। और उतने ही आप भ्रम से मुक्त होते जाते हैं, सत्य के अधिक निकट आते जाते हैं। वहाँ कोई भेद और सीमाएँ नहीं होतीं। वहाँ भ्रम और कल्पनाएँ नहीं रहतीं। वहाँ संस्कारबद्ध प्रतिक्रियाएँ नहीं होतीं—केवल होश मात्र रहता है। होश और बेहोशी में अंतर है, मगर होश के तल पर कोई भेद नहीं होता। होश का अर्थ है—यह स्पष्ट जानना कि दृष्टा और दृश्य एक-दूसरे से पृथक और स्वतंत्र नहीं हैं। बेहोशी या अबोध का अर्थ है—यह मान्यता कि दृष्टा और दृश्य अलग हैं, और इन्हें रचने वाला कोई तीसरा तत्व इनसे अलग, बाहर और दूर

कहीं है।

दृष्टा और दृश्य को अभेद जानने का अर्थ यह नहीं है कि "मैं मिट्‌टी पर चल रहा हूँ" या "मैं भोजन खा रहा हूँ।" बल्कि इसका अर्थ है यह जानना कि मिट्‌टी पर मिट्‌टी ही चल रही है और भोजन को भोजन ही भोग रहा है। जल को जल ही पी रहा है। अभेद जानने का अर्थ है यह देख पाना कि मिट्‌टी और भोजन भी दो नहीं हैं, जिस मिट्‌टी पर तुम चल रहे हो, उसी को भोजन के रूप में भोग भी रहे हो। सूर्य ही सूर्य को देख भी रहा है। इस बोध का जीवन बन जाना ही जीवन-मुक्ति है।

इस तरह जब भ्रम हटते जाते हैं, तो जीवन सहज, सरल और सुंदर होता जाता है। तब आप किसी से भी सहजता से संबंधित हो पाते हैं। अब आप पहले से कुछ मान कर या छवियाँ बना कर नहीं जीते, क्योंकि मान्यताओं और छवियों की व्यर्थता, उनका झूठ और सीमाएँ आपको स्पष्ट दिख रही होती हैं। अब आप सतत बोध में जीते हैं। इसका यह अर्थ बिल्कुल भी नहीं है कि अतीत की स्मृति, अनुभव और जानकारियों का अब कोई उपयोग नहीं रहा। उनकी उपयोगिता है, और जहाँ भी वे उपयोगी होंगी, वहाँ बोध के प्रकाश में उनका उपयोग हो जाएगा। अब वे साधन की तरह उपयोग होती हैं। बेहोशी की स्थिति में अतीत ही वर्तमान का मार्गदर्शक और संचालक बन जाता है, लेकिन जहाँ होश होता है, वहाँ अतीत केवल साधन होता है—संचालक नहीं। होश में केवल होश होता है, कोई संचालक नहीं। बोध के प्रकाश में सब कुछ सहज होता है।

क्योंकि अब आप अतीत की सीमाओं के प्रति सजग होते हैं—कि वे किस हद तक उपयोगी हैं और कब अनुपयोगी हो जाती हैं। कहाँ तक उन्हें महत्व देना है और कहाँ उन्हें बिल्कुल भी प्रवेश नहीं देना है—इसका बोध स्पष्ट होता है। अब इसके प्रति निष्पक्ष और ईमानदार सजगता रहती है, और अतीत की सीमित उपयोगिता बनी रहती है। किसी मशीन को चलाने, भाषा सीखने या किसी घर का रास्ता जानने जैसे कामों के लिए स्मृति पूरी तरह उपयोगी है—इसे नकारा नहीं जा रहा। मगर किसी पशु, पक्षी या व्यक्ति से किस तरह संबंधित होना है—इसके लिए अतीत या स्मृति की आवश्यकता नहीं होती। इसके लिए तो दृष्टा और दृश्य के संबंध के प्रति केवल निष्पक्ष और ईमानदार सजगता पर्याप्त है। केवल तभी स्वस्थ संबंध बन सकता है, अन्यथा नहीं।

स्वस्थ संबंध बोध से परिपूर्ण होता है। उसमें परवाह होती है, आज़ादी होती है, सरलता और खुलापन होता है। वहाँ छल-कपट और पाखंड नहीं होता। पाखंड, ख़ुद से चालाकी और बेईमानी छोड़े बिना आत्मज्ञान नहीं हो सकता। स्वयं को समझने के लिए ईमानदारी सबसे पहली आवश्यकता है। ईमानदारी का अर्थ है—न पाखंड करूँगा, न बेईमानी। स्वयं की बेहोशी को जानना ही आत्मज्ञान और होश है, मगर अहंकार के लिए स्वयं को बेहोश स्वीकार करना अत्यंत कठिन होता है। इसीलिए ईमानदारी चाहिये और होश के प्रति प्रेम चाहिये; अन्यथा स्वयं को जानने की प्रक्रिया शुरू ही नहीं होती। भ्रम और पीड़ा में तो हम सब होते ही हैं, मगर उसे सचमुच स्वीकार करने के लिए भी ईमानदारी चाहिए। जो स्वयं की बेहोशी के प्रति सजग

नहीं है, वह एक भ्रामक और काल्पनिक जगत में जी रहा है—जो उसी के द्वारा प्रक्षेपित है। उस जगत में हर वस्तु को नाम, रंग, रूप, आकार और अर्थ उसी ने दिए हैं, और वे केवल उसी के लिए हैं। इसीलिए वह बार-बार धोखे खाता है, क्योंकि अपने ही प्रक्षेपण को सत्य मान कर वह अपनी ही संस्कारबद्धता, कल्पनाओं और मान्यताओं के अनुसार चलता है, जबकि जगत तथ्यों, नियमों और सिद्धांतों के अनुसार चलता है। आपके कुछ मान लेने से वे बदलते नहीं हैं।

इसीलिए आप धोखे खाते हैं, पछताते हैं, दुख पाते हैं और जीवन भर भटकते रहते हैं—मगर चैन कहीं नहीं मिलता। क्योंकि हम नामों और छवियों पर ही अटक जाते हैं। मगर जिसे आप 'मैं' या 'इंसान' कहते हैं, वह केवल नाम और छवि भर नहीं होता; उससे आगे भी बहुत कुछ होता है। इसी को तो समझना होता है। इसके अलावा आत्मज्ञान और क्या है? कुछ नहीं। जो स्वयं और जगत को लेकर भ्रम से मुक्त है, वही आत्मज्ञानी है। मगर आत्मज्ञान में ही—अर्थात स्वयं को समझने की प्रक्रिया में ही—यह भी जाना जाता है कि 'आत्मज्ञानी' जैसा कोई नहीं होता, क्योंकि 'मैं' यानी अहंकार ही झूठ है, तो फिर कौन कहेगा कि मैं आत्मज्ञानी हूँ? तब केवल बोध मात्र रहता है। बोध के प्रकाश में ही सारी गति होती है। प्रकृति में कोई कर्ता नहीं होता—वहाँ नियम, सिद्धांत और प्रक्रियाएँ होती हैं। किसी भी चीज़ को नाम देना या उसकी छवि बनाना—इसका अर्थ समझते हो? इसका अर्थ है कि अब आप हकीकत को देख ही नहीं पा रहे। इसीलिए जीवन में कोई आश्चर्य, कोई ताजगी, कोई आनंद और कोई सौंदर्य भी नहीं बचता। कुछ नया नहीं दिखता; सब कुछ पुराना ही प्रतीत होता है, क्योंकि हम स्वयं को वही मानते रहते हैं जो स्मृति में 'मैं' बन कर बैठा है। नयापन दृष्टि में होता है, मगर हम उसे सृष्टि में खोजते रहते हैं। जब आँखों के पीछे से भ्रम हटता है, तब जीवन में सचमुच उसका आविर्भाव होता है, जिसमें नयापन है। अन्यथा बाहर-बाहर कुछ बदलने से कुछ नया नहीं होता।

बाहर सब कुछ बदल रहा होता है, मगर नाम, छवि और मान्यताएँ वही रहती हैं—इसलिए हमें लगता है कि व्यक्ति भी वही है। प्रकृति में एक क्षण को भी कुछ नहीं ठहरता है, मगर भ्रमित इंसान यही मानता है कि सबकुछ वही है जो वर्षों पहले था। इसीलिए जब जीवंत सौंदर्य दिखाई नहीं देता, तब लोगों को नकली सौंदर्य रचना पड़ता है। नाम और छवियों को ही सत्य मानने के कारण हम प्राकृतिक और स्वाभाविक सौंदर्य को देख ही नहीं पाते। इसलिए फिर हमें नकली मुखौटे पहनने पड़ते हैं—मेकअप, सिंगार और दिखावा करना पड़ता है। अन्यथा इसकी जरूरत ही क्या है। इंसान का बच्चा भी जब तक पूरी तरह प्राकृतिक होता है, तब तक उसमें भी एक सौंदर्य होता है। उसी सौंदर्य की ओर तो हम आकर्षित होते हैं। मगर जैसे-जैसे परिवार, समाज, शिक्षा, संस्कृति, फिल्में, मान्यताएँ आदि उसपर हावी होने लगते हैं, उसका प्राकृतिक सौंदर्य खोता चला जाता है। क्योंकि अब उसके पास बेहोश और कुरूप लोगों से मिली सौंदर्य की बनावटी परिभाषा है।

हमने व्यक्तियों को नाम दे दिए। अन्य और स्वयं को कई तरह के ठप्पे दे दिए और उनसे चिपक गए—आसक्त हो गए। जगत में जो कुछ भी हमें प्रतीत होता है, हमने उसे नामों में क़ैद कर दिया। हम लोगों को उनके पहनावे, छवियों, नाम, आचरण इत्यादि से पहचानते हैं; अर्थात् लोगों को तो जानते ही नहीं। लोगों से हमारी मुलाक़ात कभी होती ही नहीं। व्यक्ति को व्यक्ति की भाँति, वस्तु को वस्तु की भाँति हम नहीं देखते। हम तुरंत उन्हें कोई नाम दे देते हैं और हमें लगता है कि हम उन्हें जानते हैं, क्योंकि हमें लगता है कि सब-कुछ वही का वही है। हम तन और नाम पर ही अटक जाते हैं; मन और समझ का, प्रेम और करुणा का, शांति और आज़ादी का हमें कुछ पता ही नहीं होता। इतने गहरे हम कभी जाते ही नहीं।

प्रकृति में सब बदल रहा है। लेकिन अपनी ज़िंदगी को देखो—कैसे ढर्रे बना रखे हैं। किसी मित्र से भी मिलते हो तो ऐसे मिलते हो कि, "अरे! यह तो मेरा वर्षों पुराना मित्र है।" कैसे? यदि यह तथ्य है कि प्रकृति में सब-कुछ सतत परिवर्तनशील है, तो न तुम वही हो न वह। ऐसे देखो कि यह बिल्कुल नया व्यक्ति है। यह वही नहीं है, और आप भी वही नहीं हैं। हक़ीक़त बिल्कुल नई है। अरे, इतने वर्षों में क्या वह बदल नहीं गया? उसका तन, मन, बुद्धि, विचार, मस्तिष्क, अनुभव, मान्यताएँ, संस्कार, पसंद आदि—सब बदल गए हैं। और इनके अलावा आप अपने मित्र को कुछ और तो जानते भी नहीं थे। उसको लेकर ऐसा कुछ तो जानते नहीं थे, जो समय से मुक्त हो। मगर आप उसे आज भी वही मानकर बैठे हो और उसी के अनुसार उसके साथ व्यवहार करते हो।

इस तरह अतीत और वर्तमान में—कल्पना और हक़ीक़त में—संघर्ष शुरू हो जाता है। फिर रिश्ते बिगड़ते हैं, तो आप कहते हो कि जीवन में इतना दुख काहे को है? अब भ्रम में यदि जियोगे, तो दुख नहीं होगा तो क्या होगा? अभिभावक और बच्चों के संबंध को देखो। बच्चे जवान होते जाते हैं, माँ-बाप बूढ़े होते जाते हैं। दोनों बिल्कुल नए व्यक्ति हैं। मगर दोनों को यह भ्रम होता है कि सब वही है, जबकि हक़ीक़त कुछ और ही है। सजगता के अभाव में संबंध का आधार जीवंत हक़ीक़त नहीं, बल्कि अतीत, नाम और छवियाँ होती हैं।

संबंध के दौरान हम इस बात के प्रति सजग नहीं रहते कि मस्तिष्क में संचित स्मृति (यानी अतीत) के कारण ही यह भ्रम पैदा हो रहा है कि सामने वाला व्यक्ति और वह स्वयं अभी भी वे ही हैं—जिनकी छवि स्मृति में संचित है। अन्यथा व्यक्ति तो बिल्कुल नया है; स्थितियाँ और माहौल भी नया है। मगर उसमें भी हम जी रहे हैं, अतीत के चश्मे पहनकर। आपको यह समझना होगा कि 'शब्द' वह 'वस्तु' नहीं होता है; 'नाम' वह 'व्यक्ति' नहीं होता है। 'प्रेम' शब्द प्रेम नहीं होता। जैसे कोई व्यक्ति प्रेम-प्रेम चिल्लाए, तो इससे वह प्रेमी नहीं हो जाता। आप चाहे कितना ही जपो—प्रेम-प्रेम—लेकिन इस तरह शब्द दोहराने से आप प्रेम नहीं जान जाओगे। मशीन भी प्रेम-प्रेम चिल्ला सकती है; मोबाइल भी प्रेम के गीत गा सकता है। तो क्या इससे वह प्रेम जान जाएगा? नहीं।

दुनिया में मनुष्य और मनुष्य के जितने भी रिश्ते हैं—चाहे वह अभिभावक और बच्चों का हो, पति-पत्नी का हो, गर्लफ्रेंड-बॉयफ्रेंड का हो, भाई-भाई या भाई-बहन का हो, दोस्तों का

हो या कोई अन्य—क्या इन सारे रिश्तों की शुरुआत प्रेम के ही नाम से नहीं होती? नाम तो प्रेम का ही होता है। पर हमारे रिश्तों की बुनियाद—उनका आधार—यदि प्रेम ही होता, तो फिर हमारे रिश्तों में इतनी समस्याएँ क्यों होतीं? क्यों हम एक-दूसरे को लेकर इतने शक, संदेह और ईर्ष्या से भरे रहते हैं? क्यों हमारे बीच इतना कलेह और क्लेश होता है? क्यों हमारे रिश्ते भय, शोषण और मालकीयत से भरे रहते हैं? क्यों इन तथाकथित प्रेमी इंसानों के द्वारा ही दुनिया में इतने युद्ध, दंगे और हिंसा होती है? लोग इतनी बेईमानी, भ्रष्टाचार, शोषण और अन्याय क्यों करते हैं?

यदि किसी के भीतर प्रेम है, तो क्या वह ऐसा करेगा? प्रेम का अर्थ होता है—अन्य की भलाई; स्वयं और अन्य के प्रति संवेदनशीलता। प्रेम में मालकीयत, शोषण, भय, हिंसा और बेईमानी के लिए कोई स्थान नहीं होता। जिसके भीतर प्रेम है, क्या वह किसी को दुख देना चाहेगा? क्या वह किसी को गुलाम बनाना चाहेगा? नहीं। मगर हम तो प्रेम के नाम पर ही ऐसा करते हैं। हम स्वयं को प्रेमी भी मानते हैं, लेकिन हमारी पूरी ज़िंदगी—हमारे रिश्ते, काम, पसंद, निर्णय, चुनाव, भोजन, कपड़े, व्यवहार—सब-कुछ हिंसा से भरा होता है। क्या यह प्रेम है? नहीं। तो क्या अपनी दैनिक ज़िंदगी में—व्यवहार और संबंधों के दौरान—आप इसके प्रति संवेदनशील और सजग रह सकते हैं कि आपके संबंध और आपका व्यवहार भीतर के किस केंद्र से आ रहा है—वह होश, करुणा और सत्य के केंद्र से आ रहा है या बेहोशी, महत्वाकांक्षा, ईर्ष्या, तुलना और अहंकार के केंद्र से आ रहा है?

जैसे लोग अपने तथाकथित प्रेम का इज़हार (प्रपोज़) कर रहे होते हैं और कह रहे होते हैं कि मुझे तुमसे प्रेम है। उन्हें न अपना कुछ पता होता है, न सामने वाले का और न ही प्रेम का, मगर कह रहे होते हैं— आई लव यू। लेकिन अपने प्रेम का इज़हार करने के लिए वे एक जीवंत पुष्प को तोड़ लाते हैं। यदि इस व्यक्ति में संवेदनशीलता होती, यदि इसमें प्रेम होता, तो क्या यह अपने तथाकथित प्रेम (आकर्षण) का इज़हार करने के लिए उस जीवंत पुष्प को तोड़ता? नहीं। इसने पुष्प तोड़ा—इसी से यह प्रमाणित हो जाता है कि यह प्रेम जानता ही नहीं। यह असंवेदनशील है।

इसीलिए हम देखते हैं कि प्रेम के नाम पर लोग जो भी रिश्ते बनाते हैं, उनमें आगे चलकर केवल शक-संदेह, कलह-क्लेश, धोखा, हिंसा और शोषण ही रह जाता है। क्योंकि जिसे वे प्रेम मान रहे थे, वह प्रेम था ही नहीं। प्रेम का केवल नाम था। प्रेम के नाम पर केवल स्वार्थ, शोषण और एक-दूसरे का उपयोग था। और इसमें सिर्फ उसी व्यक्ति को दोष देने की आवश्यकता नहीं है, जो फूल लेकर आया था। वह व्यक्ति भी उतना ही असंवेदनशील और प्रेमहीन है, जो उस पुष्प को स्वीकार कर रहा है। जो यह देख ही नहीं पा रहा है कि सिर्फ़ संस्कारबद्ध तरीके से प्रेम का इज़हार करने के लिए एक जीवंत पुष्प को ही बर्बाद कर दिया गया, जिसकी वास्तव में कोई आवश्यकता ही नहीं थी। एक पुष्प के न होने से यदि प्रेम फीका पड़ जाए, तो वह प्रेम है ही नहीं।

लोग अपने परिवार, दोस्तों, पति-पत्नी और बच्चों इत्यादि के साथ बैठे-बैठे चिकन, मटन, फिश और न जाने क्या-क्या खा रहे होते हैं, और इसी के साथ वे प्रेम की बातें भी कर रहे होते हैं। क्या ये लोग प्रेम समझते भी हैं? ये लोग जिस चिकन, मटन, फिश को भोजन कह कर खाए जा रहे हैं, वह किसी जीव की लाश है—जो अभी कुछ देर पहले तक ज़िंदा थे। और आप यदि उनके साथ खेलते, तो वे भी मस्ती करते। मगर आपके स्वाद और स्वार्थ के लिए पहले तो उन्हें बहुत यातनाएँ सहनी पड़ीं और अंततः वे बेरहमी से मार दिए गए। आप इस सबको जान-बूझकर नज़रअंदाज़ करते हैं। आप किसी जीव की पीड़ा के प्रति बिल्कुल भी संवेदनशील नहीं हैं, और बात करते हो प्रेम की।

जो इंसान अभी-अभी किसी जीव की हत्या करवा कर, उसकी लाश को मसाला डाल कर बड़े स्वाद के साथ खा कर आ रहा है—यह व्यक्ति अपने बच्चों, पति या पत्नी, भाई-बहन, माता-पिता, दोस्त या किसी से भी प्रेम कैसे कर सकता है? जो व्यक्ति अपने क्षणिक स्वाद और क्षुद्र स्वार्थ के लिए किसी निर्दोष और मासूम जीव की हत्या तक कर देता है, उसकी लाश को खा जाता है—वह कैसे किसी भी इंसान से निःस्वार्थ प्रेम कर सकता है? नहीं कर सकता। और जहाँ स्वार्थ है, वहाँ प्रेम नहीं हो सकता। ऐसे व्यक्ति से प्रेम की उम्मीद करना अपने ही पैरों पर कुल्हाड़ी चलाने जैसी बात है। बबूल में काँटे ही लगेंगे, आम नहीं—क्योंकि यही उसकी प्रकृति है। उसी तरह जो व्यक्ति अपने क्षणिक स्वाद, स्वार्थ और शौक़ इत्यादि के लिए किसी भी जीव पर हिंसा करता है, वह प्रेम नहीं जानता। उसमें करुणा नहीं है। हाँ, यदि वह चाहे तो प्रेम को चुन सकता है—उसे नकार कर जो प्रेम नहीं है। यह जान कर कि उसका जीवन प्रेमहीन है और केवल हिंसा से भरा हुआ है।

जहाँ स्वयं और अन्य के प्रति संवेदनशीलता नहीं है, वहाँ न करुणा हो सकती है और न ही प्रेम। मगर फिर भी हम ऐसे हिंसक, असंवेदनशील और प्रेमहीन लोगों से रिश्ते बनाते हैं। क्यों? क्योंकि सबसे पहले तो हम स्वयं भी उसी की तरह बेहोश, हिंसक और असंवेदनशील होते हैं, मगर मानते हम स्वयं को प्रेमी हैं। इसलिए जो हमारे ही जैसा है, उसे प्रेमहीन और हिंसक कैसे मान लें? यह अहंकार (भ्रम) का कुतर्क होता है। और दूसरी बात यह कि हम नामों, छवियों और आचरण इत्यादि के गहरे गुलाम हैं। इसीलिए हमें यह भ्रम हो जाता है कि कोई व्यक्ति यदि बार-बार प्रेम-प्रेम चिल्ला रहा है, तो शायद वह प्रेमी ही होगा, शायद वह प्रेम करता ही होगा।

कोई व्यक्ति महीनों या साल भर से रोज़ मैसेज कर रहा है, या आपके आगे-पीछे घूम रहा है, और चिल्लाता रहता है कि उसे आपसे प्रेम है। तो आपको यह भ्रम हो जाता है कि देखो, इतने दिनों से वह प्रेम-प्रेम चिल्ला रहा है। देखो, मेरी ख़ातिर उसने सब कुछ छोड़ दिया है। शायद मुझसे उसे सच्चा प्रेम है। आप न ख़ुद को ईमानदारी से देखते हैं, न उसे। यदि आप साफ़-साफ़ यह जानते कि आपका स्तर क्या है, आप कैसे इंसान हैं; और किसी ने यदि आपकी ख़ातिर सब-कुछ छोड़ दिया है, तो सोचो—उसकी ज़िंदगी कितने नर्क से भरी हुई होगी? और अब वह आपको उसी दुनिया में लेकर जाएगा, जिसको उसने आपकी

ख़ातिर त्याग दिया था। जिस दुनिया को उसने आपकी ख़ातिर ठुकरा दिया था, यदि वह दुनिया इतनी सुंदर ही होती, उसमें यदि आनंद ही होता, तो यह व्यक्ति उस दुनिया को छोड़कर आपके आगे-पीछे क्यों घूम रहा होता? मगर अब यह आपके आगे-पीछे घूम रहा है, क्योंकि भ्रमवश इसे आप में सुख दिख रहा है। मगर यह तो आप भी जानते हो कि आपकी ज़िंदगी कितनी बदहाल है। आप ख़ुद अपनी ज़िंदगी में बर्बाद और बेचैन हो। भ्रम, भय, बंधन, खालीपन और अकेलेपन से परेशान हो। आप कैसे उसे शांति दे पाएँगे? आप ख़ुद अशांत और परेशान हैं। मगर भ्रमवश दोनों को ही ऐसा लगता है कि जैसे वे दोनों यदि मिल गए, तो मजा मिल जाएगा और सब ठीक हो जाएगा।

आपको यह भ्रम है कि उसने सब-कुछ आपके लिए छोड़ दिया है। बल्कि उसने सब-कुछ इसलिए छोड़ा है क्योंकि वह सब-कुछ उसे अभी इतना कीमती नहीं लग रहा था, जितनी कि आप। वहाँ भी उसने सुकून ही तलाशा था, मगर वह सब व्यर्थ गया और वहाँ उसे कोई चैन नहीं मिला। इसलिए अब वह आपके आगे-पीछे टहल रहा है। मगर आप भी जब उसके साथ हो जाओगे, तो वह आपको भी वापस उसी दुनिया में ले जाएगा, जिसको आपकी ख़ातिर उसने छोड़ा था। फिर आप कहते हो कि जब तक दूर थे, तब तक तो कुछ और दिखाया गया था, मगर हक़ीक़त कुछ और ही निकली। यह आपको तब सोचना था, जब वह बस प्रेम-प्रेम रट रहा था। प्रेम-प्रेम दोहराने से कोई प्रेमी नहीं हो जाता। "पानी" शब्द, पानी नहीं होता। "पानी" शब्द दोहराने से आपकी प्यास नहीं बुझेगी। पानी पीने से प्यास बुझती है। फिर इससे भी कोई फ़र्क़ नहीं पड़ता कि उस पदार्थ को आप नाम क्या देते हैं।

समंदर की केवल तस्वीर देखकर किसी व्यक्ति को यह भ्रम हो सकता है कि वह समंदर को जान गया। अब यदि कोई उससे पूछता है कि क्या तुमने समंदर को देखा, तो वह कहता है—हाँ, मैंने देखा है। वह उसका वर्णन भी कर देता है—कि देखो, ऐसा रंग होता है, ऐसी लहरें होती हैं, इसको पानी कहते हैं, इसमें मछलियाँ होती हैं, कछुए होते हैं और कई तरह के जीव-जंतु होते हैं। पर क्या सचमुच वह जान गया कि समंदर क्या है? नहीं। उसके पास केवल एक छवि है। मगर उसे भ्रम है कि वह जानता है—समंदर क्या है। शायद वह कभी समंदर के निकट ही न जाए, यह कहकर कि मुझे पता है समंदर क्या है। क्या करेंगे जाकर? ऐसे ही हम अपने दैनिक जीवन में करते हैं। सिर्फ़ प्रतिक्रियाएँ। यही हमारी ज़िंदगी होती है, जहाँ हम नामों, छवियों, सीमित जानकारियों और कुछ अनुभवों के आधार पर यह दावा कर देते हैं कि हमें सब पता है। और हक़ीक़त यह है कि हम कुछ नहीं जानते। हम केवल कल्पना में जी रहे हैं। हमारी ज़िंदगी नामों और छवियों में ही क़ैद होकर रह जाती है, और ऐसे ही एक दिन इंसान मिट्टी में मिल जाता है—ख़ाक ही हो जाता है।

आप सबसे पहले कुछ देखते हैं, कुछ सुनते हैं—है ना? और जैसे ही आपने कुछ देखा या सुना, उसकी जानकारी तुरंत मस्तिष्क तक पहुँच जाती है। वहाँ पहले से ही उस वस्तु, उस व्यक्ति या उस स्थिति को लेकर कोई न कोई मान्यता बनी हुई होती है। उस अनुभव, उस फीलिंग, उस भाव को आपने पहले ही कोई नाम दे रखा होता है। इसलिए भीतर से तुरंत

प्रतिक्रिया आती है। आप कह देते हैं—अरे, यह तो डरावना है। यह तो सुंदर है। यह अपमान है, यह सम्मान है। और उसी क्षण आप किसी चीज़ के प्रति लालायित हो जाते हैं या किसी से ईर्ष्या करने लगते हैं। इसलिए भय कोई बाहरी चीज़ नहीं है। भय केवल आपके अतीत की प्रतिक्रिया है।

इसी कारण यह भी देखा गया है कि छोटे बच्चे उन चीज़ों से भी भयभीत नहीं होते, जिनसे हम अक्सर भयभीत रहते हैं। वे उन्हीं पशुओं, परिस्थितियों और वस्तुओं के साथ खेलते हैं, जिनसे हम डरते हैं। क्योंकि उन चीज़ों को लेकर उनके मन में पहले से कोई नाम, कोई छवि, कोई मान्यता बैठी नहीं होती।

इसलिए चाहे दुख उठ रहा हो, चाहे क्रोध आ रहा हो, चाहे लालच हो, ईर्ष्या हो, मोह हो या भय—उसे नाम मत दो। बस देखो कि भीतर कुछ घट रहा है। अन्यथा जैसे ही आप नाम दोगे, उस नाम के साथ जुड़ा पूरा अतीत, पूरी स्मृति और पूरा संस्कार सक्रिय हो जाएगा। क्योंकि हमारा मस्तिष्क तथ्यों से नहीं, बल्कि शब्दों, छवियों और कल्पनाओं से भरा हुआ है।

यदि आप शब्दों से खाली होकर देखें, तो चाहे भय हो, ईर्ष्या हो, अकेलापन हो, खालीपन हो, अपूर्णता हो या दुख—वह अपने आप समाप्त होने लगता है। क्योंकि तब आप उससे लड़ नहीं रहे होते, न उसे पकड़ रहे होते हैं, न उससे छुटकारा पाने की कोशिश कर रहे होते हैं। आप बस देख रहे होते हैं। उसे जान रहे होते हैं। क्योंकि भ्रम में ही सारी पीड़ा पलती है। जैसे कोई व्यक्ति आपसे कुछ शब्द कह देता है और आप तुरंत निर्णय कर लेते हैं—इसने अपमान किया, इसने सम्मान दिया, इसने गाली दी। आप ऐसा क्यों कहते हैं? क्योंकि आपको यह सिखाया गया है कि इन शब्दों को गाली कहते हैं। पर क्या आपने कभी स्वयं यह जांचा कि गाली क्या होती है? क्यों न आप बस सुनें—वह क्या कह रहा है, उसके चेहरे के भाव क्या हैं, उसके शब्द क्या हैं। प्रतिक्रिया किए बिना बस देखें। हाँ, मस्तिष्क से प्रतिक्रियाएँ आएँगी, स्मृति बोलेगी—“यह तो गाली है।”

मगर उसे भी बस देखो। कोई आवाज़ आ रही है—ध्यान से सुनो। भीतर से तुरंत स्मृति कहेगी—यह गिलहरी की आवाज़ है, यह कुत्ते का भौंकना है। जैसे ही आप नाम दोगे, सुनना बंद हो जाएगा। अब आप आवाज़ नहीं सुन रहे, शब्द सुन रहे हो। अब आवाज़ में जो सौंदर्य है, जो संगीत है, जो जीवन है—वह आपको दिखाई ही नहीं देगा। सुनाई ही नहीं देगा। अन्यथा ईमानदारी से खुद से पूछो—क्या आपने कभी ध्यान से कुत्ते के भौंकने को भी सुना है? गिलहरी की आवाज़ को? किसी बच्चे की हँसी को, किसी पत्ते को हिलते हुए, किसी कीड़े को चलते हुए देखा है? शायद नहीं देखा। हम कुछ भी ध्यान से नहीं देखते, नहीं सुनते। इसीलिए हमारे जीवन में सौंदर्य नहीं है, मौज नहीं है, आनंद नहीं है। जबकि वह हर क्षण उपलब्ध है।

हम लगातार दौड़ रहे हैं—स्क्रीन, रील और प्रतीकों की दुनिया में। हम सोशल मीडिया के समंदर में गोते लगा रहे हैं। हम फूल, नदी, पहाड़ आदि की ‘तस्वीरें’ देख लेते हैं और मान लेते हैं कि जैसे हमने जान लिया। पर तस्वीर केवल प्रतीक होती है। उसमें वह शीतल छाया,

वह ठंडक नहीं होती। पक्षियों, हवा और पत्तों की आवाज़ नहीं होती। वह मौन नहीं होता।

यदि तुम्हें फूल देखना है, तो तुम्हें फूल के निकट जाना होगा। वृक्ष देखना है, तो उसके साथ जीना होगा। इसलिए नाम मत दो, छवियाँ मत बनाओ। बस देखो। बस सुनो। अनुभवों से होशपूर्वक गुजरो। देखना, सुनना, जानना—यही ध्यान है। यही होश है। होश ही जीवन है। ध्यान ही सौंदर्य है। ध्यान, होश और सौंदर्य तीन नहीं है।

4

विशेष होने का प्रयास ही बंधन है

प्रश्नकर्ता: हर इंसान कुछ-न-कुछ बनना चाहता है, कहीं पहुँचना चाहता है। उपलब्धियाँ हासिल करके विशेष होना चाहता है। लेकिन उसके बाद भी दुःखी है। क्यों? इसका क्या अर्थ है? और हम कुछ भी होना क्यों चाहते हैं? क्योंकि मैं भी उन्हीं में से एक हूँ।

अचिंत्य: स्वयं को विशेष मानना और विशेष होने का प्रयास करना ही बंधन और दुःख है; स्वयं को निर्विशेष जानना ही आज़ादी है। इसी में सहजता, सरलता, सौंदर्य, आनंद और विश्राम है। निर्विशेष की केवल एक ही 'विशेषता' हो सकती है—कि वह स्वयं को विशेष नहीं मानता, क्योंकि वह जानता है कि विशेष होने जैसा कुछ है ही नहीं। जैसे समन्दर की लहरें होती हैं, उसमें स्वयं को विशेष मानना केवल आत्मअज्ञान है। निर्विशेष होने के लिए कुछ करना नहीं है, बल्कि विशेष होने के प्रयास में जो कुछ कर चुके हो और जो करते जा रहे हो, उसकी सीमाओं, व्यर्थता और झूठ को पूरी ईमानदारी, निष्पक्षता और निष्प्रयोजन होकर देख भर लेना है। वही दर्शन—वह देखना—आपको उस अंधी दौड़ और उससे उत्पन्न पीड़ा से मुक्त कर देता है।

वह प्रत्येक व्यक्ति जो किसी भी प्रकार से स्वयं को ख़ास या विशेष मानता है, या विशेष होने के प्रयास में लगा हुआ है, आज़ाद नहीं है। इसका अर्थ यह बिल्कुल नहीं है कि आप 'विशेष नहीं होने' के प्रयास में लग जाएँ। मैं आपसे विपरीत दिशा में दौड़ने को नहीं कह रहा हूँ। मैं केवल इतना कह रहा हूँ कि तथ्य को सीधे देखें—उसे वैसे ही देखें, जैसा वह है। क्योंकि विपरीत दिशा में दौड़ना भी एक और तरह से विशेष होने का प्रयास ही है, और कोई भी मानसिक प्रयास आपको द्वंद, तनाव और दुःख में ही धकेलता है। मानसिक प्रयास केवल तथ्य का नकार होता है।

यदि आपकी गाड़ी चालू नहीं हो पा रही है, तो वहाँ प्रयास करना होगा। यदि आप दौड़ नहीं पा रहे हैं, तो अभ्यास और प्रयास चाहिए। यदि आपको मशीन, मोबाइल, कंप्यूटर चलाना नहीं आता, या आप पढ़ाई कर रहे हैं और कुछ याद नहीं रख पा रहे हैं, तो उसके लिए भी

अभ्यास और प्रयास की आवश्यकता होती है। मैं इस तरह के अभ्यास या प्रयास की बात नहीं कर रहा हूँ। मैं उन प्रयासों की बात कर रहा हूँ जो हमारे भ्रम, आत्म-अज्ञान, मान्यताओं, संस्कारबद्धता और पूर्वाग्रहों आदि के प्रति सचेत न होने से पैदा होते हैं—जो हमारी बेचैनी, भय, अकेलेपन और अपूर्णता से उपजते हैं, इस उद्देश्य से कि कुछ बनकर या कुछ होकर इस पीड़ा से मुक्ति मिल जाएगी। पर होता इसका उल्टा ही है—इन प्रयासों से द्वंद, अपूर्णता और पीड़ा कम होने के स्थान पर और अधिक बढ़ती जाती है।

जैसे गाड़ी या कंप्यूटर सीखने के लिए अभ्यास की ज़रूरत हो सकती है, लेकिन यह निर्णय कि अभी आपको यह सीखना चाहिए या नहीं—इसके लिए किसी अभ्यास या प्रयास की नहीं, बल्कि समझ और स्पष्टता की आवश्यकता होती है। और समझ कोई प्रयास नहीं है। समझ तो तत्क्षण बोध है, जो ईमानदार, निष्पक्ष और निष्प्रयोजन जागरूकता में प्रकट होती है। इसलिए जो भी ऐसे प्रयासों में लगा हुआ है, वह आज़ाद नहीं है। और जहाँ आज़ादी नहीं है, वहाँ सफ़रिंग यानी दुःख होगा ही होगा। क्योंकि दुःख आपका स्वभाव नहीं है, इसलिए पीड़ा बढ़ती जाती है—और यह आप नहीं चाहते। दुःख नहीं चाहना या दुःख से मुक्ति की आकांक्षा कोई साधारण इच्छा नहीं है। यह वैसे ही है जैसे कोई शारीरिक बीमारी से मुक्त होना चाहे, क्योंकि बीमारी अतिरिक्त है। दुःख से मुक्ति की आकांक्षा कुछ और पाने की लालसा नहीं है। यह उस अतिरिक्त की व्यर्थता को जानना है, जिसे हमने अज्ञानवश पकड़ा हुआ है, ताकि उसके बोझ से मुक्त हो सकें। क्योंकि दुःख का कारण कोई कमी नहीं, बल्कि कुछ अतिरिक्त है। और वह अतिरिक्त है—झूठा, भ्रामक, सीमित और अपूर्ण ज्ञान। वही अतिरिक्त हमारी मान्यताएँ हैं, अनुभवों से आसक्ति है, संस्कारबद्धता है—और उन्हें सत्य मान लेना, उनके झूठ को न देख पाना है।

आज़ादी कोई पाने की चीज़ नहीं है। यह तो स्वयं आप ही हैं और यह सहज रूप से उपलब्ध है। हमारे प्रयास ही इसे ढँक देते हैं। यदि स्वयं को पाने के लिए स्वयं से अलग, बाहर और दूर कहीं भागोगे, तो क्या पाओगे? थकान, पछतावा, अपूर्णता, अर्थहीन जीवन—और बहुत पीड़ा। क्योंकि इस प्रयास और आत्म-अज्ञान के कारण आप स्वयं को कुछ ऐसा मान लेते हैं, जो आप हैं नहीं। वे मान्यताएँ हीं आपको विशेष होने का एहसास कराती हैं और आप उसे सच मानकर जीते चले जाते हैं। इसके परिणामस्वरूप आप स्वयं से ही दूर होते जाते हैं, क्योंकि आप अपने ऊपर अनेक परतें चढ़ा लेते हैं। ये परतें आपके स्वरूप (आपकी हक़ीकत) को वैसे ही ढँक देती हैं, जैसे किसी के चेहरे पर रंग पोत दिया जाए और वह स्वयं को वही रंगीन चेहरा मानने लगे, असली को भूल जाए। फिर वह जीवन भर उसी नकली चेहरे को बचाने और सजाने का प्रयास करता रहता है। आपको उस नकली चेहरे के ही झूठ को जानना है, उन नकली रंगों की परतों की व्यर्थता को समझना है—क्योंकि उन्हीं के कारण आप हर दिन पीड़ा पाते हैं। लेकिन ऐसे ही जब हर व्यक्ति पीड़ा में जीता हुआ दिखाई देता है, तो आप उस पीड़ा को जीवन का अनिवार्य अंग मान लेते हैं। मगर पीड़ा जीवन का अनिवार्य अंग नहीं है, वह आत्म-अज्ञान और स्वयं से बेईमानी का अनिवार्य अंग है। जहाँ आत्म-अज्ञान और

स्वयं से बेईमानी है, वहाँ पीड़ा होगी ही।

"दुख का अनुभव होता है, पर इससे वह सत्य अथवा जीवन का अनिवार्य हिस्सा नहीं हो जाता।" दुख न तो सत्य है और न ही जीवन का कोई अनिवार्य तत्व। वह केवल अबोध, झूठे, अपूर्ण और भ्रामक ज्ञान के कारण स्वयं को कुछ ऐसा मान लेने का परिणाम है, जो आप नहीं हैं। दुःख उन्हीं झूठी पहचानों को बचाने और बढ़ाते रहने का परिणाम है। इसी कारण हमारा जीवन पीड़ादायी हो जाता है। यही बंधन है। जो आप हैं नहीं, मगर स्वयं को मानते हैं—उसका होना ही बंधन है। इसलिए दुख का अनुभव बना रहता है और व्यक्ति आज़ाद नहीं होता, क्योंकि स्वयं को जाने बिना ही वह अनेक प्रकार की अंधी क्रियाओं, प्रतिक्रियाओं, मुद्दों और प्रयासों में उलझा रहता है। स्वयं को जानना मनुष्य के लिए सबसे पहला और ज़रूरी काम है। अन्यथा जिसे अपना ही नहीं पता, उसे दुनिया कैसे समझ आएगी? और जिसे ना अपना पता ना दुनिया की समझ, वह जीवन में धोखे, बंधन, हार और पीड़ा नहीं पाएगा—तो क्या पाएगा।

तो फिर आज़ाद कौन है? वह—जो अपने ज्ञान के झूठ, भ्रामकता, सीमाओं और अपूर्णता के प्रति सचेत है। जो तन, मन, स्मृति, बुद्धि, मस्तिष्क और अहंकार की संस्कारबद्ध प्रतिक्रियाओं और चालाकियों को ईमानदारी और निष्पक्षता से देख पा रहा है। जो समझता है कि विशेष होना क्या है, विशेष होने का प्रयास क्या है, और कोई भी व्यक्ति विशेष क्यों होना चाहता है। जो यह देख पा रहा है कि जिसे हम 'विशेष' कहते हैं, वह वास्तव में क्या है—क्या वह सचमुच विशेष है भी या हमारी मान्यता मात्र है। जो यह जान पा रहा है कि हम किसी भी चीज़ को कब और क्यों विशेष मान लेते हैं, और इस पूरे खेल को स्पष्ट रूप से देख रहा है—वही आज़ाद है। वहाँ फिर दुख नहीं रहता। जो संबंध-व्यवहार के दौरान इस खेल के प्रति सचेत नहीं रहता, वह इसी खेल की कठपुतली बन जाता है।

वह आज़ाद है—जो अपनी दैनिक ज़िंदगी और व्यवहारों में, किसी भी वस्तु, व्यक्ति या स्थान से संबंध के दौरान, अपनी क्रियाओं और प्रतिक्रियाओं में, शारीरिक और मानसिक गतिविधियों आदि में सूक्ष्मता और संवेदनशीलता के साथ यह देख पा रहा है कि कहाँ किसी भी प्रकार का प्रयास हो रहा है। कहाँ विशेष होने, विशेष दिखने या विशेष करने का प्रयास चल रहा है। जो इस आंतरिक और पीड़ादायी प्रयास को—और यह प्रयास कहाँ से आ रहा है, उसके स्रोत या केंद्र को—स्पष्ट रूप से देख पा रहा है, और उसके झूठ व व्यर्थता को समझ रहा है, वह उसी क्षण इस प्रयास से उत्पन्न पीड़ा, भय, चिंता और तनाव से मुक्त हो जाता है।

वह पाता है कि वह तो मुक्त ही है। वह बस यह जान लेता है कि इस प्रयास को लेकर दुखी, चिंतित और भयभीत होने की आवश्यकता नहीं है। अब वह प्रयास के परिणाम को लेकर बेपरवाह हो जाता है। अब जो प्रयास होता है, वह निष्प्रयास होता है—क्योंकि न प्रयास करने वाला बचा, न परवाह करने वाला। बोध मात्र के प्रकाश में सब सहज ही हो रहा है। अब किसी भी प्रयास में जो मनोवैज्ञानिक द्वंद्व, उलझन, चिंता, तनाव, पीड़ा और भय उत्पन्न

होते थे, उनका खेल चलता रह सकता है—पर आप उनसे मुक्त, सहज, सरल और साक्षी मात्र रहते हैं। यही अंतर है—पहले आप उस खेल में फँसे थे, अब उसे देख रहे हैं।

यह आज़ादी कोई उपलब्धि नहीं है—यह आप ही हैं, यह आपका स्वभाव है। जब आप कुछ भी होने के प्रयास में नहीं लगे होते, जब आप जो कुछ होकर अथवा स्वयं को जो कुछ मानकर बैठे हैं उसके झूठ के प्रति सचेत रहते हैं, और इस तरह जब आप कुछ नहीं होते हैं—तब 'जो है', वही आप हैं। वही स्वभाव है और उसी में पूर्णता, सौंदर्य, आनंद, आज़ादी और शांति है। वहाँ पहुँचने का कोई मार्ग नहीं, क्योंकि वह आपसे कहीं दूर, बाहर और अलग नहीं है। वह तो तब प्रकट होती है जब झूठ हटता है। स्वभाव से आशय है 'वह जो आप हैं'।

तो आपको चाहिए मुक्ति। किससे?—भ्रम, भय, बंधन और दुख से। और ऐसा कैसे होगा? यह जानकर कि दुख (अनुभव) और दुखी (अहंकार) दोनों सत्य नहीं हैं, केवल अनुभव हैं—और अनुभव कभी पूर्ण या सत्य नहीं होते। सारे अनुभव सबसे पहले इस बात से तय हो जाते हैं कि आप किस ढाँचे से आसक्त हैं—यानी आपकी शारीरिक संरचना—और आप स्वयं को क्या मानते हैं। एक चींटी, हाथी, पक्षी, मनुष्य—सबकी दुनिया अलग है, सबके अनुभव अलग हैं। इसलिए कोई भी अनुभव आपकी मान्यताओं, भय, कामनाओं, वृत्तियों और भावनाओं के अनुसार बदल जाता है। ऐसी दुनिया को यदि सत्य मान लेंगे तो केवल धोखे और दुख ही पाएँगे। आप पूर्ण को देख या जान नहीं सकते, किन्तु अपूर्ण को अपूर्ण जान सकते हैं—और यही जागरूकता आपको भ्रम, भय, बंधन और दुख से आज़ाद करती है।

जब आप सीमित, संकुचित, भ्रामक और अपूर्ण अनुभवों, ज्ञान, मान्यताओं, संस्कारों, नाम, रूप, स्मृति और देह आदि से उत्पन्न 'मैं और मेरा' के भाव से बने व्यक्तिगत संसार को ही सत्य मान लेते हैं, तब विशेष होने का भ्रम पैदा होता है। यही आपको सत्य से, अर्थात स्वयं से, दूर रखता है—और स्वयं से दूरी ही दुख है। आपकी, यानी अहंकार की, सारी तलाश वास्तव में स्वयं की ही तलाश है। आपकी सारी दौड़ स्वयं (अहं) से सत्य की ओर है। जो बनकर बैठे हो, यानी अहंकार के झूठ को जानो—और वही प्रकट होगा जो आप हैं। स्वयं को कुछ भी मानना ही बंधन है, क्योंकि वह आपको बाँटता है, सीमित करता है और भ्रम पैदा करता है। जब तक आप स्वयं को कुछ भी मानते हैं, तब तक आप विशेष होने के प्रयास में ही लगे हैं; तब तक आप आज़ाद नहीं हैं। इसलिए भ्रम, भय और बंधन बने रहते हैं। इसी कारण दुख समाप्त नहीं होता।

मगर हम विशेष होने का प्रयास जारी रखते हैं—किसी ख़ास ढाँचे, नाम या पहचान में कैद होने का प्रयास करते रहते हैं। मानसिक रूप से कुछ बनने, कुछ होने या कुछ करके दिखाने का प्रयास चलता रहता है। और साथ ही यह उम्मीद भी रहती है कि जीवन में दुख न हो। बल्कि हम सोचते हैं कि विशेष हो जाएँगे तो दुख समाप्त हो जाएगा। जबकि जब हम विशेष होने का प्रयास कर रहे होते हैं—जो कि एक मान्यता भर है, क्योंकि बहुत लोग उसे विशेष मानते हैं इसलिए आप भी मान लेते हैं—तब वास्तव में हम केवल अहंकार को ही पोषण दे रहे होते हैं।

जब आप वैसे हो जाते हैं, जिसे आप विशेष होना मानते हैं, तब वही चीज आपके लिए बंधन और बोझ बन जाती है। वही आपके लिए भय, दुख, चिंता और तनाव का कारण बन जाती है। लेकिन हर कोई यही सोचता है कि जब वह कुछ बन जाएगा, जब वह औरों से अलग दिखेगा, शायद तब उसके दुख का अंत हो जाएगा। मगर क्या ऐसा सचमुच होता है? हम यह भी नहीं देखते कि जिन्हें दुनिया विशेष मानती है, क्या वे मौज में हैं? कहीं ऐसा तो नहीं कि अब वे कुछ और होने की अंधी दौड़ में लग गए हैं? विशेष होने का विचार ही अंतहीन तुलना और असुरक्षा को जन्म देता है, और व्यक्ति इसे सफलता मान बैठता है। मगर जब तक भीतर अपूर्णता, तुलना और हीनता है, तब तक बाहरी उपलब्धियों का कोई अर्थ नहीं रह जाता है।

हमारा मस्तिष्क अन्य लोगों की नजरों में विशेष होने के प्रयास के लिए संस्कारबद्ध होता है, क्योंकि जब आप विशेष होते हैं तब आपको अपने होने का अनुभव होता है; तब लोग आपको ध्यान देते हैं और इसी में अहंकार पलता है। पहचान मिलती है, महत्व मिलता है, और यही महत्व धीरे-धीरे आपकी जरूरत बन जाता है। अभी इस क्षण में, जब व्यक्ति स्वयं को नहीं समझता, मस्तिष्क की संस्कारबद्धता और अहंकार की दख़ल के प्रति सचेत नहीं है, तब वह लगातार विशेष होने के प्रयास में लगा हुआ है। यही प्रयास धीरे-धीरे उसके लिए पीड़ा बनता है। वह समझता है कि यही जीवन है, यही प्रगति है, जबकि भीतर भय, तुलना और असंतोष जारी हैं। वह भाग रहा है, पर क्यों भाग रहा है—यह उसे मालूम नहीं।

ऐसी स्थिति में, जो व्यक्ति स्वयं को समझने लगता है; जो मस्तिष्क की संस्कारबद्धता, मान्यताओं, पूर्वाग्रहों, अपने अनुभवों तथा जानकारियों की सीमाओं और अहंकार की चालाकियों के प्रति सचेत रहता है—और इस अज्ञान के कारण विशेष होने का जो प्रयास शुरू होता है, उसकी व्यर्थता तथा उसके कारण जो दुख और बंधन आते हैं, उनको जब वह देखता है—तो वह इस प्रयास से सहज ही आज़ाद होने लगता है। प्रयास को छोड़ना नहीं पड़ता, वह अपने आप गिरने लगता है। क्योंकि हर व्यक्ति विशेष होने के प्रयास में दौड़े जा रहा है, और यह उससे आज़ाद होने लगा है; तो जो किसी भी तरह से विशेष होने के अंधे प्रयासों के प्रति सचेत है, जो जान रहा है कि वह विशेष नहीं है, जो निष्प्रयास ही निर्विशेष है—अन्य सभी के लिए वह स्वतः ही विशेष हो जाता है। यही तो चमत्कार है कि जो विशेष नहीं बनना चाहता, वही अलग दिखाई देने लगता है।

इसको ऐसे देखिए जैसे करोड़ों लोग किसी खास दिशा में दौड़े जा रहे हैं और केवल एक व्यक्ति है जो ठहर गया है और बस उस दौड़ को देख रहा है, क्योंकि वह उसकी व्यर्थता को देख पा रहा है। पेड़ की छाया में मस्त बैठा है। अब या तो यह अन्य सभी लोगों के लिए विशेष हो जाएगा, अथवा वे इसको पापी कहेंगे, गालियाँ देंगे, पागल, अज्ञानी और ना जाने क्या-क्या नाम देंगे। वे या तो इसे पूजेंगे, या इसका विरोध करेंगे, या नज़र-अंदाज करेंगे—क्योंकि अधिकांश लोग उस तरह दौड़ने को ही सही और जरूरी मानने के लिए संस्कारबद्ध हैं।

मगर यह एक व्यक्ति देख पा रहा है कि जिस किसी भी मान्यता का अधिकांश लोग अनुकरण करते हैं, जिसमें बहुत लोग विश्वास करते हैं, अन्य लोग उसे जाने-समझे बिना ही सही मानकर उसका अंधानुकरण करने लगते हैं। मगर वह देख रहा है कि यह केवल मान्यता है, और भीड़ कभी भी सत्य का प्रमाण नहीं होती। बहुत लोग यदि यह मान लें कि सूर्य, चन्द्रमा का चक्कर लगा रहा है, तो इससे तथ्य नहीं बदल जाता। यह केवल विश्वास है; और विश्वास, संस्कार या मान्यता—सत्य नहीं होते। आप कुछ मानते हैं, इससे न तथ्य बदलता है, न सत्य; हाँ, आपके लिए बहुत कुछ बदल जाता है। आपकी पूरी जिंदगी की दिशा और दशा बदल जाती है। इसका अर्थ यह बिल्कुल नहीं कि जिंदगी बेहतर हो जाती है, क्योंकि बेहोशी अंततः बर्बादी ही लाती है।

आप इस बात पर चाहे कितना ही विश्वास करें कि सामने खाई नहीं है, किन्तु सामने यदि खाई है—यह यदि तथ्य है—और आप यह मानकर आगे बढ़ते जा रहे हैं कि वहाँ खाई नहीं है, तो आप खाई में गिरेंगे और संभवतः मारे जाएंगे। आप चाहे कितना ही दोहराएँ, विचार करें अथवा विश्वास करें कि आग, आग नहीं है; और यह मानकर यदि आप आग के किसी कुंड या कुएँ में कूद जाते हैं, तो आप जलेंगे ही। आपको पीड़ा होगी, आप मरेंगे। और यह जो व्यक्ति है—जो ठहर गया है—वह ऐसा ही देख पा रहा है कि मनुष्यों की यह भीड़ भ्रम, भय, मान्यताओं, विश्वासों, संस्कारबद्धता, तुलना आदि के केंद्र से जीवन जीकर अपने ही विनाश और पीड़ा की ओर भागी जा रही है।

अब यह ऐसा ही है जैसे अंधों की भीड़ में किसी एक को दिखाई देने लगा है, तो सारे अंधे उस आँख वाले को बीमार और पागल मान रहे हैं। यह ऐसा ही है जैसे पागलों की भीड़ में कोई सवाल कर रहा है, जिज्ञासा कर रहा है और समझने लगा है। अब सारे पागलों को वह होशमंद व्यक्ति तब तक पागल प्रतीत होगा, जब तक कि उन्हें भी होश न आ जाए, अथवा यह जो होशमंद है—यह भी उन्हीं की तरह बेहोश न हो जाए। मगर एक बार जिसे होश आ गया, उसके लिए दौबारा बेहोश होना पहले की तुलना में ज्यादा पीड़ादाई होगा। मगर क्या हमारी हालत उन अंधों और पागलों जैसी ही नहीं है? हम न ख़ुद आज़ाद और होश में जीते हैं, न ही किसी अन्य को जीने देते हैं। उससे भी भयानक यह है कि अपनी संस्कारबद्धता को न देखने-समझने के कारण व्यक्ति अपने बंधनों और गुलामी को ही आज़ादी मानने लगता है।

मगर व्यक्ति आज़ाद नहीं है और इसका सिर्फ़ एक ही प्रमाण है—उसके जीवन का भय और दुःख। फिर चाहे वह किसी भी रूप में प्रकट होता हो। चाहे वह चिंता, तनाव, ईर्ष्या, तुलना आदि के रूप में हो; चाहे अपूर्णता, बेचैनी, अकेलापन, खालीपन, सूनापन के रूप में; चाहे हिंसा, भेदभाव, शोषण, भ्रष्टाचार के रूप में; और चाहे आवश्यकता से अधिक भोगने अथवा विशेष होने के प्रयास के रूप में। यह सब मनुष्य की भीतरी पीड़ा, भ्रम, भय और गुलामी का ही प्रकट रूप है, उसी की अभिव्यक्ति है।

यह दुख ही इस बात का प्रमाण है कि आप आज़ाद नहीं हैं। आज़ादी केवल तब हो सकती है जब दुखी होने वाला ही न रहे। घटनाएँ, माहौल, संबन्ध, बातें, अनुभव—सब होंगे, मगर

उन पर दुःखी होने वाला कोई नहीं होगा; बोध मात्र है, जिसके प्रकाश में यह सब घट रहा है। तब आज़ादी है। आज़ादी की शुरुआत होती है निष्पक्ष और ईमानदार सजगता और आपकी नीयत से, जब आप ईमानदारी से यह देखते और स्वीकार करते हैं कि हाँ, मैं पीड़ा में हूँ, इस स्थिति से संतुष्ट नहीं हूँ, और जो भी मेरी दशा है—वह मुझे नहीं भाती।तब आपकी जानने-समझने की शुरुआत होती है और वहीं से आप आज़ाद होना शुरू होते हैं। जानने-समझने से ही भ्रम, भय, बंधन, दुख आदि पीड़ाओं से आज़ादी मिलती है, क्योंकि आत्म-अज्ञान ही मूल बंधन है। जब प्रकाश आता है तो अंधेरा अपने आप हटता है; अंधेरे से लड़ना नहीं पड़ता। उसी तरह समझ ही आज़ादी का द्वार है। लेकिन जो ख़ुद के ही साथ बेईमान है, जो ख़ुद से ही चालाकियाँ चल रहा है—उसके लिए अभी जानने की ही शुरुआत नहीं हुई, आज़ादी की कैसे हो जाएगी। क्योंकि बंधन को बंधन जाने बिना कोई आज़ादी नहीं होती।

यदि आप सचमुच ईमानदार हैं—अपने दुख के प्रति, अपनी हालत के प्रति और उससे आज़ाद होना चाहते हैं—तो अब आप कुछ भी बनने, होने या कुछ हासिल करने के पीछे, अथवा विशेष होने-दिखने के पीछे सिर्फ इसलिए नहीं दौड़ेंगे क्योंकि सब दौड़ रहे हैं। तब आप यह भी देखेंगे कि यह दौड़ और प्रयास भीतर से आ कहाँ से रहे हैं? क्या ये सचमुच मुझे आज़ाद करते हैं या और अधिक बंधनों में डाल देते हैं? आपकी अपनी ईमानदार और निष्पक्ष सजगता में वह ताकत है कि वह आपको आपकी ही संस्कारबद्धता और बंधनों के प्रति जगाती चली जाती है, और इस तरह आप आज़ाद होते जाते हैं। चेतना का चेतना की हलचल के प्रति सचेत रहना ही सजगता, होश और ध्यान है।

अब हम यह समझना चाहेंगे कि किस प्रकार हम विशेष होने का प्रयास करते हैं। यदि आप यह देख लेते हैं कि हम किस प्रकार अपनी दैनिक जिंदगी में, अपने व्यवहारों में, संबंधों में, क्रियाओं में, प्रतिक्रियाओं में विशेष होने का प्रयास करते रहते हैं, तो आपको यह समझ आ जाएगा कि विशेष होना क्या है और किस तरह यह दुख और बंधन का कारण बन जाता है। और जब मैं यह कह रहा हूँ कि विशेष होने का प्रयास नहीं करना है, अपितु इसको जानना है ताकि इसका और इसके कारण उत्पन्न होने वाले दुख का अंत हो—तो इसे ठीक से समझिए।

विशेष नहीं होने का अर्थ यह बिल्कुल भी नहीं है कि आप दुनिया के अन्य सभी लोगों की भाँति हो जाएँ, उनकी तरह जिएँ, वे जिस ओर दौड़ते हैं आप भी उस ओर दौड़ने लग जाएँ—नहीं; विशेष नहीं होने का यह अर्थ नहीं है। विशेष नहीं होने का अर्थ यह बिल्कुल नहीं है कि सब दौड़ रहे हैं तो आप भी कहें कि भाई, रुकना तो विशेष हो जाएगा, इसलिए मैं भी दौड़ता हूँ। नहीं। रुकने या ठहरने से आशय है—विचार से नहीं, अपितु बोध के केंद्र से जीना; अतीत के केंद्र से नहीं, प्रत्यक्ष बोध से जीना; सत्य, सामंजस्य, सहजता और सरलता के साथ जीना। और ऐसा केवल तब ही हो सकता है जब आप विचार के केंद्र से जीने की सीमाओं को देख पाएं, जब आप अतीत यानी अहंकार के केंद्र से जीने की व्यर्थता और उसमें निहित हिंसा को देख पाएं, और जब आप प्रयास की पीड़ा को सहन करना छोड़कर उसे समझें कि वह क्यों

है।

अन्य लोग तो पहले ही विशेष होने की दौड़ में शामिल हैं। वे तो स्वयं बंधन और दुख में हैं। वे तो अपनी संस्कारबद्धता और गुलामी के प्रति बेहोश हैं। तो भीड़ के साथ चलना, भीड़ जैसा करती है वैसा करना—यह आपको निर्विशेष नहीं बना देता। ऐसा करने से आप विशेष होने के प्रयास से मुक्त नहीं हो जाते। वह सब-कुछ जो अहंकार के केंद्र से आ रहा है, न कि आत्मबोध और ईमानदारी से—वह विशेष होने का ही प्रयास है। जो कुछ भी अहंकार को, यानी 'मैं' और 'मेरा' के भाव को, बचाता, बढ़ाता और बनाए रखता है—वह सब विशेष होने का ही प्रयास है। वह केवल भ्रम, भय, बंधन और पीड़ा को ही बढ़ाएगा।

निर्विशेषता वहाँ है जहाँ 'मैं' और 'मेरा' का भाव नहीं रहता, जहाँ आप देख पाते हैं कि आप करने वाले नहीं हैं और कोई कर्ता नहीं है—केवल बोध मात्र रहता है। जब आप सहज और सरल होते हैं, प्रकृति के साथ सामंजस्य में होते हैं, तब निष्प्रयासता स्वतः आती है और यह निष्प्रयासता ही निर्विशेषता भी है। आपको निष्प्रयास होने का प्रयास नहीं करना है; आपको तो मानसिक प्रयासों और चालाकियों के प्रति ईमानदारी और निष्पक्षता के साथ केवल सचेत रहना है, उसकी सीमाओं और व्यर्थता को देखना है। उसके पीछे जो भ्रामक, सीमित और अपूर्ण ज्ञान और अतीत है, उसके प्रति सचेत होना है, ताकि आपका जीवन उस क्षुद्र केंद्र से संचालित न हो जो आपको पूर्ण से काटता है, जो आधारहीन भेदभावों का भ्रम पैदा करता है। जब आप विशेष होने के प्रयास और उसके पूरे खेल के प्रति सजग होते हैं—तब निष्प्रयासता, निर्विशेषता, सहजता और सरलता स्वतः प्रकट होती है। वही आज़ादी है। जिस जीवन में सहजता नहीं, सरलता नहीं, निष्प्रयासता नहीं—वह जीवन नहीं बोझ है।

तो इस बात का ध्यान रखें, अन्यथा आप विशेष होने के प्रयास से मुक्त होने का गलत अर्थ लगा सकते हैं। इसी के साथ यह भी समझें कि आप यदि विशेष प्रतीत हो रहे हैं अथवा लोगों के लिए आप विशेष हो गए हैं, तो इसका अर्थ यह ज़रूरी नहीं है कि आप ही विशेष होने का प्रयास कर रहे हों। ऐसा हो सकता है कि आप विशेष होने का प्रयास नहीं कर रहे हैं, लेकिन फिर भी चूँकि आप विशेष होने के प्रयास से मुक्त हैं—क्योंकि आप उसकी सीमाओं, उसमें छिपी मान्यताओं, हिंसा और पीड़ा के प्रति सचेत हैं—इस कारण आप स्वतः ही लोगों के लिए विशेष हो जाते हैं, क्योंकि आप विशेष होने के प्रयास में जुटी भीड़ के बीच निर्विशेष हैं।

तो ऐसा हो सकता है कि आप विशेष लोगों की श्रेणी में गिने जाएँ, किन्तु आप विशेष होने के प्रयास से मुक्त हो रहे हैं अथवा नहीं—इसको जानने के बढ़िया तरीके हैं। यह देख लीजिए कि पीड़ा कम हो रही है अथवा नहीं। पीड़ा और भय का कम होते जाना ही मुक्ति का प्रमाण है। देख लीजिए कि अब किसी भी बात से कितना फर्क पड़ता है। देख लो कि अब किनकी बातों से कितना फर्क पड़ता है। देख लीजिए कि अब कोई भी बात कितनी देर तक आपके मस्तिष्क में घूमती रहती है। देख लो कि किसी की मृत्यु और जन्म, मिलना और बिछड़ना अब आपको पहले जितनी ही बहुत बड़ी और विशेष घटना लगती है या हर क्षण घटने वाली एक सतत प्रक्रिया हो गई है। यह देख लीजिए कि लोग आपके बारे में क्या सोच रहे होंगे,

अथवा सोच भी रहे होंगे या नहीं—इन सब बातों से अब आपको कितना फर्क पड़ता है। देख लीजिए कि क्या अभी भी आपको अन्य लोगों की नज़रों में विशेष बने रहने की परवाह है अथवा नहीं। देख लो कि जब आपको विशेष नहीं माना जाता है, तब आपको फर्क पड़ता है अथवा नहीं—और पड़ता है तो कितना।

उदाहरण के लिए, यदि आप मंच पर बैठे हैं और लोग आपके सामने बैठे हैं, तो एक व्यक्ति का मंच पर होना और अनेक व्यक्तियों का भीड़ में नीचे बैठकर उस एक व्यक्ति को सुनना—लोगों की नज़रों में उस एक व्यक्ति को, यानी आपको, विशेष बना देता है। ऐसी स्थिति में देखने वालों को तो यही लगेगा कि जैसे वह मंच पर बैठा व्यक्ति विशेष होने का प्रयास कर रहा है। मगर आप विशेष होने का प्रयास कर रहे हैं अथवा नहीं—यह तो केवल आप ही जान सकते हैं। और आप विशेष होने का प्रयास नहीं कर रहे हैं, यह किसी अन्य को प्रमाणित करने की भी कोई आवश्यकता नहीं है। आपको अपने दुख से मतलब है। अगर आप विशेष होने का प्रयास करते हैं, तो आप दुख में जीते हैं, क्योंकि यह अहंकार है जो स्वयं को अस्तित्व से पृथक और स्वतंत्र मान रहा है। यदि आप उस प्रयास और प्रयासकर्ता से मुक्त हैं, तो आप दुख और दुखी—दोनों से मुक्त हैं।

मगर आप यदि चाहते हैं कि हर व्यक्ति से आप बात कर सकें, उन तक आपकी बात पहुँचे, आप उन्हें देख सकें और वे भी आपको देख व सुन सकें—तो मंच पर होना एक जरूरत है, इसमें विशेष होने जैसा कुछ नहीं। क्योंकि वे आपको सुनने आए हैं, इसलिए आवश्यकता है कि आप बोलें और वे सुनें; आप मंच पर बैठें और वे आपके सामने, नीचे अथवा कुर्सियों पर बैठें। इसका अर्थ यह नहीं है कि आप विशेष होने का ही प्रयास कर रहे हैं, और इसका अर्थ यह भी नहीं है कि भीड़ में जो लोग एक जैसे प्रतीत हो रहे हैं और नीचे बैठे हैं, वे विशेष होने का प्रयास नहीं ही कर रहे होंगे। जहाँ भ्रम है, वहाँ अहं है—और यही विशेष होना है।

क्योंकि विशेष होने अथवा नहीं होने का पहला और सीधा संबंध अहंकार और बोध से है, न कि प्रकट कर्म अथवा व्यवहार से; क्योंकि कर्म और व्यवहार का तो ढोंग भी किया जा सकता है। महत्वपूर्ण तो यह है कि आपका केंद्र क्या है—सत्य और बोध या अहंकार और आत्म-अज्ञान। क्योंकि यह प्रयास सबसे पहले अहंकार के तल पर होता है, यानी आपकी नीयत से तय होता है कि अब बुद्धि क्या करेगी और क्या नहीं। फिर उसी के अनुसार विचार-प्रक्रिया होगी और उसके बाद यह कर्म व व्यवहार के रूप में प्रकट होता है। प्रकट कर्म और व्यवहार तो केवल मुखौटे होते हैं; असली चेहरा तो अहंकार होता है, जो विशेष होने का दिखावा करने के लिए 'कर्म' और 'व्यवहार' का कोई भी मुखौटा पहन सकता है। विशेष होने का प्रयास करके बहुत कुछ नहीं होगा—आप केवल भ्रमित होंगे, भटकेंगे और दुख पाएँगे।

विशेष होने का अर्थ है—वह दिखने का प्रयास करना, जो आप 'हैं नहीं'। आपका तथ्य कुछ और है, सत्य कुछ और है—मगर आप दिखा कुछ और ही रहे हैं, और वह भी जानते-बूझते। कई बार आप जानते भी नहीं हैं कि आप विशेष होने का प्रयास कर रहे हैं, मगर आप स्वयं को विशेष (अर्थात् पृथक और स्वतंत्र) मानते हैं—इसका प्रमाण आपकी पीड़ा

है। हमारा मस्तिष्क विशेष होने का प्रयास करने के लिए इस तरह से संस्कारबद्ध हो गया होता है कि जब वह विशेष होने का प्रयास कर रहा होता है, तब वह उसको अपने लिए किसी भी तरह गलत नहीं मानता। माने, विशेष होने के प्रयास को वह उचित, सही और ज़रूरी मानता है। इसके लिए भी वह संस्कारबद्ध हो चुका होता है। इस संस्कारबद्धता के प्रति ही तो ईमानदार और निष्पक्ष सजगता चाहिए। यही सजगता आपको इस पीड़ादाई और संस्कारबद्ध जीवन-चक्र से मुक्त करती है।

तो जो आपका तथ्य है, उससे पृथक स्वयं को कुछ और मानना और दिखाने का प्रयास करना—चाहे जानते-बूझते, चाहे अनजाने में—यह अहंकार है। ऐसा कोई भी प्रयास करके आप अन्य के साथ कम और बाद में गलत करते हैं, मगर उससे पहले आप स्वयं अपने लिए भ्रम, भय, बंधन, असहजता और दुख पैदा कर लेते हैं। क्योंकि आप स्वयं को मानते कुछ हैं और आपकी हकीकत कुछ और ही है। जब आप स्वयं को ऐसा कुछ मानने लगते हैं, जो कि आपकी हक़ीकत नहीं है, तब आपको भी यह भ्रम होने लगता है कि जो आप स्वयं को मानते हैं, वही आपकी हक़ीकत भी है। ऐसा होने से तथ्य और मान्यता के बीच एक द्वंद, संघर्ष और तनाव खड़ा हो जाता है—क्योंकि आपके कुछ मानने से केवल मान्यता बदलती है, तथ्य नहीं। इस तरह आप भ्रम में जीते हैं, धोखे खाते हैं, पछताते हैं और पीड़ा पाते हैं।

जब आप स्वयं को कुछ ऐसा मानते हैं, जो कि आपकी हक़ीकत नहीं है, और आप जानते हैं कि जो आप स्वयं को मानते हैं और जो अन्य लोगों को अपने बारे में दिखाते हैं, वह आपकी हकीकत नहीं है—तब आप लगातार इस असहजता और भय में जीते हैं कि कहीं किसी तरह लोगों को आपकी सच्चाई का पता न चल जाए। क्योंकि आपकी पूरी जिंदगी आपकी हकीकत पर नहीं, बल्कि आपकी मान्यता और एक झूठी छवि पर टिकी हुई है। इस तरह यह मान्यताएँ, असहजता, भ्रम और भय आपके लिए बंधन और दुख का कारण बन जाते हैं। इस झूठी हस्ती को ही मैं अहंकार कह रहा हूँ।

ऐसा कुछ होने, बनने, दिखने अथवा दिखाने का 'प्रयास' करना—जो कि आप हैं नहीं, मगर होना चाहते हैं—वह भी विशेष होने का ही एक रूप है। क्योंकि यहाँ भी आप स्वयं से ही भाग रहे हैं। आप तथ्य को जाने-समझे बिना ही उसे झुठला रहे हैं, नकार रहे हैं और उससे भाग रहे हैं। जब हकीकत को—यानी तथ्य को तथ्य की तरह और कल्पना को कल्पना की तरह—देख लिया जाता है, तब प्रयास नहीं बचता, मानसिक पीड़ा नहीं रहती और कर्म में सहजता आ जाती है।

वह होने का प्रयास करना जो आप हैं नहीं, मगर होना चाहते हैं—यह आपको दुख में ले जाता है। आप वह क्यों होना चाहते हैं? वैसा क्यों दिखना चाहते हैं? इसके अनेक कारण हो सकते हैं। हम कह सकते हैं कि आप शायद इसलिए विशेष होना चाहते हैं क्योंकि विशेष होने से आपकी किसी खास कामना की पूर्ति होती है। शायद आप स्वयं को असुरक्षित महसूस करते हैं और यह मानते हैं कि यदि आप विशेष हो गए तो आपको सुरक्षा मिल जाएगी। समाज और दुनिया में स्थान पाने और लोगों का ध्यान पाने के लिए भी अक्सर हम विशेष

होने का प्रयास करते हैं। ऐसे अनेक कारण हैं जिनकी वजह से हम ऐसा करते हैं, किन्तु मूल कारण यह है कि हमारा जीवन बोध और प्रेम से रिक्त है, हम स्वयं में अपूर्ण और असंतुष्ट हैं। ऐसा इसलिए है क्योंकि आप स्वयं से बहुत दूर हैं। जो आप वास्तव में हैं, उसका आपको कुछ पता नहीं। इसलिए आप स्वयं को कुछ ऐसा मानकर जी रहे हैं जो नकली है, जो दूसरों द्वारा आपके मस्तिष्क में डाल दिया गया है।

आपका मस्तिष्क—देश, काल, वातावरण, समाज, संयोग, शिक्षा, फिल्मों, मीडिया और संस्कृति आदि द्वारा संस्कारबद्ध है, और उसी का परिणाम है वह, जिसे आप कहते हैं—'मैं'। मगर आप उस संस्कारबद्धता के प्रति सचेत नहीं हैं, जबकि आपका पूरा जीवन उसी से संचालित है। आपका तन, मन, विचार, भावनाएँ, क्रियाएँ, प्रतिक्रियाएँ, निर्णय, उद्देश्य, रिश्ते, उठना, बैठना, कपड़े, भोजन—सब कुछ इसी संस्कारबद्ध मस्तिष्क द्वारा संचालित हैं। और आप यदि उसके प्रति ही सचेत नहीं हैं, तो आप चाहे जो भी करें—वह सब आपके लिए दुख का कारण ही बनेगा।

तो मस्तिष्क की संस्कारबद्धता के प्रति ईमानदारी व निष्पक्षता से सचेत न रहकर उसी बेहोशी के केंद्र से जीवन जीते जाना ही हर तरह के मानसिक प्रयासों का कारण है। और जब आप सचमुच अपने तन, कर्म, व्यवहार, विचार आदि की संस्कारबद्धता को समझते हैं, बंधनों को समझते हैं, दुख के मूल कारणों को समझते हैं, तब वे जारी नहीं रहते, क्योंकि वे सब मनोवैज्ञानिक हैं। उनको ना जानना ही उनको बनाए रखता है। वे आपकी मान्यताओं से आ रहे हैं और जैसे ही आप उनको और उनकी व्यर्थता को देखते हैं, वैसे ही वे समाप्त होते जाते हैं। वे बस प्रतीत होते हैं कि 'हैं', क्योंकि आप मानते हैं कि 'हैं'। और जब वास्तव में आप उनके निकट जाते हैं, उन पर ध्यान देते हैं, तो आप पाते हैं कि बंधन सिर्फ मान्यता है। बंधन वास्तविक नहीं हैं।

वह जीवन जो बोध, सत्य, सहजता और सरलता से रहित है, वहाँ सब-कुछ विशेष होने का ही प्रयास है। विशेष होने या दिखने के प्रयास की शुरुआत होती है अहंकार से, जो कि आत्म-अज्ञान का ही परिणाम है। जब आत्मज्ञान नहीं होता है, यानी जब आप संस्कारबद्धता और अपूर्ण ज्ञान के तथ्य से परिचित नहीं होते हैं, तब आप कहते हैं, 'मैं हूँ', और ऐसा कहते ही आपने यह कह दिया कि आप पृथक और स्वतंत्र हैं। क्योंकि जब तक पृथकता न हो, भेद न हो, तब तक 'मैं हूँ' कहने का कोई अर्थ नहीं। कभी प्रकट रूप से और कभी अप्रकट रूप से आप हर क्षण, हर संबंध और व्यवहार में यह दर्शाते हैं कि आपकी अपनी पृथक और स्वतंत्र सत्ता है। आप स्वयं को विशेष और ख़ास मान रहे हैं।

जैसे हम में से अधिकांश लोगों के लिए अपने होने का अर्थ है, शरीर का होना। इसीलिए कोई भी व्यक्ति जब सामने दिखता है, तो आप उसके शरीर को देखकर ही कहते हैं कि फलाना व्यक्ति आ गया। दूर से आपने क्या देखा? शरीर ही तो देखा, कपड़े ही तो देखे। तो हमारे होने से हमारा आशय होता है, शरीर का होना। वही शरीर जब सामने नहीं होता, जब उसमें चल रही गतिविधियाँ बंद हो जाती हैं, उसको जला दिया जाता है अथवा मिट्टी में गाड़

दिया जाता है, तो उसको हम मृत्यु कह देते हैं। शरीर यदि खुद से, अपनी विचार प्रक्रिया से चल रहा है, तो आप कहते हैं कि वह ज़िंदा है। हमारे लिए यह महत्व ही नहीं रखता कि क्या वह स्वयं को समझता भी है अथवा नहीं। इसीलिए फिर हम इस शरीर के आधार पर स्वयं को अन्य से पृथक मानते हैं।

जब आप स्वयं को नहीं समझते हैं, जब आप नहीं समझते कि शरीर और शरीर में अंतर नहीं है, जब आप बेईमान और पाखंडी हो जाते हैं, तब आप शरीर के आधार पर श्रेष्ठता और हीनता का निर्णय करते हैं, भेदभाव करते हैं। अन्यथा शरीर तो ऐसे ही हैं जैसे समंदर से उठी दो लहरें। दोनों लहरें हैं, दोनों लहरें जल से निर्मित हैं, जल ही हैं। दोनों लहरें समंदर से पृथक नहीं हैं। मगर जब हमें यह तथ्य भी पता नहीं होता, जब हमें देखना नहीं आता, जब हम खुद टुकड़ों में जी रहे होते हैं, तो हम लहरों में भी अंतर करते हैं। समाज में ऐसी अनेक मान्यताएँ हैं जहाँ एक खास व्यक्ति के शरीर को श्रेष्ठ माना जाता है, अन्य के शरीर को निम्न।

किसी तथाकथित काल्पनिक ऊँची जाति में मान्यता रखने वाले लोग स्वयं को विशेष और श्रेष्ठ मानते हैं और किसी अन्य तथाकथित काल्पनिक निम्न जाति में विश्वास रखने वाले लोग स्वयं को हीन मानते हैं। यदि कोई भी व्यक्ति ऐसा मानता है कि किसी खास व्यक्ति की देह को छूने मात्र से वह अपवित्र हो सकता है, तो इसका अर्थ है कि वह देह और देह में अंतर कर रहा है। यदि लोग ऐसा मानते हैं कि किसी व्यक्ति (शरीर) का मंदिर में प्रवेश करना उस मंदिर को अपवित्र कर देता है, इसका अर्थ है कि लोग स्वयं को शरीर मानते हैं और उसको भी पृथक और स्वतंत्र मानते हैं, जबकि कोई भी शरीर विशेष यानी स्वतंत्र और पृथक नहीं होता है। यह भ्रामक और झूठा ज्ञान, यानी अहंकार, ही शुरुआत है स्वयं को विशेष मानने की, यानी भय, दुख और हिंसा की।

तो विशेष होने के प्रयास की शुरुआत होती है इस अपूर्ण ज्ञान से कि मैं हूँ, मैं शरीर मात्र हूँ किन्तु मेरी पृथक और स्वतंत्र सत्ता है। लेकिन ऐसा तो हर कोई व्यक्ति मानता है। लोग भले ही ऐसा कहते नहीं हैं, शायद जानते भी नहीं हैं, मगर जीते ऐसे ही हैं। उनके रिश्ते, काम और जीवन के सारे निर्णय शरीर-आधारित ही होते हैं। हर कोई व्यक्ति देह के तल पर स्वयं को अन्य सभी व्यक्तियों, वस्तुओं, प्रजातियों, पशुओं, पक्षियों, वनस्पतियों आदि से पृथक, स्वतंत्र और ख़ास ही तो मानता है। अन्यथा किसी पर भी हिंसा कैसे कर सकता था? कैसे ऐसी ज़िंदगी जी सकता था जो किसी भी अन्य जीव और इस प्रकृति के लिए किसी भी तरह से विनाशकारी हो?

तो इस तरह आप स्वयं को पृथक, स्वतंत्र और विशेष मानते हैं। यही अहंकार है, जो आपके लिए और आपके माध्यम से इस पूरे जगत में केवल हिंसा और पीड़ा को ही बढ़ाता है। लेकिन जब आप देखते हैं कि आस-पास तो हर कोई व्यक्ति स्वयं को पृथक, स्वतंत्र और विशेष मान रहा है, तो फिर आप विशेष रहे नहीं। भीड़ से अलग आप रहे नहीं। जैसे आप स्वयं को विशेष मानते हैं, वैसे ही हर कोई स्वयं को ख़ास मानता है, तो इसमें अब कोई खासियत रही नहीं, है न?

तो फिर आप अनेक तरीकों से पृथक, यानी विशेष, होने का प्रयास करते हैं। विशेष होने की इस प्रक्रिया में आप न जाने क्या-क्या बनते जाते हैं। आप स्वयं को न जाने कितने नाम और पहचानों में कैद कर देते हैं और धीरे-धीरे उन्हीं को अपनी असली पहचान मानने लगते हैं। इस तरह आप होते कुछ हैं और स्वयं को मानते कुछ और ही हैं, और जो आप स्वयं को मानते हैं, उसी के केंद्र से जीते हैं। मगर हकीकत, चूँकि आपकी कुछ और है, इसलिए पीड़ा कभी खत्म नहीं होती और आप विशेष होने की दौड़ में लगे रहते हैं—इस उम्मीद में कि शायद यह नहीं तो वह होकर, ऐसा नहीं तो वैसा होकर, यह नहीं तो वह पाकर, कभी तो पीड़ा मिटेगी, कभी तो चैन मिलेगा।

मगर मिलता नहीं। क्योंकि चैन मिलता है वही होकर जीने में, जो आप हैं; न कि वह होकर जीने में, जो आप स्वयं को मानते हैं या किसी अन्य ने आपके ऊपर थोपा है। और आप क्या हैं? यह जानने के लिए आपको यह समझना होगा कि जो आप स्वयं को मानते हैं—वह आप नहीं हैं। जो भी कुछ आप स्वयं को मानते हैं, आपको उसके झूठ, उसकी सीमाओं और व्यर्थता को ईमानदारी और निष्पक्षता से देखना होगा। अन्यथा, आप चाहे किसी भी रूप में विशेष होने का प्रयास कर रहे हों, तब भी आप भीड़ से अलग तो हुए ही नहीं। क्योंकि जिस प्रकार आप विशेष होने का प्रयास कर रहे हैं, जिस प्रकार आप विशेष होने के गुलाम हैं और उसकी पीड़ा से गुज़र रहे हैं, उसी प्रकार हर कोई व्यक्ति विशेष होने के प्रयास में ही लगा है। बस रास्ते सबके अलग-अलग हैं, मगर दौड़ सब रहे हैं।

दौड़ने में समस्या नहीं है; पीड़ा इस मान्यता में है कि आप सोचते हैं—दौड़कर कुछ ऐसा मिल जाएगा, जो पूर्ण कर देगा। दौड़कर, यानी स्वयं में कुछ जोड़कर, कभी पूर्णता नहीं मिलती। जैसे एक के आगे चाहे कितने ही शून्य लगा दो, मगर और भी लगाए जा सकते हैं। उसी तरह इस सीमित, संकुचित और अपूर्ण 'मैं' के साथ चाहे कितने ही नाम, पहचान, धन, ताकत, अनुभव, उपलब्धियाँ आदि जोड़ दो; यह अपूर्ण ही रहता है। इसी में सारी पीड़ा है। पूर्णता है स्वयं को खाली करने में; जो स्वयं को मानते हो, उसके झूठ को जानकर उससे मुक्त जीने में। एक को हटा दो और सारे शून्यों को निराधार छोड़ दो। मन से मिट ही जाओ और देह बहती रहे, नदी की भाँति।

एक को हटाने से आशय है यह जानना कि यह देह इस प्रकृति, यानी जगत, से उसी तरह पृथक, स्वतंत्र और विशेष नहीं है, जैसे समंदर से लहर; और मानसिक तल पर जो कुछ भी है, वह केवल मुर्दा मान्यताएँ और स्मृति है, जो कि देश, काल, वातावरण, संयोग, समाज, शिक्षा, संस्कृति आदि का परिणाम है। मैं वह सब नहीं हूँ, अपितु साक्षी मात्र हूँ—और इस बोध में होना। वहाँ न मैं है, न तू है। शरीर के तल पर स्वयं को पृथक और स्वतंत्र मानना केवल अज्ञान है।

सूर्य, चाँद, तारे, आकाश, धरती, पेड़, समंदर और किसी भी जीव का शरीर—सब-कुछ जुड़ा हुआ है, पृथक और स्वतंत्र नहीं है। केवल स्मृति के तल पर जो अतीत है, भ्रमवश उसको जब आप सत्य मान लेते हैं, स्वार्थवश उससे जब आप आसक्त रहते हैं, अहंकारवश उसके

केंद्र से जब आप जीते हैं—तब द्वंद खड़ा होता है; तथ्य और मान्यताओं के बीच, अतीत यानी स्मृति और वर्तमान यानी जीवन के बीच। यहीं से सारे भेदभाव खड़े होते हैं। जब आप स्मृति की सीमाओं को देख पाते हैं, जब आप किसी भी वस्तु, व्यक्ति आदि से संबंध के दौरान उस स्मृति, यानी अतीत, के केंद्र से जीने पर उत्पन्न हिंसा, पीड़ा और खतरों को देख पाते हैं—तब आप अतीत के केंद्र से उसी तरह नहीं जीते हैं, जैसे काँटे को देखने के बाद आप उस पर पैर नहीं रखते। क्योंकि उस पर पैर रखने के खतरों और पीड़ा के प्रति आप सचेत हैं, पैर और काँटे की प्रकृति के प्रति आप सचेत हैं।

उसी तरह स्वयं को विशेष मानना अथवा विशेष होने का प्रयास करना, वैसा ही है जैसे काँटे पर पैर रखना। स्वयं को विशेष मानने की भयावहता को पता नहीं कि आप देख भी पा रहे हैं कि नहीं? स्वयं को विशेष मानना यानी इस भ्रम में जीना कि मेरा तो पृथक और स्वतंत्र अस्तित्व है। जैसे कोई व्यक्ति कहे कि मैं क्या करता हूँ और क्या नहीं, क्या खाता हूँ और क्या नहीं, कैसे रहता हूँ और कैसे नहीं—यह सब मेरी अपनी मर्जी है। ऐसा केवल वही व्यक्ति कह सकता है जो स्वयं को विशेष मानता हो और जिसके जीवन में बोध, प्रेम, करुणा, शांति, सच्चाई, संवेदनशीलता, ईमानदारी और होश का अकाल हो। क्योंकि ऐसा कहना कि मेरी मर्जी, मैं कुछ भी करूँ, कैसे भी रहूँ—यह उतनी ही भयानक और हिंसक बात है जितनी कि कोई कहे कि मैं धमाके करना चाहता हूँ, क्योंकि उसमें मुझे मज़ा मिलता है, और इसके लिए मैं चाहे किसी भी देश पर परमाणु बम गिराऊँ—यह मेरी मर्जी है।

आपका व्यक्तिगत जैसा कुछ भी नहीं है। आप हर क्षण क्या करते हैं और क्या नहीं, कैसे जीते हैं और कैसे नहीं, आप क्या बोलते हैं और क्या नहीं, क्या खाते-पीते-पहनते हैं और क्या नहीं—आपकी हर चीज़ का, प्रत्येक व्यवहार का, हर क्षण का इस पूरे अस्तित्व पर, और पूरे अस्तित्व का आप पर प्रभाव पड़ता है। अतः विशेष यानी पृथक और स्वतंत्र अस्तित्व जैसा कुछ नहीं है। मगर यह भ्रम क्यों और कैसे हो जाता है? इसको भी हमें समझना चाहिये।

स्वयं को विशेष अनुभव करने और विशेष होने के उस अनुभव को बरकरार रखने के प्रयास की शुरुआत तो जन्म के साथ ही हो जाती है—यानी जब बच्चा गर्भ से बाहर आता है, तब से ही, शायद उससे भी पहले। कई लाख शुक्राणु दौड़ लगाते हैं; उनमें से अक्सर कोई एक ही होता है जो सबसे पहले अंडाणु तक पहुँच पाता है। यह उपलब्धि आसान नहीं रही होगी। यह उतनी ही कठिन रही होगी जितनी कि, खासकर भारत में, लाखों विद्यार्थियों को पीछे छोड़कर सरकारी नौकरी के लिए चयनित होना। यह शुक्राणु इतना सूक्ष्म था कि आप उसे नंगी आँखों से नहीं देख सकते, मगर यही आगे चलकर वह हो जाता है जिसे आप इंसान कहते हैं।

स्त्री-पुरुष यानी आप बेचैन थे; वही बेचैनी शुक्राणु बनी, और शुक्राणु होने में भी जब चैन नहीं मिला तो भ्रूण बना, और फिर बनते-बनते बच्चे से होते हुए आप जवान हो गए। कुछ नहीं से आप कितना कुछ हो जाते हैं। तन, मन, घर और जीवन में आप बहुत कुछ जोड़ते ही जाते हैं, ताकि आप विशेष बने रहें। जब एक बच्चा पैदा होता है, तब वह केवल शरीर होता

है, और कुछ भावनाएँ, वृत्तियाँ व संस्कार आदि होते हैं। माने शरीर पैदा होता है, और शरीर के अनुभव तो यही होते हैं कि वह पृथक है, अन्य सभी दृश्यगत और अनुभव्य वस्तुओं से अलग है। अभी-अभी जिस महिला के गर्भ से बच्चा पैदा हुआ है, वे दोनों ही जन्म के बाद स्वयं को एक-दूसरे से अलग मानते हैं। क्या आप देख पा रहे हैं? इसको कहते हैं चमत्कार (मुस्कुराओ)। कि अभी कुछ देर पहले तक जो अपने ही तन का हिस्सा था, जो मैं था—वह कोई अन्य हो गया; अब वह 'मैं' से 'मेरा' हो गया, 'तू' हो गया।

कुछ समय पहले तक यदि उनका वजन तोलते, तो बच्चे और महिला के तन के वजन में आप भेद नहीं कर सकते थे। मगर जैसे ही बच्चा गर्भ से बाहर आता है, स्वयं को आप बच्चे से पृथक मानने लग जाती हैं। अभिभावक उसे थप्पड़ मारने लगते हैं। यह कैसा भ्रम जाल है? जबकि वह आपका हिस्सा ही नहीं, अपितु आप ही हैं—आपका ही नया संस्करण, नया रंग-रूप और आकार-प्रकार है।बच्चा भी स्वयं को विशेष (पृथक और स्वतंत्र) अनुभव करने लगता है। क्योंकि अभिभावक और संतान दोनों ही अबोध हैं। यहीं से विशेष होने, विशेष दिखने और बनने की शुरुआत हो जाती है। यहीं से अलगाव, भय, आसक्ति, तुलना, ईर्ष्या, अपूर्णता और कामना आदि की शुरुआत हो जाती है। आत्म-अज्ञान और झूठे ज्ञान के कारण शुरू में यह अलगाव केवल शारीरिक होता है, किंतु परिवार, शिक्षा, समाज, तथाकथित संस्कृति और जहरीला-अंधा-बहरा लोकधर्म उस अलगाव को और अधिक मज़बूत बनाने का काम करते हैं। उसी से फिर सारी पीड़ा, हिंसा, युद्ध, अपूर्णता, बेचैनी आदि निर्मित होते हैं।

अब आपको यह देखना और समझना होता है कि आप विशेष नहीं हैं। यह केवल ऐसा ही है जैसे अनेक लहरें हैं, मगर वे समंदर से अलग नहीं हैं; वे जल से अलग नहीं हैं। यह अलगाव केवल भ्रामक अनुभवों, मान्यताओं और स्मृति की सीमाओं को नहीं देखने के कारण प्रतीत होता है। लेकिन जब हम ऐसा नहीं जानते हैं, और न कोई हमें बताने वाला होता है, तब जैसे-जैसे व्यक्ति जीवन में आगे बढ़ता है, तो देह के कारण यह जो अलगाव अनुभव होता है, इस अनुभव के कारण एक झूठा 'मैं' भाव खड़ा हो जाता है। 'मैं' और 'तू' का 'भाव' पैदा हो जाता है। क्योंकि जब आपके शरीर में काँटा चुभता है, तब आपके ही शरीर को दर्द होता है। जब आपका मित्र भोजन ग्रहण करता है, तो उससे आपके तन की भूख नहीं मिटती है। लेकिन आप यह नहीं देखंते कि पीड़ा उधर हो चाहे इधर, पीड़ा और पीड़ा में कोई अंतर नहीं होता। हैं ना? और आम तौर पर लोगों में इतनी करुणा भी नहीं होती है कि आपकी पीड़ा को देखकर वे उसकी बहुत परवाह करें, ताकि आपको भी ऐसा महसूस न हो कि आपकी पीड़ा केवल आपकी ही है।

मगर आप यही पाते हैं कि किसी अन्य को तो आपकी कोई परवाह नहीं है। आपको भी तो किसी की परवाह नहीं है। हर किसी को केवल 'मैं' और 'मेरे' की ही परवाह है, और उसकी ख़ातिर लोग हिंसा, भ्रष्टाचार, विनाश, अन्याय, चोरी और शोषण आदि करने से भी नहीं चूकते। जैसे मेरा परिवार, मेरी जाति, मेरा धर्म आदि। इसलिए विशेष (यानी पृथक और स्वतंत्र अस्तित्व) होने का आपका भ्रम और अनुभव बढ़ता जाता है, किंतु अनुभव तो

सीमित, अपूर्ण, स्थितिजन्य और भ्रामक होते हैं; सत्य नहीं। मगर भ्रम, स्वार्थ और बेईमानी वश आप उसे सत्य मानने लगते हैं। आप कहते हैं कि यह मेरा अनुभव है कि सब पृथक हैं, और इस तरह 'मैं' व 'मेरा' का भाव और अधिक गहरा व प्रामाणिक प्रतीत होने लगता है, क्योंकि हर कोई आपको पराया मानता है।

क्यों? क्योंकि उनकी स्मृति में आप 'मैं' अथवा 'मेरा' बनकर नहीं बैठे हैं। न ही उन्हें यह बोध है कि, "ना कुछ अपना है, ना कुछ पराया।" इसलिए हम अपने तन, मन (स्मृति), घर, समाज, धर्म, देश, दुनिया और जीवन में बहुत कुछ जोड़ते जाते हैं, एकत्रित करते जाते हैं, उसको 'मेरा' कहते हैं और उससे आसक्त हो जाते हैं, क्योंकि उस 'मेरा' के बिना 'मैं' जैसा कोई अनुभव अथवा भाव नहीं होता। 'मेरा' ही 'मैं' (अहम्) है, जो कि सीमित और अपूर्ण है। जो आप स्वयं को 'मानते' हैं और जिसे आप 'मेरा' कहते हैं—वे एक ही हैं। वह अपूर्ण, सीमित और भ्रामक हैं। उसके केंद्र से जीना केवल अलगाव, अपूर्णता, हिंसा, भय, पीड़ा आदि को ही निर्मित करता और बढ़ाता है। क्या ऐसा नहीं है?

अज्ञान, भ्रामक ज्ञान और आत्म-अज्ञान वश देह और स्मृति के आधार पर स्वयं को विशेष (मैं) मानने के कारण अनेक सीमाएँ खड़ी हो जाती हैं। अब 'मैं' के इर्द-गिर्द जो सीमाएँ हैं, वे आपको अपूर्णता, असुरक्षा, अनित्यता, बेचैनी, क्षुद्रता और भय आदि का एहसास कराती हैं, और आप उस अपूर्णता को भरने और सीमाओं को बढ़ाने व बचाने के प्रयासों में लग जाते हैं। अनेक तरह से आप इस खोखलेपन को, इस अधूरेपन को, इस क्षुद्रता को भरने का प्रयास करते हैं। इसी प्रयास में आप बहुत कुछ ऐसा पकड़ते जाते हैं, जो आपको और अधिक अपूर्णता, सीमाओं, बंधनों, दुख और बेचैनी में धकेल देता है। इसी को मैं कह रहा हूँ विशेष या ख़ास होने, बनने अथवा दिखने का प्रयास।

तो सबसे पहले बच्चा जन्म लेता है, और जन्म से मेरा आशय एक दिन अथवा एक पल में घटने वाली किसी घटना से नहीं है, अपितु यह एक सतत् प्रक्रिया है जिसमें जन्म और मृत्यु अलग नहीं हैं। जिस क्षण कली की मृत्यु हो रही होती है, उसी क्षण पुष्प का जन्म हो रहा होता है। कली की मृत्यु ही पुष्प का जन्म है। कली ही पुष्प है। अब इसको जन्म कहें या मृत्यु, वास्तव में यह केवल रूपांतरण की एक प्रक्रिया है।

तो सबसे पहले बच्चा जन्म लेता है, यानी गर्भ से बाहर आता है। फिर अज्ञान, भ्रामक व सीमित ज्ञान और आत्म-अज्ञान के कारण एक 'मैं' भाव, माने पृथक होने का भाव, खड़ा और मजबूत होता जाता है। और जैसे-जैसे आप भ्रमवश स्वयं को पृथक मानते जाते हैं, वैसे-वैसे आप सीमित, संकुचित, अपूर्ण और क्षुद्र होते जाते हैं। फिर समाज, शिक्षा, परिवार, तथाकथित संस्कृति और लोकधर्म होते हैं, और यह पूरी अनुभव्य दुनिया होती है, जो आपको बचपन (अबोध अवस्था) से ही अनेक तरह की पहचानों, नामों, मान्यताओं, रूढ़ियों, परंपराओं, संस्कृतियों आदि में कैद कर देती है। इस तरह आप सम्पूर्ण से और अधिक बंट व कट जाते हैं। आपको और अधिक यह महसूस होने लगता है कि आप तो विशेष हैं, आप सामने वाले से पृथक और स्वतंत्र हैं।

मगर उसमें भी जब आपको चैन नहीं मिलता, तो आपकी दौड़ अन्य दिशाओं में जारी रहती है। फिर आप अनेक अन्य तरह से विशेष होने का प्रयास करते हैं, अन्य चीजों के पीछे दौड़ते हैं। 'मैं' के साथ और बहुत कुछ जोड़ते जाते हैं—इस उम्मीद में कि वे आपको पूरा कर देंगे और पीड़ा से मुक्ति मिलेगी। मगर यह दौड़ जारी रहती है, क्योंकि आप उस 'मैं भाव' को बचाए रखना चाहते हैं, जो कि इस सारी दौड़ का मूल (जड़) है। क्यों? क्योंकि वही आपको विशेष होने का एहसास कराता है, और उसी एहसास में वह (मैं/अहं) पलता है। जब आप इस तरह भ्रम में जीते हैं और स्वयं को विशेष मानते हैं, तब ही आप अन्य लोगों से भी तुलना करते हैं, प्रतिस्पर्धाओं में फँसते हैं। क्योंकि जहाँ कोई दूसरा नहीं है वहाँ ना तुलना होगी, ना हीनता होगी, ना ईर्ष्या होगी, ना अंधी कामनाएँ होंगी; ना ही उनकी पूर्ति के लिए भ्रष्टाचार, हिंसा और शोषण होगा। ना ही कामना पूर्ति ना होने की पीड़ा होगी।

तो जहाँ आप स्वयं को विशेष मानते हैं, वहीं से फिर शुरू होता है सारा मानसिक संघर्ष और तनाव। आप जितना अधिक विशेष होने का प्रयास करते हैं, वह प्रयास आपको उतना अधिक आत्मकेंद्रित और क्षुद्र करता जाता है। सीमित, अपूर्ण और भ्रामक अनुभवों, जानकारियों, मान्यताओं, नामों, छवियों इत्यादि के आधार पर 'मैं भाव' के इर्द-गिर्द आप एक छोटा सा अपना व्यक्तिगत संसार रचते चले जाते हैं, स्वयं को उसमें कैद कर लेते हैं, वहीं तक सीमित कर लेते हैं और स्वयं की एक छवि बना लेते हैं।

वह जो आपने छोटा सा एक मानसिक और—उसी के अनुसार—स्थूल जगत रचा है, जो आपने अपनी एक छवि बनाई है; उसी की रक्षा के लिए फिर आप लगातार तत्पर रहते हैं, उसी के मिटने से डरते हैं। उसमें आते हैं आपके नाम, परिवार, समाज, तथाकथित जाति और धर्म, मान्यताएँ, परंपराएँ, अनुभव, पूर्वाग्रह, भाषा, इज्जत, आपके ढर्रे-ढाँचे इत्यादि। उन्हीं के लिए आप जीते, लड़ते, मारते और मरते हैं। जो भी कुछ आपके अहंकार (यानी सीमित संसार) को पोषण देता है, वह सब कुछ आप करते हैं, उसे बचाते हैं। यही है विशेष होने का प्रयास, जिसके होते हुए आप आज़ाद नहीं हैं।

लेकिन विशेष होने के प्रयास में सहजता, सरलता और स्वाभाविकता खोती चली जाती है। जीवन से सच्चाई गायब होती जाती है और उसका स्थान झूठ, बेईमानी, पाखंड, चालाकियाँ, बेचैनी आदि लेते जाते हैं। आप 'जो है' उसे छुपाते हैं और 'जो आप नहीं हैं', उसका अभिनय करने लगते हैं, और यह सब हमारी दैनिक जिंदगी में अनेक तरह से झलकता और प्रकट होता है। देखो अपने व्यवहारों, संबंधों, क्रियाओं, प्रतिक्रियाओं, निर्णयों, रिश्तों, काम इत्यादि में आप विशेष दिखने-बनने का प्रयास करते हैं, कई तरह के बाहरी प्रदर्शन करते हैं। उदाहरण के लिए—दिखावे की जीवन-शैली।

जैसे कोई व्यक्ति किसी ख़ास ब्रांड के महंगे कपड़े सिर्फ इसलिए पहन रहा हो, ताकि आसपास के जो लोग हैं, उनसे अलग दिख सके और उन्हें प्रभावित कर सके। इसका मतलब मैं यह नहीं कह रहा हूँ कि आप कपड़े ही न पहनें। मगर जरूरत और दिखावे में अंतर होता है। ऐसा करके आप केवल अपने भीतरी खोखलेपन और भिखारीपने के तथ्य को छुपाने की

कोशिश कर रहे हैं। किन्तु आपको यह नहीं भूलना चाहिए कि घाव या बीमारी को छुपाने से वे ठीक नहीं हो जाते हैं। पीड़ा और असहजता जारी रहती है और बढ़ती जाती है।

ये जो महंगे कपड़े और अन्य भोग की चीजें हैं, ये मुफ्त में नहीं आएँगे। इसके लिए आपको बहुत भारी कीमत चुकानी पड़ेगी। आपको बेईमान, पाखंडी, झूठा, हिंसक, शोषक और गुलाम होना होगा। आपको अपने जीवन से प्रेम, सच्चाई, संवेदनशीलता, करुणा, शांति, सहजता और सरलता को गायब होते देखना होगा। उसके अलावा आपको गुलामी करनी पड़ेगी, बेचैन रहना होगा और खूब पैसे कमाने पड़ेंगे। चाटुकार बनना होगा। बहुत पैसों के लिए आपको कोई घटिया काम करना पड़ेगा। भ्रष्ट और हिंसक लोगों के सामने झुकना होगा। काम का आधार अब केवल धन होगा—उससे प्रेम और उसका सही होना नहीं। ऊपर-ऊपर आप नाटक कर सकते हैं कि नहीं, हम तो समाज को बेहतर करने के लिए काम कर रहे हैं या समाज में संतुलन बनाए रखने के लिए कुछ कर रहे हैं, इत्यादि। मगर अब उस काम को आप इसलिए तो नहीं ही कर रहे हैं कि वह काम जरूरी और करने लायक है। न ही आपको उस काम से प्रेम है। हैं ना? आप वह काम सिर्फ़ इसलिए कर रहे हैं, ताकि आपको उससे बहुत पैसा मिले और आप कामना अनुसार महंगी चीजें खरीद सकें।

तो इसके लिए अब आपको उस काम की गुलामी तो करनी पड़ेगी। एक ऐसे काम में अपना जीवन लगाना, जिससे आपको प्रेम ही नहीं है, और यह भी जरूरी नहीं है कि वह काम करने लायक हो ही; यह अपने आप में बंधन, गुलामी और दुख है। यही फिर चिंता, तनाव और कलह-क्लेश का कारण बनता है। विशेष होने और बने रहने के प्रयास में, और उसके लिए यदि धन चाहिए, तो धन कमाने के लिए व्यक्ति—हिंसा, शोषण, अत्याचार और अन्याय करने से भी पीछे नहीं हटता। वह महत्वाकांक्षी होता जाता है और जाने-अंजाने दुख को ही और बढ़ाता है।

यदि आप 'कुछ भी' होकर जी रहे हैं अथवा होने का प्रयास कर रहे हैं, तो आप सबसे पहले स्वयं के साथ ही गलत कर रहे हैं और ख़ुद ही ख़ुद को भ्रम, भय, बंधन और दुख के दलदल में धकेल रहे हैं। यही आपकी पीड़ा का कारण है। स्वयं (अहम्) उस सबके अलावा और कुछ नहीं है—जो कुछ वह बनकर और पकड़ कर बैठा है, और वह सब नश्वर हैं, सीमित-संकुचित हैं। देखो इसे। कुछ होकर जीना और उसे ही सत्य मान लेना भय और दुख का कारण बनता है। क्योंकि जो कुछ भी आप स्वयं को मानेंगे, वह होगा तो सीमित ही, और जो सीमित है वह शाश्वत नहीं होता। मगर आप उसे सत्य और शाश्वत मान लेते हैं, उसी के केंद्र से जीते हैं और उसी पर आपका पूरा संसार टिका हुआ होता है।

इसलिए फिर आप भय में जीते हो कि कहीं मेरा यह संसार नष्ट न हो जाए। होगा ही। क्योंकि आपने जो अपना संसार रचा है, वह भी सीमित है, और जिस पर वह आश्रित है, वह भी सीमित। जैसे: "मेरा छोटा सा परिवार, और वह आश्रित है मुझ पर"। परिवार भी छोटा सा और आप भी छोटे, तो क्या बचना है? कुछ नहीं। सब समय की धूल हो जाना है। यह व्यक्तिगत संसार पहले 'मैं भाव' के इर्द-गिर्द मानसिक तल पर बनता है। वहाँ इससे

आसक्ति रहती है, फिर वही बाहर प्रकट होता है। यही संसार जब नष्ट होता है तो दुख होता है, इसी के मिटने से डरते हो। क्यों? क्योंकि संसार के मिटने के साथ वह भी मिटता जाता है, जिसके लिए वह संसार है, जिसने उसे रच रखा है। इस संसार के बिना 'मैं' की अपनी कोई हस्ती नहीं, कोई पहचान नहीं। आपसे यदि वह सब छीन लिया जाए, जिसे आप 'मेरा' कहते हैं—फिर बताइए कि आप क्या हैं? कुछ नहीं। यही स्वभाव है; कुछ होने के प्रति—अनासक्ति। इसी में आनंद है। इसी में पूर्णता है।

जैसे सब्जी एक शब्द मात्र होता है, वैसा ही अहं होता है। अन्यथा मिर्च, प्याज, नमक, गोभी, आलू, टमाटर, तेल, पानी इत्यादि सामग्री अगर निकाल ली जाए, तो बताओ क्या और कहाँ है सब्जी? कुछ नहीं और कहीं नहीं। सब्जी अपने आप में कुछ नहीं है। यहाँ जो सामग्री है, वह तो फिर भी तथ्यात्मक वस्तु है। मगर मानसिक तल पर आप जो कुछ भी स्वयं को मान लेते हैं, वह तो केवल आपकी मान्यता और कल्पना होती है। चाहे आप स्वयं को कुछ भी मानें—सुंदर-कुरूप, अमीर-गरीब, हिंदू, ईसाई या मुसलमान, श्रेष्ठ या हीन, कोई जाति, धार्मिक या अधार्मिक और चाहे जो भी। सब भ्रम की उपज है। हक़ीकत कुछ और ही है। हक़ीकत दिखाई देती है, भ्रम को भ्रम जानने में। भ्रम को भ्रम और तथ्य को तथ्य देख लो, तो जिसके प्रकाश में यह देख पा रहे हो—वह बोध ही सत्य है। सत्य को नहीं देखना है, सत्य के प्रकाश में भ्रम को भ्रम और तथ्य को तथ्य देखना है। इसी में आज़ादी है।

यह (अहम्) कुछ वैसा ही है जैसे समंदर के बीच बर्फ की कोई शिला। बर्फ की शिला को यह भ्रम है कि वह पानी से पृथक और स्वतंत्र है। जबकि उसके ऊपर-नीचे, आगे-पीछे, अगल-बगल, अंदर-बाहर और हर तरफ केवल जल ही है और वह स्वयं—जल मात्र ही है, जल से है और जल में ही है। मगर वह मानती है कि नहीं—मैं तो विशेष हूँ। यह उसका केवल भ्रम है, लेकिन वह उसे सत्य मानती है। इसलिए हमेशा जल से डरती रहती है कि कहीं यह जल मुझे डुबो न दे! यही भय फिर दुख और अन्य रूप ले लेता है। अहंकार भी ऐसा ही है, जो ऐसा कुछ बन बैठा है जो कि सीमित, संकुचित, अपूर्ण और नश्वर है—जिसकी अपनी कोई सत्ता नहीं है।

हमारे सारे प्रदर्शन अपने भीतरी खोखलेपन से उठते हैं। अगर आप कुछ बातें समझते हैं, जिनको समझने से आपके दुख का अंत हुआ है, वही बात आप अन्य लोगों को समझाना चाहते हैं और वे सुनना चाहते हैं, तो मंच पर बैठने की आवश्यकता पड़ सकती है। मगर मुझे किसी खास तरह के वस्त्र, फूल, मालाएँ आदि पहनने की कोई जरूरत नहीं है। अपने तन पर हल्दी, चंदन, कुंकुम इत्यादि मलने की जरूरत नहीं है। आवश्यकता से अधिक लंबे बाल-दाढ़ी रखने की कोई जरूरत नहीं है—सहज ही हो जाए वो बात और है। अन्यथा यह सब तो असहज करेंगे और बाधा बन जाएंगे। अगर इनके बिना आप असहज हो जाते हैं, तब तो यह बंधन ही हैं। अब आप भले ही यह घोषणा कर रहे हों कि आप मुक्त हो गए हैं, मगर आप अभी गहरे बंधन में हैं।

मेरे पास लोगों से कहने के लिए कुछ बातें हैं, मैं मंच पर हूँ, मेरे पास माइक है, मगर मेरा पहनावा आम लोगों की भाँति ही है। मेरी मूँछ, दाढ़ी, बाल आदि सब वैसे ही हैं जैसे अन्य सभी सुनने वाले लोगों के हैं। मैंने कुछ विशेष वस्त्र धारण नहीं कर रखे हैं और भीतर से भी मैं किसी तरह से लोगों को प्रभावित करने का प्रयास नहीं कर रहा हूँ। मैं (वक्ता) चाहता हूँ कि श्रोता बात को ध्यान से सुनें, ताकि उनके भ्रम हटें। अगर ऐसा है, तो यहाँ कोई समस्या नहीं है। यहाँ कोई विशेष होने का प्रयास नहीं किया जा रहा है। मगर ये जितने भी तथाकथित गुरु, महाराज, बाबा, कथावाचक आदि घूमते-फिर रहे हैं, जो इस बात का नारा लगाते रहते हैं कि वे मुक्त हो गए हैं, आत्मज्ञानी और भगवत-प्राप्त हो चुके हैं—इनकी पूरी वेशभूषा तो बिल्कुल ही अलग होती है। हल्दी, चंदन, मालाएँ, विशेष वस्त्र, मुकुट, बड़े-बड़े बाल और दाढ़ी इत्यादि होते हैं। यदि ये आम जनता से अलग दिख रहे हैं, इनके वस्त्र यदि अन्य सभी से अलग हैं और ये भीतर से प्रयास भी कर रहे हैं अन्य सब से अलग दिखने का, तो क्या ये मुक्त हैं भी?

यदि आप आध्यात्मिक हैं, कुछ समझते हैं और स्वयं को दुख से मुक्त पाते हैं, तो यह प्रमाणित करने के लिए आप ऐसे वस्त्र क्यों पहनते हैं जो आज से हजारों वर्ष पहले कभी पहने जाते थे? आपकी वेशभूषा वैसी क्यों है जो अतीत में कभी किसी की हुआ करती थी? आपके आचरण और व्यवहार वैसे क्यों हैं, जिनकी नकल तो कोई पाखंडी भी कर सकता है? क्या ज्ञान के नाम पर आपके पास केवल यह आचरण है? यह कौन-सी बात हुई कि विज्ञान और प्रौद्योगिकी के बल से जितनी भी सेवाएँ और वस्तुएँ आई हैं, आप उन सब का उपयोग करते हैं; मगर स्वयं को साधु, संत, आध्यात्मिक अथवा धार्मिक दिखाने के लिए उस वेशभूषा और आचरण की नकल करते हैं जो अतीत हो चुके हैं। क्यों? क्योंकि आप नकली हैं। आप कुछ नहीं समझते। इसीलिए आप उस तरह का आचरण करते हैं, उस तरह के वस्त्र पहनते हैं, उस तरह का बाहरी आवरण ओढ़ लेते हैं, जो लोगों के मन में पहले ही आध्यात्मिकता का नाम लेकर बैठा हुआ है। आपके जीने और जानने में अगर मौलिकता होती, समझ का प्रकाश होता, तो बाहरी वेशभूषा से विशेष दिखाने की जरूरत नहीं होती।

यह बात तो स्पष्ट ही है कि—जिस व्यक्ति को दूर से ही देखकर आप यह कह देते हैं कि वह गुरु है, जानिए कि वह गुरु नहीं है। गुरु का संबंध तो ज्ञान से है, प्रकाश से है, और आप वेशभूषा पर ही फिदा हैं। गुरु वह है—जो ज्ञान के प्रकाश से अज्ञान रूपी अंधकार को मिटाता है। मगर किसी की वेशभूषा को देखकर यदि आप उसे गुरु मान लेते हैं, तो इससे यही पता चलता है कि वह तो पाखंडी है ही; आप भी छवियों के गहरे गुलाम हैं। आपने गुरुओं की छवियाँ बना रखी हैं। अब कोई भी ठग उस छवि को धारण करके आ सकता है और आपको लूट सकता है। दुनिया में ऐसे अनेक लोग हैं जो अपनी विशेष वेशभूषा और आचरण के बल पर ही लाखों-करोड़ों लोगों के गुरु बनकर बैठे हैं। जिनके पास ज्ञान के नाम पर केवल कुछ किस्से, कहानियाँ, कथाएँ और अन्य काल्पनिक बातें मात्र हैं। जो केवल रूढ़ियों, मान्यताओं, परंपराओं और अंधविश्वास को ही बढ़ावा देते हैं। ऐसे व्यक्ति को अगर मुक्त कहते हैं, तो

फिर गुलाम किसे कहेंगे? यह आज़ादी नहीं है।

मुक्त तो वह है जिसकी अब कोई पहचान नहीं। कोई 'पहचान न होना' ही उसकी पहचान है। यह भी कह सकते हो कि मुक्ति ही उसकी एकमात्र पहचान है। मुक्त वह है जो अब किसी खास आचरण अथवा वेशभूषा का गुलाम नहीं रहा। जिसे विशेष होने अथवा दिखने की कोई कामना नहीं। जो सहज और सरल है, माने अब वह किसी भी खास पहचान से आसक्त नहीं है। जिसे क्षुद्र अहंकार ही बने रहना है, उसके लिए किसी विशेष आचरण, पहचान, वेशभूषा इत्यादि को ढोना जरूरी हो जाता है और यही फिर उसके लिए भ्रम, बंधन और दुख भी बन जाता है। आत्मज्ञान के साथ दुख आपके लिए समस्या नहीं रहता। जितना आप स्वयं को समझते जाते हैं, उतना ही दुख अर्थहीन होता जाता है। अगर जानना है कि आप स्वयं को कितना जानने लगे हैं या कितना मुक्त हुए हैं, तो उसका पैमाना यही है कि आप यह देख लो कि—अब दुख, चोट, भय इत्यादि आपके लिए कितनी बड़ी चीज हैं। जैसे-जैसे आप स्वयं को जानते जाते हैं, वैसे-वैसे ये सब कम होते जाते हैं। इनका असर कम गहरा और कम समय के लिए होने लगता है।

जैसे कुछ लोग हैं जो कि कुर्सी पर बैठे हैं और बाकी सब नीचे बैठे हैं। तो इससे कुर्सी पर बैठे लोग विशेष (अहंकारी) नहीं हो गए। लेकिन किसी कारण यदि ऐसी स्थिति बनती है कि इनसे भी नीचे बैठने के लिए कहा जाए और इन्हें भी नीचे बैठना पड़े, अब इस बात से यदि इनको दुख होता है, इनको अच्छा नहीं लगता, नीचे बैठने में यदि ये असहज महसूस करते हैं, तो फिर समझ लीजिए कि यह अहंकार है जिसे चोट लग रही है। क्यों? क्योंकि वह ख़ुद को विशेष मानता है। और जहाँ अहंकार है, वहाँ आज़ादी नहीं है। ऐसा ही यदि आपके साथ भी हो रहा है, तो आप भी आज़ाद नहीं हैं। क्योंकि जब आप कुर्सी पर बैठे थे, हो सकता है तब आप इस बात के प्रति सचेत न हों कि आपको कुर्सी पर बैठने में गर्व महसूस हो रहा है। मगर तब भी अहंकार इस बात का सुख ले रहा था कि देखो; मैं कुर्सी पर बैठा हूँ, मैं ख़ास हूँ, श्रेष्ठ हूँ और तुम सब तुच्छ, हीन और छोटे हो। यदि आप ऐसे हैं—तो अब चाहे आप कुर्सी पर बैठे हों, चाहे ज़मीन पर बैठे हों; आप आज़ाद नहीं हैं, न ही आप श्रेष्ठ हैं। क्योंकि गुलामी या आज़ादी इससे तय नहीं होती कि आप कहाँ बैठे हैं? यह तो इससे तय होती है कि चोट खाने वाला बचा है या मिटने लगा है? आप अहंकार के केंद्र से जी रहे हैं या बोध और सत्य के केंद्र से?

यदि आवश्यकता होने पर कुर्सी से उठकर नीचे बैठने में आपको असहजता नहीं होती, आपके अहंकार को चोट नहीं लगती और आप सहजता से नीचे बैठ पाते हैं, तो आप तब भी मुक्त ही थे जब कुर्सी पर बैठे थे और आप अब भी मुक्त हैं जब ज़मीन पर बैठे हैं। यदि आप मुक्त हैं, तो ही ऐसा हो सकता है कि चाहे आप कुर्सी पर बैठें अथवा नीचे; कुछ भी आपके लिए दुःख और असहजता का कारण नहीं बनता है। अन्यथा जहाँ अहंकार होता है, वहाँ यह छोटी-सी बात भी बड़े-बड़े दंगे और हिंसा करवा देती है। अब यह आपको देखना है कि आप कैसे जीना चाहते हैं?

जो तथाकथित धार्मिक गुरु, महाराज, कथावाचक इत्यादि हैं, उनसे ज़रा कहो कि वे अपनी यह विशेष वेशभूषा उतार कर बात करें। यह बड़ा-सा सिंहासन छोड़कर बात करें। यह मालाएँ, जटाएँ, हल्दी, राख आदि हटाएँ। ये अँगूठियाँ उतारें और आम इंसान की तरह ही कपड़े पहन कर बात करें। आम इंसान की भाषा में बात करें। ऐसा करने में यदि ये तथाकथित ज्ञानी, गुरु या कथावाचक असहज हो जाते हैं और इसके लिए तैयार नहीं होते हैं, तब समझ जाइए कि यहाँ केवल पाखंड चल रहा है। शायद इनको इस विशेष वेशभूषा की जरूरत ही इसलिए होती है क्योंकि ज्ञान के नाम पर उनके पास केवल हवा-हवाई किस्से-कहानियाँ और कुछ रटी-रटाई बातें, मंत्र या श्लोक आदि हैं। यह सब स्वयं को विशेष दिखाने और अन्य के ऊपर हावी होने के तरीके होते हैं, जो केवल अहंकार को ही पोषण देते हैं, और जहाँ अहंकार है वहाँ आज़ादी नहीं है। ऐसा व्यक्ति स्वयं अभी गहरे बंधन में है।

कोई व्यक्ति कला के पीछे दौड़ रहा है और कोई संगीतज्ञ बनना चाहता है। कोई लेखन के काम में लगा है और कोई खेल में लगा हुआ है। कोई ज्ञान बटोरने में लगा हुआ है और कोई किसी अन्य चीज़ के पीछे दौड़ रहा है। दौड़ने में कोई समस्या नहीं है, महत्वपूर्ण यह है कि आप प्रेम और मौज में दौड़ रहे हैं या विशेष होने के लिए मज़बूरी में दौड़ रहे हैं। दौड़ यदि मौज है, तो जीवन मस्त हो जाता है, और दौड़ यदि केवल एक मज़बूरी है, तो जीवन भी बोझ हो जाता है।

चाहे आप किसी भी दिशा में दौड़ रहे हों, यदि आपकी दौड़ बेहोशी, आत्म-अज्ञान और भीतरी खोखलेपन से आ रही है और आप यदि यह सोचते हैं कि उस खोखलेपन, बेचैनी या अपूर्णता—जो भी आप उसे नाम दें—को आप कुछ हासिल करके या कुछ बन कर के हटा सकते हैं, तो ऐसा नहीं होने वाला है, बल्कि विशेष होने के आपके प्रयास उस अपूर्णता की पीड़ा को और अधिक बढ़ाते जाएंगे। क्योंकि यह पीड़ा और अपूर्णता किसी चीज़ की कमी का परिणाम नहीं है, अपितु बेहोशी और आत्म-अज्ञान (माने झूठे, भ्रामक और अपूर्ण ज्ञान) का परिणाम है। जब आप इस भाव के साथ कुछ भी करते हैं कि ऐसा कुछ करके मुझे चैन मिल जाएगा, लोग मुझे जानेंगे, मेरी चर्चा होगी, समाज में मेरी अलग पहचान होगी, तब इससे यह स्पष्ट हो जाता है कि अभी आप भीतर से सचमुच पूरे नहीं हो, बेचैन हो। यदि आप ऐसा मान रहे हैं, तो आप चाहे कुछ भी हासिल कर लें, आप कभी पूर्ण यानी मुक्त नहीं हो सकते। जो स्वयं को सतत् जान रहा है, वह अभी ही पूर्ण और मुक्त है। जो यह मानता है कि कुछ होकर (विशेष होकर) पूर्णता मिल जाएगी, वह जीवन भर तो पूर्णता की तलाश में अपूर्ण जीता ही है और यदि उसकी कामना पूर्ति हो भी जाती है, तो पाता है कि खोखलापन वैसा का वैसा ही है—शायद और बढ़ गया हो।

मान लीजिए कि दो व्यक्ति हैं, दोनों ही गीत गाते हैं। एक ही गीत है, वही शब्द हैं, दोनों के गाने का ढंग भी समान है। कहने का आशय है कि चाहे आप किसी को भी सुनें; दोनों में कोई भेद नहीं है। मगर इसका अर्थ यह बिल्कुल भी नहीं है कि दोनों गायक आनंदित और मुक्त भी हैं। हो सकता है कि वे आज़ादी के ही गीत गा रहे हों, मगर वे स्वयं भी आज़ाद ही

हों, यह ज़रूरी नहीं है। एक व्यक्ति यदि इसलिए गा रहा है क्योंकि उसे गाने में ही मौज और आनंद है, क्योंकि उसके पास गाने के लिए कुछ प्रेमपूर्ण, बोधपूर्ण और सुंदर है, और यदि वह इसलिए गा रहा है ताकि जो प्रेम और आनंद उसमें उमड़ रहा है, वह अन्य को भी मिले; तो यह गीत गाना उसके लिए बंधन या दुख नहीं बनेगा, अपितु मौज और आनंद होगा।

यदि गीत गाने के पीछे सिर्फ़ लोगों को प्रभावित भर करना अथवा लोगों की नज़रों में विशेष बनना उसका उद्देश्य नहीं है, बल्कि ये गीत यदि उसके प्रेम, करुणा, आनंद और बोध से आ रहे हैं; तो वह मुक्त ही है और उसका संगीत अब उसके लिए बंधन, बोझ या दुख का कारण नहीं बनेगा। फिर आप उसे सम्मान देते हैं कि नहीं? उसके गीतों पर तालियाँ बजाते हैं कि नहीं? ये सब बातें उसके लिए बहुत महत्व नहीं रखती हैं। इन सब से उसको बहुत फर्क नहीं पड़ता है। क्योंकि वह व्यक्तिगत रूप से कुछ पाने अथवा बनने के लिए नहीं गा रहा है, वह आपको प्रभावित करने अथवा विशेष होने के लिए नहीं गा रहा है। उसके गीत उसकी पूर्णता से आ रहे हैं। वह कुछ पाने के लिए नहीं गा रहा है, बल्कि वह जान गया है कि जो असली है वह तो प्राप्त ही है और वह उससे पृथक नहीं है; इस बोध में जो आनंद और करुणा है, वहाँ से उसके गीत आ रहे हैं। यदि ऐसा है, तो चाहे गीत हो, लेखन हो या कुछ और; वह आपके लिए बंधन नहीं बनने वाले हैं, अपितु वह तो भ्रम, भय, बंधन और दुख से मुक्त करने वाले हो जाते हैं।

इसके विपरीत एक ऐसा व्यक्ति भी हो सकता है जो बिल्कुल पहले व्यक्ति जैसे ही गीत गा रहा हो, सब कुछ वैसा का वैसा ही हो, मगर फिर भी भीतर से मुक्त और पूर्ण न हो। यदि वह सिर्फ़ इसलिए गा रहा है ताकि लोग उसके गीतों पर तालियाँ बजाएँ, उसकी वाह-वाही करें, उसको सम्मान दें, उसको विशेष मानें, उसको पूजें, उसका अनुसरण (फॉलो) करें और उसकी तस्वीर को लोग अपनी प्रोफाइल पर लगाएँ; तो यह व्यक्ति आज़ाद नहीं है। इसलिए सब-कुछ पाकर भी यह जीवन में दुख और अपूर्णता ही पाएगा, हीनता और क्षुद्रता ही अनुभव करेगा। क्योंकि स्वयं को नहीं जानने के कारण यह स्वयं से ही दूर हो गया है, कुछ और ही बन बैठा है और उस दूरी के कारण उत्पन्न हुई अपूर्णता को वह कुछ हासिल करके भरना चाहता है; जो कि नासमझी ही है।

तो एक व्यक्ति ऐसा भी हो सकता है जो कि सचमुच मौज में ही गा रहा है और दूसरा व्यक्ति ऐसा भी हो सकता है जो बस मौज में गाने का नाटक कर रहा हो। एक व्यक्ति ऐसा हो सकता है जो बस यह देख रहा है कि आप तक उसकी बात पहुँच रही है या नहीं? और दूसरा व्यक्ति ऐसा भी हो सकता है जो आपकी नज़रों में बस इज्जत तलाश रहा हो, भिखारी बना हुआ हो। इन दोनों की भीतरी स्थिति में बहुत अंतर होगा। एक प्रेम, आनंद और मौज में होगा और दूसरा—बेचैनी, मज़बूरी, हीनता और बोझ में जी रहा होगा।

इसका मतलब मैं यह बिल्कुल नहीं कह रहा हूँ कि आप एक बेहतर जीवन जीने के लिए जो कुछ ज़रूरी है, उस सबका त्याग कर दें या उनको हासिल न करें। यह तो सीधी, सरल और स्पष्ट सी बात है कि जीवित रहने और एक बेहतर जीवन जीने के लिए बहुत कुछ चाहिए

और आपको उसकी व्यवस्था ज़रूर करनी चाहिए। हम बात कर रहे हैं उस पीड़ा की जो किसी चीज की कमी के कारण नहीं, अपितु बेहोशी और अहंकार के साथ आती है। जो विशेष नहीं होने के कारण नहीं, अपितु स्वयं को विशेष मानने अथवा विशेष होने के प्रयास के कारण उत्पन्न होती है और जिसका अंत होता है यह जानकर कि, "न मैं विशेष हूँ, न ही मेरी अपनी कोई पृथक और स्वतंत्र सत्ता है।" और जहाँ कर्म तो होता है, किन्तु मनोवैज्ञानिक तल पर कुछ होने अथवा बनने की कामना नहीं रहती, जहाँ कामना की सीमाएँ और व्यर्थता दिख जाती है; वहाँ समय का अंत हो जाता है और जहाँ समय नहीं है, वहाँ मनोवैज्ञानिक सफरिंग (दुख) भी नहीं है। उसी में आज़ादी है।

मगर यह समाज, परिवार, शिक्षा और संस्कृति आदि सब मिलकर बच्चों के साथ वही सब करते हैं, जो नहीं किया जाना चाहिए। आप अपने बच्चों को कुछ बनने, करके दिखाने, कहीं पहुँचने इत्यादि के लिए संस्कारित और मजबूर करते हैं। उसके लिए कभी आप उन्हें डराते हैं, तो कभी लालच देते हैं, कभी उनमें हीनभावना डालते हैं, तो कभी किसी अन्य से उनकी तुलना करते हैं और कभी उन्हें भावनात्मक रूप से मजबूर करके उनके मालिक बनते हैं, ताकि उनके माध्यम से आप अपने अहंकार-जनित क्षुद्र स्वार्थों की पूर्ति कर सकें। और इस सब को आप प्रेम और परवाह का नाम देते हैं। क्या इसे प्रेम और परवाह कहेंगे? यदि यह प्रेम और परवाह है, तो हिंसा और शोषण क्या है?

सहायता के नाम पर आप उन पर एहसान करते हैं और जब वे आपकी उम्मीदों के अनुसार कुछ करके नहीं दिखाते हैं अथवा कुछ और ही करते हैं; तब उसी एहसान का हवाला देकर आप उन्हें काबू करने का प्रयास करते हैं। उनकी भलाई के नाम पर आप उन्हें लगातार मानसिक तौर पर पीड़ा दे रहे होते हैं। देखिए उस मनोवैज्ञानिक पीड़ा को जो आप उन बच्चों को देते हैं, सिर्फ़ इसलिए ताकि आप यह दावा कर सकें कि 'आपकी' औलाद ने कुछ विशेष कर दिखाया। क्या आप यह देख पा रहे हैं कि आप कितने बेहोश, हिंसक और महत्वाकांक्षी हैं?

समाज का साधारण सा परिवार है, जिसमें एक लड़का, एक लड़की और अभिभावक हैं। अधिकांश अभिभावकों को ऐसा लगता है कि वे 'अपने बच्चों के लिए' दिन-रात मेहनत, मज़दूरी और गुलामी करते हैं; ताकि उनके बच्चे पढ़-लिख कर एक बेहतर जीवन जी सकें। उन्हें लगता है कि वे अपने बच्चों से प्रेम करते हैं। मैं ऐसा इसलिए कह रहा हूँ क्योंकि जो इंसान खुद भीतर और बाहर से खोखला, बर्बाद, अपूर्ण, अबोध, प्रेमहीन और बेईमान है; क्या वह किसी की भी निःस्वार्थ सहायता कर सकता है? जो अपने जीवन के अन्य क्षेत्रों में हिंसक, पाखंडी, बेईमान और प्रेमहीन है; क्या वह अपने बच्चों से भी प्रेम कर सकता है? कभी नहीं। जो इंसान ख़ुद अपना भला नहीं कर पाया हो, क्या वह किसी अन्य का भला कर सकता है? नहीं। जो अन्य लोगों और जीवों के प्रति हिंसक और असंवेदनशील है, क्या वह अपने बच्चों के प्रति प्रेमपूर्ण और संवेदनशील हो सकता है? कभी नहीं।

अभिभावकों को मेहनत करते हुए देख कर कोई व्यक्ति कह सकता है कि देखो, माँ-बाप हों तो ऐसे हों। समाज में उनको खूब सम्मान मिल सकता है कि देखो; कोई माँ-बाप अपने बच्चों के लिए इतना नहीं करते जितना इन्होंने किया है। मगर ये ही हैं जो अपने बच्चों की तुलना पड़ोसियों के बच्चों से करते हैं। ये ही हैं जो अपने बच्चों पर अधिक अंक लाने और कक्षा में प्रथम स्थान प्राप्त करने के लिए उन पर खूब दबाव बनाते हैं। समाज में आप अकेले अभिभावक नहीं हैं, जो अपने बच्चों से ये उम्मीदें रखते हैं। मगर ये स्वयं को नहीं देखते हैं कि जब हम इस उम्र में थे, तब हम क्या कर रहे थे? और आज हम अन्य की तुलना में कहाँ हैं? बच्चों को बेहतर ज़िंदगी दे पाने की आपमें औकात नहीं होती, मगर उनसे उम्मीदें आप खूब लगाते हैं। यह हिंसा, अन्याय और शोषण नहीं तो क्या है? पहले अपनी बेहोशी में, बिना जाने-समझे मैं औलादें पैदा कर लूँ और फ़िर उनकी परवरिश और प्रेम के नाम पर उन पर एहसान करूँ, फिर उनसे वसूली करूँ; अगर इसे अभिभावक होना कहते हैं, तो ऐसा अभिभावक मैं कभी भी नहीं होना चाहूँगा। मगर लगभग हर कोई ऐसा ही है।

शिक्षा, प्रेम और परवाह के नाम पर आप उनके ऊपर नौकरी के लिए दबाव बनाते हैं। परीक्षा में आपका बच्चा यदि पड़ोसी के बच्चे या किसी अन्य विद्यार्थी से कम अंक लाता है, तो आप उसके प्रति अनेक तरह से हिंसा करते हैं। शब्दों के माध्यम से ऐसी हिंसा करते हैं जिसमें खून तो नहीं बहता, मगर मानसिक रूप से आप उस बच्चे को बहुत पीड़ा देते हैं और बर्बाद कर देते हैं। सिर्फ़ इसलिए क्योंकि आपके स्वार्थों की पूर्ति न हो पाई। अभिभावकों को बहुत दुख होता है, मगर बच्चे के लिए नहीं, अपितु अपने और अपनी कामनाओं के लिए। आप ख़ुद यदि भीतर से खोखले हैं, तो बच्चों के लिए आप क्या ख़ाक सोचेंगे। बच्चे पैदा कर देने से क्या आप प्रेम जान गए? बच्चे तो पशु और गंदी नाली के कीड़े भी पैदा कर देते हैं। उसमें कौन-सी बड़ी बात है? यह तो प्रकृति का खेल है। मगर आप उन बच्चों के माध्यम से अपनी उन अधूरी कामनाओं को पूरा करना चाहते हैं, जो उठी तो आपकी बेहोशी से ही हैं मगर आप उन्हें पूरा नहीं कर पाए। इससे बड़ी हिंसा और कुछ नहीं हो सकती कि अभी-अभी पैदा हुए अबोध और मासूम बच्चे को आप प्रेम और परवाह के नाम पर अपने अहंकार की भेंट चढ़ा दें।

सोचिए, आपके बच्चों के अंक यदि बहुत अधिक आ जाते हैं, तो आप समाज और रिश्तेदारों में सीना ठोक कर के कहते हैं कि देखो; हमारी औलाद के अंक इतने आए हैं। इसके विपरीत यदि उनके अंक कम आते हैं, तो आप छुपते और छुपाते फिरते हैं। तब आप इसका सीधा सामना नहीं करते हैं, तथ्य को स्वीकारते नहीं हैं, बल्कि इसके लिए अनेक तरह से बच्चों को दोष देते हैं और उन पर हिंसा करते हैं। मगर आप यह नहीं देखते कि आपने क्या कमी रखी? अगर अभिभावक ऐसे हैं, तो वे जो खूब मेहनत भी कर रहे हैं न; वह केवल उनकी मज़बूरी है और जिस इंसान के जीवन में उसका काम प्रेम और मौज नहीं, बल्कि मज़बूरी है—उसके संबंधों और रिश्तों में भी न प्रेम होगा, न सच्चाई और न ही आज़ादी। इससे फर्क नहीं पड़ता कि आपका रिश्ता क्या है? वहाँ केवल हिंसा, शोषण और अशांति ही होगी।

अभिभावकों को मेहनत करते देखकर आप यह मान सकते हैं कि वे शायद बच्चों के लिए ही सब कुछ कर रहे हैं। किन्तु वास्तव में यहाँ बच्चों की सहायता कम हो रही है और यह सारी मेहनत इसलिए हो रही है ताकि कुछ वर्ष मेहनत करके; बच्चों पर एहसान किया जा सके, उस एहसान के दम पर उन्हें अपने बुढ़ापे का सेवक बना सकें और स्वयं हर तरह की मेहनत से फुर्सत होकर गप-बाज़ी करने में अपनी ज़िंदगी बर्बाद कर सकें। दूसरों को दिखा सकें कि देखो, अब मैं कुछ नहीं करता हूँ मगर बिना मेहनत किए खूब भोगता हूँ। इससे बर्बाद ज़िंदगी और क्या ही होगी, जहाँ कोई बिना मेहनत किए खूब भोगे। इसीलिए जब इनके बच्चे किसी परीक्षा में उत्तीर्ण नहीं हो पाते हैं, कोई नौकरी हासिल नहीं कर पाते हैं या अन्य की तरह ही वे जब कोई तथाकथित सफलता हासिल नहीं कर पाते; तो इन्हें बहुत बुरा लगता है। क्योंकि इनकी सारी कामनाएँ, सारे सपने और उम्मीदें; सब धरे के धरे ही रह जाते हैं। एक बार अभिभावकों की उम्मीदें तोड़ो, तब उनके असली रंग, रूप, चेहरे और नीयत पता चलते हैं।

इसका अर्थ मैं यह बिल्कुल नहीं कह रहा हूँ कि आप अपने अभिभावकों के प्रति हिंसक और असंवेदनशील हो जाएँ। आज अगर वे अभिभावक हैं, तो कल आप भी हो सकते हैं। बात किसी व्यक्ति विशेष की नहीं है, बात उस हक़ीकत की है जिसे हम देखना नहीं चाहते। जो व्यक्ति स्वयं में सजग और संवेदनशील नहीं है, प्रेमपूर्ण, ईमानदार, होशमंद और आज़ाद नहीं है; वह किसी से भी स्वस्थ संबंध नहीं रख सकता। न भाई, बहन, माता, पिता, दोस्त आदि से, न पेड़-पौधों, पशु-पक्षियों और नदी-तालाबों से। सबसे पहले वह स्वयं से ही एक स्वस्थ संबंध नहीं रख पाता है। जो स्वयं से ही स्वस्थ संबंध नहीं रख पाता है, वह किसी अन्य से क्या ख़ाक स्वस्थ संबंध रखेगा। और किसी से भी स्वस्थ संबंध केवल तब ही बन सकता है; जब आप आज़ाद हों, जब संबंध उस क्षुद्र अहंकार के केंद्र से न बन रहा हो जो कि अतीत की राख मात्र है, जब संबंध के आधार में बोध, संवेदनशीलता, ईमानदारी और प्रेम हो।

एक स्वस्थ संबंध ही किसी की वास्तविक सहायता भी होती है। वास्तविक सहायता में कुछ पाने की कोई आकांक्षा नहीं होती है। स्वयं को श्रेष्ठ, दानी अथवा महान दिखाने की कोई चाह नहीं होती है। वास्तविक सहायता आती है—बोध, संवेदनशीलता, परवाह और करुणा से। और जब ऐसा होता है, तब आप अपने लिए कुछ नहीं चाहते। अन्यथा जैसे कोई कहता है कि अरे, मैंने तो फलाने की सहायता की, मगर जब मुझे उसकी ज़रूरत लगी तो उसने मेरा साथ नहीं दिया। क्या यह सचमुच सहायता ही थी या सहायता, प्रेम और परवाह के नाम पर एहसान और व्यापार मात्र था? अगर सहायता करके आप उसे याद रख रहे हैं, उसका दावा कर रहे हैं; ताकि आपके निजी और अहंकार-जनित स्वार्थों की पूर्ति हो सके, तो आपने कोई सहायता नहीं की है, बल्कि सामने वाले को धोखा दिया है, उसके साथ छल और कपट किया है। अगर आप किसी की सहायता इसलिए कर रहे हैं ताकि जब आपको ज़रूरत लगे तब वह आपकी भी सहायता करे, तो आप उसकी सहायता कर ही नहीं रहे हैं? आप तो बस व्यापार कर रहे हैं। और व्यापार करने में कोई समस्या नहीं है, मगर यदि व्यापार कर रहे हो तो फिर

उसको सहायता का नाम क्यों दे रहे हो? "व्यापार में ईमानदारी रखो, और व्यापार को व्यापार ही कहो—उसे प्यार या परोपकार का नाम मत दो।"

मगर आप सौदे को सहायता का नाम देते हैं ताकि सहायता के नाम के पीछे जो एक महानता का सुख है, आप वह भी भोग सकें। लोगों की नज़रों में विशेष कहलाएँ। अन्यथा उस काम के लिए जब कोई सम्मान देने आए कि, "वाह भाई! तुम तो महान हो, देखो तुमने फलाने व्यक्ति की सहायता का महान काम किया है।" तब कहो उससे कि मैंने कोई सहायता नहीं की है, बल्कि सौदा किया है। मगर जब कोई प्रतिकूल स्थिति में हो और हम उसकी सहायता न करें तो यह भी ठीक नहीं लगता, और यदि सहायता करके ईमानदारी से उसे 'सौदे' का नाम दे दें; तो हमारी नैतिकता बुरा मान जाती है। इसलिए हम सौदे को सहायता का नाम देकर परोपकारी, श्रेष्ठ, नैतिक, महान और विशेष होने का सुख भी बटोर लेते हैं और जो दिया है, किसी बहाने से फिर अकेले में उसे भी वसूल लेते हैं। अन्यथा यहाँ प्रेम, परवाह, परोपकार, करुणा और सहायता जैसा कुछ भी नहीं है। इसमें तो केवल बेहोशी और अहंकार की चालाकियाँ, पाखंड, और खोखलापन झलक रहा है।

और यहाँ हम किसी अन्य व्यक्ति की बात नहीं कर रहे हैं। हम अपनी ही बात कर रहे हैं, क्योंकि हमारी अपनी ज़िंदगी में यह हर दिन हो रहा है—हमारे अपने व्यवहारों, काम और संबंधों में। यह सब अहंकार, यानी आपकी ही चालाकियाँ हैं, जो केवल जीवन के तथ्यों से बचने और स्वयं को ही मूर्ख बनाने की नाकाम कोशिशें हैं। नाकाम कोशिश इसलिए कह रहा हूँ क्योंकि अपनी हक़ीकत को—अपनी बेहोश, दुःखी, अशांत, प्रेमहीन और बर्बाद जिंदगी को—आप ख़ुद से नहीं छुपा सकते। हाँ, अहंकार के चलाए चलकर आप स्वयं को मूर्ख और गुलाम ज़रूर बना लेते हैं। इस क्षुद्र अहंकार की चालाकियों की कठपुतली न होना ही वास्तविक आज़ादी है। जिसे मुक्ति कहते हो, वह कोई आसमानी चीज़ नहीं है; वह इसी दुनिया में जीते-जी हो सकती है—अगर आप चाहो तो। और अगर आप ही न चाहो, तो कोई कुछ नहीं कर सकता। आज़ादी के लिए पहला कदम तो आपको ही बढ़ाना होगा। जहाँ अहंकार है, वहाँ बंधन है। अहंकार केवल वहीं पल सकता है जहाँ आप नहीं जानते कि आप भ्रम में हैं, जहाँ आप नहीं जानते कि आपका सारा ज्ञान भ्रामक, सीमित और झूठा है। जो यह जानने लगता है, वह भ्रम से आज़ाद होने लगता है। उसके जीवन से अंधकार मिटने लगता है।

जब आप किसी तथाकथित संप्रदाय, जाति, लिंग, राष्ट्र, भाषा, रंग या किसी समूह आदि के नाम पर गर्व की भावना से भरे हुए होते हैं, जैसे कि—हम फलानी जाति के व्यक्ति हैं या फलाने धर्म, राष्ट्र इत्यादि के व्यक्ति हैं, या हम फलाने संस्था, संगठन अथवा समूह से जुड़े हुए हैं और इसलिए हम श्रेष्ठ अथवा महान हैं; तो यह जो भावना होती है न आप में, यह आपके भीतर सिर्फ़ व्यक्तिगत रूप से ही नहीं, अपितु सामूहिक रूप से विशेष होने का भ्रम पैदा कर देती है। आपको लगता है कि आप विशेष हो। विशेष माने—श्रेष्ठ भी मान सकते हो अथवा हीन भी। चाहे आप स्वयं को नीची जाति का मानें या ऊँची जाति का—दोनों ही स्थितियों में आप स्वयं को विशेष मान रहे हैं अर्थात् अहंकार को ही पोषण दे रहे हैं। इसके

कारण लोगों में आपसी भेदभाव, द्वंद, संघर्ष, शोषण और हिंसा ही पनपते हैं।

पहले तो संयोग से आप किसी विशेष स्थान पर, विशेष समय में और विशेष तरह की मान्यताएँ रखने वाले लोगों के बीच पैदा हो गए। फिर शरीर, संस्कृति, शिक्षा, समाज और लोगों की मान्यताओं के कारण, संयोग से आपके ऊपर कुछ ठप्पे लग जाते हैं। आपको कोई नाम दे दिया जाता है और उसके पीछे तथाकथित देश, जाति, लिंग, वर्ण, संप्रदाय, संगठन जैसा कोई भूत जोड़ दिया जाता है। फ़िर वही भूत आपको, समाज और पूरी दुनिया को बाँट देता है, पिंजरों में कैद कर देता है, बर्बाद कर देता है; मगर आप उसी के नाम पर गर्व करते रहते हैं। आपकी ज़िंदगी बर्बाद होती है—ख़ासकर भीतर से—मगर आपको संयोग से मिले किसी ठप्पे पर गर्व करने से ही फुर्सत नहीं होती है। इसी को कहते हैं गुलामी। यही भ्रम है और यही अहंकार भी, और जहाँ अहंकार है, वहाँ दुख होगा ही। अब आप आज़ादी के चाहे कितने ही नारे लगाओ, मगर आप आज़ाद नहीं हो।

जन्म के साथ कोई भी बच्चा अबोध होता है। बच्चे के रूप में वह केवल एक संस्कारबद्ध शरीर और मस्तिष्क होता है, जिसमें वृत्तियाँ, भावनाएँ, संस्कार आदि होते हैं। उसे न अपना कुछ पता होता है, न इस जगत का। फिर यह परिवार, शिक्षा, समाज, संस्कृति, माहौल इत्यादि सब मिलकर उसके मस्तिष्क को संस्कारों, मान्यताओं, कल्पनाओं, पूर्वाग्रहों, भ्रमों, पहचानों, नाम, छवियों, अंधविश्वास इत्यादि से भरते जाते हैं। चूँकि समाज में अधिकांश लोगों को यह भ्रम होता है कि वे तो स्वयं को जानते ही हैं, इसलिए स्वयं को समझने पर वे कभी ध्यान ही नहीं देते हैं। तो अभी-अभी जन्मे इस बच्चे के आस-पास जितने भी लोग होते हैं, उनमें से अधिकांश—खोखले, आत्मकेंद्रित, भ्रमित, अज्ञानी, अहंकारी होते हैं। हर तरफ पाखंड, राजनीति, व्यापार, मीडिया और अनेक व्यर्थ मुद्दों का कीचड़ फैला हुआ होता है। ऐसे लोगों और माहौल से घिरा होने के कारण पैदा होने वाला कोई भी बच्चा साधारणतया स्वयं को समझने पर कभी ध्यान ही नहीं दे पाता है। सीखने-समझने पर न वह स्वयं ध्यान देता है, न आसपास के लोग वैसे होते हैं कि उन्हें देखकर वह भी सीखने-समझने को महत्व दे।

इस माहौल में वह बच्चा इतनी फुर्सत ही नहीं पाता है कि वह स्वयं पर ध्यान दे सके। विद्यालय भी उसे सीखना-समझना नहीं सिखाते; उन्हें वास्तव में बच्चों की बेहतरी से बहुत मतलब नहीं होता है। उन्हें तो अपनी आमदनी और धंधे से मतलब होता है। चूँकि अधिकांश शिक्षक ही स्वयं को नहीं समझते, इसलिए वे बच्चों को भी केवल नौकरी के लिए ही तैयार करते हैं; उनके मस्तिष्क को भी तुलना, ईर्ष्या, महत्वाकांक्षा से ही भरते हैं। न अभिभावकों को बच्चों की मुक्ति से कोई मतलब होता है, न शिक्षकों को। बच्चे केवल स्वार्थ-पूर्ति के साधन बनकर रह जाते हैं। बच्चा यदि सवाल करता भी है, तो उसके सवालों को दबा दिया जाता है, उसे चुप करा दिया जाता है या फिर उसको झूठे और भ्रामक जवाब दे दिए जाते हैं। इस तरह वह तथ्यों से अवगत ही नहीं हो पाता है और फिर धीरे-धीरे वह भी उन्हीं की तरह संस्कारबद्ध होता चला जाता है।

वह मशीन की तरह शब्द तो दौहराता है, मगर उन्हें समझता बिल्कुल नहीं। वह पाखंडी, झूठा और बेईमान होता जाता है। तथ्य अब उसे डराते हैं। ईमानदारी, प्रेम, करुणा, आज़ादी, समझदारी—सब उसे डराते हैं। क्यों? क्योंकि अब उसकी पूरी जिंदगी केवल—झूठ, बेईमानी, हिंसा, महत्वाकांक्षा यानी अहंकार पर टिकी हुई है। मगर इन सब में वह लगातार दुख पा रहा होता है। वह आगे बढ़ता जाता है, मगर साथ-साथ दुख भी बढ़ता जाता है। चूँकि वह न स्वयं को समझता है, न जगत को, इसलिए जीवन में खूब धोखे खाता है, पछताता है। रिश्तों में, तथाकथित प्यार में, काम और दुनिया में हर तरफ रोज़ धोखे खाता है।

इंसान जितना अधिक दुख पाता है, अहंकार भी उतना ही गहरा होता जाता है। आत्म-अज्ञान है तो अहंकार है, और अहंकार है तो दुख है। अब जब तक स्वयं को नहीं समझते हो, तब तक यह दुख बढ़ता जाता है और दुख जितना बढ़ेगा, अपने दुखी होने का अनुभव उतना अधिक बढ़ेगा। यही दुख है—अपने होने का अनुभव। पीठ में दर्द न हो, तो पीठ के होने का पता नहीं चलता है। दाँतों में दर्द न हो, तो उनके होने का अनुभव नहीं होता है। उसी तरह स्वयं के 'कुछ होने' का अनुभव ही दुख है। आत्मज्ञान का अर्थ ही है यह देख पाना कि अहं (मैं) है ही नहीं।

जब आप यह देख लेते हैं कि—"जो भी कुछ आप स्वयं को मानते हैं, वह सत्य नहीं है, अपितु वह तो केवल समय, स्थान, समाज, संस्कृति, संयोग, शिक्षा और शरीर आदि का परिणाम है"—तब स्वयं के कुछ होने का भ्रम हट जाता है। तब स्वयं के पृथक और स्वतंत्र (विशेष) अस्तित्व होने का भ्रम शून्य हो जाता है और उसी के साथ अहं-भाव भी शून्य हो जाता है।

जब बच्चा पैदा होता है, तो उसके साथ ही—शायद उससे पहले ही—उसे यह एहसास या अनुभव होना शुरू हो जाता है कि वह 'पृथक और स्वतंत्र' है। वास्तव में यह शरीर इस अस्तित्व से न पृथक है और न ही स्वतंत्र। मगर वह बच्चा तो ऐसा नहीं जानता है न। इसलिए उस एहसास को वह सत्य मानने लगता है। जैसे; यदि कोई किसी दीवार को लाठी मारता है, तो आपके शरीर को दर्द नहीं होता है। चाहे कोई किसी—पशु, पक्षी, पेड़, घर या अन्य मनुष्य को ही लाठी या पत्थर क्यों न मारे, मगर उससे आपके शरीर को कोई दर्द महसूस नहीं होता है। हैं न? मगर जब आपके शरीर को लाठी या पत्थर पड़ता है, तब आप देखते हैं कि किसी अन्य को भी कोई दर्द नहीं होता है। तो जब बच्चे को धीरे-धीरे ऐसे शारीरिक और मानसिक अनुभव होते जाते हैं, तो उसके कारण भीतर एक पृथकता और अपने स्वतंत्र अस्तित्व होने का भाव पनपने लगता है। उसे ऐसा लगने लगता है कि वह तो विशेष है।

वह देखता है कि उसके ही जैसे अन्य मनुष्यों की दुनिया में जो कुछ भी चल रहा है, वह सब इसी शरीर को आधार मानकर, यानी इसी के लिए चल रहा है, जैसे—खाना, पीना, सोना, काम, रिश्ते, पहचानें, घर, गाड़ी, कपड़े, लड़ाई, युद्ध, भेदभाव, जन्म, मृत्यु और तमाम बातें—सब कुछ शरीर के ही इर्द-गिर्द घूम रहा है। सबके आधार में यह शरीर ही है और

जब किसी खास शरीर को संबोधित करना होता है, तो एक खास 'ध्वनि' का उपयोग किया जाता है। वह ध्वनि, मनुष्यों द्वारा रची किसी भाषा का हिस्सा है, जिसे भाषा में 'शब्द' और व्यवहार में लोग उसे 'नाम' कहते हैं। यह बच्चा देखता है कि अन्य लोग जब अपने ही शरीर की तरफ संकेत करते हैं, तो उसके लिए एक विशेष शब्द यानी ध्वनि का उपयोग करते हैं, जिसे भाषा में 'मैं' कहते हैं, और इस तरह फिर वह भी धीरे-धीरे 'मैं' कहना शुरू कर देता है।

अगर आप ध्यान दें, तो देख पाएंगे कि जब बच्चा छोटा ही होता है, तब उसके पास दुख के कोई खास कारण नहीं होते हैं। हाँ, शारीरिक पीड़ा ज़रूर होती है। अब चूँकि भाषा की उसके पास अभी कोई जानकारी नहीं है, इसलिए जब भी उसे कोई शारीरिक पीड़ा अनुभव होती है, तो वह रोने लगता है और माँ या कोई अन्य उस पर ध्यान देते हैं। अभी तो रोने की यह ध्वनि ही उसके लिए भाषा है। तो उसके लिए शरीर ही सब-कुछ होता है; नाम, पहचान, जाति, संपत्ति, रिश्ते, दुनिया, उद्देश्य, सम्मान-अपमान, सुख-दुख, अपने-पराए, जन्म-मृत्यु इत्यादि कुछ भी अभी जैसे उसके लिए है ही नहीं। इसलिए यह सब अभी उसके लिए दुख और भय का कारण भी नहीं हैं। यह सब तो अहंकार (यानी मैं-भाव) के साथ पनपना शुरू होते हैं।

तो यह 'मैं-भाव' कुछ और नहीं, बल्कि "शरीर के होने मात्र से जो पृथक और स्वतंत्र अस्तित्व होने का—बेहोशी-जनित, भ्रामक और झूठा—भ्रम या एहसास होता है, वह एहसास या भ्रम ही फिर 'मैं' के रूप में प्रकट होता है।" 'मैं' शब्द एक मुखौटा मात्र है, जो कि उस एहसास की ओर संकेत करता है, जो इस शरीर के साथ-साथ अस्तित्व में आता प्रतीत होता है। जैसे उंगली से चाँद की ओर इशारा किया जाए—तो उंगली यानी 'मैं' शब्द, और चाँद यानी वह एहसास। अब यह 'मैं' (यानी वह एहसास) इस शरीर के बिना महसूस नहीं हो सकता। यह शरीर ही उसका स्रोत है। इसलिए उस 'मैं' को—जो कि इस शरीर से पृथक कुछ नहीं है—इस शरीर की मृत्यु को लेकर सदा भय बना रहता है। क्योंकि 'वह' तभी तक रह सकता है, जब तक कि यह शरीर है। फिर क्या होता है इस बच्चे के साथ?

वह जो एहसास है—जिसके लिए आगे अब हम 'मैं' या 'मैं-भाव' शब्द प्रयोग करेंगे—वह एहसास बहुत ही सूक्ष्म होता है, बहुत नाजुक होता है। जैसे अभी-अभी किसी बीज में कोई अंकुर फूटा हो, कुछ वैसा ही। जैसे निद्रा-अवस्था होती है। निद्रा-अवस्था में शरीर तो होता है, लेकिन 'मैं-भाव' जैसे शून्य हो गया हो। कभी गहरी नींद में किसी सोते हुए युवा व्यक्ति को भी देखना। उसका चेहरा भी कैसा छोटे बच्चे की तरह ही मासूम सा और शांत हो जाता है। जिस इंसान का चेहरा हमेशा क्रोध से तम-तमाया हुआ ही रहता है, उसे भी यदि गहरी नींद की अवस्था में देखोगे, तो पाओगे कि उसका चेहरा भी शांत हो गया है। चेहरे पर एक मासूमियत सी झलक रही है, क्योंकि विचारों की सारी उथल-पुथल शांत हो गई है। तो युवा व्यक्ति की गहरी निद्रा की अवस्था और कुछ महीनों की उम्र के छोटे बच्चे की अवस्था में 'मैं-भाव' लगभग एक सा ही होता है, लगभग शून्य।

अब जैसे-जैसे यह शरीर विभिन्न अनुभवों से गुजरता जाएगा, वैसे-वैसे इस 'एहसास' के ऊपर अनेक तरह के लेप या परतें चढ़ती जाएँगी। शरीर के बाद सबसे पहली और मूल परत होती है, यह 'मैं' रूपी खूँटा। अब जैसे ही आपने यह 'मैं' रूपी खूँटा गाड़ दिया है, तो अब इस पर कुछ भी लपेटा जा सकता है, इसके साथ कुछ भी जोड़ा जा सकता है। अब इस 'मैं' पर कोई नाम लपेट दिया जाएगा। अनेक तरह की पहचानें लपेट दी जाएँगी। जैसे-जैसे यह शरीर विभिन्न अनुभवों से गुजरता जाता है, वैसे-वैसे इन इंद्रियों के माध्यम से जो कुछ भी दिखाई-सुनाई देता है, अनुभव होता है; वह सब इस 'मैं' के साथ जुड़ता जाता है, जो उस—पृथक और स्वतंत्र अस्तित्व होने के—एहसास को और अधिक मजबूती देता है।

इस 'मैं' के साथ सूक्ष्म रूप से इतने अधिक अनुभव, नाम, रूप, पहचानें, संस्कार, शिक्षा, मान्यताएँ, पूर्वाग्रह, छवियाँ, सुख, दुख, लोग, रिश्ते इत्यादि जुड़ जाते हैं कि यह 'मैं' स्वयं को इस शरीर से भी पृथक, कुछ और ही मानने लग जाता है और अब वह इस शरीर को 'मेरा शरीर' कहता है; न कि 'मैं शरीर'। वह कहता है—मेरा शरीर, मेरे विचार, मेरा अनुभव, मेरी जाति, मेरा धर्म, मेरी मान्यताएँ इत्यादि।

यह जो 'मैं' है—जो अब स्वयं को शरीर से पृथक और स्वतंत्र कुछ मानने लगा है—यह उस एहसास, बेहोशी, उस 'मैं' रूपी खूँटे, शारीरिक अनुभवों और मस्तिष्क में संचित स्मृति (यानी अतीत/समय/विचार) के अलावा और कुछ नहीं है। इस तरह से 'मैं' और 'मेरा' वास्तव में दो पृथक और स्वतंत्र सत्ताएँ नहीं हैं। देह (शरीर) के बिना वह एहसास नहीं हो सकता, उस एहसास के बिना 'मैं' रूपी खूँटा नहीं हो सकता और इस 'मैं' रूपी खूँटे के बिना 'मेरा', 'मेरी' या 'मेरे' जैसा कोई लेप या परत नहीं हो सकती। और इस 'मेरा' के बिना उस 'मैं-भाव' का कोई अस्तित्व ही नहीं है, जो कि समय के साथ अज्ञानवश स्वयं को देह और स्मृति से पृथक कुछ मानने लगा है।

तो अब होता क्या है? अभी तक यह बच्चा केवल शरीर के आधार पर स्वयं को अन्य से पृथक और स्वतंत्र मानता था—जो कि वह है नहीं। अब, चूँकि मस्तिष्क में भी बहुत सारी जानकारियाँ, अलग नाम और पहचानें, अनुभव और मान्यताएँ इत्यादि संचित हो गए हैं, तो अब वह शारीरिक तल के साथ-साथ मानसिक तल पर भी स्वयं को पृथक और स्वतंत्र मानने लगता है और ऐसा अनुभव भी करने लगता है। चूँकि उसे नहीं पता कि यह 'मैं-मैं' की आवाज़ क्यों, कैसे और कहाँ से आ रही है; उसे नहीं पता कि यह 'मैं' क्या चीज है। इसलिए उसे लगता है कि शरीर के भीतर कोई है। उसे लगने लगता है कि वह सचमुच विशेष है। वह सारे भेदभाव—जो कि केवल शरीर और स्मृति के कारण प्रतीत और अनुभव होते हैं—यह बच्चा उन्हें सत्य मानने लगता है और उन्हीं के अनुसार जीने भी लग जाता है। वह नहीं जानता कि कोई भी अनुभव आख़िरी सत्य नहीं होता।

वह देखता है कि एक व्यक्ति किसी तथाकथित धर्म, जाति या संप्रदाय में मान्यता रखता है, दूसरा किसी अन्य में, और वह स्वयं किसी अन्य में। इस तरह के अनुभवों से विशेष होने का यह भाव उसमें गहरा होता जाता है। इस तरह वह स्वयं को पशु, पक्षी, मनुष्य, नदी,

पहाड़, जल, जमीन, जंगल, वायु, आकाश, सूर्य और पूरी प्रकृति से पृथक और स्वतंत्र कुछ विशेष ही मानने लगता है। ऐसा तब तक रहता है जब तक कि वह 'स्वयं' और 'जगत' की परस्पर-निर्भरता को नहीं देख लेता। चूँकि वह अबोध है इसलिए स्वयं को इस प्रकृति का स्वामी मानने लगता है। उसे लगता है कि सब-कुछ उसी के भोग के लिए ही तो है।

इस तरह वह आत्म-केंद्रित होता जाता है। जितना ज्यादा वह आत्म-केंद्रित होता जाता है, उतना अधिक वह सीमित, संकुचित और अपूर्ण होता जाता है। जहाँ आप स्वयं को किसी भी पहचान में कैद कर लेते हैं, वहाँ आप स्वयं के लिए जेल खड़ी कर लेते हैं और वह आपको सीमित और अपूर्ण होने का एहसास दिलाती है। जहाँ सीमा है, वहाँ अपूर्णता अनुभव होगी ही। यह अपूर्णता सत्य नहीं है, मगर जब आप ऐसा नहीं जानते हैं, तब आप इसे सत्य मान लेते हैं और उस भ्रामक अपूर्णता को भरने के लिए दुनिया में बहुत कुछ बटोरते रहते हैं और जीवनभर दौड़ते रहते हैं—मगर अपूर्णता मिटती नहीं। मिटेगी तो तब ना जब अपूर्णता हो। अपूर्णता तो बस मानी हुई है। फ़िर यही अपूर्णता दुःख, असुरक्षा, हीनता और अकेलापन बन जाती है।

एक तरफ भीतरी अज्ञान और दूसरी तरफ यह भ्रामक दुनिया होती है। बच्चा इसमें पिसता जाता है और इसी से निर्मित भी होता जाता है। कभी यह बच्चा स्वयं ही अन्य लोगों से अपनी तुलना करता है, तो कभी अन्य लोग उसकी किसी अन्य से तुलना करते हैं। इस प्रक्रिया में इस बच्चे में अनेक तरह की खोट, कमियाँ, दोष इत्यादि—समाज के द्वारा, लोगों के द्वारा, घर-परिवार और रिश्तेदारों द्वारा, शिक्षकों और तथाकथित गुरुओं के द्वारा, दोस्तों और अन्य लोगों के द्वारा—निकाले जाते हैं। इस तरह बच्चा स्वयं को हीन और अपूर्ण मानने लगता है—यह भी स्वयं को विशेष मानना ही है यानी अहंकार ही है। उसे ऐसा लगने लगता है कि जैसे उसका होना तो व्यर्थ ही है। यही तुलना फिर हीनता बनती है, इसी तुलना और हीनता से ईर्ष्या और ईर्ष्या से हिंसा, शोषण, अन्याय, भ्रष्टाचार आदि पनपते हैं और अंततः उसका जीवन दुःख और भय से भर जाता है। भूलिएगा नहीं, यह बच्चा कोई अन्य नहीं, अपितु आप और हम सब ही हैं।

यही तो किया जाता है न बच्चों के साथ? ऐसे ही तो उन्हें बर्बाद किया जाता है। बच्चों को कभी स्वार्थ के लिए, कभी वंश के नाम पर और कभी बेहोशी में पैदा करके छोड़ दिया जाता है इस दुनिया में, जिसे इंसान ने अपने लिए नर्क बना लिया है। उसको कहा जाता है कि समाज में स्थान पाना हो तो फलानी पहचान हासिल करो। उसको कहा जाता है कि तुम सम्मान के लायक नहीं हो, जाओ और सम्मान कमाओ। तुम सुंदर नहीं हो। तुम कमजोर हो। तुम गरीब हो। तुम काले हो। तुम बौने हो। तुम्हारे पास फलानी नौकरी नहीं है, फलानी उपलब्धि नहीं है। ऐसे ही अनेक ठप्पे उसको दिए जाते हैं और वह स्वयं को हीन और अपूर्ण महसूस करने लगता है। तुलनाएँ करता रहता है। मगर यह जो हीनता और अपूर्णता का एहसास है—जो कहीं न कहीं अब 'मैं' बन गया है, जैसे; मैं हीन हूँ—चूँकि यह बाहर से थोपी हुई है और अज्ञानवश तुलना करने से आ रही है; इसलिए यह सत्य नहीं है। मगर जब आप ऐसा नहीं

समझते हैं, तब आप इसे सत्य मानने लगते हैं और आपको अपने जीवन में हर तरफ कमी ही कमी नज़र आती है।

ऐसी कमियाँ, जिनका कोई मतलब ही नहीं, जिन पर आपका कोई नियंत्रण ही नहीं; जो या तो सांयोगिक हैं या प्राकृतिक। शारीरिक, बौद्धिक और मानसिक कमी भी प्राकृतिक ही होती है। महत्वपूर्ण तो यह होता है कि आपको जो कुछ भी मिला है, उसको अपने झूठ की सेवा में लगाया है या सत्य और प्रेम की सेवा में। क्या मतलब ऐसी तेज़ बुद्धि का, जो झूठ और अहंकार की सेवा में लगी हो। मगर जब आप ऐसा नहीं समझते हैं, तो तुलना करते हैं और स्वयं को हीन और अपूर्ण मानने लगते हैं। इस अपूर्णता की मान्यता से ही फिर कामनाएँ उत्पन्न होती हैं। अब आप कुछ विशेष होना चाहेंगे, कुछ विशेष करना चाहेंगे, कुछ पाना और संचित करना चाहेंगे। तो शारीरिक जरूरतों के अलावा ये जितनी भी इच्छाएँ होती हैं, ये सब उस अपूर्णता की अभिव्यक्ति हैं, जो केवल आत्म-अज्ञानवश आपको प्रतीत और अनुभव हो रही है।

अगर अपूर्णता की मान्यता और अनुभव नहीं होता, तो व्यक्ति क्यों कुछ विशेष होने का प्रयास करता? क्यों व्यर्थ के बंधन और दुःख पाता? क्यों व्यर्थ संघर्ष में दौड़ता? क्यों तन, स्मृति, घर और जीवन में इतना कुछ संचय करता? नहीं करता। तो ऐसी ही हर किसी बच्चे की हालत होती है। शरीर से वह जवान होता जाता है, आगे बढ़ता जाता है; मगर जो स्वयं को नहीं समझता, इस संस्कारबद्ध मस्तिष्क की प्रक्रिया को नहीं समझता, जो अहंकार और उसकी चालाकियों को नहीं समझता—वह केवल मशीन है। वह बच्चा, जो अब जवान हो रहा है, वह नहीं समझता कि कैसे उसकी इच्छाएँ उसकी नहीं हैं। कैसे उसकी हीनता, ईर्ष्या और कामनाओं की अंधी दौड़ केवल बेहोश और व्यर्थ तुलनाओं से आ रही है। इसलिए वह दौड़ता जाता है और दुःख पाता है।

वह जितना अधिक दुख पाता है, सुख के लिए उतनी ज्यादा कामनाएँ पैदा होती हैं और वह उतना ज्यादा दौड़ता है। बंधनों से मुक्त होने के स्थान पर वह और अधिक बंधनों में बंधता जाता है। लेकिन जब आप अपनी इस संस्कारबद्धता को समझते हैं, जब आप ईमानदारी और निष्पक्षता से, बिना किसी पूर्वाग्रह और मान्यता के, अपनी दैनिक जिंदगी में सचेत रहते हैं; तब आप इस संस्कारबद्धता से मुक्त होते जाते हैं। जब आप समझते हैं कि किस प्रकार आपका मस्तिष्क संस्कारबद्ध है, किस तरह आप बचपन से लेकर आज तक संस्कारित हुए हैं; किस प्रकार आपके मस्तिष्क में जो कुछ भी भरा हुआ है, वह सब झूठा, अपूर्ण, भ्रामक और थोपा हुआ है। जब आप यह देख पाते हैं कि किस तरह आपकी पूरी हस्ती, आपका पूरा जीवन, आपका उठना, बैठना, खाना, पीना, कपड़े, भाषा, रिश्ते, काम और जो कुछ भी है—वह सब केवल समय, स्थान, संस्कृति, शरीर, संयोग और माहौल का परिणाम है—तब आप उस सबसे मुक्त हो जाते हैं और एक मशीन मात्र नहीं रहते। तब एक अलग ही आयाम अस्तित्व में आता है और आपके सारे भ्रम हटते जाते हैं।

तब आप स्पष्ट देख पाते हैं कि जिस चीज को आज तक आप सुंदर कहते आए हैं—वह सुंदर है कि नहीं, इसका तो आपको कुछ पता नहीं। आप तो उसे सिर्फ़ इसलिए सुंदर मानते थे, क्योंकि उस चीज को अन्य लोग सुंदर कहते थे और अन्य लोग उसे इसलिए सुंदर कहते थे, क्योंकि उसे आप जैसे लोग सुंदर कहते थे। आप स्पष्ट देख पाते हैं कि पता किसी को कुछ नहीं और दुनिया ने जो कुछ मस्तिष्क में डाल दिया, इंद्रियों से जो जानकारियाँ, छवियाँ, अनुभव आदि संचित कर लिए हैं; मशीन की भाँति उन्हें बस दोहराए जा रहे हैं।

अब आप देख पाते हैं कि जिस चीज को आज तक आप अच्छा मानते आए हैं, वह चीज अच्छी है या नहीं, इसका तो आपको कुछ पता ही नहीं है; मगर आज तक आप उसे सिर्फ़ इसलिए अच्छा कहते रहे हैं, "क्योंकि उसमें कुछ सुख मिलता है या भीड़ उसको अच्छा कहती है।" इसी तरह से जब आप अपनी हर उस बात पर सवाल उठाते हैं, जो आप 'मानते' हैं; तो आप स्वयं को समझते जाते हैं। जैसे-जैसे आप अपनी मान्यताओं को समझते जाते हैं, विचारों की क्रियाओं-प्रतिक्रियाओं को देखते जाते हैं, अपने जीवन में मनोवैज्ञानिक और शारीरिक तल पर जो पैटर्न्स बन गए हैं; जैसे-जैसे आप उनको देखते जाते हैं—वैसे-वैसे आपको संस्कारबद्धता दिखने लगती है और आप उससे मुक्त होते जाते हैं। मुक्त होने का अर्थ है कि जीवन अब उस मशीनी संस्कारबद्धता के केंद्र से नहीं, अपितु बोध के प्रकाश में होश के केंद्र से गति पाता है। होश माने चेतना का चेतना की गति के प्रति सचेत रहना और बोध माने इस सचेत होने के परिणामस्वरूप चेतना का मिट जाना और जागरूकता मात्र का रहना।

स्वयं को जानने की इस प्रक्रिया में आप देख पाते हैं कि भीतर 'मैं' जैसी कोई सत्ता नहीं है, जिसका अपना कोई पृथक और स्वतंत्र (विशेष) अस्तित्व हो। आप देख पाते हैं कि स्वयं को विशेष मानने अथवा विशेष होने का जो प्रयास है, वह आपको आज़ाद नहीं करता, बल्कि और अधिक भ्रम व बंधनों में धकेल देता है; जो केवल दुःख का कारण बनते हैं और आप पाखंडी बन जाते हैं। आप आज़ाद हैं नहीं—भीतर से आप भ्रम, भय, बंधन और पीड़ा में हैं—लेकिन आज़ाद होने का नाटक करते हैं। मगर जब सचमुच, ईमानदारी और निष्पक्षता से आप इस पाखंड की व्यर्थता और अहंकार की चालाकियों को देख लेते हैं, इसके कारण उत्पन्न पीड़ा को देख लेते हैं; तो आप इससे आज़ाद हो जाते हैं। तब आप निर्विशेष हैं।

निर्विशेष यानी अब कोई भी विशेष पहचान नहीं है; क्योंकि वही नहीं रहा, जिसे विशेष होने की चाहत थी, जिसे पहचानों की ललक थी। वह था ही नहीं, केवल भ्रम था कि कोई है भीतर। मगर जब भीतर देखा, तो पाया कि 'मैं' तो केवल एक भ्रामक एहसास है, जो बेहोशी की अवस्था में शरीर और मानसिक संचय (अतीत या स्मृति) के परिणामस्वरूप उत्पन्न होता है। तो अब जो पहचानें हैं भी, हमारे लिए उनका कोई महत्व नहीं है; क्योंकि हम (मैं) ही नहीं हैं। आज तक जो मैं-मैं करता भी था, वह तो इन पहचानों से ही निर्मित हुआ था और ये सब तो केवल ठप्पे मात्र हैं; लोक-व्यवहार के लिए। अन्यथा इनका कोई अर्थ नहीं। हमारा नाम क्या है? हमारे नाम के साथ कौन-सी काल्पनिक जाति या धर्म जुड़ा है? इनका कोई अर्थ

नहीं है। हाँ, लोग यदि इनको महत्व देते हैं, तो यह उनकी समस्या। मगर वास्तव में इन सब का कोई अर्थ नहीं है।

निर्विशेष होने का यह अर्थ भी मत लगा लेना कि जैसे आस-पास के लोग हैं, आप भी वैसे ही हो गए। या कि जिधर सब दौड़ रहे हैं, आप भी उधर ही दौड़ने लग गए। नहीं। वे सब तो पहले ही स्वयं को विशेष मानकर बैठे हैं और विशेष होने के लिए दौड़ भी रहे हैं। वे तो ख़ुद अभी भ्रम में हैं। वास्तव में आपका निर्विशेष होना अन्य के लिए विशेष हो जाता है। जिसका अर्थ होता है कि आप अंधे होकर नहीं दौड़ रहे हैं। आप जानते हैं कि आप कहाँ दौड़ रहे हैं, किधर दौड़ रहे हैं, क्यों दौड़ रहे हैं या क्यों नहीं दौड़ रहे हैं।

तो निर्विशेष होना (या रहना) माने; न तो कोई विशेष पहचान है, न विशेष बनने या दिखने की इच्छा है। न कोई तुलना है, न प्रतिस्पर्धा है। न किसी से ईर्ष्या, न भेदभाव है। न ही खुद को लेकर कोई छवि या मान्यता है कि मैं ऐसा हूँ या मैं वैसा हूँ। न मैं यह हूँ, न वह हूँ; न ऐसा हूँ, न वैसा हूँ। स्वयं को लेकर कोई मानसिक छवि नहीं है। केवल दर्शन मात्र है। देखना है, देखने वाला कोई नहीं। सुनना है, सुनने वाला कोई नहीं। वह तो शून्य हो गया। लहर ने जान लिया कि वह समंदर से न तो पृथक है और न ही स्वतंत्र। अब आकाश-सा बोध है, समंदर-सी मौज है और लहरों-सा संघर्ष है।

5

भविष्य के सारे भय अंततः मृत्यु के ही भय है

प्रश्नकर्ता: भविष्य को लेकर चिंता और डर रहता है। जैसे असफलता और बुढ़ापे की चिंता, बीमारी और दुर्घटना का डर। कभी मौत का डर। इससे कैसे निपटें?

अचिंत्य: ऐसा कोई भी व्यक्ति, जिसके जीवन की सारी भाग-दौड़ का केंद्र भय है—वह भय चाहे किसी भी नाम या रूप में क्यों न हो—वह आज़ाद तो नहीं है। ऐसा व्यक्ति हक़ीकत को देख नहीं पाता है, क्योंकि भय, चिंता और उनसे पलायन के रूप में बेहोशी से उठी कामनाएँ उसे अंधा कर देती हैं। अब उसे जो दिख रहा होता है, वह उसका अपना ही प्रक्षेपण होता है। ऐसे व्यक्ति का जीवन सत्य, प्रेम, ईमानदारी, करुणा, शांति और सौंदर्य से रिक्त होता है। यह व्यक्ति जीवन के सौंदर्य और आनंद से चूकता जाता है। मौज, आनंद और सौंदर्य प्रत्यक्ष होगा, मगर यह देख नहीं पाएगा।

भय व्यक्ति के देखने-सुनने की क्षमता और संवेदनशीलता को विकृत और नष्ट कर देता है और व्यक्ति की पूरी जिंदगी आत्म-केंद्रित होती जाती है। जो व्यक्ति जितना अधिक भयभीत और आत्म-केंद्रित होता है, वह स्वयं के लिए और अन्य के लिए हिंसक हो जाता है। वह हर तरह से सब-कुछ निश्चित और स्वयं को सुरक्षित करने में लगा रहता है। उसे केवल इस बात की चिंता रहती है—मेरा क्या होगा? और उसके लिए वह "कुछ भी" करने के लिए तैयार रहता है—सिवाय निष्पक्षता और ईमानदारी से आत्म-अवलोकन के।

ऐसा व्यक्ति जो भविष्य को लेकर भयभीत है, वह इस बात को महत्व नहीं देगा कि वह जो कुछ भी कर रहा है—वह सही है या नहीं। ऐसा व्यक्ति केवल कर्म के परिणाम को देखेगा। यदि इसको 'लगता' है कि उस कर्म का परिणाम इसके भविष्य को निश्चित और सुरक्षित कर सकता है, तो यह उस काम को करने लग जाएगा—चाहे वह कर्म करने लायक हो या नहीं, चाहे उस कर्म में हिंसा, शोषण, अन्याय और भेदभाव ही क्यों न हो। ऐसा व्यक्ति जो लगातार भयभीत है, क्या वह किसी भी वस्तु, व्यक्ति, विचार, जीव या प्रकृति से उचित संबंध बना पाएगा? बिल्कुल नहीं। वह स्वयं से भी स्वस्थ संबंध नहीं रख पाएगा। उचित

संबंध केवल तब बन सकता है, जब जीवन में सत्य, बोध, प्रेम और पूर्ण आज़ादी हो, और किसी तरह का भय न हो।

आपने यह अनुभव भी किया होगा कि जब आप भयभीत अथवा दुःखी होते हैं, तब आसपास चाहे कितना ही सुंदर वातावरण और मौसम क्यों न हो—चाहे नदी और पहाड़ हों, चाहे पेड़-पौधे और पशु-पक्षी हों, चाहे शाम का समय और ढलता सूरज हो, और चाहे कुछ भी हो—मगर आप उसे देख नहीं पाते हैं। इसके विपरीत आपने यह भी अनुभव किया होगा कि जब आप सचमुच—चाहे किसी भी वजह से और कभी भी—खुश होते हैं, आपके जीवन में कुछ देर के लिए भी यदि कभी सच्ची खुशी होती है, तो आपने देखा होगा कि किस तरह हर चीज आपको प्यारी लगने लगती है और आप मस्त हो जाते हैं। आप जीना चाहते हैं।

तो सौंदर्य के दर्शन हेतु सिर्फ आँखों का होना पर्याप्त नहीं है—उसके लिए आँखों का कामना और भय-मुक्त होना भी आवश्यक है। फिर वह कामना और भय चाहे किसी भी बात को लेकर क्यों न हो।

वास्तव में भय हमेशा किसी न किसी बात से, किसी वस्तु, व्यक्ति अथवा किसी अनुभव से जुड़ा हुआ होता है। अन्यथा इसका अपना कोई अस्तित्व नहीं है। इसीलिए इससे आज़ाद भी हुआ जा सकता है, और इसे यदि समझा जाए—तो इसके बावजूद इससे आज़ाद जिया जा सकता है।

जिस भी बात को लेकर आप चिंतित अथवा भयभीत हैं, जब तक आप उसे ईमानदारी से अच्छी तरह समझ नहीं लेते—केवल तभी तक भय बना रह सकता है। और भय अथवा चिंता जब भी होंगे, तो वे भविष्य के संबंध में ही होंगे, क्योंकि वे भविष्य की कल्पना ही तो होते हैं। जैसे; किसी तरह की बीमारी या दुर्घटना से संबंधित भय, बुढ़ापे से संबंधित भय, अकेलेपन या अपमान का भय, असफल होने का भय, किसी को खो देने का भय या स्वयं अपनी ही मौत का भय, और अन्य। अतीत को लेकर तो पछतावा, ग्लानि और दुख जैसा ही कुछ हो सकता है।

तो भय को समझने के लिए आपको समझना होगा चाहत, यानी कामना को। कब आप भयभीत या चिंतित होने लगते हैं? जब आप कुछ चाहते हैं अथवा कुछ नहीं चाहते हैं। यानी जहाँ चाहत (कामना) है, वहाँ भय होगा ही। दो तरह की चाहतें होती हैं। एक, जिसमें आप कुछ चाहते हैं, माने सकारात्मक, जैसे; आप किसी खास प्रतियोगी परीक्षा में सफल होना चाहते हैं। मगर आपको इस बात का भय और चिंता है कि कहीं ऐसा न हो—आप असफल हो जाएँ।

दूसरी तरह की चाहत होती है, जिसमें आप कुछ 'नहीं' चाहते हैं। यहाँ भी चाहत है—मगर नकार के रूप में। जैसे कि आप चाहते हैं कि कभी भी कोई आपका अपमान 'न' करे। अब थोड़ा ठहर कर ध्यान से देखिए कि जब भी आपने भय, चिंता या तनाव का अनुभव किया है, क्या तब उसके मूल में कोई चाहत नहीं रही है? वहाँ ज़रूर कोई चाहत, यानी कामना, रही होगी—कुछ पाने की, कुछ बनने की या कहीं पहुँचने की। मगर आपको भय इस बात का है

कि कहीं ऐसा न हो—जैसा आप चाहते हैं, वैसा न हो। तो एक चाहत है, जिसमें आप कुछ 'चाहते' हैं, और दूसरी चाहत है, जिसमें आप कुछ 'नहीं' चाहते हैं। भय दो बातों का होता है; एक, जो आप चाहते हैं वैसा नहीं होने का भय, और दूसरा, जो आप नहीं चाहते हैं वैसा हो जाने का भय।

अब यदि भय को समझना है, तो आपको अपनी चाहतों का अध्ययन करना होगा। तो देखिए कि जो आप चाहते हैं, वह आप क्यों चाहते हैं? जो आप नहीं चाहते हैं, वह आप क्यों नहीं चाहते हैं? जो आप चाहते हैं, उसकी चाहत आपके भीतर पैदा कैसे हुई? इससे फर्क नहीं पड़ता कि आप क्या चाहते हैं। चाहे आप कुछ भी चाहो। महत्वपूर्ण यह नहीं है कि कामना किस चीज या विषय से संबंधित है; महत्वपूर्ण यह समझना है कि वह कामना है ही क्यों? आई कहाँ से? उसका केंद्र या स्रोत क्या है? आप यह देखिए कि आप क्यों कुछ 'चाहते' हैं और क्यों कुछ 'नहीं चाहते' हैं।

अगर आप ध्यान से देखेंगे, तो आप पाएंगे कि 'जो है', यानी सरल शब्दों में अगर कहूँ तो—अभी आप जो हैं, जैसे हैं, जहाँ हैं, जो भी आपकी स्थिति है—आप उसमें बदलाव चाहते हैं। अभी आप जिस भी स्थिति में हैं, उसमें आपको कोई कमी या खालीपन जैसा महसूस होता है। क्या ऐसा नहीं है? क्योंकि कामना का अर्थ ही है कि कुछ कमी है। है न? और ध्यान से अगर देखो, तो एक चीज की कमी उसके विपरीत की अधिकता होती है। जैसे—सुख की कमी ही दुख की वृद्धि का नाम ले लेती है। बीमारी की वृद्धि ही स्वास्थ्य की कमी हो जाती है। अब हम यह नहीं कह रहे हैं कि भूख लगे तो भोजन की कामना नहीं होनी चाहिए या शरीर यदि बीमार हो जाए तो इलाज न कराओ। यह तो जरूरतें हैं, इनको कामना नहीं कहा जाना चाहिये।

दुःख, भय और चिंता आदि का संबंध उन कामनाओं से है, जो मानसिक तल पर किसी तरह की भ्रामक मान्यताओं के कारण उत्पन्न होती हैं। जैसे स्वयं को सफल या असफल मानना, सुंदर या कुरूप मानना, श्रेष्ठ अथवा हीन मानना, मानसिक रूप से सुरक्षित और असुरक्षित मानना, और फिर कामनाओं का उठना। तो ऐसी मान्यताएँ और उनसे उठी कामनाएँ दुख, भय, हीनता और चिंता इत्यादि का रूप ले लेती हैं। पेट में यदि भोजन की कमी है, तो उसका अनुभव होगा और दर्द होने लगेगा। तो भोजन की जरूरत कब लगती है? जब भीतर भोजन की कमी होती है। तो शरीर को जो कमी महसूस होती है—भोजन की, पानी की, कपड़ा और मकान की, ऑक्सीजन और सही प्राकृतिक वातावरण की—ये कमियाँ जैविक जरूरतें हैं और ये ज़रूर पूरी होनी चाहिए।

मगर मनोवैज्ञानिक तल पर किसी तरह की कमी या अपूर्णता में जीने की कोई जरूरत नहीं है और उसके लिए कुछ हासिल करने या बनने की भी जरूरत नहीं है। मगर आप भय के कारण बहुत कुछ करके अथवा बनकर दिखाने का प्रयास करते हैं। लेकिन तभी एक और भय खड़ा हो जाता है और वह कहता है कि अगर ऐसा नहीं हुआ तो? तो मैं आपसे पूछ रहा हूँ कि आप जो कुछ भी चाहते हैं, वह क्यों चाहते हैं? आपके भीतर वह चाहतें कहाँ से पैदा हुईं?

क्या सचमुच वे चाहतें आपकी अपनी हैं? क्या उनमें कोई सच्चाई भी है? क्या सचमुच उन चाहतों के बिना आप जी नहीं सकते? कहीं ऐसा तो नहीं कि आपकी चाहतें बस तुलना, ईर्ष्या या किसी से प्रभावित होने से आ रही हैं? या बस किसी विज्ञापन को देखकर आप में चाहतें उठ गईं? कहीं ऐसा तो नहीं कि आपकी चाहतें बस संयोग से ही उठ रही हैं और उनके पूरा नहीं होने से आप भयभीत हैं? क्या आप जानते भी हैं कि आपको सचमुच चाहिये क्या?

उदाहरण के लिए, आप सफल होना चाहते हैं। आप सफल क्यों होना चाहते हैं? और जिसे आप सफलता कह रहे हैं, क्या वह सफलता है भी? आपको कैसे पता कि उसे ही सफलता कहते हैं? किस आधार पर आप उसे सफलता मान रहे हैं? सफलता की आपकी परिभाषा क्या है? कहीं यह परिभाषा बेहोश भीड़ से ही तो नहीं आ रही है? भीड़ की भेड़ होना चाहते हो क्या? इसके लिए यह छोटी सी जिंदगी बर्बाद करना चाहते हो? आपकी वह कामना कहीं सिर्फ़ इसलिए तो नहीं कि सब उधर ही दौड़ रहे हैं? या किसी ने आपको असफल कह दिया और आपको चोट लग गई या आप आहत हो गए? या किसी से तुलना कर बैठे और उसकी तुलना में ख़ुद को हीन मान रहे हो, इसलिए अब सफल होना चाहते हो? या फिर किसी का दबाव हो सकता है। हममें ऐसे ही तो उठती हैं न कामनाएँ?

क्या ऐसी कामनाओं की पूर्ति आपकी भीतरी बेचैनी और अपूर्णता को मिटा सकती हैं? जो भी आप चाहते हैं, आपकी वह चाहत यदि पूरी भी हो जाए, तो भी क्या आपको चैन मिल जाएगा? इसी तरह से, जो आप 'नहीं' चाहते हैं, वैसा यदि हो भी गया, तो उससे आपका क्या बिगड़ जाएगा? इसको साफ-साफ देखो। जो तथ्य है, उसे देखो। डरो नहीं। जिनके साथ वैसा कुछ हो भी गया—जिससे आप भयभीत होकर जी रहे हैं—उनका क्या हुआ और जैसा हुआ वैसा क्यों हुआ? और जिनको वह सब मिल गया—जो आप चाहते हैं—उन्होंने क्या पा लिया? क्या उनकी जिंदगी की अंधी और व्यर्थ भागदौड़ रुक गई? क्या वे दुख, भय, चिंता, बेचैनी जैसी पीड़ाओं से मुक्त हो गए? क्या उनके जीवन में बोध, प्रेम, शांति, आज़ादी और सत्य है? क्योंकि यही तो है, जिसके लिए आप दौड़ रहे हैं।

बाकी कामनाएँ तो बस बहाना हैं। उनके माध्यम से भी अंततः तो आप यही चाहते हो ना कि जिंदगी में सुकून हो, शांति हो, आज़ादी हो। एक बार सोचिए तो कि जो कुछ आप चाहते हैं, वैसा कुछ अगर हो भी जाए, और उसके बाद भी यदि आपके जीवन में भय, बेचैनी, अपूर्णता और पीड़ा लगातार बनी ही रहे, तो उस सब के होने का क्या अर्थ रहा—जिसके लिए आप जीवन भर दौड़ते रहे और डरते रहे? तो यह जो अपूर्णता है—जहाँ से कामनाएँ उठती हैं—यह जो कमी है, यह वास्तव में केवल भ्रम का परिणाम है। यह सत्य नहीं है। भीतरी अपूर्णता अनुभव होती है, मगर कुछ अनुभव होता है—इससे वह सत्य नहीं हो जाता। हमें क्या और कैसा अनुभव होगा यह तो हमारी शारीरिक संरचना, मानसिक संस्कारबद्धता, मान्यताओं, विश्वासों, वातावरण, संयोग आदि पर निर्भर करता है।

जैसे रेगिस्तान में मृग-मरीचिका पानी की भाँति दिखाई देती है, मगर इससे वह पानी तो नहीं हो जाती। अंधकार में किसी रस्सी या लकड़ी को देखकर, भ्रमवश आप उसे साँप मान

लेते हैं और आपमें भय पैदा हो जाता है; यानी आपको भय का अनुभव होने लगता है। मगर किसी चीज़ को भ्रमवश सर्प मान लेने के कारण यदि आप भयभीत हो गए हैं, तो इससे वह लकड़ी या रस्सी सर्प तो नहीं हो जाती है ना। तो आपको जो भय अनुभव हो रहा है, वह तथ्य है, मगर वह केवल झूठे, अधूरे और भ्रामक ज्ञान व मान्यताओं का परिणाम है। आप ऐसी मान्यताओं को सत्य मानकर बैठे हैं, जो सीमित, संकुचित और भ्रामक हैं।

तो जिस भी बात या विषय को लेकर आप भयभीत हैं, उस विषय या बात के तथ्य को यदि आप समझ लें, तो उससे संबंधित भय समाप्त हो जाता है। तो ध्यान से देखो कि जो कुछ भी आप चाहते हो, उस चाहत के पीछे जरूर कोई आशा और मान्यता है। वह यह है कि आप ऐसा मानते हैं—कि यदि वह कामना पूरी हो जाती है, तो आपके जीवन से समस्याओं का अंत हो जाएगा और आपको शांति मिल जाएगी, पूर्णता मिल जाएगी, हर पीड़ा का अंत हो जाएगा। हैं ना? मगर क्या कभी ऐसा हुआ है कि किसी कामना की पूर्ति हो जाने से चाहतों का सिलसिला खत्म हो गया हो? अनेक कामनाएँ पूरी हुईं, मगर ऐसा तो कभी नहीं हुआ कि कामनाएँ ही खत्म हो गई हों।

एक कामना के बाद दूसरी, दूसरी के बाद तीसरी—और यह सिलसिला तब तक चलता ही रहता है जब तक आप यह ना देख लें कि अपूर्णता केवल एक मान्यता है, सत्य नहीं। बल्कि होता तो यह है कि एक साथ कई कामनाएँ आपको घेरे रहती हैं और अनेक दिशाओं में आपको भटकाती रहती हैं। तो वास्तव में आपको कामनाओं की पूर्ति चाहिए, या कामनाओं की पूर्ति के माध्यम से इन कामनाओं के शोर और इनके कारण उत्पन्न अपूर्णता से मुक्ति चाहिए? भीतरी अपूर्णता से मुक्ति हेतु आप विषयों के भोग की तरफ दौड़ते हैं, मगर वास्तव में आपको किसी विषय की चाहत नहीं है—आपकी चाहत है शांति की, प्रेम की, पूर्णता की। अंततः आप सुकून चाहते हैं।

तो देखिए कि जिन चाहतों के पूरा होने अथवा नहीं होने की कल्पना से आप भयभीत हैं, क्या सचमुच वे आपको पूर्ण कर भी सकती हैं? नहीं। क्योंकि विषयों के भोग से पूर्णता की कामना करना ही आत्मअज्ञान का प्रमाण है। जो स्वभाव ही है, उसकी कामना करना—मतलब अपूर्णता के झूठ को न जानकर उसे सत्य मान लेना है। स्वभाव अर्थात् वह जो आपकी हक़ीकत है। आपको आप चाहिये, वह विषयों के भोग से कैसे मिलेगा? किसी भी तरह की अपूर्णता, कमी या भय का अनुभव तब होता है, जब आप स्वयं को कुछ ऐसा मान लेते हैं—जो सीमित, अपूर्ण और अनित्य है। जब आप उससे आसक्त नहीं रहते, जो सीमित, अपूर्ण और अनित्य है—तब 'होना' ही आनंद-स्वरूप है। आनंद वह है, जो जगत पर आश्रित नहीं है, जो किसी भी विषय के होने अथवा नहीं होने पर आश्रित नहीं है।

आनंद और शांति के लिए आपको किसी भी विषय पर आश्रित होने की आवश्यकता नहीं है। क्योंकि यदि शांति के लिए आप किसी विषय पर आश्रित हैं, किसी खास स्थिति पर आश्रित हैं— तो वहाँ शांति नहीं हो सकती। क्योंकि शांति के लिए यदि आप किसी विषय पर आश्रित हैं, तो जिस भी विषय पर आप आश्रित हैं—उसको खोने का भय लगातार बना रहेगा।

जहाँ लगातार भय बना हुआ है, वहाँ आनंद या शांति कैसे हो सकती है? नहीं हो सकती। वह शांति या सुकून जो किसी भी विषय या खास स्थिति आदि पर आश्रित है, वह वास्तव में शांति है ही नहीं।

आप यदि यह कहते हैं कि आपको शांति तब मिलेगी जब आप कोई विशेष चीज हासिल कर लेंगे, तो यह शांति अब किसी विषय पर आश्रित हो गई और वह विषय कुछ भी हो सकता है। जहाँ आश्रयता है, वहाँ भय और गुलामी होगी ही। मगर अब आप उस विषय की चाहत करते हैं और उसके नहीं मिलने की चिंता आपको अशांत करती है। यदि किसी तरह वह विषय आपको मिल भी गया, तो अब उसे वापस खोने का भय बना रहेगा। आप लगातार इस भय में जिएँगे कि कहीं वह वस्तु, व्यक्ति, स्थिति, पद, प्रतिष्ठा या पहचान अथवा जो भी है, कहीं वह छिन न जाए। अर्थात् जब तक विषय नहीं मिला तब तक अशांति, अपूर्णता और बेचैनी और जब मिल भी गया तो खोने का भय। किसी हाल में शांति नहीं। तो यदि आपकी शांति किसी भी विषय या स्थिति आदि पर आश्रित है, तो आप शांत नहीं हैं। क्योंकि शांति भोग से नहीं, बोध से प्रकट होती है। शांति आपका स्वभाव है। उसे बाहर खोजना ही भ्रम है।

तो अपनी चाहतों की पूर्ति के माध्यम से अंततः आप चैन चाहते हैं। उसी को मैं कह रहा हूँ कि आप आज़ादी चाहते हैं। आज़ादी किससे? वह जो बेचैनी और अपूर्णता अनुभव हो रही है, उससे। चाहतों को पूरा करके अंततः आपको चाहतों से आज़ादी चाहिए। ध्यान से सुनिए इस बात को। आप कामनाओं की पूर्ति करके अंततः क्या चाहते हैं? कामनाओं से आज़ादी।

कामना का विषय कुछ भी हो सकता है। मगर आपको उस विषय से वास्तव में कुछ भी लेना-देना नहीं है। क्योंकि जो भी विषय होगा, वह शरीर को कुछ सुख, सुविधा और आराम दे सकता है और मन को क्षणिक खुशी दे सकता है। मगर उससे आपकी भीतरी और गहरी बेचैनी, भय, पीड़ा और अपूर्णता तो खत्म नहीं होती न। क्योंकि उसका कारण किसी विषय की कमी नहीं, अपितु भ्रम यानी आत्म-अज्ञान है।

आपको उस भ्रामक कामना से मुक्ति चाहिए, जो आपके भीतर पनप रही है और लगातार अपूर्णता का एहसास करा रही है। मगर उससे मुक्ति हेतु कुछ पाने, कुछ करके या कुछ बनके दिखाने की आवश्यकता नहीं है। उसकी सीमाओं, भ्रामकता और व्यर्थता को जान लो, देख लो कि भीतर किस केंद्र से वह उठ रही है, और तब वह बेचैनी अथवा अपूर्णता का कारण नहीं बनेगी। जान लो कि कामना की पूर्ति के माध्यम से भी अंततः आपको कामना से ही मुक्ति चाहिए। तो कामना करने की आवश्यकता ही नहीं। जब कामना ही नहीं रही, तो उस कामना के पूर्ण नहीं होने का भय कैसे बचेगा?

आप देख रहे हो कि जिस तरह की सफलता के पीछे आप दौड़ रहे हो, उस तरह की सफलता अनेकों ने हासिल की है, मगर उनकी जिंदगी फिर भी मुर्दा की मुर्दा ही है। न मौज, न मस्ती, न प्रेम, न शांति, न सच्चाई, न आज़ादी। कुछ नहीं। बल्कि भीतर से अब वे और अधिक बर्बाद, बेईमान, पाखंडी, चालाक और झूठे हो गए हैं।

हाँ, उनके जीवन में पैसा हो सकता है। गाड़ी, बंगला, सत्ता, लोगों की भीड़ इत्यादि हो सकते हैं। मगर जीवन में शांति नहीं है। लगातार दुःख, चिंता, भय, तनाव और अशांति है। तो क्या अर्थ रहा ऐसी सफलता का?

आप सुंदर होना चाहते हैं। आपने देखा कि जिसको आप सुंदर कहते हैं, वह बस आपकी मान्यता है। क्योंकि दुनिया भर में हर किसी व्यक्ति की अपनी-अपनी मान्यता है। संयोग से आप ऐसे स्थान पर और ऐसे लोगों के बीच पैदा हो गए जहाँ मोटी तोंद वाले को सुंदर कहते हैं या फिर गोरे रंग वाले व्यक्ति को सुंदर कहते हैं या फिर पतली कमर वाली महिला को सुंदर कहा जाता है, तो अपने भ्रमवश उसे सुंदर मान लिया। अब अगर कोई वैसा नहीं होने के कारण दुःखी अनुभव करता है, स्वयं को हीन मानता है—तो इसे मूर्खता और बेहोशी नहीं कहेंगे, तो क्या कहेंगे।

हक़ीकत यह है कि न कुछ सुंदर है, न कुरूप है। यह तो लोगों की अपनी-अपनी निजी मान्यता भर है और मान्यताएँ सत्य नहीं होतीं। तथाकथित अलग-अलग जातियों और धर्म में मान्यता रखने वाले लोग अलग-अलग चीजों और बातों को सुंदर मानते हैं। मगर आप क्या मानते हैं, इससे वह सत्य नहीं हो जाता। जिस तरह की आपकी जीवनशैली है, जो कुछ आप मानते हैं, वह सब मानने और करने के लिए आप संस्कारबद्ध हैं और वहीं से फिर आपकी सारी कामनाएँ पैदा होती हैं। फिर उन्हीं के पूरा नहीं होने का आपको लगातार भय बना रहता है, क्योंकि आप समझते ही नहीं कि आपका संस्कारबद्ध मस्तिष्क, विचार और भावनाएँ कैसे काम कर रही हैं। कैसे आपके भीतर कोई भी कामना पैदा हो जाती है? ठहरकर आप यह देखना ही नहीं चाहते।

आज आपके भीतर जो भी कामनाएँ हैं, क्या वे दस वर्ष पहले भी थीं? नहीं न? मगर दस वर्ष पहले आप आज से ज्यादा मौज में रहे होंगे। ज्यादा शांत रहे होंगे। और दस वर्ष पहले जो कामनाएँ थीं, क्या वे आज भी हैं? नहीं न? जो आज हैं, वे तब नहीं थीं और जो तब थीं, वे आज नहीं हैं। सब बदल गईं। क्यों? क्योंकि स्थितियाँ, माहौल, समय, स्थान, अनुभव और स्वयं आप बदल गए। आपका मस्तिष्क अब परिवार, समाज, शिक्षा, संस्कृति, समय, स्थान, विज्ञापनों, धर्मगुरुओं, नेताओं, अभिनेताओं, फिल्मों, मीडिया आदि के द्वारा संस्कारबद्ध हो गया है और आप उसके प्रति बिल्कुल भी सजग नहीं हैं।

अब ये बाहरी माहौल, लोग और व्यवस्थाएँ तय करती हैं कि आप क्या कामनाएँ करेंगे और क्या नहीं, आप कैसे जियेंगे और कैसे नहीं। आपके मस्तिष्क और पूरे जीवन का नियंत्रण अब इनके हाथों में है। पर चूँकि ये आपके मस्तिष्क में घुस गए हैं, आपका मैं बन गए हैं, अब आपके भीतर बैठकर ये आपको नियंत्रित करते हैं, इसलिए आपको यह भ्रम रहता है कि आपकी कामनाएँ आपकी हैं, आपके सपने और उद्देश्य आपके हैं, या आप जो कुछ कर रहे हैं, वह आपका अपना चुनाव है। हक़ीकत यह है कि आपके पास अपना कुछ नहीं है। जिसे आप कहते हो 'मैं', वह भी आपका अपना नहीं है, और जो वास्तव में अपना है—उसका आपको कुछ भी पता नहीं है। पराए को पराया जानकर ही उसका पता चलता है, जो वास्तव

में अपना है, जो 'मैं' ही है। केवल आप ही अपने हो सकते हैं। मगर चूँकि अभी आपको अपना ही कुछ नहीं पता, इसलिए ना जाने क्या-क्या और किस-किस को अपने अपना मानकर पकड़ रखा है। पर चूँकि वह सब पराया है, इसीलिए उसके खोने या छिनने का भय बना रहता है।

तो इस पर ध्यान दीजिए कि आपके भीतर कोई भी कामना, भय, क्रोध, ईर्ष्या आदि क्यों और कैसे उठ रहे हैं—उसको समझिए। उदाहरण के लिए, आप अपने किसी मित्र के घर गए और वहाँ आपने पेट भरकर कुछ खाया-पिया। आपने देखा कि भोजन के रूप में कई तरह के स्वादिष्ट व्यंजन थे। तब क्या होता है? जब तक आप खा रहे थे, तब तक आपको सुख मिल रहा था। मगर जैसे-जैसे आपका पेट भरता गया, सुख की मात्रा भी घटती गई। जैसे किसी को गहरी प्यास लगे, तो पानी का पहला घूँट या पहला गिलास उसको जितना सुख देगा, तीसरा गिलास उतना सुख नहीं देगा। शायद आप तीसरे गिलास का पानी पी ही न पाएं और मना कर दें। कुछ समय पहले तक इसी पानी के लिए आपके भीतर गहरी कामना थी। क्यों? क्योंकि आप प्यासे थे। मगर अब इसी पानी को आप 'ना' कह रहे हैं।

कुछ समय पहले तक यही पानी आपको सुख दे रहा था। मगर दो-तीन गिलास पानी पीने के बाद, यदि आपने और पानी पिया, तो यही पानी आपके लिए दर्द और फिर दुःख का कारण बन जाएगा। है ना? क्योंकि आप दर्द से आसक्त हो जाते हैं। दर्द शरीर को है, और आप शरीर से आसक्त हैं, तो शरीर की पीड़ा आपकी पीड़ा हो जाती है और दुःख पैदा होता है। अन्यथा यह आवश्यक नहीं है कि दर्द हो रहा है तो दुःख भी होगा ही।

हमारी सारी कामनाएँ भी ऐसी ही हैं। जब तक कामना-पूर्ति नहीं होती, तब तक हम उनको लेकर दुखी और परेशान रहते हैं, और जब वे पूरी हो भी जाती हैं, तो उनसे क्षणिक सुख मिलता है, और फिर वही चीजें हमारे लिए बोझ बन जाती हैं। हम पछताते हैं, यह सोचकर कि क्यों हमने उनके लिए जीवन बर्बाद किया। क्यों हम जिये नहीं और बस अंधों की तरह दौड़ते रहे? जैसे सुख पाने के लिए आपने विवाह कर लिया, और विवाह के नाम पर एक ऐसी स्त्री या पुरुष को अपने जीवन में ले आए, जो शरीर से तो आकर्षक है या धनवान है, मगर उसका मन मैला है—यानी मन हिंसा, भेदभाव, भ्रम, अज्ञान, अंधविश्वास और मूर्खताओं से भरा हुआ है। मगर अब जीवन भर उसे ढोना है।

फिर क्षणिक सुख लेने के चक्कर में उसी से दो-चार संतानें उत्पन्न कर लीं। अब बोझ और बंधन और अधिक बढ़ जाते हैं, मज़बूत हो जाते हैं। ऐसे ही आपका व्यक्तिगत संसार फैलता जाता है। आपने तो सुख की कामना से विवाह किया था और संतानें पैदा की थीं। मगर हुआ क्या? केवल बंधनों, बोझ, अशांति और दुःख में ही वृद्धि हुई। सुख तो क्षण भर के लिए प्रतीत होता है—लुभाने के लिए। कामनाएँ उठती ही तब हैं, जब आपको कामना-पूर्ति में किसी तरह के सुख की आशा दिखती है। है ना? मगर सुख के अलावा जो कुछ उसके साथ-साथ आने वाला है, सुख के आकर्षण, बेहोशी और स्वयं से बेईमानी के चलते, आप उसको देखते ही नहीं हैं। कामना के क्षण में जरा उसको भी तो देखिए, जो सुख के अलावा उसके

साथ जीवन में आ रहा है। क्योंकि जहाँ सुख है, वहाँ दुःख भी होगा ही। दोनों एक ही सिक्के के दो पहलू जैसे ही तो हैं।

तो हम बात कर रहे थे कि आप अपने दोस्त के घर गए, स्वादिष्ट व्यंजन खाए। वहाँ से नए और स्वादिष्ट व्यंजनों का आपको अनुभव और जानकारी मिली। आपने उसका महल जैसा घर और महँगी गाड़ियाँ देखीं। आप कहते हैं, मज़ा आ गया। लेकिन ऐसा मज़ा तो कुछ समय ही रहता है। आप अपने घर लौट आते हैं। ज़िंदगी फिर से पहले जैसी हो जाती है। दोस्त की तुलना में अपने पास कमी पाकर आपको हीनता और अपूर्णता महसूस होती है। अगले दिन आप अपने माता-पिता, पति, पत्नी या किसी अन्य मित्र के साथ बाज़ार जाते हैं। बाज़ार में आपको वह सब दिखाई देता है, जो कल आपने अपने दोस्त के घर खाया, पिया, देखा और सुना था।

आप कहते हैं कि मुझे वह चीज फ़िर से खानी है। उसके बगल में एक और चीज है, जिस पर दुकानदार ने वह नाम लिख रखा है—जो कल आपने अपने दोस्त के मुँह से बस सुना था—आप कहते हैं कि मुझे वह भी चखना है। क्यों? क्योंकि आपके दोस्त ने कहा था कि वह चीज बहुत अच्छी लगती है। अब आप उन चीजों की कामना करते हैं। कल से पहले तक वे चीजें शायद आपके लिए दुनिया में थीं ही नहीं, या कम से कम आपके मन में तो नहीं थीं। उन चीजों की कामना का होना, कामना पूरी न होने के भय का होना और पूरी न होने पर दुःख का होना—इससे तो दूर-दूर तक आपका कोई नाता ही नहीं था।

मगर अब वह कामना आपके मन में पनप गई है। अब यदि आपके अभिभावक, पति, पत्नी, मित्र या किसी ने भी आपकी यह कामना पूरी नहीं की, तो आप उनसे रूठ जाएँगे। अपने दुख के लिए उनको दोष देंगे। संबंधों में समस्याएँ, दुख, दोषारोपण, कलह, क्लैश आदि बढ़ेंगे। तो देखो कि यह कामना कैसे उठी? इसकी जड़ तक जाओ। जब आप बाज़ार में आए, तो आँखों ने उन चीजों की छवियाँ देखीं, कानों ने उनके नाम सुने। आपने उनको न हाथों से छुआ, न चखा; केवल उनको देखा अथवा उनका नाम सुना। तुरंत वह छवि और शब्द आपकी इंद्रियों के माध्यम से मस्तिष्क तक पहुँच जाते हैं। अब मस्तिष्क में पूरी प्रक्रिया चालू हो गई है। उस छवि और नाम से संबंधित जितने भी अनुभव, नाम, रूप, घटनाएँ, किस्से, कहानियाँ, सुख, दुःख आदि के रूप में जो अतीत रहा है, वह सब विचार के रूप में उभरकर सामने आने लगते हैं।

कल आपने अपने मित्र के घर पर उन व्यंजनों का जो सुख लिया था, उस सुख के अनुभव का नाम, अर्थ और छवि आपके मस्तिष्क में स्मृति के रूप में संचित हो गया था। अब बाज़ार में उन चीजों की छवियों, रंग, चमक आदि को देखकर, या उनका नाम सुनकर, जैसे ही वह सुखद अनुभव आपको याद आता है, आप पुनः उस सुख को दोहराने की इच्छा करने लगते हैं। मगर किसी भी अनुभव का दोहराव आपको उससे बहुत 'ज़्यादा और गहरा' सुख नहीं दे सकता—जो आपने पहली बार उस अनुभव के दौरान पाया था। मगर उस अनुभव के दोहराव के लिए आप जो कीमत चुकाते हैं, वह बहुत भारी होती है। आप उसे देखते ही नहीं हैं। पल-भर

के सुखों के चक्कर में आप जीवन भर के लिए भ्रम, भय, बंधन, बोझ, हीनता और दुःख पाल लेते हैं, इस उम्मीद में कि अलग-अलग सुखों और उनके दोहराव से किसी दिन पूर्णता और सुकून मिल जाएगा। मगर क्या ऐसा कभी हुआ? नहीं।

तो होता यह है कि इन इंद्रियों के माध्यम से आप कुछ देखते, सुनते और अनुभव करते हैं। यदि वह अनुभव आपको सुखद लगता है, तो आप उसे बार-बार दोहराने की इच्छा करते हैं। या जो अनुभव आपने अभी तक नहीं लिया है, आप उसको पहली बार लेना चाहते हैं—इस उम्मीद में कि सुकून मिल जाएगा। मगर मिलता है क्षणिक सुख। और वह कितनी देर रहता है? थोड़ी देर, और फ़िर गायब। लेकिन उस क्षणिक मज़े के लिए आप ज़िंदगी भर दौड़ते रहते हैं, दुःखी होते हैं, भय में जीते हैं, मगर सुकून कहीं नहीं पाते—क्योंकि सुकून आपसे दूर, बाहर या अलग नहीं है। सुख या मज़ा और आनंद या सुकून अलग-अलग होते हैं।

सुख की प्रकृति यह है कि वह हमेशा किसी न किसी विषय पर आश्रित और क्षणिक होगा। इसीलिए सुख की ख़ातिर आपको कुछ हासिल करना होगा। कुछ बनना होगा। कुछ करके दिखाना होगा। कहीं पहुँचना होगा। कुछ खाना या पीना होगा—यानी भोगना होगा। सुख आश्रित है विषयों के भोग पर, जैसे; महंगे कपड़े, महंगी कार और बंगला, महंगे होटल में रहना, उपलब्धियाँ हासिल करना, लोगों से तालियाँ मिलना इत्यादि पर। मगर यह सुख चूँकि किसी चीज पर आश्रित है, इसलिए लगातार यह भय बना रहेगा कि कहीं ऐसा न हो कि वे चीजें न मिलें। और किसी तरह अगर वे मिल भी गईं, तो यह भय बना रहेगा कि कहीं वे वापस न छिन जाएँ। जब तक वह चीज नहीं मिलती है, तो भ्रमवश यह दुःख भी बना ही रहता है कि यदि वह चीज आपको मिल गई होती—तो शायद आपकी सारी पीड़ा खत्म हो गई होती।

तो विषयों पर आश्रित सुख ऐसा होता है, जिसके नहीं होने में भी दुःख, चिंता और झूठी आशाएँ होती हैं; आशाओं में उनके पूरे न होने का भय होता है, और अगर किसी तरह वे पूरी हो भी जाएँ, तो उनके छिन जाने का भय रहता है। मगर भीतरी बेचैनी और अपूर्णता जारी रहती है, क्योंकि आपने स्वयं को वह मान रखा है, जो सीमित, संकुचित और अपूर्ण है। और विराट व पूर्ण की चाहत में आप उन विषयों से आसक्त हैं, जो सब सीमित, संकुचित, अपूर्ण और अनित्य हैं। अर्थात् आप पूर्णता और अपने होने के लिए—जो आप स्वयं को मानते हैं, उसके होने के लिए—विषयों पर आश्रित रहते हैं, और उन्हीं के न रहने का आपको भय बना रहता है।

कोई व्यक्ति स्वयं को किसी परिवार, संगठन, तथाकथित जाति, संस्थागत धर्म या देश इत्यादि से क्यों जोड़ता है? इसीलिए क्योंकि उनसे जुड़कर उसे यह भ्रम रहता है कि वह भी कुछ है और वह बहुत सीमित, संकुचित और अपूर्ण नहीं है। मगर आप अपने भीतर उन नामों, पहचानों, मान्यताओं आदि की सीमाओं के झूठ को नहीं देखना चाहते, जिनके कारण आपको यह भीतरी अपूर्णता, हीनता, क्षुद्रता और भय अनुभव होता है। इसीलिए तो लोग अपने तथाकथित देश की सीमाओं का विस्तार चाहते हैं, संस्थागत धर्म का विस्तार चाहते

हैं—केवल इसलिए, ताकि आप वही बने रहें, जो भ्रमवश आप स्वयं को मानते हैं, ताकि आपका अहंकार बचा रहे। आप केंद्र से पृथक और स्वतंत्र बने रहना चाहते हैं, आप मैं-तू का भेद बनाए रखना चाहते हैं—जो कि है नहीं। क्योंकि सारे अलगाव केवल बेहोशी, भ्रम, स्वार्थ और भय से उठी मान्यताएँ भर हैं।

इसी तरह आप स्वयं को पूरा करने के लिए वस्तुओं, व्यक्तियों, संपत्ति, गाड़ी, विचारों, मान्यताओं, परंपराओं, अनुभवों, नामों, पहचानों इत्यादि से आसक्त रहते हैं। फिर इन्हीं सब के नष्ट होने और छिन जाने का भय आपको लगातार बना रहता है, क्योंकि इनके बिना उसकी अपनी कोई हस्ती नहीं होती—जिसे आप 'मैं' (अहं) कहते हैं और जो आप स्वयं को 'मानते' हैं। जहाँ अहं यानी अपूर्णता है—वहाँ न सत्य है, न बोध, न प्रेम है और न ही आज़ादी। वहाँ है; भ्रम, भय, बंधन, कामनाएँ, निर्भरता, आसक्ति और दुःख। जहाँ मैं और तू का भ्रम है, वहाँ आनंद नहीं।

आनंद का अर्थ है—चाहे कोई चीज हो या न हो, चाहे कुछ बनें या न बनें, कहीं पहुँचें या न पहुँचें, कुछ करके दिखाएँ या न दिखाएँ—हम मौज में हैं। अब कुछ होगा, तो मौज में होगा, इसलिए नहीं कि करके कुछ मिल जाएगा। हम मौज में हैं, इसलिए हो रहा है। करने या न करने वाला बचा ही नहीं। बोध मात्र है, और बोध में जो हो रहा है—सहज हो रहा है। अब वही होगा, जो होने लायक है। क्योंकि अब वह नहीं रहा, जो अपूर्णता अनुभव करता था, जो कुछ चाहता था—इस उम्मीद में कि यदि कामना पूरी हो गई, तो मैं भी पूरा हो जाऊँगा।

प्रश्नकर्ता: भविष्य को लेकर चिंता और डर रहता है। जैसे असफलता और बुढ़ापे की चिंता, बीमारी और दुर्घटना का डर। कभी मौत का डर। इससे कैसे निपटें?

अचिंत्य: ऐसा कोई भी व्यक्ति, जिसके जीवन की सारी भाग-दौड़ का केंद्र भय है—वह भय चाहे किसी भी नाम या रूप में क्यों न हो—वह आज़ाद तो नहीं है। ऐसा व्यक्ति हक़ीकत को देख नहीं पाता है, क्योंकि भय, चिंता और उनसे पलायन के रूप में बेहोशी से उठी कामनाएँ उसे अंधा कर देती हैं। अब उसे जो दिख रहा होता है, वह उसका अपना ही प्रक्षेपण होता है। ऐसे व्यक्ति का जीवन सत्य, प्रेम, ईमानदारी, करुणा, शांति और सौंदर्य से रिक्त होता है। यह व्यक्ति जीवन के सौंदर्य और आनंद से चूकता जाता है। मौज, आनंद और सौंदर्य प्रत्यक्ष होगा, मगर यह देख नहीं पाएगा।

भय व्यक्ति के देखने-सुनने की क्षमता और संवेदनशीलता को विकृत और नष्ट कर देता है और व्यक्ति की पूरी जिंदगी आत्म-केंद्रित होती जाती है। जो व्यक्ति जितना अधिक भयभीत और आत्म-केंद्रित होता है, वह स्वयं के लिए और अन्य के लिए हिंसक हो जाता है। वह हर तरह से सब-कुछ निश्चित और स्वयं को सुरक्षित करने में लगा रहता है। उसे केवल इस बात की चिंता रहती है—मेरा क्या होगा? और उसके लिए वह "कुछ भी" करने के लिए तैयार रहता है—सिवाय निष्पक्षता और ईमानदारी से आत्म-अवलोकन के।

ऐसा व्यक्ति जो भविष्य को लेकर भयभीत है, वह इस बात को महत्व नहीं देगा कि वह जो कुछ भी कर रहा है—वह सही है या नहीं। ऐसा व्यक्ति केवल कर्म के परिणाम को देखेगा।

यदि इसको 'लगता' है कि उस कर्म का परिणाम इसके भविष्य को निश्चित और सुरक्षित कर सकता है, तो यह उस काम को करने लग जाएगा—चाहे वह कर्म करने लायक हो या नहीं, चाहे उस कर्म में हिंसा, शोषण, अन्याय और भेदभाव ही क्यों न हो। ऐसा व्यक्ति जो लगातार भयभीत है, क्या वह किसी भी वस्तु, व्यक्ति, विचार, जीव या प्रकृति से उचित संबंध बना पाएगा? बिल्कुल नहीं। वह स्वयं से भी स्वस्थ संबंध नहीं रख पाएगा। उचित संबंध केवल तब बन सकता है, जब जीवन में सत्य, बोध, प्रेम और पूर्ण आज़ादी हो, और किसी तरह का भय न हो।

आपने यह अनुभव भी किया होगा कि जब आप भयभीत अथवा दुःखी होते हैं, तब आसपास चाहे कितना ही सुंदर वातावरण और मौसम क्यों न हो—चाहे नदी और पहाड़ हों, चाहे पेड़-पौधे और पशु-पक्षी हों, चाहे शाम का समय और ढलता सूरज हो, और चाहे कुछ भी हो—मगर आप उसे देख नहीं पाते हैं। इसके विपरीत आपने यह भी अनुभव किया होगा कि जब आप सचमुच—चाहे किसी भी वजह से और कभी भी—खुश होते हैं, आपके जीवन में कुछ देर के लिए भी यदि कभी सच्ची खुशी होती है, तो आपने देखा होगा कि किस तरह हर चीज आपको प्यारी लगने लगती है और आप मस्त हो जाते हैं। आप जीना चाहते हैं।

तो सौंदर्य के दर्शन हेतु सिर्फ आँखों का होना पर्याप्त नहीं है—उसके लिए आँखों का कामना और भय-मुक्त होना भी आवश्यक है। फिर वह कामना और भय चाहे किसी भी बात को लेकर क्यों न हो।

वास्तव में भय हमेशा किसी न किसी बात से, किसी वस्तु, व्यक्ति अथवा किसी अनुभव से जुड़ा हुआ होता है। अन्यथा इसका अपना कोई अस्तित्व नहीं है। इसीलिए इससे आज़ाद भी हुआ जा सकता है, और इसे यदि समझा जाए—तो इसके बावजूद इससे आज़ाद जिया जा सकता है।

जिस भी बात को लेकर आप चिंतित अथवा भयभीत हैं, जब तक आप उसे ईमानदारी से अच्छी तरह समझ नहीं लेते—केवल तभी तक भय बना रह सकता है। और भय अथवा चिंता जब भी होंगे, तो वे भविष्य के संबंध में ही होंगे, क्योंकि वे भविष्य की कल्पना ही तो होते हैं। जैसे; किसी तरह की बीमारी या दुर्घटना से संबंधित भय, बुढ़ापे से संबंधित भय, अकेलेपन या अपमान का भय, असफल होने का भय, किसी को खो देने का भय या स्वयं अपनी ही मौत का भय, और अन्य। अतीत को लेकर तो पछतावा, ग्लानि और दुख जैसा ही कुछ हो सकता है।

तो भय को समझने के लिए आपको समझना होगा चाहत, यानी कामना को। कब आप भयभीत या चिंतित होने लगते हैं? जब आप कुछ चाहते हैं अथवा कुछ नहीं चाहते हैं। यानी जहाँ चाहत (कामना) है, वहाँ भय होगा ही। दो तरह की चाहतें होती हैं। एक, जिसमें आप कुछ चाहते हैं, माने सकारात्मक, जैसे; आप किसी खास प्रतियोगी परीक्षा में सफल होना चाहते हैं। मगर आपको इस बात का भय और चिंता है कि कहीं ऐसा न हो—आप असफल हो जाएँ।

दूसरी तरह की चाहत होती है, जिसमें आप कुछ 'नहीं' चाहते हैं। यहाँ भी चाहत है—मगर नकार के रूप में। जैसे कि आप चाहते हैं कि कभी भी कोई आपका अपमान 'न' करे। अब थोड़ा ठहर कर ध्यान से देखिए कि जब भी आपने भय, चिंता या तनाव का अनुभव किया है, क्या तब उसके मूल में कोई चाहत नहीं रही है? वहाँ ज़रूर कोई चाहत, यानी कामना, रही होगी—कुछ पाने की, कुछ बनने की या कहीं पहुँचने की। मगर आपको भय इस बात का है कि कहीं ऐसा न हो—जैसा आप चाहते हैं, वैसा न हो। तो एक चाहत है, जिसमें आप कुछ 'चाहते' हैं, और दूसरी चाहत है, जिसमें आप कुछ 'नहीं' चाहते हैं। भय दो बातों का होता है; एक, जो आप चाहते हैं वैसा नहीं होने का भय, और दूसरा, जो आप नहीं चाहते हैं वैसा हो जाने का भय।

अब यदि भय को समझना है, तो आपको अपनी चाहतों का अध्ययन करना होगा। तो देखिए कि जो आप चाहते हैं, वह आप क्यों चाहते हैं? जो आप नहीं चाहते हैं, वह आप क्यों नहीं चाहते हैं? जो आप चाहते हैं, उसकी चाहत आपके भीतर पैदा कैसे हुई? इससे फर्क नहीं पड़ता कि आप क्या चाहते हैं। चाहे आप कुछ भी चाहो। महत्वपूर्ण यह नहीं है कि कामना किस चीज या विषय से संबंधित है; महत्वपूर्ण यह समझना है कि वह कामना है ही क्यों? आई कहाँ से? उसका केंद्र या स्रोत क्या है? आप यह देखिए कि आप क्यों कुछ 'चाहते' हैं और क्यों कुछ 'नहीं चाहते' हैं।

अगर आप ध्यान से देखेंगे, तो आप पाएंगे कि 'जो है', यानी सरल शब्दों में अगर कहूँ तो—अभी आप जो हैं, जैसे हैं, जहाँ हैं, जो भी आपकी स्थिति है—आप उसमें बदलाव चाहते हैं। अभी आप जिस भी स्थिति में हैं, उसमें आपको कोई कमी या खालीपन जैसा महसूस होता है। क्या ऐसा नहीं है? क्योंकि कामना का अर्थ ही है कि कुछ कमी है। है न? और ध्यान से अगर देखो, तो एक चीज की कमी उसके विपरीत की अधिकता होती है। जैसे—सुख की कमी ही दुख की वृद्धि का नाम ले लेती है। बीमारी की वृद्धि ही स्वास्थ्य की कमी हो जाती है। अब हम यह नहीं कह रहे हैं कि भूख लगे तो भोजन की कामना नहीं होनी चाहिए या शरीर यदि बीमार हो जाए तो इलाज न कराओ। यह तो जरूरतें हैं, इनको कामना नहीं कहा जाना चाहिये।

दुःख, भय और चिंता आदि का संबंध उन कामनाओं से है, जो मानसिक तल पर किसी तरह की भ्रामक मान्यताओं के कारण उत्पन्न होती हैं। जैसे स्वयं को सफल या असफल मानना, सुंदर या कुरूप मानना, श्रेष्ठ अथवा हीन मानना, मानसिक रूप से सुरक्षित और असुरक्षित मानना, और फिर कामनाओं का उठना। तो ऐसी मान्यताएँ और उनसे उठी कामनाएँ दुख, भय, हीनता और चिंता इत्यादि का रूप ले लेती हैं। पेट में यदि भोजन की कमी है, तो उसका अनुभव होगा और दर्द होने लगेगा। तो भोजन की जरूरत कब लगती है? जब भीतर भोजन की कमी होती है। तो शरीर को जो कमी महसूस होती है—भोजन की, पानी की, कपड़ा और मकान की, ऑक्सीजन और सही प्राकृतिक वातावरण की—ये कमियाँ जैविक जरूरतें हैं और ये ज़रूर पूरी होनी चाहिए।

मगर मनोवैज्ञानिक तल पर किसी तरह की कमी या अपूर्णता में जीने की कोई जरूरत नहीं है और उसके लिए कुछ हासिल करने या बनने की भी जरूरत नहीं है। मगर आप भय के कारण बहुत कुछ करके अथवा बनकर दिखाने का प्रयास करते हैं। लेकिन तभी एक और भय खड़ा हो जाता है और वह कहता है कि अगर ऐसा नहीं हुआ तो? तो मैं आपसे पूछ रहा हूँ कि आप जो कुछ भी चाहते हैं, वह क्यों चाहते हैं? आपके भीतर वह चाहतें कहाँ से पैदा हुईं? क्या सचमुच वे चाहतें आपकी अपनी हैं? क्या उनमें कोई सच्चाई भी है? क्या सचमुच उन चाहतों के बिना आप जी नहीं सकते? कहीं ऐसा तो नहीं कि आपकी चाहतें बस तुलना, ईर्ष्या या किसी से प्रभावित होने से आ रही हैं? या बस किसी विज्ञापन को देखकर आप में चाहतें उठ गईं? कहीं ऐसा तो नहीं कि आपकी चाहतें बस संयोग से ही उठ रही हैं और उनके पूरा नहीं होने से आप भयभीत हैं? क्या आप जानते भी हैं कि आपको सचमुच चाहिये क्या?

उदाहरण के लिए, आप सफल होना चाहते हैं। आप सफल क्यों होना चाहते हैं? और जिसे आप सफलता कह रहे हैं, क्या वह सफलता है भी? आपको कैसे पता कि उसे ही सफलता कहते हैं? किस आधार पर आप उसे सफलता मान रहे हैं? सफलता की आपकी परिभाषा क्या है? कहीं यह परिभाषा बेहोश भीड़ से ही तो नहीं आ रही है? भीड़ की भेड़ होना चाहते हो क्या? इसके लिए यह छोटी सी जिंदगी बर्बाद करना चाहते हो? आपकी वह कामना कहीं सिर्फ़ इसलिए तो नहीं कि सब उधर ही दौड़ रहे हैं? या किसी ने आपको असफल कह दिया और आपको चोट लग गई या आप आहत हो गए? या किसी से तुलना कर बैठे और उसकी तुलना में ख़ुद को हीन मान रहे हो, इसलिए अब सफल होना चाहते हो? या फिर किसी का दबाव हो सकता है। हममें ऐसे ही तो उठती हैं न कामनाएँ?

क्या ऐसी कामनाओं की पूर्ति आपकी भीतरी बेचैनी और अपूर्णता को मिटा सकती हैं? जो भी आप चाहते हैं, आपकी वह चाहत यदि पूरी भी हो जाए, तो भी क्या आपको चैन मिल जाएगा? इसी तरह से, जो आप 'नहीं' चाहते हैं, वैसा यदि हो भी गया, तो उससे आपका क्या बिगड़ जाएगा? इसको साफ-साफ देखो। जो तथ्य है, उसे देखो। डरो नहीं। जिनके साथ वैसा कुछ हो भी गया—जिससे आप भयभीत होकर जी रहे हैं—उनका क्या हुआ और जैसा हुआ वैसा क्यों हुआ? और जिनको वह सब मिल गया—जो आप चाहते हैं—उन्होंने क्या पा लिया? क्या उनकी जिंदगी की अंधी और व्यर्थ भागदौड़ रुक गई? क्या वे दुख, भय, चिंता, बेचैनी जैसी पीड़ाओं से मुक्त हो गए? क्या उनके जीवन में बोध, प्रेम, शांति, आज़ादी और सत्य है? क्योंकि यही तो है, जिसके लिए आप दौड़ रहे हैं।

बाकी कामनाएँ तो बस बहाना हैं। उनके माध्यम से भी अंततः तो आप यही चाहते हो ना कि जिंदगी में सुकून हो, शांति हो, आज़ादी हो। एक बार सोचिए तो कि जो कुछ आप चाहते हैं, वैसा कुछ अगर हो भी जाए, और उसके बाद भी यदि आपके जीवन में भय, बेचैनी, अपूर्णता और पीड़ा लगातार बनी ही रहे, तो उस सब के होने का क्या अर्थ रहा—जिसके लिए आप जीवन भर दौड़ते रहे और डरते रहे? तो यह जो अपूर्णता है—जहाँ से कामनाएँ उठती हैं—यह जो कमी है, यह वास्तव में केवल भ्रम का परिणाम है। यह सत्य नहीं है। भीतरी अपूर्णता

अनुभव होती है, मगर कुछ अनुभव होता है—इससे वह सत्य नहीं हो जाता। हमें क्या और कैसा अनुभव होगा यह तो हमारी शारीरिक संरचना, मानसिक संस्कारबद्धता, मान्यताओं, विश्वासों, वातावरण, संयोग आदि पर निर्भर करता है।

जैसे रेगिस्तान में मृग-मरीचिका पानी की भाँति दिखाई देती है, मगर इससे वह पानी तो नहीं हो जाती। अंधकार में किसी रस्सी या लकड़ी को देखकर, भ्रमवश आप उसे साँप मान लेते हैं और आपमें भय पैदा हो जाता है; यानी आपको भय का अनुभव होने लगता है। मगर किसी चीज़ को भ्रमवश सर्प मान लेने के कारण यदि आप भयभीत हो गए हैं, तो इससे वह लकड़ी या रस्सी सर्प तो नहीं हो जाती है ना। तो आपको जो भय अनुभव हो रहा है, वह तथ्य है, मगर वह केवल झूठे, अधूरे और भ्रामक ज्ञान व मान्यताओं का परिणाम है। आप ऐसी मान्यताओं को सत्य मानकर बैठे हैं, जो सीमित, संकुचित और भ्रामक हैं।

तो जिस भी बात या विषय को लेकर आप भयभीत हैं, उस विषय या बात के तथ्य को यदि आप समझ लें, तो उससे संबंधित भय समाप्त हो जाता है। तो ध्यान से देखो कि जो कुछ भी आप चाहते हो, उस चाहत के पीछे जरूर कोई आशा और मान्यता है। वह यह है कि आप ऐसा मानते हैं—कि यदि वह कामना पूरी हो जाती है, तो आपके जीवन से समस्याओं का अंत हो जाएगा और आपको शांति मिल जाएगी, पूर्णता मिल जाएगी, हर पीड़ा का अंत हो जाएगा। हैं ना? मगर क्या कभी ऐसा हुआ है कि किसी कामना की पूर्ति हो जाने से चाहतों का सिलसिला खत्म हो गया हो? अनेक कामनाएँ पूरी हुईं, मगर ऐसा तो कभी नहीं हुआ कि कामनाएँ ही खत्म हो गई हों।

एक कामना के बाद दूसरी, दूसरी के बाद तीसरी—और यह सिलसिला तब तक चलता ही रहता है जब तक आप यह ना देख लें कि अपूर्णता केवल एक मान्यता है, सत्य नहीं। बल्कि होता तो यह है कि एक साथ कई कामनाएँ आपको घेरे रहती हैं और अनेक दिशाओं में आपको भटकाती रहती हैं। तो वास्तव में आपको कामनाओं की पूर्ति चाहिए, या कामनाओं की पूर्ति के माध्यम से इन कामनाओं के शोर और इनके कारण उत्पन्न अपूर्णता से मुक्ति चाहिए? भीतरी अपूर्णता से मुक्ति हेतु आप विषयों के भोग की तरफ दौड़ते हैं, मगर वास्तव में आपको किसी विषय की चाहत नहीं है—आपकी चाहत है शांति की, प्रेम की, पूर्णता की। अंततः आप सुकून चाहते हैं।

तो देखिए कि जिन चाहतों के पूरा होने अथवा नहीं होने की कल्पना से आप भयभीत हैं, क्या सचमुच वे आपको पूर्ण कर भी सकती हैं? नहीं। क्योंकि विषयों के भोग से पूर्णता की कामना करना ही आत्मअज्ञान का प्रमाण है। जो स्वभाव ही है, उसकी कामना करना—मतलब अपूर्णता के झूठ को न जानकर उसे सत्य मान लेना है। स्वभाव अर्थात् वह जो आपकी हक़ीकत है। आपको आप चाहिये, वह विषयों के भोग से कैसे मिलेगा? किसी भी तरह की अपूर्णता, कमी या भय का अनुभव तब होता है, जब आप स्वयं को कुछ ऐसा मान लेते हैं—जो सीमित, अपूर्ण और अनित्य है। जब आप उससे आसक्त नहीं रहते, जो सीमित, अपूर्ण और अनित्य है—तब 'होना' ही आनंद-स्वरूप है। आनंद वह है, जो जगत पर आश्रित

नहीं है, जो किसी भी विषय के होने अथवा नहीं होने पर आश्रित नहीं है।

आनंद और शांति के लिए आपको किसी भी विषय पर आश्रित होने की आवश्यकता नहीं है। क्योंकि यदि शांति के लिए आप किसी विषय पर आश्रित हैं, किसी खास स्थिति पर आश्रित हैं— तो वहाँ शांति नहीं हो सकती। क्योंकि शांति के लिए यदि आप किसी विषय पर आश्रित हैं, तो जिस भी विषय पर आप आश्रित हैं—उसको खोने का भय लगातार बना रहेगा। जहाँ लगातार भय बना हुआ है, वहाँ आनंद या शांति कैसे हो सकती है? नहीं हो सकती। वह शांति या सुकून जो किसी भी विषय या खास स्थिति आदि पर आश्रित है, वह वास्तव में शांति है ही नहीं।

आप यदि यह कहते हैं कि आपको शांति तब मिलेगी जब आप कोई विशेष चीज हासिल कर लेंगे, तो यह शांति अब किसी विषय पर आश्रित हो गई और वह विषय कुछ भी हो सकता है। जहाँ आश्रयता है, वहाँ भय और गुलामी होगी ही। मगर अब आप उस विषय की चाहत करते हैं और उसके नहीं मिलने की चिंता आपको अशांत करती है। यदि किसी तरह वह विषय आपको मिल भी गया, तो अब उसे वापस खोने का भय बना रहेगा। आप लगातार इस भय में जिएँगे कि कहीं वह वस्तु, व्यक्ति, स्थिति, पद, प्रतिष्ठा या पहचान अथवा जो भी है, कहीं वह छिन न जाए। अर्थात् जब तक विषय नहीं मिला तब तक अशांति, अपूर्णता और बेचैनी और जब मिल भी गया तो खोने का भय। किसी हाल में शांति नहीं। तो यदि आपकी शांति किसी भी विषय या स्थिति आदि पर आश्रित है, तो आप शांत नहीं हैं। क्योंकि शांति भोग से नहीं, बोध से प्रकट होती है। शांति आपका स्वभाव है। उसे बाहर खोजना ही भ्रम है।

तो अपनी चाहतों की पूर्ति के माध्यम से अंततः आप चैन चाहते हैं। उसी को मैं कह रहा हूँ कि आप आज़ादी चाहते हैं। आज़ादी किससे? वह जो बेचैनी और अपूर्णता अनुभव हो रही है, उससे। चाहतों को पूरा करके अंततः आपको चाहतों से आज़ादी चाहिए। ध्यान से सुनिए इस बात को। आप कामनाओं की पूर्ति करके अंततः क्या चाहते हैं? कामनाओं से आज़ादी।

कामना का विषय कुछ भी हो सकता है। मगर आपको उस विषय से वास्तव में कुछ भी लेना-देना नहीं है। क्योंकि जो भी विषय होगा, वह शरीर को कुछ सुख, सुविधा और आराम दे सकता है और मन को क्षणिक खुशी दे सकता है। मगर उससे आपकी भीतरी और गहरी बेचैनी, भय, पीड़ा और अपूर्णता तो खत्म नहीं होती न। क्योंकि उसका कारण किसी विषय की कमी नहीं, अपितु भ्रम यानी आत्म-अज्ञान है।

आपको उस भ्रामक कामना से मुक्ति चाहिए, जो आपके भीतर पनप रही है और लगातार अपूर्णता का एहसास करा रही है। मगर उससे मुक्ति हेतु कुछ पाने, कुछ करके या कुछ बनके दिखाने की आवश्यकता नहीं है। उसकी सीमाओं, भ्रामकता और व्यर्थता को जान लो, देख लो कि भीतर किस केंद्र से वह उठ रही है, और तब वह बेचैनी अथवा अपूर्णता का कारण नहीं बनेगी। जान लो कि कामना की पूर्ति के माध्यम से भी अंततः आपको कामना से ही मुक्ति चाहिए। तो कामना करने की आवश्यकता ही नहीं। जब कामना ही नहीं रही, तो उस कामना के पूर्ण नहीं होने का भय कैसे बचेगा?

आप देख रहे हो कि जिस तरह की सफलता के पीछे आप दौड़ रहे हो, उस तरह की सफलता अनेकों ने हासिल की है, मगर उनकी जिंदगी फिर भी मुर्दा की मुर्दा ही है। न मौज, न मस्ती, न प्रेम, न शांति, न सच्चाई, न आज़ादी। कुछ नहीं। बल्कि भीतर से अब वे और अधिक बर्बाद, बेईमान, पाखंडी, चालाक और झूठे हो गए हैं।हाँ, उनके जीवन में पैसा हो सकता है। गाड़ी, बंगला, सत्ता, लोगों की भीड़ इत्यादि हो सकते हैं। मगर जीवन में शांति नहीं है। लगातार दुःख, चिंता, भय, तनाव और अशांति है। तो क्या अर्थ रहा ऐसी सफलता का?

आप सुंदर होना चाहते हैं। आपने देखा कि जिसको आप सुंदर कहते हैं, वह बस आपकी मान्यता है। क्योंकि दुनिया भर में हर किसी व्यक्ति की अपनी-अपनी मान्यता है। संयोग से आप ऐसे स्थान पर और ऐसे लोगों के बीच पैदा हो गए जहाँ मोटी तोंद वाले को सुंदर कहते हैं या फिर गोरे रंग वाले व्यक्ति को सुंदर कहते हैं या फिर पतली कमर वाली महिला को सुंदर कहा जाता है, तो अपने भ्रमवश उसे सुंदर मान लिया। अब अगर कोई वैसा नहीं होने के कारण दुःखी अनुभव करता है, स्वयं को हीन मानता है—तो इसे मूर्खता और बेहोशी नहीं कहेंगे, तो क्या कहेंगे।

हक़ीकत यह है कि न कुछ सुंदर है, न कुरूप है। यह तो लोगों की अपनी-अपनी निजी मान्यता भर है और मान्यताएँ सत्य नहीं होतीं। तथाकथित अलग-अलग जातियों और धर्म में मान्यता रखने वाले लोग अलग-अलग चीजों और बातों को सुंदर मानते हैं। मगर आप क्या मानते हैं, इससे वह सत्य नहीं हो जाता। जिस तरह की आपकी जीवनशैली है, जो कुछ आप मानते हैं, वह सब मानने और करने के लिए आप संस्कारबद्‌ध हैं और वहीं से फिर आपकी सारी कामनाएँ पैदा होती हैं। फिर उन्हीं के पूरा नहीं होने का आपको लगातार भय बना रहता है, क्योंकि आप समझते ही नहीं कि आपका संस्कारबद्‌ध मस्तिष्क, विचार और भावनाएँ कैसे काम कर रही हैं। कैसे आपके भीतर कोई भी कामना पैदा हो जाती है? ठहरकर आप यह देखना ही नहीं चाहते।

आज आपके भीतर जो भी कामनाएँ हैं, क्या वे दस वर्ष पहले भी थीं? नहीं न? मगर दस वर्ष पहले आप आज से ज्यादा मौज में रहे होंगे। ज्यादा शांत रहे होंगे। और दस वर्ष पहले जो कामनाएँ थीं, क्या वे आज भी हैं? नहीं न? जो आज हैं, वे तब नहीं थीं और जो तब थीं, वे आज नहीं हैं। सब बदल गईं। क्यों? क्योंकि स्थितियाँ, माहौल, समय, स्थान, अनुभव और स्वयं आप बदल गए। आपका मस्तिष्क अब परिवार, समाज, शिक्षा, संस्कृति, समय, स्थान, विज्ञापनों, धर्मगुरुओं, नेताओं, अभिनेताओं, फिल्मों, मीडिया आदि के द्‌वारा संस्कारबद्‌ध हो गया है और आप उसके प्रति बिल्कुल भी सजग नहीं हैं।

अब ये बाहरी माहौल, लोग और व्यवस्थाएँ तय करती हैं कि आप क्या कामनाएँ करेंगे और क्या नहीं, आप कैसे जियेंगे और कैसे नहीं। आपके मस्तिष्क और पूरे जीवन का नियंत्रण अब इनके हाथों में है। पर चूँकि ये आपके मस्तिष्क में घुस गए हैं, आपका मैं बन गए हैं, अब आपके भीतर बैठकर ये आपको नियंत्रित करते हैं, इसलिए आपको यह भ्रम रहता है कि आपकी कामनाएँ आपकी हैं, आपके सपने और उद्‌देश्य आपके हैं, या आप जो कुछ

कर रहे हैं, वह आपका अपना चुनाव है। हक़ीकत यह है कि आपके पास अपना कुछ नहीं है। जिसे आप कहते हो 'मैं', वह भी आपका अपना नहीं है, और जो वास्तव में अपना है—उसका आपको कुछ भी पता नहीं है। पराए को पराया जानकर ही उसका पता चलता है, जो वास्तव में अपना है, जो 'मैं' ही है। केवल आप ही अपने हो सकते हैं। मगर चूँकि अभी आपको अपना ही कुछ नहीं पता, इसलिए ना जाने क्या-क्या और किस-किस को अपने अपना मानकर पकड़ रखा है। पर चूँकि वह सब पराया है, इसीलिए उसके खोने या छिनने का भय बना रहता है।

तो इस पर ध्यान दीजिए कि आपके भीतर कोई भी कामना, भय, क्रोध, ईर्ष्या आदि क्यों और कैसे उठ रहे हैं—उसको समझिए। उदाहरण के लिए, आप अपने किसी मित्र के घर गए और वहाँ आपने पेट भरकर कुछ खाया-पिया। आपने देखा कि भोजन के रूप में कई तरह के स्वादिष्ट व्यंजन थे। तब क्या होता है? जब तक आप खा रहे थे, तब तक आपको सुख मिल रहा था। मगर जैसे-जैसे आपका पेट भरता गया, सुख की मात्रा भी घटती गई। जैसे किसी को गहरी प्यास लगे, तो पानी का पहला घूँट या पहला गिलास उसको जितना सुख देगा, तीसरा गिलास उतना सुख नहीं देगा। शायद आप तीसरे गिलास का पानी पी ही न पाएं और मना कर दें। कुछ समय पहले तक इसी पानी के लिए आपके भीतर गहरी कामना थी। क्यों? क्योंकि आप प्यासे थे। मगर अब इसी पानी को आप 'ना' कह रहे हैं।

कुछ समय पहले तक यही पानी आपको सुख दे रहा था। मगर दो-तीन गिलास पानी पीने के बाद, यदि आपने और पानी पिया, तो यही पानी आपके लिए दर्द और फिर दुःख का कारण बन जाएगा। है ना? क्योंकि आप दर्द से आसक्त हो जाते हैं। दर्द शरीर को है, और आप शरीर से आसक्त हैं, तो शरीर की पीड़ा आपकी पीड़ा हो जाती है और दुःख पैदा होता है। अन्यथा यह आवश्यक नहीं है कि दर्द हो रहा है तो दुःख भी होगा ही।

हमारी सारी कामनाएँ भी ऐसी ही हैं। जब तक कामना-पूर्ति नहीं होती, तब तक हम उनको लेकर दुखी और परेशान रहते हैं, और जब वे पूरी हो भी जाती हैं, तो उनसे क्षणिक सुख मिलता है, और फिर वही चीजें हमारे लिए बोझ बन जाती हैं। हम पछताते हैं, यह सोचकर कि क्यों हमने उनके लिए जीवन बर्बाद किया। क्यों हम जिये नहीं और बस अंधों की तरह दौड़ते रहे? जैसे सुख पाने के लिए आपने विवाह कर लिया, और विवाह के नाम पर एक ऐसी स्त्री या पुरुष को अपने जीवन में ले आए, जो शरीर से तो आकर्षक है या धनवान है, मगर उसका मन मैला है—यानी मन हिंसा, भेदभाव, भ्रम, अज्ञान, अंधविश्वास और मूर्खताओं से भरा हुआ है। मगर अब जीवन भर उसे ढोना है।

फिर क्षणिक सुख लेने के चक्कर में उसी से दो-चार संतानें उत्पन्न कर लीं। अब बोझ और बंधन और अधिक बढ़ जाते हैं, मज़बूत हो जाते हैं। ऐसे ही आपका व्यक्तिगत संसार फैलता जाता है। आपने तो सुख की कामना से विवाह किया था और संतानें पैदा की थीं। मगर हुआ क्या? केवल बंधनों, बोझ, अशांति और दुःख में ही वृद्धि हुई। सुख तो क्षण भर के लिए प्रतीत होता है—लुभाने के लिए। कामनाएँ उठती ही तब हैं, जब आपको कामना-पूर्ति में

किसी तरह के सुख की आशा दिखती है। है ना? मगर सुख के अलावा जो कुछ उसके साथ-साथ आने वाला है, सुख के आकर्षण, बेहोशी और स्वयं से बेईमानी के चलते, आप उसको देखते ही नहीं हैं। कामना के क्षण में जरा उसको भी तो देखिए, जो सुख के अलावा उसके साथ जीवन में आ रहा है। क्योंकि जहाँ सुख है, वहाँ दुःख भी होगा ही। दोनों एक ही सिक्के के दो पहलू जैसे ही तो हैं।

तो हम बात कर रहे थे कि आप अपने दोस्त के घर गए, स्वादिष्ट व्यंजन खाए। वहाँ से नए और स्वादिष्ट व्यंजनों का आपको अनुभव और जानकारी मिली। आपने उसका महल जैसा घर और महँगी गाड़ियाँ देखीं। आप कहते हैं, मज़ा आ गया। लेकिन ऐसा मज़ा तो कुछ समय ही रहता है। आप अपने घर लौट आते हैं। ज़िंदगी फिर से पहले जैसी हो जाती है। दोस्त की तुलना में अपने पास कमी पाकर आपको हीनता और अपूर्णता महसूस होती है। अगले दिन आप अपने माता-पिता, पति, पत्नी या किसी अन्य मित्र के साथ बाज़ार जाते हैं। बाज़ार में आपको वह सब दिखाई देता है, जो कल आपने अपने दोस्त के घर खाया, पिया, देखा और सुना था।

आप कहते हैं कि मुझे वह चीज फ़िर से खानी है। उसके बगल में एक और चीज है, जिस पर दुकानदार ने वह नाम लिख रखा है—जो कल आपने अपने दोस्त के मुँह से बस सुना था—आप कहते हैं कि मुझे वह भी चखना है। क्यों? क्योंकि आपके दोस्त ने कहा था कि वह चीज बहुत अच्छी लगती है। अब आप उन चीजों की कामना करते हैं। कल से पहले तक वे चीजें शायद आपके लिए दुनिया में थीं ही नहीं, या कम से कम आपके मन में तो नहीं थीं। उन चीजों की कामना का होना, कामना पूरी न होने के भय का होना और पूरी न होने पर दुःख का होना—इससे तो दूर-दूर तक आपका कोई नाता ही नहीं था।

मगर अब वह कामना आपके मन में पनप गई है। अब यदि आपके अभिभावक, पति, पत्नी, मित्र या किसी ने भी आपकी यह कामना पूरी नहीं की, तो आप उनसे रूठ जाएँगे। अपने दुख के लिए उनको दोष देंगे। संबंधों में समस्याएँ, दुख, दोषारोपण, कलह, क्लैश आदि बढ़ेंगे। तो देखो कि यह कामना कैसे उठी? इसकी जड़ तक जाओ। जब आप बाज़ार में आए, तो आँखों ने उन चीजों की छवियाँ देखीं, कानों ने उनके नाम सुने। आपने उनको न हाथों से छुआ, न चखा; केवल उनको देखा अथवा उनका नाम सुना। तुरंत वह छवि और शब्द आपकी इंद्रियों के माध्यम से मस्तिष्क तक पहुँच जाते हैं। अब मस्तिष्क में पूरी प्रक्रिया चालू हो गई है। उस छवि और नाम से संबंधित जितने भी अनुभव, नाम, रूप, घटनाएँ, किस्से, कहानियाँ, सुख, दुःख आदि के रूप में जो अतीत रहा है, वह सब विचार के रूप में उभरकर सामने आने लगते हैं।

कल आपने अपने मित्र के घर पर उन व्यंजनों का जो सुख लिया था, उस सुख के अनुभव का नाम, अर्थ और छवि आपके मस्तिष्क में स्मृति के रूप में संचित हो गया था। अब बाज़ार में उन चीजों की छवियों, रंग, चमक आदि को देखकर, या उनका नाम सुनकर, जैसे ही वह सुखद अनुभव आपको याद आता है, आप पुनः उस सुख को दोहराने की इच्छा करने लगते

हैं। मगर किसी भी अनुभव का दोहराव आपको उससे बहुत 'ज़्यादा और गहरा' सुख नहीं दे सकता—जो आपने पहली बार उस अनुभव के दौरान पाया था। मगर उस अनुभव के दोहराव के लिए आप जो कीमत चुकाते हैं, वह बहुत भारी होती है। आप उसे देखते ही नहीं हैं। पल-भर के सुखों के चक्कर में आप जीवन भर के लिए भ्रम, भय, बंधन, बोझ, हीनता और दुःख पाल लेते हैं, इस उम्मीद में कि अलग-अलग सुखों और उनके दोहराव से किसी दिन पूर्णता और सुकून मिल जाएगा। मगर क्या ऐसा कभी हुआ? नहीं।

तो होता यह है कि इन इंद्रियों के माध्यम से आप कुछ देखते, सुनते और अनुभव करते हैं। यदि वह अनुभव आपको सुखद लगता है, तो आप उसे बार-बार दोहराने की इच्छा करते हैं। या जो अनुभव आपने अभी तक नहीं लिया है, आप उसको पहली बार लेना चाहते हैं—इस उम्मीद में कि सुकून मिल जाएगा। मगर मिलता है क्षणिक सुख। और वह कितनी देर रहता है? थोड़ी देर, और फ़िर गायब। लेकिन उस क्षणिक मज़े के लिए आप ज़िंदगी भर दौड़ते रहते हैं, दुःखी होते हैं, भय में जीते हैं, मगर सुकून कहीं नहीं पाते—क्योंकि सुकून आपसे दूर, बाहर या अलग नहीं है। सुख या मज़ा और आनंद या सुकून अलग-अलग होते हैं।

सुख की प्रकृति यह है कि वह हमेशा किसी न किसी विषय पर आश्रित और क्षणिक होगा। इसीलिए सुख की ख़ातिर आपको कुछ हासिल करना होगा। कुछ बनना होगा। कुछ करके दिखाना होगा। कहीं पहुँचना होगा। कुछ खाना या पीना होगा—यानी भोगना होगा। सुख आश्रित है विषयों के भोग पर, जैसे; महंगे कपड़े, महंगी कार और बंगला, महंगे होटल में रहना, उपलब्धियाँ हासिल करना, लोगों से तालियाँ मिलना इत्यादि पर। मगर यह सुख चूँकि किसी चीज पर आश्रित है, इसलिए लगातार यह भय बना रहेगा कि कहीं ऐसा न हो कि वे चीजें न मिलें। और किसी तरह अगर वे मिल भी गईं, तो यह भय बना रहेगा कि कहीं वे वापस न छिन जाएँ। जब तक वह चीज नहीं मिलती है, तो भ्रमवश यह दुःख भी बना ही रहता है कि यदि वह चीज आपको मिल गई होती—तो शायद आपकी सारी पीड़ा खत्म हो गई होती।

तो विषयों पर आश्रित सुख ऐसा होता है, जिसके नहीं होने में भी दुःख, चिंता और झूठी आशाएँ होती हैं; आशाओं में उनके पूरे न होने का भय होता है, और अगर किसी तरह वे पूरी हो भी जाएँ, तो उनके छिन जाने का भय रहता है। मगर भीतरी बेचैनी और अपूर्णता जारी रहती है, क्योंकि आपने स्वयं को वह मान रखा है, जो सीमित, संकुचित और अपूर्ण है। और विराट व पूर्ण की चाहत में आप उन विषयों से आसक्त हैं, जो सब सीमित, संकुचित, अपूर्ण और अनित्य हैं। अर्थात् आप पूर्णता और अपने होने के लिए—जो आप स्वयं को मानते हैं, उसके होने के लिए—विषयों पर आश्रित रहते हैं, और उन्हीं के न रहने का आपको भय बना रहता है।

कोई व्यक्ति स्वयं को किसी परिवार, संगठन, तथाकथित जाति, संस्थागत धर्म या देश इत्यादि से क्यों जोड़ता है? इसीलिए क्योंकि उनसे जुड़कर उसे यह भ्रम रहता है कि वह भी कुछ है और वह बहुत सीमित, संकुचित और अपूर्ण नहीं है। मगर आप अपने भीतर उन

नामों, पहचानों, मान्यताओं आदि की सीमाओं के झूठ को नहीं देखना चाहते, जिनके कारण आपको यह भीतरी अपूर्णता, हीनता, क्षुद्रता और भय अनुभव होता है। इसीलिए तो लोग अपने तथाकथित देश की सीमाओं का विस्तार चाहते हैं, संस्थागत धर्म का विस्तार चाहते हैं—केवल इसलिए, ताकि आप वही बने रहें, जो भ्रमवश आप स्वयं को मानते हैं, ताकि आपका अहंकार बचा रहे। आप केंद्र से पृथक और स्वतंत्र बने रहना चाहते हैं, आप मैं-तू का भेद बनाए रखना चाहते हैं—जो कि है नहीं। क्योंकि सारे अलगाव केवल बेहोशी, भ्रम, स्वार्थ और भय से उठी मान्यताएँ भर हैं।

इसी तरह आप स्वयं को पूरा करने के लिए वस्तुओं, व्यक्तियों, संपत्ति, गाड़ी, विचारों, मान्यताओं, परंपराओं, अनुभवों, नामों, पहचानों इत्यादि से आसक्त रहते हैं। फिर इन्हीं सब के नष्ट होने और छिन जाने का भय आपको लगातार बना रहता है, क्योंकि इनके बिना उसकी अपनी कोई हस्ती नहीं होती—जिसे आप 'मैं' (अहं) कहते हैं और जो आप स्वयं को 'मानते' हैं। जहाँ अहं यानी अपूर्णता है—वहाँ न सत्य है, न बोध, न प्रेम है और न ही आज़ादी। वहाँ है; भ्रम, भय, बंधन, कामनाएँ, निर्भरता, आसक्ति और दुःख। जहाँ मैं और तू का भ्रम है, वहाँ आनंद नहीं।

आनंद का अर्थ है—चाहे कोई चीज हो या न हो, चाहे कुछ बनें या न बनें, कहीं पहुँचें या न पहुँचें, कुछ करके दिखाएँ या न दिखाएँ—हम मौज में हैं। अब कुछ होगा, तो मौज में होगा, इसलिए नहीं कि करके कुछ मिल जाएगा। हम मौज में हैं, इसलिए हो रहा है। करने या न करने वाला बचा ही नहीं। बोध मात्र है, और बोध में जो हो रहा है—सहज हो रहा है। अब वही होगा, जो होने लायक है। क्योंकि अब वह नहीं रहा, जो अपूर्णता अनुभव करता था, जो कुछ चाहता था—इस उम्मीद में कि यदि कामना पूरी हो गई, तो मैं भी पूरा हो जाऊँगा।

मैं ही नहीं, तो पूर्णता की कामना नहीं, और पूर्णता की कामना ही नहीं, तो अपूर्ण ही मर जाने का भय भी नहीं। क्योंकि अंततः सारे भय, उस भीतरी अपूर्णता के मिटे बिना ही—मिट्टी में मिल जाने के भय हैं। सारे भय इस बात के भय हैं कि "जिसके लिए" जीवनभर दौड़ते रहे, चीजें एकत्रित करते रहे, लड़ते रहे, डरते रहे, झूठ बोलते रहे, बेईमानी और हिंसा आदि करते रहे—कहीं ऐसा न हो कि उसे उपलब्ध हुए बिना ही संसार छूट जाए। कहीं ऐसा न हो कि बेचैन और अपूर्ण ही रह जाएँ। मगर जिसने कामनाओं, अपूर्णता और मैं-तू के भ्रम को देख लिया, उसके लिए अब मृत्यु किसी ख़ास दिन घटने वाली कोई घटना नहीं रहती। उसके लिए जन्म, जीवन और मृत्यु—पृथक और स्वतंत्र नहीं रहते। वहाँ केवल जीवन है—न जन्म, न मृत्यु।

जन्म और मृत्यु तो ऐसा ही है, जैसे समन्दर से, समन्दर में ही कोई लहर उठे और पुनः उसी में एक हो जाए। वास्तव में वह समन्दर से पृथक कभी हुई ही नहीं। हो भी नहीं सकती। कैसे होगी? वह स्वयं समन्दर है। समन्दर माने क्या? जल ही न। मगर जब लहर को न अपना कुछ पता होता है ना समंदर का, पूर्णज्ञान नहीं होता, तो वह भ्रमवश स्वयं को अन्य सभी—लहरों, मेंढक, मछली, कछुआ, झाग, बूंद और यहाँ तक कि समन्दर आदि से भी पृथक

और स्वतंत्र मानने लगती है। फिर उसी भ्रम से अहं, अपूर्णता, कामना, निर्भरता, आसक्ति, भय और पीड़ा उत्पन्न होती है। हम लहर के रूप में अपनी बात कर रहे हैं। अन्यथा ऐसा ना हो कि आप लहर पर ही अटक जाएँ।

भविष्य से संबंधित किसी भी तरह के भय अथवा चिंता को आप तीन स्थितियों में बाँटकर देख सकते हैं; असंभव, निश्चित और संभावित। तो पहली स्थिति है वह, जहाँ वह होना ही असंभव है—जिसको लेकर आप भयभीत रहते हैं। यानी भविष्य के संबंध में यदि आप किसी ऐसी घटना के घटने की आशंका को लेकर भयभीत अथवा चिंतित हैं, जो घट ही नहीं सकती है—फिर उससे तो भयभीत होने की आवश्यकता ही नहीं है। आप केवल इसलिए भयभीत हैं क्योंकि आप भ्रमित हैं, अंधविश्वास में जी रहे हैं। बिना समझे ही बहुत कुछ माने बैठे हैं। जैसे कोई भूत शब्द और उससे जुड़ी छवियों के कारण भयभीत रहता हो, या कोई पिछले जन्म के कर्मों के नाम पर डरता रहता हो, या कोई नर्क के भय से किसी पाखंडी को पूजता हो, अथवा ऐसे ही जीवन के अनेक मुद्दों से संबंधित भय। तो आप जिस भी बात को लेकर भयभीत अथवा चिंतित हो, ध्यानपूर्वक, निष्पक्षता और पूरी ईमानदारी से उसे देखो—क्या वह संभव भी है? यदि नहीं, तो फिर उसको लेकर भयभीत अथवा चिंतित रहने का, या उससे बचने के लिए कोई व्यवस्था करने का, कोई अर्थ नहीं।

उसके बाद आती है वह स्थिति, जिसमें कुछ ऐसा होता है, जो आपको पसंद तो नहीं होता या आप नहीं चाहते कि वैसा कुछ हो—मगर वैसा होना निश्चित होता है। उदाहरण के लिए, मृत्यु या बीमारी। कोई जीव नहीं चाहता कि वह मरे। हर कोई जीव अंतिम साँस तक बचे रहने का पूरा प्रयास करता है—जब तक कि जीवित रहना उसके लिए मृत्यु से भी अधिक पीड़ादायक और भयानक न हो जाए। अगर लंबा जिए, तो बुढ़ापा भी आएगा। विज्ञान और प्रौद्योगिकी के इतने विकास के बाद भी बीमारियाँ होती हैं। तो कुछ बीमारियाँ होंगी ही, यह भी निश्चित जानो। यह हो सकता है कि बीमारी तो हो—मगर बेईमानी या भ्रमवश आप उसे बीमारी ही न कहें।

तो अब देखो कि जिन घटनाओं का घटना निश्चित ही है, क्या उनके लिए भी भयभीत अथवा चिंतित रहने का कोई फायदा है? नहीं न? तो जो निश्चित ही है, उसे निश्चित ही जानो और बेपरवाह जियो। क्योंकि उसे टाला तो जा नहीं सकता। और सारे भय अंततः जिस बात को लेकर रहते हैं, वह है मृत्यु। सारे भय मृत्यु के भय हैं, और शरीर शारीरिक ढाँचे व मानसिक संचय की मृत्यु तो निश्चित है। तो जो होना निश्चित ही है, उसको लेकर भयभीत रहने का कोई फायदा नहीं।

उससे बचने के प्रयास करने अथवा उसको नकारने का कोई फायदा नहीं। उसको झुठलाने या उससे भागने का भी कोई फायदा नहीं। आप चाहे किसी विशाल और आलीशान महल में छिपकर बैठे हों, चाहे आसमान में किसी महंगे हवाई जहाज में उड़ रहे हों, चाहे आपके पास कितनी ही धन-संपत्ति क्यों न हो और चाहे आपके पास कितनी ही ताकत क्यों न हो—मृत्यु आपको गहरी से गहरी सुरक्षा व्यवस्था के बीच से भी खींच लाएगी। यानी कि मनुष्य रूपी

ढाँचा ढह जाएगा। यहाँ किसी के साथ नाइंसाफी नहीं होती। यहाँ कोई भेदभाव नहीं होता। बेपरवाह तब जी पाओगे, जब जीते-जी यह जान लोगे कि जिन भेदभाव में विश्वास करते भी हो, वे सब भी झूठे हैं, और इसकी शुरुआत होती है—मैं और तू के भेद की मूल मान्यता से। जान लो कि मैं और तू न पृथक हैं और न ही एक-दूसरे से स्वतंत्र हैं। इसलिए न मैं सत्य है, न तू।

और जब आप मर ही जाते हैं, तो उसके बाद क्या होता है और क्या नहीं? वह सब तो आप अपने आस-पास देख ही रहे हो। आज से पहले जितने भी अनगिनत मनुष्य और अन्य जीव मारे गए हैं, उनके मरने से, उनके होने अथवा न होने से आपको कितना फर्क पड़ता है? कुछ नहीं। किसी के भी मरने से लोगों को कब तक और कितना फर्क पड़ता है? क्या बिगड़ता है लोगों का? सब भूल जाते हैं। किसी की दौड़ नहीं रुकती। जिसको आप कहते हो "मैं", मरने के बाद उसका क्या होना है? कुछ नहीं। शरीर मिट्टी हो जाना है, मानसिक संचय शून्य हो जाना है, और कुछ बचना है नहीं। वही मिट्टी फिर से पौधा बनेगी, घास बनेगी, फूल बनेगी, खेतों में उड़ जाएगी। किसी के पैरों तले रौंदी जाएगी।

इसलिए जब तक देह जिंदा है, तब तक जियो। बेपरवाह जियो। आज़ाद जियो। अब किसी भी तरह के भय से भयभीत होने की आवश्यकता नहीं है। इसका मतलब मैं यह बिल्कुल नहीं कह रहा हूँ कि आप मूर्खताएँ करने लग जाएँ या आज़ादी के नाम पर अन्य मनुष्यों और जीवों की आज़ादी में दखल देने लग जाएँ और उनको परेशान करें। जैसे आपको आज़ादी प्यारी है, वैसे ही अन्य सभी जीवों को भी आज़ादी प्यारी है। तो बेपरवाही के नाम पर हिंसा, शोषण, अन्याय, मूर्खताएं और लापरवाही करने का मैं बिल्कुल नहीं कह रहा हूँ।

कहने का अर्थ है; जिसने यह देख लिया कि जिसके मरने से भयभीत हूँ, उसे तो निश्चित ही मर जाना है—अब वह मौत के भय से किसी तथाकथित हिंसक, शोषक, क्रूर और अधर्मी सत्ताधारी जैसे लोगों के सामने झुकेगा क्या? नहीं। उसको पता है कि मृत्यु तो होनी है, फिर वह चाहे किसी दुर्घटना-वश हो, बीमारियों से हो, बूढ़े होकर हो या किसी अन्य कारण से—मगर होनी है, यह तय है। फिर झूठ में जियूँ क्यों? झूठ के सामने झुकूँ क्यों? नकली होकर जियूँ क्यों? क्यों न असली और खरा रहूँ। फिर कमजोरों की तरह क्यों जियूँ? दबकर क्यों जियूँ? डरकर क्यों जियूँ? हीनता में क्यों जियो? क्यों किसी से तुलना करूँ? क्यों किसी चीज के छिनने से भयभीत रहूँ, जबकि मृत्यु सब कुछ छीन ही लेने वाली है। यह भी एक भ्रम ही है कि कुछ मेरा है या मेरे पास है। मैं ही नहीं है, तो मेरा कैसे होगा। कुछ नहीं बचना है।

चाहे कुछ भी एकत्रित कर लूँ, कितना ही कुछ हासिल कर लूँ, चाहे कितना ही धन और संपत्ति अर्जित कर लूँ, महल और गाड़ियाँ खड़ी कर लूँ, चाहे कितनी ही ताकत अर्जित कर लूँ और चाहे कितने ही रिश्ते बना लूँ; लेकिन पूर्णता और सुकून किसी से भी नहीं मिलने वाला—और सब कुछ छिन ही जाना है। या तो वे विषय छिन जाएँगे, जो एकत्रित किए हैं, या फिर वह स्वयं ही मिट्टी हो जाएगा—जिसने उन सबको संचित किया है। जब सब-कुछ को छिन ही जाना है, तो उन सब 'अनावश्यक' चीजों को बटोरने में जिंदगी को नर्क क्यों बनाऊँ?

क्यों उनके छिनने के भय में जियूँ? इससे क्या फर्क पड़ता है कि शरीर काला है या गोरा? लंबा है या बौना? जो है, सो है। जहाँ तक शरीर को कोई समस्या नहीं, उसे क्यों छेड़ा जाए। हाँ, शरीर की जरूरतों और उसके स्वास्थ्य का ज़रूर ध्यान रखा जाना चाहिए, क्योंकि उसका ध्यान अगर नहीं रखा जाएगा, तो वह जीते-जी ही पीड़ा पाएगा। तो शरीर ज़रूर विषयों और प्रकृति पर आश्रित रहेगा, क्योंकि शरीर स्वयं प्रकृति ही है—मगर मैं क्यों आश्रित रहूँ। क्यों काल्पनिक अपूर्णता को भरने के लिए संचय करूँ?

तो यदि सचमुच आप यह देख लें कि मृत्यु तो निश्चित है ही, तो मौत से बचने के जितने भी आप प्रयास करते हैं, वे क्यों करेंगे? बुढ़ापे में मौत से बचने के लिए आप लाखों-करोड़ों खर्च करते हैं, मगर उन लाखों-करोड़ों को कमाने के लिए आप अपनी पूरी ज़िंदगी को नर्क बना लेते हैं। ग़लत रिश्ते बनाते हैं और ना करने योग्य काम करते हैं। फ़िर भी क्या ख़ुद को बचा पाते हो? नहीं। और कुछ दिनों के लिए अगर बच भी जाते हो, तो उन कुछ दिनों में आप उखाड़ क्या लेते हो? कुछ नहीं। जब आँखें स्पष्ट देख पाती थीं, कान अच्छे से सुन पाते थे, हाथ-पैरों में जब दम था और शरीर ऊर्जा से भरा हुआ और मज़बूत था, तब तो कुछ कर नहीं पाए। तब तो बुढ़ापे को सुरक्षित करने के लिए अहंकार के गुलामों की गुलामी करते रहे और व्यर्थ के पीछे अंधे होकर दौड़ते रहे। जिसने पूरा जीवन ही ऐसे भ्रम और गुलामी में व्यर्थ गँवाया होता है, वही बुढ़ापे में भी ख़ुद को बचाने के हर संभव प्रयास करता है। मगर अब बच भी गए, तो जीवन यह सोचने में ख़त्म हो जाएगा कि अब करूँ क्या?

इससे अच्छा तो यह होता कि बुढ़ापे में उन बीमारियों से बचने के लिए और डॉक्टरों की जेब भरने के लिए जो पैसा एकत्रित करने में ज़िंदगी नर्क की, जो व्यर्थ रिश्तेदारियाँ निभाने में जीवन और धन बर्बाद किया, उस ज़िंदगी को अगर सही ढंग से और आज़ाद जी लिया होता, तो शायद इतने बीमार ही ना होते। बुढ़ापे, अकेलेपन और बीमारियों के नाम पर जहरीले रिश्ते बनाए, फ़िर बच्चे पैदा किए, व्यर्थ के ढेरों बोझ उठाए और धन एकत्रित करने के लिए ऐसे काम और ऐसी जगह काम करते रहे, जहाँ दिल कभी लगा ही नहीं—सिर्फ़ भविष्य को सुरक्षित करने के नाम पर। मगर मिला क्या? व्यर्थ का बोझ, चिंता, तनाव, पीड़ा और गुलामी झेली, और बहुत सारी बीमारियाँ पाली।

वह जो साफ-साफ यह देख लेता है कि मृत्यु तो निश्चित है, अब वह अपने जीवन को गुलामी में नहीं बिताता। वह इंतज़ार नहीं करता कि कल जब आज़ाद हो जाऊँगा, तब चैन की साँस लूँगा। जो अभी मिट गया, वह अभी आज़ाद है और जो मरते दम तक बना रहा, वह मरते दम तक गुलाम ही है। तो वह इंतज़ार नहीं करता कि कल जब कुछ बन जाऊँगा, कुछ हो जाऊँगा, कुछ करके दिखा दूँगा—तब जीवन में आनंद होगा। मगर जो 'कुछ नहीं' है, वह पूर्ण है और जो पूर्ण ही है, उसे तो पूर्णता और आनंद के लिए कुछ भी होने की अथवा कुछ भी करके या बनकर दिखाने की कोई ज़रूरत नहीं है। वह आज, अभी और यहीं, इसी क्षण—आज़ाद है।

अब कुछ होता है कि नहीं होता है? कुछ कर पाते हैं कि नहीं कर पाते हैं? कहीं पहुँच पाते हैं कि नहीं? कुछ मिलता है कि नहीं? इससे फर्क नहीं पड़ता। कुछ मिल गया, तो कोई बड़ी बात नहीं हो गई। कुछ नहीं मिला, तो भी कोई बड़ी बात नहीं हो गई। मगर हम मौज में हैं। हम पूर्ण हैं। हममें कोई कमी नहीं। अब इस जीवन रूपी खेल का अंत, आज हो कि कल; और चाहे कभी नहीं—हम आज़ाद हैं।

हर किसी इंसान में यह चाहत होती है कि वह मरे नहीं और जीता रहे। हाँ, बेहोशीवश जब जीना ही मौत से भी ज़्यादा दर्दनाक, भयानक और पीड़ादायी लगने लगता है, तब ज़रूर कुछ लोगों के मन में यह ख्याल उठने लगते हैं कि इससे तो मर जाना ही बेहतर है। ज़रा ध्यान तो दीजिए इस बात पर। जीवन में जब गहरी पीड़ा होती है, तब आप मरना भी स्वीकार कर लेते हैं। क्यों? क्योंकि ज़िंदगी ही नर्क बन गई है। इसलिए आप कहते हो कि इससे तो मौत ही भली। शायद जब व्यक्ति भीतर से अशांत और अपूर्ण होता है और जीवन में शांति व पूर्णता की आशा की किरण कहीं नज़र नहीं आ रही होती है, तब वह मृत्यु को भी गले लगा लेता है। तो वास्तव में आपको मौत से जितना डर लगता है, उससे भी अधिक प्यारी कोई और चीज है—जिसके लिए आप मर भी सकते हैं। उसे मैं कह रहा हूँ, शांति, सहजता और आज़ादी। उसे आप कोई अन्य नाम भी दे सकते हैं—पूर्णता, सत्य, बोध, प्रेम, सुकून इत्यादि।

वास्तव में मौत से भी वही व्यक्ति डरता है, जिसने अपनी ज़िंदगी व्यर्थ गँवाई हो, और सुकून कभी ना पाया हो। क्योंकि ज़िंदगी थी मौज और आनंद में जीने के लिए, सत्य और प्रेम के साथ आज़ाद जीने के लिए, सरल और सहज होकर जीने के लिए। मगर जिसने अपनी पूरी ज़िंदगी—रोते और घुटते हुए, गुलामी, भय, अलगाव, हिंसा, झूठ और बेईमानी में बिताई हो; जो ईमानदार, सच्चा, सहज और आज़ाद होकर कभी जिया ही ना हो, उसे तो मृत्यु का भय लगेगा ही ना। क्योंकि जीवन भर वह जिसकी तलाश में दौड़ता रहा, ख़ुद को और अन्य को बर्बाद करता रहा, वह सुकून अभी मिला ही नहीं—और मौत की आहट आने लगी।

तो जीवन को आगे के लिए टालने का और मौत के भय में जीने का कोई फायदा नहीं। क्योंकि उधार की इस वर्तमान पहचान के साथ इस खेल का अंत तो निश्चित है। यह जान लो, इसे भीतर उतरने दो और जब तक ज़िंदा हो—सच्चे, असली, खरे, निष्पक्षता, संवेदनशील और ईमानदार रहो। आज़ाद जियो, प्रेम में जियो। क्योंकि जो इंसान ज़िंदगी भर गुलामी में जिया है, नकली, झूठा और बेईमान होकर जिया है, जिसने अपने जीवन में कभी प्रेम और सौंदर्य के दर्शन नहीं किए, जिसकी बेहोशी और भीतरी अपूर्णता जीते-जी न मिटी हो, उसके लिए ही मौत एक भयानक घटना जैसी होती है। जो असली होकर न जिया हो, उसी के लिए मौत पीड़ादायी होती है। मौत का भय—भ्रमित, असंतुष्ट, अधूरे, अपूर्ण और बेचैन ही मर जाने का भय है।

ईमानदारी के साथ, बोध और प्रेम में, सच्ची और आज़ाद ज़िंदगी जीने वाले के लिए इस शरीर का मरना तो ऐसा ही है, जैसे कि बाज़ार से आप कोई गाड़ी खरीद करके लाते हैं और पंद्रह वर्ष तक अच्छी तरह से उसका उपयोग करते हैं। जबकि वह केवल दस वर्ष तक उपयोग

करने के उद्‌देश्य से बनी थी। तो अब गाड़ी इस लायक ही नहीं रही कि उसका और अधिक उपयोग किया जा सके, और आपको भी दिख रहा है कि जितना उसमें निवेश किया था, उससे ज़्यादा वसूल लिया है। क्या अब उसके चोरी हो जाने का आपको भय होगा? अब चाहे वह गाड़ी चोरी हो जाए, टूट जाए, जल जाए या बिक जाए—आपको उसका बहुत दुःख नहीं होगा। लेकिन जिस दिन आपने उस गाड़ी को खरीदा था, उसके अगले ही दिन यदि वह गाड़ी चोरी हो जाती—तो आपको बहुत दुख होता। हैं ना?

मगर क्या हो यदि पंद्रह लाख (मान लो) लगाने के बाद भी जिसकी गाड़ी किसी कारणवश पंद्रह वर्षों तक रखी ही रही हो, उपयोग ही न हुई हो, या पंद्रह वर्षों तक वह किसी अन्य के लिए उपयोग होती रही हो और आप उसकी देखभाल के सारे खर्चे उठाते रहे हों—इस भ्रम में कि वह आपके लिए उपयोग हो रही है? एक दिन आप पाते हैं कि अब वह उपयोग करने की हालत में नहीं है और अचानक आपको इस पूरी हक़ीकत का पता चलता है कि वह आपके लिए कभी उपयोग हुई ही नहीं—अब सोचो आपका क्या हाल होगा? यही उन सबका हाल होता है, जो झूठी, नकली, बेहोश, बेईमान और प्रेमहीन ज़िंदगी जीकर मौत के निकट आ पहुँचे होते हैं।

इसलिए ज़रूरी होता है कि किसी भी कीमत पर सच्चाई और आज़ादी को न बेचा जाए। ईमानदारी और प्रेम का सौदा न किया जाए। असली और खरी ज़िंदगी जी जाए। फिर शरीर का मरना; और घर, जीवन, तन और मस्तिष्क में संचित अतीत का ख़त्म होना, वैसा ही है जैसे कोई आपके फटे-पुराने कपड़े जला दे या चोरी कर ले जाए। जो इंसान झूठा और बेईमान होकर नहीं जिया है, जिसने किसी भय या लालच के कारण बात-बात में नकली चेहरे नहीं ओढ़े होते हैं—उसके जीवन से ऐसे अनेक भय सदा के लिए ख़त्म होते जाते हैं, जिनको लेकर हर कोई इंसान हर समय भयभीत रहता है।

ख़ुद को ही देख लो न कि आप कब, कहाँ और कैसे नकली चेहरे ओढ़ते रहते हैं। जैसे—पिता के सामने एक चेहरा तो माँ के सामने दूसरा, पति या पत्नी के सामने तीसरा तो बच्चों और भाई-बहन के सामने चौथा-पाँचवाँ। दोस्तों और रिश्तेदारों के सामने फिर कोई नकली चेहरा पहन लेते हो। कभी किसी स्वार्थ की पूर्ति के लिए, कभी भयवश, तो कभी सम्मान के लिए आप नकली चेहरे ओढ़ते रहते हैं और यह नकलीपन आपको कहीं का नहीं छोड़ता।

जो इस तरह नहीं जीता है, उसके जीवन से—भय, चिंता, दुख, तनाव, बेचैनी, घबराहट और अपूर्णता जैसी पीड़ाएँ सहज ही गायब होती जाती हैं। अब मौत चाहे जवानी में हो या बुढ़ापे में, वह उसकी परवाह से आज़ाद है। मगर जब तक जीता है—बोध, प्रेम, सत्य और आज़ादी के साथ जीता है, और ये अलग-अलग नहीं हैं। अगर किसी तरह बुढ़ापे तक जिए भी, तो कोई दिक्कत नहीं। पूरी ज़िंदगी मौज में जिए और अब यदि यह शरीर ही बोझ बन रहा है—तो इसका न रहना ही, इसके और अन्य के लिए शुभ है।

फिर वह व्यक्ति ऐसा होगा कि यदि शरीर को बचाने के लिए लाखों-करोड़ों लग रहे हों और उसके लिए कर्ज इत्यादि उठाना पड़ रहा हो, तो वह कहेगा कि इसको बचाने से तो अच्छा है कि यह मिट ही जाए। क्योंकि वह जिया भी फिर ऐसे ही है। उसने थोड़ा-बहुत इंतज़ाम कर लिया होगा कि यदि कोई छोटी-मोटी बीमारी या दुर्घटना हो गई, तो इलाज करा लेंगे। मगर कोई दुर्घटना या बीमारी यदि इतनी बड़ी हो गई है कि जान बचाने के लिए लाखों-करोड़ों लगाने पड़ेंगे, तो वह कहता है कि फिर ऐसी ज़िंदगी हमको चाहिए ही नहीं। क्योंकि इतने पैसे लगाकर अगर बच भी गए, तो बाकी की ज़िंदगी उन पैसों का कर्ज उतारने में ही बीत जाएगी। उसमें जीवन कहीं होगा नहीं। जिएँगे केवल बोझ उतारने के लिए। क्या फायदा ऐसी ज़िंदगी का? जितना जीना था, जी लिए।

मगर आप चाहते हैं कि किसी तरह मौत से बचा जा सके। लेकिन मैं आपसे पूछ रहा हूँ—मौत से भी तो ज़रा बात करके देखिए कि उसका क्या इरादा है? (मुस्कुराते हुए) मौत तो कह रही है कि वह तो निश्चित है। तो फिर आप चाहे लाख चाहो कि मौत न हो, वह तो होकर रहेगी। आप चाहे लाख चाहो कि आप बच जाएँ, मगर आप नहीं बच सकेंगे।

तो अब इस भय में जीने का कोई फायदा नहीं कि अरे! कहीं मौत न हो जाए। मौत होकर रहेगी। आज, अभी और इसी क्षण भी मौत हो सकती है, और उसके लिए तैयार रहो। और सिर्फ आपकी ही नहीं; आपके भाई-बहन की, माता-पिता की, पति-पत्नी की, बेटे-बेटी की, पड़ोसी और रिश्तेदारों आदि सबकी मृत्यु होनी निश्चित है। सब मरेंगे। या तो आपके जीते-जी वे सब एक-एक करके आपसे छिनते जाएँगे या फिर उनसे पहले आप ही मिट्टी हो जाएँगे। तो मृत्यु—यानी शारीरिक और मानसिक ढाँचे का गिरना—निश्चित है। इसको आँख खोलकर और पूरे होश में अभी देख लीजिए।

आज जो कुछ भी आपके पास है, वह सदा नहीं रहना है। सब-कुछ का छिन जाना निश्चित है। सब अनित्य और नश्वर है। यह सब कहकर मैं आपको डरा नहीं रहा हूँ। बल्कि मैं यह कह रहा हूँ कि एक भी पल व्यर्थ मत गँवाओ। मजबूरियों, कमजोरियों, हालातों, माहौल, परिस्थितियों इत्यादि का बहाना मत बनाओ। कोई बहाना काम नहीं आएगा। हर तरह की कमजोरियों, भ्रमों, बंधनों, मजबूरियों, बेड़ियों, निर्भरता आदि से ख़ुद को आज़ाद करो। उसके लिए संघर्ष करो। सत्य, बोध, प्रेम और आज़ादी के साथ जियो। उसके अलावा कोई आपके काम नहीं आएगा। मौत ही आपको प्रेम सिखाती है। जो अतीत के लिए मर नहीं सकता और भविष्य की कल्पनाओं से बाहर नहीं आ सकता, वह प्रेम भी नहीं कर सकता। प्रेम की उसकी प्यास कभी बुझ नहीं पाएगी। मृत्यु आपको वर्तमान में लाकर खड़ा कर देती है। मृत्यु आपको समय से मुक्त कर देती है।

मृत्यु ही है जो झूठ, चालाकी, पाखंड और बेईमानी के सारे नकाब उतार देती है। मृत्यु का बोध ही है, जो आपको बेहोशी से होश में लाता है, जीना सिखाता है, भयमुक्त करता है और सौंदर्य के दर्शन भी कराता है। मृत्यु ही जीना सिखाती है और जीवन में सहजता, सरलता और सामंजस्य लाती है। मृत्यु ही है जो अहंकार की चुप्पियाँ तुड़वाकर और दो लोगों के बीच

नफरत को खत्म कर—प्रेम का बीज बोती है। जो देख पा रहा है कि कुछ नहीं बचना है; क्या वह किसी का शोषण करेगा? क्या वह किसी भी जीव या प्रकृति को किसी भी तरह से नष्ट करेगा या पीड़ा देगा? क्या वह किसी को अपना दुश्मन मानेगा? क्या वह किसी से नफरत भी कर पाएगा? क्या वह अन्य मनुष्यों और जीवों का हक मारेगा? क्या वह स्वार्थ-आधारित और प्रेमहीन रिश्ते बनाएगा? क्या वह नकली होकर जिएगा? क्या वह किसी का भी गुलाम होकर जीना स्वीकार करेगा? क्या वह चाहेगा कि कोई भी उसके तन या मन का मालिक बने? वह ऐसा कुछ नहीं करेगा। वह मौज में आज़ाद जिएगा और जीने देगा।

वह देख पाता है कि एक झटके में सब-कुछ शून्य हो जाना है, इसलिए जीवन में किसी भी तरह की आसक्ति केवल दुःख को ही बढ़ाएगी। अब अगर जीते-जी भी कुछ छिन जाता है या नष्ट हो जाता है, तो यह भी अब कोई बड़ी बात नहीं रहती है। जब आपका कुछ छिन जाता है, तो इतना बिलखते क्यों हो? कुछ छिन जाने के भय से इतना डरते क्यों हो? इतना तनाव और चिंता क्यों लेते हो? कोई छोड़ जाता है, तो पछताते क्यों हो? क्योंकि मौत को भुलाए बैठे रहे, अनित्य से आसक्त हो होकर बैठे रहे, नफरत और शिकायतें पाले रहे और जीवन को कल पर टालते रहे। अन्यथा बहुत दुख और पछतावा केवल तब ही होता है, जब किसी के साथ प्रेम और ईमानदारी से, सच्चे और असली होकर जिया जा सकता था, मगर जिए नहीं।

अन्यथा एक दिन तो उसको मिटना ही था। टूटना था, सो टूट गया। बिखरना था, सो बिखर गया। फिर चाहे वह कोई रिश्ता हो, वस्तु या महल हो, नौकरी या धंधा हो और चाहे कुछ भी हो। या तो उसको मिटना था, या आपको। जो व्यक्ति आखिरी भय से मुक्त हो गया, जिसने मृत्यु की हक़ीकत को देख लिया और जो दृश्य जगत, तन और मन सहित उनसे संबंधित किसी भी विषय के प्रति अनासक्त है—वह सशरीर मुक्त है। वह जीवन के अन्य सभी तरह के भय से भी मुक्त हो जाता है, क्योंकि अंततः सारे भय मृत्यु के ही भय हैं—अपूर्ण, गुलाम और बेचैन ही मर जाने के भय हैं। फिर चाहे वह किसी भी तरह का भय क्यों न हो।

फिर ऐसा व्यक्ति खुलकर जीता है। सच्चा, सहज और सरल होकर जीता है। वह कहता है, मैं डरकर जियूँ तो जियूँ क्यों? छुपकर या घुटकर क्यों जियूँ? किसी बात से घबराऊँ क्यों? किसी से दबकर क्यों जियूँ? किसी बेईमान, झूठे, भ्रष्ट, हिंसक, शोषक, अहंकारी या सत्ताधारी के सामने झुकूँ ही क्यों? फिर वह व्यर्थ चीजों को बटोरने में ज़िंदगी बर्बाद नहीं करता।

फिर वह कुछ भी सिर्फ़ इसलिए नहीं करता कि किसी तरह बुढ़ापा सुरक्षित हो जाएगा, कुछ सुख-सुविधाओं की व्यवस्था हो जाएगी और समाज में नाम हो जाएगा। फ़िर वह कुछ भी सिर्फ़ इसलिए नहीं करता क्योंकि सब कर रहे हैं। फ़िर वह कोई काम यदि करता भी है, तो इसलिए करता है—क्योंकि वह करने लायक है अथवा करने की ज़रूरत है, अन्यथा करता ही नहीं। क्योंकि नहीं करना भी कर्म ही है। वह रहने के लिए घर बनाएगा, मगर इसलिए नहीं कि विरासत में छोड़ जाऊँ या लोग वाह-वाही करें या कि इसलिए क्योंकि पड़ोसियों ने बना लिया है, बल्कि इसलिए क्योंकि अभी ज़रूरत है। फिर बनाएगा भी उतना ही, जितने

की ज़रूरत है; न कि पड़ोसियों और रिश्तेदारों को दिखाने और जलाने के लिए। इसकी जगह यदि पाँच-दस हज़ार देकर महीने भर अच्छे से रहने के लिए घर मिल रहा है, तो वह निजी मकान के नाम पर फिर पाँच-दस लाख भी क्यों खर्च करेगा।

फिर किराए के घर में अगर रह रहे हैं, तो कभी इस शहर में और कभी उस शहर में। कभी इस राज्य में और कभी उस देश में—अगर संभव हो सके, तो। जो मन से मुक्त है, वह तन से भी कहीं बंधकर क्यों जिएगा? फ़िर वह रिश्तेदारियाँ सिर्फ़ इसलिए नहीं निभाता, क्योंकि समाज में ऐसी मान्यताएँ, प्रथाएँ, परम्पराएँ या व्यवस्थाएँ हैं। वह कहता है, भाड़ में जाए आपकी मान्यताएँ और परम्पराएँ। कोई भी मान्यता, प्रथा या परम्परा; सत्य, बोध, प्रेम और आज़ादी से बड़ी नहीं होती। जो व्यवस्था प्रेम, सत्य, बोध और आज़ादी से ऊपर किसी भी चीज को रखे—वह अनुकरणीय नहीं हो सकती। अब यदि किसी से मिलूँगा, तो प्रेम में मिलूँगा; इसलिए नहीं कि मजबूरी है या खून का रिश्ता है। अपना या पराया खून जैसा कुछ नहीं होता। ज़रूरत लगने पर अपनी औलादों का खून भी काम नहीं आता है। सब खून एक जैसे होते हैं। खून की कमी होने पर ज़रूरी नहीं है कि डॉक्टर द्वारा आपको अपने ही किसी रिश्तेदार का खून दिया जाए। खून का कोई रिश्ता नहीं होता। रिश्ता होगा, तो प्रेम का होगा; फिर चाहे वह माता-पिता या पति-पत्नी से हो और चाहे समाज या अन्य किसी से हो।

तो मृत्यु का बोध आपको जीते-जी मुक्त कर देता है। मगर हम तो मृत्यु को लेकर भयभीत रहते हैं। अधिकांश लोग उसकी बात भी नहीं करना चाहते। मृत्यु का नाम सुनते ही वे काँपने लगते हैं। शायद आपको यह भ्रम रहता है कि आप बच जाएँगे। ज़रा अपने आस-पास देखो; जो भी मिट्टी से उठा है, वह मिट्टी में ही लगातार मिल रहा है। क्यों इस देह से चिपकते हो? इसको बचाने का प्रयास कम करो और आज़ाद होकर जीने के लिए इसका उपयोग भरपूर करो। उपयोग करो; खेलने में, दौड़ने में, नाचने-गाने में, पढ़ने-लिखने में, जानने, सीखने और यात्रा इत्यादि में। सही युद्ध लड़ने में। करने लायक काम करने में इसका उपयोग करो। इसको सिर्फ़ खिलाओ-पिलाओ ही नहीं, जितना इसमें निवेश किया है—उतना इससे वसूलो भी। अपनी ही कमजोरियों के विरुद्ध लड़ने में इसका उपयोग करो। इसी में इस देह की भी सार्थकता है।

फिर यह पछतावा नहीं होगा कि देह मिली थी, इसका उपयोग कर सकते थे—मगर किया नहीं। वास्तव में जब आप मृत्यु की हक़ीकत को देख लेते हैं, तब ही ज़िंदगी भी शुरू होती है। अन्यथा उसके पहले तो ज़िंदगी केवल मुर्दा लाश होती है। उसमें जीवन कहीं होता ही नहीं।

सच्ची आज़ादी तब है, जब आप अपनी वास्तविकता के साथ सहजता से पेश आ सकें और अपने असली चेहरे को प्रकट कर सकें। अन्यथा देखो, हर किसी व्यक्ति के लिए आपके पास अलग-अलग चेहरे हैं। जिसे दोस्त मानते हो, उसके लिए अलग और जिसे दुश्मन मानते हो,उसके लिए अलग। जिन्हें रिश्तेदार, पड़ोसी या अन्य कुछ मानते हो, उनके सबके लिए अलग-अलग चेहरे हैं—मगर कोई भी चेहरा सच्चा नहीं। ये इतने सारे नकली चेहरे क्यों हैं? क्योंकि आप ख़ुद अपने असली चेहरे से मुँह चुराए बैठे हैं। आप ख़ुद की अपनी

वास्तविकता का सामना नहीं करना चाहते। शायद आपको पता ही नहीं कि आपका असली चेहरा क्या है। वह तो इस मान्यता के पीछे छुपा हुआ है कि आप स्वयं को क्या मानते हैं और क्या होकर आप जी रहे हैं। आप असली नहीं हो पाते हैं, क्योंकि आप भयभीत हो। आप भयभीत हो क्योंकि नकली चेहरों से आपने कुछ स्वार्थ और अपनी पहचान जोड़ रखी है।

आपको भय है कि यदि मैंने वही दिखा दिया, जो मैं भीतर से हूँ, जो मेरा तथ्य है; तो शायद कुछ छिन जाएगा या कुछ मिलने वाला होगा तो वह नहीं मिलेगा। हाँ, संभव है कि कुछ छिन जाएगा, मगर जो छीना जा सकता है, वह आपका है ही नहीं। उसे तो छिनना ही था। जिसके भी छिनने का भय है, उसकी उपयोगिता, सीमाओं और व्यर्थता को देख लो कि वह अगर मिल भी गया, तो क्या? और अगर नहीं भी मिला, तो क्या? मिल गया तो क्या पा लूँगा? और नहीं भी मिला तो क्या छिन जाएगा? पूरा और स्पष्ट देख लो, क्योंकि जहाँ कुछ स्पष्ट नहीं रहता, वहीं भय रहता है। मगर यह भ्रम मत पालना कि वह सुकून दे देगा या कि उसके छिनने से शांति अनिवार्य रूप से खो जाएगी। फ़िक्र करना है, तो बोध और प्रेम की करो; सत्य और आज़ादी की करो—ये जीवन से किसी कीमत पर विदा नहीं होने चाहिए। इसी में आनंद है और पूर्णता भी।

ज़िंदगी का यह जो नकलीपन है न, यही इंसान को जीवन भर रुलाता है, और तब भी जब मृत्यु सामने होती है; क्योंकि असली, सरल और सहज होकर प्रेम में जिया जा सकता था—मगर जिए नहीं। अंत में असली होकर नहीं जीने की पीड़ा ही इंसान को खलती है कि आज तक मैं डर-डर के जिया, लोग क्या सोचेंगे बस यही सोचकर सच्चा और आज़ाद नहीं हो सका, बस ख़ुद को बचाने का प्रयास करता रह गया; मगर अब कुछ नहीं बचा सकता। मृत्यु सब छीन रही है। इसलिए असली और आज़ाद होकर जियो, अन्यथा जीवन के सौंदर्य से, प्रेम और आनंद से चूक जाओगे। हक़ीकत कभी जान ही नहीं पाओगे। हक़ीकत माने क्या? यही—"जो है।" जब नकली, बेईमान, ग़ुलाम और भयभीत होते हो, तो इसे देख नहीं पाते हो। आप जो कुछ भी होकर जी रहे हो, वह न असली है और न ही आज़ाद।

जब असली, ईमानदार, आज़ाद और भयमुक्त होते हो, तब यही जो जगत है, जो प्रकृति है—यह आपके लिए कुछ और ही हो जाती है। इसी में सौंदर्य के दर्शन होते हैं। देखा होगा आपने भी कि आप या लोग जब कहीं यात्रा पर जाते हैं, तो कहाँ जाते हैं? किसी जंगल, पहाड़, नदी, तालाब, झरने जैसी प्राकृतिक जगहों पर ही तो जाते हैं ना? इंसानों की रची दुनिया से ही तो बाहर जाते हैं ना? और जितना अधिक वे इंसानों की दुनिया से बाहर जाते हैं, मन उतना ज़्यादा शांत और स्थिर होता जाता है। सुकून उतना ही अधिक गहरा होता है। व्यक्ति स्वयं से ही मुक्त होता जाता है। दृष्टा कहीं खो-सा जाता है। 'मैं' जैसे शून्य ही हो जाता है।

यह क्या बात हुई? यह आप क्या देखने गए हो? ये पर्वत क्या हैं? धूल, मिट्टी, पत्थर, घास, पेड़-पौधे, पशु-पक्षी—यही सब तो है ना? मगर अपनी दैनिक ज़िंदगी में भोग, स्वाद, शौक और क्षुद्र स्वार्थों इत्यादि की पूर्ति के लिए आप इन्हीं को तो बर्बाद करते रहते हैं। मगर दूर यात्रा करके भी फ़िर इन्हीं को देखने जाते हो। जब कहीं घूमने-फिरने जाते हो, तब इन्हीं

को तो देखने जाते हो ना? और इन्हीं की शरण में जाकर शांत भी होते हो। इन्हीं के बीच सुकून पाते हो। इन्हीं के बीच आप स्वयं को अधिक सुरक्षित महसूस करते हैं। इंसान स्वयं को इंसानों के बीच ही ज़्यादा असुरक्षित, भयभीत और अशांत अनुभव करता है, बजाय प्रकृति के। मगर आप क्या कर रहे हैं? अबोध, महत्वाकांक्षी और हिंसक इंसानों की ही आबादी बढ़ाते जा रहे हैं और उसके लिए प्रकृति को नष्ट करते जा रहे हैं। अपने क्षणिक स्वाद, क्षुद्र स्वार्थ और कुछ पलों के मनोरंजन के लिए आप इन्हें ही बहुत तेजी से रोज़ नष्ट करते जा रहे हैं।

जब उसे नष्ट कर रहे होते हो, जब किसी जीव को मार रहे होते हो या उसका मांस खा रहे होते हो, जब किसी पेड़ को काट रहे होते हो, या जब वायु और जल को प्रदूषित कर रहे होते हो, या जब शौर मचाकर इन्हें परेशान कर रहे होते हो—तब आपको यह क्यों दिखाई नहीं देता कि इन्हीं के होने से आप हो? क्योंकि तब तो आप केवल अपनी कामनाओं के गुलाम होते हैं, भोग के नशे में चूर होते हैं, बेईमान और पाखंडी हो जाते हैं। आप अपने स्वाद, स्वार्थ और शौक की पूर्ति के लिए हिंसा, शोषण, भेदभाव और अत्याचार को भी सही ठहराने की कोशिश करते हो। मान्यताओं, परंपराओं, प्रथाओं, रीति-रिवाजों और तथाकथित धर्म की आड़ में आप वह सब कुछ करते हैं, जो उचित नहीं है और केवल अहंकार को पोषण देता है। तो इन पाखंडों से बाहर आओ। क्षुद्र स्वार्थों और क्षणिक सुख के नाम पर इतने बेईमान, भ्रष्ट और चालाक मत बनो, अपनी सच्चाई और ईमानदारी का सौदा मत करो। अन्यथा जीवन में सहजता, सरलता, आनंद, आज़ादी और शांति जैसा कुछ नहीं बचेगा। सब खो जाएगा।

तो हम बात कर रहे थे ऐसे भय की, जो भविष्य से संबंधित हैं और निश्चित हैं। तो ऐसे किसी भी भय को नकारना या उससे बचने का प्रयास करना छोड़ो, बल्कि देखो कि ऐसा है। मृत्यु अगर निश्चित और सब-कुछ खत्म कर देने वाली है, तो छोड़ो अन्य सारे भय और इसके लिए सदा तैयार रहो। मगर ऐसा तब ही हो सकता है, जब आप हर पल अतीत के प्रति मरते रहें। अतीत से आसक्त न रहो। क्योंकि जिससे आसक्त हो, उसी के छिनने का तो भय रहता है ना। और मृत्यु तो कभी भी, कहीं भी और किसी भी तरह हो सकती है। वह ना बचपन देखती है, ना जवानी और ना बुढ़ापा। वह ना रंग देखती है, ना लिंग, ना जाति, ना देश, ना धर्म—कुछ नहीं।

अनेक तरह से लोग मरते हैं; बीमारियों से, दुर्घटनाओं से, हत्या से, बूढ़े होकर, हार्ट अटैक, आत्महत्या और कई तरह से। कुछ समय के लिए आप उसे ज़रूर टाल सकते हैं—जैसे बीमारियों, दुर्घटनाओं, हत्या इत्यादि को—मगर मृत्यु के रूप में आपके व्यक्तिगत और काल्पनिक (शारीरिक और मानसिक) संसार का अंत निश्चित है।

तो जो निश्चित ही है, उसका भय पाल करके जीने से कोई लाभ नहीं। उसके लिए हम बस उपलब्ध रह सकते हैं। यही मृत्यु को सबसे अच्छा जवाब हो सकता है—"कि तू हमें लूटने आई थी, मगर हमने तो सब कुछ का भरपूर उपयोग कर लिया। कुछ बचा ही नहीं; न मन में, न तन में और न जीवन में। और जो व्यर्थ था, उसका हमने संचय ही नहीं किया।" मगर उसके लिए आप तैयार तब ही हो पाओगे, जब सचमुच—सच्चे, खरे, सजग, प्रेमपूर्ण और

आज़ाद होकर जियोगे।

इससे फ़र्क़ नहीं पड़ता कि गुलाम किसके हो। गुलामी तो गुलामी है और सबसे बड़ी गुलामी होती है, अहंकार की—उसकी, जो है नहीं; मगर मैं और मेरा बनकर बैठा है। मान्यताएँ, विश्वास, परंपराएँ, प्रथाएँ, अतीत, तथाकथित संस्थागत धर्म और जातियाँ, रूढ़ियाँ, रीति-रिवाज, भेदभाव, नाम, पहचान, सम्मान इत्यादि की गुलामी। जो गुलाम है, वह अपूर्ण होगा—क्योंकि पूर्णता तो आज़ादी में ही है—और अपूर्ण की तो केवल एक ही मूल और गहरी चाहत हो सकती है कि किसी तरह मिटने से पहले पूर्णता मिले, चैन मिले। ऐसे व्यक्ति में तो जीने की गहरी कामना होगी, क्योंकि अभी अपूर्णता मिटी नहीं, सुकून मिला नहीं और इसीलिए मृत्यु का भय उसे लगातार डराएगा।

मगर जो हर क्षण मृत्यु में ही जी रहा है, जो पूर्ण ही है, यानी जिसमें पूर्णता की कामना शेष नहीं रही, जिसने जान लिया कि अपूर्णता झूठ है, उसके लिए मृत्यु एक भयानक घटना नहीं रहती। वह तो चारों तरफ सतत मृत्यु के ही दर्शन करता है। वह देखता है कि जन्म, जीवन और मृत्यु; पृथक और स्वतंत्र नहीं है। तो मृत्यु की निश्चितता को ध्यान रखो; वह हर भय का अंत कर देती है और प्रेम, आज़ादी, सहजता, सरलता और बल का संचार करती है। उनको जैसे जन्म देती है। मृत्यु के बोध से ही भ्रम का अंत होता है, उससे सौंदर्य और करुणा का भी जन्म होता है।

जब कुछ कर रहे हो या कुछ करके दिखाना चाह रहे हो, उसके लिए परेशान हो, और अचानक आपको याद आती है कि अगले ही क्षण मृत्यु भी हो सकती है और यह सब-कुछ यहीं, धरा का धरा रह जाना है। अधूरा रह सकता है। क्या तब आप इतने परेशान रहोगे? नहीं। और यही तो होता है। इसका मतलब क्या अब आप कुछ करोगे ही नहीं? ऐसा नहीं है। कर्म होंगे, मगर अब कर्म में मौज होगी, संघर्ष होगा। कर्म होगा कर्ता नहीं। अब कर्म इसलिए नहीं होगा कि करके कुछ मिल जाएगा, बल्कि अब वही होगा, जो करने लायक है, जो होना चाहिये—फ़िर चाहे कुछ मिले या न मिले। अब सबसे पहले यह देखा जाएगा कि जो कर्म किया जा रहा है, क्या वह करने लायक है भी? क्या उसको करने की आवश्यकता भी है? कहीं ऐसा तो नहीं कि उस कर्म के माध्यम से केवल बर्बादी ही हो रही है? हिंसा, शोषण और अन्याय ही हो रहा है? कहीं ऐसा तो नहीं कि वह कर्म बेहोशी यानी अहंकार से आ रहा है?

जब मृत्यु का बोध रहता है, तो कर्म आत्मबोध से आते हैं, यानी पूर्णता से आते हैं, न कि उस भ्रम-रूपी अहंकार से, जिसके सारे कर्म केवल कामना से प्रेरित होते हैं—जहाँ आत्म-अज्ञानवश आप स्वयं को कुछ ऐसा मान लेते हैं, जो सीमित, संकुचित और अपूर्ण है। जब कर्म के पीछे कामना होती है और कामना के पीछे—स्वयं को न जानने के कारण—अहंकार, यानी भ्रम होता है, तब व्यक्ति लालच और भयवश वह करता है, जो करने लायक नहीं होता है और वह नहीं करता है, जो करने लायक होता है।

जब भ्रम नहीं रहता, तो भीतर पूर्णता रहती है और उस पूर्णता से उठे कर्म भी पूर्ण होते हैं। पूर्ण कर्म माने ऐसा कर्म, जिसके परिणाम से भीतरी पूर्णता पाने की कोई कामना नहीं है,

क्योंकि आप कर्म के दौरान ही पूर्ण हैं। जिसे कर्म में ही आनंद हो, जिसके लिए कर्म ही सबसे ऊपर हो—न कि परिणाम—उसे कर्म के अपूर्ण रह जाने का भी न भय रहता है, न दुख। कर्म के अपूर्ण रह जाने का भय और दुख उसे ही होता है, जिसके लिए कर्म से ज्यादा महत्वपूर्ण कर्म का परिणाम रहता है, जिसमें कर्म के प्रति प्रेम नहीं होता या कर्म ही इस लायक नहीं होता कि उससे प्रेम हो सके। क्योंकि प्रेम केवल उस काम से ही हो पाता है जिसके लिए प्राण भी दिए जा सके। जिसके लिए आप प्राण नहीं दे सकते, आप उससे प्रेम भी नहीं कर सकते।

यदि स्वयं को समझते हो, स्वयं को लेकर भ्रम में नहीं हो और भीतर पूर्णता है, तो आपके माध्यम से ऐसा कर्म होगा ही नहीं, जिसमें हिंसा, शोषण, अन्याय और बर्बादी है; जहाँ कर्म से अधिक आपको कर्मफल प्यारा है। फिर कोई भी कर्म सिर्फ़ इसलिए नहीं होगा कि कुछ करके दिखाना है, कुछ बनके दिखाना है, कहीं पहुँचना है; या भीतर कोई हीनता और अपूर्णता है; या किसी से बदला लेना है; या लोगों को प्रभावित करके ध्यान और सम्मान बटोरना है।

मैं ही नहीं, तो पूर्णता की कामना नहीं, और पूर्णता की कामना ही नहीं, तो अपूर्ण ही मर जाने का भय भी नहीं। क्योंकि अंततः सारे भय, उस भीतरी अपूर्णता के मिटे बिना ही—मिट्टी में मिल जाने के भय हैं। सारे भय इस बात के भय हैं कि "जिसके लिए" जीवनभर दौड़ते रहे, चीजें एकत्रित करते रहे, लड़ते रहे, डरते रहे, झूठ बोलते रहे, बेईमानी और हिंसा आदि करते रहे—कहीं ऐसा न हो कि उसे उपलब्ध हुए बिना ही संसार छूट जाए। कहीं ऐसा न हो कि बेचैन और अपूर्ण ही रह जाएँ। मगर जिसने कामनाओं, अपूर्णता और मैं-तू के भ्रम को देख लिया, उसके लिए अब मृत्यु किसी ख़ास दिन घटने वाली कोई घटना नहीं रहती। उसके लिए जन्म, जीवन और मृत्यु—पृथक और स्वतंत्र नहीं रहते। वहाँ केवल जीवन है—न जन्म, न मृत्यु।

जन्म और मृत्यु तो ऐसा ही है, जैसे समन्दर से, समन्दर में ही कोई लहर उठे और पुनः उसी में एक हो जाए। वास्तव में वह समन्दर से पृथक कभी हुई ही नहीं। हो भी नहीं सकती। कैसे होगी? वह स्वयं समन्दर है। समन्दर माने क्या? जल ही न। मगर जब लहर को न अपना कुछ पता होता है ना समंदर का, पूर्णज्ञान नहीं होता, तो वह भ्रमवश स्वयं को अन्य सभी—लहरों, मेंढक, मछली, कछुआ, झाग, बूंद और यहाँ तक कि समन्दर आदि से भी पृथक और स्वतंत्र मानने लगती है। फिर उसी भ्रम से अहं, अपूर्णता, कामना, निर्भरता, आसक्ति, भय और पीड़ा उत्पन्न होती है। हम लहर के रूप में अपनी बात कर रहे हैं। अन्यथा ऐसा ना हो कि आप लहर पर ही अटक जाएँ।

भविष्य से संबंधित किसी भी तरह के भय अथवा चिंता को आप तीन स्थितियों में बाँटकर देख सकते हैं; असंभव, निश्चित और संभावित। तो पहली स्थिति है वह, जहाँ वह होना ही असंभव है—जिसको लेकर आप भयभीत रहते हैं। यानी भविष्य के संबंध में यदि आप किसी ऐसी घटना के घटने की आशंका को लेकर भयभीत अथवा चिंतित हैं, जो घट ही नहीं सकती है—फिर उससे तो भयभीत होने की आवश्यकता ही नहीं है। आप केवल इसलिए भयभीत हैं क्योंकि आप भ्रमित हैं, अंधविश्वास में जी रहे हैं। बिना समझे ही बहुत कुछ माने

बैठे हैं। जैसे कोई भूत शब्द और उससे जुड़ी छवियों के कारण भयभीत रहता हो, या कोई पिछले जन्म के कर्मों के नाम पर डरता रहता हो, या कोई नर्क के भय से किसी पाखंडी को पूजता हो, अथवा ऐसे ही जीवन के अनेक मुद्दों से संबंधित भय। तो आप जिस भी बात को लेकर भयभीत अथवा चिंतित हो, ध्यानपूर्वक, निष्पक्षता और पूरी ईमानदारी से उसे देखो—क्या वह संभव भी है? यदि नहीं, तो फिर उसको लेकर भयभीत अथवा चिंतित रहने का, या उससे बचने के लिए कोई व्यवस्था करने का, कोई अर्थ नहीं।

उसके बाद आती है वह स्थिति, जिसमें कुछ ऐसा होता है, जो आपको पसंद तो नहीं होता या आप नहीं चाहते कि वैसा कुछ हो—मगर वैसा होना निश्चित होता है। उदाहरण के लिए, मृत्यु या बीमारी। कोई जीव नहीं चाहता कि वह मरे। हर कोई जीव अंतिम साँस तक बचे रहने का पूरा प्रयास करता है—जब तक कि जीवित रहना उसके लिए मृत्यु से भी अधिक पीड़ादायक और भयानक न हो जाए। अगर लंबा जिए, तो बुढ़ापा भी आएगा। विज्ञान और प्रौद्योगिकी के इतने विकास के बाद भी बीमारियाँ होती हैं। तो कुछ बीमारियाँ होंगी ही, यह भी निश्चित जानो। यह हो सकता है कि बीमारी तो हो—मगर बेईमानी या भ्रमवश आप उसे बीमारी ही न कहें।

तो अब देखो कि जिन घटनाओं का घटना निश्चित ही है, क्या उनके लिए भी भयभीत अथवा चिंतित रहने का कोई फायदा है? नहीं न? तो जो निश्चित ही है, उसे निश्चित ही जानो और बेपरवाह जियो। क्योंकि उसे टाला तो जा नहीं सकता। और सारे भय अंततः जिस बात को लेकर रहते हैं, वह है मृत्यु। सारे भय मृत्यु के भय हैं, और शरीर शारीरिक ढाँचे व मानसिक संचय की मृत्यु तो निश्चित है। तो जो होना निश्चित ही है, उसको लेकर भयभीत रहने का कोई फायदा नहीं।

उससे बचने के प्रयास करने अथवा उसको नकारने का कोई फायदा नहीं। उसको झुठलाने या उससे भागने का भी कोई फायदा नहीं। आप चाहे किसी विशाल और आलीशान महल में छिपकर बैठे हों, चाहे आसमान में किसी महंगे हवाई जहाज में उड़ रहे हों, चाहे आपके पास कितनी ही धन-संपत्ति क्यों न हो और चाहे आपके पास कितनी ही ताकत क्यों न हो—मृत्यु आपको गहरी से गहरी सुरक्षा व्यवस्था के बीच से भी खींच लाएगी। यानी कि मनुष्य रूपी ढाँचा ढह जाएगा। यहाँ किसी के साथ नाइंसाफी नहीं होती। यहाँ कोई भेदभाव नहीं होता। बेपरवाह तब जी पाओगे, जब जीते-जी यह जान लोगे कि जिन भेदभाव में विश्वास करते भी हो, वे सब भी झूठे हैं, और इसकी शुरुआत होती है—मैं और तू के भेद की मूल मान्यता से। जान लो कि मैं और तू न पृथक हैं और न ही एक-दूसरे से स्वतंत्र हैं। इसलिए न मैं सत्य है, न तू।

और जब आप मर ही जाते हैं, तो उसके बाद क्या होता है और क्या नहीं? वह सब तो आप अपने आस-पास देख ही रहे हो। आज से पहले जितने भी अनगिनत मनुष्य और अन्य जीव मारे गए हैं, उनके मरने से, उनके होने अथवा न होने से आपको कितना फर्क पड़ता है? कुछ नहीं। किसी के भी मरने से लोगों को कब तक और कितना फर्क पड़ता है? क्या बिगड़ता है

लोगों का? सब भूल जाते हैं। किसी की दौड़ नहीं रुकती। जिसको आप कहते हो "मैं", मरने के बाद उसका क्या होना है? कुछ नहीं। शरीर मिट्टी हो जाना है, मानसिक संचय शून्य हो जाना है, और कुछ बचना है नहीं। वही मिट्टी फिर से पौधा बनेगी, घास बनेगी, फूल बनेगी, खेतों में उड़ जाएगी। किसी के पैरों तले रौंदी जाएगी।

इसलिए जब तक देह जिंदा है, तब तक जियो। बेपरवाह जियो। आज़ाद जियो। अब किसी भी तरह के भय से भयभीत होने की आवश्यकता नहीं है। इसका मतलब मैं यह बिल्कुल नहीं कह रहा हूँ कि आप मूर्खताएँ करने लग जाएँ या आज़ादी के नाम पर अन्य मनुष्यों और जीवों की आज़ादी में दखल देने लग जाएँ और उनको परेशान करें। जैसे आपको आज़ादी प्यारी है, वैसे ही अन्य सभी जीवों को भी आज़ादी प्यारी है। तो बेपरवाही के नाम पर हिंसा, शोषण, अन्याय, मूर्खताएं और लापरवाही करने का मैं बिल्कुल नहीं कह रहा हूँ।

कहने का अर्थ है; जिसने यह देख लिया कि जिसके मरने से भयभीत हूँ, उसे तो निश्चित ही मर जाना है—अब वह मौत के भय से किसी तथाकथित हिंसक, शोषक, क्रूर और अधर्मी सत्ताधारी जैसे लोगों के सामने झुकेगा क्या? नहीं। उसको पता है कि मृत्यु तो होनी है, फिर वह चाहे किसी दुर्घटना-वश हो, बीमारियों से हो, बूढ़े होकर हो या किसी अन्य कारण से—मगर होनी है, यह तय है। फिर झूठ में जियूँ क्यों? झूठ के सामने झुकूँ क्यों? नकली होकर जियूँ क्यों? क्यों न असली और खरा रहूँ। फिर कमजोरों की तरह क्यों जियूँ? दबकर क्यों जियूँ? डरकर क्यों जियूँ? हीनता में क्यों जियो? क्यों किसी से तुलना करूँ? क्यों किसी चीज के छिनने से भयभीत रहूँ, जबकि मृत्यु सब कुछ छीन ही लेने वाली है। यह भी एक भ्रम ही है कि कुछ मेरा है या मेरे पास है। मैं ही नहीं है, तो मेरा कैसे होगा। कुछ नहीं बचना है।

चाहे कुछ भी एकत्रित कर लूँ, कितना ही कुछ हासिल कर लूँ, चाहे कितना ही धन और संपत्ति अर्जित कर लूँ, महल और गाड़ियाँ खड़ी कर लूँ, चाहे कितनी ही ताकत अर्जित कर लूँ और चाहे कितने ही रिश्ते बना लूँ; लेकिन पूर्णता और सुकून किसी से भी नहीं मिलने वाला—और सब कुछ छिन ही जाना है। या तो वे विषय छिन जाएँगे, जो एकत्रित किए हैं, या फिर वह स्वयं ही मिट्टी हो जाएगा—जिसने उन सबको संचित किया है। जब सब-कुछ को छिन ही जाना है, तो उन सब 'अनावश्यक' चीजों को बटोरने में जिंदगी को नर्क क्यों बनाऊँ? क्यों उनके छिनने के भय में जियूँ? इससे क्या फर्क पड़ता है कि शरीर काला है या गोरा? लंबा है या बौना? जो है, सो है। जहाँ तक शरीर को कोई समस्या नहीं, उसे क्यों छेड़ा जाए। हाँ, शरीर की जरूरतों और उसके स्वास्थ्य का ज़रूर ध्यान रखा जाना चाहिए, क्योंकि उसका ध्यान अगर नहीं रखा जाएगा, तो वह जीते-जी ही पीड़ा पाएगा। तो शरीर ज़रूर विषयों और प्रकृति पर आश्रित रहेगा, क्योंकि शरीर स्वयं प्रकृति ही है—मगर मैं क्यों आश्रित रहूँ। क्यों काल्पनिक अपूर्णता को भरने के लिए संचय करूँ?

तो यदि सचमुच आप यह देख लें कि मृत्यु तो निश्चित है ही, तो मौत से बचने के जितने भी आप प्रयास करते हैं, वे क्यों करेंगे? बुढ़ापे में मौत से बचने के लिए आप लाखों-करोड़ों खर्च करते हैं, मगर उन लाखों-करोड़ों को कमाने के लिए आप अपनी पूरी ज़िंदगी को नर्क

बना लेते हैं। ग़लत रिश्ते बनाते हैं और ना करने योग्य काम करते हैं। फ़िर भी क्या ख़ुद को बचा पाते हो? नहीं। और कुछ दिनों के लिए अगर बच भी जाते हो, तो उन कुछ दिनों में आप उखाड़ क्या लेते हो? कुछ नहीं। जब आँखें स्पष्ट देख पाती थीं, कान अच्छे से सुन पाते थे, हाथ-पैरों में जब दम था और शरीर ऊर्जा से भरा हुआ और मज़बूत था, तब तो कुछ कर नहीं पाए। तब तो बुढ़ापे को सुरक्षित करने के लिए अहंकार के गुलामों की गुलामी करते रहे और व्यर्थ के पीछे अंधे होकर दौड़ते रहे। जिसने पूरा जीवन ही ऐसे भ्रम और गुलामी में व्यर्थ गँवाया होता है, वही बुढ़ापे में भी ख़ुद को बचाने के हर संभव प्रयास करता है। मगर अब बच भी गए, तो जीवन यह सोचने में ख़त्म हो जाएगा कि अब करूँ क्या?

इससे अच्छा तो यह होता कि बुढ़ापे में उन बीमारियों से बचने के लिए और डॉक्टरों की जेब भरने के लिए जो पैसा एकत्रित करने में ज़िंदगी नर्क की, जो व्यर्थ रिश्तेदारियाँ निभाने में जीवन और धन बर्बाद किया, उस ज़िंदगी को अगर सही ढंग से और आज़ाद जी लिया होता, तो शायद इतने बीमार ही ना होते। बुढ़ापे, अकेलेपन और बीमारियों के नाम पर जहरीले रिश्ते बनाए, फ़िर बच्चे पैदा किए, व्यर्थ के ढेरों बोझ उठाए और धन एकत्रित करने के लिए ऐसे काम और ऐसी जगह काम करते रहे, जहाँ दिल कभी लगा ही नहीं—सिर्फ़ भविष्य को सुरक्षित करने के नाम पर। मगर मिला क्या? व्यर्थ का बोझ, चिंता, तनाव, पीड़ा और गुलामी झेली, और बहुत सारी बीमारियाँ पाली।

वह जो साफ-साफ यह देख लेता है कि मृत्यु तो निश्चित है, अब वह अपने जीवन को गुलामी में नहीं बिताता। वह इंतज़ार नहीं करता कि कल जब आज़ाद हो जाऊँगा, तब चैन की साँस लूँगा। जो अभी मिट गया, वह अभी आज़ाद है और जो मरते दम तक बना रहा, वह मरते दम तक गुलाम ही है। तो वह इंतज़ार नहीं करता कि कल जब कुछ बन जाऊँगा, कुछ हो जाऊँगा, कुछ करके दिखा दूँगा—तब जीवन में आनंद होगा। मगर जो 'कुछ नहीं' है, वह पूर्ण है और जो पूर्ण ही है, उसे तो पूर्णता और आनंद के लिए कुछ भी होने की अथवा कुछ भी करके या बनकर दिखाने की कोई ज़रूरत नहीं है। वह आज, अभी और यहीं, इसी क्षण—आज़ाद है।

अब कुछ होता है कि नहीं होता है? कुछ कर पाते हैं कि नहीं कर पाते हैं? कहीं पहुँच पाते हैं कि नहीं? कुछ मिलता है कि नहीं? इससे फर्क नहीं पड़ता। कुछ मिल गया, तो कोई बड़ी बात नहीं हो गई। कुछ नहीं मिला, तो भी कोई बड़ी बात नहीं हो गई। मगर हम मौज में हैं। हम पूर्ण हैं। हममें कोई कमी नहीं। अब इस जीवन रूपी खेल का अंत, आज हो कि कल; और चाहे कभी नहीं—हम आज़ाद हैं।

हर किसी इंसान में यह चाहत होती है कि वह मरे नहीं और जीता रहे। हाँ, बेहोशीवश जब जीना ही मौत से भी ज़्यादा दर्दनाक, भयानक और पीड़ादायी लगने लगता है, तब ज़रूर कुछ लोगों के मन में यह ख्याल उठने लगते हैं कि इससे तो मर जाना ही बेहतर है। ज़रा ध्यान तो दीजिए इस बात पर। जीवन में जब गहरी पीड़ा होती है, तब आप मरना भी स्वीकार कर लेते हैं। क्यों? क्योंकि ज़िंदगी ही नर्क बन गई है। इसलिए आप कहते हो कि इससे तो मौत ही

भली। शायद जब व्यक्ति भीतर से अशांत और अपूर्ण होता है और जीवन में शांति व पूर्णता की आशा की किरण कहीं नज़र नहीं आ रही होती है, तब वह मृत्यु को भी गले लगा लेता है। तो वास्तव में आपको मौत से जितना डर लगता है, उससे भी अधिक प्यारी कोई और चीज है—जिसके लिए आप मर भी सकते हैं। उसे मैं कह रहा हूँ, शांति, सहजता और आज़ादी। उसे आप कोई अन्य नाम भी दे सकते हैं—पूर्णता, सत्य, बोध, प्रेम, सुकून इत्यादि।

वास्तव में मौत से भी वही व्यक्ति डरता है, जिसने अपनी ज़िंदगी व्यर्थ गँवाई हो, और सुकून कभी ना पाया हो। क्योंकि ज़िंदगी थी मौज और आनंद में जीने के लिए, सत्य और प्रेम के साथ आज़ाद जीने के लिए, सरल और सहज होकर जीने के लिए। मगर जिसने अपनी पूरी ज़िंदगी—रोते और घुटते हुए, गुलामी, भय, अलगाव, हिंसा, झूठ और बेईमानी में बिताई हो; जो ईमानदार, सच्चा, सहज और आज़ाद होकर कभी जिया ही ना हो, उसे तो मृत्यु का भय लगेगा ही ना। क्योंकि जीवन भर वह जिसकी तलाश में दौड़ता रहा, ख़ुद को और अन्य को बर्बाद करता रहा, वह सुकून अभी मिला ही नहीं—और मौत की आहट आने लगी।

तो जीवन को आगे के लिए टालने का और मौत के भय में जीने का कोई फायदा नहीं। क्योंकि उधार की इस वर्तमान पहचान के साथ इस खेल का अंत तो निश्चित है। यह जान लो, इसे भीतर उतरने दो और जब तक ज़िंदा हो—सच्चे, असली, खरे, निष्पक्षता, संवेदनशील और ईमानदार रहो। आज़ाद जियो, प्रेम में जियो। क्योंकि जो इंसान ज़िंदगी भर गुलामी में जिया है, नकली, झूठा और बेईमान होकर जिया है, जिसने अपने जीवन में कभी प्रेम और सौंदर्य के दर्शन नहीं किए, जिसकी बेहोशी और भीतरी अपूर्णता जीते-जी न मिटी हो, उसके लिए ही मौत एक भयानक घटना जैसी होती है। जो असली होकर न जिया हो, उसी के लिए मौत पीड़ादायी होती है। मौत का भय—भ्रमित, असंतुष्ट, अधूरे, अपूर्ण और बेचैन ही मर जाने का भय है।

ईमानदारी के साथ, बोध और प्रेम में, सच्ची और आज़ाद ज़िंदगी जीने वाले के लिए इस शरीर का मरना तो ऐसा ही है, जैसे कि बाज़ार से आप कोई गाड़ी खरीद करके लाते हैं और पंद्रह वर्ष तक अच्छी तरह से उसका उपयोग करते हैं। जबकि वह केवल दस वर्ष तक उपयोग करने के उद्देश्य से बनी थी। तो अब गाड़ी इस लायक ही नहीं रही कि उसका और अधिक उपयोग किया जा सके, और आपको भी दिख रहा है कि जितना उसमें निवेश किया था, उससे ज़्यादा वसूल लिया है। क्या अब उसके चोरी हो जाने का आपको भय होगा? अब चाहे वह गाड़ी चोरी हो जाए, टूट जाए, जल जाए या बिक जाए—आपको उसका बहुत दुःख नहीं होगा। लेकिन जिस दिन आपने उस गाड़ी को खरीदा था, उसके अगले ही दिन यदि वह गाड़ी चोरी हो जाती—तो आपको बहुत दुख होता। हैं ना?

मगर क्या हो यदि पंद्रह लाख (मान लो) लगाने के बाद भी जिसकी गाड़ी किसी कारणवश पंद्रह वर्षों तक रखी ही रही हो, उपयोग ही न हुई हो, या पंद्रह वर्षों तक वह किसी अन्य के लिए उपयोग होती रही हो और आप उसकी देखभाल के सारे खर्चे उठाते रहे हों—इस भ्रम में कि वह आपके लिए उपयोग हो रही है? एक दिन आप पाते हैं कि अब वह उपयोग

करने की हालत में नहीं है और अचानक आपको इस पूरी हक़ीकत का पता चलता है कि वह आपके लिए कभी उपयोग हुई ही नहीं—अब सोचो आपका क्या हाल होगा? यही उन सबका हाल होता है, जो झूठी, नकली, बेहोश, बेईमान और प्रेमहीन ज़िंदगी जीकर मौत के निकट आ पहुँचे होते हैं।

इसलिए ज़रूरी होता है कि किसी भी कीमत पर सच्चाई और आज़ादी को न बेचा जाए। ईमानदारी और प्रेम का सौदा न किया जाए। असली और खरी ज़िंदगी जी जाए। फिर शरीर का मरना; और घर, जीवन, तन और मस्तिष्क में संचित अतीत का ख़त्म होना, वैसा ही है जैसे कोई आपके फटे-पुराने कपड़े जला दे या चोरी कर ले जाए। जो इंसान झूठा और बेईमान होकर नहीं जिया है, जिसने किसी भय या लालच के कारण बात-बात में नकली चेहरे नहीं ओढ़े होते हैं—उसके जीवन से ऐसे अनेक भय सदा के लिए ख़त्म होते जाते हैं, जिनको लेकर हर कोई इंसान हर समय भयभीत रहता है।

ख़ुद को ही देख लो न कि आप कब, कहाँ और कैसे नकली चेहरे ओढ़ते रहते हैं। जैसे—पिता के सामने एक चेहरा तो माँ के सामने दूसरा, पति या पत्नी के सामने तीसरा तो बच्चों और भाई-बहन के सामने चौथा-पाँचवाँ। दोस्तों और रिश्तेदारों के सामने फिर कोई नकली चेहरा पहन लेते हो। कभी किसी स्वार्थ की पूर्ति के लिए, कभी भयवश, तो कभी सम्मान के लिए आप नकली चेहरे ओढ़ते रहते हैं और यह नकलीपन आपको कहीं का नहीं छोड़ता।

जो इस तरह नहीं जीता है, उसके जीवन से—भय, चिंता, दुख, तनाव, बेचैनी, घबराहट और अपूर्णता जैसी पीड़ाएँ सहज ही गायब होती जाती हैं। अब मौत चाहे जवानी में हो या बुढ़ापे में, वह उसकी परवाह से आज़ाद है। मगर जब तक जीता है—बोध, प्रेम, सत्य और आज़ादी के साथ जीता है, और ये अलग-अलग नहीं हैं। अगर किसी तरह बुढ़ापे तक जिए भी, तो कोई दिक्कत नहीं। पूरी ज़िंदगी मौज में जिए और अब यदि यह शरीर ही बोझ बन रहा है—तो इसका न रहना ही, इसके और अन्य के लिए शुभ है।

फिर वह व्यक्ति ऐसा होगा कि यदि शरीर को बचाने के लिए लाखों-करोड़ों लग रहे हों और उसके लिए कर्ज इत्यादि उठाना पड़ रहा हो, तो वह कहेगा कि इसको बचाने से तो अच्छा है कि यह मिट ही जाए। क्योंकि वह जिया भी फिर ऐसे ही है। उसने थोड़ा-बहुत इंतज़ाम कर लिया होगा कि यदि कोई छोटी-मोटी बीमारी या दुर्घटना हो गई, तो इलाज करा लेंगे। मगर कोई दुर्घटना या बीमारी यदि इतनी बड़ी हो गई है कि जान बचाने के लिए लाखों-करोड़ों लगाने पड़ेंगे, तो वह कहता है कि फिर ऐसी ज़िंदगी हमको चाहिए ही नहीं। क्योंकि इतने पैसे लगाकर अगर बच भी गए, तो बाकी की ज़िंदगी उन पैसों का कर्ज उतारने में ही बीत जाएगी। उसमें जीवन कहीं होगा नहीं। जिएँगे केवल बोझ उतारने के लिए। क्या फायदा ऐसी ज़िंदगी का? जितना जीना था, जी लिए।

मगर आप चाहते हैं कि किसी तरह मौत से बचा जा सके। लेकिन मैं आपसे पूछ रहा हूँ—मौत से भी तो ज़रा बात करके देखिए कि उसका क्या इरादा है? (मुस्कुराते हुए) मौत तो

कह रही है कि वह तो निश्चित है। तो फिर आप चाहे लाख चाहो कि मौत न हो, वह तो होकर रहेगी। आप चाहे लाख चाहो कि आप बच जाएँ, मगर आप नहीं बच सकेंगे।

तो अब इस भय में जीने का कोई फायदा नहीं कि अरे! कहीं मौत न हो जाए। मौत होकर रहेगी। आज, अभी और इसी क्षण भी मौत हो सकती है, और उसके लिए तैयार रहो। और सिर्फ आपकी ही नहीं; आपके भाई-बहन की, माता-पिता की, पति-पत्नी की, बेटे-बेटी की, पड़ोसी और रिश्तेदारों आदि सबकी मृत्यु होनी निश्चित है। सब मरेंगे। या तो आपके जीते-जी वे सब एक-एक करके आपसे छिनते जाएँगे या फिर उनसे पहले आप ही मिट्टी हो जाएँगे। तो मृत्यु—यानी शारीरिक और मानसिक ढाँचे का गिरना—निश्चित है। इसको आँख खोलकर और पूरे होश में अभी देख लीजिए।

आज जो कुछ भी आपके पास है, वह सदा नहीं रहना है। सब-कुछ का छिन जाना निश्चित है। सब अनित्य और नश्वर है। यह सब कहकर मैं आपको डरा नहीं रहा हूँ। बल्कि मैं यह कह रहा हूँ कि एक भी पल व्यर्थ मत गँवाओ। मजबूरियों, कमजोरियों, हालातों, माहौल, परिस्थितियों इत्यादि का बहाना मत बनाओ। कोई बहाना काम नहीं आएगा। हर तरह की कमजोरियों, भ्रमों, बंधनों, मजबूरियों, बेड़ियों, निर्भरता आदि से ख़ुद को आज़ाद करो। उसके लिए संघर्ष करो। सत्य, बोध, प्रेम और आज़ादी के साथ जियो। उसके अलावा कोई आपके काम नहीं आएगा। मौत ही आपको प्रेम सिखाती है। जो अतीत के लिए मर नहीं सकता और भविष्य की कल्पनाओं से बाहर नहीं आ सकता, वह प्रेम भी नहीं कर सकता। प्रेम की उसकी प्यास कभी बुझ नहीं पाएगी। मृत्यु आपको वर्तमान में लाकर खड़ा कर देती है। मृत्यु आपको समय से मुक्त कर देती है।

मृत्यु ही है जो झूठ, चालाकी, पाखंड और बेईमानी के सारे नकाब उतार देती है। मृत्यु का बोध ही है, जो आपको बेहोशी से होश में लाता है, जीना सिखाता है, भयमुक्त करता है और सौंदर्य के दर्शन भी कराता है। मृत्यु ही जीना सिखाती है और जीवन में सहजता, सरलता और सामंजस्य लाती है। मृत्यु ही है जो अहंकार की चुप्पियाँ तुड़वाकर और दो लोगों के बीच नफरत को खत्म कर—प्रेम का बीज बोती है। जो देख पा रहा है कि कुछ नहीं बचना है; क्या वह किसी का शोषण करेगा? क्या वह किसी भी जीव या प्रकृति को किसी भी तरह से नष्ट करेगा या पीड़ा देगा? क्या वह किसी को अपना दुश्मन मानेगा? क्या वह किसी से नफरत भी कर पाएगा? क्या वह अन्य मनुष्यों और जीवों का हक मारेगा? क्या वह स्वार्थ-आधारित और प्रेमहीन रिश्ते बनाएगा? क्या वह नकली होकर जिएगा? क्या वह किसी का भी गुलाम होकर जीना स्वीकार करेगा? क्या वह चाहेगा कि कोई भी उसके तन या मन का मालिक बने? वह ऐसा कुछ नहीं करेगा। वह मौज में आज़ाद जिएगा और जीने देगा।

वह देख पाता है कि एक झटके में सब-कुछ शून्य हो जाना है, इसलिए जीवन में किसी भी तरह की आसक्ति केवल दुःख को ही बढ़ाएगी। अब अगर जीते-जी भी कुछ छिन जाता है या नष्ट हो जाता है, तो यह भी अब कोई बड़ी बात नहीं रहती है। जब आपका कुछ छिन जाता है, तो इतना बिलखते क्यों हो? कुछ छिन जाने के भय से इतना डरते क्यों हो? इतना तनाव

और चिंता क्यों लेते हो? कोई छोड़ जाता है, तो पछताते क्यों हो? क्योंकि मौत को भुलाए बैठे रहे, अनित्य से आसक्त हो होकर बैठे रहे, नफरत और शिकायतें पाले रहे और जीवन को कल पर टालते रहे। अन्यथा बहुत दुख और पछतावा केवल तब ही होता है, जब किसी के साथ प्रेम और ईमानदारी से, सच्चे और असली होकर जिया जा सकता था, मगर जिए नहीं।

अन्यथा एक दिन तो उसको मिटना ही था। टूटना था, सो टूट गया। बिखरना था, सो बिखर गया। फिर चाहे वह कोई रिश्ता हो, वस्तु या महल हो, नौकरी या धंधा हो और चाहे कुछ भी हो। या तो उसको मिटना था, या आपको। जो व्यक्ति आखिरी भय से मुक्त हो गया, जिसने मृत्यु की हक़ीकत को देख लिया और जो दृश्य जगत, तन और मन सहित उनसे संबंधित किसी भी विषय के प्रति अनासक्त है—वह सशरीर मुक्त है। वह जीवन के अन्य सभी तरह के भय से भी मुक्त हो जाता है, क्योंकि अंततः सारे भय मृत्यु के ही भय हैं—अपूर्ण, गुलाम और बेचैन ही मर जाने के भय हैं। फिर चाहे वह किसी भी तरह का भय क्यों न हो।

फिर ऐसा व्यक्ति खुलकर जीता है। सच्चा, सहज और सरल होकर जीता है। वह कहता है, मैं डरकर जियूँ तो जियूँ क्यों? छुपकर या घुटकर क्यों जियूँ? किसी बात से घबराऊँ क्यों? किसी से दबकर क्यों जियूँ? किसी बेईमान, झूठे, भ्रष्ट, हिंसक, शोषक, अहंकारी या सत्ताधारी के सामने झुकूँ ही क्यों? फिर वह व्यर्थ चीजों को बटोरने में ज़िंदगी बर्बाद नहीं करता।

फिर वह कुछ भी सिर्फ़ इसलिए नहीं करता कि किसी तरह बुढ़ापा सुरक्षित हो जाएगा, कुछ सुख-सुविधाओं की व्यवस्था हो जाएगी और समाज में नाम हो जाएगा। फ़िर वह कुछ भी सिर्फ़ इसलिए नहीं करता क्योंकि सब कर रहे हैं। फ़िर वह कोई काम यदि करता भी है, तो इसलिए करता है—क्योंकि वह करने लायक है अथवा करने की ज़रूरत है, अन्यथा करता ही नहीं। क्योंकि नहीं करना भी कर्म ही है। वह रहने के लिए घर बनाएगा, मगर इसलिए नहीं कि विरासत में छोड़ जाऊँ या लोग वाह-वाही करें या कि इसलिए क्योंकि पड़ोसियों ने बना लिया है, बल्कि इसलिए क्योंकि अभी ज़रूरत है। फिर बनाएगा भी उतना ही, जितने की ज़रूरत है; न कि पड़ोसियों और रिश्तेदारों को दिखाने और जलाने के लिए। इसकी जगह यदि पाँच-दस हज़ार देकर महीने भर अच्छे से रहने के लिए घर मिल रहा है, तो वह निजी मकान के नाम पर फिर पाँच-दस लाख भी क्यों खर्च करेगा।

फिर किराए के घर में अगर रह रहे हैं, तो कभी इस शहर में और कभी उस शहर में। कभी इस राज्य में और कभी उस देश में—अगर संभव हो सके, तो। जो मन से मुक्त है, वह तन से भी कहीं बंधकर क्यों जिएगा? फ़िर वह रिश्तेदारियाँ सिर्फ़ इसलिए नहीं निभाता, क्योंकि समाज में ऐसी मान्यताएँ, प्रथाएँ, परम्पराएँ या व्यवस्थाएँ हैं। वह कहता है, भाड़ में जाए आपकी मान्यताएँ और परम्पराएँ। कोई भी मान्यता, प्रथा या परम्परा; सत्य, बोध, प्रेम और आज़ादी से बड़ी नहीं होती। जो व्यवस्था प्रेम, सत्य, बोध और आज़ादी से ऊपर किसी भी चीज को रखे—वह अनुकरणीय नहीं हो सकती। अब यदि किसी से मिलूँगा, तो प्रेम में मिलूँगा; इसलिए नहीं कि मजबूरी है या खून का रिश्ता है। अपना या पराया खून जैसा कुछ

नहीं होता। ज़रूरत लगने पर अपनी औलादों का खून भी काम नहीं आता है। सब खून एक जैसे होते हैं। खून की कमी होने पर ज़रूरी नहीं है कि डॉक्टर द्वारा आपको अपने ही किसी रिश्तेदार का खून दिया जाए। खून का कोई रिश्ता नहीं होता। रिश्ता होगा, तो प्रेम का होगा; फिर चाहे वह माता-पिता या पति-पत्नी से हो और चाहे समाज या अन्य किसी से हो।

तो मृत्यु का बोध आपको जीते-जी मुक्त कर देता है। मगर हम तो मृत्यु को लेकर भयभीत रहते हैं। अधिकांश लोग उसकी बात भी नहीं करना चाहते। मृत्यु का नाम सुनते ही वे काँपने लगते हैं। शायद आपको यह भ्रम रहता है कि आप बच जाएँगे। ज़रा अपने आस-पास देखो; जो भी मिट्टी से उठा है, वह मिट्टी में ही लगातार मिल रहा है। क्यों इस देह से चिपकते हो? इसको बचाने का प्रयास कम करो और आज़ाद होकर जीने के लिए इसका उपयोग भरपूर करो। उपयोग करो; खेलने में, दौड़ने में, नाचने-गाने में, पढ़ने-लिखने में, जानने, सीखने और यात्रा इत्यादि में। सही युद्ध लड़ने में। करने लायक काम करने में इसका उपयोग करो। इसको सिर्फ़ खिलाओ-पिलाओ ही नहीं, जितना इसमें निवेश किया है—उतना इससे वसूलो भी। अपनी ही कमजोरियों के विरुद्ध लड़ने में इसका उपयोग करो। इसी में इस देह की भी सार्थकता है।

फिर यह पछतावा नहीं होगा कि देह मिली थी, इसका उपयोग कर सकते थे—मगर किया नहीं। वास्तव में जब आप मृत्यु की हक़ीकत को देख लेते हैं, तब ही ज़िंदगी भी शुरू होती है। अन्यथा उसके पहले तो ज़िंदगी केवल मुर्दा लाश होती है। उसमें जीवन कहीं होता ही नहीं।

सच्ची आज़ादी तब है, जब आप अपनी वास्तविकता के साथ सहजता से पेश आ सकें और अपने असली चेहरे को प्रकट कर सकें। अन्यथा देखो, हर किसी व्यक्ति के लिए आपके पास अलग-अलग चेहरे हैं। जिसे दोस्त मानते हो, उसके लिए अलग और जिसे दुश्मन मानते हो,उसके लिए अलग। जिन्हें रिश्तेदार, पड़ोसी या अन्य कुछ मानते हो, उनके सबके लिए अलग-अलग चेहरे हैं—मगर कोई भी चेहरा सच्चा नहीं। ये इतने सारे नकली चेहरे क्यों हैं? क्योंकि आप ख़ुद अपने असली चेहरे से मुँह चुराए बैठे हैं। आप ख़ुद की अपनी वास्तविकता का सामना नहीं करना चाहते। शायद आपको पता ही नहीं कि आपका असली चेहरा क्या है। वह तो इस मान्यता के पीछे छुपा हुआ है कि आप स्वयं को क्या मानते हैं और क्या होकर आप जी रहे हैं। आप असली नहीं हो पाते हैं, क्योंकि आप भयभीत हो। आप भयभीत हो क्योंकि नकली चेहरों से आपने कुछ स्वार्थ और अपनी पहचान जोड़ रखी है।

आपको भय है कि यदि मैंने वही दिखा दिया, जो मैं भीतर से हूँ, जो मेरा तथ्य है; तो शायद कुछ छिन जाएगा या कुछ मिलने वाला होगा तो वह नहीं मिलेगा। हाँ, संभव है कि कुछ छिन जाएगा, मगर जो छीना जा सकता है, वह आपका है ही नहीं। उसे तो छिनना ही था। जिसके भी छिनने का भय है, उसकी उपयोगिता, सीमाओं और व्यर्थता को देख लो कि वह अगर मिल भी गया, तो क्या? और अगर नहीं भी मिला, तो क्या? मिल गया तो क्या पा लूँगा? और नहीं भी मिला तो क्या छिन जाएगा? पूरा और स्पष्ट देख लो, क्योंकि जहाँ कुछ स्पष्ट नहीं रहता, वहीं भय रहता है। मगर यह भ्रम मत पालना कि वह सुकून दे देगा

या कि उसके छिनने से शांति अनिवार्य रूप से खो जाएगी। फ़िक्र करना है, तो बोध और प्रेम की करो; सत्य और आज़ादी की करो—ये जीवन से किसी कीमत पर विदा नहीं होने चाहिए। इसी में आनंद है और पूर्णता भी।

ज़िंदगी का यह जो नकलीपन है न, यही इंसान को जीवन भर रुलाता है, और तब भी जब मृत्यु सामने होती है; क्योंकि असली, सरल और सहज होकर प्रेम में जिया जा सकता था—मगर जिए नहीं। अंत में असली होकर नहीं जीने की पीड़ा ही इंसान को खलती है कि आज तक मैं डर-डर के जिया, लोग क्या सोचेंगे बस यही सोचकर सच्चा और आज़ाद नहीं हो सका, बस ख़ुद को बचाने का प्रयास करता रह गया; मगर अब कुछ नहीं बचा सकता। मृत्यु सब छीन रही है। इसलिए असली और आज़ाद होकर जियो, अन्यथा जीवन के सौंदर्य से, प्रेम और आनंद से चूक जाओगे। हक़ीकत कभी जान ही नहीं पाओगे। हक़ीकत माने क्या? यही—"जो है।" जब नकली, बेईमान, गुलाम और भयभीत होते हो, तो इसे देख नहीं पाते हो। आप जो कुछ भी होकर जी रहे हो, वह न असली है और न ही आज़ाद।

जब असली, ईमानदार, आज़ाद और भयमुक्त होते हो, तब यही जो जगत है, जो प्रकृति है—यह आपके लिए कुछ और ही हो जाती है। इसी में सौंदर्य के दर्शन होते हैं। देखा होगा आपने भी कि आप या लोग जब कहीं यात्रा पर जाते हैं, तो कहाँ जाते हैं? किसी जंगल, पहाड़, नदी, तालाब, झरने जैसी प्राकृतिक जगहों पर ही तो जाते हैं ना? इंसानों की रची दुनिया से ही तो बाहर जाते हैं ना? और जितना अधिक वे इंसानों की दुनिया से बाहर जाते हैं, मन उतना ज़्यादा शांत और स्थिर होता जाता है। सुकून उतना ही अधिक गहरा होता है। व्यक्ति स्वयं से ही मुक्त होता जाता है। द्रष्टा कहीं खो-सा जाता है। 'मैं' जैसे शून्य ही हो जाता है।

यह क्या बात हुई? यह आप क्या देखने गए हो? ये पर्वत क्या हैं? धूल, मिट्टी, पत्थर, घास, पेड़-पौधे, पशु-पक्षी—यही सब तो है ना? मगर अपनी दैनिक ज़िंदगी में भोग, स्वाद, शौक और क्षुद्र स्वार्थों इत्यादि की पूर्ति के लिए आप इन्हीं को तो बर्बाद करते रहते हैं। मगर दूर यात्रा करके भी फ़िर इन्हीं को देखने जाते हो। जब कहीं घूमने-फिरने जाते हो, तब इन्हीं को तो देखने जाते हो ना? और इन्हीं की शरण में जाकर शांत भी होते हो। इन्हीं के बीच सुकून पाते हो। इन्हीं के बीच आप स्वयं को अधिक सुरक्षित महसूस करते हैं। इंसान स्वयं को इंसानों के बीच ही ज़्यादा असुरक्षित, भयभीत और अशांत अनुभव करता है, बजाय प्रकृति के। मगर आप क्या कर रहे हैं? अबोध, महत्वाकांक्षी और हिंसक इंसानों की ही आबादी बढ़ाते जा रहे हैं और उसके लिए प्रकृति को नष्ट करते जा रहे हैं। अपने क्षणिक स्वाद, क्षुद्र स्वार्थ और कुछ पलों के मनोरंजन के लिए आप इन्हें ही बहुत तेजी से रोज़ नष्ट करते जा रहे हैं।

जब उसे नष्ट कर रहे होते हो, जब किसी जीव को मार रहे होते हो या उसका मांस खा रहे होते हो, जब किसी पेड़ को काट रहे होते हो, या जब वायु और जल को प्रदूषित कर रहे होते हो, या जब शौर मचाकर इन्हें परेशान कर रहे होते हो—तब आपको यह क्यों दिखाई नहीं देता कि इन्हीं के होने से आप हो? क्योंकि तब तो आप केवल अपनी कामनाओं के गुलाम होते हैं, भोग के नशे में चूर होते हैं, बेईमान और पाखंडी हो जाते हैं। आप अपने स्वाद, स्वार्थ

और शौक की पूर्ति के लिए हिंसा, शोषण, भेदभाव और अत्याचार को भी सही ठहराने की कोशिश करते हो। मान्यताओं, परंपराओं, प्रथाओं, रीति-रिवाजों और तथाकथित धर्म की आड़ में आप वह सब कुछ करते हैं, जो उचित नहीं है और केवल अहंकार को पोषण देता है। तो इन पाखंडों से बाहर आओ। क्षुद्र स्वार्थों और क्षणिक सुख के नाम पर इतने बेईमान, भ्रष्ट और चालाक मत बनो, अपनी सच्चाई और ईमानदारी का सौदा मत करो। अन्यथा जीवन में सहजता, सरलता, आनंद, आज़ादी और शांति जैसा कुछ नहीं बचेगा। सब खो जाएगा।

तो हम बात कर रहे थे ऐसे भय की, जो भविष्य से संबंधित हैं और निश्चित हैं। तो ऐसे किसी भी भय को नकारना या उससे बचने का प्रयास करना छोड़ो, बल्कि देखो कि ऐसा है। मृत्यु अगर निश्चित और सब-कुछ खत्म कर देने वाली है, तो छोड़ो अन्य सारे भय और इसके लिए सदा तैयार रहो। मगर ऐसा तब ही हो सकता है, जब आप हर पल अतीत के प्रति मरते रहें। अतीत से आसक्त न रहो। क्योंकि जिससे आसक्त हो, उसी के छिनने का तो भय रहता है ना। और मृत्यु तो कभी भी, कहीं भी और किसी भी तरह हो सकती है। वह ना बचपन देखती है, ना जवानी और ना बुढ़ापा। वह ना रंग देखती है, ना लिंग, ना जाति, ना देश, ना धर्म—कुछ नहीं।

अनेक तरह से लोग मरते हैं; बीमारियों से, दुर्घटनाओं से, हत्या से, बूढ़े होकर, हार्ट अटैक, आत्महत्या और कई तरह से। कुछ समय के लिए आप उसे ज़रूर टाल सकते हैं—जैसे बीमारियों, दुर्घटनाओं, हत्या इत्यादि को—मगर मृत्यु के रूप में आपके व्यक्तिगत और काल्पनिक (शारीरिक और मानसिक) संसार का अंत निश्चित है।

तो जो निश्चित ही है, उसका भय पाल करके जीने से कोई लाभ नहीं। उसके लिए हम बस उपलब्ध रह सकते हैं। यही मृत्यु को सबसे अच्छा जवाब हो सकता है—"कि तू हमें लूटने आई थी, मगर हमने तो सब कुछ का भरपूर उपयोग कर लिया। कुछ बचा ही नहीं; न मन में, न तन में और न जीवन में। और जो व्यर्थ था, उसका हमने संचय ही नहीं किया।" मगर उसके लिए आप तैयार तब ही हो पाओगे, जब सचमुच—सच्चे, खरे, सजग, प्रेमपूर्ण और आज़ाद होकर जियोगे।

इससे फर्क़ नहीं पड़ता कि गुलाम किसके हो। गुलामी तो गुलामी है और सबसे बड़ी गुलामी होती है, अहंकार की—उसकी, जो है नहीं; मगर मैं और मेरा बनकर बैठा है। मान्यताएँ, विश्वास, परंपराएँ, प्रथाएँ, अतीत, तथाकथित संस्थागत धर्म और जातियाँ, रूढ़ियाँ, रीति-रिवाज, भेदभाव, नाम, पहचान, सम्मान इत्यादि की गुलामी। जो गुलाम है, वह अपूर्ण होगा—क्योंकि पूर्णता तो आज़ादी में ही है—और अपूर्ण की तो केवल एक ही मूल और गहरी चाहत हो सकती है कि किसी तरह मिटने से पहले पूर्णता मिले, चैन मिले। ऐसे व्यक्ति में तो जीने की गहरी कामना होगी, क्योंकि अभी अपूर्णता मिटी नहीं, सुकून मिला नहीं और इसीलिए मृत्यु का भय उसे लगातार डराएगा।

मगर जो हर क्षण मृत्यु में ही जी रहा है, जो पूर्ण ही है, यानी जिसमें पूर्णता की कामना शेष नहीं रही, जिसने जान लिया कि अपूर्णता झूठ है, उसके लिए मृत्यु एक भयानक घटना

नहीं रहती। वह तो चारों तरफ सतत मृत्यु के ही दर्शन करता है। वह देखता है कि जन्म, जीवन और मृत्यु; पृथक और स्वतंत्र नहीं है। तो मृत्यु की निश्चितता को ध्यान रखो; वह हर भय का अंत कर देती है और प्रेम, आज़ादी, सहजता, सरलता और बल का संचार करती है। उनको जैसे जन्म देती है। मृत्यु के बोध से ही भ्रम का अंत होता है, उससे सौंदर्य और करुणा का भी जन्म होता है।

जब कुछ कर रहे हो या कुछ करके दिखाना चाह रहे हो, उसके लिए परेशान हो, और अचानक आपको याद आती है कि अगले ही क्षण मृत्यु भी हो सकती है और यह सब-कुछ यहीं, धरा का धरा रह जाना है। अधूरा रह सकता है। क्या तब आप इतने परेशान रहोगे? नहीं। और यही तो होता है। इसका मतलब क्या अब आप कुछ करोगे ही नहीं? ऐसा नहीं है। कर्म होंगे, मगर अब कर्म में मौज होगी, संघर्ष होगा। कर्म होगा कर्ता नहीं। अब कर्म इसलिए नहीं होगा कि करके कुछ मिल जाएगा, बल्कि अब वही होगा, जो करने लायक है, जो होना चाहिये—फ़िर चाहे कुछ मिले या न मिले। अब सबसे पहले यह देखा जाएगा कि जो कर्म किया जा रहा है, क्या वह करने लायक है भी? क्या उसको करने की आवश्यकता भी है? कहीं ऐसा तो नहीं कि उस कर्म के माध्यम से केवल बर्बादी ही हो रही है? हिंसा, शोषण और अन्याय ही हो रहा है? कहीं ऐसा तो नहीं कि वह कर्म बेहोशी यानी अहंकार से आ रहा है?

जब मृत्यु का बोध रहता है, तो कर्म आत्मबोध से आते हैं, यानी पूर्णता से आते हैं, न कि उस भ्रम-रूपी अहंकार से, जिसके सारे कर्म केवल कामना से प्रेरित होते हैं—जहाँ आत्म-अज्ञानवश आप स्वयं को कुछ ऐसा मान लेते हैं, जो सीमित, संकुचित और अपूर्ण है। जब कर्म के पीछे कामना होती है और कामना के पीछे—स्वयं को न जानने के कारण—अहंकार, यानी भ्रम होता है, तब व्यक्ति लालच और भयवश वह करता है, जो करने लायक नहीं होता है और वह नहीं करता है, जो करने लायक होता है।

जब भ्रम नहीं रहता, तो भीतर पूर्णता रहती है और उस पूर्णता से उठे कर्म भी पूर्ण होते हैं। पूर्ण कर्म माने ऐसा कर्म, जिसके परिणाम से भीतरी पूर्णता पाने की कोई कामना नहीं है, क्योंकि आप कर्म के दौरान ही पूर्ण हैं। जिसे कर्म में ही आनंद हो, जिसके लिए कर्म ही सबसे ऊपर हो—न कि परिणाम—उसे कर्म के अपूर्ण रह जाने का भी न भय रहता है, न दुख। कर्म के अपूर्ण रह जाने का भय और दुख उसे ही होता है, जिसके लिए कर्म से ज्यादा महत्वपूर्ण कर्म का परिणाम रहता है, जिसमें कर्म के प्रति प्रेम नहीं होता या कर्म ही इस लायक नहीं होता कि उससे प्रेम हो सके। क्योंकि प्रेम केवल उस काम से ही हो पाता है जिसके लिए प्राण भी दिए जा सके। जिसके लिए आप प्राण नहीं दे सकते, आप उससे प्रेम भी नहीं कर सकते।

यदि स्वयं को समझते हो, स्वयं को लेकर भ्रम में नहीं हो और भीतर पूर्णता है, तो आपके माध्यम से ऐसा कर्म होगा ही नहीं, जिसमें हिंसा, शोषण, अन्याय और बर्बादी है; जहाँ कर्म से अधिक आपको कर्मफल प्यारा है। फिर कोई भी कर्म सिर्फ़ इसलिए नहीं होगा कि कुछ करके दिखाना है, कुछ बनके दिखाना है, कहीं पहुँचना है; या भीतर कोई हीनता और अपूर्णता है; या किसी से बदला लेना है; या लोगों को प्रभावित करके ध्यान और सम्मान बटोरना है।

जब न स्वयं को लेकर भ्रम रहता है, न जगत को लेकर, तब ऐसे छुद्र और बेहोश केंद्रों से कर्म नहीं आते हैं। तब आप देखते हैं कि काम करने लायक है भी या नहीं। करने लायक है, तो करोगे, अन्यथा नहीं। कहने का आशय है कि कुछ भी अब मजबूरी में नहीं करोगे। भय या लालच के कारण फिर कुछ नहीं करोगे। जो भीतर से बेहोश और भिखारी बना हुआ होता है, वही है जो सम्मान, भय और लालच इत्यादि के सामने सिर झुका देता है। अन्यथा यदि कुछ करने लायक था, मगर भय और लालच के कारण आज तक आप उसे नहीं कर रहे थे, तो अब आप कहते हैं कि आपको वह करना है।

अब ऐसा नहीं होगा कि भय या लालच इत्यादि के कारण जो करने लायक है, उसे आप नहीं कर रहे हो और वह कर रहे हो, जो करने लायक है ही नहीं। फ़िर ऐसे नहीं जियोगे। क्योंकि आपको पता है कि मृत्यु सब कुछ छीन लेने वाली है, सब कुछ धरा रह जाना है, और जीवनमुक्ति है—जीते जी; सच्चे, खरे, असली, प्रेमपूर्ण और आज़ाद होकर जीने में। जीवनमुक्ति है; बादशाह होकर जीने में, न कि दुनिया के गुलाम होकर जीने में। फ़िर डर कर क्यों जिएँ? मजबूर होकर क्यों जिएँ? फ़िर इतनी चालाकियाँ किसके लिए? फ़िर क्यों सहें किसी को भी? जिन्हें मिट ही जाना है, क्यों उन्हें अपना मालिक हो जाने दें? सत्य और आज़ादी से प्रेम के बीच क्यों किसी तीसरे को आने दें?

ईश्वर से प्रेम हो, तो वहाँ आप किसी तीसरे को बीच में ले आते हो। किसी इंसान से भी प्रेम हो, तो उसमें भी आप परिवार, समाज, कानून और धर्म इत्यादि को बीच में ले आते हो। कर्म और अपने बीच, कर्ता और कर्मफल को ले आते हो। यह कैसा प्रेम? यह कौन-सी आज़ादी? यह बिचौलिया आपके और सत्य के बीच एक दीवार है। इसे (तीसरे को) आप इसलिए स्वीकार कर लेते हैं, क्योंकि आप उसके गुलाम बने बैठे हैं। उससे स्वार्थ जोड़कर बैठे हैं। उससे उधारी की पहचान लेकर बैठे हैं। तो इस दीवार को बीच में मत आने दो, क्योंकि मृत्यु भी यही तो करती है—वह हर दीवार को शून्य कर देती है। मृत्यु की निश्चितता का बोध आपको इसी जगत में और जीते-जी; हर तरह के भ्रम, भय, बंधनों, सीमाओं और दुखों से आज़ाद करता है।

तो जो भय निश्चित ही हैं, उन्हें स्वीकार करो और तब जीवन में सौंदर्य आता है। तब वह प्रकट होता है, जिसे सौंदर्य कहते हैं, जिसे प्रेम कहते हैं, जिसे आनंद कहते हैं। तब जीवन में आती है बेपरवाही। लंबा जिएँ तो शरीर का बूढ़ा होना निश्चित है। बीमारियों का होना भी लगभग निश्चित है। इंद्रियों का कमजोर होना निश्चित है। और इन सबका मिट्टी होना भी निश्चित है। उसी को आप मृत्यु कहते हैं। तो क्यों ना उसे याद रखो और मिट्टी होने से पहले इस तन, मन, बुद्धि, विचार, विवेक—और जो कुछ भी है—का जीवन को बेहतर ढंग से और होशपूर्वक जीने के लिए भरपूर उपयोग कर लिया जाए। क्यों ना जो देखने-सुनने लायक है—उसे बिना किसी नाम, छवि, मान्यता और पूर्वाग्रह के देखा और सुना जाए। क्यों ना सीधे, सरल और सच्चे होकर जीवन को भरपूर जिया जाए। फ़िर कैसा अकेलापन और कौन-सा सम्मान या अपमान?

तो जो भय असंभव हैं, उनके लिए तो भयभीत रहने की कोई आवश्यकता ही नहीं है। और जो निश्चित ही हैं, उनको टाला नहीं जा सकता। इसलिए उन्हें स्वीकार करो और लुटने के भय से मुक्त होकर मौज में जियो।

इनके अलावा इंसान ऐसी बातों और घटनाओं को लेकर भी बहुत भयभीत रहता है, जो निश्चित तो नहीं रहतीं मगर संभव जरूर हैं। माने वैसा कुछ हो भी सकता है, जैसा आप नहीं चाहते हैं और यह भी हो सकता है कि जो आप चाहते हैं, वैसा ना हो। वास्तव में ये एक ही बात को कहने के दो तरीके हैं। उदाहरण के लिए आपको यह भय हो सकता है कि कहीं कोई आपका अपमान ना कर दे। कहीं ऐसा ना हो कि समाज में आपकी कोई इज्जत ना रहे। तो क्या करें? देख लो कि यह इज्जत, सम्मान और अपमान आदि क्या चीजें हैं? हैं भी या बस इनके होने का भ्रम है? देख लो कि जीवन में इनकी हैसियत क्या है? क्योंकि इन सबकी आपके पास कोई बनी-बनाई और पहले से निश्चित उधार की छवि होती है। वह छवि आपको उन्होंने ही दी है, जिनके सामने आप अपमानित होने से डरते हैं। आपको सम्मानित भी उन्हीं ने बनाया है। अब जो सम्मान करते हैं, वे सम्मान करना बंद भी कर सकते हैं और उसी को आप अपमान मानकर दुखी और आहत हो जाते हैं। सम्मान और अपमान करने के भी आपने ख़ास तरीके बना लिए हैं, उसके अलावा यदि किसी अन्य ढंग से कोई आपका अपमान या सम्मान करे, तो आपको समझ ही नहीं आता है।

मगर ऐसे सम्मान का तो कोई मूल्य ही नहीं होना चाहिए ना, जिसे कोई भी आए और दाग लगा जाए। यह तो भीतरी चीज होनी चाहिये और इसके लिए तो दुनिया के सामने कभी भी हाथ नहीं फैलाया जाना चाहिए। अब क्या सम्मान भी भीख में माँगोगे! भीख में नहीं तो लालच देकर माँगोगे और नहीं तो डर दिखाकर माँगोगे—मगर है तो वह भी भीख ही। माँग तो रहे ही हो। यह भी कोई सम्मान है! नहीं चाहिये ऐसा सम्मान। मगर जब नकली, झूठी, कमजोर, गुलाम और बेहोश जिंदगी जियोगे, तो भीतर आत्म-सम्मान कैसे आएगा। भीतर तो होगी हीनता, खोखलापन, अपूर्णता, असुरक्षा का भाव और क्षुद्रता। जब भीतर आत्म-सम्मान नहीं होता, तब बाहर कुछ करके, कुछ बनके या गुंडई दिखाकर के सम्मान की भीख माँगते हो। अन्यथा जिसने इस सम्मान के खोखलेपन और झूठ को देख लिया हो और जिसे ऐसे सम्मान का मोह ही नहीं, उसे क्या कोई अपमानित कर सकता है? नहीं। अरे, जो लोग ख़ुद अपनी ही संस्कारबद्धता के गुलाम हैं, जो विचारों की केवल कठपुतली भर हैं—वो बेचारे अपमान या सम्मान भी अपने प्रेम और आज़ादी में नहीं कर रहे हैं।

मगर आप चाहते हो कि दुनिया से सम्मान भी मिल जाए, सफलता के पदक भी मिल जाएँ और उनके छिनने का भय भी ना रहे। सम्मान मिलता रहे, मगर अपमानित होने का भय, हीनता और दुःख ना रहे। यदि आपके भीतर सम्मानित, सफल, श्रेष्ठ, विशेष इत्यादि कहलाने की कामना है; तो जब तक आपको दुनिया ऐसा नहीं मानती है, तब तक आप भीतर से स्वयं को हीन और अपमानित महसूस करेंगे और उसमें होगी पीड़ा। आप तुलना, ईर्ष्या और अवसाद में जिएँगे। किसी तरह लोग यदि आपको सम्माननीय, श्रेष्ठ या विशेष जैसा कुछ

मानने भी लग जाएँगे, तो अब आपको इस बात का भय बना रहेगा कि कहीं यह सब वापस ना छिन जाए।

जब सम्मान नहीं मिल रहा है, तो उस दौरान सम्मान नहीं मिलने की पीड़ा और जब सम्मान मिल भी रहा है, तब सम्मान के छिन जाने का भय है, और भय अपने आप में पीड़ादाई होता है। जब कुछ लोग आपको सम्मान दे रहे होंगे, तब कोई एक व्यक्ति भी यदि आपको सम्मान नहीं दे रहा होगा या आपको बहुत महत्व नहीं दे रहा होगा, तो आपको बड़ी चोट लगेगी। आप अपमानित और आहत महसूस करेंगे। हिंसा भी कर सकते हैं। यह सब-कुछ तब होता है, जब आप दुनिया के सामने भिखारी बनकर खड़े होते हैं, जब आपमें आत्म-सम्मान नहीं होता। क्योंकि आप स्वयं को ऐसा कुछ मानकर जी रहे हैं, जो सीमित, संकुचित और क्षुद्र है। जो अपनी हस्ती के लिए दुनिया पर आश्रित है। उसे ही अहंकार कहते हैं।

अहंकार यानी स्वयं को अपूर्ण मानकर जीना आपको भीतर से इतना अधिक हीन और खोखला कर देता है कि उस खोखलेपन को भरने के लिए आप अपमानित लोगों तक से सम्मान की भीख माँगने लगते हैं, और उनसे भी यदि सम्मान ना मिले तो आप अपमानित महसूस करने लगते हैं। आप दुनिया से यानी असफल लोगों से—जीवन से हारे हुए, भीड़ के गुलाम और सत्य से भागे हुए लोगों से—पूछते हैं कि आप (मैं) सफल हैं या नहीं? सुंदर हैं या नहीं? भले इंसान हैं या नहीं? जो भीतरी सुकून पाने के लिए दुनिया के सामने किसी भी तरह भिखारी बना हुआ है, वह अहंकार यानी आत्म-अज्ञान में जी रहा है; वह अपनी सच्चाई से बेखबर है। आत्मज्ञान का अर्थ है यह जानना कि 'मैं' जैसा कुछ नहीं है और सारी अपूर्णता केवल भ्रमवश स्वयं को "मैं और मेरा" के इर्द-गिर्द सीमित और संकुचित कर लेने का परिणाम है। झूठी और सीमित पहचानों से आसक्ति ही अहंकार है। झूठी और सीमित पहचानों के झूठ और सीमाओं को देखना ही आपको भ्रम और हीनता से आज़ाद करता है।

तब आप दुनिया से कहते हो कि अब ना आपका सम्मान चाहिए, ना अपमान। आप सम्मान करो, तो भी हमें फर्क नहीं पड़ता और सम्मान ना करो, तो भी फर्क नहीं पड़ता। ना आपके सम्मान की कोई कीमत है, ना अपमान की। क्यों? क्योंकि आप ख़ुद सम्मान के लायक नहीं। आप तो ख़ुद ही बेहोशी में जिए जा रहे हो। आप ज़रा-सा प्रभावित हुए नहीं कि सम्मान देने लग जाते हो। आपको सच्चाई से तो कोई मतलब ही नहीं है। जहाँ आपको पद, प्रतिष्ठा, पैसा, सत्ता, भीड़ इत्यादि दिखा नहीं—कि वहाँ आप सिर झुका लेते हो। आप यह तो देखते ही नहीं कि जहाँ झुक रहे हो वहाँ बोध, प्रेम, करुणा, सत्य और आज़ादी की सुगंध भी है या नहीं। आपको इस बात से तो कोई मतलब ही नहीं रहता है कि जिसके पास बहुत पैसा है, वह आया कहाँ से? किनका उसने हक मारा है? जिसके पास सत्ता की शक्ति है, वह उसका कहाँ और कैसे उपयोग रहा है? आप यह नहीं देखते। अब जो ऐसे अंधे, बेहोश और गुलाम लोगों से भी सम्मान की चाह रखे, उससे बड़ा भिखारी और कौन हो सकता है।

जिसको थोड़ा भी होश होगा और जिसमें करुणा होगी, वह तो ऐसे लोगों के भ्रम हटाकर इनको जगाने का काम करेगा, ना कि इनके ही सामने सम्मान की भीख माँगेगा। इनसे अगर

अपमान भी मिलेगा, तो वह उससे अपमानित या हीन महसूस नहीं करेगा। क्योंकि ये लोग अपमान और गालियों के अलावा और दे ही क्या सकते हैं? इनके पास है क्या? कुछ नहीं। ये तो ख़ुद गरीब हैं। इसी को कहते हैं असली गरीबी कि किसी को देने के लिए अपमान और गालियों के अलावा आपके पास कुछ नहीं है। इनसे भी जो सम्मान की उम्मीद रखे, वह तो अभी ख़ुद ही भ्रम में है। वह तो ख़ुद अभी आज़ाद नहीं। शायद वह भीतर से और बड़ा भिखारी है, गरीब है। जिसने यह देख लिया कि जो खुद अभी सम्मान के लायक नहीं, वे यदि सम्मान कर भी रहे हैं, तो ऐसे सम्मान का महत्व कितना? कुछ नहीं। क्या ऐसा व्यक्ति अब सम्मान-अपमान की बहुत परवाह करेगा? नहीं।

यदि भविष्य से संबंधित इस तरह के भयों से मुक्त जीना है, तो उनके कारणों को ही पोषण मत दो। जैसे कि यदि सम्मान का मोह ही ना हो, तो अपमान के भय में नहीं जीना पड़ता। जिसे मौत याद है, अब वह व्यर्थ के भय नहीं पालता। बाहरी उपलब्धियों और सफलताओं के बाद भी उनके पीछे बनी रहने वाली भीतरी बेचैनी और अपूर्णता को जो समझता है, अब वह भीड़ को देखकर अंधा होकर उनके पीछे नहीं दौड़ता है—फ़िर दुनिया उसे चाहे सफल कहे या असफल। जीवन में यदि आज़ादी, शांति और सुकून ना हो, तो किसी भी उपलब्धि या सफलता का कोई महत्व नहीं रह जाता। क्योंकि उपलब्धियों और सफलताओं के पीछे भी इंसान दौड़ता तो अंततः शांति, सुकून और आज़ादी के लिए ही है। उम्मीद तो यही रहती है कि किसी दिन हर पीड़ा से आज़ाद हो जाऊँगा।

तो फ़िर वास्तविक सफलता भी तब ही है, जब आप सचमुच आज़ाद हैं। भ्रम, भय, बंधन और दुःख की दल-दल रूपी इस दुनिया में इंसान बनकर उत्पन्न हुए हो—इससे आज़ाद होना ही वास्तविक सफलता और उपलब्धि है। और जो ऐसा है, फ़िर उसे कैसा भय। और आज़ाद होने का एक ही तरीका है—बोध, प्रेम और सत्य के अलावा कहीं भी सिर मत झुकाओ। कहीं भी माने, ना भीतर ना बाहर। ख़ुद के सामने भी सिर मत झुकाओ। इनकी कीमत पर कुछ भी स्वीकार मत करो। ना दुनिया को, ना समाज और रिश्तों को, ना सम्मान और अपमान को, ना पद-प्रतिष्ठा और संपत्ति को, ना चालाकियों और बेईमानी को। किसी को नहीं। सबको ना कहते चलो और आज़ाद होते जाओगे—भीतर से भी और बाहर से भी। ना ख़ुद की चालाकियों, बेईमानियों, मूर्खताओं, हिंसात्मकता और असंवेदनशीलता को सहो, ना ही ज़माने की। ना भीतर से भ्रम और बंधन में रहो, ना बाहर से। जो भ्रम हटाए, सो बोध। जो मुक्ति की प्यास जगाए, सो प्रेम। जो जीवन के झूठ काटे, सो सत्य—और बोध, प्रेम व सत्य के प्रति समर्पण ही श्रद्धा है। जो ऐसा है, वह अभी आज़ाद है। वहाँ ना भय है, ना दुःख और ना कोई अपूर्णता।

चाहे भय हो या दुःख, बेचैनी हो या अपूर्णता—सबका कारण भ्रम है। भ्रम माने, स्वयं और जगत के संबंध में—झूठा, भ्रामक और अपूर्ण ज्ञान। भ्रमवश ही लोग भविष्य को लेकर अनेक तरह के भय, बंधन, बोझ और दुःख पाल लेते हैं। जैसे बुढ़ापे को लेकर चिंता और भय। अब लोगों को शारीरिक रूप से बुढ़ापा आता हो या ना आता हो, लेकिन बुढ़ापे की चिंता उन्हें भरी जवानी में ही मानसिक रूप से बूढ़ा, गुलाम, भ्रष्ट और पाखंडी जरूर बना देती है। बुढ़ापे

की चिंता में इंसान जवानी को जरूर नर्क बना लेता है। उसकी हालत ऐसी हो जाती है कि जैसे इंसान पैदा ही हुआ हो—बुढ़ापे का इंतजाम करने के लिए।

क्या जवानी इसलिए है कि आप बुढ़ापे की सुरक्षा का इंतजाम करते रहो? और यदि जवानी को बुढ़ापे की तैयारियाँ करने में ही बर्बाद कर दोगे, तो जियोगे कब? जो करने लायक है, वह कब करोगे? जो आज ज्यादा जरूरी है, वह कब करोगे? जो सीखना है, वह कब सीखोगे? जो तुम्हारे दिल यानी प्रेम से उठ रहा है, उसे कब समय दोगे? बुढ़ापे की तैयारी के लिए, बुढ़ापे की सुरक्षा का इंतजाम करने के लिए जिंदगी नहीं होती है। ऐसा करके बुढ़ापे में अगर बच भी गए, तो करोगे क्या? ख़ुद को कोसने के अलावा कुछ रह जाएगा क्या? गुलाम, झूठी, हिंसक, बनावटी और बेहोश जिंदगी जीने के बाद बुढ़ापे में पछतावे के अलावा भी कुछ बचता है क्या? और आज तक क्या किया? जवानी में जो इंसान कुछ ना कर सका, वही इंसान बने रहते हुए आप बुढ़ापे में क्या कर लोगे? मन से तो आप अभी भी स्वयं को वही मानते हो ना, जो कुछ वर्ष पहले तक शारीरिक जवानी में मानते थे—मगर तब तो आप कुछ नहीं कर पाए। अब क्या बचा रहे हो? अरे, अभी जी लो और बुड्ढे हो जाओ, तो मर ही जाना—क्यों बिस्तर पर लंबे समय तक पड़े रहना है?

जब ना आँखें साथ दे रही होंगी, ना कान; ना दाँत साथ दे रहे होंगे, ना हाथ और पैर—और तब अगर बच भी गए, तो क्या पाओगे? तब केवल पछताओगे, क्योंकि पूरी जिंदगी नर्क में बिताई। बुढ़ापे को सुरक्षित करने के नाम पर हिंसा, भ्रष्टाचार और गलत काम किए, बीमारियाँ पालीं, तनाव में जिए, झूठ बोले और गलत रिश्ते चुने। औलादें भी पैदा कीं, मगर प्रेम में नहीं—बल्कि अपने बुढ़ापे की सुरक्षा के लिए। लड़की को पराया धन मानकर लड़का माँगा और अपने अहंकार के चलते दोनों की जिंदगी नर्क की। जिंदगी भर व्यर्थ के पीछे दौड़ते रहे। एक नकली, उथली और झूठी जिंदगी जिए। ऐसी जिंदगी जीकर अगर बच गए—तो इन्हीं बातों के लिए पछताओगे। बुढ़ापे में शरीर से बहुत काम भी नहीं कर पाओगे, तो मन फुर्सत रहेगा और इसलिए बस अतीत को रोएगा।

इससे बेहतर तो यह होगा कि जवानी को खुलकर जियो। बेखौफ जियो। सच्चे, खरे और आज़ाद जियो। हर तरह की नफरत, सीमाओं, भेदभाव, हिंसा, झूठ, पाखंड, शर्म आदि को दूर रखकर बेपरवाह जियो। ना समाज के गुलाम बनो, ना संस्कृति के; ना नेताओं के गुलाम बनो, ना अभिनेताओं के। ना किसी तथाकथित धर्म-गुरुओं के चाटुकार बनो, ना किसी तथाकथित संगठित धर्म-जाति इत्यादि के नाम की नारेबाजी करके अपनी जिंदगी बर्बाद करो। भीड़ के पीछे अंधे होकर मत दौड़ो। खेलो, खूब पढ़ो, सीखो, गाओ, बजाओ और हो सके तो यात्राएँ करो। कितना कुछ है जानने और जीने के लिए। जो भी करने और जीने लायक है, उसे जितना अधिक जी सको—जियो।

और जब ऐसे जीते हो, तब मृत्यु आपके लिए एक भयानक घटना नहीं होती है, बल्कि वैसी ही होती है—जैसे किसी ने पूरे दिन खूब संघर्ष किया हो और शरीर थक-कर चूर हो गया हो—और रात को चुप-चाप नींद उसे अपनी बाँहों में ले लेती है। मृत्यु फ़िर कुछ वैसी ही

हो जाती है—लेकिन केवल तब—जब आपने एक सच्ची, खरी, खुली, बोधपूर्ण और आज़ाद जिंदगी जी हो। अन्यथा जिंदगी तो आपको लगातार मृत्यु का भय दिखाएगी और अंत में सिर्फ़ पछताओगे। मगर अधिकांश लोग अपनी जवानी को इसके बिल्कुल विपरीत जीते हैं। इसीलिए वे भीतर से पूरे कभी हो ही नहीं पाते हैं।

अनेक लोग—यानी हम सब ही—ज़िंदगी भर ऐसे काम करते रहते हैं, जो करने लायक नहीं होते और ना ही हम ख़ुद उन्हें सचमुच करना चाहते हैं। मगर क्यों करते रहते हैं? क्योंकि उसमें कुछ मिल रहा होता है, जैसे सुख, सुविधा, आराम, पहचान इत्यादि। बहुत तो इसलिए भी करते रहते हैं क्योंकि व्यर्थ के खर्चे इतने अधिक खड़े कर लिए होते हैं कि कोई घटिया और भ्रष्ट काम किए बिना उतना पैसा आता ही नहीं है, और खर्चे कम करने को आप तैयार होते नहीं हैं। क्योंकि आपको पता ही नहीं है कि कहाँ पर पैसे खर्च होने चाहिए और कहाँ बिल्कुल नहीं। बल्कि आप ऐसी-ऐसी जगहों और चीजों पर बहुत धन लुटाते हैं, जहाँ एक पैसा भी नहीं जाना चाहिए था—क्योंकि वे खर्चे आपको और दुनिया को केवल बर्बाद करते हैं।

फ़िर आपका तर्क होता है कि यदि यह काम नहीं करेंगे, तो जब बूढ़े होंगे, बीमारियाँ होंगी और उनका इलाज कराएँगे, तो उसके लिए भी तो पैसा चाहिए होगा ना। फ़िर वह कहाँ से लाएँगे? लेकिन आप यह नहीं देखते हैं कि इंसान बीमार तो होता है, मगर उसकी अधिकांश शारीरिक और मानसिक बीमारियाँ केवल आत्म-अज्ञान और उसकी गलत जीवनशैली का परिणाम होती हैं। अन्यथा प्रकृति में इतने जीव हैं—हमें तो नहीं दिखाई देता कि उन्हें बहुत बीमारियाँ हो रही हैं और उसके लिए वे धन जैसा कुछ जोड़ रहे हैं। वे जीवन में लंबे समय तक मज़बूत बने रहते हैं। उनकी आँख, नाक, कान, चोंच और दाँत इत्यादि भी ठीक ही रहते हैं। एक बेहोश, झूठा, प्रेमहीन और गलत जीवन जीकर हम पहले ख़ुद को बर्बाद करते हैं, बीमारियाँ खड़ी करते हैं और फ़िर कहते हैं, "देखो, हमने कहा था ना, कि जब हम बर्बाद और बीमार हो जाएँगे, तब हमारी जवानी की मेहनत से अर्जित धन-संपत्ति ही काम आएगी।"

धन-संपत्ति काम आ रही है वह तो ठीक है, लेकिन अधिकांश लोग इतने अधिक बीमार होते ही इसीलिए हैं, क्योंकि ना हमारी व्यक्तिगत शारीरिक और मानसिक जिंदगी ठीक होती है, ना ही पारिवारिक और सामाजिक। ना हमारी सांस्कृतिक स्थिति ठीक होती है, ना ही प्राकृतिक। हमने सब कुछ बर्बाद कर रखा होता है, इसीलिए फ़िर वह हमें बर्बाद करता है। ना हमारा काम ठीक होता है और ना रिश्ते। अपने स्वाद, स्वार्थ, शौक, सुख, सुविधा और अहंकार के चलते हम पूरी प्रकृति को बर्बाद कर देते हैं। हमने जल, जमीन, मिट्टी, जंगल, वायु, नदियों, पहाड़ों, उनमें रहने वाले जीवों आदि सबको बर्बाद और गंदा कर दिया है। दर्जनों और सैकड़ों की संख्या में अन्य सभी प्रजातियाँ आज हर दिन हम मनुष्यों के कारण सदा के लिए विलुप्त होती जा रही हैं—जिसे जलवायु परिवर्तन का नाम दिया गया है। क्यों?

सिर्फ़ इसलिए क्योंकि अपनी ही नजरों में अति बुद्धिमान और समझदार कहे जाने वाले हम तथाकथित इंसानों ने अपनी आबादी और भोग खूब बढ़ा लिए हैं। हम पूरी पृथ्वी पर छा गए हैं। पृथ्वी ही नहीं, बल्कि हम तो अन्य ग्रहों पर भी छाने के सपने देख रहे हैं—और हम

इंसानों को यह सब करने में शर्म भी नहीं आती है। हम कितने अधिक नासमझ, हिंसक, लालची, असंवेदनशील और प्रेमहीन लोग हैं। फ़िर बताइए, हम शारीरिक और मानसिक रूप से बीमार और बर्बाद क्यों नहीं होंगे? आपकी हर-एक बीमारी का वास्तविक इलाज एक सही संबंध में है—हर उस शै के साथ, जो आपको इस तन, मन और इंद्रियों के माध्यम से किसी भी तरह अनुभव होती है। हर वस्तु, व्यक्ति, तन, विचार, भावना, काम, जीव और पूरी प्रकृति के साथ सही संबंध रखना होगा, और सही संबंध का आधार है—सत्य, बोध, प्रेम, संवेदनशीलता, सजगता, करुणा और आज़ादी। इसके बिना बाकी सब बेईमानी, पाखंड और तथ्य से पलायन है।

तो हर तल पर गलत जीवन जीकर आप पहले तो ख़ुद को शारीरिक और मानसिक रूप से बर्बाद करते हैं, बीमारियाँ पैदा करते हैं, और फ़िर आप कहते हो—देखो, "मैंने कहा था ना, कि बीमारियाँ होती हैं और उनमें खूब पैसा लगता है। तो देखो, जवानी को बर्बाद करके जो कुछ भी मैंने अर्जित किया था, आज वही मेरे काम आ रहा है। व्यर्थ ही मैंने दुःख, चिंता, तनाव, शोषण और गुलामी नहीं झेली थी।" पता नहीं कि आप बेईमान और पाखंडी ज्यादा हो या नासमझ।

क्या आपको यह दिखाई नहीं देता कि आपको जितनी भी मानसिक और शारीरिक बीमारियाँ हैं, वे हैं ही इसीलिए, क्योंकि आपने पूरी जिंदगी गलत जी है? आपके जीवन से बोध, प्रेम, करुणा, सहजता, सत्य और आज़ादी पूरी तरह गायब रहे। आपने उनको प्राथमिकता कभी दी ही नहीं। आपने रिश्ते गलत बनाए, काम गलत चुना और जीवन भर व्यर्थ के पीछे दौड़ते रहे। जीवन भर जिम्मेदारियों, कर्तव्यों, मान्यताओं, परंपराओं, प्रथाओं, संस्कारों, नैतिकता और रिश्तेदारियों इत्यादि के नाम पर व्यर्थ का बोझ, चिंता, तनाव, भय, गुलामी, खर्चे और दुःख आदि झेलते रहे। हर समय असहज रहते हो। इसलिए इतनी बीमारियाँ पैदा होती हैं—और होती नहीं हैं, बल्कि आप उन्हें पैदा होने का अवसर देते हैं।

जो असली है, उसे यदि जीवन में प्राथमिकता नहीं दोगे, तो केवल बीमारियाँ, भय, बेचैनी और दुःख इत्यादि ही पाओगे। जब बोध और सत्य जीवन के मालिक नहीं होते, तब बेहोशी और अहंकार जीवन के मालिक हो जाते हैं। बेहोशी ही मूल बीमारी है, जिसका इलाज है—पूर्णज्ञान। और पूर्णज्ञान होता है—"स्वयं और जगत के संबंध के ईमानदार और निष्पक्ष अवलोकन से।" उसके अलावा कुछ भी आपको आज़ाद नहीं कर सकता, कोई भी आपके काम नहीं आ सकता। केवल पूर्णज्ञान या आत्मज्ञान। आत्मज्ञान माने स्वयं और जगत के ईमानदार और निष्पक्ष अवलोकन द्वारा स्वयं को जानना। आत्मज्ञान से ही भ्रम हटते हैं। आत्मज्ञान माने यह देखना कि आप क्या हो और क्या नहीं; आपका तथ्य क्या है, आप ख़ुद को मानते क्या हैं और क्या बनकर आप जी रहे हो—यह जानना ही स्वयं और जगत को लेकर भ्रम हटाता है। आपको वास्तव में चाहिए क्या, किसकी तलाश है, और वह कहाँ मिलेगा—कैसे मिलेगा। जैसे-जैसे बेहोशी हटती जाती है, ऐसे अनेक मूल सवालों का अंत होता जाता है और भ्रम का पर्दा गिरता जाता है।

आपकी मूल समस्या तो यह है कि आपको पता ही नहीं है कि आपकी मूल समस्या क्या है। हम इंसान के बच्चे के रूप में अबोध पैदा होते हैं, और फ़िर यह परिवार, समाज, शिक्षा, संस्कृति, मीडिया इत्यादि हमें संस्कारबद्ध कर देते हैं। हमारे पास झूठी, भ्रामक और अपूर्ण जानकारियों का भंडार होता है, जिसकी हमें कोई समझ नहीं होती है। उसी नासमझी के केन्द्र से हम अंधों की तरह भीड़ के पीछे-पीछे दौड़ते रहते हैं। हमें पता ही नहीं होता है कि हम क्या हैं, क्यों हम इतने परेशान हैं, हमें क्या चाहिए और क्या नहीं। ऐसे ही हम जीते जाते हैं और ख़ुद के साथ-साथ दुनिया को भी बर्बाद करते रहते हैं। क्योंकि दुनिया से पृथक और स्वतंत्र उसकी कोई हस्ती नहीं है—जिसे आप मैं कहते हैं। आप बर्बाद तो दुनिया बर्बाद और यदि दुनिया बर्बाद तो आप भी बर्बाद। क्योंकि आप और दुनिया—एक ही हैं। आप ही दुनिया हैं, और दुनिया ही आप हैं।

यदि आप भीतर से बीमार हैं—शारीरिक, मानसिक या किसी भी रूप में—तो आप दुनिया को भी बीमार कर देंगे। यह वायु, जल, जमीन इत्यादि यदि प्रदूषित हैं, तो यह प्रदूषण पहले इंसान के भीतर पनपा है। मछली और अन्य जलीय जीव नदी और समंदर में ही रहते हैं, मगर आज तक नहीं देखा गया कि उन्होंने नदियों और समंदर को गंदा कर दिया हो। पक्षी आकाश में उड़ते हैं, मगर हमने तो नहीं देखा कि उन्होंने वायु प्रदूषित कर डाली हो। इतने पशु, पक्षी और अन्य जीव जंगलों में रहते हैं, पेड़ों पर रहते हैं, मगर हमने तो नहीं देखा-सुना कि पशु-पक्षियों ने जंगल बर्बाद कर दिया हो, आग लगा दी हो या प्रकृति को किसी भी तरह से क्षति पहुँचाई हो। बल्कि हमने तो यही देखा है कि इंसान भी जब अपनी रची-बसी दुनिया में अशांत और परेशान हो जाता है, तब वह भी उन पशु-पक्षियों की दुनिया में ही जाकर शांत होता है—क्योंकि अपनी दुनिया तो उसने बर्बाद कर डाली है।

जिनकी तुलना में वह स्वयं को अधिक बुद्धिमान मानता है—उसी नदी, पहाड़ और जंगल की गोद में सुकून पाता है, जिनमें पशु, पक्षी, मछलियाँ और अन्य जीव रहते हैं। जरा देखो अपने मोहल्ले की गंदगी को, अपने शहरों की बर्बादी को, शोर और भीड़ को। फ़िर जाकर देखो उन नदियों, जंगलों, पहाड़ों और आसमान की शांति को, सौंदर्य को, सफ़ाई को, शुद्ध वायु को, सहजता और सरलता को—जहाँ इंसान के अलावा बाकी अन्य सभी जीव रहते हैं। जरा सीखो उनसे और देखो ख़ुद को—आप पशुओं से भी नीचे गिर गए हो। तो जिस दुनिया में आप जी रहे हो ना, वह आपकी पैदाइश है। वह आपसे पृथक और स्वतंत्र नहीं है। उसे बर्बाद करने का अर्थ है—ख़ुद को बर्बाद करना।

तो जब ऐसी बेहोश, असंवेदनशील, प्रेमहीन, नकली, संस्कारबद्ध, भोगवादी और बर्बाद ज़िंदगी जिओगे, तो भीतर फ़िर एक बेचैनी, एक खालीपन तो बना रहेगा ना। भीतरी अपूर्णता तो नहीं मिटेगी ना। शांति और सुकून से तो चूक जाओगे ना। जो आज़ादी की प्यास थी, वह तो नहीं बुझेगी ना। जो प्रेम और आनंद की प्यास थी, वह तो नहीं मिटेगी ना। उसकी कमी तो धन से भी नहीं मिटेगी। इसीलिए फ़िर भविष्य, बुढ़ापा, बीमारीयों, अकेलापन और मृत्यु से संबंधित भय इंसान को बहुत परेशान करते हैं। और यह समझने के बाद भी यदि ऐसे ही

जीते रहते हो, तो बाद में केवल पछताते हो। पछताते हो—यही सोच-सोचकर कि भविष्य को सँवारने और बहुत कुछ संचित करने के चक्कर में जिए ही नहीं, और सारा जीवन बीत गया। मुट्ठी से पानी की तरह व्यर्थ मुद्दों में समय कब बह गया—पता ही नहीं चला।

कुछ लोग ऐसे भी होते हैं, जिनको अपने बच्चों के भविष्य को लेकर बड़ी चिंता होती है। ये वही लोग होते हैं, जिन्हें अपने भविष्य की चिंता होती है। क्योंकि जहाँ चिंता है, वहाँ कामना है—प्रेम नहीं। यदि सचमुच आपको बच्चों से ही प्रेम है, तो आपको उनके भविष्य की चिंता नहीं होगी, बल्कि आप उनके वर्तमान की परवाह करेंगे और उसे बेहतर करने पर ध्यान देंगे। यदि आपको अपने बच्चों के भविष्य की बहुत चिंता हो, तो पहले जरा उनके वर्तमान पर ध्यान दो। क्या अभी आप उन्हें वह सब कुछ उपलब्ध करा पा रहे हो, जिसकी उन्हें वर्तमान में सचमुच बहुत ज़रूरत है? क्या आप जानते भी हैं कि उन्हें अभी क्या चाहिये और क्या नहीं? कहीं ऐसा तो नहीं कि भविष्य की चिंता के नाम पर आप उनके वर्तमान को ही बर्बाद कर रहे हों? कहीं ऐसा तो नहीं कि अपनी संतानों के माध्यम से भी आप अपने ही अहंकार को और फुलाना चाहते हों?

क्योंकि अधिकांश अभिभावक अपनी औलादों को भी केवल अपने अहंकार के लिए ही उपयोग कर लेते हैं। फ़िर यही वे खूनी अभिभावक बनते हैं, जो अपनी ही संतानों की जान केवल इसलिए ले लेते हैं—क्योंकि संतान ने इनकी उम्मीदें पूरी नहीं कीं या कुछ खरी-खरी और असली बातें बोल दीं, जो इनके अहंकार को पची नहीं। तो पहले देख लो कि सचमुच बच्चों की ही फ़िक्र है, या स्वार्थ ख़ुद का है। यह सब प्रेम नहीं होता है कि अच्छे अंक लाओगे तो आपसे प्रेम करेंगे, या फलानी नौकरी करो तब हम आपको प्रेम करेंगे। यह कौन-सा प्रेम है? यह प्रेम नहीं है, बल्कि अपने स्वार्थ और अहंकार के लिए किया जा रहा पाखंड है। अन्यथा प्रेम का अंकों और नौकरी से कुछ लेना-देना नहीं। इस तरह आप उसका भला नहीं कर रहे हो, बल्कि उस पर हिंसा कर रहे हो।

उनके भविष्य की चिंता के नाम पर आप उनके ऊपर कुछ एहसान करते हो और फ़िर उनसे उम्मीद रखते हो कि वे आपके अनुसार जीवन जिएँ, आपके हिसाब से विवाह करें, आपके अनुसार पढ़ाई और नौकरी करें। क्या यह प्रेम है? क्या यह सचमुच बच्चों के लिए ही हो रहा है? या आप बस उनके मालिक बनने का प्रयास कर रहे हैं, ताकि आपका अहंकार बचा रहे—जो कि हिंसा और शोषण है? यदि आप अपने बच्चों के साथ ऐसा कुछ कर रहे हैं, तो आप तो उनके वर्तमान को ही नर्क बना रहे हैं—उनका भविष्य क्या ख़ाक बनाओगे? बच्चों के 'भविष्य' की चिंता छोड़ो और उन्हें वर्तमान में काबिल बनाओ। और काबिल बनाने का एक ही तरीका है—उनको शिक्षित करो और उनके भ्रम हटाओ। यदि वे सचमुच शिक्षित और समझदार होते हैं, तो अब वे ख़ुद देख लेंगे कि उन्हें कैसे जीना है और कैसे नहीं।

जब न स्वयं को लेकर भ्रम रहता है, न जगत को लेकर, तब ऐसे छुद्र और बेहोश केंद्रों से कर्म नहीं आते हैं। तब आप देखते हैं कि काम करने लायक है भी या नहीं। करने लायक है, तो करोगे, अन्यथा नहीं। कहने का आशय है कि कुछ भी अब मजबूरी में नहीं करोगे। भय

या लालच के कारण फिर कुछ नहीं करोगे। जो भीतर से बेहोश और भिखारी बना हुआ होता है, वही है जो सम्मान, भय और लालच इत्यादि के सामने सिर झुका देता है। अन्यथा यदि कुछ करने लायक था, मगर भय और लालच के कारण आज तक आप उसे नहीं कर रहे थे, तो अब आप कहते हैं कि आपको वह करना है।

अब ऐसा नहीं होगा कि भय या लालच इत्यादि के कारण जो करने लायक है, उसे आप नहीं कर रहे हो और वह कर रहे हो, जो करने लायक है ही नहीं। फ़िर ऐसे नहीं जियोगे। क्योंकि आपको पता है कि मृत्यु सब कुछ छीन लेने वाली है, सब कुछ धरा रह जाना है, और जीवनमुक्ति है—जीते जी; सच्चे, खरे, असली, प्रेमपूर्ण और आज़ाद होकर जीने में। जीवनमुक्ति है; बादशाह होकर जीने में, न कि दुनिया के गुलाम होकर जीने में। फ़िर डर कर क्यों जिएँ? मजबूर होकर क्यों जिएँ? फ़िर इतनी चालाकियाँ किसके लिए? फ़िर क्यों सहें किसी को भी? जिन्हें मिट ही जाना है, क्यों उन्हें अपना मालिक हो जाने दें? सत्य और आज़ादी से प्रेम के बीच क्यों किसी तीसरे को आने दें?

ईश्वर से प्रेम हो, तो वहाँ आप किसी तीसरे को बीच में ले आते हो। किसी इंसान से भी प्रेम हो, तो उसमें भी आप परिवार, समाज, कानून और धर्म इत्यादि को बीच में ले आते हो। कर्म और अपने बीच, कर्ता और कर्मफल को ले आते हो। यह कैसा प्रेम? यह कौन-सी आज़ादी? यह बिचौलिया आपके और सत्य के बीच एक दीवार है। इसे (तीसरे को) आप इसलिए स्वीकार कर लेते हैं, क्योंकि आप उसके गुलाम बने बैठे हैं। उससे स्वार्थ जोड़कर बैठे हैं। उससे उधारी की पहचान लेकर बैठे हैं। तो इस दीवार को बीच में मत आने दो, क्योंकि मृत्यु भी यही तो करती है—वह हर दीवार को शून्य कर देती है। मृत्यु की निश्चितता का बोध आपको इसी जगत में और जीते-जी; हर तरह के भ्रम, भय, बंधनों, सीमाओं और दुखों से आज़ाद करता है।

तो जो भय निश्चित ही हैं, उन्हें स्वीकार करो और तब जीवन में सौंदर्य आता है। तब वह प्रकट होता है, जिसे सौंदर्य कहते हैं, जिसे प्रेम कहते हैं, जिसे आनंद कहते हैं। तब जीवन में आती है बेपरवाही। लंबा जिएँ तो शरीर का बूढ़ा होना निश्चित है। बीमारियों का होना भी लगभग निश्चित है। इंद्रियों का कमजोर होना निश्चित है। और इन सबका मिट्टी होना भी निश्चित है। उसी को आप मृत्यु कहते हैं। तो क्यों ना उसे याद रखो और मिट्टी होने से पहले इस तन, मन, बुद्धि, विचार, विवेक—और जो कुछ भी है—का जीवन को बेहतर ढंग से और होशपूर्वक जीने के लिए भरपूर उपयोग कर लिया जाए। क्यों ना जो देखने-सुनने लायक है—उसे बिना किसी नाम, छवि, मान्यता और पूर्वाग्रह के देखा और सुना जाए। क्यों ना सीधे, सरल और सच्चे होकर जीवन को भरपूर जिया जाए। फ़िर कैसा अकेलापन और कौन-सा सम्मान या अपमान?

तो जो भय असंभव हैं, उनके लिए तो भयभीत रहने की कोई आवश्यकता ही नहीं है। और जो निश्चित ही हैं, उनको टाला नहीं जा सकता। इसलिए उन्हें स्वीकार करो और लुटने के भय से मुक्त होकर मौज में जियो।

इनके अलावा इंसान ऐसी बातों और घटनाओं को लेकर भी बहुत भयभीत रहता है, जो निश्चित तो नहीं रहतीं मगर संभव जरूर हैं। माने वैसा कुछ हो भी सकता है, जैसा आप नहीं चाहते हैं और यह भी हो सकता है कि जो आप चाहते हैं, वैसा ना हो। वास्तव में ये एक ही बात को कहने के दो तरीके हैं। उदाहरण के लिए आपको यह भय हो सकता है कि कहीं कोई आपका अपमान ना कर दे। कहीं ऐसा ना हो कि समाज में आपकी कोई इज्जत ना रहे। तो क्या करें? देख लो कि यह इज्जत, सम्मान और अपमान आदि क्या चीजें हैं? हैं भी या बस इनके होने का भ्रम है? देख लो कि जीवन में इनकी हैसियत क्या है? क्योंकि इन सबकी आपके पास कोई बनी-बनाई और पहले से निश्चित उधार की छवि होती है। वह छवि आपको उन्होंने ही दी है, जिनके सामने आप अपमानित होने से डरते हैं। आपको सम्मानित भी उन्हीं ने बनाया है। अब जो सम्मान करते हैं, वे सम्मान करना बंद भी कर सकते हैं और उसी को आप अपमान मानकर दुखी और आहत हो जाते हैं। सम्मान और अपमान करने के भी आपने ख़ास तरीके बना लिए हैं, उसके अलावा यदि किसी अन्य ढंग से कोई आपका अपमान या सम्मान करे, तो आपको समझ ही नहीं आता है।

मगर ऐसे सम्मान का तो कोई मूल्य ही नहीं होना चाहिए ना, जिसे कोई भी आए और दाग लगा जाए। यह तो भीतरी चीज होनी चाहिये और इसके लिए तो दुनिया के सामने कभी भी हाथ नहीं फैलाया जाना चाहिए। अब क्या सम्मान भी भीख में माँगोगे! भीख में नहीं तो लालच देकर माँगोगे और नहीं तो डर दिखाकर माँगोगे—मगर है तो वह भी भीख ही। माँग तो रहे ही हो। यह भी कोई सम्मान है! नहीं चाहिये ऐसा सम्मान। मगर जब नकली, झूठी, कमजोर, गुलाम और बेहोश जिंदगी जियोगे, तो भीतर आत्म-सम्मान कैसे आएगा। भीतर तो होगी हीनता, खोखलापन, अपूर्णता, असुरक्षा का भाव और क्षुद्रता। जब भीतर आत्म-सम्मान नहीं होता, तब बाहर कुछ करके, कुछ बनके या गुंडई दिखाकर के सम्मान की भीख माँगते हो। अन्यथा जिसने इस सम्मान के खोखलेपन और झूठ को देख लिया हो और जिसे ऐसे सम्मान का मोह ही नहीं, उसे क्या कोई अपमानित कर सकता है? नहीं। अरे, जो लोग ख़ुद अपनी ही संस्कारबद्धता के गुलाम हैं, जो विचारों की केवल कठपुतली भर हैं—वो बेचारे अपमान या सम्मान भी अपने प्रेम और आज़ादी में नहीं कर रहे हैं।

मगर आप चाहते हो कि दुनिया से सम्मान भी मिल जाए, सफलता के पदक भी मिल जाएँ और उनके छिनने का भय भी ना रहे। सम्मान मिलता रहे, मगर अपमानित होने का भय, हीनता और दुःख ना रहे। यदि आपके भीतर सम्मानित, सफल, श्रेष्ठ, विशेष इत्यादि कहलाने की कामना है; तो जब तक आपको दुनिया ऐसा नहीं मानती है, तब तक आप भीतर से स्वयं को हीन और अपमानित महसूस करेंगे और उसमें होगी पीड़ा। आप तुलना, ईर्ष्या और अवसाद में जिएँगे। किसी तरह लोग यदि आपको सम्माननीय, श्रेष्ठ या विशेष जैसा कुछ मानने भी लग जाएँगे, तो अब आपको इस बात का भय बना रहेगा कि कहीं यह सब वापस ना छिन जाए।

जब सम्मान नहीं मिल रहा है, तो उस दौरान सम्मान नहीं मिलने की पीड़ा और जब सम्मान मिल भी रहा है, तब सम्मान के छिन जाने का भय है, और भय अपने आप में पीड़ादाई होता है। जब कुछ लोग आपको सम्मान दे रहे होंगे, तब कोई एक व्यक्ति भी यदि आपको सम्मान नहीं दे रहा होगा या आपको बहुत महत्व नहीं दे रहा होगा, तो आपको बड़ी चोट लगेगी। आप अपमानित और आहत महसूस करेंगे। हिंसा भी कर सकते हैं। यह सब-कुछ तब होता है, जब आप दुनिया के सामने भिखारी बनकर खड़े होते हैं, जब आपमें आत्म-सम्मान नहीं होता। क्योंकि आप स्वयं को ऐसा कुछ मानकर जी रहे हैं, जो सीमित, संकुचित और क्षुद्र है। जो अपनी हस्ती के लिए दुनिया पर आश्रित है। उसे ही अहंकार कहते हैं।

अहंकार यानी स्वयं को अपूर्ण मानकर जीना आपको भीतर से इतना अधिक हीन और खोखला कर देता है कि उस खोखलेपन को भरने के लिए आप अपमानित लोगों तक से सम्मान की भीख माँगने लगते हैं, और उनसे भी यदि सम्मान ना मिले तो आप अपमानित महसूस करने लगते हैं। आप दुनिया से यानी असफल लोगों से—जीवन से हारे हुए, भीड़ के गुलाम और सत्य से भागे हुए लोगों से—पूछते हैं कि आप (मैं) सफल हैं या नहीं? सुंदर हैं या नहीं? भले इंसान हैं या नहीं? जो भीतरी सुकून पाने के लिए दुनिया के सामने किसी भी तरह भिखारी बना हुआ है, वह अहंकार यानी आत्म-अज्ञान में जी रहा है; वह अपनी सच्चाई से बेखबर है। आत्मज्ञान का अर्थ है यह जानना कि 'मैं' जैसा कुछ नहीं है और सारी अपूर्णता केवल भ्रमवश स्वयं को "मैं और मेरा" के इर्द-गिर्द सीमित और संकुचित कर लेने का परिणाम है। झूठी और सीमित पहचानों से आसक्ति ही अहंकार है। झूठी और सीमित पहचानों के झूठ और सीमाओं को देखना ही आपको भ्रम और हीनता से आज़ाद करता है।

तब आप दुनिया से कहते हो कि अब ना आपका सम्मान चाहिए, ना अपमान। आप सम्मान करो, तो भी हमें फर्क नहीं पड़ता और सम्मान ना करो, तो भी फर्क नहीं पड़ता। ना आपके सम्मान की कोई कीमत है, ना अपमान की। क्यों? क्योंकि आप ख़ुद सम्मान के लायक नहीं। आप तो ख़ुद ही बेहोशी में जिए जा रहे हो। आप ज़रा-सा प्रभावित हुए नहीं कि सम्मान देने लग जाते हो। आपको सच्चाई से तो कोई मतलब ही नहीं है। जहाँ आपको पद, प्रतिष्ठा, पैसा, सत्ता, भीड़ इत्यादि दिखा नहीं—कि वहाँ आप सिर झुका लेते हो। आप यह तो देखते ही नहीं कि जहाँ झुक रहे हो वहाँ बोध, प्रेम, करुणा, सत्य और आज़ादी की सुगंध भी है या नहीं। आपको इस बात से तो कोई मतलब ही नहीं रहता है कि जिसके पास बहुत पैसा है, वह आया कहाँ से? किनका उसने हक मारा है? जिसके पास सत्ता की शक्ति है, वह उसका कहाँ और कैसे उपयोग रहा है? आप यह नहीं देखते। अब जो ऐसे अंधे, बेहोश और गुलाम लोगों से भी सम्मान की चाह रखे, उससे बड़ा भिखारी और कौन हो सकता है।

जिसको थोड़ा भी होश होगा और जिसमें करुणा होगी, वह तो ऐसे लोगों के भ्रम हटाकर इनको जगाने का काम करेगा, ना कि इनके ही सामने सम्मान की भीख माँगेगा। इनसे अगर अपमान भी मिलेगा, तो वह उससे अपमानित या हीन महसूस नहीं करेगा। क्योंकि ये लोग अपमान और गालियों के अलावा और दे ही क्या सकते हैं? इनके पास है क्या? कुछ नहीं।

ये तो ख़ुद गरीब हैं। इसी को कहते हैं असली गरीबी कि किसी को देने के लिए अपमान और गालियों के अलावा आपके पास कुछ नहीं है। इनसे भी जो सम्मान की उम्मीद रखे, वह तो अभी ख़ुद ही भ्रम में है। वह तो ख़ुद अभी आज़ाद नहीं। शायद वह भीतर से और बड़ा भिखारी है, गरीब है। जिसने यह देख लिया कि जो खुद अभी सम्मान के लायक नहीं, वे यदि सम्मान कर भी रहे हैं, तो ऐसे सम्मान का महत्व कितना? कुछ नहीं। क्या ऐसा व्यक्ति अब सम्मान-अपमान की बहुत परवाह करेगा? नहीं।

यदि भविष्य से संबंधित इस तरह के भयों से मुक्त जीना है, तो उनके कारणों को ही पोषण मत दो। जैसे कि यदि सम्मान का मोह ही ना हो, तो अपमान के भय में नहीं जीना पड़ता। जिसे मौत याद है, अब वह व्यर्थ के भय नहीं पालता। बाहरी उपलब्धियों और सफलताओं के बाद भी उनके पीछे बनी रहने वाली भीतरी बेचैनी और अपूर्णता को जो समझता है, अब वह भीड़ को देखकर अंधा होकर उनके पीछे नहीं दौड़ता है—फ़िर दुनिया उसे चाहे सफल कहे या असफल। जीवन में यदि आज़ादी, शांति और सुकून ना हो, तो किसी भी उपलब्धि या सफलता का कोई महत्व नहीं रह जाता। क्योंकि उपलब्धियों और सफलताओं के पीछे भी इंसान दौड़ता तो अंततः शांति, सुकून और आज़ादी के लिए ही है। उम्मीद तो यही रहती है कि किसी दिन हर पीड़ा से आज़ाद हो जाऊँगा।

तो फ़िर वास्तविक सफलता भी तब ही है, जब आप सचमुच आज़ाद हैं। भ्रम, भय, बंधन और दुःख की दल-दल रूपी इस दुनिया में इंसान बनकर उत्पन्न हुए हो—इससे आज़ाद होना ही वास्तविक सफलता और उपलब्धि है। और जो ऐसा है, फ़िर उसे कैसा भय। और आज़ाद होने का एक ही तरीका है—बोध, प्रेम और सत्य के अलावा कहीं भी सिर मत झुकाओ। कहीं भी माने, ना भीतर ना बाहर। ख़ुद के सामने भी सिर मत झुकाओ। इनकी कीमत पर कुछ भी स्वीकार मत करो। ना दुनिया को, ना समाज और रिश्तों को, ना सम्मान और अपमान को, ना पद-प्रतिष्ठा और संपत्ति को, ना चालाकियों और बेईमानी को। किसी को नहीं। सबको ना कहते चलो और आज़ाद होते जाओगे—भीतर से भी और बाहर से भी। ना ख़ुद की चालाकियों, बेईमानियों, मूर्खताओं, हिंसात्मकता और असंवेदनशीलता को सहो, ना ही ज़माने की। ना भीतर से भ्रम और बंधन में रहो, ना बाहर से। जो भ्रम हटाए, सो बोध। जो मुक्ति की प्यास जगाए, सो प्रेम। जो जीवन के झूठ काटे, सो सत्य—और बोध, प्रेम व सत्य के प्रति समर्पण ही श्रद्धा है। जो ऐसा है, वह अभी आज़ाद है। वहाँ ना भय है, ना दुःख और ना कोई अपूर्णता।

चाहे भय हो या दुःख, बेचैनी हो या अपूर्णता—सबका कारण भ्रम है। भ्रम माने, स्वयं और जगत के संबंध में—झूठा, भ्रामक और अपूर्ण ज्ञान। भ्रमवश ही लोग भविष्य को लेकर अनेक तरह के भय, बंधन, बोझ और दुःख पाल लेते हैं। जैसे बुढ़ापे को लेकर चिंता और भय। अब लोगों को शारीरिक रूप से बुढ़ापा आता हो या ना आता हो, लेकिन बुढ़ापे की चिंता उन्हें भरी जवानी में ही मानसिक रूप से बूढ़ा, गुलाम, भ्रष्ट और पाखंडी जरूर बना देती है। बुढ़ापे की चिंता में इंसान जवानी को जरूर नर्क बना लेता है। उसकी हालत ऐसी हो जाती है कि जैसे इंसान पैदा ही हुआ हो—बुढ़ापे का इंतजाम करने के लिए।

क्या जवानी इसलिए है कि आप बुढ़ापे की सुरक्षा का इंतजाम करते रहो? और यदि जवानी को बुढ़ापे की तैयारियाँ करने में ही बर्बाद कर दोगे, तो जियोगे कब? जो करने लायक है, वह कब करोगे? जो आज ज्यादा जरूरी है, वह कब करोगे? जो सीखना है, वह कब सीखोगे? जो तुम्हारे दिल यानी प्रेम से उठ रहा है, उसे कब समय दोगे? बुढ़ापे की तैयारी के लिए, बुढ़ापे की सुरक्षा का इंतजाम करने के लिए जिंदगी नहीं होती है। ऐसा करके बुढ़ापे में अगर बच भी गए, तो करोगे क्या? ख़ुद को कोसने के अलावा कुछ रह जाएगा क्या? गुलाम, झूठी, हिंसक, बनावटी और बेहोश जिंदगी जीने के बाद बुढ़ापे में पछतावे के अलावा भी कुछ बचता है क्या? और आज तक क्या किया? जवानी में जो इंसान कुछ ना कर सका, वही इंसान बने रहते हुए आप बुढ़ापे में क्या कर लोगे? मन से तो आप अभी भी स्वयं को वही मानते हो ना, जो कुछ वर्ष पहले तक शारीरिक जवानी में मानते थे—मगर तब तो आप कुछ नहीं कर पाए। अब क्या बचा रहे हो? अरे, अभी जी लो और बुड्ढे हो जाओ, तो मर ही जाना—क्यों बिस्तर पर लंबे समय तक पड़े रहना है?

जब ना आँखें साथ दे रही होंगी, ना कान; ना दाँत साथ दे रहे होंगे, ना हाथ और पैर—और तब अगर बच भी गए, तो क्या पाओगे? तब केवल पछताओगे, क्योंकि पूरी जिंदगी नर्क में बिताई। बुढ़ापे को सुरक्षित करने के नाम पर हिंसा, भ्रष्टाचार और गलत काम किए, बीमारियाँ पालीं, तनाव में जिए, झूठ बोले और गलत रिश्ते चुने। औलादें भी पैदा कीं, मगर प्रेम में नहीं—बल्कि अपने बुढ़ापे की सुरक्षा के लिए। लड़की को पराया धन मानकर लड़का माँगा और अपने अहंकार के चलते दोनों की जिंदगी नर्क की। जिंदगी भर व्यर्थ के पीछे दौड़ते रहे। एक नकली, उथली और झूठी जिंदगी जिए। ऐसी जिंदगी जीकर अगर बच गए—तो इन्हीं बातों के लिए पछताओगे। बुढ़ापे में शरीर से बहुत काम भी नहीं कर पाओगे, तो मन फुर्सत रहेगा और इसलिए बस अतीत को रोएगा।

इससे बेहतर तो यह होगा कि जवानी को खुलकर जियो। बेखौफ जियो। सच्चे, खरे और आज़ाद जियो। हर तरह की नफरत, सीमाओं, भेदभाव, हिंसा, झूठ, पाखंड, शर्म आदि को दूर रखकर बेपरवाह जियो। ना समाज के गुलाम बनो, ना संस्कृति के; ना नेताओं के गुलाम बनो, ना अभिनेताओं के। ना किसी तथाकथित धर्म-गुरुओं के चाटुकार बनो, ना किसी तथाकथित संगठित धर्म-जाति इत्यादि के नाम की नारेबाजी करके अपनी जिंदगी बर्बाद करो। भीड़ के पीछे अंधे होकर मत दौड़ो। खेलो, खूब पढ़ो, सीखो, गाओ, बजाओ और हो सके तो यात्राएँ करो। कितना कुछ है जानने और जीने के लिए। जो भी करने और जीने लायक है, उसे जितना अधिक जी सको—जियो।

और जब ऐसे जीते हो, तब मृत्यु आपके लिए एक भयानक घटना नहीं होती है, बल्कि वैसी ही होती है—जैसे किसी ने पूरे दिन खूब संघर्ष किया हो और शरीर थक-कर चूर हो गया हो—और रात को चुप-चाप नींद उसे अपनी बाँहों में ले लेती है। मृत्यु फ़िर कुछ वैसी ही हो जाती है—लेकिन केवल तब—जब आपने एक सच्ची, खरी, खुली, बोधपूर्ण और आज़ाद जिंदगी जी हो। अन्यथा जिंदगी तो आपको लगातार मृत्यु का भय दिखाएगी और अंत में

सिर्फ़ पछताओगे। मगर अधिकांश लोग अपनी जवानी को इसके बिल्कुल विपरीत जीते हैं। इसीलिए वे भीतर से पूरे कभी हो ही नहीं पाते हैं।

अनेक लोग—यानी हम सब ही—ज़िंदगी भर ऐसे काम करते रहते हैं, जो करने लायक नहीं होते और ना ही हम ख़ुद उन्हें सचमुच करना चाहते हैं। मगर क्यों करते रहते हैं? क्योंकि उसमें कुछ मिल रहा होता है, जैसे सुख, सुविधा, आराम, पहचान इत्यादि। बहुत तो इसलिए भी करते रहते हैं क्योंकि व्यर्थ के खर्चे इतने अधिक खड़े कर लिए होते हैं कि कोई घटिया और भ्रष्ट काम किए बिना उतना पैसा आता ही नहीं है, और खर्चे कम करने को आप तैयार होते नहीं हैं। क्योंकि आपको पता ही नहीं है कि कहाँ पर पैसे खर्च होने चाहिए और कहाँ बिल्कुल नहीं। बल्कि आप ऐसी-ऐसी जगहों और चीजों पर बहुत धन लुटाते हैं, जहाँ एक पैसा भी नहीं जाना चाहिए था—क्योंकि वे खर्चे आपको और दुनिया को केवल बर्बाद करते हैं।

फ़िर आपका तर्क होता है कि यदि यह काम नहीं करेंगे, तो जब बूढ़े होंगे, बीमारियाँ होंगी और उनका इलाज कराएँगे, तो उसके लिए भी तो पैसा चाहिए होगा ना। फ़िर वह कहाँ से लाएँगे? लेकिन आप यह नहीं देखते हैं कि इंसान बीमार तो होता है, मगर उसकी अधिकांश शारीरिक और मानसिक बीमारियाँ केवल आत्म-अज्ञान और उसकी गलत जीवनशैली का परिणाम होती हैं। अन्यथा प्रकृति में इतने जीव हैं—हमें तो नहीं दिखाई देता कि उन्हें बहुत बीमारियाँ हो रही हैं और उसके लिए वे धन जैसा कुछ जोड़ रहे हैं। वे जीवन में लंबे समय तक मज़बूत बने रहते हैं। उनकी आँख, नाक, कान, चोंच और दाँत इत्यादि भी ठीक ही रहते हैं। एक बेहोश, झूठा, प्रेमहीन और गलत जीवन जीकर हम पहले ख़ुद को बर्बाद करते हैं, बीमारियाँ खड़ी करते हैं और फ़िर कहते हैं, "देखो, हमने कहा था ना, कि जब हम बर्बाद और बीमार हो जाएँगे, तब हमारी जवानी की मेहनत से अर्जित धन-संपत्ति ही काम आएगी।"

धन-संपत्ति काम आ रही है वह तो ठीक है, लेकिन अधिकांश लोग इतने अधिक बीमार होते ही इसीलिए हैं, क्योंकि ना हमारी व्यक्तिगत शारीरिक और मानसिक जिंदगी ठीक होती है, ना ही पारिवारिक और सामाजिक। ना हमारी सांस्कृतिक स्थिति ठीक होती है, ना ही प्राकृतिक। हमने सब कुछ बर्बाद कर रखा होता है, इसीलिए फ़िर वह हमें बर्बाद करता है। ना हमारा काम ठीक होता है और ना रिश्ते। अपने स्वाद, स्वार्थ, शौक, सुख, सुविधा और अहंकार के चलते हम पूरी प्रकृति को बर्बाद कर देते हैं। हमने जल, जमीन, मिट्टी, जंगल, वायु, नदियों, पहाड़ों, उनमें रहने वाले जीवों आदि सबको बर्बाद और गंदा कर दिया है। दर्जनों और सैकड़ों की संख्या में अन्य सभी प्रजातियाँ आज हर दिन हम मनुष्यों के कारण सदा के लिए विलुप्त होती जा रही हैं—जिसे जलवायु परिवर्तन का नाम दिया गया है। क्यों?

सिर्फ़ इसलिए क्योंकि अपनी ही नजरों में अति बुद्धिमान और समझदार कहे जाने वाले हम तथाकथित इंसानों ने अपनी आबादी और भोग खूब बढ़ा लिए हैं। हम पूरी पृथ्वी पर छा गए हैं। पृथ्वी ही नहीं, बल्कि हम तो अन्य ग्रहों पर भी छाने के सपने देख रहे हैं—और हम इंसानों को यह सब करने में शर्म भी नहीं आती है। हम कितने अधिक नासमझ, हिंसक, लालची, असंवेदनशील और प्रेमहीन लोग हैं। फ़िर बताइए, हम शारीरिक और मानसिक

रूप से बीमार और बर्बाद क्यों नहीं होंगे? आपकी हर-एक बीमारी का वास्तविक इलाज एक सही संबंध में है—हर उस शै के साथ, जो आपको इस तन, मन और इंद्रियों के माध्यम से किसी भी तरह अनुभव होती है। हर वस्तु, व्यक्ति, तन, विचार, भावना, काम, जीव और पूरी प्रकृति के साथ सही संबंध रखना होगा, और सही संबंध का आधार है—सत्य, बोध, प्रेम, संवेदनशीलता, सजगता, करुणा और आज़ादी। इसके बिना बाकी सब बेईमानी, पाखंड और तथ्य से पलायन है।

तो हर तल पर गलत जीवन जीकर आप पहले तो ख़ुद को शारीरिक और मानसिक रूप से बर्बाद करते हैं, बीमारियाँ पैदा करते हैं, और फ़िर आप कहते हो—देखो, "मैंने कहा था ना, कि बीमारियाँ होती हैं और उनमें खूब पैसा लगता है। तो देखो, जवानी को बर्बाद करके जो कुछ भी मैंने अर्जित किया था, आज वही मेरे काम आ रहा है। व्यर्थ ही मैंने दुःख, चिंता, तनाव, शोषण और गुलामी नहीं झेली थी।" पता नहीं कि आप बेईमान और पाखंडी ज्यादा हो या नासमझ।

क्या आपको यह दिखाई नहीं देता कि आपको जितनी भी मानसिक और शारीरिक बीमारियाँ हैं, वे हैं ही इसीलिए, क्योंकि आपने पूरी जिंदगी गलत जी है? आपके जीवन से बोध, प्रेम, करुणा, सहजता, सत्य और आज़ादी पूरी तरह गायब रहे। आपने उनको प्राथमिकता कभी दी ही नहीं। आपने रिश्ते गलत बनाए, काम गलत चुना और जीवन भर व्यर्थ के पीछे दौड़ते रहे। जीवन भर जिम्मेदारियों, कर्तव्यों, मान्यताओं, परंपराओं, प्रथाओं, संस्कारों, नैतिकता और रिश्तेदारियों इत्यादि के नाम पर व्यर्थ का बोझ, चिंता, तनाव, भय, गुलामी, खर्चे और दुःख आदि झेलते रहे। हर समय असहज रहते हो। इसलिए इतनी बीमारियाँ पैदा होती हैं—और होती नहीं हैं, बल्कि आप उन्हें पैदा होने का अवसर देते हैं।

जो असली है, उसे यदि जीवन में प्राथमिकता नहीं दोगे, तो केवल बीमारियाँ, भय, बेचैनी और दुःख इत्यादि ही पाओगे। जब बोध और सत्य जीवन के मालिक नहीं होते, तब बेहोशी और अहंकार जीवन के मालिक हो जाते हैं। बेहोशी ही मूल बीमारी है, जिसका इलाज है—पूर्णज्ञान। और पूर्णज्ञान होता है—"स्वयं और जगत के संबंध के ईमानदार और निष्पक्ष अवलोकन से।" उसके अलावा कुछ भी आपको आज़ाद नहीं कर सकता, कोई भी आपके काम नहीं आ सकता। केवल पूर्णज्ञान या आत्मज्ञान। आत्मज्ञान माने स्वयं और जगत के ईमानदार और निष्पक्ष अवलोकन द्वारा स्वयं को जानना। आत्मज्ञान से ही भ्रम हटते हैं। आत्मज्ञान माने यह देखना कि आप क्या हो और क्या नहीं; आपका तथ्य क्या है, आप ख़ुद को मानते क्या हैं और क्या बनकर आप जी रहे हो—यह जानना ही स्वयं और जगत को लेकर भ्रम हटाता है। आपको वास्तव में चाहिए क्या, किसकी तलाश है, और वह कहाँ मिलेगा—कैसे मिलेगा। जैसे-जैसे बेहोशी हटती जाती है, ऐसे अनेक मूल सवालों का अंत होता जाता है और भ्रम का पर्दा गिरता जाता है।

आपकी मूल समस्या तो यह है कि आपको पता ही नहीं है कि आपकी मूल समस्या क्या है। हम इंसान के बच्चे के रूप में अबोध पैदा होते हैं, और फ़िर यह परिवार, समाज, शिक्षा,

संस्कृति, मीडिया इत्यादि हमें संस्कारबद्ध कर देते हैं। हमारे पास झूठी, भ्रामक और अपूर्ण जानकारियों का भंडार होता है, जिसकी हमें कोई समझ नहीं होती है। उसी नासमझी के केन्द्र से हम अंधों की तरह भीड़ के पीछे-पीछे दौड़ते रहते हैं। हमें पता ही नहीं होता है कि हम क्या हैं, क्यों हम इतने परेशान हैं, हमें क्या चाहिए और क्या नहीं। ऐसे ही हम जीते जाते हैं और ख़ुद के साथ-साथ दुनिया को भी बर्बाद करते रहते हैं। क्योंकि दुनिया से पृथक और स्वतंत्र उसकी कोई हस्ती नहीं है—जिसे आप मैं कहते हैं। आप बर्बाद तो दुनिया बर्बाद और यदि दुनिया बर्बाद तो आप भी बर्बाद। क्योंकि आप और दुनिया—एक ही हैं। आप ही दुनिया हैं, और दुनिया ही आप हैं।

यदि आप भीतर से बीमार हैं—शारीरिक, मानसिक या किसी भी रूप में—तो आप दुनिया को भी बीमार कर देंगे। यह वायु, जल, जमीन इत्यादि यदि प्रदूषित हैं, तो यह प्रदूषण पहले इंसान के भीतर पनपा है। मछली और अन्य जलीय जीव नदी और समंदर में ही रहते हैं, मगर आज तक नहीं देखा गया कि उन्होंने नदियों और समंदर को गंदा कर दिया हो। पक्षी आकाश में उड़ते हैं, मगर हमने तो नहीं देखा कि उन्होंने वायु प्रदूषित कर डाली हो। इतने पशु, पक्षी और अन्य जीव जंगलों में रहते हैं, पेड़ों पर रहते हैं, मगर हमने तो नहीं देखा-सुना कि पशु-पक्षियों ने जंगल बर्बाद कर दिया हो, आग लगा दी हो या प्रकृति को किसी भी तरह से क्षति पहुँचाई हो। बल्कि हमने तो यही देखा है कि इंसान भी जब अपनी रची-बसी दुनिया में अशांत और परेशान हो जाता है, तब वह भी उन पशु-पक्षियों की दुनिया में ही जाकर शांत होता है—क्योंकि अपनी दुनिया तो उसने बर्बाद कर डाली है।

जिनकी तुलना में वह स्वयं को अधिक बुद्धिमान मानता है—उसी नदी, पहाड़ और जंगल की गोद में सुकून पाता है, जिनमें पशु, पक्षी, मछलियाँ और अन्य जीव रहते हैं। जरा देखो अपने मोहल्ले की गंदगी को, अपने शहरों की बर्बादी को, शोर और भीड़ को। फ़िर जाकर देखो उन नदियों, जंगलों, पहाड़ों और आसमान की शांति को, सौंदर्य को, सफ़ाई को, शुद्ध वायु को, सहजता और सरलता को—जहाँ इंसान के अलावा बाकी अन्य सभी जीव रहते हैं। जरा सीखो उनसे और देखो ख़ुद को—आप पशुओं से भी नीचे गिर गए हो। तो जिस दुनिया में आप जी रहे हो ना, वह आपकी पैदाइश है। वह आपसे पृथक और स्वतंत्र नहीं है। उसे बर्बाद करने का अर्थ है—ख़ुद को बर्बाद करना।

तो जब ऐसी बेहोश, असंवेदनशील, प्रेमहीन, नकली, संस्कारबद्ध, भोगवादी और बर्बाद ज़िंदगी जिओगे, तो भीतर फ़िर एक बेचैनी, एक खालीपन तो बना रहेगा ना। भीतरी अपूर्णता तो नहीं मिटेगी ना। शांति और सुकून से तो चूक जाओगे ना। जो आज़ादी की प्यास थी, वह तो नहीं बुझेगी ना। जो प्रेम और आनंद की प्यास थी, वह तो नहीं मिटेगी ना। उसकी कमी तो धन से भी नहीं मिटेगी। इसीलिए फ़िर भविष्य, बुढ़ापा, बीमारीयों, अकेलापन और मृत्यु से संबंधित भय इंसान को बहुत परेशान करते हैं। और यह समझने के बाद भी यदि ऐसे ही जीते रहते हो, तो बाद में केवल पछताते हो। पछताते हो—यही सोच-सोचकर कि भविष्य को सँवारने और बहुत कुछ संचित करने के चक्कर में जिए ही नहीं, और सारा जीवन बीत गया।

मुट्ठी से पानी की तरह व्यर्थ मुद्दों में समय कब बह गया—पता ही नहीं चला।

कुछ लोग ऐसे भी होते हैं, जिनको अपने बच्चों के भविष्य को लेकर बड़ी चिंता होती है। ये वही लोग होते हैं, जिन्हें अपने भविष्य की चिंता होती है। क्योंकि जहाँ चिंता है, वहाँ कामना है—प्रेम नहीं। यदि सचमुच आपको बच्चों से ही प्रेम है, तो आपको उनके भविष्य की चिंता नहीं होगी, बल्कि आप उनके वर्तमान की परवाह करेंगे और उसे बेहतर करने पर ध्यान देंगे। यदि आपको अपने बच्चों के भविष्य की बहुत चिंता हो, तो पहले जरा उनके वर्तमान पर ध्यान दो। क्या अभी आप उन्हें वह सब कुछ उपलब्ध करा पा रहे हो, जिसकी उन्हें वर्तमान में सचमुच बहुत ज़रूरत है? क्या आप जानते भी हैं कि उन्हें अभी क्या चाहिये और क्या नहीं? कहीं ऐसा तो नहीं कि भविष्य की चिंता के नाम पर आप उनके वर्तमान को ही बर्बाद कर रहे हों? कहीं ऐसा तो नहीं कि अपनी संतानों के माध्यम से भी आप अपने ही अहंकार को और फुलाना चाहते हों?

क्योंकि अधिकांश अभिभावक अपनी औलादों को भी केवल अपने अहंकार के लिए ही उपयोग कर लेते हैं। फ़िर यही वे खूनी अभिभावक बनते हैं, जो अपनी ही संतानों की जान केवल इसलिए ले लेते हैं—क्योंकि संतान ने इनकी उम्मीदें पूरी नहीं कीं या कुछ खरी-खरी और असली बातें बोल दीं, जो इनके अहंकार को पची नहीं। तो पहले देख लो कि सचमुच बच्चों की ही फ़िक्र है, या स्वार्थ ख़ुद का है। यह सब प्रेम नहीं होता है कि अच्छे अंक लाओगे तो आपसे प्रेम करेंगे, या फलानी नौकरी करो तब हम आपको प्रेम करेंगे। यह कौन-सा प्रेम है? यह प्रेम नहीं है, बल्कि अपने स्वार्थ और अहंकार के लिए किया जा रहा पाखंड है। अन्यथा प्रेम का अंकों और नौकरी से कुछ लेना-देना नहीं। इस तरह आप उसका भला नहीं कर रहे हो, बल्कि उस पर हिंसा कर रहे हो।

उनके भविष्य की चिंता के नाम पर आप उनके ऊपर कुछ एहसान करते हो और फ़िर उनसे उम्मीद रखते हो कि वे आपके अनुसार जीवन जिएँ, आपके हिसाब से विवाह करें, आपके अनुसार पढ़ाई और नौकरी करें। क्या यह प्रेम है? क्या यह सचमुच बच्चों के लिए ही हो रहा है? या आप बस उनके मालिक बनने का प्रयास कर रहे हैं, ताकि आपका अहंकार बचा रहे—जो कि हिंसा और शोषण है? यदि आप अपने बच्चों के साथ ऐसा कुछ कर रहे हैं, तो आप तो उनके वर्तमान को ही नर्क बना रहे हैं—उनका भविष्य क्या ख़ाक बनाओगे? बच्चों के 'भविष्य' की चिंता छोड़ो और उन्हें वर्तमान में काबिल बनाओ। और काबिल बनाने का एक ही तरीका है—उनको शिक्षित करो और उनके भ्रम हटाओ। यदि वे सचमुच शिक्षित और समझदार होते हैं, तो अब वे ख़ुद देख लेंगे कि उन्हें कैसे जीना है और कैसे नहीं।

क्या करना है और क्या नहीं—यह वे स्वयं समझ पाएँगे। शिक्षा सिर्फ़ यह नहीं होती है कि उन्हें जानकारियाँ रटा दीं या नौकरी पाने के लिए कुछ पढ़ा दिया और परीक्षाओं में अन्य लोगों की तुलना में अधिक अंक ले आए। नौकरी का शिक्षित होने अथवा ना होने से कोई संबंध नहीं है। अँगूठा-छाप व्यक्ति—जिसे अपना नाम तक लिखना नहीं आता—वह नेता बनकर बैठा होता है, और बड़ी-बड़ी डिग्रियाँ हासिल करके बैठे लोग उस गँवार नेता की सेवा

कर रहे होते हैं। तो अधिक अंकों का होना, डिग्री या नौकरी का होना—शिक्षित और समझदार होने का प्रतीक नहीं है। बहुत प्रसिद्ध और ऊँचे-ऊँचे कहे जाने वाले पदों पर बैठे लोग भी बहुत अंधविश्वासी होते हैं। अंधविश्वासी, हिंसक, अशिक्षित, अहंकारी, अंधभक्त और नासमझ लोगों की भीड़ यदि अपने ही जैसे किसी अहंकारी व्यक्ति को अपना नेता, अभिनेता या गुरू मान ले, तो इससे वह शिक्षित, समझदार और प्रेमपूर्ण नहीं हो जाता है।

मगर अधिकांश लोगों के लिए तो शिक्षा का मतलब ही होता है—नौकरी पाने का जरिया। ज्ञान से, सीखने और जानने से तो उनको कोई मतलब ही नहीं होता है। ईमानदारी से देखो, क्या आपको सचमुच अपने बच्चों के अशिक्षित रहने की फ़िक्र रहती है, या उनकी नौकरी की? शिक्षा का उद्देश्य नौकरी पाना बिल्कुल नहीं होना चाहिये। बेहतर शिक्षा तो आपको यह समझने के काबिल बनाती है कि क्या करने लायक है और क्या नहीं, और जो करने लायक है—उसे कैसे करें। सही शिक्षा का उद्देश्य होता है—एक सजग इंसान बनाना। ऐसा इंसान, जो मानने से आगे जानने और प्रश्न करने को महत्व दे, जो तथ्यों को कल्पनाओं से ऊपर रखे। वास्तविक शिक्षा का उद्देश्य होता है—भ्रम और बंधन में जन्मे अबोध और संस्कारबद्ध बालक में बोध जगाना, उसके भ्रम हटाना और उसे स्वयं की संस्कारबद्धता को देख पाने के काबिल बनाना।

सही शिक्षा का उद्देश्य होता है—इंसान को इस योग्य बनाना कि उसमें प्रेम प्रकट हो सके, उसमें करुणा और संवेदनशीलता जागृत हो सके। वह आज़ाद और भय-मुक्त होकर जी सके। सही शिक्षा इंसान को किसी भी कीमत पर—सत्य के साथ खड़े रहना सिखाती है। उसको अपने ही तन, मन, मस्तिष्क की पूरी प्रक्रिया के प्रति सचेत करना शिक्षा का उद्देश्य होना चाहिये। सही शिक्षा का उद्देश्य अन्य से तुलना, ईर्ष्या और भेदभाव रूपी भ्रमों को कम करना होता है, मगर आप अपने बच्चों को—अपने घर, संस्कृति और विद्यालयों में—जो शिक्षा देते हैं, उसमें तो इसका एकदम विपरीत ही माहौल रहता है। आप अपने बच्चों को सिखाते हैं—भेदभाव और तुलना करना, केवल अपने स्वार्थ की परवाह करना—उसके लिए चाहे अन्य को बर्बाद करना पड़े। आपको शिक्षा और काम से नहीं, बल्कि परिणाम से ज्यादा मतलब रहता है। आप कहते हैं कि काम चाहे कुछ भी हो और कैसा भी हो, मगर पैसा आना चाहिये। सही शिक्षा कहेगी कि काम सही होना चाहिये, करने लायक होना चाहिये—क्योंकि काम महत्वपूर्ण है, ना कि केवल परिणाम। क्योंकि आप जीते तो काम के साथ हैं, ना कि परिणाम के साथ। परिणाम तो ऐसा ही है जैसे महीने के अंत में वेतन मिल जाता है या दस-बीस वर्षों के कड़े संघर्ष के बाद किसी को कोई प्रमाणपत्र मिल जाता है। परिणाम का अपना महत्व है, मगर काम का उससे बहुत ज़्यादा महत्व है। यदि काम सचमुच सही हो और उससे आपका दिल लग जाए, तो फ़िर परिणाम की बहुत परवाह नहीं रहती।

क्योंकि किसी भी जीव की वास्तविक ज़रूरतें बहुत अधिक नहीं होती हैं। प्रकृति ने हर जीव की ज़रूरतों के लिए पर्याप्त व्यवस्था की है। उसने 'ज़रूरतों' की व्यवस्था की है—आपके अंधाधुंध भोग और वासनाओं की नहीं। अन्यथा समंदर में उत्पन्न होने वाले

जीवों की ज़रूरतें समंदर में ही पूरी हो जाती हैं और रेगिस्तान में पैदा होने वालों की रेगिस्तान में। प्रकृति ने आपके साथ कोई अन्याय नहीं किया है। इंसान यदि भूखा मर रहा है, तो केवल अपनी बेहोशी, भ्रम, मान्यताओं, अंधभक्ति और अहंकार के कारण। अन्यथा सोचो—ज़रूरतें भी पूरी हो रही हैं, संबंधों में प्रेम है और काम भी मस्त है—यही तो आज़ाद ज़िंदगी है। तो सही शिक्षा आपको सिखाती है—स्वयं और संपूर्ण प्रकृति के साथ उचित संबंध रखना। चाहे काम हो या रिश्ते, चाहे मनुष्य हों या पशु और पक्षी, चाहे नदी हो या पहाड़—सबके साथ सही संबंध रखना।

मैं तो आपसे कहूँगा कि बच्चों के भविष्य की चिंता छोड़ो और ख़ुद पर ध्यान दो। आप कौन होते हो उनके भविष्य की चिंता करने वाले? क्या आपने अपना वर्तमान ठीक कर लिया? क्या आप अपनी ज़िंदगी से खुश हैं? संभवतः बिल्कुल नहीं हैं। क्योंकि बच्चों और अन्य के मालिक बनने का प्रयास करना और उनकी ज़िंदगी में इतनी अधिक दखल देना ही इस बात का प्रमाण है कि आप वर्तमान में ही भीतर से पूरी तरह बर्बाद हैं—अहंकार, भ्रम, भय, बंधन और दुःख में हैं। तुलना, ईर्ष्या, हीनता और क्षुद्रता से भरे हुए हैं। क्योंकि जिसमें प्रेम होता है ना, वह ना किसी का मालिक बनने की नीयत रखता है, ना किसी की गुलामी स्वीकार करता है। वह तो स्वयं से ही खाली हो जाता है।

मगर अपनी खोपड़ी के जिस ज्ञान और मान्यताओं के दम पर आप अपना कुछ भी भला नहीं कर पाए, आपको यह भ्रम है कि उसी ज्ञान के दम पर आप अपने बच्चों का भविष्य आबाद कर देंगे—कैसे? इतना भ्रम क्यों पालते हो? क्यों ख़ुद को और अपने बच्चों को बर्बाद कर रहे हो? यदि आपको अपने बच्चों या किसी से भी सचमुच प्रेम है, और यदि आप उनका भला चाहते हैं—तो उनके वर्तमान को बेहतर करने में उनकी सहायता करो। संतान यदि काबिल होगी, तो अपनी चिंता वह ख़ुद कर लेगी। अपने जीवन को ख़ुद सँवार लेगी। आपको उनके भविष्य को लेकर चिंतित होने की कोई ज़रूरत ही नहीं है। आपका काम बस इतना है कि बिना किसी उम्मीद के आप उन्हें वर्तमान में काबिल होने में सहायता करें।

उनके लिए सही शिक्षा की व्यवस्था करें। उनको नियंत्रित करने की कोशिश में, उन्हें हर बात के लिए अपने ऊपर आश्रित बनाकर—अपना बोझ तो बिल्कुल ना बनाएँ। मगर ऐसा तब ही होगा, जब उनके पास अपना प्रकाश हो—बोध का प्रकाश। और उसके लिए चाहिये उचित शिक्षा। तो आप बस उनकी शिक्षा की परवाह करो—नौकरी या विवाह इत्यादि की नहीं। जिन्हें आप अपनी संतान कहते हो—जिनके विवाह और नौकरी इत्यादि की आपको बहुत चिंता रहती है—क्या अभी भी वे बच्चे हैं? क्या वे समझदार नहीं हैं, जो आप उनके विवाह इत्यादि की चिंता करते रहते हो? यदि वे बच्चे नहीं हैं और समझदार हैं, तो अपना विवाह ख़ुद कर लेंगे; काम या नौकरी ख़ुद चुन लेंगे।

और यदि वे समझदार ही नहीं हैं, तो दो नासमझ औलादों का विवाह करने में आपको शर्म नहीं आती? अभी जो संतान इस काबिल ही नहीं कि अपने विवाह का फैसला ख़ुद ले सके, ख़ुद अपना विवाह कर सके और उसकी जिम्मेदारी भी उठा सके—ऐसी संतानों का आप

विवाह कर रहे हो। ना आपको शर्म आ रही है, ना उन्हें—जो विवाहित होने जा रहे हैं। कई बार तो आप उनके साथ जबरदस्ती भी करते हैं। क्या आप पागल हो? दो नासमझ लोगों को ज़िंदगी भर के लिए और जबरन एक साथ बाँध रहे हो, और फ़िर उम्मीद करते हो कि घर में कोई शोर-शराबा और लड़ाई-झगड़े ना हों। कलह-क्लैश और बँटवारा ना हो। चिंता, तनाव, भय और दुःख ना हो। कैसे नहीं होंगे? खूब होंगे। रोज़ होंगे। और सबसे पहले आप ही उस सबके लिए जिम्मेदार हैं।

अपनी संतानों का विवाह यदि आप यह कहकर कर रहे हो कि—अरे! वे अभी बच्चे हैं, वे अभी ज़्यादा समझते नहीं हैं—तो क्या आप पागल हो गए हो? या आपकी खोपड़ी में गोबर घुसा हुआ है, जो आप छोटे और नासमझ "बच्चों का" विवाह कर रहे हो? मतलब, थोड़ी भी समझ नहीं है क्या आपमें? अगर वे बच्चे हैं और समझते भी कुछ नहीं हैं, तो क्या आपको अपनी यह नासमझी दिखाई नहीं देती? फ़िर कहते हो कि दुनिया में इतने नासमझ, हिंसक, शोषक और भ्रष्ट लोग कहाँ से आ जाते हैं? यहाँ से आते हैं। यही नासमझ बच्चे कुछ दिनों में संतानें पैदा कर देंगे। फ़िर जैसे आपने अपनी संतानों को बर्बाद किया था, वैसे ही ये भी अपनी संतानों को बर्बाद ही करेंगे। ऐसे बोधहीन, प्रेमहीन और नासमझों ने ही तो इस पूरी पृथ्वी को नर्क बना रखा है।

यदि आप इस तरह की मूर्खताएँ नहीं कर पाने की आशंका से चिंतित हैं, तो मैं अब आपको क्या ही नाम दूँ। ऐसे विवाह ही होते हैं, जो परिवार, समाज, देश और दुनिया में—दुःख, बर्बादी, भय और हिंसा जैसी स्थितियों को पैदा करते हैं। दुःख और हिंसा व्यक्ति से शुरू होते हैं और पूरी दुनिया में फैल जाते हैं। दो नासमझ लोगों का विवाह करना ऐसा ही है, जैसे दो पागलों को जबरदस्ती एक कमरे में हमेशा के लिए बंद कर दिया गया हो। या बहुत बुरी तरह से बीमार दो लोगों को हमेशा के लिए एक साथ बाँध दिया हो—ताकि वे वंश आगे बढ़ाएँ। क्या यह समझदारी है? क्या यही भविष्य-सुधार है? आप ही सोचो। क्योंकि जिस रिश्ते की शुरुआत में ही अज्ञान हो, वहाँ परिणाम कैसा होगा? जहाँ बंधन मजबूरी का हो, वहाँ प्रेम कैसे फलेगा? और जहाँ प्रेम नहीं, वहाँ शांति कैसे टिकेगी?

बच्चों के भविष्य की चिंता के नाम पर कुछ लोग धन संचय करते हैं। मगर सिर्फ़ धन संचय किया, लेकिन सही परवरिश और शिक्षा नहीं दी, तो बच्चे बिगड़ जाएँगे और वह उस धन का केवल दुरुपयोग ही करेंगे। इसके विपरीत यदि आपने अपनी औलाद की अच्छी परवरिश की है और उसे उचित शिक्षा दी है, तो उसको भी पता है कि उसकी ज़रूरतें क्या हैं, उनके लिए कितना धन चाहिये और वह कैसे कमाना है। तो किसी भी स्थिति में आपको उनके भविष्य को लेकर चिंतित और भयभीत रहने की ज़रूरत नहीं है। सुरक्षा, धन नहीं देता—समझ देती है। स्थिरता, संचय नहीं देता—परिपक्वता देती है। यदि समझ होगी, तो साधन स्वयं जुट जाएँगे। यदि समझ नहीं होगी, तो साधन भी विनाश का कारण बन जाएँगे।

अपने बच्चों के प्रति आपकी केवल इतनी ही जिम्मेदारी होती है कि आप बिना किसी उम्मीद के उनकी शारीरिक ज़रूरतों के अलावा उन्हें सही शिक्षा ज़रूर उपलब्ध कराएँ। अगर

उन्हें पैदा किया है, तो फ़िर यह आपकी जिम्मेदारी बनती है। मगर इसे जिम्मेदारी की तरह भी क्यों ले रहे हो? औलादें यदि पैदा की हैं, तो उनके लिए जो भी करना है—प्रेम में करो ना। यदि जिम्मेदारी के नाते उनके लिए कुछ करोगे, तो फ़िर आगे चलकर आप उनसे कई तरह की उम्मीदें भी रखोगे। उन पर भावनात्मक हिंसा करोगे। कह-कहकर सुनाओगे कि हमने तुम्हारे लिए यह किया, वह किया। इससे अच्छा तो यह होता कि आप उन्हें पैदा ही ना करते। क्योंकि जहाँ गिनती है, वहाँ प्रेम नहीं होता। जहाँ हिसाब है, वहाँ संबंध बोझ बन जाता है।

मैं यदि बिना किसी उम्मीद के बच्चों की उचित परवरिश नहीं कर सकता, तो मैं ख़ुद को इस योग्य नहीं समझता कि मुझे एक भी बच्चा पैदा करना चाहिये। क्योंकि उम्मीदें केवल दुःख पैदा करती हैं। उम्मीदें करने वाला भी दुःख पाता है और जिससे उम्मीदें की होती हैं, वह भी। और इसी से फ़िर पैदा होती है—ईर्ष्या, बदले की भावना, भय, हिंसा और अशांति। लेकिन आप बेहोशी में बच्चे पैदा करते रहते हैं और उनके लिए यदि कुछ भी करते हैं, तो उनके पीछे छिपे होते हैं—गहरे स्वार्थ, उम्मीदें और अहंकार। मगर आप उसे प्रेम का नाम दे देते हैं। यह धोख़ा है। यह संबंधों की जड़ में रखा गया विष है। और फ़िर वही विष पीढ़ी-दर-पीढ़ी फैलता चला जाता है।

आपने यदि उनके लिए सब प्रेम में ही किया था, तो फ़िर उनसे माँगते क्यों हो? आपने अपने प्रेम में उनके लिए कुछ किया—यह आपका प्रेम था। यदि आपने उन्हें सचमुच प्रेम करना सिखाया है और उन्हें भी आपसे प्रेम है, तो वे भी आपके लिए जो कुछ करेंगे, प्रेम में ही करेंगे। क्योंकि प्रेम में कोई लेन-देन तो चलता नहीं। प्रेम में किसी तरह की कोई उम्मीद तो रखी नहीं जाती। मगर बच्चों को कुछ देकर यदि बदले में कुछ माँग रहे हो, तो फ़िर वह प्रेम है ही नहीं—यह तो व्यापार हो गया। और जहाँ व्यापार है, वहाँ सौदा है; जहाँ सौदा है, वहाँ शर्त है; और जहाँ शर्त है, वहाँ संबंध की पवित्रता समाप्त हो जाती है। प्रेम आज़ादी है—सौदा बंधन।

यदि आप अपने बच्चों के लिए कुछ कर रहे हैं और बदले में उनसे कुछ उम्मीदें भी रख रहे हैं, मगर नाम उसे प्रेम का दे रहे हैं—तो यह अधर्म है। यह प्रेम नहीं है, यह पाप है। यह धोख़ा है। इससे केवल दुःख ही जन्म लेगा। क्योंकि पहले तो आपने उनको स्पष्ट बताए बिना ही उनमें निवेश कर दिया, आज तक उनकी ज़िंदगी के मालिक बने रहे, और अब आप चाहते हैं कि वे आपकी हर उम्मीद को पूरा करें। अन्यथा आप उन्हें एहसान गिनाने लगते हैं। क्या यह प्रेम है? बिल्कुल नहीं। संतान बेचारी इस भ्रम में रही कि माता-पिता उसके लिए जो कुछ भी कर रहे हैं, वह सब प्रेम में कर रहे हैं। मगर प्रेम के नाम पर आपने जो उनके साथ किया है—क्या उससे बुरा उनके साथ कुछ हो सकता है? शायद नहीं। शायद यह सबसे पहला और बड़ा धोख़ा है, जो संतान को अपने ही अभिभावकों से मिलता है—जो उनमें नफरत पैदा करता है और उन्हें आपसे अलग कर देता है।

आप यह तो देख लेते हैं कि बच्चे बड़े होकर अपने माता-पिता के साथ कैसा दुर्व्यवहार कर रहे हैं, मगर आप यह कभी नहीं देखते हैं कि वही बच्चे जब छोटे थे—तब माता-पिता ने

उनके साथ कैसा दुर्व्यवहार किया था? उन पर कितनी हिंसा की थी? संतान यदि बर्बाद है, तो ज़्यादातर मामलों में उसके लिए सबसे पहले और सबसे ज़्यादा—ख़ुद अभिभावक जिम्मेदार हैं। क्योंकि सही परवरिश और सही संगत का परिणाम—गलत नहीं हो सकता। यदि आपको अपने बच्चों से प्रेम नहीं मिल रहा है, तो इसका कारण बस यह है कि आपने कभी उन्हें प्रेम करना सिखाया ही नहीं। आपने भी उनसे प्रेम कभी किया ही नहीं। क्योंकि इंसान अपने मन से संचालित होता है और मन का निर्माण तो संगत से ही होता है। यदि आपने उसको सही संगत दी होती, तो वैसा ही उसके मन का भी निर्माण होता।

तो आज उसका मन जैसा भी है, वैसा इसीलिए है—क्योंकि उसको वैसी ही संगत मिली। उसका मन उसकी संगत का ही परिणाम है। सिर्फ़ शारीरिक संगत नहीं, मानसिक संगत भी। सिर्फ़ इंसानों की ही संगत नहीं, बल्कि हर शै की संगत का परिणाम है—उसका मन। जैसे वह क्या पढ़ता है? क्या लिखता है? क्या सुनता है? क्या देखता है? किनसे मिलता है? किनको सुनता है? क्या खाता-पीता है? कौन उसके आदर्श हैं? और बहुत कुछ। यही सब तो उसका निर्माण करते हैं। इसलिए बच्चों के भविष्य की चिंता छोड़ो और उनके वर्तमान पर ध्यान दो। आपके बाद या आपके बिना उनका क्या होगा, इसके बारे में सोचना छोड़ो—आपके साथ होने के बावजूद वे कैसे जी रहे हैं, इसपर ध्यान दो। और उन पर ध्यान दे सको, उन्हें समझ सको और उनके साथ सही संबंध बना सको—इसके लिए सबसे पहले और सबसे ज़्यादा ज़रूरी है कि आप ख़ुद पर ध्यान दें, स्वयं को ईमानदारी और निष्पक्षता से देखें।

अन्यथा जिसे अपना ही कुछ नहीं पता, वह अन्य को कैसे समझेगा? जिसे अपने ही साथ स्वस्थ और ईमानदार संबंध रखना नहीं आता, वह किसी अन्य के साथ कैसे सही संबंध रख पाएगा। जो ख़ुद प्रेम नहीं जानता और ऐसे नहीं जी रहा है कि ख़ुद से प्रेम कर सके, वह किसी अन्य से क्या प्रेम करेगा! इसलिए बच्चे बाद में पैदा कर लेना, पहले स्वयं को समझो और प्रेम सीखो। अन्यथा प्रेम के अभाव में ना जाने कौन-कौन सी चिंताएँ और भय आपको सताएँगे।

ऐसे भी बहुत लोग होते हैं, जिनको अकेलेपन का भय होता है और उस अकेलेपन को भरने के बेहोश प्रयास में वे गलत रिश्ते बना लेते हैं। विवाह आदि कर लेते हैं। फ़िर उस गलत रिश्ते से पनपे नर्क को ढँकने के लिए वे एक बच्चा पैदा कर लेते हैं। फ़िर उस बच्चे के अकेलेपन को भरने के लिए वे एक और बच्चा पैदा कर लेते हैं।

यदि दोनों बच्चे लिंग से लड़कियाँ हैं, तो वंश बढ़ाने के नाम पर तब तक बच्चे पैदा करते हैं, जब तक कि लड़का पैदा ना हो जाए। अब जो लड़का पैदा हुआ है, बेचारे के ऊपर कुछ मूर्खों के बर्बाद वंश को आगे बढ़ाने की सारी जिम्मेदारी आ जाती है। अब यह अकेला कहीं उस जिम्मेदारी के बोझ तले दबकर मर गया, तो वंश का क्या होगा? इसलिए एक और लड़का पैदा किया जाता है। और ऐसे ही यह खेल आगे बढ़ता रहता है। आप जानते ही हैं कि आगे क्या-क्या होने वाला है? (हँसो भी)। आपने यह जो इतनी बड़ी सेना खड़ी की है ना—अब इसका बोझ उठाते-उठाते आपकी हालत गधे से भी बदतर होने वाली है। सारी ज़िंदगी अगर

दूसरों बोझ ढोने में ही लगा दोगे, तो ख़ुद को बेहतर कब करोगे? जियोगे कब?

आपने ऐसा क्यों किया? सिर्फ़ इसलिए ताकि आप कहीं अकेले ना हो जाएँ। आपको इस बात की चिंता और भय है कि बुढ़ापे में जब अकेले हो जाएँगे, तो अकेले कैसे जिएँगे? अरे, कभी कोई दुर्घटना हो गई या कोई बीमारी हो गई—तो अकेले ख़ुद का ध्यान कैसे रखेंगे? इसके अलावा वासना सिर पर चड़ी रहती थी, इसलिए यह संसार आपने खड़ा कर लिया। कभी चूँकि समाज के गुलाम बनकर जी रहे हो, तो वह ऊपर चढ़ता रहता है। उनसे स्वार्थ के रिश्ते हैं, तो वे दबाव बना पाते हैं। ऐसे ही कारणों से लोग किसी भी स्थिति में जल्दी से विवाह कर लेते हैं, संतानों की सेना खड़ी कर लेते हैं और सिर्फ़ कुछ दिनों की संभावित और अनिश्चित ज़रूरतों के लिए जीवन भर इतना बोझ ढोते रहते हैं—गुलामी करते हैं। जबकि यह भी सौ प्रतिशत निश्चित नहीं है कि यदि आप एक सच्ची और आज़ाद जिंदगी जिएं तो ऐसी स्थिति आएगी ही, जहाँ आपको किसी अन्य व्यक्ति की बहुत ज़रूरत लगे। मगर अधिकांश लोग अँधों की भाँति इसी चक्की में घुसते और पिसते रहते हैं—बावजूद इसके कि अंत में आप अकेले ही होते हैं और कोई भी आपके साथ नहीं होता है। अरे, मरने के बाद जो लोग आपके शरीर को जलाने भी जाते हैं ना—वे इसलिए नहीं जाते हैं कि उन्हें आपसे बहुत प्रेम था। प्रेम करते, तो आप मरते क्या? वे इसलिए जलाने जाते हैं क्योंकि अगर नहीं जलाया, तो शरीर गंध मारेगा और बीमारियाँ फैलाएगा। तो अकेले आप हो ही।

सबसे पहले तो आप यह बताओ कि जिस व्यक्ति को आप जीवन में लाए ही सिर्फ़ इसलिए हो ताकि उसके माध्यम से कुछ सुख-सुविधाएँ मिलें, अकेलापन हटे और किसी दुर्घटना, बीमारी या बुढ़ापे की स्थिति में वह आपकी सेवा करे—आपका ध्यान रखे—ऐसी स्थिति में क्या आपके संबंधों में प्रेम होगा? क्योंकि आप तो अपने स्वार्थ के लिए उसका केवल 'उपयोग' कर रहे हैं। आप उसे किसी यंत्र या वस्तु की तरह इस्तेमाल कर रहे हैं। मगर भूलना मत—ना तो वह कोई वस्तु है, ना ही कोई यंत्र है। वह भी आपके ही जैसा इंसान है। यदि आपका कोई उपयोग करता है, तो जैसे आपको पीड़ा होती है, आपको दुःख होता है; आपका उपयोग करने वाले से आपको ईर्ष्या और नफ़रत होती है—वैसा ही उसके साथ भी होता है, जिसका उपयोग आप कर रहे होते हैं।

तो यह जो हमारे संबंधों का नर्क होता है ना—वो इसीलिए होता है क्योंकि हम सब एक-दूसरे का बस अपने स्वार्थ और अहंकार के लिए उपयोग कर रहे होते हैं। हमारे संबंधों में प्रेम कहीं है ही नहीं। आप उस इंसान से क्या ख़ाक प्रेम करोगे, जिसको लाए ही सिर्फ़ इसलिए हो—ताकि किसी तरह उसके माध्यम से अपना अकेलापन मिटा सको और अपने अहंकार के लिए उसका उपयोग कर सको। किसी के भी द्वारा उपयोग होने में गहरी पीड़ा है, और वह—जिसमें प्रेम है—कभी नहीं चाहेगा कि कोई भी इस पीड़ा से गुज़रे। प्रेम में कोई आपकी सेवा कर दे, वह अलग बात है। उसमें करुणा, संवेदनशीलता और सौंदर्य है। लेकिन जहाँ अहंकार है, वहाँ सौंदर्य नहीं होता। जहाँ उपयोग है, वहाँ प्रेम और सम्मान नहीं होता।

आप इस भ्रम में भी क्यों हो कि जब आपको उनकी ज़रूरत होगी, तब तक वे ज़िंदा रहेंगे ही या वे आपकी सेवा करेंगे ही? जिनमें आपने निवेश किया है, यदि वे ही आपसे पहले मर गए या बहुत बीमार हो गए, तो? क्योंकि ऐसा तो कोई नियम है नहीं कि कोई दुर्घटना सिर्फ़ आपके ही साथ घट सकती है। दुर्घटना तो उस इंसान के साथ भी घट सकती है ना, जिसको आप—अपने साथ किसी दुर्घटना के घटने की स्थिति में—अपना ख़याल रखने के उद्देश्य से लाए हैं। क्या आपके साथ-साथ वह इंसान भी बूढ़ा नहीं होगा? और यदि वह इंसान भी बूढ़ा हो गया है, तो वह बूढ़ा या बूढ़ी अपना ख़याल रखेंगे या आपका? जो ख़ुद बूढ़ा और बीमार है, वह अपना ही ख़याल नहीं रख पा रहा होगा—आपका ख़याल कैसे रखेगा?

यदि आपसे ज़्यादा वही बीमार हो गया, तो फ़िर आपको उसका ख़याल रखना पड़ेगा, और ऐसी स्थिति में यदि आपको उससे प्रेम ही नहीं है, तो यह आपको केवल बोझ लगेगा। और यदि दोनों ही एक साथ बूढ़े और बीमार हो गए, तो आप एक-दूसरे का ख़याल कैसे रख पाएँगे? एक पलंग पर वह अकेला पड़ा हुआ है, दूसरे पर आप। मगर आप कहते हो कि अरे! अकेले हो जाएँगे तो बुढ़ापे में कौन साथ देगा? इससे अच्छा तो यह होता कि जवानी में कम से कम इतना धन कमा लिया होता कि बुढ़ापे, अकेलेपन और बीमारी की स्थिति में किसी नर्स या नौकर को अपना ख़याल रखने के लिए रख सको और उसको कुछ पैसे दे सको। मगर हम ना तो ऐसा कुछ करते हैं और ना ही संबंध प्रेम में बनाते हैं। हम ना घर के रहते हैं, ना घांट के।

वैसे भी कोई व्यक्ति आपका कितना और कैसे ख़याल रखेगा? जब आप बहुत बीमार हो जाओगे, तो डॉक्टर और दवाएँ आपका ख़याल रखेंगी। जब बीमार होते हो, तब घर वाले लोग बहुत काम नहीं आते हैं। तब भी आपका होश, पैसा, डॉक्टर और नर्स आदि काम आते हैं। जिन्हें आप अपना परिवार कहते हैं, जिनके ऊपर आपने जीवन लुटा दिया होता है, सारा धन जिनके लिए छोड़ जाते हो—वे यदि आपके ऊपर थोड़ा भी खर्च कर देते हैं, तो उसका भी एहसान जताने लगते हैं। उनको ऐसा लगता है जैसे कि व्यर्थ ही खर्चा हो रहा है। तो बताओ वे आपके कितना काम आ रहे हैं? मगर इंसान पूरा जीवन इस भ्रम में बर्बाद कर लेता है कि कोई उसके काम आएगा। जहाँ प्रेम और करुणा नहीं है, वहाँ कोई भी किसी के काम नहीं आ सकता और बिना आत्मबोध के न प्रेम हो सकता है ना करुणा।

इसलिए किसी नासमझ और प्रेमहीन इंसान को जीवन भर के लिए अपने जीवन में लाने से तो अच्छा है कि अकेले ही रहा जाए। और जिस व्यक्ति को आप अपने जीवन में लाते हो ना—वह भी अकेला नहीं आता है। उसका पूरा शारीरिक, मानसिक, पारिवारिक, सामाजिक, सांस्कृतिक, राजनीतिक कुटुंब भी साथ आता है। उसकी आदतें, मूर्खताएँ, बेहोशी, अज्ञान आदि सब साथ आते हैं। वह क्या और कैसे खाता-पीता है? उसके दोस्त-रिश्तेदार कौन हैं? वह कब और कैसे सोता है? वह क्या-क्या करता है और क्या नहीं? वह पढ़ता-लिखता है या नहीं? यदि पढ़ता है, तो क्या? ये सब उसके साथ आते हैं।

एक नए व्यक्ति के जीवन में आते ही आपकी पूरी दुनिया और दैनिक ज़िंदगी बदल जाती है। आपकी पूरी शारीरिक और मानसिक स्थिति बदल जाती है। साधारणतया दोनों का जीवन और अधिक बर्बाद हो जाता है। क्योंकि हम कुछ नहीं समझते हैं। इंसान अबोध पैदा होता है। वह भ्रम, भय, बंधनों और दुःख में पैदा होता है। ना हमें प्रेम आता है, ना सही संबंध बनाना आता है। ना हम सच्चे और आज़ाद होते हैं। जो व्यक्ति ख़ुद को नहीं समझता है और बेहोशी यानी अहंकार के केंद्र से जी रहा है—वह जिसके भी जीवन में प्रवेश करेगा, उसे केवल बर्बाद करेगा। जिसको भी छुएगा, उसे गंदा कर देगा।

मृत्यु का भय, अकेलेपन का भय; दुर्घटनाओं, बुढ़ापा और बीमारियों का भय केवल एक बेहोश, गुलाम, अपूर्ण और झूठी ज़िंदगी के परिणाम हैं—अन्यथा जहाँ बोध, प्रेम, सत्य और आज़ादी है, वहाँ इनका कोई स्थान नहीं। क्योंकि अधिकांश लोगों को वास्तव में पता ही नहीं कि बूढ़ा या बीमार होना कहते किसे हैं। जीना और मरना होता क्या है? ये जो अपनी भरी जवानी में अपने समय, संसाधनों और ऊर्जा को संभावित बुढ़ापे को सुरक्षित करने में लगे हुए हैं—क्या इन्हें आप स्वस्थ और जवान कहेंगे? क्या इन्हें ज़िंदा और आज़ाद कहेंगे? ये मुर्दा हैं। ये अभी बूढ़े हो चुके हैं। ये बहुत बीमार लोग हैं। ये अकेले होंगे नहीं, अभी अकेले हैं। एक सीमित, संकुचित, भयभीत और क्षुद्र ज़िंदगी जीने से घना अकेलापन और क्या होगा? जिसने ख़ुद को हजारों मान्यताओं, पहचानों और सीमाओं में कैद कर लिया हो, वह अकेला नहीं तो क्या है? जहाँ संबंधों में ना आज़ादी है, ना प्रेम, ना ईमानदारी और ना ही खुलापन—वहाँ अकेलापन नहीं होगा तो क्या होगा?

अधिकांश लोग नर्क-भरा जीवन जीते हैं। बेहोशी में गलत रिश्ते बनाते हैं। गलत काम करते हैं। व्यर्थ के मुद्दे, चिंता और तनाव पालते हैं और फ़िर कल्पनाओं में खोए रहते हैं—अब ऐसी स्थिति में दुर्घटनाएँ नहीं होंगी, तो क्या होगा? बीमारियाँ नहीं होंगी, तो क्या होंगी? वास्तव में जिन्हें आप बीमारियाँ, दुर्घटनाएँ, अकेलापन, दुःख इत्यादि समस्याएँ कहते हैं—वे समस्याएँ और दुर्घटनाएँ नहीं हैं। दुर्घटना तो कहीं और, और बहुत पहले घट चुकी है। मूल बीमारी तो कहीं और ही है—बाकी सब तो उसके केवल लक्षण हैं। मूल समस्या तो कहीं और है। मूल समस्या है—आत्म-अज्ञान, हमारी ख़ुद से बेईमानी। मूल समस्या है—एक झूठी, बोधहीन, प्रेमहीन, सीमित, संकुचित और गुलाम ज़िंदगी। मूल समस्या है—अहंकार। आत्मज्ञान के अलावा अन्य सारे उपाय केवल आत्म-प्रवंचना हैं। ख़ुद को मूर्ख बनाना है—यही तो अहंकार है। अब आप देख लो कि अहंकार की सुननी है या सत्य की।

एक प्रतिशत से भी कम जिन बीमारियों, दुर्घटनाओं इत्यादि की संभावना होती है, उससे बचने की कोशिश में पूरी ज़िंदगी बर्बाद करना, जीवन भर गलत काम करना, गलत रिश्ते बनाना, झूठा और नकली जीवन जीना, अनेक तरह की शारीरिक और मानसिक बीमारियाँ पैदा करना—इसमें कोई समझदारी नहीं है। छोटी-मोटी बीमारियों और दुर्घटनाओं के इलाज के लिए जितना हो सके इंतज़ाम कर लो। मगर बीमारी या दुर्घटना ही यदि इतनी बड़ी है कि उससे बचने के लिए आपको पूरी ज़िंदगी ही बेचनी पड़ रही है, एक झूठी और गुलाम

ज़िंदगी जीनी पड़ रही है—तो बचने का मतलब ही क्या रहा? एक समय ऐसा भी आएगा जब आपको ना पैसा बचा पाएगा, ना डॉक्टर—क्योंकि आप जिसे बचाना चाहते हो, उसकी मृत्यु निश्चित है। फ़िर क्या फ़ायदा रहा आपके सारे इंतज़ाम का—जिसके लिए आपने पूरी ज़िंदगी को नर्क बना लिया? जिसके लिए प्रेम, शांति, सत्य, आज़ादी और सबका साथ छोड़ दिया? कुछ फायदा नहीं।

आप अकेले ही हैं—इसको जितना जल्दी समझ सकते हो, समझ लो। ना कोई साथ जन्मा है, ना मरेगा। चाहे आसपास कितनी ही भीड़ हो, चाहे कितने ही दोस्त या रिश्तेदार हों—सबके बीच आप अकेले हैं। कुछ समय के लिए कोई आपके 'साथ' हो सकता है, मगर आप अकेले ही हैं। चाहे कितनी ही चीजें एकत्रित कर लो, मगर आपके भीतरी खोखलेपन को दुनिया की कोई भी चीज, कोई भी व्यक्ति, कोई भी विचार या मान्यता पूरा नहीं कर सकती। केवल ईमानदार, सच्ची, पूर्ण और आज़ाद ज़िंदगी ही आपको पूरा कर सकती है। उसी में मौज (आनंद) है। अन्यथा बिना मौज के—ज़िंदगी बोझ हो जाती है।

देखो कि आप मरने वाले हैं। देखो कि रोज़ मर ही तो रहे हैं। इसलिए जब तक साँस चल रही हैं, जी भर के जी लो और मिट्टी होने से पहले फ़ुर्सत हो जाओ। फ़ुर्सत किससे? हर उस मुद्दे से, जो आपको भविष्य में धकेलता है—जैसे कि कुछ बनना है, कुछ करके दिखाना है, कहीं पहुँचना है, सफल होना है इत्यादि। इस तरह की बातों से मुक्त हो जाओ। इसका मतलब यह नहीं है कि अब कुछ करेंगे नहीं। खूब करेंगे, मगर इसलिए नहीं कि करके कुछ मिल जाएगा—बल्कि इसलिए कि काम करने की ज़रूरत है, काम करने लायक है, और करने में ही मौज है।

मैं खूब दौड़ूंगा, मगर सिर्फ़ इसलिए नहीं कि कहीं पहुँच जाना है और वहाँ पहुँच कर चैन मिल जाएगा। चैन में हूँ और दौड़ने में ही मज़ा है—इसलिए दौड़ रहा हूँ। अब कोई मंज़िल नहीं है। जहाँ तक दौड़ा जा सकता है, दौड़ेंगे। तो आज और अभी हर उस मानसिक दौड़ से फ़ुर्सत हो जाओ, जिसमें आप मानसिक रूप से कुछ बनना, होना या कहीं पहुँचना चाहते हैं; उसकी व्यर्थता को देखो—यानी अहंकार की अंधी, बेहोश और हिंसक दौड़ से अभी फ़ुर्सत हो जाओ। भीतरी प्यास को बुझाने के लिए बाहर दौड़ने की ज़रूरत नहीं है।

क्योंकि अंततः कुछ भी करके मनुष्य चाहता क्या है? पूर्णता। और पूर्णता आती है—आत्मबोध और आज़ादी के साथ। पूर्णता आती है—सच्ची, खरी, विराट, बेखौफ़ और बेपरवाह ज़िंदगी जीने के साथ। और जो ऐसे नहीं जी रहा है—वह चाहे कुछ भी हासिल कर ले, कुछ भी बन जाए या कहीं भी पहुँच जाए—उसे चैन नहीं मिलेगा। उसकी अंधी दौड़ जारी रहेगी। वह भटकता रहेगा। दौड़ोगे तो आप भी, मगर कहीं पहुँचने के लिए नहीं—कभी मौज में, कभी करुणा में और कभी सत्य के लिए। अब दौड़ना बोझ नहीं है। तो मौत याद रखो—तब जीवन में असली मौज और मस्ती आती है। अन्यथा दौड़ते रहो जीवनभर, बटोरते रहो चीजें और लूटते रहो प्रकृति को—मगर उससे चैन नहीं मिलेगा।

आज मनुष्यों की ही बेहोश और भोगवादी दौड़ ने ऐसी स्थिति पैदा कर दी है—कि हर दिन दर्जनों प्रजातियाँ सदा के लिए विलुप्त होती जा रही हैं। अन्यथा प्रकृति की व्यवस्था तो ऐसी है कि छोटे-छोटे कीड़े-मकोड़े और चींटियाँ भी भूखे-प्यासे ना मरें। जल में मछली भूखी नहीं मरती। रेगिस्तान के पशु-पक्षी भूखे-प्यासे नहीं मरते। आसमान में उड़ने वाले पक्षी भूखे नहीं मरते। आप कैसे मर जाओगे? यदि आप भूखे-प्यासे मर रहे हैं, प्रदूषण और उससे उत्पन्न बीमारियों से मर रहे हैं—तो ज़रूर आप ही प्रकृति की व्यवस्था में दखल दे रहे होंगे।

आज जलवायु परिवर्तन (क्लाइमेट चेंज) जैसी समस्या ख़ुद मनुष्य के अहंकार की ही पैदाइश है—प्रकृति की नहीं। और मनुष्यों में हम सब आते हैं। हम बेहोश और अहंकारी इंसानों ने ही इस प्रकृति को बर्बाद किया है। बल्कि हमने प्रकृति के साथ छेड़-छाड़ करके अपने ही पैरों पर कुल्हाड़ी मारने जैसा काम किया है। अन्यथा प्रकृति ने तो सबके लिए व्यवस्था की थी। क्योंकि इस प्रकृति में केवल वही पैदा हो सकता है, जिसके जीने की यहाँ व्यवस्था है—अन्यथा वह पैदा ही नहीं हो सकता था।

तो प्रकृति को भोगकर तो सुकून मिलने से रहा, क्योंकि जिस शरीर से उसे भोगोगे—वह स्वयं भी प्रकृति ही है। और एक सीमा से ज़्यादा ना वह भोग सकता है, ना सुख ले सकता है। किसी विषय को भोगकर उससे सुख लेने की भी इंद्रियों की सीमा है और विषय की भी सीमा है कि वह एक सीमा से ज़्यादा सुख नहीं दे सकता। भोक्ता और भोग्य विषय, दोनों एक ही हैं। इसलिए भोग-भोग कर शांति पाने की कोशिश करना तो ऐसा ही है, जैसे कि पहले तो जल भ्रमवश स्वयं को प्यासा मान ले और फ़िर जल पीकर ही प्यास बुझाने का प्रयास करे। इसलिए अगर दौड़ना भी है तो भोग के पीछे नहीं, बोध के लिए दौड़ो—ताकि भ्रम हटें। लंबा और सुरक्षित जीवन नहीं—सच्चा, होशमंद, आज़ाद, पूर्ण और प्रेमपूर्ण जीवन माँगो। सही संघर्ष से भरा जीवन माँगो, जहाँ आप या तो आज़ाद जिएँ या आज़ादी के लिए जिएँ। जहाँ आप या तो सच्चाई में जिएँ, या सच्चाई के लिए जिएँ।

अन्यथा गुलामी, बेहोशी और झूठ में जीना भी कोई जीना है? यह भी कोई काम है, जो सिर्फ़ इसलिए कर रहे हैं क्योंकि उससे कुछ पैसे मिल जाते हैं—मगर बोध, प्रेम और सत्य का जहाँ नामोनिशान नहीं। ये भी कोई रिश्ते हैं, जिनको सिर्फ़ इसलिए ढो रहे हैं—क्योंकि ढोना सिखाया गया है और सब ढोते हैं। या इसलिए ढो रहे हैं क्योंकि कभी उनकी ज़रूरत लग सकती है। यह भी कोई अमीरी है, जहाँ भीतरी भूख मिट ही नहीं रही है, खोखलापन भर ही नहीं रहा है। जहाँ सब कुछ है, मगर ज़िंदगी नर्क बनी हुई है और भीतर केवल चिंता, भय, ईर्ष्या, लालच, बेचैनी और हीनता आदि भरा हुआ है। यह भी कोई ज़िंदगी है!

हमसे तो पशु-पक्षी भी शायद ज़्यादा बेहतर जीवन जीते हैं। वे अबोध हैं, मगर हम तो भ्रम में हैं। उनके पास ज्ञान नहीं है, मगर हमारे पास—झूठा, भ्रामक और अपूर्ण ज्ञान है। हमारे पास मान्यताएँ, प्रथाएँ, अंधविश्वास हैं। हममें अहंकार है और इसीलिए हम पशुओं से भी नीचे गिर जाते हैं—राक्षस हो जाते हैं। इसलिए यदि आपके जीवन का आधार सत्य, बोध, प्रेम, करुणा, ईमानदारी और आज़ादी नहीं हैं—जो कि अलग-अलग नहीं हैं—तो आप जीवित

ही नहीं हैं। या तो आप मशीन हैं, या ज़िंदा लाश हैं।

जिनका वर्तमान ही बर्बाद है, उन्हें भविष्य की चिंता शोभा नहीं देती। और जिनका वर्तमान आबाद होने लगता है, उन्हें भविष्य के ख्याल ही आने बंद हो जाते हैं। भविष्य की चिंता इस बात का प्रमाण है कि वर्तमान में आप बेईमान और बेहोश हैं। वर्तमान के साथ ईमानदारी रखो, सत्य के साथ रहो और होश में जियो—आज़ाद होते जाओगे।

क्या करना है और क्या नहीं—यह वे स्वयं समझ पाएँगे। शिक्षा सिर्फ़ यह नहीं होती है कि उन्हें जानकारियाँ रटा दीं या नौकरी पाने के लिए कुछ पढ़ा दिया और परीक्षाओं में अन्य लोगों की तुलना में अधिक अंक ले आए। नौकरी का शिक्षित होने अथवा ना होने से कोई संबंध नहीं है। अँगूठा-छाप व्यक्ति—जिसे अपना नाम तक लिखना नहीं आता—वह नेता बनकर बैठा होता है, और बड़ी-बड़ी डिग्रियाँ हासिल करके बैठे लोग उस गँवार नेता की सेवा कर रहे होते हैं। तो अधिक अंकों का होना, डिग्री या नौकरी का होना—शिक्षित और समझदार होने का प्रतीक नहीं है। बहुत प्रसिद्ध और ऊँचे-ऊँचे कहे जाने वाले पदों पर बैठे लोग भी बहुत अंधविश्वासी होते हैं। अंधविश्वासी, हिंसक, अशिक्षित, अहंकारी, अंधभक्त और नासमझ लोगों की भीड़ यदि अपने ही जैसे किसी अहंकारी व्यक्ति को अपना नेता, अभिनेता या गुरू मान ले, तो इससे वह शिक्षित, समझदार और प्रेमपूर्ण नहीं हो जाता है।

मगर अधिकांश लोगों के लिए तो शिक्षा का मतलब ही होता है—नौकरी पाने का जरिया। ज्ञान से, सीखने और जानने से तो उनको कोई मतलब ही नहीं होता है। ईमानदारी से देखो, क्या आपको सचमुच अपने बच्चों के अशिक्षित रहने की फ़िक्र रहती है, या उनकी नौकरी की? शिक्षा का उद्देश्य नौकरी पाना बिल्कुल नहीं होना चाहिये। बेहतर शिक्षा तो आपको यह समझने के काबिल बनाती है कि क्या करने लायक है और क्या नहीं, और जो करने लायक है—उसे कैसे करें। सही शिक्षा का उद्देश्य होता है—एक सजग इंसान बनाना। ऐसा इंसान, जो मानने से आगे जानने और प्रश्न करने को महत्व दे, जो तथ्यों को कल्पनाओं से ऊपर रखे। वास्तविक शिक्षा का उद्देश्य होता है—भ्रम और बंधन में जन्मे अबोध और संस्कारबद्ध बालक में बोध जगाना, उसके भ्रम हटाना और उसे स्वयं की संस्कारबद्धता को देख पाने के काबिल बनाना।

सही शिक्षा का उद्देश्य होता है—इंसान को इस योग्य बनाना कि उसमें प्रेम प्रकट हो सके, उसमें करुणा और संवेदनशीलता जागृत हो सके। वह आज़ाद और भय-मुक्त होकर जी सके। सही शिक्षा इंसान को किसी भी कीमत पर—सत्य के साथ खड़े रहना सिखाती है। उसको अपने ही तन, मन, मस्तिष्क की पूरी प्रक्रिया के प्रति सचेत करना शिक्षा का उद्देश्य होना चाहिये। सही शिक्षा का उद्देश्य अन्य से तुलना, ईर्ष्या और भेदभाव रूपी भ्रमों को कम करना होता है, मगर आप अपने बच्चों को—अपने घर, संस्कृति और विद्यालयों में—जो शिक्षा देते हैं, उसमें तो इसका एकदम विपरीत ही माहौल रहता है। आप अपने बच्चों को सिखाते हैं—भेदभाव और तुलना करना, केवल अपने स्वार्थ की परवाह करना—उसके लिए चाहे अन्य को बर्बाद करना पड़े। आपको शिक्षा और काम से नहीं, बल्कि परिणाम से ज्यादा

मतलब रहता है। आप कहते हैं कि काम चाहे कुछ भी हो और कैसा भी हो, मगर पैसा आना चाहिये। सही शिक्षा कहेगी कि काम सही होना चाहिये, करने लायक होना चाहिये—क्योंकि काम महत्वपूर्ण है, ना कि केवल परिणाम। क्योंकि आप जीते तो काम के साथ हैं, ना कि परिणाम के साथ। परिणाम तो ऐसा ही है जैसे महीने के अंत में वेतन मिल जाता है या दस-बीस वर्षों के कड़े संघर्ष के बाद किसी को कोई प्रमाणपत्र मिल जाता है। परिणाम का अपना महत्व है, मगर काम का उससे बहुत ज़्यादा महत्व है। यदि काम सचमुच सही हो और उससे आपका दिल लग जाए, तो फ़िर परिणाम की बहुत परवाह नहीं रहती।

क्योंकि किसी भी जीव की वास्तविक ज़रूरतें बहुत अधिक नहीं होती हैं। प्रकृति ने हर जीव की ज़रूरतों के लिए पर्याप्त व्यवस्था की है। उसने 'ज़रूरतों' की व्यवस्था की है—आपके अंधाधुंध भोग और वासनाओं की नहीं। अन्यथा समंदर में उत्पन्न होने वाले जीवों की ज़रूरतें समंदर में ही पूरी हो जाती हैं और रेगिस्तान में पैदा होने वालों की रेगिस्तान में। प्रकृति ने आपके साथ कोई अन्याय नहीं किया है। इंसान यदि भूखा मर रहा है, तो केवल अपनी बेहोशी, भ्रम, मान्यताओं, अंधभक्ति और अहंकार के कारण। अन्यथा सोचो—ज़रूरतें भी पूरी हो रही हैं, संबंधों में प्रेम है और काम भी मस्त है—यही तो आज़ाद ज़िंदगी है। तो सही शिक्षा आपको सिखाती है—स्वयं और संपूर्ण प्रकृति के साथ उचित संबंध रखना। चाहे काम हो या रिश्ते, चाहे मनुष्य हों या पशु और पक्षी, चाहे नदी हो या पहाड़—सबके साथ सही संबंध रखना।

मैं तो आपसे कहूँगा कि बच्चों के भविष्य की चिंता छोड़ो और ख़ुद पर ध्यान दो। आप कौन होते हो उनके भविष्य की चिंता करने वाले? क्या आपने अपना वर्तमान ठीक कर लिया? क्या आप अपनी ज़िंदगी से खुश हैं? संभवतः बिल्कुल नहीं हैं। क्योंकि बच्चों और अन्य के मालिक बनने का प्रयास करना और उनकी ज़िंदगी में इतनी अधिक दखल देना ही इस बात का प्रमाण है कि आप वर्तमान में ही भीतर से पूरी तरह बर्बाद हैं—अहंकार, भ्रम, भय, बंधन और दुःख में हैं। तुलना, ईर्ष्या, हीनता और क्षुद्रता से भरे हुए हैं। क्योंकि जिसमें प्रेम होता है ना, वह ना किसी का मालिक बनने की नीयत रखता है, ना किसी की गुलामी स्वीकार करता है। वह तो स्वयं से ही खाली हो जाता है।

मगर अपनी खोपड़ी के जिस ज्ञान और मान्यताओं के दम पर आप अपना कुछ भी भला नहीं कर पाए, आपको यह भ्रम है कि उसी ज्ञान के दम पर आप अपने बच्चों का भविष्य आबाद कर देंगे—कैसे? इतना भ्रम क्यों पालते हो? क्यों ख़ुद को और अपने बच्चों को बर्बाद कर रहे हो? यदि आपको अपने बच्चों या किसी से भी सचमुच प्रेम है, और यदि आप उनका भला चाहते हैं—तो उनके वर्तमान को बेहतर करने में उनकी सहायता करो। संतान यदि काबिल होगी, तो अपनी चिंता वह ख़ुद कर लेगी। अपने जीवन को ख़ुद सँवार लेगी। आपको उनके भविष्य को लेकर चिंतित होने की कोई ज़रूरत ही नहीं है। आपका काम बस इतना है कि बिना किसी उम्मीद के आप उन्हें वर्तमान में काबिल होने में सहायता करें।

उनके लिए सही शिक्षा की व्यवस्था करें। उनको नियंत्रित करने की कोशिश में, उन्हें हर बात के लिए अपने ऊपर आश्रित बनाकर—अपना बोझ तो बिल्कुल ना बनाएँ। मगर ऐसा तब ही होगा, जब उनके पास अपना प्रकाश हो—बोध का प्रकाश। और उसके लिए चाहिये उचित शिक्षा। तो आप बस उनकी शिक्षा की परवाह करो—नौकरी या विवाह इत्यादि की नहीं। जिन्हें आप अपनी संतान कहते हो—जिनके विवाह और नौकरी इत्यादि की आपको बहुत चिंता रहती है—क्या अभी भी वे बच्चे हैं? क्या वे समझदार नहीं हैं, जो आप उनके विवाह इत्यादि की चिंता करते रहते हो? यदि वे बच्चे नहीं हैं और समझदार हैं, तो अपना विवाह ख़ुद कर लेंगे; काम या नौकरी ख़ुद चुन लेंगे।

और यदि वे समझदार ही नहीं हैं, तो दो नासमझ औलादों का विवाह करने में आपको शर्म नहीं आती? अभी जो संतान इस काबिल ही नहीं कि अपने विवाह का फैसला ख़ुद ले सके, ख़ुद अपना विवाह कर सके और उसकी जिम्मेदारी भी उठा सके—ऐसी संतानों का आप विवाह कर रहे हो। ना आपको शर्म आ रही है, ना उन्हें—जो विवाहित होने जा रहे हैं। कई बार तो आप उनके साथ जबरदस्ती भी करते हैं। क्या आप पागल हो? दो नासमझ लोगों को ज़िंदगी भर के लिए और जबरन एक साथ बाँध रहे हो, और फ़िर उम्मीद करते हो कि घर में कोई शोर-शराबा और लड़ाई-झगड़े ना हों। कलह-क्लैश और बँटवारा ना हो। चिंता, तनाव, भय और दुःख ना हो। कैसे नहीं होंगे? खूब होंगे। रोज़ होंगे। और सबसे पहले आप ही उस सबके लिए जिम्मेदार हैं।

अपनी संतानों का विवाह यदि आप यह कहकर कर रहे हो कि—अरे! वे अभी बच्चे हैं, वे अभी ज़्यादा समझते नहीं हैं—तो क्या आप पागल हो गए हो? या आपकी खोपड़ी में गोबर घुसा हुआ है, जो आप छोटे और नासमझ "बच्चों का" विवाह कर रहे हो? मतलब, थोड़ी भी समझ नहीं है क्या आपमें? अगर वे बच्चे हैं और समझते भी कुछ नहीं हैं, तो क्या आपको अपनी यह नासमझी दिखाई नहीं देती? फ़िर कहते हो कि दुनिया में इतने नासमझ, हिंसक, शोषक और भ्रष्ट लोग कहाँ से आ जाते हैं? यहाँ से आते हैं। यही नासमझ बच्चे कुछ दिनों में संतानें पैदा कर देंगे। फ़िर जैसे आपने अपनी संतानों को बर्बाद किया था, वैसे ही ये भी अपनी संतानों को बर्बाद ही करेंगे। ऐसे बोधहीन, प्रेमहीन और नासमझों ने ही तो इस पूरी पृथ्वी को नर्क बना रखा है।

यदि आप इस तरह की मूर्खताएँ नहीं कर पाने की आशंका से चिंतित हैं, तो मैं अब आपको क्या ही नाम दूँ। ऐसे विवाह ही होते हैं, जो परिवार, समाज, देश और दुनिया में—दुःख, बर्बादी, भय और हिंसा जैसी स्थितियों को पैदा करते हैं। दुःख और हिंसा व्यक्ति से शुरू होते हैं और पूरी दुनिया में फैल जाते हैं। दो नासमझ लोगों का विवाह करना ऐसा ही है, जैसे दो पागलों को जबरदस्ती एक कमरे में हमेशा के लिए बंद कर दिया गया हो। या बहुत बुरी तरह से बीमार दो लोगों को हमेशा के लिए एक साथ बाँध दिया हो—ताकि वे वंश आगे बढ़ाएँ। क्या यह समझदारी है? क्या यही भविष्य-सुधार है? आप ही सोचो। क्योंकि जिस रिश्ते की शुरुआत में ही अज्ञान हो, वहाँ परिणाम कैसा होगा? जहाँ बंधन मजबूरी का

हो, वहाँ प्रेम कैसे फलेगा? और जहाँ प्रेम नहीं, वहाँ शांति कैसे टिकेगी?

बच्चों के भविष्य की चिंता के नाम पर कुछ लोग धन संचय करते हैं। मगर सिर्फ़ धन संचय किया, लेकिन सही परवरिश और शिक्षा नहीं दी, तो बच्चे बिगड़ जाएँगे और वह उस धन का केवल दुरुपयोग ही करेंगे। इसके विपरीत यदि आपने अपनी औलाद की अच्छी परवरिश की है और उसे उचित शिक्षा दी है, तो उसको भी पता है कि उसकी ज़रूरतें क्या हैं, उनके लिए कितना धन चाहिये और वह कैसे कमाना है। तो किसी भी स्थिति में आपको उनके भविष्य को लेकर चिंतित और भयभीत रहने की ज़रूरत नहीं है। सुरक्षा, धन नहीं देता—समझ देती है। स्थिरता, संचय नहीं देता—परिपक्वता देती है। यदि समझ होगी, तो साधन स्वयं जुट जाएँगे। यदि समझ नहीं होगी, तो साधन भी विनाश का कारण बन जाएँगे।

अपने बच्चों के प्रति आपकी केवल इतनी ही जिम्मेदारी होती है कि आप बिना किसी उम्मीद के उनकी शारीरिक ज़रूरतों के अलावा उन्हें सही शिक्षा ज़रूर उपलब्ध कराएँ। अगर उन्हें पैदा किया है, तो फ़िर यह आपकी जिम्मेदारी बनती है। मगर इसे जिम्मेदारी की तरह भी क्यों ले रहे हो? औलादें यदि पैदा की हैं, तो उनके लिए जो भी करना है—प्रेम में करो ना। यदि जिम्मेदारी के नाते उनके लिए कुछ करोगे, तो फ़िर आगे चलकर आप उनसे कई तरह की उम्मीदें भी रखोगे। उन पर भावनात्मक हिंसा करोगे। कह-कहकर सुनाओगे कि हमने तुम्हारे लिए यह किया, वह किया। इससे अच्छा तो यह होता कि आप उन्हें पैदा ही ना करते। क्योंकि जहाँ गिनती है, वहाँ प्रेम नहीं होता। जहाँ हिसाब है, वहाँ संबंध बोझ बन जाता है।

मैं यदि बिना किसी उम्मीद के बच्चों की उचित परवरिश नहीं कर सकता, तो मैं ख़ुद को इस योग्य नहीं समझता कि मुझे एक भी बच्चा पैदा करना चाहिये। क्योंकि उम्मीदें केवल दुःख पैदा करती हैं। उम्मीदें करने वाला भी दुःख पाता है और जिससे उम्मीदें की होती हैं, वह भी। और इसी से फ़िर पैदा होती है—ईर्ष्या, बदले की भावना, भय, हिंसा और अशांति। लेकिन आप बेहोशी में बच्चे पैदा करते रहते हैं और उनके लिए यदि कुछ भी करते हैं, तो उनके पीछे छिपे होते हैं—गहरे स्वार्थ, उम्मीदें और अहंकार। मगर आप उसे प्रेम का नाम दे देते हैं। यह धोख़ा है। यह संबंधों की जड़ में रखा गया विष है। और फ़िर वही विष पीढ़ी-दर-पीढ़ी फैलता चला जाता है।

आपने यदि उनके लिए सब प्रेम में ही किया था, तो फ़िर उनसे माँगते क्यों हो? आपने अपने प्रेम में उनके लिए कुछ किया—यह आपका प्रेम था। यदि आपने उन्हें सचमुच प्रेम करना सिखाया है और उन्हें भी आपसे प्रेम है, तो वे भी आपके लिए जो कुछ करेंगे, प्रेम में ही करेंगे। क्योंकि प्रेम में कोई लेन-देन तो चलता नहीं। प्रेम में किसी तरह की कोई उम्मीद तो रखी नहीं जाती। मगर बच्चों को कुछ देकर यदि बदले में कुछ माँग रहे हो, तो फ़िर वह प्रेम है ही नहीं—यह तो व्यापार हो गया। और जहाँ व्यापार है, वहाँ सौदा है; जहाँ सौदा है, वहाँ शर्त है; और जहाँ शर्त है, वहाँ संबंध की पवित्रता समाप्त हो जाती है। प्रेम आज़ादी है—सौदा बंधन।

यदि आप अपने बच्चों के लिए कुछ कर रहे हैं और बदले में उनसे कुछ उम्मीदें भी रख रहे हैं, मगर नाम उसे प्रेम का दे रहे हैं—तो यह अधर्म है। यह प्रेम नहीं है, यह पाप है। यह धोख़ा है। इससे केवल दुःख ही जन्म लेगा। क्योंकि पहले तो आपने उनको स्पष्ट बताए बिना ही उनमें निवेश कर दिया, आज तक उनकी ज़िंदगी के मालिक बने रहे, और अब आप चाहते हैं कि वे आपकी हर उम्मीद को पूरा करें। अन्यथा आप उन्हें एहसान गिनाने लगते हैं। क्या यह प्रेम है? बिल्कुल नहीं। संतान बेचारी इस भ्रम में रही कि माता-पिता उसके लिए जो कुछ भी कर रहे हैं, वह सब प्रेम में कर रहे हैं। मगर प्रेम के नाम पर आपने जो उनके साथ किया है—क्या उससे बुरा उनके साथ कुछ हो सकता है? शायद नहीं। शायद यह सबसे पहला और बड़ा धोख़ा है, जो संतान को अपने ही अभिभावकों से मिलता है—जो उनमें नफरत पैदा करता है और उन्हें आपसे अलग कर देता है।

आप यह तो देख लेते हैं कि बच्चे बड़े होकर अपने माता-पिता के साथ कैसा दुर्व्यवहार कर रहे हैं, मगर आप यह कभी नहीं देखते हैं कि वही बच्चे जब छोटे थे—तब माता-पिता ने उनके साथ कैसा दुर्व्यवहार किया था? उन पर कितनी हिंसा की थी? संतान यदि बर्बाद है, तो ज़्यादातर मामलों में उसके लिए सबसे पहले और सबसे ज़्यादा—ख़ुद अभिभावक जिम्मेदार हैं। क्योंकि सही परवरिश और सही संगत का परिणाम—गलत नहीं हो सकता। यदि आपको अपने बच्चों से प्रेम नहीं मिल रहा है, तो इसका कारण बस यह है कि आपने कभी उन्हें प्रेम करना सिखाया ही नहीं। आपने भी उनसे प्रेम कभी किया ही नहीं। क्योंकि इंसान अपने मन से संचालित होता है और मन का निर्माण तो संगत से ही होता है। यदि आपने उसको सही संगत दी होती, तो वैसा ही उसके मन का भी निर्माण होता।

तो आज उसका मन जैसा भी है, वैसा इसीलिए है—क्योंकि उसको वैसी ही संगत मिली। उसका मन उसकी संगत का ही परिणाम है। सिर्फ़ शारीरिक संगत नहीं, मानसिक संगत भी। सिर्फ़ इंसानों की ही संगत नहीं, बल्कि हर शै की संगत का परिणाम है—उसका मन। जैसे वह क्या पढ़ता है? क्या लिखता है? क्या सुनता है? क्या देखता है? किनसे मिलता है? किनको सुनता है? क्या खाता-पीता है? कौन उसके आदर्श हैं? और बहुत कुछ। यही सब तो उसका निर्माण करते हैं। इसलिए बच्चों के भविष्य की चिंता छोड़ो और उनके वर्तमान पर ध्यान दो। आपके बाद या आपके बिना उनका क्या होगा, इसके बारे में सोचना छोड़ो—आपके साथ होने के बावजूद वे कैसे जी रहे हैं, इसपर ध्यान दो। और उन पर ध्यान दे सको, उन्हें समझ सको और उनके साथ सही संबंध बना सको—इसके लिए सबसे पहले और सबसे ज़्यादा ज़रूरी है कि आप ख़ुद पर ध्यान दें, स्वयं को ईमानदारी और निष्पक्षता से देखें।

अन्यथा जिसे अपना ही कुछ नहीं पता, वह अन्य को कैसे समझेगा? जिसे अपने ही साथ स्वस्थ और ईमानदार संबंध रखना नहीं आता, वह किसी अन्य के साथ कैसे सही संबंध रख पाएगा। जो ख़ुद प्रेम नहीं जानता और ऐसे नहीं जी रहा है कि ख़ुद से प्रेम कर सके, वह किसी अन्य से क्या प्रेम करेगा! इसलिए बच्चे बाद में पैदा कर लेना, पहले स्वयं को समझो और प्रेम सीखो। अन्यथा प्रेम के अभाव में ना जाने कौन-कौन सी चिंताएँ और भय आपको

सताएँगे।

ऐसे भी बहुत लोग होते हैं, जिनको अकेलेपन का भय होता है और उस अकेलेपन को भरने के बेहोश प्रयास में वे गलत रिश्ते बना लेते हैं। विवाह आदि कर लेते हैं। फ़िर उस गलत रिश्ते से पनपे नर्क को ढँकने के लिए वे एक बच्चा पैदा कर लेते हैं। फ़िर उस बच्चे के अकेलेपन को भरने के लिए वे एक और बच्चा पैदा कर लेते हैं।

यदि दोनों बच्चे लिंग से लड़कियाँ हैं, तो वंश बढ़ाने के नाम पर तब तक बच्चे पैदा करते हैं, जब तक कि लड़का पैदा ना हो जाए। अब जो लड़का पैदा हुआ है, बेचारे के ऊपर कुछ मूर्खों के बर्बाद वंश को आगे बढ़ाने की सारी जिम्मेदारी आ जाती है। अब यह अकेला कहीं उस जिम्मेदारी के बोझ तले दबकर मर गया, तो वंश का क्या होगा? इसलिए एक और लड़का पैदा किया जाता है। और ऐसे ही यह खेल आगे बढ़ता रहता है। आप जानते ही हैं कि आगे क्या-क्या होने वाला है? (हँसो भी)। आपने यह जो इतनी बड़ी सेना खड़ी की है ना—अब इसका बोझ उठाते-उठाते आपकी हालत गधे से भी बदतर होने वाली है। सारी ज़िंदगी अगर दूसरों बोझ ढोने में ही लगा दोगे, तो ख़ुद को बेहतर कब करोगे? जियोगे कब?

आपने ऐसा क्यों किया? सिर्फ़ इसलिए ताकि आप कहीं अकेले ना हो जाएँ। आपको इस बात की चिंता और भय है कि बुढ़ापे में जब अकेले हो जाएँगे, तो अकेले कैसे जिएँगे? अरे, कभी कोई दुर्घटना हो गई या कोई बीमारी हो गई—तो अकेले ख़ुद का ध्यान कैसे रखेंगे? इसके अलावा वासना सिर पर चड़ी रहती थी, इसलिए यह संसार आपने खड़ा कर लिया। कभी चूँकि समाज के गुलाम बनकर जी रहे हो, तो वह ऊपर चढ़ता रहता है। उनसे स्वार्थ के रिश्ते हैं, तो वे दबाव बना पाते हैं। ऐसे ही कारणों से लोग किसी भी स्थिति में जल्दी से विवाह कर लेते हैं, संतानों की सेना खड़ी कर लेते हैं और सिर्फ़ कुछ दिनों की संभावित और अनिश्चित ज़रूरतों के लिए जीवन भर इतना बोझ ढोते रहते हैं—गुलामी करते हैं। जबकि यह भी सौ प्रतिशत निश्चित नहीं है कि यदि आप एक सच्ची और आज़ाद जिंदगी जिएं तो ऐसी स्थिति आएगी ही, जहाँ आपको किसी अन्य व्यक्ति की बहुत ज़रूरत लगे। मगर अधिकांश लोग अँधों की भाँति इसी चक्की में घुसते और पिसते रहते हैं—बावजूद इसके कि अंत में आप अकेले ही होते हैं और कोई भी आपके साथ नहीं होता है। अरे, मरने के बाद जो लोग आपके शरीर को जलाने भी जाते हैं ना—वे इसलिए नहीं जाते हैं कि उन्हें आपसे बहुत प्रेम था। प्रेम करते, तो आप मरते क्या? वे इसलिए जलाने जाते हैं क्योंकि अगर नहीं जलाया, तो शरीर गंध मारेगा और बीमारियाँ फैलाएगा। तो अकेले आप हो ही।

सबसे पहले तो आप यह बताओ कि जिस व्यक्ति को आप जीवन में लाए ही सिर्फ़ इसलिए हो ताकि उसके माध्यम से कुछ सुख-सुविधाएँ मिलें, अकेलापन हटे और किसी दुर्घटना, बीमारी या बुढ़ापे की स्थिति में वह आपकी सेवा करे—आपका ध्यान रखे—ऐसी स्थिति में क्या आपके संबंधों में प्रेम होगा? क्योंकि आप तो अपने स्वार्थ के लिए उसका केवल 'उपयोग' कर रहे हैं। आप उसे किसी यंत्र या वस्तु की तरह इस्तेमाल कर रहे हैं। मगर भूलना मत—ना तो वह कोई वस्तु है, ना ही कोई यंत्र है। वह भी आपके ही जैसा इंसान है।

यदि आपका कोई उपयोग करता है, तो जैसे आपको पीड़ा होती है, आपको दुःख होता है; आपका उपयोग करने वाले से आपको ईर्ष्या और नफ़रत होती है—वैसा ही उसके साथ भी होता है, जिसका उपयोग आप कर रहे होते हैं।

तो यह जो हमारे संबंधों का नर्क होता है ना—वो इसीलिए होता है क्योंकि हम सब एक-दूसरे का बस अपने स्वार्थ और अहंकार के लिए उपयोग कर रहे होते हैं। हमारे संबंधों में प्रेम कहीं है ही नहीं। आप उस इंसान से क्या ख़ाक प्रेम करोगे, जिसको लाए ही सिर्फ़ इसलिए हो—ताकि किसी तरह उसके माध्यम से अपना अकेलापन मिटा सको और अपने अहंकार के लिए उसका उपयोग कर सको। किसी के भी द्वारा उपयोग होने में गहरी पीड़ा है, और वह—जिसमें प्रेम है—कभी नहीं चाहेगा कि कोई भी इस पीड़ा से गुज़रे। प्रेम में कोई आपकी सेवा कर दे, वह अलग बात है। उसमें करुणा, संवेदनशीलता और सौंदर्य है। लेकिन जहाँ अहंकार है, वहाँ सौंदर्य नहीं होता। जहाँ उपयोग है, वहाँ प्रेम और सम्मान नहीं होता।

आप इस भ्रम में भी क्यों हो कि जब आपको उनकी ज़रूरत होगी, तब तक वे ज़िंदा रहेंगे ही या वे आपकी सेवा करेंगे ही? जिनमें आपने निवेश किया है, यदि वे ही आपसे पहले मर गए या बहुत बीमार हो गए, तो? क्योंकि ऐसा तो कोई नियम है नहीं कि कोई दुर्घटना सिर्फ़ आपके ही साथ घट सकती है। दुर्घटना तो उस इंसान के साथ भी घट सकती है ना, जिसको आप—अपने साथ किसी दुर्घटना के घटने की स्थिति में—अपना ख़याल रखने के उद्देश्य से लाए हैं। क्या आपके साथ-साथ वह इंसान भी बूढ़ा नहीं होगा? और यदि वह इंसान भी बूढ़ा हो गया है, तो वह बूढ़ा या बूढ़ी अपना ख़याल रखेंगे या आपका? जो ख़ुद बूढ़ा और बीमार है, वह अपना ही ख़याल नहीं रख पा रहा होगा—आपका ख़याल कैसे रखेगा?

यदि आपसे ज़्यादा वही बीमार हो गया, तो फ़िर आपको उसका ख़याल रखना पड़ेगा, और ऐसी स्थिति में यदि आपको उससे प्रेम ही नहीं है, तो यह आपको केवल बोझ लगेगा। और यदि दोनों ही एक साथ बूढ़े और बीमार हो गए, तो आप एक-दूसरे का ख़याल कैसे रख पाएँगे? एक पलंग पर वह अकेला पड़ा हुआ है, दूसरे पर आप। मगर आप कहते हो कि अरे! अकेले हो जाएँगे तो बुढ़ापे में कौन साथ देगा? इससे अच्छा तो यह होता कि जवानी में कम से कम इतना धन कमा लिया होता कि बुढ़ापे, अकेलेपन और बीमारी की स्थिति में किसी नर्स या नौकर को अपना ख़याल रखने के लिए रख सको और उसको कुछ पैसे दे सको। मगर हम ना तो ऐसा कुछ करते हैं और ना ही संबंध प्रेम में बनाते हैं। हम ना घर के रहते हैं, ना घांट के।

वैसे भी कोई व्यक्ति आपका कितना और कैसे ख़याल रखेगा? जब आप बहुत बीमार हो जाओगे, तो डॉक्टर और दवाएँ आपका ख़याल रखेंगी। जब बीमार होते हो, तब घर वाले लोग बहुत काम नहीं आते हैं। तब भी आपका होश, पैसा, डॉक्टर और नर्स आदि काम आते हैं। जिन्हें आप अपना परिवार कहते हैं, जिनके ऊपर आपने जीवन लुटा दिया होता है, सारा धन जिनके लिए छोड़ जाते हो—वे यदि आपके ऊपर थोड़ा भी खर्च कर देते हैं, तो उसका भी एहसान जताने लगते हैं। उनको ऐसा लगता है जैसे कि व्यर्थ ही खर्चा हो रहा है। तो बताओ

वे आपके कितना काम आ रहे हैं? मगर इंसान पूरा जीवन इस भ्रम में बर्बाद कर लेता है कि कोई उसके काम आएगा। जहाँ प्रेम और करुणा नहीं है, वहाँ कोई भी किसी के काम नहीं आ सकता और बिना आत्मबोध के न प्रेम हो सकता है ना करुणा।

इसलिए किसी नासमझ और प्रेमहीन इंसान को जीवन भर के लिए अपने जीवन में लाने से तो अच्छा है कि अकेले ही रहा जाए। और जिस व्यक्ति को आप अपने जीवन में लाते हो ना—वह भी अकेला नहीं आता है। उसका पूरा शारीरिक, मानसिक, पारिवारिक, सामाजिक, सांस्कृतिक, राजनीतिक कुटुंब भी साथ आता है। उसकी आदतें, मूर्खताएँ, बेहोशी, अज्ञान आदि सब साथ आते हैं। वह क्या और कैसे खाता-पीता है? उसके दोस्त-रिश्तेदार कौन हैं? वह कब और कैसे सोता है? वह क्या-क्या करता है और क्या नहीं? वह पढ़ता-लिखता है या नहीं? यदि पढ़ता है, तो क्या? ये सब उसके साथ आते हैं।

एक नए व्यक्ति के जीवन में आते ही आपकी पूरी दुनिया और दैनिक ज़िंदगी बदल जाती है। आपकी पूरी शारीरिक और मानसिक स्थिति बदल जाती है। साधारणतया दोनों का जीवन और अधिक बर्बाद हो जाता है। क्योंकि हम कुछ नहीं समझते हैं। इंसान अबोध पैदा होता है। वह भ्रम, भय, बंधनों और दुःख में पैदा होता है। ना हमें प्रेम आता है, ना सही संबंध बनाना आता है। ना हम सच्चे और आज़ाद होते हैं। जो व्यक्ति ख़ुद को नहीं समझता है और बेहोशी यानी अहंकार के केंद्र से जी रहा है—वह जिसके भी जीवन में प्रवेश करेगा, उसे केवल बर्बाद करेगा। जिसको भी छुएगा, उसे गंदा कर देगा।

मृत्यु का भय, अकेलेपन का भय; दुर्घटनाओं, बुढ़ापा और बीमारियों का भय केवल एक बेहोश, गुलाम, अपूर्ण और झूठी ज़िंदगी के परिणाम हैं—अन्यथा जहाँ बोध, प्रेम, सत्य और आज़ादी है, वहाँ इनका कोई स्थान नहीं। क्योंकि अधिकांश लोगों को वास्तव में पता ही नहीं कि बूढ़ा या बीमार होना कहते किसे हैं। जीना और मरना होता क्या है? ये जो अपनी भरी जवानी में अपने समय, संसाधनों और ऊर्जा को संभावित बुढ़ापे को सुरक्षित करने में लगे हुए हैं—क्या इन्हें आप स्वस्थ और जवान कहेंगे? क्या इन्हें ज़िंदा और आज़ाद कहेंगे? ये मुर्दा हैं। ये अभी बूढ़े हो चुके हैं। ये बहुत बीमार लोग हैं। ये अकेले होंगे नहीं, अभी अकेले हैं। एक सीमित, संकुचित, भयभीत और क्षुद्र ज़िंदगी जीने से घना अकेलापन और क्या होगा? जिसने ख़ुद को हजारों मान्यताओं, पहचानों और सीमाओं में कैद कर लिया हो, वह अकेला नहीं तो क्या है? जहाँ संबंधों में ना आज़ादी है, ना प्रेम, ना ईमानदारी और ना ही खुलापन—वहाँ अकेलापन नहीं होगा तो क्या होगा?

अधिकांश लोग नर्क-भरा जीवन जीते हैं। बेहोशी में गलत रिश्ते बनाते हैं। गलत काम करते हैं। व्यर्थ के मुद्दे, चिंता और तनाव पालते हैं और फ़िर कल्पनाओं में खोए रहते हैं—अब ऐसी स्थिति में दुर्घटनाएँ नहीं होंगी, तो क्या होगा? बीमारियाँ नहीं होंगी, तो क्या होंगी? वास्तव में जिन्हें आप बीमारियाँ, दुर्घटनाएँ, अकेलापन, दुःख इत्यादि समस्याएँ कहते हैं—वे समस्याएँ और दुर्घटनाएँ नहीं हैं। दुर्घटना तो कहीं और, और बहुत पहले घट चुकी है। मूल बीमारी तो कहीं और ही है—बाकी सब तो उसके केवल लक्षण हैं। मूल समस्या

तो कहीं और है। मूल समस्या है—आत्म-अज्ञान, हमारी ख़ुद से बेईमानी। मूल समस्या है—एक झूठी, बोधहीन, प्रेमहीन, सीमित, संकुचित और गुलाम ज़िंदगी। मूल समस्या है—अहंकार। आत्मज्ञान के अलावा अन्य सारे उपाय केवल आत्म-प्रवंचना हैं। ख़ुद को मूर्ख बनाना है—यही तो अहंकार है। अब आप देख लो कि अहंकार की सुननी है या सत्य की।

एक प्रतिशत से भी कम जिन बीमारियों, दुर्घटनाओं इत्यादि की संभावना होती है, उससे बचने की कोशिश में पूरी ज़िंदगी बर्बाद करना, जीवन भर गलत काम करना, गलत रिश्ते बनाना, झूठा और नकली जीवन जीना, अनेक तरह की शारीरिक और मानसिक बीमारियाँ पैदा करना—इसमें कोई समझदारी नहीं है। छोटी-मोटी बीमारियों और दुर्घटनाओं के इलाज के लिए जितना हो सके इंतज़ाम कर लो। मगर बीमारी या दुर्घटना ही यदि इतनी बड़ी है कि उससे बचने के लिए आपको पूरी ज़िंदगी ही बेचनी पड़ रही है, एक झूठी और गुलाम ज़िंदगी जीनी पड़ रही है—तो बचने का मतलब ही क्या रहा? एक समय ऐसा भी आएगा जब आपको ना पैसा बचा पाएगा, ना डॉक्टर—क्योंकि आप जिसे बचाना चाहते हो, उसकी मृत्यु निश्चित है। फ़िर क्या फ़ायदा रहा आपके सारे इंतज़ाम का—जिसके लिए आपने पूरी ज़िंदगी को नर्क बना लिया? जिसके लिए प्रेम, शांति, सत्य, आज़ादी और सबका साथ छोड़ दिया? कुछ फायदा नहीं।

आप अकेले ही हैं—इसको जितना जल्दी समझ सकते हो, समझ लो। ना कोई साथ जन्मा है, ना मरेगा। चाहे आसपास कितनी ही भीड़ हो, चाहे कितने ही दोस्त या रिश्तेदार हों—सबके बीच आप अकेले हैं। कुछ समय के लिए कोई आपके 'साथ' हो सकता है, मगर आप अकेले ही हैं। चाहे कितनी ही चीजें एकत्रित कर लो, मगर आपके भीतरी खोखलेपन को दुनिया की कोई भी चीज, कोई भी व्यक्ति, कोई भी विचार या मान्यता पूरा नहीं कर सकती। केवल ईमानदार, सच्ची, पूर्ण और आज़ाद ज़िंदगी ही आपको पूरा कर सकती है। उसी में मौज (आनंद) है। अन्यथा बिना मौज के—ज़िंदगी बोझ हो जाती है।

देखो कि आप मरने वाले हैं। देखो कि रोज़ मर ही तो रहे हैं। इसलिए जब तक साँस चल रही हैं, जी भर के जी लो और मिट्टी होने से पहले फ़ुर्सत हो जाओ। फ़ुर्सत किससे? हर उस मुद्दे से, जो आपको भविष्य में धकेलता है—जैसे कि कुछ बनना है, कुछ करके दिखाना है, कहीं पहुँचना है, सफल होना है इत्यादि। इस तरह की बातों से मुक्त हो जाओ। इसका मतलब यह नहीं है कि अब कुछ करेंगे नहीं। खूब करेंगे, मगर इसलिए नहीं कि करके कुछ मिल जाएगा—बल्कि इसलिए कि काम करने की ज़रूरत है, काम करने लायक है, और करने में ही मौज है।

मैं खूब दौड़ूंगा, मगर सिर्फ़ इसलिए नहीं कि कहीं पहुँच जाना है और वहाँ पहुँच कर चैन मिल जाएगा। चैन में हूँ और दौड़ने में ही मज़ा है—इसलिए दौड़ रहा हूँ। अब कोई मंज़िल नहीं है। जहाँ तक दौड़ा जा सकता है, दौड़ेंगे। तो आज और अभी हर उस मानसिक दौड़ से फ़ुर्सत हो जाओ, जिसमें आप मानसिक रूप से कुछ बनना, होना या कहीं पहुँचना चाहते हैं; उसकी व्यर्थता को देखो—यानी अहंकार की अंधी, बेहोश और हिंसक दौड़ से अभी फ़ुर्सत हो जाओ।

भीतरी प्यास को बुझाने के लिए बाहर दौड़ने की ज़रूरत नहीं है।

क्योंकि अंततः कुछ भी करके मनुष्य चाहता क्या है? पूर्णता। और पूर्णता आती है—आत्मबोध और आज़ादी के साथ। पूर्णता आती है—सच्ची, खरी, विराट, बेखौफ़ और बेपरवाह ज़िंदगी जीने के साथ। और जो ऐसे नहीं जी रहा है—वह चाहे कुछ भी हासिल कर ले, कुछ भी बन जाए या कहीं भी पहुँच जाए—उसे चैन नहीं मिलेगा। उसकी अंधी दौड़ जारी रहेगी। वह भटकता रहेगा। दौड़ोगे तो आप भी, मगर कहीं पहुँचने के लिए नहीं—कभी मौज में, कभी करुणा में और कभी सत्य के लिए। अब दौड़ना बोझ नहीं है। तो मौत याद रखो—तब जीवन में असली मौज और मस्ती आती है। अन्यथा दौड़ते रहो जीवनभर, बटोरते रहो चीजें और लूटते रहो प्रकृति को—मगर उससे चैन नहीं मिलेगा।

आज मनुष्यों की ही बेहोश और भोगवादी दौड़ ने ऐसी स्थिति पैदा कर दी है—कि हर दिन दर्जनों प्रजातियाँ सदा के लिए विलुप्त होती जा रही हैं। अन्यथा प्रकृति की व्यवस्था तो ऐसी है कि छोटे-छोटे कीड़े-मकोड़े और चींटियाँ भी भूखे-प्यासे ना मरें। जल में मछली भूखी नहीं मरती। रेगिस्तान के पशु-पक्षी भूखे-प्यासे नहीं मरते। आसमान में उड़ने वाले पक्षी भूखे नहीं मरते। आप कैसे मर जाओगे? यदि आप भूखे-प्यासे मर रहे हैं, प्रदूषण और उससे उत्पन्न बीमारियों से मर रहे हैं—तो ज़रूर आप ही प्रकृति की व्यवस्था में दखल दे रहे होंगे।

आज जलवायु परिवर्तन (क्लाइमेट चेंज) जैसी समस्या ख़ुद मनुष्य के अहंकार की ही पैदाइश है—प्रकृति की नहीं। और मनुष्यों में हम सब आते हैं। हम बेहोश और अहंकारी इंसानों ने ही इस प्रकृति को बर्बाद किया है। बल्कि हमने प्रकृति के साथ छेड़-छाड़ करके अपने ही पैरों पर कुल्हाड़ी मारने जैसा काम किया है। अन्यथा प्रकृति ने तो सबके लिए व्यवस्था की थी। क्योंकि इस प्रकृति में केवल वही पैदा हो सकता है, जिसके जीने की यहाँ व्यवस्था है—अन्यथा वह पैदा ही नहीं हो सकता था।

तो प्रकृति को भोगकर तो सुकून मिलने से रहा, क्योंकि जिस शरीर से उसे भोगोगे—वह स्वयं भी प्रकृति ही है। और एक सीमा से ज़्यादा ना वह भोग सकता है, ना सुख ले सकता है। किसी विषय को भोगकर उससे सुख लेने की भी इंद्रियों की सीमा है और विषय की भी सीमा है कि वह एक सीमा से ज़्यादा सुख नहीं दे सकता। भोक्ता और भोग्य विषय, दोनों एक ही हैं। इसलिए भोग-भोग कर शांति पाने की कोशिश करना तो ऐसा ही है, जैसे कि पहले तो जल भ्रमवश स्वयं को प्यासा मान ले और फ़िर जल पीकर ही प्यास बुझाने का प्रयास करे। इसलिए अगर दौड़ना भी है तो भोग के पीछे नहीं, बोध के लिए दौड़ो—ताकि भ्रम हटें। लंबा और सुरक्षित जीवन नहीं—सच्चा, होशमंद, आज़ाद, पूर्ण और प्रेमपूर्ण जीवन माँगो। सही संघर्ष से भरा जीवन माँगो, जहाँ आप या तो आज़ाद जिएँ या आज़ादी के लिए जिएँ। जहाँ आप या तो सच्चाई में जिएँ, या सच्चाई के लिए जिएँ।

अन्यथा गुलामी, बेहोशी और झूठ में जीना भी कोई जीना है? यह भी कोई काम है, जो सिर्फ़ इसलिए कर रहे हैं क्योंकि उससे कुछ पैसे मिल जाते हैं—मगर बोध, प्रेम और सत्य का जहाँ नामोनिशान नहीं। ये भी कोई रिश्ते हैं, जिनको सिर्फ़ इसलिए ढो रहे हैं—क्योंकि

ढोना सिखाया गया है और सब ढोते हैं। या इसलिए ढो रहे हैं क्योंकि कभी उनकी ज़रूरत लग सकती है। यह भी कोई अमीरी है, जहाँ भीतरी भूख मिट ही नहीं रही है, खोखलापन भर ही नहीं रहा है। जहाँ सब कुछ है, मगर ज़िंदगी नर्क बनी हुई है और भीतर केवल चिंता, भय, ईर्ष्या, लालच, बेचैनी और हीनता आदि भरा हुआ है। यह भी कोई ज़िंदगी है!

हमसे तो पशु-पक्षी भी शायद ज़्यादा बेहतर जीवन जीते हैं। वे अबोध हैं, मगर हम तो भ्रम में हैं। उनके पास ज्ञान नहीं है, मगर हमारे पास—झूठा, भ्रामक और अपूर्ण ज्ञान है। हमारे पास मान्यताएँ, प्रथाएँ, अंधविश्वास हैं। हममें अहंकार है और इसीलिए हम पशुओं से भी नीचे गिर जाते हैं—राक्षस हो जाते हैं। इसलिए यदि आपके जीवन का आधार सत्य, बोध, प्रेम, करुणा, ईमानदारी और आज़ादी नहीं हैं—जो कि अलग-अलग नहीं हैं—तो आप जीवित ही नहीं हैं। या तो आप मशीन हैं, या ज़िंदा लाश हैं।

जिनका वर्तमान ही बर्बाद है, उन्हें भविष्य की चिंता शोभा नहीं देती। और जिनका वर्तमान आबाद होने लगता है, उन्हें भविष्य के ख्याल ही आने बंद हो जाते हैं। भविष्य की चिंता इस बात का प्रमाण है कि वर्तमान में आप बेईमान और बेहोश हैं। वर्तमान के साथ ईमानदारी रखो, सत्य के साथ रहो और होश में जियो—आज़ाद होते जाओगे।

6

तुम्हें तुम से आज़ादी चाहिए

प्रश्नकर्ता: हमें आज़ादी चाहिये किससे?

अचिंत्य: गुलाम से। और वह गुलाम हैं आप। तो आपको स्वयं से ही आज़ादी चाहिये। लेकिन उससे आज़ाद कैसे हो सकते हैं, जिसको जानते ही नहीं। इसलिए पहले यह समझना ज़रूरी है कि आप स्वयं को मानते क्या हैं। जो कुछ भी आप स्वयं को मानते हैं, उसको जानना ही उसके झूठ को उजागर करता जाता है—और उसके झूठ का उजागर होना ही उससे आज़ादी है। झूठा मैं मिटता जाता है और जो असली है, वह प्रकट होता जाता है। जब झूठा 'मैं' नहीं रहता, तब जो है—वही आप हैं। तो आप स्वयं को क्या मानते हैं? पूछिए स्वयं से कि किसे आप कहते हैं—"मैं"? देखो कि किस तरह वह भ्रम, भय, बंधन और दुःख का कारण बन जाता है? देखो कि किस तरह किसी भी संबंध में उस मैं की दखल—संबंध को विकृत कर देती है? देखो कि किस तरह आप यानी यह मैं अपने होने के एहसास के लिए अन्य पर आश्रित है?

यह पहचानों पर आश्रित है। यदि आप अपने होने के लिए किसी भी पहचान से चिपके हुए हैं, तो आप आज़ाद नहीं हैं। आप बंधन में हैं—और यही दुःख बनता है। क्योंकि जैसे ही आप किसी भी पहचान से चिपकते हैं, आप वही हो जाते हैं और उसी में कैद होकर रह जाते हैं। उस पहचान के साथ ही एक झूठा 'मैं' खड़ा हो जाता है, जो अपने होने के एहसास के लिए उस पहचान पर आश्रित रहता है। उस पहचान के बिना उसकी अपनी कोई हस्ती नहीं होती। आप स्वयं को वही 'मैं' मान लेते हैं, जो उस पहचान पर आश्रित है—और इसीलिए आप उस पहचान से आसक्त हो जाते हैं। आप उसी पहचान के केंद्र से जीते हैं, उसी के लिए जीते हैं, उसी के लिए लड़ते हैं, उसी के लिए मरते और मारते भी हैं।

क्या आप जानते हैं, लोगों को अपनी तथाकथित पहचानें इतनी प्यारी क्यों होती हैं? क्योंकि उन पहचानों की स्मृति के कारण वह जो 'कुछ होने' का एहसास खड़ा हो जाता है, व्यक्ति उसी को 'मैं' मान लेता है—और इस तरह पहचानों का मिटना उसे अपने मिटने का एहसास कराता है। इसलिए वह पहचानों को बचाने के लिए इतना तत्पर रहता है। जैसे ही

आप स्वयं को किसी भी पहचान में कैद करते हैं, उसी क्षण यह निश्चित हो जाता है कि अब आपको क्या दिखाई देगा, क्या सुनाई देगा—और उसका आप क्या अर्थ लगाएंगे। उसी क्षण यह भी निश्चित हो जाता है कि अब आप जीवन में क्या करेंगे और कैसे जिएँगे। सब कुछ वहीं से निश्चित हो जाता है।

जिस व्यक्ति का पूरा जीवन पहले से ही निश्चित है, ढर्राबद्ध है—क्या उसे आज़ाद कहा जा सकता है? बिल्कुल नहीं। उसकी एक-एक श्वास गुलामी की है। चौबीसों घंटों में उसके तन, मन, बुद्धि, विचार, अहंकार इत्यादि के माध्यम से होने वाली प्रत्येक हरकत—उन पहचानों के केंद्र से संचालित होती हैं, जो कुछ वह भ्रमवश स्वयं को मानता है। यह गुलामी है, जो आपको सीमित करती है। जिसे आप अपनी पहचान मानते हैं, वह यदि शरीर पर आधारित है—तो शरीर प्रकृति है, और प्रकृति (यानी शरीर) चलती है अपने नियमों पर। तो वहाँ आपका कोई नियंत्रण नहीं है।

वहाँ पर नियंत्रण का प्रयास शरीर की प्राकृतिक व्यवस्था, सहजता, सरलता और संवेदनशीलता को विकृत कर देता है। उसके अतिरिक्त आप जिसे अपनी पहचान मानते हैं, वह यदि मानसिक है—तो वह आपको समाज, समय, स्थान, संयोग, संस्कृति, देश, परिवार इत्यादि से; यानी दुनिया से मिली है। और दुनिया से आपको जो पहचानें मिली हैं—यदि आप उन्हें सत्य मानते हैं, उनसे आसक्त हो जाते हैं और उन्हीं के लिए जीते हैं, स्वयं को यदि आप वही मान लेते हैं—तब क्या होता है? चूँकि आपको पहचानें मिली हैं 'बाहर' से, और बाहर वालों ने यह पहले ही निश्चित कर रखा है कि किसी खास पहचान को "अपनी पहचान" मानने वाला व्यक्ति कैसे जिएगा—सब कुछ पहले से ही तय है।

जैसे—वह क्या काम करेगा और क्या नहीं? क्या खाएगा, पिएगा और पहनेगा? कहाँ जाएगा और कहाँ नहीं? किसे पूजेगा और किसे नहीं? कहाँ झुकेगा और कहाँ नहीं? उसके कपड़े, रिश्ते, लोगों के साथ व्यवहार का तरीका, बालों को रखने का तरीका, उठना-बैठना, खाने-पीने का ढंग—सब कुछ किसी अन्य के द्वारा पहले ही निश्चित हो चुका है। इस बेहोश दुनिया ने बचपन से लेकर आज तक आपके ऊपर पहचानों के नाम पर जो नकली ठप्पे लगाए हैं—आप उन्हें अपनी असली पहचान मान लेते हैं, उनके लिए जीते हैं, उनके गुलाम होकर रह जाते हैं, और वे पहचानें आपको कहीं का नहीं छोड़ती हैं। वे आपको बहुत ही हीन, अपूर्ण, सीमित, संकुचित और क्षुद्र कर देती हैं। आपको अस्तित्व से काट देती हैं और बाँट देती हैं। यहीं से सारे भेदभाव, हिंसा, शोषण, अन्याय, अत्याचार, युद्ध, अपूर्णता, अकेलापन, भय, क्रोध, ईर्ष्या, कामना आदि उत्पन्न होते हैं।

यदि आप इन पहचानों में कैद हैं और इन्हीं के केंद्र से जी रहे हैं, तो अब आप किसी भी तरह से आज़ाद नहीं हैं। आप ना तो देखने-सुनने के लिए आज़ाद हैं, ना किसी से भी संबंधित होने के लिए, और ना ही कुछ करने के लिए। अब आप उन काल्पनिक पहचानों की केवल कठपुतली बन कर भ्रम में जी रहे हैं—अपनी ही प्रक्षेपित और काल्पनिक दुनिया में—और वास्तविकता का आपको कुछ पता नहीं। वह आपको दिख ही नहीं रही है। जो कुछ भी आपको

दिखाई-सुनाई दे रहा है और अनुभव हो रहा है, वह सब सीमित, संकुचित, अपूर्ण, भ्रामक और झूठा है। अतः आप आज़ाद नहीं हैं, क्योंकि सब कुछ पहले ही निश्चित हो गया है। अब आप केवल एक संस्कारबद्ध मशीन हैं।

मगर यह जो मशीन है—जिसे मनुष्य कहते हैं—यह कुछ अलग तरह की मशीन है। यह मशीन तो है, मगर यह यदि अपने मशीनपने के प्रति सचेत नहीं है, तो इसको दुःख का अनुभव होता है, गहरी पीड़ा होती है। इसके माध्यम से हिंसा के रूप में दुःख ही बढ़ता है। क्योंकि इसको एक भ्रम है कि जैसे इसके (देह के) भीतर कोई बैठा है, जो 'मैं' बनकर बोलता, देखता और सुनता है, अनुभव करता है—और वह इस देह और जगत से पृथक और स्वतंत्र है। जबकि सारी शारीरिक और मानसिक गतियाँ प्राकृतिक और मशीनी हैं। जब यह स्पष्टता होती है, तब केवल बोध मात्र रहता है, देखना मात्र रहता है, सुनना मात्र रहता है—ना कोई दृष्टा होता है और ना ही दृश्य—और उसी में आज़ादी है।

दृष्टा तो अतीत मात्र है, जो वर्तमान में आकर दखल देता है और 'जो है' को अपने रंग में रंग लेता है और कहता है कि मैं इसे पहचानता हूँ। जो पहचान रहा है, वह अतीत है—यानी अतीत की स्मृति मात्र है—मगर वह स्वयं को दृष्टा, यानी देखने वाला, मान लेता है, जैसे कि उसकी अपनी कोई पृथक और स्वतंत्र सत्ता हो। यदि वर्तमान के प्रति अतीत के केंद्र से कोई प्रतिक्रिया ना हो अथवा अतीत की दखल के प्रति सजगता हो, तो ना कोई दृष्टा रहता है, ना ही दृश्य—केवल देखना मात्र रहता है। जब वर्तमान के प्रति अतीत के केंद्र से प्रतिक्रिया हो रही होती है, तब अतीत—यानी स्मृति—को स्वयं के 'दृष्टा होने का एहसास या भ्रम' होने लगता है।

जैसे एक भावना उत्पन्न होती है—अभी भावना की वह अवस्था है—और तभी अतीत की स्मृति सक्रिय हो जाती है और वह प्रतिक्रिया करने लगती है। स्मृति उस अवस्था यानी भावना को पहचानने का दावा करती है, उसको नाम देती है और कहती है कि यह तो भय, क्रोध या ईर्ष्या आदि है। यह जो इस अवस्था को नाम (शब्द) दिया गया है—यह अतीत की दखल है। अब तथ्य दिखाई नहीं देगा। ये नाम और इनके साथ जुड़ी छवियाँ, अर्थ, अनुभव, मान्यताएँ आदि ही एक स्वतंत्र सत्ता के रूप में दृष्टा होने का दावा करती हैं, मगर भ्रमवश आप यह मान लेते हैं कि दृष्टा इन शब्दों, नामों, अनुभवों, छवियों इत्यादि से पृथक और स्वतंत्र है—जबकि ऐसा नहीं है।

सामने से आ रहे किसी भी व्यक्ति को आप केवल तब ही कोई नाम या पहचान दे पाते हैं, जब उससे संबंधित कोई अतीत की जानकारी आपकी स्मृति में हो—अन्यथा आप नहीं कह पाते हैं कि आप उसे जानते हैं। जहाँ अतीत नहीं है, वहाँ ना दृष्टा है, ना ही दृश्य—और केवल विशुद्ध देखना मात्र है। बोध मात्र है। दृष्टा के अंत के साथ ही उसका भी अंत हो जाता है, जो दुःखी, हीन या गुलाम है; जो हिंसक, क्रोधी, ईर्ष्यालु, भयभीत और लालची है। अब सारी गतियाँ प्राकृतिक होती हैं—बोध के प्रकाश में होती हैं—सहज, सरल और सामंजस्यपूर्ण होती हैं। यह देखना मात्र ही साक्षीत्व है। यही आत्मबोध है। अन्यथा आत्मबोध के अभाव में

मनुष्य केवल एक संस्कारबद्ध मशीन मात्र है, जहाँ कोई आज़ादी नहीं है, जहाँ कदम-कदम पर केवल भ्रम, भय, धोखे, पछतावे, द्वंद्व, हिंसा और गहरी पीड़ा के अलावा और कुछ नहीं है। फ़िर भी इंसान सिर्फ़ इसलिए दौड़ता रहता है कि शायद किसी दिन इस पीड़ा का अंत हो। लेकिन आत्मबोध—यानी स्वयं को जानने-समझने—के अलावा इसका और कोई समाधान नहीं है।

आत्मबोध क्या है?—"स्वयं के पृथक और स्वतंत्र अस्तित्व होने के भ्रम का अंत ही आत्मबोध है।" मगर यह भ्रम ही अपने मिटने से भयभीत होता है, क्योंकि यह 'मैं' (माने अहंकार) बन गया है। और यह 'मैं' (यानी भ्रम) उन पहचानों के रूप में ज़िंदा व गतिशील रहता है, जिन्हें आप अपनी पहचान कहते हैं। क्योंकि उनके बिना इस 'मैं' की अपनी कोई पृथक व स्वतंत्र सत्ता है ही नहीं। और जहाँ 'मैं' का अंत है—वहीं मुक्ति है, वहीं सौंदर्य है, वहीं आनंद है, वहीं जीवन में सहजता है। आप सोचते हैं कि जितनी ज़्यादा आपकी पहचानें होंगी, आप उतने बड़े और अधिक आज़ाद होंगे। मगर बात कुछ और ही है। अपने होने के लिए जितनी अधिक आपने पहचानें पकड़ रखी होती हैं, आप उतने ही छोटे हो जाते हैं। ज़िंदगी केवल और केवल पहचानों रूपी पिंजरों में कैद होकर रह जाती है—एक के बाद एक पिंजरा। और उन पिंजरों में जीने को कभी आप अपनी ज़िम्मेदारी कह देते हैं, कभी धर्म, कभी संस्कृति और कभी मान्यता या परम्परा। ज़्यादातर इंसान केवल मशीन हैं और उनके जीवन में सब कुछ ढर्राबद्ध है। ये जो कुछ भी कर रहे हैं, जैसे भी जी रहे हैं और जो कुछ भी देख अथवा सुन रहे हैं—वह सब उस भीतरी केंद्र से संचालित हो रहा है, जो वे स्वयं को मानते हैं।

अपनी पहचान के रूप में स्वयं को आप जो भी मानते हैं—यदि उसकी जगह कुछ और ही मान रहे होते—तो क्या तब भी आपकी ज़िंदगी में सब-कुछ वैसा ही होता, जैसा कि अभी है? नहीं। उदाहरण के लिए, यदि आप स्वयं को हिंदू की जगह ईसाई या मुसलमान मान रहे होते, ब्राह्मण की जगह शूद्र या वैश्य मानते अथवा कुछ और—तो क्या तब भी आपके जीवन में सब कुछ वैसा ही होता, जैसा अभी है? नहीं। तो जो कुछ आप स्वयं को मानते हैं, वह तो केवल समय, स्थान, संयोग, संस्कृति आदि का परिणाम है—मगर आप तो उसी को अपनी पहचान मान रहे हैं। संयोग से मिले ठप्पे को आप अपनी पहचान मान लेते हैं और देख भी नहीं पाते हैं कि किस तरह उसने आपकी दृष्टि विकृत कर दी है।

मुझे सुनने या पढ़ने के दौरान यदि आप उसे भूल नहीं जाते हैं—जो आप स्वयं को मानते हैं—और केवल सुनना अथवा देखना मात्र नहीं रह जाता है, तो आप मुझे सुन ही नहीं रहे हैं। क्योंकि मुझे सुनने के दौरान यदि आप यह याद रखकर बैठे हैं कि आप कौन हैं—जैसे कि आदमी, औरत, बच्चा, बूढ़ा, अमीर, गरीब, हिंदू, मुसलमान इत्यादि—तो आप जो भी स्वयं को मानते हैं, मुझे भी उसी चश्मे से देख रहे हैं। इसलिए आपको वह सुनाई ही नहीं देगा, जो मैं कह रहा हूँ। आप उसका कुछ और ही अर्थ लगा लेंगे। आप वह सुनेंगे, जो आप सुनना चाहते हैं। आपको वह नहीं दिखाई देगा, जो मैं हूँ—आपको कुछ और ही दिखाई-सुनाई देगा।

आप आज़ादी चाहते हैं, मगर आज़ादी सस्ती नहीं होती—यह आपसे आपको ही माँग लेती है। यदि आप मुक्त होना चाहते हैं, तो आपको (माने अहंकार को) मिटना होगा। जब तक आप हैं, तब तक भ्रम और बंधन कायम रहेंगे। हक़ीकत केवल तब प्रकट होती है, जब आप नहीं हैं—आप माने वह, जो आप बनकर जी रहे हैं; वह, जो आप स्वयं को मानते हैं। जब तक आपने स्वयं को कुछ भी माना हुआ है, तब तक आप सीमित और अपूर्ण हैं। तब तक देखने के पीछे देखने वाला बैठा हुआ है—केवल देखना मात्र नहीं है। केवल सुनना मात्र नहीं है। सुनने के पीछे सुनने वाला भी बैठा हुआ है, जो दावा कर रहा है कि मैं सुन रहा हूँ, जबकि वह केवल अतीत मात्र है। और वह जो सुनने वाला है, वह हर शब्द को अपने रंग में रंग देता है—यानी वर्तमान में विशुद्ध अवलोकन को अतीत अपने रंग में रंग देता है। जैसे कि साफ-सुथरे पत्थर को कीचड़ में फेंक दो, तो वह कीचड़ उस पत्थर को भी अपने रंग में रंग लेता है। उसी प्रकार अतीत की स्मृति वर्तमान को अपने अर्थ, अपने निष्कर्ष, अपनी मान्यताओं और अपनी व्याख्याओं में ढाल लेती है। तब, जो है—वह नहीं दिखाई देता। यही बंधन है। इसके प्रति ईमानदारी और निष्पक्षता से सचेत रहना ही आज़ादी की शुरुआत है।

जैसे कि सामने किसी पार्क में एक युवा लड़का और लड़की बैठे हुए हैं और कुछ काम कर रहे हैं। शायद वे कुछ पढ़ रहे हैं। लेकिन कोई अन्य व्यक्ति यदि उन्हें दूर से इस तरह साथ देखेगा, तो वह तुरंत यह कल्पना करने लग जाएगा कि ज़रूर इन दोनों के बीच तथाकथित प्रेम वाला प्रेमी-प्रेमिका (गर्लफ्रेंड और बॉयफ्रेंड) का रिश्ता होगा। ऐसा है या नहीं—यह बात अलग है। मगर उस व्यक्ति ने ऐसा क्यों सोचा? ऐसे विचार उसे क्यों उठे? क्योंकि जैसे ही उसकी आँखों ने दृश्य को देखा, तो तुरंत लड़के और लड़की की वह छवि, व्यक्ति के मस्तिष्क में संचित स्मृति—यानी अतीत—तक पहुँच गई और वह सक्रिय हो गई। अभी तक वह स्मृति जैसे थी ही नहीं—यानी उसके होने का एहसास नहीं था—मगर जैसे ही वह सक्रिय हुई, तो उसे अपने होने का भान होने लगा। अब व्यक्ति की आँखें उस स्मृति यानी अतीत के चश्मे से देख रही हैं, इसलिए उसे यह प्रतीत होता है कि सामने जो दो लोग हैं, वे गर्लफ्रेंड और बॉयफ्रेंड हैं।

देखने वाले को ऐसा भ्रम हो जाता है कि जो दृश्य उसे दिख रहा है, वह वैसा ही है जैसा उसे दिख रहा है और जब हम ऐसा मान लेते हैं—तब अक्सर हम तथ्य को जानने की जिज्ञासा नहीं करते हैं और अपनी मान्यता को ही सत्य मान लेते हैं। जो माना है, उसी के केंद्र से प्रतिक्रिया करने लग जाते हैं और वहीं से सारे द्वंद्व, कामना और हिंसा शुरू हो जाती है। हक़ीकत यह है कि देखने वाला (दृष्टा) स्वयं ही उस दृश्य को प्रक्षेपित कर रहा है, जो उसे दिखाई दे रहा है। इस तरह दृष्टा और दृश्य अलग हैं ही नहीं। शुरुआत में, जब केवल देखा जा रहा था और अतीत (दृष्टा) सक्रिय नहीं हुआ था, तब केवल देखना मात्र था। वहाँ ना दृष्टा था, ना दृश्य—केवल देखना मात्र था। और उसमें सहजता थी। सौंदर्य था। अतीत ही दृष्टा बनकर जब वर्तमान को रंग देता है, तब देखना विकृत हो जाता है और वे सारी समस्याएँ शुरू हो जाती हैं, जिनमें आप पीड़ा पाते हैं। क्या आप अतीत के बिना सीधे देख सकते हैं?

और यदि अतीत आकर अवलोकन में दखलंदाज़ी देता है, तो क्या आप उसके प्रति सचेत रह सकते हैं? अतीत के बिना देखना—माने देखने वाले के बिना देखना—माने आप ना रहें और केवल देखना मात्र रहे।

जब तक देखने के पीछे देखने वाला बैठा है, तब तक देखने वाले और जिसे देखा जा रहा है—दोनों में भेद होगा, दूरी होगी और द्वंद्व होंगे। जब आप कुछ नहीं होते हैं—यानी जब आप एक भी पहचान, अनुभव, छवि या मान्यता से चिपके हुए नहीं होते हैं—अर्थात् जब आप उन सब की सीमाओं और झूठ को देख पाते हैं, जो आपने इस 'मैं' के इर्द-गिर्द चिपका रखा है—तब आप कुछ नहीं रहते हैं। यानी तब अहंकार नहीं रहता है। तब 'जो है', बस वही है। "जब आप नहीं हैं, तब वह है।" उसी में आज़ादी है। उसी में सौंदर्य है। उसी में आनंद है। उसी में प्रेम है। वहीं से करुणा के फूल खिलते हैं और वहीं से आती है बेपरवाही।

जब आप नहीं होते हैं—माने जब आप एक भी पहचान में कैद नहीं होते हैं—तब आप ना सीमित होते हैं, ना अपूर्ण होते हैं। जब ना सीमाएँ होती हैं, ना अपूर्णता और ना कोई छुद्रता, तब आँखों पर कामना और भय रूपी भ्रामक पर्दा नहीं होता। और जब आँखों पर कामना और भय रूपी भ्रम का पर्दा नहीं होता, तो सब स्पष्ट दिखता है। क्योंकि कामना और भय होते ही वहाँ हैं, जहाँ अपूर्णता और क्षुद्रता की भ्रामक मान्यता होती है। और अपूर्णता और क्षुद्रता का एहसास वहाँ होता है, जहाँ अहंकार होता है। अहंकार वहाँ होता है, जहाँ यह भ्रम होता है कि मैं हूँ, मैं अपूर्ण हूँ और यह जगत है, जिसके माध्यम से मुझे पूर्णता मिल जाएगी, क्योंकि हम दोनों पृथक और स्वतंत्र हैं। तथ्य यह है कि दृष्टा और दृश्य ना पृथक हैं, ना स्वतंत्र। दोनों एक हैं और एक-दूसरे के बिना उनका कोई अस्तित्व नहीं है। ना देह के तल पर; ना ही नाम, रूप और अर्थ के तल पर।

जैसे—मिट्टी ही शरीर है और मिट्टी शब्द ही विचार, यानी मन है। ना तन (दृष्टा यंत्र) और मिट्टी (दृश्य/तत्व) अलग हैं, ना मन (दृष्टा/छवि/अर्थ/अतीत) और मिट्टी शब्द (दृश्य/रूप/रंग)। मगर जहाँ यह भ्रम होता है कि मैं जगत से भिन्न हूँ—वहाँ अहंकार, माने अलगाव या भेद, खड़ा हो जाता है। और जहाँ अहंकार है, वहाँ अपूर्णता अनुभव होगी ही, क्योंकि आपने स्वयं को पूर्ण से पृथक कुछ मान लिया और स्वयं को किसी पहचान में कैद कर लिया। जब आप कहते हैं कि वह मिट्टी है, तब आप अप्रत्यक्ष रूप से यह कह रहे हैं कि आप मिट्टी नहीं हैं। यही तो अहंकार है। फ़िर अपूर्णता और क्षुद्रता क्यों नहीं होगी? सीमाएँ खींचकर छुद्र तो ख़ुद बने बैठे हैं।

चीजें बटोरने से पूर्ण नहीं हो पाओगे, क्योंकि चीजें कितनी ही बटोर लो—बटोरी तो और जा सकती हैं ना? एक के आगे चाहे कितने ही शून्य लगा दो, और शून्य जोड़े जा सकते हैं। तो जगत में चाहे कुछ भी एकत्रित कर लो और 'मैं' के साथ चाहे जो और चाहे जितनी पहचानें जोड़ लो, मगर पूरे कभी ना हो पाओगे। पूर्ण होने का तो एक ही उपाय है—उसके झूठ को जान लो, जो 'एक' बनकर बैठा है। जहाँ 'एक' हटा, वहाँ सारे शून्यों का मूल्य भी शून्य हो जाएगा। दुःखी हटा, तो दुःख भी हट जाएगा। अहंकार हटेगा, तो उस पर आश्रित भ्रामक संसार भी

शून्य हो जाएगा।

अन्यथा जहाँ अपूर्णता है, वहाँ पूर्णता की कामना तो उत्पन्न होगी ही। जहाँ स्वभाव से दूरी है, वहाँ उसकी याद तो सताएगी न। वही मूल कामना फ़िर अनेक ऊपरी कामनाओं का रूप ले लेती है और व्यक्ति दुनिया में कुछ पाने और बनने के पीछे दौड़ने लगता है। वह बहुत कुछ हासिल करता है और ना जाने क्या-क्या बन जाता है, मगर अपूर्णता जारी रहती है। क्योंकि वह भ्रम तो अभी भी है ना कि मैं (अहं) और जगत पृथक और स्वतंत्र हैं। मगर आप भ्रम में हैं, और इसका प्रमाण यह है कि आप अनेक भेदभावों से भरे हुए हैं—इंसान और इंसान में भेदभाव, इंसान और पशु-पक्षियों में भेदभाव, पशु और पशु में भेदभाव, इंसान और प्रकृति में भेदभाव।

जब तक ये सारे भेद शून्य ना हो जाएँ, तब तक आप भ्रम में हैं। और जहाँ भ्रम है—वहाँ अहंकार है। भ्रम ही अहंकार है और जहाँ अहंकार है, वहाँ हिंसा, भय, शोषण, अन्याय, युद्ध, दुःख, द्वंद्व आदि सब ज़ारी रहेंगे। वहाँ आज़ादी, प्रेम, करुणा, आनंद और सौंदर्य नहीं हो सकता। क्योंकि जहाँ अहंकार है, वहाँ कामना है—और कामना की पूर्ति वह जगत के माध्यम से ही तो करना चाहेगा ना। मगर जगत में संसाधन तो सीमित हैं। तो अब क्या होगा? सीमित संसाधनों के लिए लोग लड़ेंगे। तुलना, दौड़, युद्ध, दंगे, हिंसा, शोषण, भ्रष्टाचार, चोरी आदि सब होंगे।

मगर फ़िर भी किसी को सुकून नहीं मिलेगा, क्योंकि भ्रम माने अहंकार तो जारी है ना। जब कामना होती है, तब प्रतीत तो ऐसा होता है जैसे कि खिलौने की कामना है, गाड़ी की कामना है; धन, नौकरी अथवा स्त्री की कामना है—मगर मूल कामना होती है मुक्ति की—हर तरह के भ्रम, भय, बंधन, अपूर्णता और दुःख से मुक्ति की। इंसान को शांति चाहिये और वह उपलब्ध है, मगर वह कुछ हासिल करके, कुछ बनकर, कुछ भोगकर शांत होने का प्रयास करता है। यह भ्रामक प्रयास ही उसकी पीड़ा को और अधिक बढ़ा देता है। यही भ्रम है। भ्रमवश अबोध बालक देह और स्मृति से आसक्त हो जाता है, उसी में सीमित हो जाता है, स्वयं को अपूर्ण मान लेता है और जीवन भर पूर्णता की तलाश में दौड़ता रहता है—जो उसे कहीं नहीं मिलती—और इस बेहोश दौड़ में अगर कुछ मिलती है तो केवल पीड़ा।

अपूर्णता केवल तब ही महसूस होती है, जहाँ कोई स्वयं को 'अपूर्ण' या 'कुछ' मानकर बैठा हो। आप ही जब स्वयं को किसी खास पहचान में कैद करके सीमित कर लेते हैं, तब उन सीमाओं के कारण 'वह' अस्तित्व में आता है—जो स्वयं को 'अपूर्ण' अनुभव करता है। उसे आप कहते हैं—'मैं'। यानी आप ही वह हो जाते हैं, जो अपूर्णता महसूस करता है। मगर जब आप किसी भी पहचान से मुक्त होते हैं—क्योंकि आप उनके झूठ, व्यर्थता और सीमाओं को देख पा रहे हैं—तब वह, जो अपूर्ण था, वह नहीं रहता। क्योंकि वह निर्मित ही हुआ था ऐसी अनेक भ्रामक और काल्पनिक पहचानों से मिलकर, जो सीमित होने का भ्रम उत्पन्न करती हैं और अलगाव खड़े करती है।

'मैं' के इर्द-गिर्द जो कुछ भी आपने जोड़ रखा है—मेरा शरीर, मेरा नाम, मेरी पहचानें, मेरे अनुभव, स्मृति, सुख-दुःख, धोखे, अतीत की यादें, भविष्य के सपने, सफलता-असफलता, रिश्ते इत्यादि—वही सब मिलकर 'मैं' बन जाते हैं। तो वास्तव में यह 'मैं' कुछ नहीं है, केवल उन सीमित-संकुचित और भ्रामक पहचानों, नामों, अनुभवों इत्यादि का संचय मात्र है। जब आप सचमुच उनके झूठ, सीमाओं और उनकी व्यर्थता को देख लेते हैं, तब वे नहीं रहते हैं। जब वह सब-कुछ नहीं रहता, तो उन सबसे मिलकर जो 'मैं', माने अहंकार, खड़ा हुआ था—वह भी नहीं बचता है। जो 'मैं' है, वह सीमित, संकुचित और भ्रामक पहचानों, मान्यताओं, संस्कारों, अनुभवों इत्यादि से मिलकर निर्मित हुआ है और आप मानते हैं कि वही तो आप हैं। इसीलिए तो आपको लगातार अपूर्णता और कोई कमी-सी महसूस होती रहती है। लेकिन जब आप इस 'मैं' के 'झूठ' को 'झूठ' की तरह जान लेते हैं, तब वह नहीं रहता है—और वही वास्तविक आज़ादी है। झूठे 'मैं' को झूठा जानना ही आज़ादी है और झूठ को झूठ जानने वाला ही सत्य है। बोध के प्रकाश में भ्रम दिखते हैं। सत्य के प्रकाश में झूठ दिखता है।

जब आँखों के पीछे देखने का दावा करने वाला नहीं होता—जो कि द्रष्टा (यानी अतीत) ही है—तब केवल देखना होता है। तब इन्हीं आँखों से हक़ीकत दिखाई देती है और इन्हीं कानों से वह सुनाई देता है, जो है। जब यह झूठा 'मैं' नहीं है, तब जो है—वही जीवन है, वही मौज है। वही आनंद और सौंदर्य है। मगर हम तो ऐसे नहीं हैं ना। यह सारी बातें सुनने में बड़ी प्यारी और आकर्षक लगती हैं, मगर जब तक हम स्वयं को कुछ भी मानकर जी रहे हैं, तब तक यह सारी बातें हमारे लिए केवल बातें और कल्पना मात्र ही होंगी—जैसे कोई सपना मात्र हो। मगर सिर्फ़ बातें रट लेने से भ्रम नहीं हटते। जो जाना है, वह यदि जीवन ना बने, तो इसका अर्थ है कि जाना ही नहीं। केवल जानकारी भर है—और जानकारी होने भर को आज़ादी नहीं कहते। हम जिसको आम बोलचाल में आज़ादी कहते हैं—जिसमें 'हम' भी होते हैं और 'आज़ादी' भी होती है, जिसमें 'मैं' और 'तू', यानी अलगाव भी होते हैं, और हम कहते हैं कि हम आज़ाद हैं—वह आज़ादी नहीं है। आज़ादी तब है, जब आप (अहंकार) पूरे ही मिट जाते हैं—जब ना 'मैं' बचता है, ना 'तू'। क्योंकि आपका होना ही बंधन है।

और जब तक आप हैं, तब तक आपके लिए कोई 'दूसरा' भी होगा ही। यानी जब तक 'मैं' है, तब तक 'तू' है। और जब तक 'मैं' और 'तू' है, तब तक विभाजन है। जहाँ विभाजन है, वहाँ सीमाएँ हैं, द्वंद्व हैं। वहाँ अपूर्णता, कामना, हिंसा आदि सब हैं, मगर वहाँ ना सत्य है, ना आज़ादी। वहाँ केवल दुःख होगा। जब मैं यह कह रहा हूँ कि आपको पूरा ही मिटना होगा—आपका होना ही बंधन है—तब मैं यह नहीं कह रहा हूँ कि इस शरीर को ही खत्म कर दो। शरीर को दुःख नहीं होता है, शरीर को दर्द होता है। दुःख उसे होता है, जो है नहीं, मगर होने का दावा करता है। तो हम शरीर की आज़ादी की बात नहीं कर रहे हैं। हम उसकी आज़ादी की बात कर रहे हैं, जो भ्रम, भय, बंधन और पीड़ा में है। मैं उसके मिटने की बात कर रहा हूँ, जो आप स्वयं को 'मानते' हैं। उसको पूरा मिटना होगा। उसकी राख भी नहीं बचनी चाहिये।

तब आज़ादी है।

उसके मिटने का अर्थ यह नहीं है कि उसको कहीं से निकालोगे और उसमें आग लगाओगे। उसके मिटने का अर्थ है उसके होने के मिथ्यात्व को देख लेना। उसको 'मैं' और अपनी 'पहचान' मानने के कारण जो भ्रम, भय, बंधन, दुःख, अलगाव, हिंसा, शोषण आदि खड़े होते हैं, उनको देख लेना। जो कुछ भी आप स्वयं को मानते हैं, स्वयं को वह मानने के कारण जीवन में, रिश्तों, संबंधों, समाज और दुनिया में जो ज़हर भर जाता है, उसको जब आप ईमानदारी से देख लेते हैं, तब आप उस पहचान से मुक्त हो जाते हैं। ठीक उसी तरह जैसे कि जब आप प्यासे हैं और गिलास में पानी के स्थान पर ज़हर हो, तो आप उस ज़हर को पीने नहीं लग जाते हैं—अर्थात् वह छूट जाता है। क्योंकि आप जानते हैं कि आप प्यासे हैं और आपको पानी चाहिये, क्योंकि उसी से प्यास बुझेगी। इसलिए आप वह गिलास उठाएँगे जिसमें पानी है—वह नहीं जिसमें ज़हर है।

उसी तरह जब यह पता होता है कि मेरी स्थिति क्या है और मुझे चाहिये क्या, तब अन्य सब वैसे ही छूट जाते हैं जैसे प्यास लगने पर पानी के अलावा बाकी सब छूट जाते हैं। आपकी गहरी से गहरी जो कामना है, वह है—आज़ादी की कामना। आपको आज़ादी चाहिये। आज़ादी माने संपूर्ण आज़ादी—हर तरह के भ्रम, भय, बंधन, सीमाओं और दुःख आदि से आज़ादी; और सबसे महत्वपूर्ण—अपने "कुछ होने" के अनुभव से ही आज़ादी, क्योंकि आपका "कुछ होना" ही आपका तनाव है। इसको ऐसे भी कह सकते हैं कि जब आपको 'अपनी' बहुत 'परवाह' होती है—आप कहते हैं, मेरा क्या होगा?—तब आपको अपने होने का बहुत अधिक अनुभव होता है और इसीलिए तब आप परेशान भी बहुत होते हैं। और यह जो 'मैं' है, इसी को तो सारी समस्याएँ होती हैं। जिसको यह परवाह ही नहीं है कि मेरा क्या होगा—फ़िर उसे तनाव भी क्यों होगा? नहीं होगा।

दुःखी का होना ही दुःख है। तो उसको पहचानें कि कौन है जो दुःखी हो रहा है? कहीं वह तो नहीं, जो आप स्वयं को मानते हैं? इससे आज़ादी ही आपकी मूल चाहत है। ना रहेगा बाँस, ना बजेगी बाँसुरी। क्योंकि जो आज़ाद ही है—सत्य, बोध या असीम; जो भी कहें—उसको तो आज़ादी चाहिये नहीं। पूर्ण तो पूर्ण ही है। बोध को क्या भ्रम? कुछ नहीं। आज़ादी उसे चाहिये, जिसे भ्रम है कि उसकी अपनी कोई 'पृथक' और 'स्वतंत्र' सत्ता है, इसलिए वह 'है'। यह जो आपको अपने होने का एहसास होता है ना—कि 'मैं हूँ'—यही आपका दुःख है। मगर आप डरते हैं 'कुछ नहीं' होने से, लेकिन आपको प्रेम भी उसी से है, बस आप शायद ऐसा जानते नहीं। गहरी नींद में ना आप होते हैं, ना आपका परिवार, ना आपका संसार, ना धन, ना आपकी पहचानें और उपलब्धियाँ—मगर वही होती है जो आपको कुछ समय के लिए समय से मुक्त कर देती है, यानी हर पीड़ा का अंत हो जाता है। क्यों? क्योंकि तब 'आप' नहीं होते हैं। जब आप ही नहीं हैं, तो पीड़ा कौन पाएगा?

आपने कभी ध्यान नहीं दिया, इसलिए आप 'कुछ नहीं' हो जाने से—यानी पहचानों के बह जाने से—डरते हैं और उनसे चिपके रहते हैं। क्योंकि आपको लगता है कि उनके बिना

आप हैं ही नहीं। उनके बिना जो नहीं हो सकता, वह अभी भी नहीं है। वे पहचानें तो सिर्फ़ बाहरी ठप्पे मात्र हैं, मगर उनसे आपने अपने स्वार्थ और पहचान जोड़ ली, क्योंकि आपको अपनी वास्तविक पहचान का कुछ नहीं पता। इसीलिए इन झूठी, सीमित और भ्रामक पहचानों को बचाने के लिए आप जीते हैं, लड़ते हैं, मारते हैं और मरते भी हैं। उनके लिए आप अन्य लोगों, जीवों और पूरी दुनिया को बर्बाद करने से भी नहीं चूकते हैं—जबकि उनका होना ही आपका बंधन है। वे पहचानें और मान्यताएँ ही तो हैं जो आपको कुछ होने का एहसास दिलाती हैं, बाँटती हैं, द्वंद्व खड़े करती हैं और अनेक पिंजरों में कैद कर देती हैं। क्योंकि कुछ होने का एहसास तभी तक हो सकता है, जब तक सीमाएँ और विभाजन हैं। 'मैं' तभी तक है, जब तक सामने 'तू' भी है—और 'तू' तभी तक है, जब तक 'मैं' है। 'मैं' (दृष्टा) और 'तू' (दृश्य) दोनों एक-दूसरे पर आश्रित हैं। जंहाँ 'मैं' नहीं, वहाँ 'तू' भी शून्य हो जाता है। और 'मैं' केवल तब ही शून्य हो सकता है, जब 'तू' के साथ संबंध के दौरान दोनों के झूठ और सीमाओं को देख लिया जाए।

क्या आपने देखा—जब आप गहरी नींद में होते हैं, तब क्या आपको अपने होने का भी एहसास रहता है? नहीं ना? और जिस दिन नींद के दौरान आपको सपने आते हैं, बीच-बीच में आप जाग जाते हैं और आपको अपने होने का एहसास होता रहता है—और ऐसे ही करते-करते सुबह हो जाती है, धूप निकल आती है। अब आप सोकर उठ तो जाते हैं, मगर आपने गहरी नींद नहीं ली है। तब आपने देखा है कि कैसे आप चिड़चिड़े हो जाते हैं? कैसा तनाव रहता है? तब आपको अच्छा और हल्का महसूस नहीं होता है। सिर भारी हो जाता है। क्यों? क्योंकि 24 घंटे में वह जो दो-तीन घंटे 'कुछ नहीं' होने की प्राकृतिक अवस्था होती है—जिसमें ना दृष्टा होता है, ना दृश्य—आप उससे चूक गए। गहरी नींद में बोध नहीं है, मगर अहंकार भी नहीं है। तो 24 घंटे हो गए और आपको लगातार अपने होने का एहसास होता रहा, विचार (समय) ज़ारी रहे—यानी तनाव बना रहा। तो गहरी नींद में जो सुखद अनुभव होता है, वह इसीलिए होता है क्योंकि कुछ समय आप 'समय से'—यानी 'स्वयं' से—मुक्त हो जाते हैं। यानी आप शून्य हो जाते हैं, क्योंकि जिसे आप 'मैं' कहते हैं ना, वह समय की ही तो उपज है। और आप चाहे कितना ही उसे बचाने का प्रयास करें, लेकिन समय उसे मिटा ही देगा। माँ के गर्भ से लेकर आज तक जो कुछ भी इन इन्द्रियों के माध्यम से इस तन और मस्तिष्क में संचित हुआ—उसी को तो आप 'मैं' कहते हैं। उसके अलावा और क्या है वह—जिसे आप 'मैं' या 'मेरा' कहते हैं? — कुछ नहीं। समय से मुक्त होने का अर्थ ही है—उस केंद्र से मुक्त होना, जो समय की उपज है।

तो जब आप कुछ नहीं रहते हैं, तब ना 'मैं' होता है, ना 'तू'—यानी ना द्वैत, ना अलगाव, ना द्वंद्व। ना अपूर्णता, ना कामना, ना ही किसी तरह की हिंसा और शोषण। क्योंकि शोषण करने के लिए दो चाहिये—एक वह, जो शोषण करता है, और दूसरा वह, जिसका शोषण हो रहा है। कोई भी किसी का शोषण केवल तब ही कर सकता है, जब वे ख़ुद को कुछ-ना-कुछ मानते हों—कुछ ऐसा, जो उनमें भेद खड़ा कर दे—और वे ख़ुद को कुछ भी मान सकते हैं।

कल्पना करने के अलावा इंसान और करता ही क्या है? उसे अपना कुछ पता नहीं, और स्वयं को समझने पर वह ध्यान देता नहीं, तो समाज उसे जो भी नाम या पहचान दे देता है—वह उसे ही अपनी पहचान, यानी 'मैं' और 'मेरा', मान लेता है। एक व्यक्ति को समाज ने कुछ सिखा दिया और दूसरे व्यक्ति को कुछ और सिखा दिया—और उनको जो सिखाया, उन्होंने स्वयं को वही मान लिया। संयोग से ये अलग-अलग समय, स्थान, माहौल, तथाकथित जाति और धर्म को मानने वालों के बीच पैदा हुए। उसी के अनुसार इनको कुछ पहचानें और मान्यताएँ दे दी जाती हैं—जो पूरी तरह एक जैसी तो कभी नहीं होती हैं—इसलिए अब इन दोनों में भेद तो रहेंगे ही। और जहाँ भेद होगा, वहाँ द्वंद्व भी होंगे, आपस में लड़ाई होगी, भय, शोषण और हिंसा आदि सब होगा। ना आप स्वयं को जानते हैं, ना अन्य को, मगर फ़िर भी एक-दूसरे को दुश्मन मानकर डरते रहते हैं।

धर्म, देश, जाति, भाषा, लिंग, मान्यताओं, रंग, धन, पद इत्यादि के आधार पर लोग अलगाव से भरे रहते हैं। स्वयं को किसी पहचान में कैद कर लेते हैं और एक-दूसरे के प्रति नफ़रत और हिंसा पालते रहते हैं। जबकि ये स्वयं को जो कुछ भी मानते हैं, या जैसी भी इनकी स्थिति है—वह केवल संयोग, समय, स्थान, संस्कृति, माहौल इत्यादि की देन है—उसमें इनका अपना (आत्मिक) कुछ नहीं है। सब बाहर से थोपा हुआ और उधार का है। क्योंकि आत्मिक केवल वहीं हो सकता है—जहाँ हर तरह के पराएपन, अलगाव, मान्यताओं और भ्रमों का अंत हो गया हो। और भ्रम की शुरुआत होती है इस मान्यता व अनुभव से कि 'मैं' हूँ, यह जगत है—'मैं' और जगत पृथक और स्वतंत्र हैं। मैं अपूर्ण हूँ और जगत में अनेक विषय हैं—शायद वे मुझे पूर्ण कर देंगे। पूर्णता की तलाश में यह 'मैं' स्वयं में बहुत कुछ जोड़ता है और कहता है कि मैं यह हूँ, मैं वह हूँ, मैं ऐसा हूँ या मैं वैसा हूँ—मगर अपूर्णता फ़िर भी ज़ारी रहती है। क्योंकि आप स्वयं को पिंजरों में कैद करके स्वयं पिंजरा ही हो गए हैं। 'मैं' के साथ जो कुछ जुड़ा है, उससे आसक्ति—पिंजरा ही तो है।

यदि आप एक भी पहचान से चिपके हुए हैं, तो आप एक सीमित, संकुचित और काल्पनिक ज़िंदगी जी रहे हैं। मगर यह आपका स्वभाव नहीं है। स्वभाव है असीम होना। स्वभाव है बोध। इसीलिए संकुचित और काल्पनिक जीवन में आप बंधन, बेचैनी और दुःख का अनुभव करते हैं। यह जो पहचानें हैं—जिनसे आप चिपके हुए हैं—ये बाँटती हैं, और बाँटना ही हिंसा है। आप कहते हैं कि युद्ध हिंसा है, किसी को मारना या शोषण करना हिंसा है—लेकिन यह तो बहुत बाद की घटनाएँ हैं। ये तो भीतरी हिंसा के प्रकट रूप मात्र हैं। हिंसा की शुरुआत वहीं से हो जाती है, जहाँ आप स्वयं को किसी भी विशेष पहचान के साथ जोड़कर देखते हैं और भूल जाते हैं—कि आप विशेष नहीं हैं। फ़िर इससे कोई फर्क नहीं पड़ता कि आपने स्वयं को किस पहचान के साथ जोड़ लिया है। क्योंकि जैसे ही आप किसी पहचान को अपनी पहचान के रूप में स्वीकार करेंगे, वैसे ही वह पहचान और आप अलग नहीं रहते—आप वही हो जाते हैं। फ़िर उसी के लिए आप जीते हैं। अब जैसे आपने स्वयं को किसी पहचान से जोड़ लिया, वैसे ही हर कोई व्यक्ति अपने-आप को किसी-ना-किसी पहचान से

जोड़ लेता है।

जो व्यक्ति भारत में किसी खास धर्म या जाति को मानने वाले लोगों के बीच पैदा हुआ, वह अपने-आप को उस तथाकथित जाति, धर्म और देश का व्यक्ति मानने लग जाता है। और अमेरिका, पाकिस्तान, चीन या रूस जैसे देश के समाज में जो व्यक्ति पैदा होता है, उसी के अनुसार वह भी ख़ुद को कुछ मानने लग जाता है। इस तरह, जैसे ही आप स्वयं को किसी खास पहचान से जोड़ते हैं—आप दोनों में भेद खड़े हो जाते हैं। अब आप दोनों सीमित हो गए। अब जहाँ भेद है, वहाँ सीमाएँ, अपूर्णता, कामना, द्वंद्व और फ़िर प्रकट हिंसा भी होगी ही। यही तो दुःख है। तो हिंसा केवल तब नहीं होती है, जब युद्ध होते हैं या कोई किसी पर बंदूक तानता है—हिंसा की शुरुआत वहीं से हो जाती है, जहाँ आप स्वयं को किसी विशेष पहचान में कैद कर लेते हैं। इस तरह आप भी हिंसक हैं। दुनिया में कहीं भी और किसी भी रूप में यदि हिंसा प्रकट हो रही है, तो उसके लिए आप भी जिम्मेदार हैं। हर तरह के शोषण और अन्याय में आप भी गुनहगार हैं—यदि आप स्वयं को विशेष मानते हैं तो। क्योंकि यदि किसी का भी शोषण करना है, तो सबसे पहले स्वयं को विशेष और उसे स्वयं से अलग मानना होगा। आप किसी भी व्यक्ति का शोषण नहीं कर सकते, जब तक कि आप उसे स्वयं से अलग ना मानें।

जब तक आप किसी को अपना भी मानते हैं—आप उस पर हिंसा नहीं करते। लेकिन वही व्यक्ति किसी कारण से जब आपके लिए पराया हो जाता है, उसी व्यक्ति से जब आपका झगड़ा हो जाता है, उसी व्यक्ति को जब आप अपना नहीं मानते हैं—तो आप उस पर हिंसा करना शुरू कर देते हैं। इसका अर्थ यह है कि हिंसा तब भी हो रही थी, जब आप उसे अपना मानते थे। किसी को अपना कह देने भर से आप प्रेम नहीं जान जाते हैं। जहाँ कोई अपना और बाकी पराए हैं, वहाँ प्रेम नहीं हो सकता। जैसे कि लड़के और लड़की एक-दूसरे की तरफ आकर्षित होते हैं। उनको लगता है कि यह प्रेम है, जबकि यह प्रेम है नहीं। मगर अज्ञानवश वे वासना के आकर्षण को प्रेम मान लेते हैं और वासना में इतने अंधे हो जाते हैं कि एक-दूसरे के दोष और कमियाँ भी अब उनको दिखाई नहीं देते। और कभी अगर दिखाई देते भी हैं, तो वे उन्हें नज़रअंदाज़ कर देते हैं। लेकिन एक-दूसरे का उपयोग करके भी जब उनको तृप्ति नहीं मिलती है, तो झगड़े होने शुरू हो जाते हैं और धीरे-धीरे झगड़े, शक, संदेह, चिढ़, भय, दुःख आदि इतना बढ़ जाते हैं कि वे दोनों अलग हो जाते हैं। अब दोनों को एक-दूसरे के दोष दिखाई देने लगते हैं। जहाँ दोष नहीं हैं, वहाँ भी दिखने लगते हैं, क्योंकि किसी तरह अब बस अलग होना है। फ़िर वे एक-दूसरे पर प्रकट रूप से हिंसा करते हैं। मगर हिंसा तो पहले भी हो रही थी। जहाँ बेहोशी है, वहाँ हिंसा होगी ही। अब वे प्रकट रूप से भी हिंसा क्यों कर पा रहे हैं? क्यों एक-दूसरे को दोष दे पा रहे हैं? क्योंकि अब वे ऐसा मानने लगे हैं कि सामने वाला अलग है—पराया है।

तो यदि किसी का शोषण करना हो या उस पर हिंसा करनी हो, तो पहले उसे पराया माना जाता है। उसे पराया या अलग भी आप बाद में मानते हैं—उससे पहले आप स्वयं को कुछ मानते हैं। जैसे ही आपने स्वयं को कुछ भी माना, वैसे ही सामने वाला अब आपके लिए अलग

हो गया—दूसरा हो गया। फ़िर चाहे आप ऐसा मानते हों अथवा नहीं। उदाहरण के लिए, जब दो देशों में युद्ध होता है, तो दोनों देशों की जो सेनाएँ हैं, उनकी जो वर्दी होती है—वह अलग-अलग रंग और डिज़ाइन की होती हैं, ताकि यह भेद हो सके कि कौन अपना साथी है और कौन पराया है। इसलिए अपने ही जैसे दिखने वाले सैनिक पर आप बंदूक नहीं चलाते हैं। उसको गोली नहीं मारते हैं। क्यों? क्योंकि उसे आप अपना मानते हैं, और चुन-चुनकर आप उन्हें गोली मारते हैं—जिन्हें आप अपना नहीं, बल्कि पराया मानते हैं, यानी दुश्मन मानते हैं। आप उसकी केवल छवि देखते हैं—इंसान तो आपको दिखता ही नहीं है। अन्यथा इंसान तो इंसान है। तो जिसको आप गोली मार रहे हैं, उसे गोली मारने से पहले आप उसे पराया मानते हैं, और उसे पराया मानने से पहले आप स्वयं को 'कुछ' मानते हैं। आप उस इंसान को जानते भी नहीं और उसकी जान ले लेते हैं।

उदाहरण के लिए, आप जब स्वयं को पहले पाकिस्तानी या चीनी मानते हैं, तभी आप सामने वाले को भारतीय, अमेरिकी या अन्य कुछ—यानी पराया—मानते हैं और उस पर हमला कर पाते हैं। आप स्वयं को रूसी मानते हैं, इसीलिए अमरीकी पर गोली चला पाते हैं। जो स्वयं को मुसलमान मानता है, उसके लिए किसी ऐसे व्यक्ति को मारना आसान हो जाएगा, जो ख़ुद को हिंदू, ईसाई, बौद्ध या कुछ और मानता है। जो गोरे होने को श्रेष्ठता का प्रतीक मानता है, वह काले पर हिंसा करना उचित मान लेता है। जो पुरुष होने को श्रेष्ठ, बुद्धिमान और ताकत का प्रतीक मानेगा, वह स्वयं को स्त्री का मालिक मान लेगा और उसका शोषण करेगा। क्यों? क्योंकि आप स्वयं को ऐसा कुछ 'मानते' हैं, जो द्वैत के क्षेत्र का है—और जहाँ द्वैत को ही सत्य मान लिया गया हो, वहाँ द्वंद्व होना निश्चित है। जब आप सब-कुछ को नकार कर स्वयं को 'बोध' मात्र ही 'जानते' हैं, केवल तब ही सारे द्वंद्व शून्य होते हैं। बोध किसी भी सीमा में कैद नहीं है—वह किसी भी समय, स्थान, संप्रदाय, संस्कृति, जाति, रंग, लिंग, भाषा, मान्यता आदि सबसे परे है। उसके अलावा स्वयं को कुछ और मानना ही हिंसा है। क्योंकि आपने जो भी स्वयं को माना है, वह सीमित है, मगर आप उसी केंद्र से देखते हैं, सुनते हैं, जीते हैं और उसी केंद्र से कुछ भी करते हैं। युद्ध तो देशों के स्तर की बात है; लोग एक ही देश के भीतर तथाकथित धर्म, जाति, वर्ण, लिंग, रंग, भाषा इत्यादि शब्दों और मान्यताओं से चिपक जाते हैं और आपस में लड़ते रहते हैं।

एक ही घर के भीतर लोग स्वयं को अन्य व्यक्ति के संबंध में किसी विशेष पहचान से जोड़ लेते हैं और उसी के केंद्र से जीते हैं। कोई माँ या बाप बन जाते हैं, तो कोई पति या पत्नी; कोई भाई और बहन बन जाते हैं, तो कोई लड़का और लड़की—और बहुत कुछ। अब इन सबको क्या करना है और क्या नहीं? क्या पहनना है और क्या नहीं? किससे बात करना है और किससे नहीं? कहाँ झुकना है और कहाँ नहीं? कहाँ जाना है और कहाँ नहीं? कैसे जीना है और कैसे नहीं? — आदि सब-कुछ पहले से ही समाज द्वारा निश्चित होता है। यहाँ सबके पास स्वयं को लेकर और अन्य को लेकर छवियाँ होती हैं। यहाँ लोग हक़ीकत में नहीं, बल्कि नामों, छवियों और कल्पनाओं में जीते हैं। क्या इसे आप आज़ादी कहेंगे? नहीं कहेंगे। क्योंकि

यहाँ केवल भ्रम, भय, बंधन और दुःख हैं—मगर बोध का प्रकाश कहीं नहीं। इसलिए हर घर में द्वंद्व, कलह, क्लेश, शोषण और अन्याय होता है। हमारे घरों में जो लड़ाई, झगड़े और मतभेद होते हैं, वही फ़िर जाकर दो देशों में युद्ध का विशाल रूप ले लेते हैं।

जब तक हमारे घरों के भीतर युद्ध और कलह-क्लेश होंगे, तब तक दो देशों के तल पर भी कभी शांति नहीं हो सकती। क्योंकि दो देश अपने-आप में कुछ नहीं होते हैं—लड़ने वाले तो मनुष्य ही होते हैं ना। मनुष्य की ही नासमझी, असंवेदनशीलता और प्रेमहीनता से सारे द्वंद्व उपजते हैं। पेड़-पौधे, पशु-पक्षी, नदी-तालाब—ये तो आपस में नहीं लड़ते। क्या आपने कभी देखा कि चीन या अमेरिका की कोई नदी या पहाड़ भारत या रूस की किसी नदी या पहाड़ से लड़ रहे हों? नहीं ना? मनुष्य लड़ता है। मनुष्य के बिना कौन-सा समाज? कौन-सा देश? मनुष्य ने ही तो सीमाएँ और भेद खड़े किए हैं। तो जब तक हमारे घरों में भेदभाव हैं और लोग लड़ रहे हैं, तब तक दो देश भी लड़ते रहेंगे। और आपके घरों में ये लड़ाइयाँ, द्वंद्व, कलह, क्लेश, शोषण आदि तब तक चलते रहेंगे, जब तक कि आप स्वयं को ना समझ लें और जो कुछ भी आप स्वयं को मानते हैं—उसके झूठ, सीमाओं और व्यर्थता को ना जान लें।

क्योंकि जो कुछ भी आप स्वयं को मानते हैं, उसके साथ पहले से ही बहुत सारी जिम्मेदारियाँ, कर्तव्य, अधिकार, अर्थ, मान्यताएँ, संस्कार, रूढ़ियाँ, परंपराएँ, पूर्वाग्रह इत्यादि जुड़े हुए हैं, और उनका आपको कुछ पता नहीं कि वे किस तरह आपकी ज़िंदगी को नियंत्रित कर रहे हैं। इसी तरह दूसरा व्यक्ति भी स्वयं को कुछ मानता है, और उसके साथ भी बहुत कुछ जुड़ा हुआ है। इसलिए इनमें द्वंद्व होंगे ही। यह कहना गलत नहीं होगा कि जो व्यक्ति स्वयं को कुछ भी मानता है—जिसने किसी भी तरह स्वयं को किसी विशेष पहचान में कैद कर रखा है—वह उन सारे भेदभावों, हिंसा, शोषण, युद्ध आदि के लिए जिम्मेदार है, जो उसके घर में होते हैं, जो उसके समाज, देश और इस पूरी दुनिया में कहीं भी होते हैं। ऐसा व्यक्ति किसी से भी प्रेम नहीं कर सकता। यदि आप वास्तव में चाहते हैं कि भ्रम, भय, बंधन, हिंसा, दुःख आदि का अंत हो—जो कि एक ही हैं—तो आपको हर उस पहचान के प्रति अनासक्त होना होगा, जो आपने पकड़ रखी है। यानी जो भी आप स्वयं को मानते हैं, उसे मिटना होगा। कोई स्वयं को पिता मानकर बैठा है। कोई माता मानकर बैठा है। कोई स्वयं को पति या पत्नी, भाई या बहन, बेटा या बेटी, आदमी या औरत, बच्चा या बूढ़ा मानकर बैठा है। घरों में इंसान नहीं है। घरों में कोई बच्चा है तो कोई बूढ़ा। कोई आदमी है तो कोई औरत। कोई लड़का है तो कोई लड़की। इंसान तो है ही नहीं।

इंसान की भाँति व्यक्ति को आप कभी देखते ही नहीं। अगर आप व्यक्ति को इंसान की भाँति देखें—ना कि काले-गोरे, आदमी-औरत, बच्चे या बूढ़े की भाँति—तो यह जो द्वंद्व होते हैं, यह सब समाप्त हो जाएँ। आपके पास केवल शब्द हैं, यानी नाम—और नाम यानी पहचानें। तो आपके पास केवल पहचानें और उन पहचानों से जुड़ी छवियाँ हैं। जब आप किसी व्यक्ति के सामने जाते हैं, तब ना आप उसको देखते हैं, ना वह आपको देखता है। तब आप उस छवि को देखते हैं, जो आपने उसके बारे में बना ली है, और वह उस छवि को देखता है, जो

उसने आपके बारे में बना ली है। इस तरह ना आप उसे देख पाते हैं, ना वह आपको देख पाता है। आपको वही दिख रहा होता है, जो देखने के लिए आप संस्कारबद्ध हैं या जो आप देखना चाहते हैं। इसीलिए अब तथ्य दिखाई नहीं देता। इसका प्रमाण यह है कि आपके संबंधों में लगातार द्वंद्व, कलह, क्लेश, शक, संदेह बने रहते हैं और कोई भी किसी को नहीं समझ पाता है—क्योंकि सबसे पहले आप स्वयं को ही नहीं समझते हैं। आपके संबंधों में कोई ऐसा नहीं है, जिसके सामने आप ईमानदारी से पूरी तरह खुल जाएँ। उससे भी अधिक भयानक तो यह है कि आप स्वयं से भी झूठ बोलते हैं और ख़ुद से ही अपनी हक़ीकत को छुपाते हैं। आप अपने सामने भी सच्चे नहीं रह पाते। शब्दों और छवियों के पीछे हमारी और हमारे संबंध की हक़ीकत का दम घुटता रहता है।

मैं जब शब्दों का उपयोग कर रहा हूँ, तब यह होश है कि 'शब्द' वह 'वस्तु' नहीं है। मैं शब्दों का केवल उपयोग कर रहा हूँ, मगर शब्द आखिरी चीज नहीं हैं—केवल संकेत हैं। ठीक? अन्यथा आप यह कह सकते हैं कि आप भी तो नाम दे रहे हैं। मैं केवल इसलिए उन शब्दों का उपयोग कर रहा हूँ, क्योंकि उनके माध्यम से ही तो आप जानेंगे कि मैं किसकी ओर इशारा कर रहा हूँ। जैसे जब मैं कहता हूँ 'कुत्ता', तब आपको केवल शब्द नहीं, बल्कि कुत्ते को देखना है। 'कुत्ता' शब्द—कुत्ता नहीं है। यदि मैं कहता हूँ 'भय', तो आपको उसे देखना है, ना कि शब्द रटना है। यदि आप सिर्फ़ शब्द सुन रहे हैं, तो आप कुछ नहीं सुन रहे हैं। इन शब्दों का अपना कोई महत्व नहीं है—जब तक कि आप उसे ना देखें, जिसकी ओर इन शब्दों के माध्यम से इशारा किया जा रहा है। तो देखिए, होता क्या है—जैसे ही एक बच्चा पैदा होता है, सबसे पहले आप देखते हैं कि यह लड़का है या लड़की। हैं ना? जैसे ही वह पैदा हुआ, आप तुरंत उसको एक पहचान में कैद कर देते हैं।

उदाहरण के लिए, आप कहते हैं कि यह लड़की है। अभी वह बच्चा कुछ नहीं जानता है। उसे अपना कुछ नहीं पता है। अभी उसे ही नहीं पता है कि वह लड़का है या लड़की। उसके पास अपना नाम तक नहीं है। अपना कहने के लिए उसके पास शरीर के अलावा और कुछ नहीं है। मगर आपने उसको नाम भी दे दिया। आपने उसे लिंग में कैद कर दिया। जो कुछ आज तक आपने मानसिक रूप से संचित किया था, वही सब उसके मस्तिष्क में डाल दिया। जाति, धर्म, राष्ट्रीयता, मान्यताएँ, विश्वास, जिम्मेदारियाँ और अनेक तरह की पहचानें उस पर थोप दी हैं। किसी ने उसे लड़की कहा और किसी ने बेटी। किसी ने उसे बहन कह दिया और किसी ने भांजी या भतीजी। अभी जबकि उसे अपने होने का भी पूरी तरह से एहसास नहीं है, उससे पहले ही आपने उसके लिए पहचानों के रूप में अनेक पिंजरे तैयार कर दिए हैं। यह मत सोचिए कि हम किसी अन्य की बात कर रहे हैं—आप ही वह बच्चा हैं। आपके साथ यही तो हुआ है। आप कोई भी नाम, पहचान, जाति या जिम्मेदारी इत्यादि लेकर पैदा नहीं हुए थे।

अब परिवार, रिश्तेदार, समाज, फिल्में, विज्ञापन, धर्म, संस्कृति आदि सब-कुछ मिलकर उसे बार-बार यह बताएँगे कि आप कौन हैं और क्यों हैं। अभी वह बालक अबोध है। सोचना-

समझना तो बहुत दूर की बात है—अभी उसने ढंग से देखना और सुनना भी नहीं सीखा है। ऐसी स्थिति में यदि उसके ऊपर नामों, पहचानों, संस्कारों, मान्यताओं इत्यादि की बारिश की जाएगी, तो वह उसमें भीगेगा ही—यानी उन सब पहचानों को स्वीकार कर लेगा। वह तो गीली मिट्‌टी की भाँति है, यह सब ही मिलकर उसके सोच-विचार को आकार देंगे। अब इस बच्चे के पास क्या कुछ भी 'अपना' है? नहीं। इसके पास जो कुछ भी है, वह सब इसे दूसरों से मिला है। सब कुछ पराया है। शरीर भी दूसरों से मिला है और पहचानें भी। तो अब यह उन दूसरों के हाथों की कठपुतली बन गया है। उधार का माल इसका मैं बन जाता है। अब यह बच्चा स्वयं को जो कुछ भी मानता है, जो भी इसकी पसंद-नापसंद आदि हैं—वह सब-कुछ इसको बाहर से मिला है। अब जब इसकी हस्ती ही इसे बाहर से मिली है, तो जिन लोगों से इसको अपनी हस्ती मिली है—क्या यह उन लोगों का गुलाम नहीं हो गया? क्या उन लोगों पर आश्रित नहीं हो गया? क्या वे लोग अब इसका शोषण नहीं करेंगे? क्या यह बच्चा अब हमेशा इस भय में नहीं जिएगा कि कहीं ये लोग मुझसे मेरी पहचानें ना छीन लें? क्या इस बच्चे की ज़िंदगी अब तय नहीं हो गई कि यह अब क्या काम करेगा? कैसे जिएगा? क्या सुनेगा? क्या देखेगा? अब इसकी आँखें उस चश्मे से ही जगत को देखेंगी, जो यह स्वयं को मानता है और जो कुछ देखने के लिए इसे संस्कारबद्‌ध कर दिया गया है।

क्योंकि यह जीव स्वयं को अब लड़की मानता है, तो इसको जो कपड़े पहनाए गए हैं, वे कपड़े इससे चीख-चीखकर कह रहे हैं कि आप लड़की हैं। दो व्यक्ति सामने से आते हैं और वे कहते हैं कि आप बेटी हैं। एक दूसरा व्यक्ति आता है और कहता है—आप बहन हैं। चलो लड़की का फ़र्ज़ निभाओ। बहन का फ़र्ज़ निभाओ। चलो बेटी का फ़र्ज़ निभाओ। सब निश्चित कर दिया गया है। हर क्षण यह कैसे जिएगी—सब-कुछ इस बात से निर्धारित होगा कि यह स्वयं को मानती क्या है। उसकी हस्ती को शरीर और मानसिक संस्कारों से जोड़ दिया गया, इसके अलावा उसे अपना कुछ नहीं पता। बोध को महत्व देना उसे सिखाया ही नहीं गया। आत्मज्ञान के बिना यह स्वयं को जो कुछ भी मानती है, वे सारी पहचानें झूठी, भ्रामक, हिंसक और संकुचित हैं। वे इसको सीमाओं में कैद कर रही हैं। इसलिए इसके जीवन में लगातार दुःख बना रहेगा। जब इसको लड़की कहा गया और उसी आधार पर जब अन्य पहचानें दी गईं—क्या वहीं से यह निश्चित नहीं हो गया कि अब यह कैसे कपड़े पहनेगी? जो स्वयं को औरत मानती हैं, उनके खास तरह के कपड़े होते हैं। उनसे अलग कपड़े यदि वे पहनती भी हैं, तो उनको एक अलग ही दृष्टि से देखा जाता है।

तो जैसे ही इस जीव ने शरीर के आधार पर स्वयं को लड़की माना—क्या वहीं से यह निश्चित नहीं हो गया कि अब यह क्या काम करेगी और क्या नहीं? कब घर से निकलेगी और कब नहीं? यह कितना पढ़ेगी और कितना नहीं? यह किस मकान में रहेगी और किसमें नहीं? किस शहर में रहेगी और किसमें नहीं? क्या यह सब-कुछ उसी क्षण निश्चित नहीं हो गया, जब उसने स्वयं को कुछ माना था? क्योंकि जो भी आपने स्वयं को माना है, वह यदि समाज से आ रहा है—तो अब आप अपनी पूरी ज़िंदगी कैसे जिएँगे? यह भी समाज ही तय करेगा।

क्या इसमें आज़ादी है? नहीं। यहाँ ना आज़ादी है, ना प्रेम और ना ही आनंद। मगर आप तो इन सारी पहचानों को कसकर पकड़े बैठे हैं—जैसे कोई कैदी अपना पहरेदार ख़ुद हो। बंधनों ने आपको नहीं पकड़ा है, बल्कि आपने बंधनों को पकड़ा हुआ है। आप अपने बंधनों से आसक्त हैं, क्योंकि उनके बिना आप कुछ नहीं हैं और कुछ नहीं होने से आप डरते हैं। मगर "कुछ नहीं होना" कोई भयानक स्थिति नहीं है—अपितु मौज है, आनंद है, बेपरवाही है। जो मिटने को तैयार हैं, उनके लिए वह उपलब्ध है। जहाँ कुछ नहीं है, वहाँ बोध मात्र है। वही सच्ची आज़ादी है। जो 'कुछ नहीं' होने को तैयार नहीं है, उसे समाज का गुलाम होना पड़ेगा—जैसे कि वह, जो स्वयं को लड़की मान चुकी है।

मैंने देखा है, और यह तथ्य भी है, कि लड़कों की तुलना में लड़कियों को कम ही पढ़ाया जाता है। और लड़की भी स्वयं को लड़की ही मानती है, तो उसमें भी वह बल पैदा ही नहीं हो पाता है—जो विरोध कर पाए और कह पाए कि ना मैं लड़का हूँ और ना ही लड़की। मैं इंसान हूँ, और समझ मेरी पहचान है—ना कि मेरा शरीर या लिंग। और मुझे अधिकार है—पढ़ने, जानने और सीखने का, ताकि भ्रम, भय और बंधनों से आज़ाद जी सकूँ। काबिल हो सकूँ। मगर यह बल भी आत्मबोध से ही आता है, और आत्मबोध की शुरुआत होती है अपनी ही वर्तमान हालत को पूरी ईमानदारी और निष्पक्षता से देखने पर उठी बेचैनी से। उस बर्बाद, सीमित, संकुचित, बेहोश और गुलाम ज़िंदगी के प्रति विद्रोह से ही बेड़ियाँ जलती हैं और जो असली होता है, वह प्रकट होने लगता है। उसकी सुगंध आने लगती है। मगर जो अपनी वर्तमान बर्बाद हालत को ही पूजता है, उसके लिए ना आत्मबोध है, ना आज़ादी।

अधिकांश लोग तो नामों और छवियों के इतने गहरे गुलाम हो जाते हैं कि उन्हें ना अपनी बर्बादी और गुलामी दिखती है और ना ही अपनी बेहोशी के कारण होने वाली हिंसा, अन्याय और शोषण दिखाई देता है। इन सबको लोग जीवन का अनिवार्य हिस्सा मान लेते हैं। मगर ऐसा मानने से संबंधों की समस्याएँ कम नहीं होती हैं। उदाहरण के लिए, यदि आप स्वयं को औरत मानती हैं, तो अब आप दुनिया में जिस भी चीज़ को देखेंगी, उसे औरत या लड़की की दृष्टि से ही देखेंगी। क्योंकि आप उस दृष्टि में कैद हो जाते हैं—जो बनकर आप किसी भी विषय को देखते हैं। इसीलिए जब वह व्यक्ति सामने आता है—जिसको आप माता या पिता कहते हैं—तब आपको वह नहीं दिखता 'जो है', बल्कि आपको तो इंसान भी नहीं दिखता; आपको तो माता या पिता दिखते हैं। और आपको पहले ही सिखा दिया गया है कि इनके साथ कैसा व्यवहार करना है और कैसा नहीं। अब आप उनकी ज़िंदगी की वास्तविकता को साफ-साफ देख ही नहीं पाते हैं कि वे कैसे जी रहे हैं, क्या कर रहे हैं, उनकी वास्तविक स्थिति क्या है।

आप तो बस यह देखते हैं कि पिताजी हैं। आप कहते हैं—पिताजी आ गए। जैसे कि आपको सब दिख गया हो। आपको क्या पता कि जिन्हें आप पिताजी कह रहे हैं, अभी उनकी स्थिति क्या है? वे शांत हैं या परेशान? वे कहाँ से परेशान होकर आ रहे हैं? उनके भीतर, मन में क्या चल रहा है? वे थके-हारे आए हैं या अभी ऊर्जा से भरे हुए हैं? आपको कुछ नहीं दिख रहा

है। आपको बस वह नाम और छवि दिख रही है, जिसे आप पिता कहते हैं। क्यों? क्योंकि आप स्वयं को बेटा या बेटी मानकर उन्हें देख रहे हैं। स्वयं को लेकर आपकी मान्यता—आपको वास्तविकता नहीं देखने देती है। आपको नहीं दिखाई देता कि वह इंसान, जिसे आप माँ कहते हैं, वह पिछले बीस-तीस वर्षों से उसी चारदीवारी में कैद है। वहीं खाना बनाती है, झाड़ू-पोछा करती है, बर्तन साफ़ करती है, डाँट खाती है। आपको कुछ दिखता ही नहीं। आप बस यह देखते हैं कि माँ है। माँ की आपने एक छवि बना ली है कि वह भोजन बनाएगी, बिस्तर पर लाकर देगी, चीखेंगी, चिल्लाएँगी, झाड़ू-पोछा करेंगी, बच्चे पालेंगी—और बहुत कुछ आप स्वयं जानते हैं। आपको उस छवि के अलावा कुछ दिखता ही नहीं है, जैसे उस चारदीवारी के बाहर उस माँ के लिए कोई दुनिया हो ही ना।

आप कहते हैं—माँ, बहन और पत्नी का तो काम ही होता है पराठे बनाकर खिलाना, और उसे आप प्यार का नाम दे देते हैं। कभी यह प्यार आप भी दिखा दिया करें। क्या आप उनसे प्रेम नहीं करते? मगर आप यह देखते ही नहीं हैं कि आपकी ही तरह—वह भी एक इंसान ही है, और आज़ादी सबको प्यारी है। मगर आप उन्हें माता और पिता की तरह देखते हैं। वे पूरे घर-परिवार का बोझ ढोते रहते हैं। उनकी कमर टूटती रहती है। वह व्यक्ति बाहर काम करने जाता है, गुलामी करता है। मगर आप नहीं कहते कि अब हम बड़े हो गए हैं, काम करने लायक हो गए हैं, तो अब अपने पैरों से चलते हैं, अपने दम पर जीते हैं—ताकि इनके कंधों से बोझ उतरे। मगर आप कहते हैं—यह तो पिताजी हैं, और पिताजी का तो धर्म है कि वह बच्चों को खिलाएँ-पिलाएँ, उनको पढ़ाएँ, उनके लिए मेहनत करें। दूसरी तरफ वे हैं, जो ख़ुद को माता-पिता मानते हैं। उनका अपना अहंकार है। उनके सामने आप ज़ुबान नहीं खोल सकते। वह व्यक्ति—जो ख़ुद को बाप कहता है—उसके सामने आप कह नहीं सकते कि अब हमें अपने दम पर जीना है और अपने जीवन के फैसले ख़ुद लेना है। संतान अपने फैसले ख़ुद लेने लगे, तो अभिभावक को बुरा लगने लगता है। वे कहते हैं कि थोड़ा-सा पढ़ा क्या दिया, इनके तो पंख निकलने लगे हैं। अब ये हमसे कुछ पूछते ही नहीं।

वह जीव, जो अपनी ज़रूरतों के लिए आज तक आपके ऊपर आश्रित था, यदि वह अपने दम पर जीने लगा है और अपने फैसले ख़ुद लेने लगा है, तो यह खुशी की बात होना चाहिये ना? इसके लिए तो उन्हें बधाइयाँ मिलनी चाहिये। मगर आप तो उनको गालियाँ देते हैं। यदि वे सचमुच समझदार और आज़ाद होने लगते हैं, तो आपको बुरा लगता है। क्योंकि आपने उनसे प्रेम कभी किया ही नहीं। आपने उनकी परवरिश नहीं की है, बल्कि उनमें निवेश किया है। आप उनके मालिक होना चाहते हैं। आप उन्हें तथाकथित सामाजिक माता या पिता की दृष्टि से देख रहे हैं, और उनके साथ कैसा व्यवहार करना है—यह भी आपको समाज ने ही बता दिया है। इसलिए आप उन्हें देख ही नहीं पा रहे हैं। ना आप उन्हें देख पा रहे हैं, ना वे आपको देख पा रहे हैं—ऐसी स्थिति में पैदा होता है संघर्ष। सारे द्वंद्व, दुःख, भय, कलह, क्लेश आदि यहीं से पैदा होते हैं। माता-पिता लगे होते हैं संतान की पूरी ज़िंदगी अपने हिसाब से तय करने में। वे ख़ुद अपना भला नहीं कर पाए, मगर उन्हें भ्रम है कि वे बच्चों का भला

कर देंगे। वे कहते हैं कि हम तय करेंगे कि आप क्या पढ़ेंगे और क्या नहीं? कौन-सी नौकरी करेंगे और कौन-सी नहीं? कितना पढ़ेंगे और कितना नहीं? किससे विवाह करेंगे और किससे नहीं?—और अन्य सब-कुछ। क्या इसमें कहीं भी बोध है? क्या इसमें कहीं भी आज़ादी है? ना बोध है और ना ही आज़ादी। जहाँ ना बोध है, ना आज़ादी—वहाँ प्रेम भी नहीं हो सकता। प्रेम तो बोध की खुशबू है। प्रेम तो आज़ादी में खिला पुष्प है। जो स्वयं भ्रम और बंधन में हैं, उनके माध्यम से प्रेम हो ही नहीं सकता।

वह प्रत्येक व्यक्ति, जो ख़ुद को कुछ भी मानता है, उसे हक़ीकत नहीं दिखती है—और यही बेहोशी है। यही भ्रम और बंधन है। मगर हर व्यक्ति ख़ुद को कुछ मानकर बैठा है और उसी केंद्र से वह देखता और सुनता है। जो स्वयं को अभिभावक मानते हैं, वे देखते ही नहीं कि वह जीव—जो अभी-अभी पैदा हुआ है—वह अभी कुछ नहीं समझता है, उसको कुछ नहीं पता है। मगर वे उसको पहचानों में कैद कर देते हैं और उसके ऊपर जिम्मेदारियाँ डाल देते हैं। वह अभी अपने पैरों से चलना भी नहीं सीखा है, मगर आपने अपनी अधूरी कामनाएँ, सपने, वासनाएँ आदि सब उस पर थोप दिए हैं। यह हिंसा है, मगर आप कहते हैं कि आपको उससे प्रेम है। क्या इसे प्रेम कहते हैं? आपमें यदि प्रेम होता, तो पड़ोसी की औलादों से भी होता। पशु, पक्षी, नदी, पहाड़ और समस्त अस्तित्व के लिए भी होता। मगर आपको तो सिर्फ़ अपनी ही औलाद से प्रेम है, और बाकी सबको तो आप अपने अहंकार, सुख, स्वाद, सम्मान और स्वार्थ के लिए प्रत्यक्ष रूप से नष्ट करने के लिए तैयार हैं। क्या यह प्रेम है? बिल्कुल नहीं। यह केवल अहंकार और स्वार्थ है, जिसे आप प्रेम का नाम दे रहे हैं। जिन्हें आप अपना पति या पत्नी कहते हैं और उनसे प्रेम का दावा करते हैं—क्या आप उन्हें जानते भी हैं? नहीं। आप तो उन्हें देखते भी नहीं हैं, ना ही सुनते हैं। आपको बस भ्रम है कि आप उनसे रोज़ मिलते हैं और उन्हें जानते हैं। आप तो ख़ुद प्रेम के भिखारी बने हुए हैं, आप उनसे प्रेम कैसे करेंगे?

क्या आपने कभी इस बात पर ध्यान दिया है कि जब कोई अनजान औरत या पुरुष आपके सामने से गुजरता है या उससे बात करने का मौका मिलता है, तब आप उसको कितने ध्यान से देखते और सुनते हैं? उसके चेहरे के भाव, उसकी आँखें, उसकी नाक-दाँत, उसकी चाल-ढाल, उसका हँसना और रोना—आदि सब पर आप कितना ध्यान देते हैं? उसके एक-एक शब्द पर आप कितना ध्यान देते हैं? वह ज़रा-सा मुस्कुरा भी दे, तो क्या आपने देखा है कि आपके भीतर क्या-क्या चलने-मचलने लगता है? इसके स्थान पर, जब आपकी पत्नी या आपका पति आपके सामने होता है, क्या तब भी आप उसको इतने ही ध्यान से देखते और सुनते हैं? क्या उसके हर शब्द को उतना ही ध्यान देते हैं? क्या उसके साथ भी शांति से बात करते हैं? क्या उससे हर बार ऐसे ही मिलते हैं, जैसे पहली बार मिल रहे हों? क्या कभी उसे भी जानना चाहा है? क्या उसे भी सुना है? शायद नहीं। क्योंकि उसके संबंध में तो आपने यह मान ही लिया है कि आप उसे जानते हैं। क्यों? क्योंकि आप स्वयं को उसका पति या पत्नी मानते हैं, इसलिए आपको लगता है कि आप उसको जानते-समझते हैं। आपको ना वह दिखता है 'जो है', और ना ही कोई इंसान दिखता है—आपको दिखता है केवल तथाकथित

पति या पत्नी की छवि।

आप दोनों—स्वयं की और सामने वाले की—छवि बना लेते हैं और फ़िर मशीन की भाँति एक-दूसरे से व्यवहार करते हैं। कोई संवेदनशीलता नहीं, कोई जिज्ञासा नहीं। फ़िर आप कहते हैं कि जीवन में प्रेम नहीं है, शांति नहीं है। कैसे हो शांति? कैसे हो प्रेम? आप तो कल्पनाओं में जी रहे हैं और हक़ीकत का कुछ पता नहीं। आपने तो अपना-अपना व्यक्तिगत मानसिक संसार रच लिया है और ख़ुद को उसी में कैद कर लिया है। फ़िर संघर्ष और अशांति तो निश्चित है। ना आप ख़ुद उस मानसिक पिंजरे से बाहर आते हैं और ना ही अपने साथ वाले को बाहर आने देते हैं। प्रेम में पंछी को आज़ादी दी जाती है, पिंजरा नहीं। जिसके लिए प्रेम होता है, उसे आत्मबोध के लिए प्रेरित किया जाता है, अंधानुकरण के लिए नहीं। मगर प्रेम के नाम पर हम जो करते हैं, उसमें तो हम एक-दूसरे के मालिक होने का ही प्रयास करते हैं और चाहते हैं कि सामने वाला हमारी कही बातों का अंधानुकरण करे और कोई सवाल भी ना उठाए। क्या ऐसा नहीं है? ऐसा ही है। मगर मालिक और गुलाम के रिश्ते में प्रेम नहीं हो सकता। किसी भी संबंध में जहाँ मालिक और गुलाम का रिश्ता है और नाम प्रेम का है, वहाँ दोनों ही बेहोश और गुलाम हैं। मगर जिसमें प्रेम होता है, वह ना तो किसी का मालिक बनता है, ना गुलाम। जैसे—चाहे रस्सी खूँटे को बाँधे या खूँटा रस्सी को—बंधते दोनों ही हैं। उसी प्रकार, जिनको आप मालिक और गुलाम कहते हैं, वे दोनों ही गुलाम हैं। मालिक के बिना गुलाम नहीं और गुलाम के बिना कोई मालिक नहीं। ना मालिक अपने गुलाम से प्रेम कर सकता है और ना ही गुलाम अपने मालिक से। प्रेम अगर होता, तो संबंध का आधार प्रेम होता—ना कि मालकीयत और गुलामी।

क्या आपका बॉस आपसे प्रेम करता है? नहीं ना? जो स्वयं को आपका मालिक मानता है, वह आपका शोषण और उपयोग कर सकता है, प्रेम नहीं। और क्या आप अपने बॉस से प्रेम करते हैं? नहीं ना? गुलाम में अपने मालिक के प्रति ईर्ष्या, नफ़रत, बदले का भाव, भय और क्रोध हो सकता है, प्रेम नहीं। जो ख़ुद गुलाम है, वह प्रेम कैसे करेगा? गुलाम को तो प्रेम करने की भी आज़ादी नहीं होती। एक-दूसरे से आप जो मीठी-मीठी बातें करते हैं, उसके पीछे केवल क्षणिक सुख, सुविधा, भय और स्वार्थ आदि हैं—ना कि प्रेम। दोनों को ही एक-दूसरे से कुछ मिल रहा है। यदि वह ना मिले तो शायद उनसे आपका कोई संबंध ही नहीं होगा। तो चाहे आप किसी के भी मालिक बनें—पति या पत्नी के, लड़के या लड़की के, भाई या बहन के, पशु या पक्षी के, पेड़ या पहाड़ के, नदी या तालाब के—यदि मालिक बन रहे हैं, तो आप प्रेम नहीं कर सकते, और जिसे आप प्रेम कहते भी हैं, वह प्रेम नहीं है। इसका प्रमाण है आपकी ज़िंदगी का नर्क, आपके संबंधों में रोज़-रोज होने वाले कलह, क्लेश, द्वंद्व, शक, संदेह, दुःख और हिंसा आदि। यह संबंधों में प्रेम का अभाव ही है कि हम एक-दूसरे के साथ सहज, सरल, ईमानदार और खुलकर नहीं रह पाते हैं।

संबंधों में प्रेम, सहजता, सरलता, संवेदनशीलता, ईमानदारी और खुलापन केवल तब ही हो सकता है, जब हम एक-दूसरे को उस चश्मे (अतीत) से ना देखें—जो हम स्वयं को और

अन्य को मानते हैं—और केवल देखना मात्र रहे; देखने वाला कोई ना हो। संबंध के दौरान यदि आप स्वयं से मुक्त नहीं हैं, यदि आप कुछ भी होकर संबंधित हो रहे हैं और संबंध में यदि स्वयं यानी अहं की दखल के प्रति सजगता नहीं है, तो संबंध पूर्ण नहीं होगा। संबंध में सहजता, सरलता, खुलापन, पवित्रता और ईमानदारी नहीं होगी। संबंधित होने वाले का ना होना ही आज़ादी और प्रेम है। संबंधित होने वाला उन छवियों और मान्यताओं के रूप में उपस्थित रहता है, जो आप स्वयं को और अन्य को मानते हैं। उदाहरण के लिए, आप स्वयं को—आदमी या औरत, बच्चा या बूढ़ा, काला या गोरा, सुंदर या कुरूप, सफल या असफल, पति या पत्नी, हिंदू या मुसलमान, ब्राह्मण या शूद्र इत्यादि—मानते हैं, और जब आप स्वयं को ऐसा कुछ भी मानते हैं, तब देखना और सुनना स्वतंत्र नहीं रहता। तब देखने वाला (अहं) अस्तित्व में आकर देखने को विकृत कर देता है। तब देखने के पीछे कोई कामना होती है। तब देखने वाला स्वयं को प्रक्षेपित करता है और हक़ीकत दिखाई ही नहीं देती। तब दृष्टा के केंद्र से देखा जा रहा होता है, और दृष्टा है वह—जो आप स्वयं को मानते हैं और स्मृति के रूप में संचित पूरा अतीत। इस बेहोश प्रक्रिया के प्रति बेहोशी ही गुलामी है और होश ही आज़ादी की शुरुआत है।

मान लो कि सामने एक इंसान खड़ा है। हम उसको इंसान इसलिए कह रहे हैं, क्योंकि हम स्वयं को भी इंसान ही कहते हैं और शारीरिक व मानसिक रूप से हम दोनों में कोई मूल भेद नहीं है। सारे भेद ऊपरी हैं। अब आपको यदि अपने पुरुष होने पर बहुत गर्व है और सामने वाला व्यक्ति अगर शरीर से स्त्री है, तो आपको इंसान नहीं दिखेगा, बल्कि आपको दिखेगी एक स्त्री। क्योंकि दृष्टा स्वयं को पुरुष मानता है, और स्वयं को पुरुष मानने में ही उसका अस्तित्व प्रतीत हो सकता है; मगर स्त्री के अभाव में स्वयं को पुरुष मानने का कोई अर्थ नहीं रह जाएगा। स्त्री के संबंध में ही किसी व्यक्ति को अपने पुरुष होने का एहसास हो सकता है और इसी तरह पुरुष के संबंध में ही किसी इंसान को अपने स्त्री होने का एहसास हो सकता है। अन्यथा नहीं। दोनों ही एक-दूसरे को अस्तित्व देते हैं, इसलिए दोनों ही सत्य नहीं हैं। केवल मान्यता है। शरीर तो प्रकृति मात्र है। तो दृष्टा का अस्तित्व बचा रहे, इसके लिए वह सामने 'जो है' उसे स्त्री मानता है। अब जो दिख रहा है, वह हक़ीकत नहीं है—वह भ्रम है। अब जो संबंध बनेगा, उसमें बोध, प्रेम, सहजता, सरलता और सौंदर्य जैसा कुछ नहीं होगा। वही व्यक्ति है, मगर कोई उसे माँ कहकर पुकार रहा है, कोई उसे बहन, बेटी या पत्नी कहकर पुकार रहा है। ऐसा क्यों है? क्योंकि जो उसको देख रहा है, वह अपनी दृष्टि से देख रहा है। समझ रहे हैं? यदि वह एक ही इंसान है, तो उसकी हक़ीकत भी एक ही होगी। मगर हर कोई उसे अपने-अपने धुंधले और सीमित चश्मों से देख रहा है और उसको अलग-अलग नाम दे रहा है। हर किसी का उसके साथ अलग तरह का संबंध है। जो व्यक्ति इस स्त्री को अपनी पत्नी मानता है—ताकि पति रूपी पहचान और अहंकार बना रहे—उसका इस स्त्री से जैसा संबंध होगा, वैसा ही संबंध उन सबका तो नहीं ही होगा, जो इसे बहन, बेटी या माँ आदि मानते हैं। हैं ना?

वह इंसान अपने आप में कुछ नहीं है। ना वह औरत है, ना पत्नी, ना माँ, ना बहन, ना बेटी है और ना ही कुछ और है। वह आपको जो भी दिख रही है, जैसी भी दिख रही है, जैसा भी उसके साथ आपका संबंध और अनुभव रहता है—वह सब इस पर निर्भर करता है कि उसके संबंध में आप स्वयं को और उसको क्या मानते हैं। जो भी आप देख रहे हैं, वह तो आपके शरीर, अहंकार, स्वार्थ, कामनाओं, अनुभवों, मान्यताओं, छवियों और अतीत का ही प्रक्षेपण मात्र है। उसमें सत्य कहीं नहीं। इसी तरह वह इंसान भी ख़ुद को शरीर, औरत, किसी की पत्नी, किसी की बहन, किसी की माँ और बेटी मानता है। यही भ्रम है। इसके प्रति बेहोशी ही बंधन है। इसमें जीना आज़ादी नहीं है। ये तो पिंजरे हैं। इसीलिए तो जीवन में इतनी बेचैनी और घुटन अनुभव होती है। इसी बेहोशी में आप एक संसार खड़ा कर लेते हैं और उसका विस्तार होता जाता है, और जितना अधिक आपके—व्यक्तिगत और काल्पनिक—संसार का विस्तार होता जाता है, आपकी ज़िंदगी उतनी अधिक सीमित, संकुचित और बर्बाद होती जाती है। उतना ही अधिक भ्रम, भय, बंधन, दुःख, चिंता, तनाव और बोझ बढ़ता जाता है। लेकिन इस सबकी शुरुआत कहाँ से हुई? क्यों वह इंसान आपको—औरत, पत्नी, बहन, बेटी या माँ आदि की तरह दिखा? क्योंकि उससे पहले आपके भीतर कामना थी। और कामना क्यों थी? क्योंकि भीतर अपूर्णता थी। और अपूर्णता क्यों थी? क्योंकि आप स्वयं को कुछ ऐसा मानते हैं, जो सीमित और संकुचित है। क्योंकि आप किसी ख़ास पहचान से आसक्त हैं—उदाहरण के लिए, पुरुष या पति रूपी पहचान।

आप ख़ुद को पति क्यों मानते हैं? क्योंकि उससे पहले आप स्वयं को आदमी मानते हैं। और आप स्वयं को आदमी इसलिए मानते हैं, क्योंकि ऐसा आपको समाज ने सिखा दिया है। आपके ही जैसे भ्रमित लोग समाज में भरे पड़े हैं—जिन्हें अपना ही कुछ नहीं पता—वे एक खास तरह के शरीर वाले जीव को इंसान और फ़िर आदमी कहते हैं और उसी के अनुसार उसके कर्तव्य, धर्म, जिम्मेदारी, अधिकार आदि सब निर्धारित कर देते हैं। आप समाज की इसलिए सुनते हैं, क्योंकि आपको अपना कुछ नहीं पता। इसलिए आप उधार की पहचानों को 'मैं' मानते हैं, उन्हीं के केंद्र से जीते हुए उन्हें बचाते हैं और उनके नष्ट होने से डरते रहते हैं। मगर जब तक वह केंद्र है, तब तक आज़ादी नहीं है, और जहाँ आज़ादी नहीं है—वहाँ जीवन भी नहीं है। यानी आपके ही बारे में किसी अन्य ने आपको जो सिखा दिया, वही आपने ख़ुद को मान लिया। तो जहाँ आपने भ्रमवश स्वयं को कुछ भी माना, वहीं से यह पूरी प्रक्रिया शुरू हो गई। वहीं से सारे भेदभाव खड़े हो गए। वहीं से दुःख और दुःखी की शुरुआत हो गई। जब आप ख़ुद को कुछ भी मान लेते हैं, तो आप सीमित हो जाते हैं और उससे पनपता है—अपूर्णता का भ्रामक एहसास। फ़िर उस अपूर्णता रूपी एहसास को मिटाने के लिए आप अपने तन, मन, जीवन और घर आदि को नामों, वस्तुओं, व्यक्तियों, मान्यताओं, चोटों, अलग-अलग पहचानों और अनुभवों जैसी चीज़ों से भरने लगते हैं। आप ख़ुद को हर उस चीज़ से जोड़ने लगते हैं, जो आपको यह भ्रामक आशा देती है कि वह आपको सुरक्षा और पूर्णता दे देगी।

जैसे आप ख़ुद को किसी तथाकथित धर्म, जाति, देश, संगठन, लिंग, रंग, भाषा, डिग्री, पद इत्यादि से जोड़ने लगते हैं। मगर ऐसा करके आप जाने-अनजाने ख़ुद को और अधिक सीमित-संकुचित कर लेते हैं, जिसका परिणाम होता है—और अधिक भ्रम, भय, बंधन, दुःख, असुरक्षा, हिंसा और अपूर्णता। अब यह तब तक जारी रहेगा, जब तक कि आप स्वयं को कुछ भी मानते हैं और 'जो है', उसके प्रति निष्पक्षता और ईमानदारी से सजग नहीं होते हैं। ध्यान दो इस बात पर कि एक ही व्यक्ति यदि सबको अलग-अलग दिख रहा है, तो क्या सचमुच वे देख भी पा रहे हैं? या दृष्टा केवल ख़ुद को ही प्रक्षेपित कर रहा है? इसीलिए मैंने शुरू में कहा था कि यदि आप स्वयं को कुछ भी मानते हैं, तो अब आपको क्या दिखाई देगा, क्या सुनाई देगा, क्या अनुभव होगा और जो भी अनुभव होगा, दिखाई अथवा सुनाई देगा; उसका आप क्या अर्थ लगाएँगे—यह सब इस बात से तय हो जाएगा कि आप स्वयं को मानते क्या हैं? इससे तथ्य नहीं बदल जाता है, बस आपके लिए हक़ीकत छुप जाती है। आप अपनी कल्पना को ही सत्य मानकर जीते जाते हैं। तथ्य अपना काम करता है और आप भ्रम में ही रहते हैं। तथ्य और आपकी मान्यताओं के बीच संघर्ष चलता रहता है और वही फ़िर दुःख बनता है और अलग-अलग रूपों में प्रकट होता है।

क्या आपने कभी ध्यान दिया है कि मन्दिर, मस्जिद या चर्च आदि से जब आवाज़ आती है, तो उस आवाज़ के प्रति आपकी क्या प्रतिक्रिया होगी, क्या भाव होगा, कैसा आप अनुभव करेंगे—यह सब किससे निर्धारित होता है? यह भी इसी से तय हो जाता है कि आप स्वयं को मानते क्या हैं। मस्जिद के आसपास वे लोग भी रहते हैं, जो स्वयं को हिंदू मानते हैं और वे भी, जो स्वयं को मुसलमान मानते हैं। कुछ लोग मस्जिद से आ रही आवाज़ को सुनकर चिढ़ेंगे; शायद उन्हें अच्छा अनुभव नहीं होगा, और कुछ लोग उसको सम्मान देंगे और सिर झुका लेंगे। फ़िर मन्दिर से जब घंटियों की आवाज़ आएगी, तब उस आवाज़ को भी सुनकर कुछ लोग चिढ़ जाएँगे और कुछ लोग सिर झुका कर हाथ जोड़ लेंगे। मगर इन आवाज़ों के प्रति प्रतिक्रिया-स्वरूप इन्होंने जो व्यवहार किया, क्या यह इन्होंने किया या ये तो एक मशीन की भाँति ऐसा करने के लिए पहले ही संस्कारबद्ध हैं? और क्या यह तब ही निश्चित नहीं हो गया था, जब इन्होंने ख़ुद को किसी खास पहचान से जोड़ा था? ध्यान दीजिए इस पर। क्या इस मशीनी जीवन को 'जीवन' कहा भी जा सकता है, जहाँ सब-कुछ पहले ही निश्चित है? नहीं। यह तो गुलामी है। मगर यह मशीन ऐसी है कि यदि यह अपनी गुलामी के प्रति सचेत नहीं है, तो इसको इस गुलामी में पीड़ा अनुभव होती है। अगर यह अपनी गुलामी यानी संस्कारबद्धता के प्रति सचेत हो जाए, तो यह उस पीड़ा और संस्कारबद्धता से आज़ाद हो जाती है।

ये लोग कुछ नहीं कर रहे हैं; उनको भ्रम है कि 'वे' सिर झुका रहे हैं। सिर झुकाना गलत नहीं है, मगर केवल तब—जब प्रेम में झुके, होश में झुके, आनंद और मौज में झुके। तब उसका झुकना वास्तव में झुकना है। तब उसमें कोई समस्या नहीं। मगर अभी जो आपका सिर झुक रहा है—वह कभी कामना और भय में झुक रहा है, तो कभी बेहोशी में; कभी

संस्कारबद्धता के कारण झुक रहा है, तो कभी लालच के कारण और कभी अबोध में। बोध और प्रेम में नहीं झुक रहा है। आपकी प्रार्थना भी आज़ादी और प्रेम से नहीं आ रही है। यही वास्तव में भ्रम और गुलामी है कि हम स्वयं को वही मानकर पूरा जीवन बिता देते हैं—जो दूसरों ने हमें सिखा दिया है कि हम क्या हैं। जब तक आप इस क्षुद्र, सीमित और संकुचित 'मैं' के झूठ को नहीं देख लेते, तब तक उससे—जिसे सत्य, ईश्वर, आत्मा, परमात्मा, आज़ादी या चाहे जो भी आप कहें—आपका कोई संबंध नहीं हो सकता। अहं का ना होना ही आज़ादी है और आज़ादी में ही यह भी जाना जाता है कि सौंदर्य क्या है और आनंद क्या है। ईमानदारी से ज़रा देखिए तो कि स्वयं को आप जो कुछ भी मानते हैं, वह क्यों मानते हैं? उसमें कोई सच्चाई भी है या बस मानते हैं? जानो, और जो कुछ भी स्वयं को मानते हैं, उसकी सीमाओं, झूठ और व्यर्थता को देखो—और आपका होना ऐसा हो जाए जैसे कि आप हों ही नहीं।

यदि किसी भी पहचान से जुड़ोगे, तो किसी को अपना बना लोगे, और जैसे ही किसी को अपना बनाओगे, वैसे ही परायों की कतार खड़ी हो जाएगी। जिनको भी अपना कहोगे, उनके अलावा अन्य सभी आपके लिए पराए हो जाएँगे। किसी एक तथाकथित धर्म, जाति, संप्रदाय, देश, लिंग, भाषा, पशु इत्यादि से यदि आसक्त रहोगे, तो बाकी सब आपके लिए पराए और दुश्मन हो जाएँगे। आप सीमित, संकुचित और अपूर्ण हो जाएँगे। जहाँ आप कुछ तक सीमित हैं, वहाँ आप ना पूर्ण हैं, ना मुक्त हैं। अब आप ना तो सबके हो सकते हैं और ना ही यह हो सकता है कि आप किसी के ना रहो। अब आप हिंसक हो गए। आपके माध्यम से केवल हिंसा होगी। मगर यदि आप हर पहचान के झूठ, उसकी सीमाओं और व्यर्थता को जान पाओ, उसमें भरे अलगाव, युद्ध, कलह, क्लेश, हिंसा, दुःख आदि को देख पाओ और उसको ज़हर की भाँति ही समय के साथ पीछे बह जाने दो, और हर पहचान से मुक्त होकर यदि शून्य ही हो जाओ—तब पहली बार आप जान पाओगे कि आज़ादी क्या है? सत्य क्या है? मौन और ध्यान क्या है? सौंदर्य और आनंद क्या है? जब आप किसी के नहीं रहते, तब ही आप सबके हो पाते हैं और हक़ीकत को ज्यों-का-त्यों देख पाते हैं। अब देखने वाला कोई नहीं रहता—दर्शन मात्र रह जाता है। अन्यथा यह कैसी गुलामी है, जहाँ आदमी-औरत, बच्चे-बूढ़े, काले-गोरे, धनी-निर्धन, हिंदू-मुसलमान, भारतीय-अमेरिकी आदि सब दिखाई देते हैं, मगर इंसान किसी को दिखते ही नहीं। यदि देख सको, तो इंसान भी अन्य जीवों से पृथक आपको तभी तक दिखेंगे, जब तक आप स्वयं को इंसान और विशेष मानोगे। क्योंकि स्वयं को इंसान भी इस शरीर के आधार पर ही तो मानते हो ना।

मगर यह शरीर तो लगातार बह रहा है, इसमें तो लगातार रूपांतरण जारी है। क्या यह शरीर अभी भी वही है, जो यह पाँच, दस या बीस वर्ष पहले था? नहीं ना? जो था, वह तो बह गया और यह बिल्कुल नया है। तो आप कौनसा शरीर हैं? यह, या वह—जो समय के साथ बह गया? तो इसी तरह जब आप इस शरीर से भी आसक्त नहीं रहते और शरीर से आसक्ति के कारण जो अलगाव खड़े होते हैं—जैसे लिंग, रंग, उम्र, बुद्धि, वजन, लंबाई आदि के—जब उनके झूठ और सीमाओं को भी देख लेते हैं और यह भी देख लेते हैं कि जैसे वह तन है, वैसे

ही यह तन है, तब शरीर के आधार पर भी विशेष होने का भ्रम नहीं रहता। क्योंकि शरीर तो प्रकृति मात्र है। मिट्टी से उठा है, मिट्टी ही हो जाना है। जब आप देख लेते हैं कि आँख, नाक, कान, हाथ, पैर और अन्य जो सब उधर हैं, वही सब इधर भी हैं। वही मांस, मज्जा, रक्त, हृदय, फेफड़े, मल-मूत्र आदि उधर हैं और वही सब इधर भी हैं। जैसे काम, क्रोध, लोभ, मोह, भय, ईर्ष्या, तुलना, दुःख आदि उधर हैं, वैसे ही सब-कुछ इधर भी है।

सब-कुछ जैसा उधर है, वैसा ही इधर है, और कहीं यदि अंतर है भी, तो वह है इस मस्तिष्क यानी स्मृति में। जो कि झूठा है। क्योंकि वह केवल मान्यताओं, कल्पनाओं और संस्कारबद्धता का परिणाम है। समय, संयोग, स्थान, माहौल, संस्कृति, शरीर आदि से जो मिल गया, वह स्मृति बनकर संचित हो गया और 'मैं' बन गया। मगर वह सत्य तो नहीं है ना? वह अगर हट जाए, तो अब कोई भेद ही ना रहा। वह भी तन, यह भी तन—और दोनों ही मिट्टी हो जाने हैं। कोई भेद नहीं बचना है। आकार-प्रकार, रंग, लिंग, संरचना जैसे कुछ भेद यदि दिख भी रहे हैं, तो वह भी बस प्रकृति की व्यवस्था ही है, ताकि प्रकृति का खेल जारी रहे। उसमें भी सौंदर्य है। मगर अंततः तो सब मिट्टी ही हो जाना है। जिनका अंत समान है, उनका उद्गम भिन्न कैसे हो सकता है? और जीवन अगर वे अलगाव में जिए, तो यह मूर्खता नहीं तो क्या है? प्रकट होने से पहले जिनमें कोई भेद नहीं था, अप्रकट होने के बाद जिनमें कोई भेद नहीं रहता, फ़िर प्रकट रहने के दौरान उनमें भेद क्यों माना जाए? फ़िर क्यों स्वयं को विशेष मानें और अन्य पशु, पक्षियों, नदी, पेड़, पहाड़ आदि में कोई भेद करें? यह सब एक ही समंदर की अलग-अलग प्रतीत होती लहरों जैसे ही हैं। मगर कुछ अलग प्रतीत होता है, इससे वह अलग हो नहीं जाता।

क्योंकि वृक्ष को भी मिट्टी हो जाना है, पशु-पक्षियों को भी मिट्टी हो जाना है और इंसान रूपी पुतले को भी मिट्टी ही हो जाना है। जब इन सबको अंततः मिट्टी ही हो जाना है, तो क्यों ना इनको मिट्टी ही जानें और जितनी भी सीमित, संकुचित और अलगाव खड़े करने वाली पहचानें हैं—क्यों ना उन सबको भी बह जाने दें और हम 'कुछ नहीं' ही हो जाएँ। समय, संयोग, स्थान, शरीर आदि से कोई नाम, कुछ पहचानें, संस्कार इत्यादि मिल गए हैं। जब तक नहीं समझते थे, तब तक उनको ढोते रहे, और जब तक ढोते रहे, तब तक उनसे केवल भ्रम, भय, बंधन, भेदभाव, हिंसा, शोषण और दुःख ही पाया। मगर कोई भी जीव इस तरह तो नहीं जीना चाहता ना?

हर जीव मुक्ति ही चाहता है। दुःख में कोई नहीं जीना चाहता। बंधन किसी को प्यारा नहीं। गुलामी कोई नहीं चाहता। सबको आज़ादी चाहिये। सबको शांति चाहिये। और आज़ादी व शांति तब तक नहीं हो सकती, जब तक कि आप स्वयं को कुछ विशेष मानते हैं। जो इंसान स्वयं को विशेष मानता है, वही फ़िर मुर्गे, मछली, बकरे और गाय आदि में भेद कर पाता है और उन्हें भोजन की भाँति देखता है। वही फ़िर असंवेदनशील रह पाता है। जो निर्विशेष हो गया हो, उसे ऐसे भेद नहीं दिखाई देते। वह वहाँ भेद नहीं करता, जहाँ भेद है ही नहीं। वह इन जीवों को भोजन की भाँति नहीं देख पाता है। वह उनको मार नहीं पाएगा। कैसे मारेगा?

वह स्वाद, स्वार्थ और अहंकार के केंद्र से नहीं जियेगा। यदि सचमुच वह आज़ाद है, तो उसमें करुणा होगी। उसमें अन्य जीवों के प्रति संवेदनशीलता होगी। जिस होश और आज़ादी से आपमें प्रेम, करुणा और संवेदनशीलता का आविर्भाव ना हो, वह होश और आज़ादी नहीं, अपितु गहरी बेहोशी और गुलामी है। आज़ादी के साथ तो आती है सहजता और सरलता। लेकिन जिन लोगों के जीवन में ज़रा भी सहजता और सरलता नहीं, वे ख़ुद को आज़ाद मानते हैं। वे पाखंडी हैं।

अगर आप ख़ुद को कुछ भी मानते हैं, तो आप एक बच्चे के साथ खेल भी नहीं सकते। आपको पशु-पक्षियों और पेड़-पौधों के साथ खेलने में असहजता अनुभव होगी। बल्कि जैसे-जैसे आपकी शारीरिक उम्र और संस्कारबद्धता बढ़ती है—आपको 'खेलने' में ही असहजता अनुभव होने लगती है, फिर चाहे आप कुछ भी और किसी के भी साथ खेलें। क्या आपने कभी छोटे बच्चों को खेलते हुए देखा है? वे पशु-पक्षियों, पेड़-पौधों, कंकर-पत्थर जैसी किसी भी चीज़ के साथ खेलने लग जाते हैं। अंजान व्यक्ति के साथ भी खेलने लग जाते हैं। ऐसा क्यों हो पाता है? क्योंकि अभी वे बहुत पहचानों और मान्यताओं से चिपके नहीं हैं। अभी वे बहुत संस्कारबद्ध नहीं हुए हैं। अभी उनको इस बात से बहुत फ़र्क नहीं पड़ता कि लोग उनके बारे में क्या सोचते हैं और क्या नहीं। अभी उनको अपने 'मैं' की बहुत फ़िक्र नहीं है।

वे अभी इतने अधिक संस्कारबद्ध नहीं हुए हैं कि वे स्वयं को कुछ भी मानते हों। और यदि वे स्वयं को कुछ मानते भी हैं, तो कुछ देर के लिए वे बहुत आसानी से उससे आज़ाद भी हो जाते हैं और खेल पाते हैं। यही बच्चे, जब कुछ वर्षों के बाद उम्र में बड़े और मन से संस्कारबद्ध हो जाएंगे, तब वे उस तरह से नहीं खेल पाएँगे। उस तरह मस्ती नहीं कर पाएँगे। उस तरह से खुलकर ना हँस पाएँगे, ना रो पाएँगे—क्योंकि अब वे ख़ुद को बहुत कुछ मान चुके हैं। और जो भी वे ख़ुद को मान चुके हैं—वह सिर्फ़ इसलिए क्योंकि उनको ऐसा सिखा दिया गया है। अब इन्होंने ख़ुद को समाज द्वारा निर्मित ढाँचों में कैद कर लिया है—जहाँ केवल दुःख, भय, चिंता, घुटन, गुलामी, हिंसा और बेचैनी है—जिसके प्रति इनमें विरोध तो उठता है, मगर धीरे-धीरे वे उस सबको जीवन का अनिवार्य हिस्सा मान लेते हैं।

वे मान लेते हैं कि ज़िंदगी शायद ऐसी ही होती है और वे सहते, घुटते और मरते चले जाते हैं। क्योंकि उनके आस-पास भी सब ऐसी ही—गुलाम, ढर्राबद्ध और मुर्दा—ज़िंदगी जिए जा रहे हैं। इसलिए उनको—यानी हमको—ख़ुद पर कभी शक या संदेह भी नहीं उठता कि कहीं हम गुलाम तो नहीं हैं। आप सवाल भी नहीं करते कि मेरी ज़िंदगी ऐसी ही क्यों है। आप कहते हैं—जब सबकी ज़िंदगी ऐसी ही है, तो हम क्यों उस पर सवाल उठाएँ। और आप भी उन्हीं के बीच, उन्हीं जैसे कुछ होकर पड़े रहते हैं। यह जीवन की बर्बादी है, यह बेहोशी है, मगर अधिकांश लोग ऐसे ही जीवन बिता देते हैं और जिए बिना ही केवल बहुत सारा दुःख सहकर मिट्टी हो जाते हैं। मिट्टी होना समस्या नहीं है—वह तो आप हैं ही—दुःखी जीवन जीकर मिट्टी होना समस्या है। "छोटी सी ज़िंदगी है। यह शरीर कभी भी मिट्टी हो जाएगा। जीना है तो अभी जी लो, वरना यह समय यूँ ही—पलक झपकते—बह जाएगा, और हाथ में केवल

पछतावा रह जाएगा।"

यह मैं कोई शायरी नहीं सुना रहा हूँ—यह हक़ीकत है जीवन की। देख लो पीछे मुड़कर कि आज तक यह जो इतना लंबा समय रहा है—जिसको आप अपना जीवन कहते हैं—वह कैसे और कहाँ, पलक झपकते बीत गया। ऐसे ही यह बचा हुआ भी गायब हो जाएगा और पता भी नहीं चलेगा कि कब ख़त्म हो गया। अंधों की तरह दौड़ते और घुटते रह जाओगे और पछताओगे कि जीवन सार्थक हो सकता था, आज़ाद होकर जी सकते थे—मगर भ्रम में रहे और जीवन व्यर्थ गया। इससे पहले कि यह स्थिति आए—हर उस पहचान से आज़ाद हो जाओ, जो आपको सीमित, संकुचित और अपूर्ण करती हैं। जो भ्रामक सीमाएँ, बंधन और भेद खड़े करती हैं। कुछ नहीं बचना है। "मैं" तो है ही नहीं और तन मिट्टी में मिल जाना है। पर यदि सचमुच नीयत रखते हो आज़ादी की—उससे एक होने की—जिसे सत्य कहते हैं, जिसे ईश्वर या परमात्मा कहते हैं, जो पूर्ण है—तो आपको उससे मुक्त होना होगा, जो आप स्वयं को मानते हैं। आपको शून्य होना होगा—ताकि बस वह रहे।

7

न तो मानो न ही ठुकराओ, निकट आकर सवाल उठाओ

प्रश्नकर्ता: मेरे जीवन में जो कुछ भी चल रहा है, मुझे नहीं पता कि वह सब क्या है और क्यों चल रहा है। जैसे जी रहा हूँ, वैसे क्यों जी रहा हूँ? लेकिन मैं उससे बहुत परेशान हूँ। मैं वहाँ पहुँच ही नहीं पा रहा हूँ, जहाँ इस दौड़ का अंत हो जाए। मैं इस दौड़ से आज़ाद होना चाहता हूँ। (ऑनलाइन पूछे गए प्रश्नों पर)

अचिंत्य: सिर्फ़ आप ही नहीं, प्रत्येक मनुष्य दौड़ रहा है—तन से भी और मन से भी। मगर वह क्यों दौड़ रहा है, उसे नहीं पता। क्या उसकी दौड़ उसका अपना चुनाव है? या वह केवल एक मशीन है—जो इस तरह दौड़ने के लिए इस प्रकृति, शरीर, समाज, शिक्षा, देश, काल, संयोग और संस्कृति इत्यादि द्वारा संस्कारबद्ध है? यदि ऐसा है—कि वह संस्कारबद्ध है—तो क्या वह किसी भी संबंध, क्रिया अथवा प्रतिक्रिया इत्यादि के दौरान उस संस्कारबद्धता के प्रति सचेत है? संभवतः नहीं। उसकी पीड़ा उसकी बेहोशी का प्रमाण है। यह बेहोशी ही मूल बंधन है। यहीं से पीड़ा पनपती है। तो वह क्यों दौड़ रहा है? उसे नहीं पता। उसे क्या चाहिये? यह भी उसे नहीं पता। यह तो तब पता होगा ना, जब उसे बीमारी का कुछ पता हो। जिसे पता ही नहीं कि वह प्यासा है और उसकी पीड़ा का कारण है पानी की कमी—वही फ़िर भटकता है, धोखे पाता है और दर-दर की ठोकरें खाता है। अन्यथा जिसे पता है कि पीड़ा का कारण है पानी की कमी—उसे पानी मिल जाता है। कम से कम अब वह अंधों की तरह उन चीज़ों की तरफ नहीं दौड़ेगा, उन दिशाओं में नहीं भटकेगा—जो उसकी प्यास बुझाने में किसी भी तरह सहायक नहीं हो सकती हैं। अब वह दर-दर की ठोकरें नहीं खाएगा। अब उसकी ऊर्जा बिखरी हुई नहीं होगी। मन यानी विचार अब छितराया हुआ नहीं होगा। अब भ्रम और द्वंद्व नहीं होंगे।

तो वह क्यों दौड़ रहा है? कहीं इसलिए तो नहीं कि अपनी संस्कारबद्धता और मान्यताओं के प्रति सचेत ना होने के कारण अभी वह जहाँ है, वहाँ उसे सुकून नहीं है? या जैसा वह है, वैसा होने में उसे आराम नहीं है? या अभी वह जहाँ है, वहाँ कुछ ऐसा है—जो उसका स्वभाव नहीं है; जिसमें पीड़ा है और उम्मीद है कि कहीं और पहुँचकर सुकून मिल जाएगा, हर पीड़ा का अंत हो जाएगा। इसलिए वह दौड़ रहा है। मगर अभी आप जहाँ हैं, जिस भी स्थिति में हैं, जो भी और जैसे भी हैं— आप वहाँ, वैसे या कुछ भी क्यों हैं—उसे समझे बिना ही उससे भागना क्या उचित है? क्या इसमें कोई समाधान है? क्या यह एक अंधी दौड़ मात्र नहीं है? क्या यह वर्तमान के प्रति एक बेहोश प्रतिक्रिया मात्र नहीं है? यह तो ऐसा ही है, जैसे बीमारी को जाने-समझे बिना ही उसका इलाज करने लग जाना। क्या होगा ऐसे मरीज़ का? केवल पीड़ा पाएगा। तो बेहोश प्रतिक्रिया नहीं, समझना महत्वपूर्ण है। इंसान जिस गहरी पीड़ा से गुजरता है, उस पीड़ा और उसके कारण को समझना ही—उससे आज़ादी है। जिसके लिए उसे उस पीड़ा को निकट से देखना होगा। उससे भागकर आप उसे नहीं जान सकते और जाने बिना उससे मुक्ति संभव नहीं।

तो मनुष्य दौड़ रहा है। कह सकते हैं कि उसे अपनी वर्तमान स्थिति—जो कि भ्रम की है—से मुक्ति या आज़ादी चाहिये। मगर उसकी दौड़ तो रुकने का नाम ही नहीं ले रही है। वह तन और मन दोनों से दौड़ रहा है। मन ही है, जो उसके तन को भी दौड़ा रहा है, क्योंकि तन की ज़रूरतें तो सीमित होती हैं। पशु को तन दौड़ाता है, मनुष्य को मन (विचार)। इसका अर्थ है कि वह लगातार एक ऐसी स्थिति में बना हुआ है, एक ऐसी पीड़ा से गुजर रहा है—यहाँ पीड़ा शब्द उन सबके लिए है, जिन्हें आप भ्रम, भय, दुःख, बंधन, बेचैनी, चिंता, तनाव, उलझन, द्वंद्व, परेशानियाँ इत्यादि कहते हैं—जिसमें वह रहना नहीं चाहता। क्योंकि उसके तन, मन, काम, रिश्तों और जीवन में ऐसा कुछ घुसा हुआ है, जो नहीं होना चाहिये। जैसे किसी के शरीर में कोई बड़ा-सा फोड़ा या बीमारी हो गई हो। उसी फोड़े या बीमारी को मैं कह रहा हूँ—भ्रम और बेहोशी। संस्कारबद्धता और मान्यताओं के प्रति सचेत ना रहना। भ्रम ही बीमारी है, पीड़ा उस बीमारी का लक्षण है और ईमानदार व निष्पक्ष सजगता उसका इलाज अर्थात् आज़ादी है।

तो मनुष्य को अंततः क्या चाहिये? उसकी सारी दौड़ के पीछे किसकी माँग है? आज़ादी की। मनुष्य को चाहिये—आज़ादी। किससे? भ्रम से। 'मैं' और 'तू' के भ्रम से। हर उस वस्तु, व्यक्ति, विचार, मान्यता, संस्कारबद्धता आदि से, जिसे होना नहीं चाहिये, मगर है। उसे आज़ादी चाहिये हर उस पीड़ा से, जो उसे दिन-रात खाए जा रही है। आप आज़ादी को अन्य नाम भी दे सकते हैं। आप कह सकते हैं कि उसे शांति चाहिये, सुकून चाहिये, चैन चाहिये, परमात्मा चाहिये, ईश्वर चाहिये, सत्य चाहिये। उसके नाम अनेक हैं—वह एक ही है। उसे एक कहना भी ठीक नहीं है। जैसे जल तो जल ही है, फ़िर उसे चाहे आप कोई भी नाम दो। "प्रत्येक व्यक्ति" की चाहत और प्रत्येक व्यक्ति की "हर चाहत" के मूल में केवल उस "एक" की ही चाहत है—उसे आप चाहे कुछ भी नाम दें। यहाँ मैं उसे 'आज़ादी' कह रहा हूँ। अपनी

झूठी हस्ती से आज़ादी।

आज़ादी केवल तब है, जब आप पीड़ा से मुक्त हैं और पीड़ा का कारण यदि भ्रम है—तो भ्रम का ना रहना ही आज़ादी है। पीड़ा चाहे किसी भी रूप में हो, आप उसे चाहे कोई भी नाम दें, मगर जब तक उसका कारण मौजूद है, तब तक कोई आज़ादी नहीं। आज़ादी की शुरुआत होती है उन कारणों के प्रति सजगता से। अपनी इस सीमित, संकुचित, संस्कारबद्ध और मशीनी ज़िंदगी के प्रति सजगता से आज़ादी की शुरुआत होती है। सजगता माने—"जो है और जैसा है, उसे वैसा ही देखना"—अतीत को बीच में लाए बिना। बिना कुछ जाने-समझे, स्वयं और इस जगत को लेकर जो कुछ भी आप पहले से मान चुके हैं, उन पर सवाल उठाना और उनके प्रति निष्पक्षता व ईमानदारी से सजगता होना—आज़ादी की शुरुआत है। क्योंकि आपकी पूरी हस्ती केवल संस्कारों, मान्यताओं, ढर्रों, ढाँचों, अनुभवों, छवियों, नामों, आदतों, अभ्यासों इत्यादि की कठपुतली मात्र ही तो है।

आपकी ज़िंदगी में जो कुछ भी है—चाहे स्थूल, चाहे सूक्ष्म; चाहे तन पर या मन में; चाहे घर, जीवन, रिश्तों और काम में—आपको भ्रम है कि वह आपका अपना चुनाव है। वह आपकी बेहोशी का परिणाम है और केवल तभी तक आपके जीवन में हो सकता है, जब तक कि आप यह ना देख लें कि वह आपका अपना चुनाव नहीं है। वह तो केवल समय, संयोग, संगत, शरीर, स्थान और माहौल इत्यादि का परिणाम है—दूसरों का थोपा हुआ है। आप तो हैं ही नहीं। जिसे आप कहते हैं "मैं", उसकी अपनी तो कोई पृथक और स्वतंत्र सत्ता ही नहीं है। वह 'मैं' भी केवल समय, स्थान, शरीर, संस्कारो इत्यादि का परिणाम है। उसमें आपका अपना कुछ भी नहीं। समय, स्थान, शरीर, संस्कार इत्यादि के बदलते ही सब बदल जाता है। वही 'मैं' पीड़ा का मूल कारण है। पीड़ित का होना ही पीड़ा है। जो दुःखी है, वही दुःख का कारण है, मगर आप दुःख से भागते हैं—दुःखी को साथ लेकर। उसे नहीं छोड़ते। आप जब तक उसको अपनी पहचान मान रहे हैं—जो केवल समय, संयोग, समाज, स्थान, शरीर इत्यादि का परिणाम है—तब तक कोई आज़ादी नहीं। सत्य, बोध और स्पष्टता—जो कि अलग-अलग नहीं हैं—के अतिरिक्त यदि किसी भी चीज़ को आप अपनी पहचान मानते हैं, तो वहाँ केवल भ्रम यानी अहंकार ही होगा और भ्रम ही पीड़ा है। भ्रम को भ्रम और तथ्य को तथ्य जानना ही आपको सत्य यानी स्वयं की हक़ीकत के निकट लाता है और उसी में आज़ादी है।

तो उस 'मैं'(यानी आप) को मिटना होगा, जो केवल मान्यताओं का परिणाम है। और जिन्हें आज़ादी से इतना प्रेम ही नहीं कि उसके लिए मिटने को भी तैयार हों, जिन्हें सच्चाई और बोध से इतना प्रेम नहीं कि अपनी हस्ती के झूठ को ईमानदारी से देख सकें और उसे जी सकें—उनके लिए ना सत्य है, ना बोध, ना आज़ादी। आज़ादी कोई सस्ती चीज़ नहीं है—यह आपसे आपको माँग लेती है। आज़ादी को नहीं बेचा जाता है, आज़ादी के लिए बिका जाता है। जिनके लिए झूठ और चालाकियाँ ही बहुत बड़ी चीज़ें हैं, सत्य उनके लिए नहीं है। उन्हें भ्रम में जीने और धोखे खाते रहने के लिए तैयार रहना चाहिये। जो किसी भी व्यक्ति का सम्मान उसके जीवन में बोध और सत्य के प्रति निष्ठा देखकर नहीं, बल्कि उसका पद, प्रतिष्ठा,

पहचान, धन, धर्म, लिंग, शरीर, जाति इत्यादि देखकर करता है—उसके लिए भी बोध, प्रेम और आज़ादी बिल्कुल नहीं है।

मगर किसी भी अन्य व्यक्ति के जीवन में सबसे पहले और सबसे ऊपर "बोध और सत्य" को महत्व तो आप तब दे पाओगे ना, जब आप स्वयं अपने जीवन में बोध और सत्य को सबसे ऊपर रखो—ना कि पद, प्रतिष्ठा, पैसा, लिंग, जाति और तथाकथित पहचानों इत्यादि को। अन्यथा तन से लेकर मन तक जो कुछ भी है—जिसे आप "मैं या मेरा" कहते हैं—वह सब तो पराया, भ्रामक, क्षणिक और अपूर्ण है। उसके केंद्र से जियोगे, तो केवल भयभीत जियोगे और भटकोगे। जब तक आप उससे चिपके (आसक्त) हुए हैं—जो आपको मिला ही दूसरों से है—तब तक क्या भय का अंत हो सकता है? नहीं ना? क्योंकि जो दूसरों से मिला है, दूसरे ही उसे छीन भी सकते हैं। बोध (स्पष्टता) के अलावा आपका अपना और कुछ नहीं हो सकता। आप वही हैं। अन्यथा आपके पास अपना क्या है? नाम, पहचान, कपड़े, सम्मान, सुख, दुःख, धर्म, जाति, पसंद—क्या इनमें से कुछ भी आपका अपना है? नहीं ना?

यहाँ तक कि आप क्या और कैसे खाते-पीते हैं? कब सोते-जागते हैं? कौन-सी पढ़ाई करते हैं? क्या काम करते हैं? कब, कैसे और किससे विवाह करते हैं? बच्चे पैदा करते हैं या नहीं? करते हैं तो कितने? यह सब भी आपके अपने चुनाव नहीं हैं। कुछ भी आपकी समझ से नहीं आ रहा है। यह सब तो माहौल ने आपको सिखा दिया है। अन्यथा यह सब-कुछ यदि समझ से आ रहा होता, तो उसमें कुछ तो मौलिकता होती। आपकी दिनचर्या और आपके आसपास के लोगों की दिनचर्या में, आपके निर्णयों और उनके निर्णयों में कुछ तो मूल अंतर होते। मगर ऐसा कुछ नहीं है। वहाँ सबकुछ पहले से निश्चित है। आदमी को कैसे रहना है और औरत को कैसे? घर में किसको किसके साथ कैसा व्यवहार करना है? लड़के और लड़की के साथ कैसा व्यवहार करना है? सब तय है। यहाँ तक कि जिन्हें आप अपना भगवान, अल्लाह या ईश्वर अथवा जो भी कुछ कहते हैं, उनको भी आपने नहीं चुना। आपके माँ-बाप या भीड़ जिनको मानती आई, आपने भी बिना कोई सवाल किए उन्हें मान लिया। समझते ना वे हैं, ना आप—मगर मानते दोनों हैं। भीड़ जिस काम या नौकरी की तरफ दौड़ती है, आप भी उसकी तरफ दौड़ने लग जाते हैं। भीड़ जिसे भी तथाकथित गुरु, नेता या अभिनेता मान लेती है, आप भी उसको पूजने लग जाते हैं। भीड़ जिसको गालियाँ देने लगती है, आप भी देने लग जाते हैं।

किस बात या घटना पर हँसना या रोना है? सुखी या दुःखी होना है? यह भी आपको भीड़ और फिल्मों इत्यादि ने सिखा दिया है। आप जानने का तो कभी प्रयास ही नहीं करते हैं कि यह सब क्या और क्यों? इसलिए इसमें समझ तो कहीं है ही नहीं। अर्थात् कुछ भी आपका अपना नहीं है। यही तो पीड़ा है—कि अपना कुछ नहीं। आपके अतिरिक्त आपका अपना कुछ नहीं हो सकता, मगर आपको तो अपना भी कुछ नहीं पता। आप तो स्वयं से भी दूर हैं और दूरी का नाम है आत्म-अज्ञान। आप जो कुछ भी ख़ुद को मानते हैं, वह सब भी तो आपको दूसरों ने ही सिखाया है। और जब सिखाया था, तब बिना जाने-समझे आपने बस मान लिया

था। आपके जीवन में सबकुछ केवल माना हुआ है और मानने का मतलब होता है कि पता कुछ नहीं—बस मानते हैं। आप क्यों मानते हैं? क्योंकि सब मानते हैं। सब क्यों मानते हैं? क्योंकि नहीं जानते हैं। क्यों नहीं जानते हैं? क्योंकि जानने में मेहनत लगती है, जो वे नहीं करना चाहते। ध्यान देना पड़ता है, जो वे नहीं देना चाहते। उन्हें अंधे भोग से फ़ुर्सत नहीं है। जानने के लिए निष्पक्षता और ईमानदारी चाहिये, मगर वे ना तो निष्पक्ष रहना चाहते हैं, ना ही ईमानदार। क्यों? क्योंकि निष्पक्षता और ईमानदारी से जब कुछ भी देखोगे या सुनोगे, तो भ्रम टूटेंगे और भ्रमों के टूटने का मतलब होता है—अहंकार का टूटना। क्योंकि अहंकार—यानी 'मैं' और 'तू' का भाव—केवल भ्रम में ही पल सकता है, मगर वे नहीं चाहते कि अहंकार टूटे। क्योंकि अलगाव को बनाए रखने में उनके अज्ञान-जनित स्वार्थ हैं। उन्हें सत्य से ज़्यादा अपने क्षुद्र स्वार्थ और मान्यताएँ प्यारी हैं।

जो मान्यताओं का गुलाम है, जो बेहोशी और बेईमानीवश उनके झूठ को नहीं देखना चाहता है—वह आज़ाद नहीं है। क्योंकि आज़ादी की शुरुआत होती है सवाल करने से—ईमानदार जिज्ञासा से, जानने से, सीखने और समझने से। मगर जानना हमें कभी सिखाया ही नहीं गया और ना हमने कभी कोशिश की। बचपन से लेकर अभी तक हम केवल मानते चले आए हैं और आज हमारे पास 'अपना' कहने जैसा जो कुछ भी है, वह केवल माना हुआ है। उसमें जाना हुआ कुछ भी नहीं। इसीलिए आज आपकी हालत वैसी है, जिसमें सिर्फ़ पीड़ा है। क्योंकि ज़िंदगी में बहुत कुछ है—लोग हैं, रिश्ते हैं, काम है, नाम है, पहचानें हैं, दुःख है, भय है और बहुत कुछ है—मगर जानते कुछ नहीं कि यह सब क्या हैं और क्यों हैं? इनके साथ संबंध कैसा रखें? यह ज़िंदगी क्या है और क्यों है? इसीलिए जीवन में हर तरफ केवल भ्रम, भय, बंधन, भटकाव और पीड़ा है। एक बच्चा जब पैदा होता है, तब वह अबोध होता है। उसे ना अपना कुछ पता होता है, ना इस जगत का। उसे कुछ नहीं पता होता कि यह जो कुछ भी उसे दिखाई-सुनाई दे रहा है, अनुभव हो रहा है—यह सब क्या है? यह चल क्या रहा है? यह चल क्यों रहा है? यह कैसे चल रहा है? उसे कुछ भी पता नहीं होता। मगर बचपन में आपने देखा होगा कि बच्चे जिज्ञासा करते हैं। जो कुछ भी उनको दिखाई-सुनाई देता है, वे उस पर ध्यान देते हैं। दूर तक कभी उन्हें घुमाने ले जाओ, तो वे सवाल करेंगे। वे पेड़ के बारे में पूछेंगे। पशु-पक्षियों, चाँद-तारों, आसमान और हर किसी चीज़ के बारे में पूछेंगे—यह क्या है? यह क्यों है? यह ऐसा ही क्यों है? वह वैसा क्यों है? मगर अधिकांश अभिभावक उनके साथ क्या करते हैं?

हम जब बच्चे होते हैं, तो हमारी जिज्ञासा को दबाया जाता है। हमें जानना-समझना नहीं सिखाया जाता। सवाल करना नहीं सिखाया जाता। बल्कि जब बच्चा कोई सवाल पूछता भी है, जिज्ञासा करता है, जानने का प्रयास करता है—तो कभी उसे डाँट दिया जाता है, कभी डरा दिया जाता है, कभी मना कर दिया जाता है, या फिर कोई झूठा, भ्रामक और काल्पनिक जवाब दे दिया जाता है। क्योंकि अभिभावकों को ही कुछ नहीं पता। हाँ, बेहोशी में बच्चे पैदा हो जाते हैं, तो अभिभावकों को यह भ्रम हो जाता है कि जैसे वे समझदार हो गए हों। वे भूल ही

जाते हैं कि बच्चे पैदा हो जाने से एक नासमझ इंसान समझदार नहीं हो जाता। बच्चे तो पशु, पक्षियों, कीड़े और पेड़-पौधों के भी पैदा हो जाते हैं। वह तो प्राकृतिक प्रक्रिया मात्र है। मगर प्रेम के नाम पर वे बच्चों के मालिक बन जाते हैं। वे बच्चों को सिखाते नहीं, बल्कि आदेश देते हैं। बच्चों को कभी बताते नहीं कि उन्हें कुछ भी क्यों करना है? उनसे जो करवाया जा रहा है, वह क्यों करवाया जा रहा है? सवाल करने पर केवल डाँट और धमकियाँ मिलती हैं। इस तरह एक बच्चे में जिज्ञासा करने की जो सहज प्रकृति होती है—जो कि जिज्ञासा करते-करते और बढ़ती जाती है—उसे शुरुआत में ही दबा दिया जाता है। हमारे ऊपर बहुत कुछ थोपा जाता है। हमें रटाया जाता है। हमें केवल संस्कारित किया जाता है। हमें आदतें डाली जाती हैं। हमसे कहा जाता है—मानो। नहीं मानते हैं, तो डरा कर मनवाया जाता है।

फ़िर वही सारी मान्यताएँ हम जीवनभर ढोते रहते हैं और हमें पता भी नहीं रहता कि हमारी ज़िंदगी उस मान्यता से संचालित हो रही है—क्योंकि वह "मैं और मेरी" बन चुकी होती है। वह झूठी, भ्रामक और गलत होती है, मगर हमें गलत लगना ही बंद हो जाता है। हम उसे ही सत्य मान लेते हैं। जन्म से लेकर मृत्यु तक का एक ढाँचा हमारे ऊपर थोप दिया जाता है और कहा जाता है कि बस इसका अनुकरण करो। हमें सोचने-समझने का अवसर ही नहीं दिया जाता है। दूसरे लोग हमारी ज़िंदगी तय करते चले जाते हैं और भ्रम, भय और स्वार्थवश हम भी वह सब स्वीकार करते चले जाते हैं। फ़िर हम एक मशीन की भाँति पूरी ज़िंदगी को बस उस संस्कारबद्धता के अनुसार ढोते जाते हैं। मशीनी जीवन में भी कोई समस्या ना होती, अगर इसमें पीड़ा ना होती। ऐसी संस्कारबद्ध और बेहोश ज़िंदगी में समस्या बस यह है कि इसमें हम लगातार पीड़ा पा रहे होते हैं। और एक समय के बाद, जब हम उस ढाँचे में जीने के आदी हो जाते हैं, तो फ़िर वहीं हम अपने स्वार्थ जोड़ लेते हैं। फ़िर अहंकार-वश हम उस ढाँचे से बाहर कभी आना ही नहीं चाहते, क्योंकि "ढाँचा और मैं" एक हो गए होते हैं। फ़िर वही हमारी पहचान और ज़िंदगी का आधार बन जाता है—चाहे उसके कारण कितनी ही हिंसा और पीड़ा क्यों ना पनप रही हो। उस मानसिक ढाँचे—मैं और उसकी दुनिया—से आज़ाद होना हमारे लिए मृत्यु जैसा ही हो जाता है। इसीलिए कह रहा हूँ कि आज़ादी उनके लिए है—जो मिटने को तैयार हैं। क्योंकि भ्रमित ही भ्रम और बंधन है। इसलिए भ्रमित का ना रहना ही आज़ादी है। जो आप स्वयं को मानते हैं, जिस केंद्र से आप जी रहे हैं—वही भ्रमित है और वही भ्रम भी।

तो हमारी ज़िंदगी में जो कुछ भी चल रहा है, जैसे भी चल रहा है, जो कुछ भी आप चुनते हैं—चाहे वस्तुएँ, रिश्ते या काम चुनते हैं और चाहे भोजन, कपड़ा या मकान चुनते हैं—सब कुछ हमारी संस्कारबद्धता, भावनाओं और मान्यताओं से तय हो रहा होता है। व्यवहार के दौरान यदि आप इसके प्रति सचेत नहीं हैं और यह नहीं समझते हैं कि आपकी दैनिक ज़िंदगी में जो कुछ भी चल रहा है, वह भीतर के किस केंद्र से आ रहा है, तो आप केवल एक मशीन हैं। आप आज़ाद नहीं हैं। और इसका प्रमाण है—आपके जीवन का दुःख, भय, घुटन, बेचैनी, चिंता, कलह-क्लेश, हिंसा आदि। मगर हमारे साथ होता यह है कि जब हम लंबे समय

तक अपने आसपास, अपने घरों और समाज में ऐसे—दुःखी, अशांत, परेशान, भयभीत, झूठे, बेईमान, हिंसक, चालाक, भ्रष्ट और प्रेमहीन—लोगों को ही लगातार देखते रहते हैं, तो हमें यह भ्रम हो जाता है और हम यह मान लेते हैं कि ज़िंदगी शायद ऐसी ही होती है। क्योंकि हमें ऐसा कोई दिखता ही नहीं, जिसमें उनसे अलग कुछ हो—ऐसा कोई, जिसके जीवन से बोध, प्रेम, सत्य, करुणा और आज़ादी की सुगंध आती हो।

इसलिए हम जीवन में यह सब स्वीकार कर लेते हैं और सहते जाते हैं—यही मानकर कि शायद यह सब तो जीवन का अनिवार्य अंग है, और हम उस चक्रव्यूह से बाहर आने का कभी प्रयास भी नहीं करते हैं। अब जिसे आज़ादी का कुछ पता ही नहीं, उसमें बंधनों के खिलाफ विद्रोह करने का बल भी आए कहाँ से? कहीं आज़ादी दिखे तो उसके लिए प्रेम जगे और कीमत चुकाने का बल भी मिले। जिसे आज़ादी से प्रेम होता है, वही फ़िर बंधनों के खिलाफ विद्रोह भी करता है। साफ-सफाई की माँग भी वही करता है, जिसे उसका कुछ पता हो। जहाँ हर किसी की ज़िंदगी केवल गंदगी से ही भरी हुई है—वहाँ कोई सफाई की माँग भी क्यों करेगा? उसमें सफाई की गहरी चाहत ही नहीं उठेगी। उठती भी है, तो अहंकार उसे दबा देता है क्योंकि अब उसकी पहचान उस गंदगी से जुड़ गई है। जो बच्चा शहर से बाहर कभी निकला ही नहीं, खुली और साफ हवा में जिसने साँस कभी ली ही नहीं, हरियाली के बीच की शांति और पक्षियों के कलरव का जिसे कुछ पता ही नहीं—उसमें क्या शहर की घुटन, पतली गलियों, शोर, भीड़ और जहरीली वायु के प्रति विद्रोह उठेगा? नहीं। मगर अब ठहरो—ऐसी स्थिति में जीना ना भीतर से ज़रूरी है, ना बाहर से।

क्योंकि दुःख, भय और कोई भी पीड़ा—जीवन का अनिवार्य अंग नहीं हैं। क्योंकि हर तरह की पीड़ा के 'कारण' हैं, अतः वे सत्य नहीं हैं। क्योंकि जो किसी कारण पर आश्रित है, वह तो कारण के हटते ही नहीं रहेगी। यदि कारण ना रहे, तो पीड़ा का अंत हो जाता है। हमारी पीड़ा केवल आत्म-अज्ञान और हमारे झूठे, भ्रामक व अपूर्ण ज्ञान का परिणाम है—मान्यताओं और संस्कारबद्धता का परिणाम है। अहंकार ही पीड़ा है। आपके जीवन में यदि पीड़ा है, तो वह केवल इसलिए है, क्योंकि आपको कुछ नहीं पता कि आप जो कुछ भी कर रहे हैं, वह क्यों कर रहे हैं। जिस भी तरह जी रहे हैं, उसी तरह क्यों जी रहे हैं? आप जैसे कपड़े पहनते हैं, वैसे ही क्यों पहनते हैं? आप जो उत्सव मनाते हैं, वे आप क्यों मनाते हैं? आपको कुछ नहीं पता कि जिसे आप सफलता या असफलता कहते हैं, सम्मान या अपमान कहते हैं, अच्छा या बुरा कहते हैं, पाप या पुण्य कहते हैं—उसे आप वैसा कुछ क्यों और किस आधार पर कह रहे हैं। आप केवल ऐसा मानते हैं, समझते कुछ नहीं। मगर आपको भ्रम पूरा है कि आप सब जानते हैं। यही अहंकार है।

आप नहीं जानते कि जो भी वस्तु या व्यक्ति आपको पसंद है, वे क्यों पसंद हैं। और जो आपको पसंद नहीं हैं, वे आपको पसंद क्यों नहीं हैं। आपके जीवन में बहुत कुछ ऐसा चल रहा है—जिसकी शुरुआत आपके मन से होती है—मगर आप उसे समझते ही नहीं हैं कि वह वैसे ही क्यों चल रह। इसीलिए फ़िर जीवन में पीड़ा होती है। क्योंकि जीवन में चल बहुत कुछ रहा

है; मगर क्या, क्यों और कैसे—इसका कुछ नहीं पता। क्या आप जानते हैं कि आपके भीतर कोई भी कामना कहाँ से और कैसे उठ जाती है? क्योंकि उसी के पूरा ना होने की आपको चिंता रहती है। उसी के पूरा ना होने पर आपको दुःख होता है। उसी के पूरा होने पर भी जब पूर्णता नहीं मिलती है, तो पछतावा होता है। मगर क्या आप देख पा रहे हैं कि आपमें कोई भी कामना कैसे उठ रही है? आपको कोई भी चीज़ क्यों चाहिये? आप लोगों को कुछ भी करके या बनकर क्यों दिखाना चाहते हैं? क्यों आपको तथाकथित चार लोगों (समाज) की इतनी परवाह होती है कि वे आपके बारे में क्या सोचेंगे? ऐसी आपकी हालत है। आप मानसिक रूप से पूरी तरह भ्रम, भय और बंधन में हैं, मगर आप इनके प्रति इतने बेहोश हैं कि आपको लगता है—जैसे आप आज़ाद हैं।

क्या आप जानते हैं कि जिन्हें आप अपनी कामना, अपने उद्देश्य, अपनी मर्जी कह रहे हैं, वे वास्तव में आ कहाँ से रहे हैं? शायद आपने इस पर कभी ध्यान ही नहीं दिया। तो आज़ादी की शुरुआत होती है—"जानने से, ना कि मानने से।" क्योंकि हमारी ज़िंदगी में जो कुछ भी है, वह माना हुआ ही तो है। परिवार, शिक्षा, संस्कृति, धर्म, देश, राजनीति, फ़िल्मों, माहौल आदि—सबने हमको बहुत कुछ दिखाया, सुनाया, मनवाया—और हम मानते चले गए। हमने कभी सवाल नहीं किए। बाल और नाखून भी किस दिन काटने या कटाने हैं और किस दिन नहीं—यह भी कोई और ही हमारे भीतर घुसकर तय कर रहा है। कोई अन्य ही मैं बनकर सब तय कर रहा है। आपको क्या काम करना चाहिये—यह तो आपकी काबिलियत, समझ, स्थिति और प्रेम से तय होगा ना? जहाँ प्रेम होता है, वहाँ काबिलियत और समझ भी आ ही जाते हैं। मगर देखिए कि दुनियाभर में होता क्या आया है और आज भी बहुत होता है—कि अधिकांशतः महिलाएँ घर के भीतर के काम करती हैं, जैसे बच्चे पालना, भोजन बनाना, झाड़ू-पौछा करना इत्यादि—और धन कमाने का काम अकेला पुरुष करता है। अब यह जीवन का कोई नियम तो है नहीं कि हमेशा ऐसा ही रहेगा। यह तो समय-समय की बात है। हो सकता है कि कभी किसी स्थिति में इस व्यवस्था की उपयोगिता रही हो—मगर क्या अभी भी है? संभवतः नहीं।

यदि काम का चुनाव आपकी समझ, प्रेम और काबिलियत से आ रहा है, तो इस बात का कोई महत्व नहीं रह जाता कि आप शरीर से स्त्री हैं या पुरुष। क्योंकि समझ और प्रेम, स्त्री में भी हो सकता है और पुरुष में भी। हवाई जहाज़ में सैकड़ों पुरुष यात्री हो सकते हैं, मगर पायलट यदि महिला है—तो ज़मीन से आसमान तक और आसमान से वापस ज़मीन तक, वही आपको ला सकती हैं। मगर ध्यान से देखिए, क्या आपके काम आपके प्रेम, समझ और काबिलियत से आ रहे हैं, या तथाकथित देश, काल, संस्कृति, मान्यताओं, ढर्रों, ढाँचों, परंपराओं, प्रथाओं, भय, कमजोरियों और संस्कारबद्धता से? क्या काम चुनने के लिये भी आप सचमुच आज़ाद हैं? पहले तो आपको तथाकथित काल्पनिक जाति, वर्ण, रंग, लिंग, भाषा इत्यादि में कैद कर दिया जाता है और उसी के अनुसार पहले ही यह तय कर दिया जाता है कि आप क्या करेंगे और क्या नहीं, किससे विवाह करेंगे—यानी रिश्ता बनाएँगे—और

किससे नहीं? जहाँ जन्म से ही आपके कर्म और रिश्ते तय हो जाते हैं, क्या वहाँ कोई आज़ादी बची?

काम और रिश्तों में ही तो इंसान का अधिकांश जीवन गुजरता है और उन्हीं को चुनने का यदि उसे अधिकार नहीं है—तो यह कोई आज़ादी नहीं है। मगर हम सवाल ही नहीं करते कि मैं इसी तरह क्यों जियूँ? यही सब क्यों करूँ? और सवाल करना इसलिए आवश्यक है, क्योंकि जिस तरह से आप जी रहे हैं, उसमें केवल दुःख, हिंसा, शोषण और विनाश है। मगर यह मैं पहले ही कह चुका हूँ कि जो व्यक्ति आज़ादी के लिये इतने प्रेम और ईमानदारी से नहीं भरा हुआ है कि उसकी ख़ातिर ख़ुद मिट जाने को तैयार हो, हर हद से पार जाने को तैयार हो—उसके लिये ये सारी बातें नहीं हैं। उसे तो यह सब बातें पागलपन ही लगेंगी। मगर उसे नहीं पता कि आज़ादी—एक तरह का पागलपन ही होती है। ऐसा पागलपन, जिसमें प्रेम और करुणा है; जिसमें बोध है; बेपरवाही और मौज है। जो लोग बेहोश और मशीनी ज़िंदगी को ही आज़ादी मानते हों, उनके लिये तो वास्तविक आज़ादी एक पागलपन जैसी ही होगी—जब तक कि वे ख़ुद आज़ाद ना होने लगें। जो स्वयं से मुक्त नहीं है, जिसे हरदम इसी बात की परवाह रहती है कि "मेरा क्या होगा?"—अभी वह आज़ाद नहीं है। जिसे 'मैं' और 'मेरे' से ज़्यादा सत्य, बोध, करुणा और आज़ादी की परवाह और प्रेम है—उसी के लिये सत्य और आज़ादी है। उसी के लिये मौज है। उसी के लिये बोध है।

सत्य की दुनिया में सीधे, सरल, सहज, असली, प्रेमी और ईमानदार लोगों के लिये जगह है—चालाक, बेईमान, पाखंडी और हिंसक लोगों के लिये नहीं। जो सत्य के प्रत्यक्ष होते हुए भी चालाकियाँ चलते हैं, पाखंड करते हैं—उन्हें चालाकियाँ मुबारक। इसलिए आप यदि बंधन में हैं, तो बंधन ने आपको नहीं, बल्कि आपने बंधन को पकड़ा है। ध्यान से देखिए। देखिए उस स्वार्थ को, जो आपको गुलामी के लिये मजबूर कर रहा है। जो तथ्य से मुँह चुरा रहा है। एक बच्चा जब पैदा होता है, तब उसे कुछ नहीं पता होता है। फ़िर उसको सिखा दिया जाता है कि—क्या खाना है? कैसे खाना है? कैसे बैठना है? क्या पहनना है और क्या नहीं? लड़के को कुछ और, लड़की को कुछ और सिखाया जाता है। उसको समझाया नहीं जा रहा है कि उसके साथ ऐसा क्यों किया जा रहा है। उसे नींद नहीं आई होती है, तब भी उसे जबरदस्ती सुलाया जाता है—क्यों? शायद वे मानते हैं कि रात केवल सोने के लिए होती है। आप थके हुए और संस्कारबद्ध हैं, इसलिए जल्दी सो जाते हैं। लेकिन बच्चा ना संस्कारबद्ध है और ना ही बहुत थका हुआ, फ़िर वह कैसे उस समय सो जाए जब आप सोना चाहते हैं? मगर आप उसके साथ जबरजस्ती करते हैं। बच्चे को भूख नहीं लगी होती है, तब भी उसे भोजन खिलाया जाता है—क्यों? शायद अभिभावक मानते हैं कि भोजन खाने के लिए भूख लगने से ज़्यादा समय-पाबंद होना महत्वपूर्ण है। मगर भोजन का समय से नहीं भूख से गहरा संबंध है। यही प्राकृतिक सहजता है। आप उसे अपनी मान्यताओं के चलते नष्ट कर देते हैं।

बच्चा यदि बाहर खेलने जाता है, तो उसको पकड़कर घर में कैद कर दिया जाता है। आप समझते ही नहीं कि उसके शरीर में भी ऊर्जा है, वह घर में शांत नहीं बैठ पाएगा

और यदि डराओगे तो वह कुंठित होता जाएगा। खेलेगा नहीं तो वह पूर्ण विकसित नहीं हो पाएगा। उसको कुछ लोगों से मिलने और बात करने की अनुमति है और अन्य से नहीं—जैसे; तथाकथित धर्म, जाति, लिंग, आर्थिक स्तर इत्यादि के आधार पर। कई बार बच्चा जब तक तथाकथित अन्य लोगों से मिलने या बात करने का प्रयास नहीं करता है, तब तक उसे पता ही नहीं चलता है कि उनसे मिलने और बात करने की उसे आज़ादी नहीं है। मगर क्यों नहीं है? यह नहीं समझाया जाता है। इस 'क्यों' का वे कोई उचित जवाब नहीं देते हैं, और बच्चा यदि प्रश्न करता है, तो उसको थप्पड़ जड़ दिया जाता है—कभी तन पर और कभी मन पर। उसको डरा दिया जाता है। उसको बता दिया जाता है कि—ये आपके माता-पिता हैं, ये ईश्वर हैं, ये गुरु हैं—मगर यह नहीं बताया जाता कि ईश्वर माने क्या? गुरु माने क्या? माता-पिता माने क्या? और मैं इनको ईश्वर या गुरु क्यों मानूँ? आप मेरे माता-पिता क्यों और कैसे हैं? ऐसा कुछ नहीं समझाया जाता। बस कहा जाता है—मानो। नहीं मानोगे, तो पीटे जाओगे। भोजन नहीं मिलेगा। मगर जब बच्चों को नहीं पता होता है, तो अक्सर वे जिज्ञासा करते हैं। मगर आप उनकी जिज्ञासाओं को भी दबा देते हैं। इस तरह बिना जाने वे बस मानते चले जाते हैं और मशीन की भाँति संस्कारबद्ध होते जाते हैं।

बाल कैसे रखने हैं—यह भी आप तय करते हैं, और वह इससे तय करते हैं कि आपका बच्चा लड़का है या लड़की; इससे नहीं कि उनके लिए उचित क्या है। मगर पता आपको भी नहीं होता है कि लड़के और लड़की को इस तरह से बाल क्यों कटाने चाहिये। क्योंकि जैसे आप अपने बच्चों पर यह सब थोप रहे हैं, वैसे ही आपके अभिभावकों ने बहुत कुछ आपके ऊपर थोप दिया था—मगर समझाया कुछ नहीं था। वही आप अपने बच्चों के साथ भी दोहरा रहे हैं। उस तरह जीकर आपका कुछ भला नहीं हुआ, मगर आपको भ्रम है कि उन्हीं सब बातों से आपके बच्चों का भला हो जाएगा। तथाकथित धर्मगुरु कह देते हैं कि—मानो ईश्वर है। मानो स्वर्ग और नर्क हैं। मानो कि भूत होते हैं—और आप बिना कोई सवाल किए, अंधों की भाँति, सबकुछ बस मानते चले जाते हैं। आप पूछते भी नहीं कि ये चीज़ क्या है? ज़रा बताओ तो। और क्यों मान लें? क्या करें आपके तथाकथित ईश्वर को—"मानकर?" हमारे किस काम का वह? ज़रा बता तो दो, तब आगे बात करें। क्योंकि जिस तरह के ईश्वर को मानने के लिए आप हमें विवश कर रहे हैं, हमारे ऊपर दबाव बना रहे हैं—उस तरह का ईश्वर हमारा तो कोई भला करता नहीं। तो हम उसे क्यों मान लें? क्यों हम किसी को भी अपना मालिक बना लें?

एक बच्चा ये सवाल नहीं कर पाता, और पाँच-दस वर्ष का होते-होते वह इतनी बुरी तरह से संस्कारबद्ध और मान्यताओं का गुलाम हो जाता है कि उसकी ज़िंदगी में कोई मौलिकता बचती ही नहीं है। सरलता, सहजता, आश्चर्य और जिज्ञासा आदि सब खो से जाते हैं। वह पूरी तरह से एक मशीन-सा हो जाता है। फ़िर उस मशीन की संस्कारबद्धता ही यह तय करती है कि अब वह क्या सीखेगा। इस तरह वह और अधिक संस्कारबद्ध होता जाता है। मगर क्या आप अभी भी बच्चे ही हैं? अब तो आप सवाल कर सकते हैं ना? क्यों नहीं करते? क्यों मानते चले जा रहे हैं? उठाओ ना सवाल उन सारी बातों पर जो मानकार भीड़ के साथ बहे जा रहे

हो। तो जाने-अंजाने एक बच्चा कुछ इस तरह से संस्कारित हो जाता है कि अब वह—क्या सीखेगा और क्या नहीं? उसे क्या दिखाई देगा और क्या नहीं? क्या सुनाई देगा और क्या नहीं? यह भी पहले ही लगभग निश्चित हो जाता है। जैसे कि बहुत लोगों को इंसानों में इंसान नज़र ही नहीं आते; बल्कि जाति, धर्म, लिंग, रंग, कपड़े, धन इत्यादि नज़र आते हैं। क्योंकि वे इन मान्यताओं के चश्मों से उन्हें देखते हैं। क्योंकि वे ख़ुद को भी ऐसा ही कुछ मानते हैं। क्योंकि अपनी पहचान के रूप में उनके पास इनके अलावा कुछ भी मौलिक नहीं और बिना नाम या पहचान के उन्हें संबंधित होना ही नहीं आता।

तो वह बच्चा अब उस ढाँचे के भीतर-भीतर ही सब कुछ देखता-सुनता है। वह ख़ुद को कुछ मानकर देखता और सुनता है, इसलिए हक़ीकत उसे दिखाई ही नहीं देती है। हक़ीकत को देखने के लिए उसे उस ढाँचे से बाहर आना होगा—मगर उसके लिए अधिकांश लोग तैयार ही नहीं होते। ख़ुद को लेकर भी उसे कुछ नाम और छवियाँ दे दी जाती हैं कि—आप यह हैं। और वह कहता है—हाँ, मैं यही तो हूँ। जैसे; मैं लड़का हूँ। फलानी मेरी जात है, फलाना मेरा धर्म है। मैं अच्छा हूँ। मैं बुरा हूँ। मैं सुंदर अथवा कुरूप हूँ। सब कुछ उसने बस मान लिया है—कभी डर के कारण, तो कभी मजबूरी के कारण और कभी स्वार्थवश। कभी इसलिए मान लिया क्योंकि उसे ख़ुद नहीं पता कि हक़ीकत क्या है। और इस तरह वह एक मशीन मात्र बनकर रह जाता है—जिसमें केवल पीड़ा और हिंसा है। आर्टिफिशियल इंटेलिजेंस उसका एक बहुत अच्छा उदाहरण है। पहली बार जब आप उससे सवाल पूछते हैं, तो वह उस जानकारी के आधार पर आपको जवाब देता है—जो उसके पास पहले से उपलब्ध है। लेकिन आप उससे जो सवाल पूछते हैं, वह उन सवालों से भी सीखता जाता है और आपके बारे में भी जानता जाता है। फ़िर आपके अगले सवाल का जवाब देने के लिए वह पहले से उपलब्ध जानकारियों के साथ-साथ उस जानकारी का भी उपयोग करता है—जो आपके पिछले सवाल के माध्यम से उसने एकत्रित की है। कुछ इसी तरह हम भी इन इंद्रियों के माध्यम से जानकारियाँ संचित करते जाते हैं और उन्हें सत्य व पूर्ण मानकर उनके आधार पर बेहोश प्रतिक्रियाएँ करते जाते हैं—बिना यह जाने कि वे सीमित, भ्रामक, अपूर्ण और झूठी भी हो सकती हैं।

आज़ादी की शुरुआत तब होती है जब आप अपनी इन संस्कारबद्ध और बेहोश प्रतिक्रियाओं के प्रति सजग होने लगते हैं। जब आप यह देख पा रहे हैं कि आपके शब्द, व्यवहार, चुनाव, संबंध, निर्णय, उद्देश्य इत्यादि भीतर के किस केंद्र से आ रहे हैं? किस मान्यता, पूर्वाग्रह, चोट, कामना, ईर्ष्या, भय इत्यादि के केंद्र से आ रहे हैं? इस सजगता से ही भ्रम हटते हैं। जो ईमानदारी से देख पा रहा है कि मेरी पसंद और नापसंद कहाँ से आ रही हैं? जिन चीज़ों को मैं अच्छा मानता हूँ, उनको अच्छा क्यों मानता हूँ? और जिन लोगों को मैं बुरा मानता हूँ, उनको बुरा क्यों मानता हूँ? जिनको अपना या पराया मानता हूँ, उनको अपना या पराया क्यों मानता हूँ? और जो कुछ भी मैं मानता हूँ—अच्छा, बुरा, अपना और पराया इत्यादि—उसका मतलब क्या है? जब आप इन सब बातों के केंद्र के प्रति सजग रहते हैं, तो उस सजगता में ही आज़ादी है। बेहोशी के प्रति सजग रहना ही होश है। भ्रम के प्रति सजग

रहने में ही भ्रम से आज़ादी है। बोध मात्र है।

सजगता में ना तो कुछ स्वीकार किया जा रहा होता है, ना अस्वीकार। केवल—"जो है और जैसा है, उसे ईमानदारी से वैसा ही देखा जाता है।" इस देखने या जानने में परिवर्तन स्वतः और सहज रूप से आता ही है। उस जानने में ही स्पष्टता है। इस स्पष्टता से भीतर जो बदलाव आता है, वह बाहर भी प्रकट होता है और सब कुछ बदल डालता है। वह व्यक्ति जो कहे कि मैं जानता तो हूँ, मगर बाहर कुछ बदल नहीं रहा है—ज़िंदगी में सब कुछ वैसे ही चल रहा है—वास्तव में वह अभी भी कुछ नहीं देख पा रहा है या स्वयं के साथ बेईमानी कर रहा है। उसके पास केवल जानकारियाँ हैं, स्वयं के जीवन में वह सजग नहीं है। जो भीतर भ्रमों से मुक्त होता जाता है, वह बाहर भी उन सब बंधनों से मुक्त होता जाता है—जो भ्रमवश ही जीवन में थे और पीड़ा का कारण बन रहे थे। बाहर भी उसके जीवन में, संबंधों में, काम और निर्णयों में, खाने-पीने और पहनावे में बदलाव आते हैं। सब में गहरा परिवर्तन आता है। क्योंकि बोध ही कर्म है। पहला कर्म तो बोध और बेहोशी के तल पर ही होता है। वास्तव में वही एकमात्र कर्म है। अन्यथा बेहोशी में जो भी कुछ हो रहा है—वह सब तो समय, संयोग, समाज, शरीर, मान्यताओं और प्रकृति का खेल है। वहाँ तो आप जानते ही नहीं कि जो कुछ हो रहा है, वह भीतर के किस केंद्र से आ रहा है। बोध है, तो उसके 'प्रकाश' में कर्म होंगे और बेहोशी है, तो उसके 'अंधकार' में कर्म होंगे। तो भीतर का परिवर्तन बाहर भी परिवर्तन लाता ही है। बहुत कुछ होता है—जो व्यर्थ होता है—वह छूटता चला जाता है और बहुत कुछ जीवन में नया भी प्रवेश करता है। उसके बिना तो ज्ञान केवल जानकारी मात्र है। जानकारी तो मशीन के पास भी होती है। इसलिए जो जाना है उसे जीवन बनने दीजिए, उसमें बाधा मत बनिए।

तो जो कुछ मानकर जिए जा रहे हैं, उसे जानिए। आज़ादी की शुरुआत जानने से ही होती है। बिना जाने ना तो स्वीकार करो, ना ही अस्वीकार। जाने-समझे बिना किसी भी बात को चाहे स्वीकार करो या अस्वीकार—दोनों ही स्थिति में वह अंधविश्वास है। और जब जानते हैं, तब कुछ भी मानने की आवश्यकता नहीं रह जाती। यदि कोई व्यक्ति कुछ मान रहा है, तो सिर्फ़ इसलिए क्योंकि वह जानता कुछ नहीं। जो कुछ नहीं जानता, उसे ही मानने की आवश्यकता होती है। सूर्य का होना तथ्य है—ऐसा आप मानते नहीं हैं; यह आप जानते हैं, और इसीलिए अब उसे मानने या ना मानने की आवश्यकता नहीं है। हाँ, यह भी जान रहे हैं कि वह जैसा भी प्रतीत हो रहा है, वैसा केवल इस शारीरिक और मानसिक ढाँचे के कारण प्रतीत हो रहा है। मगर उसका होना—तथ्य है। अब यदि कोई आकर आपसे कहे कि मान लो सूर्य है, तो आप कहेंगे कि मानने की क्या ज़रूरत है? वह तो प्रत्यक्ष है। उसी के दम से इस तन, मन और मैं की हस्ती है। जो मान रहा है और जिससे मानने के लिए कहा जा रहा है—कि सूर्य है—अगर सूर्य ना हो, तो वे मानने के लिए भी मौजूद नहीं होंगे। अब इसमें कुछ मानने या विश्वास करने की कोई आवश्यकता ही नहीं है। तो आज़ादी के लिए आवश्यक है कि आपके भ्रम हटें, और भ्रम हटने के लिए आवश्यक है कि आप हर उस बात पर सवाल उठाएँ, जो आप बिना समझे माने बैठे हैं। जो आपके जीवन में है, जिसको आप अपना समय,

संसाधन, ऊर्जा, धन आदि समर्पित करते हैं—मगर उसे समझते नहीं। हर बात पर—क्या? क्यों? कैसे? आदि—सवाल उठाएँ।

आपको जिज्ञासा करनी होगी हर उस शारीरिक, मानसिक, सामाजिक, सांस्कृतिक, धार्मिक, राजनीतिक इत्यादि ढर्रों-ढाँचों पर, जो आपकी ज़िंदगी पर छाया हुआ है। आपको पूछना होगा कि ये सब मेरे जीवन में हैं ही क्यों? यह ऐसा ही क्यों है? आप पाएँगे कि चल तो बहुत कुछ रहा है, मगर एक-दूसरे की देखा-देखी। जानता कोई कुछ नहीं। देखो कि अपनी और अपने आस-पास के लोगों की ज़िंदगी चल कैसे रही है। इंसान जब तक बच्चा होता है, तो उसको पकड़-पकड़ कर घर में कैद कर दिया जाता है। जब बच्चा थोड़ा बड़ा हुआ, तो उसको विद्यालय भेज दिया गया। ना तो बच्चे ने जिज्ञासा की और ना ही अभिभावक ने बताया कि विद्यालय क्या है? विद्यालय क्यों जाऊँ? पढ़ाई क्या है? पढ़ाई क्यों करूँ? शिक्षक कौन होते हैं? शिक्षक जब कक्षा में आते हैं, तो सब विद्यार्थी खड़े क्यों हो जाते हैं? रोज-रोज उनको नमस्कार क्यों करते हैं? फलाने व्यक्ति को मैं शिक्षक क्यों कहूँ? उनका सम्मान क्यों करूँ? आप कभी जिज्ञासा नहीं करते। पैदा होते हैं, चारदीवारी में कैद होते हैं, विद्यालय जाते हैं, और विद्यालय में जो कुछ रटाया जाता है—जो कुछ आपके ऊपर थोपा जाता है—बिना समझे आप सब कुछ स्वीकार करते चले जाते हैं।

फ़िर नौकरी के पीछे दौड़ते हैं। धन के पीछे दौड़ते हैं। शादी कर लेते हैं। फ़िर बच्चे पैदा कर लेते हैं। कोलू के बेल की तरह जीवन भर उनमें पिसते हैं। बेहोशी में सब कुछ करते हैं। घर से दफ़्तर और दफ़्तर से घर—एक चक्र में घूमते रहते हैं। बुढ़ापे की तैयारियाँ करते हैं। अनेक तरह की कामनाएँ पाल लेते हैं, जैसे हर कोई पालता है, और उनके लिए कर्ज़ उठा लेते हैं। फ़िर उस कर्ज़ को चुकाने में ज़िंदगी बर्बाद करते हैं। इस तरह अनेक शारीरिक और मानसिक बीमारियाँ पैदा कर लेते हैं। अगर बच्चे पैदा हो गए हैं, तो उनकी पढ़ाई और विवाह इत्यादि की चिंता करते रहते हैं। फ़िर दिखता है कि बुढ़ापा छाने लगा है, शरीर साथ छोड़ने लगा है, और सामने दिखाई देता है कि इस जीवन का अंत निकट है। यही तो है आपकी ढर्रा-बद्ध और मशीनी ज़िंदगी। इसके अलावा अधिकांश लोग और करते क्या हैं? कुछ नहीं। यह एक पूर्व-निर्धारित ढाँचा है, और अधिकांश लोग इसी का अंधा-अनुकरण करते हैं। मगर यह एक मशीनी ज़िंदगी के अलावा और क्या है? आपकी ज़िंदगी जब तक इस ढाँचे के भीतर ही कैद है, तब तक कोई आज़ादी नहीं। क्योंकि इसमें आप सहज नहीं हैं। जहाँ आज़ादी होती है, वहाँ सहजता होती ही है। अन्यथा एक ढर्रा-बद्ध और मशीनी ज़िंदगी का मतलब तो ऐसा ही है, जैसे कोई किसान नदी से लेकर अपने खेतों तक एक पाइप-लाइन गाड़ लेता है। अब नदी के पास जो मोटर रखी है, वहाँ से पानी उस पाइप-लाइन के भीतर घुसता है और जाकर कुएँ या खेत में स्वाहा हो जाता है।

इसको ऐसे देखो कि पानी 'इंसान' का प्रतीक है और पाइप-लाइन उस पूर्व-निर्धारित शारीरिक, मानसिक और सामाजिक ढाँचे का, जिसमें वह जीता है। हो क्या रहा है? नदी से लेकर खेत तक—जहाँ-जहाँ से वह पाइप-लाइन होकर गुज़री—उसके बीच में बहुत कुछ था,

मगर पानी उसे देख ही नहीं पाया। वह अपनी उस सीमित, संकुचित और अपूर्ण व्यक्तिगत ज़िंदगी में ही घुटता-पिसता रहा। उसने उस ढाँचे के बाहर कभी झाँका ही नहीं, और जिसने उस ढाँचे (पाइप-लाइन) को निर्मित किया है, उसने भी पूरा इंतज़ाम किया है कि आप ढाँचे से बाहर कभी झाँक ही ना पाएँ। ताकि आप जान ही ना पाएँ कि उसके बाहर भी दुनिया है। ज़िंदगी उससे अलग भी कुछ हो सकती है। वर्तमान हालत आख़िरी सत्य नहीं है—उससे आज़ाद जिया जा सकता है। तो नदी से लेकर खेत तक—जहाँ-जहाँ से वह पाइप-लाइन होकर गुज़री—उसके बीच में और पाइप-लाइन के बाहर थे: विशाल और घने जंगल, पहाड़, नदियाँ, पशु-पक्षी, खुला आसमान और बहुत कुछ। मगर उस पानी को कुछ नहीं पता। उसे बस नदी के पास से उस पाइप-लाइन के भीतर घुसा दिया जाता है और सीधे कुएँ या खेत में उलट दिया जाता है। अधिकांश लोगों की ज़िंदगी इस पाइप-लाइन जैसी ही होती है। फ़िर आप पूछते हैं कि जीवन में इतनी घुटन क्यों है? इतनी बेचैनी क्यों है? इतना दुःख, अंधकार, भ्रम, धोखे और भय क्यों हैं? अगर हम कहें कि पाइप-लाइन एक पूर्व-निश्चित ढाँचा है और उसमें जो पानी है, वह इंसान है, तो उस पाइप-लाइन में जो घना अंधकार है, वह आपके जीवन के झूठे, भ्रामक और अपूर्ण ज्ञान व मान्यताओं इत्यादि का प्रतीक है—जिसको ना समझने के कारण आपको ना कुछ दिखाई दे रहा है और ना ही कुछ समझ आ रहा है।

पाइप-लाइन के भीतर पानी—यानी आपकी दौड़—जारी है, मगर आपको नहीं पता कि आप कहाँ से आ रहे हैं? कहाँ को जा रहे हैं? कहीं से आए भी हैं या नहीं? आप हैं भी या नहीं? क्या आप वही हैं, जो ख़ुद को 'मानते' हैं, या कुछ और हैं? आप जहाँ जा रहे हैं, वहाँ क्यों जा रहे हैं? आपका क्या होने वाला है? आपको पूरा भ्रम है कि आप अपनी मर्ज़ी से दौड़ रहे हैं और यह दौड़ आपका अपना निर्णय है। मगर क्या यही तथ्य है? या यह आपकी केवल मान्यता है? अगर आप आज़ाद हैं और दौड़ आपकी ही मर्ज़ी से चल रही है, तो ज़रा रुक कर दिखाइए। इस दौड़ को ना कह कर बताइए। एक तरफ पीछे से पानी का दबाव (प्रेशर) आ रहा है और दूसरी तरफ आगे जो पानी दौड़ रहा है, वह आपको अपनी तरफ खींच रहा है। तीसरा यह कि उस पाइप-लाइन से बाहर आने का आपको कोई रास्ता नज़र नहीं आ रहा है। इतना अधिक दबाव और खिंचाव है कि पीछे मुड़ना तो दूर, आप एक पल के लिए भी ठहर नहीं पा रहे हैं।

जो आगे दौड़ रहा है, वह भविष्य है और आपको खींच रहे हैं। जो पीछे से धक्का मार रहा है, वह अतीत है। वह आपको कुछ ना कुछ करते रहने के लिए विवश कर रहा है। वह कहता है कि यह करो, वह मत करो। ऐसे करो, वैसे मत करो। ऐसे जियो, वैसे मत जियो इत्यादि। वह वर्तमान को अपने रंग में रंग लेता है और इस तरह आपके लिए वर्तमान रहता ही नहीं। और तीसरी है आपकी वर्तमान हालत—जहाँ आप इन दोनों के बीच में फँसे हुए हैं; जहाँ भ्रम, भय, बंधन, घुटन, बेचैनी और दुःख इत्यादि रूपों में पीड़ा है—एक ऐसी स्थिति, जिसमें आप रहना नहीं चाहते। ये तीनों मिलकर आपको दौड़ाते रहते हैं। भविष्य माने आपकी कामनाएँ, कल्पनाएँ, भविष्य को लेकर सपने, उद्देश्य इत्यादि। ये आपको आकर्षित करते हैं, आशा देते हैं और आप खिंचे चले जाते हैं, मगर इसमें कोई आज़ादी नहीं। क्योंकि हम बेहोशी में

दौड़ रहे हैं। इसी में सारी पीड़ा है, क्योंकि यह आपका स्वभाव नहीं। इस तथाकथित ढाँचे, पिंजरे या पाइप-लाइन—जो भी आप कहें—में जीना आपकी नियति नहीं। संभव है कि पानी उस पाइप-लाइन से बाहर ना भी आ सके, मगर आप इस पाइप-लाइन रूपी ढाँचे से बाहर आ सकते हैं। क्योंकि यह स्वयं आपने रचा है। इसकी रक्षा स्वयं आप करते हैं, क्योंकि इससे आपने अनेक स्वार्थ और आशाएँ जोड़ रखी हैं। यही आपका सीमित, संकुचित, भ्रामक और अपूर्ण 'व्यक्तिगत संसार' है।

मानसिक तल पर आपकी अपनी एक सीमित-संकुचित दुनिया है, जिसमें आप जीते हैं; जहाँ अनेक नाम, रूप, अर्थ, अनुभव, मान्यताएँ, संस्कार इत्यादि भरे हुए हैं। उन्हें आप सत्य मानकर बैठे हैं। उससे बाहर आप झाँकते ही नहीं—वही है पाइप-लाइन। पानी की तरह उसी के भीतर आप दौड़ते रहते हैं। उस व्यक्तिगत संसार रूपी खूँटे से आप वैसे ही बँधे हुए रहते हैं, जैसे एक गाय किसी खूँटे से बँधी हो। वह खूँटे से दूर कभी नहीं जा पाती है; एक सीमा से बाहर कदम नहीं रख पाती है। व्यक्तिगत संसार रूपी खूँटे से बँधकर जीना भी कुछ वैसा ही है। व्यक्तिगत संसार माने स्वयं को सीमाओं में कैद कर लेना—कभी लिंग और रंग में, कभी तथाकथित धर्म, वर्ण और जाति इत्यादि में, कभी भाषा, देश, मान्यताओं और आर्थिक स्तरों में, कभी सीमित, संकुचित और अपूर्ण अनुभवों, जानकारियों, नाम, रूप इत्यादि में। यही वह पाइप-लाइन है। तो ऐसी इंसान की—यानी हमारी—ज़िंदगी है। अब इसमें पीड़ा ना हो, तो क्या हो? इसमें कौन-सी आज़ादी है कि आप एक छोटे-से पिंजरे में कैद होकर बैठ गए हैं? ऐसे सीमित-संकुचित जीवन में ना सत्य है, ना सौंदर्य; ना बोध है, ना प्रेम; ना मौज है, ना बेपरवाही। अगर रास्ता सीमित और संकुचित हो तो गाड़ी चलाने में भी मजा नहीं आता। मगर आप हैं कि पूरी ज़िंदगी ही पिंजरे में बिता रहे हैं और पूछ रहे हैं कि जीवन में सुकून क्यों नहीं है। बाहर आइये। खुली साँस लीजिए। चाँद तारों और आसमान को देखिए। सूर्य की बदलती स्थिति को देखिए। प्रकृति को देखिए। जरा पर्दे गिराइये। इस व्यक्तिगत संसार—यानी पाइप-लाइन वाली घुटन-भरी ज़िंदगी—से मुक्त होने के लिए ज़रूरी है कि आप हर उस बात पर सवाल उठाएँ, जो आप मानकर बैठे हैं, जो आपके ऊपर केवल थोप दी गई है—चाहे तन पर या मन पर। देखो कि क्या वह सत्य है? क्या वह शाश्वत है? या वह केवल देश, काल, वातावरण, संस्कृति, शरीर, शिक्षा, समाज और संयोग इत्यादि की देन है? यदि वह सत्य नहीं है, सत्य को समर्पित नहीं है और उसमें पीड़ा है, तो उसे ढोते रहने की कोई आवश्यकता नहीं है। आगे बढ़िए।

पूछो कि मैं ऐसे ही क्यों जी रहा हूँ? मैं यही क्यों कर रहा हूँ? क्यों कुछ लोगों को अपना और बाकी को पराया मानता हूँ? क्या ये भेद सत्य हैं या केवल सामाजिक और सांयोगिक मान्यता भर हैं? मेरी मान्यताएँ यदि कुछ और होतीं, तो क्या मैं ऐसे ही जीता? भ्रमवश जो भय, तुलना, ईर्ष्या, मोह और लालच इत्यादि मेरे भीतर हैं, यदि वे ना होते तो क्या मैं ऐसे ही जीती? यदि मैं किसी अन्य तरह की शिक्षा, संस्कृति और परवरिश से गुज़रा होती, क्या तब भी यही सब मान रही होती? क्या तब भी ऐसे ही जी रही होती? अगर मैंने कुछ अभिनेताओं

और विज्ञापनों को ना देखा होता, तो मेरे जीवन में जो ढेरों कामनाएँ, सपने और उद्देश्य इत्यादि हैं, क्या वे सब होते? किसी अन्य देश या किसी अन्य शताब्दी में यदि पैदा हुआ होता, तो क्या तब भी मेरी ज़िंदगी वैसी ही होती जैसी आज—शारीरिक, मानसिक, धार्मिक, राजनीतिक, पारिवारिक, सांस्कृतिक इत्यादि तलों पर है? क्या वे सारी चीज़ें मेरी ज़िंदगी में होतीं, जो आज हैं? यदि नहीं, तो इसका मतलब बस यह है कि किसी खास स्थान पर या खास समय पर, किसी खास धर्म, संस्कृति या जाति इत्यादि को मानने वाले लोगों के बीच पैदा हो जाने के कारण आप वैसे हैं, जैसे अभी हैं। तो जो कुछ भी आप मानते हैं, वह केवल समय, संयोग और आपकी मान्यताओं इत्यादि का परिणाम है।

यदि आप स्वयं को उसमें कैद कर लेते हैं और उसी को सत्य व आख़िरी मान लेते हैं—जो आपके जीवन में केवल समय, संयोग, स्थान, शरीर, संस्कृति और मान्यताओं इत्यादि का परिणाम है—तो यही बंधन है। यही वह व्यक्तिगत संसार है। यही पाइप-लाइन है। इसमें आज़ादी नहीं है। इस क्षुद्रता में ही द्वैत पलता है। ये सीमाएँ ही अहंकार को निर्मित करती हैं। मैं और तू के भेद को खड़ा करती हैं। यहीं से सारे द्वंद्व, हिंसा और पीड़ा की शुरुआत होती है। मगर जो केवल संयोग से मिला होता है, उसे आप अपना कहने लग जाते हैं। उसी को अपनी पहचान बना लेते हैं। उसके लिए लड़ते, मरते और मारते हैं। मगर उसमें आपका अपना क्या है? कुछ नहीं। और जो आपका अपना है, वह है स्वयं आप—आपकी हक़ीकत। मगर उसका आपको कुछ पता नहीं, क्योंकि आप तो ख़ुद को कुछ ऐसा माने बैठे हैं, जो केवल संयोग का परिणाम है। उस संयोग और समाज के मुखौटे को अगर आप उतारें, तो आपको अपना कुछ पता चले। मुखौटे के उतरने का अर्थ है उसका मिटना—जो आप आज तक संयोगवश; शारीरिक, मानसिक अथवा किसी भी तल पर स्वयं को मानते आए हैं। जिसमें अपना कुछ नहीं, उसे अपना कहने का अर्थ है भय और पीड़ा को निमंत्रण देना—जिसमें ना सहजता है, ना सौंदर्य; जिसमें आप जीना नहीं चाहते, क्योंकि वह आपका स्वभाव नहीं है। स्वभाव है—हर तरह के मुखौटों से मुक्त जीना।

तो आपको हर उस मान्यता पर सवाल उठाना होगा, जिसके केंद्र से आप जीते हैं; मगर समझते कुछ नहीं कि वह क्या है, क्यों है, कहाँ से आई इत्यादि। जैसे—मैं किसी खास तरह के ही त्यौहार क्यों मनाता हूँ? मैं त्यौहार ही क्यों मनाता हूँ? क्या इनकी ज़रूरत भी है? है तो क्या? क्या इनकी कोई उपयोगिता है? क्या इसी तरह से मनाए जाने चाहिये? क्या कोई भी त्यौहार या उत्सव मनाने के लिए इतना वायु-प्रदूषण, जल-प्रदूषण, ध्वनि-प्रदूषण इत्यादि ज़रूरी है? क्या जानवरों की कुर्बानी या बलि इत्यादि ज़रूरी है? क्या नदियों को गंदा करना ज़रूरी है? क्या सड़कों पर भीड़ लगाकर शोर मचाना और अपना गँवारपन दिखाना ज़रूरी है? ध्यान तो दो इन बातों पर। या अंधों की तरह बिना जाने-समझे भीड़ के पीछे दौड़ना ही समझदारी है? पूछो कि मैं एक खास तरह के ही कपड़े क्यों पहनती या पहनता हूँ? मैं क्यों किसी भी परम्परा का अनुकरण करूँ? हमारी ज़िंदगी ऐसे ही मुद्दों से तो भरी हुई रहती है ना। यह सब कुछ हमारी मानसिक मान्यताओं का ही तो प्रकट रूप होता है। तो जो कुछ

जीवन में चल रहा है, देखो कि वह भीतर के किस केंद्र या मान्यता से आ रहा है। फ़िर यह भी देखो कि क्या वह आपको सचमुच बोध, सत्य और आज़ादी के निकट ला रहा है या उनसे दूर ले जा रहा है। जो आपके भ्रम हटाकर बोध के निकट लाए, जो आपके झूठ हटाकर सत्य के निकट लाए, जो आपके बंधन हटाकर आपको आज़ादी के निकट लाए—उसके अलावा जीवन में जो कुछ है, वह सब व्यर्थ ही है। और जीवन इसलिए तो नहीं है कि वह सब कुछ—जो व्यर्थ है, बोझ है और संयोगवश ही मिल गया है—आप उसको ढोते रहें।

एक बच्चा जब पैदा होता है, तब उसकी कुछ शारीरिक ज़रूरतें होती हैं और दुनिया के अन्य सभी मुद्दों से उसका मस्तिष्क खाली रहता है। मगर फ़िर यह समाज, संस्कृति, शिक्षा, विज्ञापन, फ़िल्में, अनुभव और बहुत कुछ उसके भीतर घुसता जाता है और बच्चे के मस्तिष्क का मालिक हो जाता है। बच्चा संस्कारित होता जाता है। यहीं से पीड़ा बढ़ती जाती है—और बढ़ती ही जाती है। अब बच्चे को ज़रूरत होती है कि वह सवाल करे; यह समझे कि उसके मन में जो कुछ चल रहा है, वह क्या है, क्यों है, कहाँ से आ रहा है और किस तरह उसके जीवन को आकार दे रहा है। उसे ज़रूरत होती है उस सबके प्रति सचेत होने की—आत्मज्ञान की। आत्मज्ञान माने जिसे 'मैं' और 'मेरा' कह रहे हो, उसके झूठ और पराएपन को देखना। समस्या यह नहीं है कि आप संस्कारबद्ध हैं; समस्या (पीड़ा) इसमें है कि आप उसके प्रति सजग हैं या नहीं। सजगता के अभाव में संस्कारबद्धता आपकी और आपकी ज़िंदगी की मालिक हो जाती है, मगर आपको भ्रम यह रहता है कि आपकी ज़िंदगी के मालिक आप हैं। तो वास्तव में बंधन क्या है? बंधन है—वे भ्रम, भय, मान्यताएँ, कामनाएँ, पूर्वाग्रह और संस्कारबद्धता इत्यादि—"जिनके प्रति आप 'सजग' नहीं हैं।" अर्थात् बेहोश ज़िंदगी ही बंधन है। यदि आप अपनी संस्कारबद्धता के प्रति सजग हैं, तो वह बंधन नहीं रहती। यदि आप यह देख पा रहे हैं कि आप संस्कारबद्ध हैं और किस-किस तरह से आप संस्कारबद्ध हैं—अपने व्यवहारों, क्रियाओं, प्रतिक्रियाओं, चुनावों, संबंधों और काम इत्यादि के दौरान—यदि आप यह देख पाएँ कि यह सब भीतर के किस केंद्र से आ रहा है, किस संस्कार या मान्यता से आ रहा है, तब आप मशीन मात्र नहीं रहते हैं। अन्यथा मशीन के अलावा आप कुछ नहीं हैं।

आप सजग हैं—इसका प्रमाण क्या है? इसका प्रमाण केवल यह है कि सजगता के अभाव में जो भ्रम थे और उनके कारण जो पीड़ा थी—फ़िर वह चाहे भय, दुःख, चिंता, बेचैनी अथवा किसी भी नाम से हो—वह कहीं खोती चली जाती है। जीवन में सहजता और सरलता आती है। बंधनों में जीने की व्यर्थता आपको दिखने लगती है। जीवन में एक तरह की बेपरवाही आती है। व्यर्थ की अंधी दौड़ रुकने लगती है। और ऐसा है या नहीं, यह केवल आप जानते हैं। आपका सजगता और ईमानदारी ही आपको बताती है कि पीड़ा कम हो रही है या नहीं। संस्कारबद्धता, मान्यताओं इत्यादि को नकारने, स्वीकारने या त्यागने की आवश्यकता नहीं है; आवश्यकता यदि है, तो वह है उसे देख लेने की। जब आप सचमुच उसे देख लेते हैं, तो जो कुछ छूटने लायक होता है, वह सब उसी तरह छूट जाता है, जिस तरह प्यास लगने

पर वह सब कुछ 'सहज ही' छूट जाता है—जो आपकी प्यास नहीं बुझा सकता, यानी जो पानी नहीं है। जिसे पता है कि उसकी पीड़ा क्या है और उसकी पीड़ा का मूल कारण क्या है, क्या वह उसके कारणों को पकड़ कर रखना चाहेगा? नहीं। क्यों? क्योंकि पीड़ा में कोई नहीं जीना चाहता। इसलिए आत्मज्ञान पर ध्यान दो और उसका मार्ग है—निष्पक्ष और ईमानदार सजगता।

यदि आपको ऐसा कोई व्यक्ति दिखे—जो पीड़ा में जीना चाहता है—तो इसका मतलब बस यह है कि उसे पीड़ा में ही कुछ सुख मिल रहा है। उसको पीड़ा देना बंद कर दो, उसको पीड़ा होने लग जाएगी। इसका मतलब, पीड़ा के माध्यम से भी वह पीड़ा से ही बचने का प्रयास कर रहा है। जैसे—होश आपका स्वभाव है, मगर होश ना होने पर लोग भ्रमवश अक्सर नशे के रूप में बेहोशी का रास्ता चुन लेते हैं। वह बेहोशी उन्हें क्षणिक सुख देती है, मगर इसका अर्थ यह बिल्कुल नहीं है कि उन्हें बेहोशी से प्रेम है। प्रेम तो उन्हें भी उस सुकून से ही है—जिसकी झलक उन्हें गहरी बेहोशी में भी मिलती है—जो होश में होता है। तो आवश्यकता है केवल ईमानदार और निष्पक्ष सजगता की। फ़िर जो होना है, सहज होता है। जो छूटना है, सहज ही छूटता है। जो बचना है, बचा रहता है। शारीरिक, मानसिक, पारिवारिक, सामाजिक, सांस्कृतिक जैसे हर किसी तल पर बहुत कुछ छूटता है, कुछ बचता है और कुछ नया भी आता है। जो छूटता है, वह है भ्रम और बेहोशी। खोता है अहंकार।

बेहोशी ही भ्रम, भय, बंधन और दुःख आदि का एकमात्र कारण है, क्योंकि हमें पता ही नहीं होता है कि हमारा मूल बंधन क्या है। क्यों हम परेशान हैं? कहाँ और कैसे हम फँसे हुए हैं? क्यों? क्योंकि हमने उस पर ईमानदारी से कभी ध्यान ही नहीं दिया। हमने सवाल नहीं पूछे, जानना नहीं चाहा। यह ना जानना ही बेहोशी है। मगर हम बस मानते चले गए—कभी भय के कारण, कभी लालच से और कभी किसी अन्य कारण से। बिना जाने भीड़ के पीछे दौड़ते गए। यह भी एक मान्यता ही है—कि भीड़ जिधर है, सत्य उधर है। अगर ऐसा है, तो भीड़ तो महाभारत में दुर्योधन की तरफ भी ज़्यादा ही थी। मगर हम भीड़ के पीछे कई अन्य कारणों से भी चलते हैं—जैसे भ्रम, भय, स्वार्थ, अकेलापन, असुरक्षा की भावना, कुछ ना होने की भावना इत्यादि कारणों से। फ़िर वह भीड़ चाहे परिवार, जाति, समाज, संस्कृति, संप्रदाय, संगठन, देश, रंग, भाषा या किसी भी अन्य नाम से क्यों ना हो।

अधिकांश लोग भीड़ को अक्सर सत्य का प्रतीक मान लेते हैं। अधिकांश लोग यदि किसी बात के पक्ष में बोल रहे हैं, यदि किसी चीज़ को सुंदर या कुरूप कह रहे हैं, अच्छा या बुरा कह रहे हैं, यदि किसी व्यक्ति को श्रेष्ठ अथवा हीन मान रहे हैं, तो आप बिना कुछ जाने-समझे उसे मान लेते हैं और भीड़ के साथ खड़े हो जाते हैं। क्या ऐसा नहीं होता है? उदाहरण के लिए, एक समय था जब लोग गांधीजी का सम्मान करते थे। एक समय ऐसा भी आया कि दुष्प्रचार और भीड़ के देखे-देखे लोग उनको गालियाँ देने लगे। ऐसे लोग भी उन्हें गालियाँ देने लगे, जिन्होंने गांधीजी के बारे में ख़ुद से कभी दो अक्षर भी नहीं पढ़े। यहाँ तक कि जिन्हें पढ़ना-लिखना तो छोड़ो, अपना नाम तक लिखना नहीं आता, वे भी उन्हें गालियाँ देने लगे। जिनको

कुछ नहीं पता कि गांधीजी वास्तव में क्या थे और उन्होंने किया क्या था, जो ख़ुद अपनी ज़िंदगी में हिंसक, बेईमान, अहंकारी, अंधविश्वासी हैं—वे भी उनको गालियाँ देने लगे। क्या है यह? यही है बिना जाने-समझे कुछ भी मान लेना—कभी ख़ुद को लेकर, तो कभी जगत को लेकर। यही है बेहोश और मशीनी ज़िंदगी। अगर नर्क देखना हो, तो ऐसे लोगों की ज़िंदगी को देख लेना। नर्क कहीं आसमान में नहीं है, बेहोश इंसान की ज़िंदगी ही नर्क है। यदि बेहोश हैं, तो जो है वह नर्क ही है; और यदि होश है, तो जो है वह स्वर्ग ही है।

देखो कि जिस भी वस्तु, व्यक्ति या विचार इत्यादि को आप अच्छा अथवा बुरा मानते हैं, उसे आप ऐसा क्यों मानते हैं? पता कीजिए। कहीं भीड़ को सुनकर ही तो नहीं? क्योंकि जगत में कुछ भी अपने-आप में तो ना अच्छा होता है, ना बुरा। कोई होता है जो उसे अच्छा अथवा बुरा मानता है। कुछ अच्छा है, तो "किसी के लिए" है; कुछ बुरा है, तो भी "किसी के लिए" है। एक ही वस्तु, व्यक्ति अथवा विचार किसी के लिए अच्छा हो सकता है और किसी के लिए बुरा भी। एक ही चीज़, एक ही व्यक्ति के लिए एक स्थिति में अच्छी हो सकती है और दूसरी स्थिति में बुरी। किसी स्थिति में हाँ कहना किसी के लिए अच्छा हो सकता है और किसी अन्य स्थिति में बुरा। एक ही परीक्षा में कुछ लोगों का उत्तीर्ण होना, उत्तीर्ण होने वालों को तो अच्छा लग सकता है और जो उनसे पीछे रह गए, उनको बुरा लग सकता है। किसी प्रतियोगी खेल का एक ही परिणाम कुछ लोगों के लिए सुख का कारण बन जाता है और कुछ के लिए दुःख का। जिसे आप अपना कहते हैं, वही अनेक लोगों के लिए पराया कहलाता है।

तो यह जो अच्छा-बुरा, सुंदर-कुरूप, अपना-पराया, दोस्त-दुश्मन, अमीर-गरीब, सफल-असफल इत्यादि जोड़े हैं, इनकी अपनी कोई स्वतंत्र और पृथक सत्ता नहीं है। ये अपने होने के लिए अपने विपरीत पर आश्रित हैं और ये दोनों उन पर—जिनके लिए ये हैं। तो क्या आपने इन्हें कभी समझना चाहा कि क्यों आप किसी को अच्छा, तो किसी को बुरा कहते हैं? किसी को सफल, तो किसी को असफल कहते हैं? कहीं ऐसा तो नहीं कि जो कुछ आपकी कामना-पूर्ति करता है या कामना-पूर्ति की आशा देता है, उस वस्तु, व्यक्ति अथवा विचार इत्यादि को आप अच्छा, सुंदर और सफल कह देते हैं—और अन्य को बुरा, कुरूप अथवा असफल कह देते हैं?

या फ़िर भीड़ जिसको सफल, सुंदर, महान, कुरूप अथवा अच्छा इत्यादि कहती है, आप भी उसको वैसा ही मान लेते हैं। क्योंकि आपने जानने को तो कभी महत्व दिया ही नहीं, आप तो बस मानते हैं। मगर वह भीड़ यदि बेहोश और नासमझों की हो, तो? क्योंकि मनुष्य रूपी जिस प्रजाति के कारण इस पूरी पृथ्वी की हालत ऐसी हो गई है कि उस पर कोई भी जीव शांति, स्वास्थ्य, सुरक्षा और सहजता के साथ नहीं जी पा रहा है—उन मनुष्यों की भीड़ को बेहोश और नासमझ ना कहा जाए, तो क्या कहा जाए? एक चोर यह स्वीकार नहीं करता कि उसने चोरी की है, और अगर स्वीकार करता है तो यह स्वीकार नहीं करता कि उसने कुछ गलत किया है। वह उसे सही मानता था—इसीलिए तो उसने चोरी की। ऐसा ही हाल उनका है, जो बलात्कारी, हिंसक, लुटेरे, भ्रष्टाचारी, बेईमान होते हैं। क्या इनकी भीड़ को सही कहना

उचित होगा? एक बुद्धू के साथ लाखों बुद्धूओं के खड़े हो जाने से—वे बुद्ध तो नहीं हो जाते हैं, हैं ना? फ़िर क्यों आप भीड़ का अंधानुकरण करते हैं? क्या आपने कभी इस पर ध्यान दिया?

आप चाहे जो कुछ भी 'मानते' हों, पूछो—"मुझे कैसे पता?" कोई अन्य व्यक्ति यदि कुछ मानकर जी रहा है, तो उससे भी पूछो—"तुझे कैसे पता?" पूछो कि किस आधार पर आप किसी को मूर्ख और किसी को समझदार कह रहे हैं। क्या वह आधार सही है? समझदारी का संबंध तो समझ या बोध से होता है, और समझ इस बात में निहित है कि आप कितने कम भ्रम में जी रहे हैं। समझ तो इसमें निहित है कि आप सत्य को समर्पित हैं। किसी भी बात के सही होने का आधार ईमानदारी, बोध, प्रेम और सत्य होना चाहिये ना? किस संबंध को आप अच्छा कहेंगे? उसी को ना—जहाँ बोध है, प्रेम है, ईमानदारी और खुलापन है, सहजता और सत्य है। सत्य ही अच्छाई है। सत्य ही सुंदर है। इसलिए—"अच्छे नहीं, सच्चे रहो। क्योंकि सच्चाई ही अच्छाई है।" दुनिया कहती होगी किसी चीज़ को अच्छा—मैं क्यों मान लूँ? और हम मानने के खिलाफ नहीं हैं, मगर पहले हम जानेंगे, समझेंगे, जाँचेंगे-परखेंगे। कपड़े, फल, सब्ज़ी, मोबाइल जैसी चीज़ें भी हम बिना जाँचे-परखे नहीं लेते हैं; मगर ज़िंदगी कैसे जीनी है और कैसे नहीं, किन आधारों पर जीनी है, जीवनभर किनके साथ रहना है और क्या काम करना है—यह सब हम बिना जाने-समझे, बिना कोई सवाल किए—बस मानते चले जाते हैं। इसीलिए फ़िर जीवन में भ्रम, भय, बंधन और अन्य पीड़ा पैदा होती हैं।

यदि मेरी मूल समस्या यह है कि मैं पीड़ा में हूँ, और मैं जानता हूँ कि पीड़ा का कारण भ्रम है, तो मेरे लिए वही अच्छा है—जो मेरे भ्रम हटाए या भ्रम हटाने में मेरी सहायता करे। वह चीज़, जिसे आप अच्छा कहते हैं, यदि वह मेरे जीवन से भ्रम, भय, बंधनों, दुःख, चिंता आदि को नहीं हटाती है, तो मैं उसको अच्छा कैसे मान लूँ? क्यों मान लूँ? कहती होगी दुनिया किसी चीज़ को सुंदर—मैं क्यों स्वीकार कर लूँ? यहाँ कदम-कदम पर तो सुंदरता और कुरूपता, अच्छाई और बुराई के पैमाने बदलते जाते हैं। आप स्वयं को क्या मानते हैं—इससे यह तय हो जाता है कि अब आपको क्या पसंद आएगा और क्या नहीं, क्या अच्छा लगेगा और क्या बुरा; कौन-सा रंग, कौन-से गीत, कैसा व्यक्ति पसंद आएगा—सब कुछ। आपको मंदिर से आ रही आवाज़ पसंद आएगी या मस्जिद से आ रही आवाज़? आपको हरा रंग पसंद आएगा, सफेद या भगवा? यह बहुत हद तक इससे तय हो जाएगा कि आप किस तथाकथित संप्रदाय में मान्यता रखते हैं, आपका लिंग क्या है, आप किस समय-अवधि में और किस स्थान पर जन्मे हैं। बहुत कुछ इससे तय हो जाएगा। बहुत कुछ आपकी शारीरिक उम्र तय कर देती है, कभी आपकी आर्थिक स्थिति तय कर देती है। अगर ध्यान से देखोगे, तो यही पाओगे। इसीलिए जीवन से पीड़ा का अंत नहीं होता है, क्योंकि जिनका आधार बोध, प्रेम और सत्य होना था, उनका आधार आपने मान्यताओं, प्रथाओं, परंपराओं, भीड़, सुख, उम्र, संप्रदाय, लिंग, रंग, समय, माहौल, आर्थिक स्थिति, उपलब्धियों इत्यादि को बना दिया। यही भ्रम और बंधन है।

एक तथाकथित समाज, संप्रदाय, जाति या देश में जिस चीज़ को सुंदर या अच्छा माना जाता है, दूसरे में किसी अन्य को। किसी खास जाति या संप्रदाय में मान्यता रखने वाले लोगों ने अपने ही हिसाब से—अपनी ही कामनाओं, भ्रम और भय के केंद्र से—और अपने ही मन से एक ईश्वर रच लिया; और संयोग से यदि मैं वहाँ पैदा हो गया, तो वे कहते हैं—तुम इन्हें ईश्वर मानो। यह भी कोई बात हुई? अपने ही मन की कल्पना को आप पूजने लग गए और उम्मीद करते हैं कि हर कोई उसे माने। मैं क्यों मान लूँ? क्या आपने कभी ऐसा पूछा? शायद नहीं। अगर संयोग से ही आप इसके अलावा किसी अन्य तथाकथित जाति या संप्रदाय को मानने वाले लोगों के बीच पैदा हो गए होते, या ऐसे ही किसी व्यक्ति ने आपको बचपन में ही चुरा लिया होता—क्या तब भी आप यही सब मानते? क्या ऐसे ही जीते? क्या तब भी आपकी पसंद और नापसंद वे ही होतीं? शायद नहीं। आप पूछते ही नहीं कि मैं ऐसे ही किसी भी भगवान, ईश्वर, अल्ला आदि को बस मान क्यों लूँ, जो मेरे किसी काम नहीं आते; जिसके पास जाकर, जिसको सुनकर, पढ़कर या जिसके सामने झुककर भी मेरे भ्रम, मेरी पीड़ा, मेरे बंधन, मेरे दुःख, मेरा भय नहीं मिटता—मुझे चैन नहीं मिलता। उसे मैं क्यों स्वीकार कर लूँ? अन्यथा ऐसे तो यह पूरी दुनिया मेरे ऊपर चढ़ बैठेगी। हर कोई अपनी बात मनवाएगा। मगर हम सवाल नहीं करते। हम मानते जाते हैं। हम मानने के लिए संस्कारबद्ध होते जाते हैं। मानने में हमारे क्षुद्र स्वार्थ निहित होते हैं।

इसीलिए फ़िर जीवन में कुछ समझ नहीं आता कि चल क्या रहा है, क्यों चल रहा है, कैसे चल रहा है। जो चल रहा है, वह चलना भी चाहिये या नहीं। हमारे रिश्ते, काम, निर्णय, उद्देश्य आदि सब उसी संस्कारबद्धता और बेहोशी से आते हैं। अभिभावक किसी मूर्ति या व्यक्ति के सामने झुकते हैं, तो बच्चा भी उनको देखकर झुकने लगता है, या अभिभावक उसे झुकना सिखा देते हैं। कुछ शब्द दोहराए जाते हैं। मगर ना अभिभावक को कुछ पता है कि यह सब क्या है, क्यों है, इसकी उपयोगिता क्या है; ना बच्चे को पता है। आज जैसे बच्चा यह सब दोहरा रहा है, ऐसे ही अभिभावक ने भी अपने बचपन में दोहराना सीख लिया था। अब जो कुछ उन्होंने रट लिया था, वही सब वे कुछ फेर-बदल के साथ अपने बच्चों पर थोप देते हैं। इस तरह बच्चा बिना जाने-समझे ही उम्र-भर के लिए संस्कारित होता जाता है। यह भगवान या ईश्वर आदि क्या हैं? यह हाथ जोड़ना क्या है? ये जो प्रार्थनाएँ हैं, ये क्या हैं? इनका अर्थ क्या है? और ये सब करना क्यों है? वह कुछ नहीं जानता। यदि कभी कोई बच्चा पूछता भी है, तो उसको कोई उचित जवाब या स्पष्टता नहीं मिलती। कुछ भी हवा-हवाई बातें बता दी जाती हैं, या फ़िर कह दिया जाता है कि सब करते हैं—इसलिए आप भी करो। इतने लोग गलत हैं क्या? बच्चा नहीं कह पाता कि 'हाँ' हो सकते हैं, क्योंकि अभी वह कमजोर है, आश्रित है, ख़ुद भ्रम में है। मगर क्या अभी भी आप वैसे ही हैं? अब तो आप सवाल कर सकते हैं ना?

यदि बच्चा पूछे कि मैं इसी समय पर क्यों सो जाऊँ, तो अभिभावक उसको सिखा देते हैं—क्योंकि सब सोते हैं। या फ़िर कोई भय या लालच दिखा दिया जाता है। यदि वह पूछे

कि विद्यालय क्यों जाऊँ—क्योंकि सब जाते हैं। विवाह क्यों करूँ—क्योंकि सब करते हैं। इसी उम्र में विवाह क्यों करूँ—क्योंकि सब इसी उम्र में करते हैं। बच्चे पैदा क्यों करने चाहिये—क्योंकि यह तो सब करते हैं। या फ़िर सब मानते हैं कि यह सब तो ईश्वर, अल्लाह अथवा भगवान की देन है। नौकरी ही क्यों करूँ—क्योंकि सब करते हैं अथवा उसमें सुरक्षा है। इस तरह बच्चे के लिए भीड़ को सत्य का प्रतीक बना दिया जाता है और बच्चा संस्कारित होता जाता है। अब वह भीड़ की आँखों में देखता है कि मैं सफल और सम्माननीय हूँ या नहीं, सुंदर हूँ या नहीं। इसीलिए फ़िर आपको यह चिंता रहती है कि लोग क्या कहेंगे। क्योंकि आपकी पूरी हस्ती ही लोगों पर आश्रित है। और अधिकांश लोगों की ज़िंदगी चूँकि झूठ, भ्रम और मान्यताओं पर आधारित है, इसीलिए आपको सत्य, बोध, आज़ादी और प्रेम को समर्पित होने में इतनी बाधा आती है। आपको सत्य के साथ होने में डर लगता है, क्योंकि तब आप अकेले हो जाते हैं। अगर अधिकांश लोगों की ज़िंदगी का आधार भी बोध, प्रेम, सत्य और आज़ादी ही होते, तो वे किसी के जीवन में इन्हें देखकर इतना भयभीत नहीं होते। मगर लोग सच से बहुत घबराते हैं, क्योंकि उनका पूरा जीवन ही झूठ पर टिका है। यह हाल होता है, जब आप भीड़ (संख्या) को बोध और सत्य का प्रमाण मान लेते हैं—जब आप यह मान लेते हैं कि भीड़ जो भी करती है, वही सही है।

तो मैं आपसे पूछ रहा हूँ कि यदि आप भीड़ के हिसाब से ही सब कुछ करेंगे, उनके जैसे ही होकर जिएँगे, तो आपकी ज़िंदगी भी क्या उस भीड़ जैसी ही नहीं हो जाएगी? आप भीड़ ही हो जाएँगे। और भीड़ की ज़िंदगी कैसी है? बर्बाद, भयभीत, कमजोर, झूठी, प्रेमहीन, बोधहीन। भीड़ में अक्सर ऐसे ही लोग होते हैं। जो सच्चा और मजबूत होता है, बोधवान और प्रेमपूर्ण होता है, वह अकेला होता है। अकेला होने का मतलब यह नहीं है कि वह लोगों के साथ नहीं चलता है। अकेला होना माने—भीड़ के चलाए नहीं चलना; सत्य के चलाए चलना, बोध के चलाए चलना, प्रेम के चलाए चलना। मानकर नहीं, जानकर जीना। वह जिज्ञासा करता है, सवाल उठाता है। कुछ भी यूँ ही स्वीकार नहीं करता। अगर कोई आकर उससे कहे कि हमारे संगठन में शामिल हो जाओ, तो वह बस यह नहीं देखेगा कि कितने लोग उससे जुड़े हैं। बस बड़ी भीड़ देखकर या धनपतियों और सत्ताधारियों को संगठन से जुड़ा देखकर वह उसमें शामिल नहीं हो जाएगा। वह सवाल पूछेगा—क्यों शामिल हो जाऊँ? संगठन क्या होता है? क्यों होता है? क्या है तुम्हारा संगठन? क्या है उसका उद्देश्य? क्यों आप संगठित हो रहे हैं? संगठित होने वाले लोग कैसे हैं—समझदार, शिक्षित, प्रेमपूर्ण और सच्चे हैं, या झूठे, भ्रष्ट, अशिक्षित, हिंसक और बेईमान हैं? संगठन का आधार क्या है? क्या वह सत्य और बोध को समर्पित है? जो उसके उद्देश्य हैं, क्या वे उचित हैं? और अनेक सवाल वह पूछेगा; मगर अंधों की तरह किसी लालच, भय या स्वार्थ के चलते वह भीड़ में शामिल नहीं हो जाएगा। क्यों किसी भी तथाकथित जाति या मान्यता इत्यादि को स्वीकार कर लूँ? क्यों मैं सीमाओं में कैद हो जाऊँ? क्यों अलगाव रूपी दीवारें खड़ी करूँ?

मगर आप मानते चले जाते हैं, क्योंकि उनसे आपका स्वार्थ और अहंकार जुड़ा होता है। वह पहचान या संगठन इत्यादि आपको "कुछ होने" का एहसास देते हैं—यही तो अहंकार है। जितना बड़ा लोगों का झुंड होता है, उस झुंड की साझा पहचान से जुड़ना आपको उतना ही बड़ा "कुछ होने" का झूठा एहसास देता है। झूठा इसलिए, क्योंकि अलगाव में केवल क्षुद्रता होती है, विराटता या पूर्णता नहीं। मगर इसमें अहंकार और फूल जाता है, क्योंकि वह क्षुद्रता और अलगाव में ही पलता है। वहाँ से द्वंद्व, दुःख, भय और हिंसा ही जन्म लेते हैं। इसी में पीड़ा है। इसमें कोई आज़ादी नहीं। इसमें कोई पूर्णता नहीं। एक बच्चा जब पैदा होता है, तब नग्न पैदा होता है—तन से भी और मन से भी। उसके पास अपना नाम तक नहीं होता है। मगर अबोध अवस्था में ही उसको कोई नाम दे दिया जाता है। उसका नाम भी इससे तय होता है कि उसके तथाकथित अभिभावक किस काल्पनिक जाति और संप्रदाय में मान्यता रखते हैं। जैसे कि अभिभावक यदि स्वयं को हिंदू 'मानते' हैं, तो बच्चे का नाम रवि हो सकता है, रहमान या रिज़वान नहीं; अनिल हो सकता है, अकबर नहीं; कमल हो सकता है, कबीर नहीं। यदि अभिभावक ख़ुद मुसलमान, ईसाई या कुछ और मानते हैं, तो उसी के अनुसार नाम तय हो जाता है। फ़िर उसके नाम के साथ तथाकथित जाति, संप्रदाय, राष्ट्रीयता, रंग, लिंग इत्यादि के ठप्पे लगा दिए जाते हैं। ये ही वे पिंजरे हैं, जो आपको सीमित कर देते हैं और जिनसे केवल अहंकार पनपता है। मगर नामों और शब्दों के अलावा ये ठप्पे और क्या हैं? कुछ भी तो नहीं। अन्यथा पृथ्वी तो पृथ्वी है—उस पर आपने कहाँ से अपने देश खड़े कर लिए? सीमाएँ खींच देने से पृथ्वी बँट तो नहीं जाती।

तो बच्चा इतना अबोध, डरा हुआ, कमजोर और आश्रित होता है कि जिज्ञासा भी नहीं कर पाता कि ये सब क्या हैं? कहाँ से आ गईं? मैं तो नंगा पैदा हुआ था। मेरा तो नाम तक नहीं था। आप होते कौन हैं—मुझे इन सीमाओं में कैद करने वाले? मुझ पर अपनी मान्यताएँ, प्रथाएँ, आशाएँ और ज़िम्मेदारियाँ आदि थोपने वाले? बताओ, मैं क्यों स्वीकार कर लूँ? ये आपकी पहचानें हैं; मगर तथ्य यह है कि आपको भी नहीं मालूम कि यह सब क्या हैं। इनका मतलब क्या होता है? इनको मानने का परिणाम क्या होता है? इन शब्दों के पीछे क्या खेल चल रहा है? और यदि आपको भी नहीं पता कि ये चीज़ें क्या हैं, क्यों हैं; और यदि आप भी इन्हें बस इसलिए ढोते जा रहे हैं, क्योंकि जैसे आप इन्हें मुझ पर थोप रहे हैं, वैसे ही आपके अभिभावकों ने भी ये सब आपके ऊपर थोप दिए थे—तो इसका मतलब आज तक आप केवल भ्रम और कल्पनाओं में जिए जा रहे हैं। मगर मैं इन्हें आगे क्यों बढ़ाऊँ? लेकिन कोई बच्चा ऐसे सवाल नहीं कर पाता। करता भी है, तो डाँट दिया जाता है। अधिकांश बच्चे तो अपने माता-पिता को सबसे सच्चा, समझदार, प्रेमपूर्ण और ईमानदार मानते हैं। वे उन पर सबसे ज़्यादा भरोसा करते हैं।

लेकिन क्या अभी भी आप बच्चे हैं? क्या अभी भी आप कमजोर और आश्रित हैं? क्या अभी भी आपको नहीं पता कि उनका तथ्य क्या है? या अभी भी आप मान्यताओं, भ्रम, भय, बंधनों और पीड़ा में ही जीते रहना चाहते हैं? अब तो आप ये सवाल कर सकते हैं ना—कि यह

सब क्या हैं, क्यों हैं? और अब तो आप यह भी देख सकते हैं कि इन सबके नाम पर केवल हिंसा, शोषण, अन्याय, मूर्खताएँ और लड़ाई-दंगे ही हो रहे हैं और होते आए हैं। क्योंकि इनमें सत्य, बोध और प्रेम कहीं नहीं है। और यदि इनके कारण जीवन में केवल पीड़ा ही बढ़ रही है, तो मैं इन्हें क्यों स्वीकार करूँ? क्योंकि अंततः तो मुझे और हर किसी जीव को अपनी पीड़ा से मुक्ति ही चाहिये। कुछ भी हम इसीलिए तो करते हैं। मगर जो कुछ भी मैं 'मानता' हूँ, यदि वही मेरी पीड़ा का कारण है—यदि वही मुझे सीमित और संकुचित कर देता है—तो मैं उसे क्यों मान लूँ? आप नहीं पूछते कि जिन मान्यताओं को ढोते रहकर अभिभावकों को मुक्ति नहीं मिली, उनका भला नहीं हुआ; जिन मान्यताओं के अनुसार जीकर उन्हें चैन और सुकून नहीं मिला; जिस तथाकथित परंपरा, पहचान या जाति इत्यादि में मान्यता रखकर आज तक किसी का भला नहीं हुआ—उन्हीं को 'मानकर' यदि मैं भी जीता चला गया, तो मुझे क्या खाक मिल जाएगा। मुझे क्या चैन मिल जाएगा? अगर उन्हें मानने से मेरे भ्रम, भय, बंधन, दुःख आदि खत्म होते, तो ज़रूर उन्हें पूजते। मगर क्या ऐसा है? यदि नहीं, तो कुछ भी क्यों मानें? मगर आप ना बचपन में यह सवाल पूछते हैं, ना बड़े होकर।

यह मनुष्य-जीवन इतना छोटा है कि इसे यूँ ही मान्यताओं का व्यर्थ बोझ ढोने में बर्बाद नहीं कर सकते। व्यर्थ के भेद खड़े करके लड़ने, मरने और मारने में इसे नहीं गँवा सकते। एक दिन तो सब मिट्टी ही हो जाना है। मगर अहंकारवश पहले आप किसी को पराया मानते हैं, फ़िर उसी से डरते रहते हैं। यह डर आपने ही खड़े किए हैं। मौत के अलावा इंसान केवल इंसान से ही तो डरता है। उसके सारे भय कहीं ना कहीं इंसानों से जुड़े हुए हैं। दूसरी तरफ वे हैं, जिन्हें आप अपना मानते हैं। मगर ध्यान से देखो, तो पाओगे कि तथाकथित परायों से आपको जितना दुःख और तकलीफ़ें नहीं मिलतीं, उससे ज़्यादा उनसे मिलती हैं, जिन्हें आप अपना मानते हैं। मगर हम पूछते ही नहीं कि फ़िर इन्हें अपना कहें ही क्यों? क्यों नहीं पूछते? क्योंकि हमें अपना ही नहीं पता कि मैं क्या हूँ, मैं कौन हूँ। जब यही नहीं पता कि मैं कौन हूँ, तो यह भी कैसे पता होगा कि अपना कौन है—किसे कहें अपना? मगर उन्हीं से अहंकार को पोषण मिलता है, इसलिए वह उनको सहता रहता है। जो कुछ भी आप स्वयं को मानते हैं, वह मान्यताओं के अलावा और क्या है? कुछ नहीं। आप बस मानते हैं कि आप "कुछ हैं"; मगर जो कुछ भी आप ख़ुद को मानते हैं—उसका कहीं कोई अता-पता नहीं। सबसे पहली और मूल मान्यता तो आपका यह कहना है कि "मैं हूँ।" अब आपमें 'मैं' जैसा कुछ है नहीं, मगर आप "मैं-मैं" करते रहते हैं। फ़िर इसी 'मैं-भाव' के भ्रम को बचाए रखने और मज़बूत करने के लिए आप उन सब मान्यताओं को स्वीकार करते चले जाते हैं, जो आपको केवल बर्बाद करती हैं। उन्हीं की तो हम बात कर रहे हैं। अगर उन मान्यताओं को हटा दिया जाए, तो 'मैं' कहीं नज़र नहीं आएगा। क्योंकि उन तथाकथित मान्यताओं, नामों, पहचानों और भ्रमों इत्यादि के अलावा 'मैं' की अपनी कोई "स्वतंत्र और पृथक" सत्ता नहीं है।

जब तक आप इस 'मैं' के झूठ को नहीं देख लेते, तब तक "मैं-तू" का भ्रम बना ही रहेगा; और जब तक यह भ्रम है, तब तक कोई आज़ादी नहीं। तब तक वास्तविकता से आपका कोई

संबंध नहीं हो सकता। तब तक खाते रहो ठोकरें, पाते रहो धोखे। क्या आपको पता है कि आप इन भ्रामक और हिंसक मान्यताओं को क्यों नहीं छोड़ पाते हैं? क्योंकि जब तक इनके कारण आपको पीड़ा महसूस होने लगती है, तब तक आप उनके साथ अनेक तरह के स्वार्थ और पहचानें जोड़ चुके होते हैं। अब उन निराधार मान्यताओं के अलावा आपके पास अपना कुछ नहीं होता है—जिसे आप अपना कह सकें—इसीलिए आप उन मान्यताओं से चिपके रहते हैं। मगर जो उन सबको नकार देता है—जो केवल मान्यता है—तब वह पाता है कि कुछ है, जिसे नकारा नहीं जा सकता; जिसे कोई नहीं छीन सकता; जो उधार का नहीं है; जो सबका आधार है; जिसमें करुणा है, सौंदर्य है, सुकून है, शांति है, आनंद है; जिसमें पूर्णता है। सीमाओं से मुक्त होकर ही उसका पता चलता है, जो असीम है। झूठे से मुक्त होकर ही उसका पता चलता है, जो सत्य है। पता भी नहीं चलता, आप स्वयं को वही पाते हैं। वही आपकी सच्चाई है। मगर अभी तो आपका हाल यह है कि माँ-बाप यदि कह दें कि आप उनकी औलाद नहीं हैं, तो आपके पास कुछ नहीं है यह बताने के लिए कि आप कौन हैं। दूसरों को ही नहीं, बल्कि ख़ुद को बताने के लिए भी आपके पास कुछ नहीं है कि आप कौन हैं, क्या हैं। इसीलिए फ़िर आप उन सब झूठी पहचानों को अस्वीकार नहीं कर पाते, क्योंकि उनको अस्वीकार करने का मतलब है—ख़ुद को, यानी अहंकार को अस्वीकार करना।

मगर आज़ाद केवल वही है, जिसे आज़ादी से इतना प्रेम है कि उसकी ख़ातिर सब-कुछ छोड़ने को तैयार है; जो टूटने-बिखरने को तैयार है; जो कहे कि ये नाम, ये पहचानें, ये मान्यताएँ इत्यादि यदि मुझे सत्य से दूर ले जाती हैं, बोध से दूर कर भ्रम में धकेलती हैं—तो नहीं चाहिये। ऐसा नहीं है कि उसे समाज की व्यवस्था से कोई दिक्कत है, मगर कुछ मान लेने से किसके भ्रम हटे हैं? अलगाव से क्या कभी हिंसा खत्म हुई है? झूठ में जीने से क्या कभी सत्य प्रकट होता है? नहीं। जब आप बोध, प्रेम, करुणा और सत्य के अलावा—जो कि अलग-अलग नहीं हैं—किसी को भी समर्पित नहीं होते, तब जीने में भी सहजता और आज़ादी होती है। बेपरवाही और मौज होती है। तब जीवन में आनंद और सौंदर्य होता है। अन्यथा तो जीवन में केवल भ्रम, भय, बंधन और पीड़ा है।अधिकांश लोग इतने संस्कारबद्ध हैं कि जिसके पास पद, प्रतिष्ठा, पहचान या बहुत पैसा हो—उसकी बात तुरंत सच मान लेते हैं। लेकिन कोई साधारण व्यक्ति या कोई बच्चा कुछ कह दे, तो आप उसकी बात को महत्व ही नहीं देते, भले ही उसमें सच्चाई क्यों ना हो। अगर वही बात कोई तथाकथित अमीर, नेता, सफल या प्रसिद्ध व्यक्ति कह दे—चाहे वह बात उथली हो, अज्ञान से भरी हो, हिंसक और झूठी ही क्यों ना हो—आप उसे सही मान लेते हैं।

मगर क्या धन, पद, प्रतिष्ठा इत्यादि के होने भर से किसी व्यक्ति को अमीर और सफल कहा जाना चाहिये? हम यह सब भी अंततः क्यों चाहते हैं? इसीलिए ना, ताकि हमारी पीड़ा मिटे और हम शांति से जी सकें? मगर किस काम की वह अमीरी, जो आपको पीड़ा से मुक्त ना कर सके? जिसके पास खूब पैसा है, पद और प्रतिष्ठा भी है, पर जीवन में आनंद नहीं—वह कैसा अमीर? जिसके पास सत्ता है, पर वह निरंतर भय में जी रहा है—क्या उसे सफल कहा

जाना चाहिये? धन क्या है? बस आँकड़े, काग़ज़ की पर्चियाँ, धातु के सिक्के—जिनसे आप वही चीज़ें खरीदते हैं, जो अंततः लोहा, पत्थर, लकड़ी, मिट्टी, सीमेंट और काँच इत्यादि ही हैं। तो इनके होने-ना होने से किसी की अमीरी या गरीबी, सफलता या असफलता तय नहीं होती। असली सफलता, असली अमीरी तब है, जब यह जीवन बोझ ना लगे; जब भीतर बेफ़िक्री हो, सहजता हो, मौज हो। और यह तभी संभव है, जब आप इन मान्यताओं के झूठ जानकर इनमें में जीना छोड़ दो; जब आप छवियाँ बनाना छोड़ दो—कि जिसके पास पद, प्रतिष्ठा, गाड़ी और महल हैं वही सफल है, जिसके पास पैसा है वही अमीर है। ये केवल छवियाँ और मान्यताएँ। ये सफलता और अमीरी की बहुत सस्ती और उथली परिभाषाएँ हैं।

सफलता, सौंदर्य या अमीरी—और चाहे जो हो—सिर्फ़ एक कसौटी रखो: क्या सामने वाला व्यक्ति भीतर से मुक्त है—अहं, भ्रम, भय, दुःख, बंधनों से? क्या जीवन में शांति और सुकून है? यदि हाँ, तो वही अमीर है, वही सफल है, वही सुंदर है। बाकी सब व्यर्थ है—एक बोझ। कोई व्यक्ति सेलिब्रिटी हो गया—अभिनेता, खिलाड़ी, नेता या बड़ा व्यापारी बनकर प्रसिद्ध हो गया—इससे वह महान नहीं हो जाता। जिसके जीवन में करुणा नहीं, शांति नहीं, सत्य और बोध नहीं—उसके जीवन में कोई महानता नहीं। अब आप देखो कि आप किन्हें सफल और अमीर 'मानते' हैं। आजकल मैं यह भी देखता हूँ कि लोग हर उस बात को सही मान लेते हैं, जो पुरानी है। मानो सिर्फ़ पुराना होने भर से कोई चीज़ स्वतः ही उपयोगी और सत्य हो जाती हो—जैसे पुरानी मान्यताएँ, रूढ़ियाँ, किताबें और परंपराएँ इत्यादि। लेकिन अगर किसी चीज़ या बात का पुराना होना ही सत्य और उपयोगिता का प्रमाण है, तो फ़िर भोजन भी वही खाओ, जो बासी हो चुका है। कपड़े भी वही पहनो, जो फट चुके हैं; और जीवन भी उसी ढंग से जियो, जैसा जंगलों में रहा जाता था—नंगे पाँव, खुले आसमान के नीचे। अगर पुराना ही सही है, तो फ़िर यह आधुनिक विज्ञान, तकनीक, मोबाइल, विमान, यातायात के साधन, औज़ार—इन सबका उपयोग क्यों करते हैं?

जैसे कई लोग कहते हैं—"यह हमारी सदियों पुरानी मान्यता है, यह पुस्तक हज़ारों वर्षों पुरानी है।" अरे, पुराना होने से बस इतना सिद्ध होता है कि वह चीज़ तब अस्तित्व में थी; तब लोग ऐसा कुछ मानते थे। मगर इससे यह नहीं सिद्ध होता कि वह सही भी थी, उपयोगी भी है, या आज भी अपनाने योग्य है। आज भी बेहिसाब किताबें लिखी जा रही हैं। यदि वे हज़ारों साल बाद भी किसी तरह बची रह गईं—क्या सिर्फ़ इसी कारण वे महान मानी जाएँगी? क्या सिर्फ़ इसी कारण उनकी हर बात को सही और अनुकरणीय मान लिया जाएगा? आपको यह भ्रम क्यों है कि पूर्वज तो समझदार ही रहे होंगे? हर नासमझ, चोर, हिंसक और बेईमान व्यक्ति बुज़ुर्ग हो जाता है; इससे वह समझदार नहीं हो जाता। आने वाली पीढ़ियों के लिए वह पूर्वज हो जाएगा—क्या सिर्फ़ इसीलिए वह महान हो गया, क्योंकि वह पूर्वज है? आप कहते हैं—"यह परंपरा हमारे पूर्वजों ने शुरू की थी।" पर पूर्वज होने भर से कोई बोधवान और सत्य का समर्थक नहीं हो जाता। आज भी समाज में हिंसक और नासमझ लोग भरे पड़े हैं; ऐसे ही पहले भी बहुत थे। अगर आज उनकी भीड़ कोई व्यर्थ और हिंसक परंपरा शुरू कर दे,

तो इसलिए क्या आने वाली पीढ़ियाँ भी उसे ढोती रहेंगी? अतीत में किसी के बाप-दादे हत्या, चोरी, लूट इत्यादि करते थे—तो क्या उनके वंशज आज भी वही सब करते रहें? किसी घराने में बलि दी जाती थी—तो क्या आज भी देते रहना चाहिये? यह कोई समझदारी है कि पूर्वजों ने किया, इसलिए हम भी करेंगे? अब आप ईमानदारी से देखो कि आप अतीत को ढोना चाहते हैं, या होश में जीना चाहते हैं।

यदि बोध, सत्य और आज़ादी से प्रेम है, तो मानो मत—सवाल करो और पहले जानो। पहचान, परंपरा, रूढ़ि, मान्यता—कुछ भी बिना देखे, बिना समझे स्वीकार मत करो; और बिना समझे अस्वीकार भी मत करो। क्योंकि बेहोशी में चाहे आप कुछ स्वीकार करो या अस्वीकार—दोनों ही केवल अहंकार को पोषण देते हैं। और जब स्पष्टता होती है, तब स्वीकार अथवा अस्वीकार की आवश्यकता ही नहीं होती। तब स्पष्टता ही कर्म होती है। जो चीज़ भेदभाव, हिंसा, शोषण और भय इत्यादि पैदा करती है—वह चाहे लाखों साल पुरानी हो, चाहे करोड़ों लोग उसे मानते आए हों—आज यदि वह गलत है, तो वह गलत ही है। अतीत की ऐसी हर चीज़ को राख हो जाने दो; बह जाने दो उसे अतीत के साथ ही। इसी में आज़ादी है।किसी भी चीज़ की छवि मत बनाओ। सबको बोध, करुणा और सत्य के आधार पर तोलो, क्योंकि उसी में हर पीड़ा से आज़ादी है। यदि कोई कहे—"फलाना व्यक्ति सफल और अमीर है"—तो पहले पूछो: अमीर होता क्या है? सफल कहते किसे हैं? जिसे आप अमीर कहते हैं, और इसीलिए सफल 'मानते' हैं, वह अमीर बना कैसे? कहाँ से आया उसके पास इतना धन? क्या आपने कभी जानना चाहा? शायद नहीं। क्योंकि आपको इससे फ़र्क ही नहीं पड़ता है कि कोई व्यक्ति धन कमा कैसे रहा है। आपने धन को "सबसे बड़ी" चीज़ मान लिया है। इसलिए जिसके भी पास आपको बहुत धन दिखता है, उसी को आप अमीर, महान और सफल कहने लग जाते हैं। उसी को आप अपना आदर्श मानने लग जाते हैं, क्योंकि भीतर से आप भी वही सब चाहते हैं। इसीलिए मैंने पहले कहा है—कि जिनके लिए बोध, प्रेम, करुणा और सत्य से ऊपर कुछ नहीं है, आज़ादी भी केवल उन्हीं के लिए है। मेरी बात भी केवल उन्हीं के लिए है।

ऐसा व्यक्ति फ़िर पूछेगा कि जिसे आप सफल और अमीर मानते हैं—अगर वह बेईमान, चोर, भ्रष्टाचारी और शोषक है, तो फ़िर मैं उसे अमीर क्यों कहूँ? सफल क्यों मानूँ? ऐसे व्यक्ति को तो सम्मान नहीं, जेल मिलनी चाहिये। आप केवल धन और बाहरी चमक देखकर प्रभावित हो जाते हैं, पर यह नहीं देखते कि वह धन किसकी कीमत पर आया है। उसके पीछे कितनी हिंसा, बर्बरता, अन्याय, शोषण, प्रकृति की बर्बादी और विनाश छिपा है। आप नहीं देखते कि एक आदमी बेहिसाब धन-संपत्ति समेटकर बैठा है और बाकी जनता भूखी, नंगी, बेरोज़गार पड़ी है—जिसके पास बीमारियों के इलाज, भोजन, कपड़े, मकान और शिक्षा जैसी ज़रूरतों तक के लिए भी पर्याप्त धन नहीं है। तो ऐसे आदमी को "अमीर और सफल" मानने में कोई समझदारी नहीं है। ऐसा व्यक्ति किसी का भी आदर्श बनने लायक नहीं है—जो अपने क्षुद्र स्वार्थों के लिए विनाश, हिंसा, शोषण, भ्रष्टाचार इत्यादि से भी नहीं चूकता। वह तो बोधहीन, प्रेमहीन, करुणाहीन, असंवेदनशील, गुलाम और हिंसक जीव है—जिसे या तो

पागल समझकर अस्पताल भेजना चाहिये या जेल में डालना चाहिये। मगर आप तो उसे पूजने लग जाते हैं। क्यों? क्योंकि हैं तो आप भी उसके ही जैसे, बस आपको मौका नहीं मिला या आप वैसा कर नहीं पाए। अन्यथा सोचो—घर में भोजन बना हो। एक व्यक्ति पहले तो पेट भरकर खा ले और फ़िर बाकी बचा भोजन झोले में भरकर अपने पास रख ले, जबकि बाकी सब भूखे हैं। तब आप क्या करोगे? आप उसे रोकोगे—और कहोगे कि यह तुम्हारा व्यक्तिगत माल नहीं, इसमें सबका हिस्सा है। यहाँ तक कि घर के कुत्ते-बिल्ली का भी हिस्सा है, सिर्फ़ इंसान का ही नहीं। अगर फ़िर भी ना माने, तो आप उसे इलाज के लिए भेजोगे या पागलखाने में छोड़ आओगे।

पर जब कोई व्यक्ति यही हरकत देश की धन, संपत्ति और प्राकृतिक धरोहर के साथ करता है—देश के संसाधनों को समेटकर अपने पास रख लेता है—तो आप उसी को "सफल", "महान", "अमीर", "आदर्श" और ना जाने किन-किन नामों से विभूषित करने लग जाते हैं। क्यों? क्योंकि आप स्वयं भी उसी हिंसा, लालच, वासना और भोग की चाह से भरे हैं। क्योंकि आपने सफलता और अमीरी की परिभाषा ही बदल दी। आपने सत्ताधारियों और धनपतियों को सफल, महान और अमीर कह दिया। सफल और अमीर तो उसे कहा जाना चाहिये—जिसके जीवन में बोध और करुणा है; जिसने किसी भी कीमत पर सत्य, प्रेम और आज़ादी को नहीं बेचा; जो झूठ और अहंकार के सामने झुका नहीं। आप उनको अमीर और सफल कह देते हैं—जो बिल्कुल झूठे, बोधहीन, अहंकारी, करुणाहीन, हिंसक और महत्वाकांक्षी होते हैं; जो ऐसे हैं कि अपने क्षणिक सुख और अहंकार के लिए दूसरों की पीड़ा को कुछ भी नहीं समझते; जिनके जीवन में ना शांति है, ना सत्य; ना प्रेम है, ना पूर्णता; जो भीतर से केवल खोखले, अपूर्ण और बेचैन हैं। अगर आपकी स्थिति यह है कि आप इन जैसों को अपना आदर्श मानते हैं, इन्हें सफल मानते हैं—तो क्या आप भी आज़ाद हैं? बिल्कुल नहीं। क्योंकि आप भी उनसे अलग नहीं हैं। और जहाँ सत्य नहीं, जहाँ बोध नहीं—वहाँ आज़ादी नहीं। एक आज़ाद व्यक्ति किसी अहंकारी को अपना आदर्श नहीं बनाता।

अन्यथा पूछो ख़ुद से—मैं इन्हें अमीर क्यों कहूँ? सफल क्यों मानूँ? इनको अपना आदर्श क्यों बनाऊँ? इनकी बात क्यों सुनूँ? इन पर अपना जीवन, समय, ऊर्जा, ध्यान और पैसा क्यों खर्च करूँ? इनकी चीज़ें क्यों खरीदूँ? मैं कैसे मान लूँ कि इनके शब्दों में मेरे जीवन का कल्याण छिपा है? कैसे मान लूँ कि ये मुझे भी धोखा नहीं दे रहे होंगे? लेकिन आप सवाल नहीं करते, क्योंकि भीड़ नहीं करती—और आप भी भीड़ की तरह ही मानते चले जाते हैं। इसीलिए हर समय पीड़ा पाते हैं, क्योंकि आपका जीवन—भ्रमों, बंधनों, मान्यताओं और झूठ से भरा हुआ है। आपके जीवन में बोध, प्रेम, करुणा और सत्य के लिए कोई जगह ही नहीं है। केवल मान्यताएँ, कल्पनाएँ और भ्रम हैं, मगर फ़िर भी आत्मविश्वास पूरा है—कि हम सब कुछ जानते हैं। अगर जानते होते, तो भीतर और बाहर से यूँ लुट नहीं रहे होते। आप बहुत कुछ जानते हैं, मगर वह सब झूठा, भ्रामक और अपूर्ण है। जगत का शायद कुछ पता भी हो, मगर अपना कितना पता है? "ख़ुद को लेकर तो आपको यह भ्रम है कि आपको अपने बारे

में सब पता है।" यही अहंकार है—कि पता कुछ नहीं, और आत्मविश्वास पूरा है। और जहाँ अहंकार होता है, वहाँ ना सत्य होता है और ना ही आज़ादी। इसलिए भ्रम छोड़ो, और जो कुछ भी केवल मानते हो—उस पर सवाल उठाओ। ईमानदार और निष्पक्ष जिज्ञासा से ही आज़ादी की शुरुआत होती है।

अन्यथा हमें पता भी नहीं चलता कि हम कर्म तो छोड़िए—स्वतंत्र रूप से सोचने के लिए भी आज़ाद नहीं हैं। ये मान्यताएँ हमें मानसिक और भावनात्मक रूप से गुलाम बना लेती हैं। जैसे हमें यह भी सिखा दिया जाता है कि जो उम्र में बड़ा है—उसका सम्मान करो, और हम मान लेते हैं। हम पूछते ही नहीं कि क्या उम्र किसी को स्वतः ही सम्माननीय बना देती है? अगर ऐसा है, तो जो हिंसक, बलात्कारी, चोर, लुटेरे, भ्रष्टाचारी, हत्यारे, पागल होते हैं—वे भी तो उम्र में बड़े होते हैं। तो क्या सिर्फ़ उम्र के कारण वे पूजनीय हो जाएँगे? पर आप सवाल नहीं करते। बस मान लेते हैं कि जो बड़ा है—वह सम्मान के योग्य है; कभी मान्यता के कारण, कभी भ्रम और भयवश, तो कभी स्वार्थवश। इसलिए फ़िर दादा-दादी, चाचा-फूफा, मौसा-मामी, माता-पिता, नेता-अभिनेता—जो भी सामने आए—आप झुक जाते हैं, प्रणाम कर देते हैं; भले ही वे झूठे, भ्रष्ट, बेईमान, हिंसक और अबोध ही क्यों ना हों। इसलिए उम्र कभी भी परिपक्वता, समझ और सत्य का प्रमाण नहीं होती है। आज के हिंसक, बेईमान, नासमझ और प्रेमहीन लोग भी अगर ज़िंदा रहे, तो कुछ वर्षों में बूढ़े हो जाएँगे—मगर यह ज़रूरी नहीं कि वे तब भी सच्चे, समझदार, प्रेमपूर्ण और आज़ाद हो जाएँगे।

उम्र का बढ़ना और परिपक्व होना—दो अलग चीज़ें हैं। शरीर की उम्र तो समय के साथ स्वतः ही बढ़ती जाती है, मगर परिपक्वता—समझ के साथ आती है। आकर्षण तो प्राकृतिक होता है, मगर प्रेम—आत्मबोध के साथ आता है। लेकिन होता यह है कि लोगों को अपना तो कुछ पता होता नहीं, और उन्हें तथाकथित प्रेम हो जाता है। यह पता ही नहीं कि प्रेम हुआ 'किसको' है; ना यह पता कि प्रेम क्या होता है; ना उसका कुछ पता, जिससे यह प्रेम हुआ है। क्या ऐसी स्थिति में प्रेम हो भी सकता है? कभी नहीं। स्वार्थ, वासना या आकर्षण हो सकता है, प्रेम नहीं। प्रेम तो केवल उससे हो सकता है जो हमसे (झूठ/अहंकार) ऊँचा और महान (सत्य/बोध) है, उससे नहीं जो अगर हमें मिल जाए तो हमारे ही भोग का विषय बन जाए। मगर भ्रम पूरा होता है कि हमें प्रेम हुआ है। बेहोशी, भ्रम, भय और बंधन आदि तो हमें जन्म के साथ बिना किसी मेहनत के ही मिल जाते हैं, मगर सत्य, बोध, करुणा और आज़ादी के प्रति प्रेम—भ्रम, भय, बेहोशी, झूठ और गुलामी के प्रति विद्रोह से आता है। यहाँ उम्र बहुत मायने नहीं रखती। बड़ा होने के लिए—सत्य, बोध, करुणा और आज़ादी के प्रति प्रेम और समर्पण चाहिये। इनके बिना ना कोई बड़ा है, ना सफल है, ना सम्माननीय है, ना अमीर है, ना महान है, ना पूजनीय है और ना ही आदर्श बनाने योग्य है। जो सत्य और बोध को समर्पित नहीं, वह ज़रूर अहंकार को ही समर्पित होगा—क्योंकि बेहोशी, झूठ और भ्रम के माध्यम से ही अहंकार पोषण पाता है। इसलिए जो भी बेहोशी, झूठ और भ्रम को पोषण दे रहा है—वह अहंकार को ही पोषण दे रहा है।

इसलिए किसी की सिर्फ़ अधिक उम्र देखकर यह मान लेना कि वह "बड़ा और समझदार" है—यह अपने आप में बेहोशी का प्रमाण है। इसलिए कुछ भी मानो मत, सवाल उठाओ। और हक़ीकत क्या है—इसका पता लगाओ। अन्यथा संस्कारबद्धता और मान्यताओं के प्रति बेहोशी—ज़िंदगी को बहुत सीमित, संकुचित, अपूर्ण, भ्रामक, हिंसक और बोझिल बना देती है। ज़िंदगी नर्क हो जाती है, जहाँ पीड़ा के अलावा और कुछ नहीं होता है। हमें यह भी सिखा दिया जाता है कि स्त्री का सम्मान करो। मगर यह भी वैसी ही बात है, जैसी कि किसी की उम्र अधिक है—तो उसका सम्मान करो। लेकिन हम यह भी मान लेते हैं। मगर शरीर क्या है—यह तो संयोग से मिला है और लगातार बदलता रहता है। शरीर और शरीर में अंतर ना के बराबर हैं और समानताएँ बहुत हैं। फ़िर इससे क्या फ़र्क पड़ता है कि आपका लिंग, उम्र, रंग, वजन या ऊँचाई इत्यादि क्या है। यह सब तो संयोग, प्रकृति, वातावरण, जीन्स इत्यादि की देन है। अन्यथा आँख, नाक, कान, हाथ, पैर, बाल, मांस, दिल, फेफड़े, हड्डी, खून, मल-मूत्र इत्यादि के अलावा और क्या है यह शरीर? कुछ नहीं। मन के तल पर भय, ईर्ष्या, लोभ, कामना, वासना, दुःख, सुख, ममता इत्यादि किसको नहीं होते? शरीर के तल पर तो कोई मूल भेद होता ही नहीं है। मूल भेद तो केवल एक ही हो सकता है—होश बनाम बेहोशी। या तो जीवन सत्य, बोध और मुक्ति को समर्पित होगा; या फ़िर झूठ, भ्रम और बंधन को—जो कि अन्ततः अहंकार ही है।

स्त्री का शरीर होने से व्यक्ति सच्चा, बोधवान और प्रेमपूर्ण नहीं हो जाता। क्या स्त्री हिंसक नहीं हो सकती? क्या वह चोर, लुटेरी, हत्यारी, झूठी, शोषक नहीं हो सकती? क्या वह भी भ्रम, भय, बंधन, लालच, ममता, ईर्ष्या और नफ़रत से भरी नहीं हो सकती? ज़रूर हो सकती है—होती ही हैं। तो फ़िर—सिर्फ़ स्त्री शरीर होने मात्र के कारण मैं क्यों उनको श्रेष्ठ अथवा हीन मान लूँ? इसलिए चाहे स्त्री हो या पुरुष, जवान हो या बुज़ुर्ग—इंसान की पहचान उसका शरीर नहीं है; ना उम्र, ना लिंग और ना ही रंग। इंसान की पहचान है—उसकी समझ; सत्य, बोध और आज़ादी के प्रति उसका प्रेम और उसका समर्पण। यही उसे बड़ा और परिपक्व बनाते हैं। अन्यथा वह केवल एक मशीन है, एक कठपुतली भर है—जिसे समय, संयोग, समाज, संस्कृति, प्रकृति, विज्ञापन और परिवार द्वारा संस्कारबद्ध उसका ही मस्तिष्क चलाता रहता है; जहाँ वह यह तक नहीं जानता कि उसके विचार उसके नहीं हैं; उसकी कामनाएँ उसकी नहीं हैं; उसकी मान्यताएँ उसकी नहीं हैं; उसके उद्देश्य भी उसके नहीं हैं; यहाँ तक कि जिसे वह कहता है 'मैं'—वह भी उसका अपना नहीं है; वह भी पराया है।

जो पराए को पराया जान लेता है, वही वास्तव में बड़ा है, वही सम्माननीय है। क्योंकि पराए को पराया जानने में ही यह स्पष्ट होने लगता है कि अपना कौन है—और वही 'अपना' आपका वास्तविक स्वरूप है, जो सत्य है। और स्वरूप—अरूप है; उसका कोई रूप नहीं। झूठ को झूठ जानना ही सत्य होना है। भ्रम को भ्रम देख लेना ही बोध है। पराए को पराया जान पाना ही स्वयं को पाना है। बंधन को बंधन जानना ही आज़ादी है। जहाँ भी यह दिखें, जान लो—वहीं सौंदर्य है, वहीं सुकून है; वहीं वास्तविक सफलता और अमीरी है; वहीं परिपक्वता

और प्रेम है। और यही तो है, जिसकी हमें तलाश है—जिसके लिए हम जीवन भर भटकते रहते हैं। इसके बिना मन को भला चैन कहाँ? और यह कोई बनावटी आदर्श नहीं, कोई कोरी कल्पना नहीं—ज़रा अपनी ज़िंदगी में देखो। आप किसी स्त्री अथवा पुरुष की तरफ उसका शरीर मात्र देखकर आकर्षित नहीं होते; उसमें आपको सौंदर्य की झलक मिलती है, इसलिए आप आकर्षित होते हैं। अर्थात् आपको सौंदर्य से प्रेम है।

आप किसी दुःखी, कमज़ोर, दबे-कुचले या गुलाम स्त्री अथवा पुरुष की ओर आकर्षित नहीं होते; बल्कि जो मौज में है, ताकतवर और आज़ाद दिख रहा है—आप उसकी तरफ आकर्षित होते हैं। क्यों? क्योंकि आपको आनंद, बल और आज़ादी से प्रेम है। समस्या बस यह है कि आप उसे अपने से बाहर कहीं खोजते हैं, जहाँ वह होती नहीं है; मगर वहाँ उसके होने का आपको भ्रम हो जाता है। तो तलाश हमें उसी की है। मगर वह स्वयं के झूठ को झूठ जानकर, स्वयं की हक़ीकत से एक होने में है—भ्रम-मुक्त होने में है। आप किसी नेता या किसी धनपति का सम्मान उसकी शक्ल और शरीर के लिए नहीं करते, बल्कि इसलिए करते हैं क्योंकि आपको उसके पास ताकत दिखती है। वह आपको अपना-सा लगता है। अर्थात् आप वास्तव में ताकत का सम्मान करते हैं—उसके शरीर या शक्ल का नहीं। मगर यहाँ एक भ्रम है—यह कि जिसे आप बलवान और अपना मान रहे हैं, वह ना बलवान है, ना अपना। जो वास्तव में बलवान और अपना है, वह ना आपसे बाहर है, ना दूर है, ना अलग—वह है स्वयं आपकी ही हक़ीकत। मगर उससे मिलन तब तक नहीं हो सकता, जब तक आप उस झूठ को ना देख लें, जिसे अभी आप अपनी हक़ीकत या 'मैं' मानते हैं। उससे आज़ादी ही अपनी हक़ीकत से मिलन है।

ज़रा सोचो—जिस नेता को आप बलवान मानते हैं, क्या उसमें इतना बल है कि आपके सामने अपना असली चेहरा दिखा सके? क्या वह साफ-साफ कह सकता है कि वह झूठा है, भ्रष्ट है, बेईमान है, हिंसक है, प्रेमहीन है, शोषक है? यदि उसमें इतना भी बल नहीं कि अपनी भीतरी हक़ीकत को स्वीकार कर सके, तो वह कैसा बलवान? वह तो बहुत कमज़ोर और कायर है। और जो आपसे अपनी हक़ीकत छुपा रहा है, क्या वह आपका अपना हो सकता है? कभी नहीं। मगर भ्रमवश आपको वह बलवान और अपना प्रतीत होता है, इसलिए आप उसके सामने सिर झुकाते हैं और उसका सम्मान करते हैं। इसके अलावा आप चलते हैं भीड़ के पीछे-पीछे। भीड़ कैसी? आपके ही जैसे बेहोश लोगों की—जो अपने से भी अधिक भ्रमित, हिंसक, लालची, बेईमान और झूठे व्यक्ति को नेता, अभिनेता, गुरु इत्यादि बना देती है। अब जब वह किसी पद पर बैठ जाता है, तो संविधान और व्यवस्था उसे तरह-तरह की शक्तियाँ दे देती है—सुरक्षा, धन, लोग, प्रचार, पहचान, प्रतिष्ठा इत्यादि। आप उसके आसपास पुलिस, गाड़ियाँ, अफ़सर, धानवान लोग, नेता, अभिनेता—सबका काफ़िला देखते हैं। आप उस भीड़ और चमक से प्रभावित हो जाते हैं, और फ़िर सोच लेते हैं कि वह व्यक्ति बड़ा है, वह सफल है, वह शक्तिशाली है—वह महान है।

जबकि तथ्य यह है कि वह भीतर से डर, झूठ, कमज़ोरी, हिंसा, पाखंड और पीड़ा में डूबा हुआ होता है। उसका जीवन सत्य, शांति, बोध, प्रेम, करुणा और आनंद से बहुत दूर है—फ़िर चाहे वह कितना भी ऊँचे सिंहासन पर बैठा हो। उसके जीवन में क्षणिक सुख, सुविधा आदि हो सकते हैं, आनंद और शांति नहीं। मगर अधिकांश लोगों को भ्रम रहता है कि उसके जीवन में तो यह सब है। इसलिए वे उसके सामने झुकते हैं और उसका सम्मान करने लगते हैं। मगर आप यदि इस भ्रम में जी रहे हैं, तो अभी आप आज़ाद नहीं हैं। स्वयं को जानने में ही यह भी समझ आता है कि जब तक स्वयं के साथ ईमानदारी ना हो, आत्मबोध ना हो, जब तक सत्य को समर्पण ना हो—तब तक ना शांति हो सकती है, ना सुकून। इसलिए जब आप यह नहीं जानते हैं, तो भ्रमित हो जाते हैं। बाहर किसी वस्तु, व्यक्ति इत्यादि को अपना मानने लगते हैं। बाहर किसी वस्तु, व्यक्ति, उपलब्धि, धन, पद इत्यादि में उसे तलाशने लगते हैं—जो आपका स्वभाव है; जिसे आप बोध, मौन, शांति, सुकून, आनंद, सौंदर्य या कोई भी नाम दे सकते हैं। आपका स्वभाव—यानी जो आपकी हक़ीकत है।

मगर आत्मबोध के अभाव में आप बिना जाने-समझे बस वही सब दोहराते रहते हैं, जो बचपन से लेकर आज तक आपको परिवार, शिक्षा, समाज, संस्कृति, तथाकथित धर्म-गुरुओं, मीडिया, फ़िल्मों इत्यादि द्‌वारा सिखा दिया गया है—और जिस पर आपने कभी प्रश्न ही नहीं किया। आपको भ्रम रहता है कि कोई नेता, व्यापारी, अभिनेता, तथाकथित धर्म-गुरु—आपका भला करेंगे। इसलिए आप उनके सामने हाथ जोड़ते हैं, उनकी बातें सुनते हैं, उनके कहे अनुसार जीवन जीते हैं, रिश्ते बनाते हैं, काम करते हैं। उन्हें अपना आदर्श मान लेते हैं। मगर हक़ीकत यह है—कि आपके पड़ोसी को भी आपकी कोई चिंता नहीं। आपके रिश्तेदारों को आपका दुःख नहीं दिखता। आपके घरवालों को आपकी पीड़ा से फ़र्क नहीं पड़ता। जिनसे खून का रिश्ता है, उनके बीच होकर भी आप स्वयं को अकेला पाते हैं। मगर आपको भ्रम है कि कोई नेता, अभिनेता या तथाकथित धर्मगुरु आपका भला करेगा—जिसको आपकी रत्तीभर फ़िक्र नहीं, आप जिसकी कल्पना में भी नहीं। मगर आप उसके नाम पर लड़ते, मरते और मारते रहते हैं। उसके कहे अनुसार जीकर अपनी, अपने परिवारवालों और अन्य की ज़िंदगी नर्क बना लेते हैं। क्यों? क्योंकि आप अपनी मान्यताओं, झूठी और भ्रामक जानकारियों, कल्पनाओं इत्यादि को सत्य मान लेते हैं। आप उनकी हक़ीकत और स्रोत को जानना ही नहीं चाहते कि वे हैं क्या, और मेरे मन में वे आ कहाँ से रही हैं। आप उन पर अंधविश्वास कर लेते हैं। क्या यह भ्रम और बंधन नहीं है? है। क्या इसको आज़ाद या मुक्त जीवन कहेंगे? क्या ऐसे जीवन में शांति और सुकून हो सकता है? कभी नहीं।

इसलिए—पूछो। हर चीज़ पर प्रश्न करो। हर मान्यता को परखो। कुछ भी बस यूँ ही मान मत लो—फ़िर चाहे कितने ही लोग उसे मानते हों और चाहे कितने ही लंबे समय से मानते आए हों। पूरी ईमानदारी और निष्पक्षता से, जो है और जैसा है, उसे वैसा ही देखो। देखो कि आपके मन पर जो कुछ भी छाया हुआ है, जो कुछ भी आप मानते हैं, जिस आधार पर

आप कुछ भी करते हैं, चुनते हैं या जीते हैं—वह क्या है? उसकी हक़ीकत क्या है, और कहाँ से आ रहा है? पूरी ईमानदारी और निष्पक्षता से देखो कि आप किसी भी बात पर सुखी या दुःखी क्यों हो जाते हैं? हँसने या रोने क्यों लगते हैं? किसी को देखकर या कुछ शब्द सुनकर भयभीत क्यों होने लगते हैं? किसी से ईर्ष्या क्यों करते हैं? किसी को अपना दोस्त और किसी को दुश्मन क्यों मानते हैं? देखो कि जिसे प्रेम कह रहे हैं, क्या सचमुच वहाँ प्रेम ही है—यानी क्या उसमें सामने वाले का ही भला है, या केवल आपका ही कोई क्षुद्र स्वार्थ है और उसका केवल शोषण है? संबंध-व्यवहार के दौरान जब पूरी ईमानदारी, सजगता और निष्पक्षता से आत्म-अवलोकन किया जाता है, तब सारे भ्रम सहज ही हटते जाते हैं। ज़िंदगी खुली किताब हो जाती है। उसी में वास्तविक आज़ादी है। उसी में करुणा और आनंद है। उसी में हर पीड़ा का अंत है, क्योंकि भ्रम हटने के साथ ही भ्रमित—यानी पीड़ित—भी शून्य हो जाता है। भ्रमित ही पीड़ित है, भ्रम ही पीड़ा है, और भ्रम के बिना भ्रमित का कोई अस्तित्व नहीं। वे दो नहीं हैं। अतः भ्रम का ना रहना ही आज़ादी है। इसके लिए सबसे ज़रूरी है—बोध, सत्य और आज़ादी के प्रति प्रेम के साथ—स्वयं और जगत का ईमानदारी, सजगता और निष्पक्षता से अवलोकन। देखो कि जब आप किसी भी वस्तु, व्यक्ति, पशु, पक्षी आदि से संबंधित हो रहे हैं, तब भीतर क्या चल रहा है। उनके साथ जैसा व्यवहार कर रहे हैं, वह आपके भीतर किस मान्यता या किस केंद्र से आ रहा है। देखो कि उस व्यवहार के पीछे आपकी असली नीयत और इरादे क्या हैं।

इसी तरह—हाँ या ना कहने के दौरान देखो। जब कोई निर्णय लेने जा रहे हैं या कुछ चुनने जा रहे हैं, तब देखो। किसी भी क्रिया अथवा प्रतिक्रिया के दौरान देखो। डरने के दौरान देखो। तुलना, ईर्ष्या, हीनता, लालच या कामना उठ रही हो, तब देखो। जब आप ईमानदारी और निष्पक्षता से सजग रहते हैं—यानी देखते हैं, सुनते हैं—तब भ्रम के बादल हटते जाते हैं, और बस 'वह' रहता है। अन्यथा यह भी क्या कोई ज़िंदगी है, जहाँ आपके जीवन में कुछ भी मौलिक नहीं? जैसे बेहोश लोगों की भीड़ रौंदे जा रही है, वैसे ही उस भीड़ में आप भी धक्का खा रहे हैं, आगे खिसक रहे हैं—और उसे ही जीवन कह रहे हैं। यह भी कोई ज़िंदगी है, जहाँ आपके मन में भी वही सारी कामनाएँ उछल रही हैं, जो भीड़ को दौड़ा रही हैं। यह सारी दौड़ भय, तुलना, ईर्ष्या, हीनता और कामनाओं की नहीं तो किसकी है? मगर आपको कैसे पता कि जिन्हें आप अपनी कामनाएँ मान रहे हैं, वे आपकी अपनी ही हैं? अगर वे आपकी अपनी होतीं, उनमें यदि कुछ भी नयापन होता, तो ये करोड़ों लोग उसी के लिए क्यों दौड़ रहे होते? आपको पता ही नहीं कि आपको दौड़ाया जा रहा है और आप केवल कठपुतली हैं। और आपका रिमोट किसके पास है—यह आपको भी नहीं पता।

यह भी कोई ज़िंदगी है, जहाँ आपको पता कुछ नहीं और केवल मान्यताओं में जिए जा रहे हैं? जहाँ आप उन सारी मान्यताओं को सत्य मानते हैं, जिनको भीड़ सत्य मानती है। ऐसी मान्यताएँ, जिनके आधार पर जीकर किसी का भला नहीं हुआ। हर कोई बस मान्यताओं में जी रहा है, और ऐसे जीने वालों की भीड़ को सत्य का प्रमाण मानकर आप भी वैसे ही जिए जा

रहे हैं। हर कोई बस मानकर क्यों जी रहा है? क्योंकि पता किसी को कुछ नहीं। क्योंकि कुछ जान सको, उसके लिए सबसे पहले तो जानने के प्रति प्रेम चाहिये। फ़िर जानने में लगती है मेहनत—वो हम करना नहीं चाहते। हमसे कोई कुछ पढ़ने को बोल दे, तो हम पढ़ना नहीं चाहते। तो भीड़ जीती है मान्यताओं में—एक-दूसरे की नकल करके। इसीलिए तो उनकी सबकी ज़िंदगी में एक जैसे मुद्दे भरे रहते हैं। क्यों? क्योंकि सबके मन में मान्यताएँ एक जैसी हैं। सुबह से लेकर अगली सुबह तक, और जन्म से लेकर मिट्टी होने तक—सबकी ज़िंदगी एक जैसे मुद्दों में उलझी रहती है। ऐसी ज़िंदगी, जिससे मौत भली। मगर लोग मृत्यु से भी डरते हैं।

और जानने के लिए सबसे ज़रूरी है—बोध, सत्य और आज़ादी के प्रति "प्रेम के साथ"—स्वयं और जगत का ईमानदार, सचेत और निष्पक्ष अवलोकन। जब प्रेम की आग होती है और ज्ञान का प्रकाश होता है, तब बेड़ियाँ पिघलती हैं और मान्यताएँ जलती हैं। आपके मन में जो कुछ भी भरा हुआ है—एक-एक विचार—उधार का है, बाहरी है, भीड़ से आया है, भ्रामक और झूठा है। मगर आप उसी को सत्य मान लेते हैं और उसी के आधार पर ज़िंदगी जिए जा रहे हैं। जिन मान्यताओं के आधार पर जीकर भीड़ का कुछ भला नहीं हुआ—केवल बर्बाद हुई—उन्हीं मान्यताओं के आधार पर जीकर आप कैसे आबाद हो जाएँगे? वास्तव में वे ज़िंदा ही नहीं हैं—उसको ज़िंदगी नहीं कहते। आत्मबोध के बिना वे केवल मशीन हैं—कठपुतली हैं। आप यदि ऐसी मुर्दा और मशीनी ज़िंदगी का हिस्सा नहीं होना चाहते, तो आपमें—बोध, सत्य और आज़ादी के प्रति वैसा ही प्रेम होना चाहिये, जैसा मछली में जल के प्रति। मछली कहती है कि कुछ पल के लिए भी अगर जल से दूर करोगे, तो तड़पूँगी; और ज़्यादा देर दूर रखोगे, तो जियूँगी ही नहीं। तो सत्य के प्रति प्रेम का अर्थ है—कि थोड़ा सा भी झूठ स्वीकार नहीं। बोध के प्रति प्रेम का अर्थ है—कि मानेंगे नहीं, चाहे पूरी दुनिया कुछ मानती हो, चाहे हज़ारों वर्षों से मानती आई हो। हम जानेंगे, सवाल करेंगे। यदि हमारा ईमानदार, सजग और निष्पक्ष अवलोकन कहता है कि वह मान्यता सही नहीं है, तो हम नहीं मानेंगे—क्योंकि वह जीने लायक है ही नहीं। आज़ादी के प्रति प्रेम का अर्थ है—ना झूठ, भ्रम और मान्यताओं के गुलाम होकर जिएँगे; ना उनके गुलाम होकर जिएँगे, जो झूठ, मान्यताओं और भ्रमों के गुलाम हैं; और ना अपने ही क्षुद्र अहंकार के गुलाम होकर जिएँगे। गुलामी अगर करेंगे, तो केवल सत्य और बोध की—अन्यथा किसी की नहीं।

अगर आपमें यह प्रेम नहीं है, तो दुनिया आपकी मालिक हो जाएगी—और अपनी ही मान्यताओं के अनुसार आपको भी नचाएगी। और आपको नाचना पड़ेगा। क्योंकि जानने से आपको प्रेम है नहीं, तो आपके पास उनकी मान्यताओं को मानने के अलावा और कोई विकल्प ही नहीं है। उसके अनेक उदाहरण हैं—उसी से तो आपकी ज़िंदगी भरी हुई है। बताओ, आपको कैसे पता कि विवाह करना ही होता है? आपको यह भी कैसे पता कि विवाह क्या चीज़ है? आपको कैसे पता कि बच्चे तो पैदा करने ही होते हैं? आपको कुछ भी कैसे पता? सब आपको दुनिया ने ही बताया है ना? और ये केवल 'मान्यताएँ' हैं, और मान्यताएँ सत्य

नहीं होतीं। लेकिन आप इन्हें सत्य मान लेते हैं—क्यों? क्योंकि भीड़ इन्हें सत्य मानती है, और आप भीड़ को—क्योंकि आपकी पूरी हस्ती ही इस भीड़ का परिणाम है; उसमें आपका अपना कुछ नहीं। इसीलिए फ़िर एक समय आता है, जब घर-परिवार, रिश्तेदार, दोस्त-यार, संस्कृति और समाज आपके ऊपर चढ़ बैठता है—"शादी करो... शादी करो..." जैसे कि आपका जन्म ही इसी उद्देश्य के लिए हुआ हो। अगर कुछ हिम्मत करके आप उनसे पूछेंगे कि मुझे विवाह क्यों करना चाहिये, तो वे कहेंगे—यह तो करना ही होता है, सब करते हैं। फ़िर आप नहीं पूछते कि सब क्यों करते हैं? इस "क्यों" का कोई सार्थक जवाब उनके पास होता नहीं। सब करते हैं—इसलिए सब करते हैं। सब एक-दूसरे को देखकर करते हैं, क्योंकि पता किसी को कुछ नहीं—सब मानते हैं; मान्यता। इसलिए आप भी उनकी बात मान लेंगे—भले ही अभी आपकी हालत यह हो कि आप ख़ुद को ही नहीं संभाल पा रहे हैं और आपको अपना ही कुछ नहीं पता है। अगर आप समझते होते, तो—आपको विवाह करना है कि नहीं; करना है तो कब; करना है तो किससे और किस तरह—इत्यादि—यह सब कोई भीड़ क्यों तय कर रही होती? भीड़ माने—आपके अलावा कोई भी।

यदि आप सचमुच इतने नासमझ हैं, तो क्या वे लोग भी पागल हैं—जो आप जैसे नासमझ को विवाह की आग में धकेल रहे हैं और किसी स्त्री या पुरुष के साथ जीवन-भर के लिए बाँध रहे हैं? और यदि आप अभी बच्चे हैं, तो क्या वे लोग अंधे हैं—जो दो बच्चों का विवाह रचाने पर तुले हुए हैं? पर आप पूछते नहीं—कभी इसलिए कि आप उन पर आश्रित हैं; कभी इसलिए कि आप ख़ुद उन मान्यताओं में विश्वास करते हैं; और कभी इसलिए क्योंकि आप ख़ुद चाहते हैं कि आपका विवाह हो जाए। क्षणिक सुख के लिए आप ज़िंदगी भर का बंधन और पीड़ा अपने जीवन में ले आते हैं। आप मान लेते हैं कि "उम्र हो गई है", इसलिए विवाह कर लेना चाहिये। मगर यह आपको किसने रटा दिया कि उम्र बढ़ जाने से आप किसी व्यक्ति के साथ एक स्वस्थ संबंध रखना सीख जाते हैं? लोग बूढ़े होकर मिट्टी हो जाते हैं, मगर तब तक भी उन्हें अन्य के साथ "स्वस्थ संबंध" रखना नहीं आता। उम्र के साथ शरीर में कामवासना उठना शुरू हो सकती है—बोध, सत्य, प्रेम और करुणा नहीं। फ़िर विवाह के बाद एक-दो साल बीतें नहीं कि वही समाज आपके जीवन का नया अध्याय लिख देता है—"अभी तक बच्चा क्यों नहीं हुआ?" "कोई समस्या है क्या?" "साथ सोते हैं कि नहीं?" "आपके घर में किलकारियाँ क्यों नहीं गूँज रहीं?" आपके लिए रिश्तेदार बेचैन हैं, पड़ोसी उत्सुक, और बूढ़े-बुढ़ियाँ—किसी 'हगते-मूतते' शिशु की प्रतीक्षा में अधीर हैं। वे मिट्टी होने की कगार पर भी आपकी ज़िंदगी को मटिया-मेट करने पर तुले हुए हैं। उनको "अभी तक" अकल नहीं आई है—और आपको लगता है कि आप "उम्र के साथ समझदार" हो गए हैं। इसी को "भ्रम" कहते हैं।

मगर कभी इन सब दबावों से त्रस्त होकर, तो कभी सुख लेने की बेहोशी में, और कभी जीवन के अकेलेपन और सूनेपन को भरने के प्रयास में—आप बच्चे पैदा कर लेते हैं। और सोचते हैं कि "यह निर्णय आपने लिया था।" आपको लगता है कि आप माता या पिता बने

हैं—पर तथ्य यह है कि यह सब आपके माध्यम से करवाया गया है; कभी समाज द्वारा, कभी प्रकृति द्वारा, तो कभी बेहोशी द्वारा। आप तो मात्र कठपुतली हैं—और कठपुतली को आज़ादी कहाँ? उसे होश कहाँ? जो व्यक्ति डर, दबाव, मान्यताओं, संस्कारों और भ्रमों की बेड़ियों में बँधा हो, जो मशीन की तरह जी रहा हो, जिसे पता ही नहीं कि उसके साथ और उसके भीतर क्या और कैसे कुछ हो रहा है, जो नासमझों की अपेक्षाओं को ढो रहा हो—वह गुलाम है, महा-गुलाम। उसके जीवन में आज़ादी का कोई स्थान ही नहीं। इसलिए जब तक आप प्रश्न ही नहीं उठाएँगे—झूठ उजागर नहीं होगा।

मैं तो यहाँ तक कहूँगा कि अपने माता-पिता से भी पूछो—"मैं कैसे मान लूँ कि आप मेरे माता-पिता हैं?" अगर कोई मुझे चुरा ले गया होता, तो वह भी मुझसे कह सकता था कि वही मेरा पिता या माता है। आपको तो मैं अपना माता-पिता बस इसलिए मानता हूँ, क्योंकि ऐसा आपने ही सिखाया है और मेरी कुछ ज़रूरतें आपने पूरी की हैं। अन्यथा जानता तो मैं कुछ भी नहीं। मगर आपके व्यवहार में दिखता नहीं कि मैं आपकी ही संतान हूँ। क्योंकि माता-पिता और संतान के संबंध का अर्थ होता है कि उनके बीच समझ, प्रेम, करुणा, ईमानदारी, खुलापन, शांति और सहजता होगी—मगर यहाँ तो ऐसा कुछ भी नहीं। आज़ादी का तो नाम-ओ-निशान नहीं। ना समझ है, ना प्रेम; ना ईमानदारी है और ना खुलापन। बल्कि आपके साथ होने-भर से हम असहज, अशांत और भयभीत हो जाते हैं। फ़िर भयवश झूठ भी बोलते हैं। आपको देखते ही काँपने लगते हैं—तो यह कैसा प्रेम है? यह कैसा संबंध है? सिर्फ़ जन्म दे देने से कोई माता-पिता कहलाने का अधिकारी हो जाता है क्या? जन्म भी तो अक्सर बेहोशी और दबावों में दिया गया होता है। जन्म तो पशु-पक्षी भी देते हैं—पर वे भी अपने बच्चों पर उतना नहीं चढ़ते, जितना मनुष्य चढ़ जाता है। वे उन्हें सिखाते हैं, पालते हैं, और फ़िर मुक्त कर देते हैं। आप क्या करते हैं? आप अपनी संतान पर अपने अहंकार का पहरा बिठा देते हैं। अपनी अपूर्णता उस पर थोप देते हैं। क्या यह उचित है?

इसलिए चाहे कोई परंपरा हो, व्यवस्था हो, विचार हो, पहचान हो, मान्यता हो अथवा कुछ भी हो—उस पर सवाल उठाओ। कुछ भी बस यूँ ही मत मान लो। मैं भी जो कुछ कह रहा हूँ, उसको भी बस मान मत लो। समझो कि उसकी ज़रूरत और महत्व है कि नहीं; उसमें सच्चाई है कि नहीं; वह आपके भ्रम हटा रही है या नहीं; उस राह पर आप आज़ाद हैं कि नहीं। हर उस मान्यता पर सवाल उठाओ—जो आपको सीमित और संकुचित करे, अशांत और परेशान करे; जो आपको मुक्त ना करे। जिन्हें आप अपनी "पहचान" कहते फिरते हैं—क्या वे आपको मुक्त करती हैं, या बाँधती हैं? वे आपको और अधिक सीमित करती हैं, संकुचित करती हैं, बाँट देती हैं। और जहाँ संकुचन है, वहाँ द्वंद्व हैं; जहाँ पहचानें हैं, वहाँ संघर्ष हैं; जहाँ सीमाएँ हैं, वहाँ झगड़े, युद्ध, हिंसा, विनाश—सब कुछ अपरिहार्य है। इसलिए पूछो—"मैं क्यों कुछ भी मानूँ, यदि वह मेरे भ्रम, मेरे दुःख, मेरे बंधन, मेरी बेचैनी को नहीं हटाती?" पर अधिकतर बातें आप "मान" लेते हैं—क्योंकि मानने में अहंकार बचता है और मानने के लिए आप संस्कारबद्ध हैं और किए जाते हैं। आपको एक तय ढर्रे पर चलने की आदत डाल दी गई

है। आपको ऐसा बना दिया गया है कि आप केवल मानो और स्वीकार करो—और कभी प्रश्न ना उठाओ। पर क्या यह उचित है? बिल्कुल नहीं। क्योंकि इसमें पीड़ा है—और पीड़ा में कोई नहीं जीना चाहता।

इसलिए—मत मानो। ना डर के कारण मानो; ना लालच के कारण मानो; ना इस भय से मानो कि "कुछ नुकसान हो जाएगा।" क्या नुकसान हो जाएगा? है क्या आपके पास? मौत याद रखो—मौत वैसे भी सब कुछ एक ही झटके में छीन लेगी। तो फ़िर क्यों डरकर मान लो? प्रश्न ही तो कर रहे हैं—कोई गुनाह थोड़ी ना कर रहे हैं। अन्यथा किस-किस की बात मानेंगे? किसी लालच के कारण भी कुछ मत मानो। अन्यथा लालच में सुख होगा क्षण-भर का—और नर्क होगा जीवन-भर के लिए। क्यों ना कहो—जिएँगे तो जानकर, मानकर नहीं। अभी जिन मान्यताओं के टूटने की कल्पना से भी डरते हैं, वे सब ख़ाक हो जानी हैं। कौन-सा रिश्ता बचने वाला है? कौन-सा परिवार? कौन-सा समाज? कौन-सा धर्म, जाति, व्यवस्था? इसमें कुछ भी तो शाश्वत नहीं। जब यह सब कुछ मिटना ही है—तो इन्हें बचाने के भय में क्यों जीना, और क्यों ऐसी मान्यताएँ ढोना, जिनसे केवल बंधन, दुःख और भय ही मिलता है? यह जीवन बोझ ढोने के लिए नहीं है—मौज के लिए है।

इसलिए अपनी जिज्ञासा को दबाओ मत। और यदि कोई उसे दबा रहा है—तो समझ लो कि वह शोषक और हिंसक है, फ़िर चाहे वह कोई भी हो। जो आपको प्रश्न ना करने दे और केवल मानने के लिए बाध्य करे, उसको उचित जवाब यही है कि आप मानना अस्वीकार कर दें। मशीन हैं क्या आप, जो बिना किसी जिज्ञासा के बस आदेश मानते जाएँ? इंसान होने का मतलब ही है—प्रश्न करना, जिज्ञासा करना। बोध और प्रेम कभी भी जिज्ञासा का गला नहीं घोंटते। जो आपको प्रश्नों से रोकता है, वह चाहता है कि आप अंधे, मूक और गुलाम रहें—ताकि उसका स्वार्थ चलता रहे। और कोई भी आपको यह नहीं कहेगा कि—"जिज्ञासा करो।" यह काम तो आपको स्वयं ही करना होगा। अधिकांशतः दूसरों का काम तो आपकी जिज्ञासा को दबाने का ही होता है। वे तो चाहते हैं कि आप चुप-चाप उनकी आज्ञाओं का पालन करते रहें। जानना तो ख़ुद ही होगा। जिनका स्वार्थ आपके "मानने" पर टिका है—वे कभी नहीं चाहेंगे कि आप प्रश्न उठाएँ। चाहे कोई तथाकथित धर्मगुरु हो, कथावाचक, नेता, अभिनेता, व्यापारी, अभिभावक या कोई भी शोषक—कोई नहीं चाहेगा कि आप उनके कथनों पर सवाल करें। लेकिन जिसे बोध, सत्य और आज़ादी से प्रेम है, उसे तो सवाल करना होगा—और केवल उन्हीं पर नहीं, अपने ऊपर भी। क्योंकि जो बाहर दिख रहे हैं, वे सिर्फ़ बाहर नहीं हैं—वे आपके भीतर "मैं" और "मेरा" बनकर बैठ गए हैं। इसलिए दोनों को देखना है—दृश्य को भी और दृष्टा को भी। उन बातों पर भी सवाल उठाना है, जो बचपन से लेकर आज-तक आपके भीतर ठूँस दी गई हैं और जिन्हें आप अपनी ही बात मानने लग गए हैं।

जब किसी वस्तु, व्यक्ति या मुद्दे आदि के बारे में कुछ सोच रहे हैं, तब भी पूछो—"मैं ऐसा ही क्यों सोच रहा हूँ?" "यह विचार मेरे भीतर आया कहाँ से?" "यही विषय मेरे मन में क्यों घूम रहा है—दूसरे क्यों नहीं?" "इस विचार में कौन-सा भय छिपा है? कौन-सा लालच?"

"मैं जो बनना चाहता हूँ—क्यों बनना चाहता हूँ?" "मैं जो करना चाहता हूँ—किसके लिए करना चाहता हूँ?" क्या केवल इसलिए कि "सब करते हैं"? या इसलिए कि मुझे ऐसा करने के लिए प्रेरित, प्रशिक्षित और संस्कारित किया गया है? क्या यह उचित भी है? ख़ुद को समझना ही सबसे पहला और सबसे महत्वपूर्ण कार्य है, क्योंकि आप ही तो हैं—जिसके लिए यह सारा संसार है। आप ही तो हैं जिनको कुछ दिख रहा है, कुछ सुनाई दे रहा है; जो कुछ चाहता है; आप ही हैं जो डरते भी हैं। जिस मन से आप दुनिया को देखने-समझने जा रहे हैं, पहले उसे भी तो समझ लें—कि वह दुनिया को साफ़-साफ़ देख पाने की स्थिति में है भी या नहीं। अगर वही गड़बड़ है, मान्यताओं में कैद है और संस्कारबद्ध है, तो वह दुनिया को भी कैसे समझेगा? आपकी दुनिया आपका ही तो प्रक्षेपण है। घड़ी सही समय दिखा सके, इसके लिए उसका सही होना भी ज़रूरी है। इसलिए ख़ुद को समझना सबसे पहले और ज़्यादा ज़रूरी है।

तथाकथित लोक-धर्म ने भी हमें बहुत कुछ सिखा दिया है—भगवान, भूत और जीवात्मा को मानो; फलाने उत्सव मनाओ; फलाने कर्मकांड करो; फलानी विधियाँ, मान्यताएँ और परंपराएँ अपनाओ; फलाने व्रत रखो; कथाएँ करवाओ। और इन सबके बीच कथावाचकों और तथाकथित धर्मगुरुओं का धंधा और बाजार चलता रहता है, और आप तथाकथित धर्म और भक्ति, संस्कृति, परंपरा, प्रथा आदि के नाम पर कभी भयवश, कभी स्वार्थवश, कभी भ्रमवश लुटते रहते हैं और अपना जीवन, समय, ऊर्जा, धन—सब बर्बाद करते रहते हैं। वे चमत्कारों के नाम पर आपको बहलाते रहते हैं। मगर आप उन्हें क्यों स्वीकार कर लेते हैं? क्योंकि आप भीड़ के पीछे चलते हैं। ईमानदारी से आपने कभी जानने की कोशिश ही नहीं की—कि असल में यह सब चल क्या रहा है। और याद रखना—जब आप प्रश्न उठाएँगे, जब आप कुछ भी मानने से इनकार करेंगे और जिज्ञासा करेंगे—तो भीतर और बाहर दोनों तलों पर जो ढाँचे हैं, वे टूटेंगे। आपकी नक़ली पहचानें टूटेंगी; नक़ली चेहरे, उधार ली हुई मान्यताएँ—सब बिखर जाएँगे। और अभी आप उन सबके अतिरिक्त कुछ हैं ही कहाँ? आपका तन, मन, भावनाएँ, विचार, जीवन, रिश्ते, काम, त्यौहार, परंपराएँ, कपड़े, भोजन, भगवान आदि—सब वहीं से आ रहे हैं। जो व्यक्ति इन्हें बिखरते हुए देखने को तैयार नहीं है, वह सत्य, शांति, बोध, आनंद और आज़ादी को भूल ही जाए। यह तो प्रेम की बात है—कि आपको झूठ से स्वार्थ है या सत्य से प्रेम; बोध से प्रेम है या बेहोशी और मान्यताओं से स्वार्थ। और प्रेम में कीमत तो चुकानी पड़ती है—अपनी झूठी हस्ती गँवानी पड़ती है। शरीर का मैल निकलने में भी पीड़ा होती है—तो मन का मेल निकलने में भी होगी ही।

भ्रम, भय, बंधन, दुःख, चिंता, तनाव, बेचैनी आदि जीवन के अनिवार्य अंग नहीं हैं—ये तो अपनी झूठी हस्ती को सच मानकर उससे आसक्त रहने में हैं। जो उस झूठे, सीमित, संकुचित, क्षुद्र "मैं" (अहंकार) के प्रति आसक्ति नहीं रखता—वह इन पीड़ाओं से पार निकल जाता है और बोध, प्रेम, शांति, करुणा, आनंद, सहजता, सरलता और सौंदर्य को उपलब्ध होता है। सब कुछ आप पर निर्भर करता है—आप चाहते क्या हैं? "मैं" के साथ जो कुछ जोड़ रखा है, वही संचय झूठा मैं है और मैं का बंधन है। तन, मन, वस्तु, पहचान, रिश्तों आदि

तलों पर जो कुछ भी संचित है, उसके प्रति बेहोशी और आसक्ति ही अहंकार/मैं का पोषण है। जो कुछ भी अनित्य है, बाहरी और दूसरों का दिया हुआ है, उसी के छिनने का डर रहता है—और आपके पास तो अपना कुछ है ही नहीं; अपना नाम देखो, वह भी आपका नहीं। तो भय रहेगा ही। जो पराए, बाहरी और अनित्य के प्रति आसक्ति नहीं रखता, वह उसे उपलब्ध होता है—जो अपना है, जो आप ही हैं। वह अपने स्वभाव को उपलब्ध होता है। फ़िर जो संचय के प्रति आसक्त नहीं और लगातार इस क्षण में जी रहा है, उसे कैसा भय? किसका भय? उसे कैसा दुःख? क्योंकि वह देख रहा है कि यहाँ कुछ भी टिकने वाला है ही नहीं। सब कुछ अनित्य है। ना तन बचना है, ना मन; ना महल बचना है, ना धन; ना सुख बचना है, ना दुःख—फ़िर आसक्ति किस बात की?

जिसे यह देखना आ गया—उसे कौन डरा सकता है? उसे कौन बाँध सकता है? और जो लोग मुक्त होना ही नहीं चाहते—जो गुलामी, दुःख और भय को जीवन का अनिवार्य अंग मान चुके हैं—उनका जबरन कोई कुछ नहीं कर सकता। पहला कदम तो आपको ही बढ़ाना होगा। आपको ही नीयत और प्रेम दिखाना होगा। अन्यथा महाभारत के दौरान कुरुक्षेत्र के मैदान में दुर्योधन, पांडव और उनकी पूरी सेनाएँ खड़ी हैं, मगर कृष्ण को सिर्फ़ अर्जुन सुन रहे हैं—और वह भी भागने को तैयार है। तो श्रीकृष्ण भी जबरन किसी को मुक्त नहीं कर सकते। जिनमें ईमानदारी है, जिन्हें बोध से प्रेम है, जिन्हें भ्रम में नहीं जीना, जिन्हें बंधन स्वीकार नहीं और जो सत्य को समर्पित हैं—केवल उन्हीं के लिए आनंद और आज़ादी है; अन्य को आज़ाद होने का केवल भ्रम है। इसलिए मानो नहीं—पहले जानो।

8

अबोध से बोध की ओर

प्रश्नकर्ता: यह अहंकार क्या है और पैदा कैसे हो जाता है? अहंकार यानी मैं-भाव, इंसान के लिए भ्रम, भय, बंधन, द्‌वंद्‌व और पीड़ा आदि का कारण क्यों बन जाता है?

अचिंत्य: क्योंकि आपमें "मैं" जैसा कुछ है ही नहीं। मैं कहने के लिए ज़रूरी है किसी अन्य का होना—जो आपसे पृथक और स्वतंत्र हो। मगर जिन आधारों पर आप स्वयं को अलग मानते हैं, वे केवल आपकी 'मान्यताएँ' हैं—और मान्यताएँ सत्य नहीं होतीं। क्योंकि मान तो कोई कुछ भी सकता है। और जिन्हें आप "अपनी" मान्यताएँ कहते हैं, वे आपको वास्तव में भीड़ से ही मिली हैं—उनमें भी व्यक्तिगत जैसा कुछ नहीं। उसके अलावा जो कुछ भी है, वह सब प्रकृति है। उसमें आपका व्यक्तिगत क्या है? कुछ नहीं। तन प्राकृतिक, मन (स्मृति) सामाजिक और शारीरिक। मैं कहने का अर्थ है—ऐसा कुछ होना, जो अपने होने के लिए किसी अन्य पर आश्रित ना हो। लेकिन आप जिसे "मैं" कहते हैं, क्या उसकी अपनी कोई पृथक और स्वतंत्र सत्ता है? या वह केवल मन और तन की पैदाइश है? मन यानी भीड़ की पैदाइश और तन यानी प्रकृति का बुलबुला। तन उस मिट्‌टी, जल, वायु, सूर्य आदि से पृथक और स्वतंत्र नहीं है, जिसके बिना उसका अस्तित्व नहीं हो सकता। मगर आप कहते हैं कि "मैं" मिट्‌टी पर चल रहा हूँ। आप यह नहीं देखते कि मिट्‌टी ही मिट्‌टी पर चल रही है। आप कहते हैं कि मैं पानी पी रहा हूँ—आप नहीं देखते हैं कि पानी ही पानी माँग रहा है। मनुष्य-शरीर में जो पचास से सत्तर प्रतिशत जल होता है, उसका संतुलन बना रहे—उसके लिए पानी की प्यास लगती है। आप नहीं देखते कि अन्य शरीर भी वही जल, वायु और मिट्‌टी आदि हैं।

मन भी उस समाज और संस्कृति से पृथक और स्वतंत्र नहीं है, जिसके बिना उसकी हस्ती हो ही नहीं सकती थी। वह जैसा भी है, उस भीड़ और शारीरिक अनुभवों का परिणाम है। इसका प्रमाण यह है कि जो व्यक्ति जैसी मान्यताएँ रखने वाली भीड़ में पलता है और जैसे अनुभवों से गुजरता है, उसका मन और मान्यताएँ आदि वैसे ही होते हैं। तो यहाँ व्यक्तिगत जैसा कुछ है ही नहीं, मगर हम कहते हैं—मैं। जिस तल पर "मैं" जैसा कुछ है ही नहीं, वहाँ यदि हम "मैं" और "तू" का खेल खेलेंगे—तो केवल भ्रम, भय, बंधन, द्‌वंद्‌व, हिंसा और दुःख

ही पनपेंगे। यह ऐसा ही है जैसे एक ही समंदर की अनेक लहरें, भ्रमवश स्वयं को अन्य लहरों और स्वयं समंदर से भी पृथक और स्वतंत्र मानने लग जाएँ, और आपस में भेद, तुलना, ईर्ष्या, भय, युद्ध, हिंसा आदि से भर जाएँ। जहाँ दूसरा कोई है ही नहीं, वहाँ "मैं" कहने का कोई अर्थ नहीं रह जाता। "मैं" और "तू" के भ्रम का ना रहना ही स्पष्टता और आज़ादी है। उसी में सहजता, सरलता और सौंदर्य है। जब तक आप जीवन को "मैं" और "तू" के चश्मे से देख रहे हैं—यानी जब तक आप यह मानते हैं कि देखने वाला द्दष्टा और देखा जाने वाला द्दश्य या विषय, दोनों की अपनी पृथक और स्वतंत्र सत्ता है—तब तक वास्तव में आप कुछ देख ही नहीं रहे हैं। तब तक आप केवल भ्रम में हैं और वास्तविकता से आपका कोई परिचय नहीं है। इसका प्रमाण यह है कि आप हर समय धोखे खाते रहते हैं—कभी ख़ुद से, तो कभी जगत से। क्योंकि वास्तविकता कुछ और है, और आप मानते कुछ और हैं। तो हर समय वास्तविकता और मान्यताओं के बीच द्वंद्व रहता है।

आप भ्रम में जी रहे हैं, धोखे खाते हैं और पछताते हैं; इसका प्रमाण यह है कि पीड़ा बनी हुई है—आप भीतर से बेचैन और अपूर्ण हैं। और धोखा खाने में जो पीड़ा मिलती है, आप उसे जानते ही हैं। यहाँ सिर्फ़ किसी व्यक्ति से धोखा खाने की बात नहीं हो रही है। कोई व्यक्ति से धोखा खाता है, कोई गलत जगह धन निवेश करके। कोई गलत काम चुनकर धोखा खाता है, तो कोई गलत गाड़ी या मकान चुनकर। कोई चुप रहकर पछताता है, तो कोई वहाँ बोलकर जहाँ नहीं बोलना था। यह सब धोखे ही तो हैं। धोख़ा माने बेहोश ज़िंदगी। ऐसी जगह समय, ऊर्जा, धन, जीवन आदि निवेश कर देना—जहाँ निवेश करके फ़िर पछताना पड़े—यह धोखा ही तो है। और इंसान को इसी बात का तो दुःख रहता है ना—कि जीवन व्यर्थ गया। अन्यथा जिन कपड़ों का आपने भरपूर उपयोग कर लिया हो, उन्हें यदि कोई चुरा ले जाए या वे कहीं खो जाएँ—तो क्या आपको दुःख होगा? नहीं ना? तो दुःख होता है जीवन के व्यर्थ चले जाने का—यानी जिए बिना ही मर जाने का। और ऐसा केवल तब होता है—जब हम "स्वयं और जगत" को लेकर भ्रम में रहते हैं। जब हमारे पास स्वयं और जगत को लेकर केवल मान्यताएँ और कल्पनाएँ होती हैं, और हक़ीकत का हमें कुछ पता नहीं होता। यह कुछ ऐसा ही है जैसे कोई व्यक्ति एक डरावना और पीड़ादायी सपना देखते हुए ही पूरा जीवन बिता दे—और जब आँख खुले तो पाए कि हक़ीकत कुछ और ही है। मगर अब ना समय है, ना ऊर्जा, ना अन्य संसाधन। अब जीवन की शाम लगभग ढल चुकी है। क्या ऐसे भ्रम, भय, बंधन और दुःख में कोई जीव जीना चाहता है? कोई नहीं।

इसलिए यह समझना महत्वपूर्ण है कि ना तो "आप" वह हैं, जो आप स्वयं को मानते हैं, और ना ही जगत वैसा है, जैसा आप उसे मानते हैं। हक़ीकत और झूठ—दोनों के बीच की दूरी है मान्यताएँ और भ्रम। मगर देखने वाले द्दष्टा और देखे जाने वाले द्दश्य या विषय में अंतर तब तक सच्चा प्रतीत होगा, जब तक कि "मैं"—यानी स्वयं को लेकर—भ्रम और मान्यताएँ हैं। क्योंकि आप से ही सारी शुरुआत होती है—आप ही नहीं, तो कैसा भ्रम और कैसी पीड़ा? तो भ्रम ही अहं/मैं-भाव है, और अहं ही पीड़ा है। जहाँ भ्रम नहीं, वहाँ अहं नहीं; और जहाँ अहं

नहीं—वहाँ बोध है। बोध ही आज़ादी है। जहाँ अहंकार है, वहाँ जीवन में अपूर्णता, हीनता, अकेलापन, क्षुद्रता, भय और बेचैनी जारी रहेगी। जब तक अहंकार है, तब तक ज़िंदगी सीमित, संकुचित और द्वंद्व से भरी होगी। आपको यह भय और चिंता बनी रहेगी—कि मेरा क्या होगा? यदि अहंकार यानी स्वयं और जगत को लेकर भ्रम है, तो आपकी ज़िंदगी केवल "मैं" के इर्द-गिर्द ही घूमती रहेगी—और "मैं" के इर्द-गिर्द घूमती ज़िंदगी ही बंधन है। एक ऐसा "मैं", जिसकी अपनी कोई सत्ता ही नहीं है। यह 'मैं' ही तो है, जहाँ से और जिसके लिए ज़िंदगी की सारी व्यर्थ और अंधी भागदौड़ शुरू होती है। तो यह समझना ज़रूरी है कि अहं यानी मैं-भाव क्या है और यह कैसे उत्पन्न होता है? क्या यह वास्तव में है भी, या केवल भ्रमवश ही इसके होने का एहसास होता है?

नयना जी: क्यों ना हम शुरू से और गहराई से समझें कि यह जो अहंकार है—जिसे आप कहते हैं कि तन, भ्रम (बेहोशी) और मान्यताओं से पनपा एक भाव मात्र है—यह क्या है? और जैविक प्रक्रिया के दौरान यह कब और कैसे पनपता है? कैसे इसकी शुरुआत होती है? और कैसे यह दुःख का कारण बन जाता है?

अचिंत्य: तो ठीक है। हम इसको बिल्कुल शुरू से समझते हैं। साधारणतया एक आम इंसान मानता है कि एक स्त्री और पुरुष जब यौन-क्रिया से गुजरते हैं, तब स्त्री गर्भवती हो जाती है और उसके पेट में बच्चा पनपने लगता है। अज्ञानवश बहुत लोग ऐसा भी 'मानते' हैं कि जब बच्चा गर्भ में होता है, तब उसमें आत्मा या जीवात्मा जैसी कोई पारलौकिक चीज प्रवेश करती है—जबकि शरीर में ऐसी कोई चीज नहीं होती है। फ़िर वे देखते हैं कि बच्चे का जन्म हो जाता है। भ्रमवश बहुत लोग मानते हैं कि जन्म से ही वह किसी खास देश, धर्म, जाति, ज़िम्मेदारियों इत्यादि को लेकर आया है। बड़ा होकर बच्चा भी ऐसा ही मानता है। फ़िर जीवन आगे बढ़ता है। वह विवाह करता है, काम करता है, धन, पद और प्रतिष्ठा के पीछे दौड़ता है, बच्चे पैदा करता है, दुःख भोगता है, बीमार होता है, बूढ़ा होता है और एक दिन किसी दुर्घटना, बीमारी या बुढ़ापे इत्यादि के कारण मृत्यु को प्राप्त हो जाता है अर्थात् जिससे उत्पन्न हुआ था, उसी में विलीन हो जाता है। कुछ ऐसी ही अधिकांश लोगों की ज़िंदगी होती है। मृत्यु से उनका आशय होता है कि गर्भ में होने के दौरान जिस चीज ने उसके भीतर प्रवेश किया था, वह किसी दुर्घटना, बीमारी या अन्य किसी कारण से जब शरीर से बाहर निकल जाती है, तो इंसान मर जाता है। तो इस पूरे जीवन के दौरान वह खूब दौड़-भाग करता है और पीड़ा पाता है—भय, चिंता, तनाव, ईर्ष्या, दुःख—इन सब से गुजरता है।

अधिकांश लोग 'मानते' हैं कि मृत्यु किसी खास दिन होती है; उसके बाद वह पुनः कहीं पर जन्म लेता है, स्वर्ग या नर्क में जाता है, और कई तरह की मान्यताएँ पकड़कर लोग जीते हैं। बाकी आप जानते ही हैं कि आपकी ज़िंदगी में और क्या-क्या मुद्दे रहते हैं—उसी को आप जीवन कहते हैं। अब हम फ़िर से थोड़ा पीछे आते हैं और इसको जीवविज्ञान की दृष्टि से भी कुछ समझते हैं। ध्यान रहे कि मैं कोई जीवविज्ञानी (बायोलॉजिस्ट) नहीं हूँ। तो हम देखते हैं कि दस-बारह वर्ष का एक लड़का होता है और आठ-दस वर्ष की एक लड़की—दोनों खेल रहे

हैं, पढ़ रहे हैं, मस्त हैं। उम्र बढ़ने के साथ किसी तरह उनमें आकर्षण हो जाता है—जिसे वे प्रेम 'मान' लेते हैं—और किसी तरह फ़िर उनका विवाह भी हो जाता है। फ़िर ये दोनों सेक्स की प्रक्रिया से गुजरते हैं। दोनों पर वासना छाई हुई है, दोनों ही सुख के लिए बेचैन हैं और एक तरह की बेहोशी है—जहाँ ना प्रेम है, ना होश। ऐसे ही तो हम पैदा होते हैं ना? शायद इसीलिए फ़िर हमारे जीवन में ना प्रेम होता है, ना होश; होता है तो बस वही—बेचैनी, बेहोशी, भ्रम और सुख की तलब। तो अब यहाँ होता यह है कि वीर्य में होते हैं लाखों-करोड़ों शुक्राणु। साधारणतया इन लाखों-करोड़ों शुक्राणुओं में से कोई एक ही होता है, जो अंडाणु तक पहुँचता है और आगे चलकर भ्रूण और फ़िर शिशु बनता है। शुक्राणु जब अंडाणु से मिलता है, तो दोनों में जो डीएनए हैं, वे जुड़ते हैं और उनसे बनता है—युग्मनज या निषेचित अंडा (जाइगोट)। यानी पहली कोशिका बनती है।

फ़िर कोशिकाएँ एक से दो, दो से चार, चार से आठ, आठ से सोलह—और ऐसे ही संख्याएँ बढ़ती रहती हैं। यह सब प्राकृतिक प्रक्रिया चल रही है। जीवविज्ञान के अनुसार ये जो सारे शुक्राणु हैं, ये अंडाणु की तरफ अपनी इच्छा, चुनाव या निर्णय से नहीं दौड़ रहे हैं। सेक्स-प्रक्रिया के दौरान अंडाणु और उसके आसपास की कोशिकाओं से एक खास तरह का रसायन निकलता है—एक प्रकार की गंध जैसी। वह गंध इन शुक्राणुओं को आकर्षित करती है और ये उसकी तरफ खिंचे चले जाते हैं। यह एक जैविक प्रक्रिया है, जिसमें ये शुक्राणु बहते हैं। मगर अधिकांशतः पहुँचता तो कोई एक ही है। उसका भी कारण है शुक्राणु की अपनी गुणवत्ता—और गुणवत्ता से ही गति आती है। जो जितना तेज और जितनी दूरी तक दौड़ पाएगा, वही मंज़िल तक पहले पहुँचेगा। कुछ हार्मोन और पीएच आदि कारकों से यह तय होता है कि कौन-सा शुक्राणु मंज़िल तक सबसे पहले पहुँचेगा। यह जो शुक्राणु है, इसमें वे सारी जानकारियाँ पहले से मौजूद होती हैं, जिनसे यह तय होता है कि शिशु का व्यक्तित्व और उसकी प्रवृत्तियाँ कैसी होंगी। आप कैसे दिखेंगे? आपका कद क्या होगा? आँखों का रंग क्या होगा? किस अंग के बाद कौन-सा अंग बनेगा? कितना समय लगेगा? ये सारी जानकारियाँ इस शुक्राणु के भीतर डीएनए में होती हैं। शुक्राणु को ऐसे समझ सकते हैं जैसे एक बीज—और उस बीज में वे सारी जानकारियाँ मौजूद हैं, जिनसे एक वृक्ष आएगा। यानी उस बीज में वृक्ष पहले ही संभावना के रूप में मौजूद है।

तो शुक्राणु सूचना वाहक होता है और अंडाणु निर्माण का आधार प्रदान करता है। वह व्यवस्था प्रदान करता है, जिसमें कि शुक्राणु अपनी संभावनाओं को उपलब्ध हो सके। शुक्राणु है जैसे बीज और अंडाणु है जमीन या खेत। अभी यहाँ सारा खेल रसायनों का है, प्राकृतिक है। यहाँ ना कोई दुःखी है ना दुःख। शुक्राणु में यह तो तय होता है कि क्या-क्या और कितनी संभावना है, लेकिन परिणाम क्या होगा यह इस पर निर्भर करता है कि उसको वातावरण कैसा मिलता है। जैसे बीज में यह संभावना तो है कि उससे एक विशाल वृक्ष उत्पन्न हो सकता है। मगर वह बीज एक विशाल वृक्ष को उत्पन्न करेगा या छोटे वृक्ष को? या सड़ जाएगा? यह इस पर निर्भर करता है कि उसको खाद, पानी, मिट्टी, तापमान ये सब

उचित मात्रा में उचित समय पर उचित गुणवत्ता के साथ मिला या नहीं? तो संभावनाएँ क्या हैं? ये शुक्राणु में जो पिता का आधा डीएनए है, उसमें लिखी होती हैं। और संभावनाएँ साकार कैसे होंगी? कितनी होंगी? उसकी व्यवस्था अंडाणु में माँ का जो आधा डीएनए है, उसमें बनी होती है। लेकिन परिणाम क्या होगा—यह पूरी तरह निश्चित नहीं होता। माँ यदि कुपोषित है, मानसिक रूप से परेशान है, तो उन सब बातों का भी शिशु पर असर पड़ता है। यहाँ तक शुक्राणु में कोई अहंकार नहीं है, कोई मैं-भाव नहीं है। वह केवल प्रतिक्रिया कर रहा है। जैसे पानी में पत्थर फेंकने पर पानी उछलता है—पानी का उछलना उसकी इच्छा या निर्णय नहीं होता। उसी तरह शुक्राणु भी अपनी इच्छा या निर्णय से नहीं दौड़ रहा है। वह केवल आकर्षित हो रहा है, एक प्रक्रिया में बह रहा है—जहाँ उसका अपना कोई चुनाव नहीं है।

लेकिन जो जीवविज्ञानी यह कह रहा है कि शुक्राणु अपनी इच्छा, निर्णय या चुनाव से नहीं दौड़ रहा है—वह तो केवल रासायनिक आकर्षण और हार्मोन के कारण खिंचा जा रहा है, अपनी गुणवत्ता और अनुकूल परिस्थिति के कारण आगे बढ़ रहा है—यही जीवविज्ञानी जब अपने लैब से बाहर निकलता है, इसकी नाक में किसी मिठाई या पकवान की खुशबू जाती है और यह कहता है—मुझे वह मिठाई खानी है; "मैंने" आज मिठाई खाई; "मैं" आज फलानी दुकान पर गया था। तब यह ऐसा नहीं कहता कि यह भी तो एक रासायनिक आकर्षण मात्र है—हार्मोन का ही खेल है। अब यह "मैं" बीच में कहाँ से आ गया? चलो, जीवविज्ञानी को छोड़ देते हैं। मान लेते हैं कि वह ऐसा समझता है। मगर एक साधारण इंसान तो ऐसा ही मानता है ना—कि यह उसका अपना निर्णय या चुनाव है। वह व्यक्ति थोड़ा आगे बढ़ता है। उसकी आँखें कपड़े देखती हैं, गाड़ी और अन्य चीजें देखती हैं—और वह उस दुकान की तरफ आकर्षित हो जाता है। अब यह व्यक्ति ऐसा मान रहा है कि गाड़ी की ओर यह अपनी मर्ज़ी से जा रहा है। यह सोचता है कि कपड़े खरीदना इसकी अपनी इच्छा है। क्या वास्तव में ऐसा है? नहीं ना? जैसे शुक्राणु को गंध आ रही है और वह आकर्षित हो रहा है—खींचा जा रहा है—वैसे ही इन इंद्रियों के माध्यम से आप तक गंध, शब्द, छवि, अनुभव इत्यादि पहुँचते हैं। मन (विचार) उनके आधार पर कोई सुखद कल्पना करने लगता है, फ़िर भीतर कुछ रसायन छूटने लगते हैं और आप आकर्षित हो जाते हैं—खींचे चले जाते हैं। यही जब शुक्राणु या जल के साथ होता है, तो आप कहते हैं कि वहाँ उनकी अपनी कोई इच्छा नहीं है—कोई मैं-भाव, कर्ता-भाव या अहंकार नहीं है।

लेकिन यही जब आपके साथ हो रहा होता है, तब आप मानते हैं कि यह आपकी इच्छा या आपका निर्णय है। इसी भ्रम को अहंकार कहते हैं। खेल सारा रसायनों, हार्मोन और मानसिक संस्कारबद्धता का है—मगर भ्रम यह है कि जैसे भीतर कोई कर्ता बैठा है, जो निर्णय ले रहा है। शारीरिक और मानसिक तल पर भीतर ही भीतर एक प्रक्रिया चल रही होती है, मगर उसके प्रति सजग ना रहने के कारण ही एक मैं-भाव रूपी भ्रम पैदा हो जाता है—एक कर्ता-भाव खड़ा हो जाता है, जो यह दावा करता है कि "मैं" हूँ और "मैं" चुन रहा हूँ, "मैं" इच्छा कर रहा हूँ। जबकि कर्ता कोई है ही नहीं—तो वह चुनेगा कैसे? केवल एक प्रक्रिया है। आपका

आकर्षित होना आपकी इच्छा है, आपका चुनाव है—तो फ़िर शुक्राणु का आकर्षित होना भी उसकी इच्छा और उसी का निर्णय है। अन्यथा जानो कि दोनों बस प्रक्रियाएँ हैं। इसी तरह जब लाखों-करोड़ों शुक्राणु दौड़ते हैं और अंडाणु की तरफ आकर्षित होते हैं, तो उसको आप यह नहीं मानते कि वे अपनी इच्छा से दौड़ रहे हैं। उनमें से कोई एक ही मंज़िल तक पहुँच पाता है—बाकी सब पीछे छूट जाते हैं। आप यह नहीं कहते कि वह शुक्राणु अपनी इच्छाशक्ति और अपनी मेहनत के दम पर वहाँ पहुँचा है। आप कहते हैं कि यह तो उसकी प्राकृतिक गुणवत्ता और अनुकूल परिस्थितियों का परिणाम है।

लेकिन जब इंसानों की भीड़ किसी नेता, अभिनेता, प्रसिद्ध व्यापारी, तथाकथित धर्मगुरु या बाज़ार की तरफ दौड़ रही होती है, तब सबको यही भ्रम रहता है कि हम अपनी इच्छा से दौड़ रहे हैं। ऐसे ही जब किसी सरकारी नौकरी या किसी कंपनी में प्रवेश पाने के लिए हजारों-लाखों आवेदक दौड़ रहे होते हैं, तब हर आवेदक और विद्यार्थी को यही भ्रम रहता है कि "मैं" अपनी मर्ज़ी से दौड़ रहा हूँ; मेरी उपलब्धि मेरी अपनी मेहनत से है; "मैं" काबिल हूँ उसका। हाँ, आप काबिल हो सकते हैं। मगर वह काबिलियत कहाँ से आई? क्या वह आपका अपना चुनाव है या वह काबिलियत आपको जन्म से मिली है? आपकी परिस्थितियाँ यदि वैसी ना होतीं—उतनी अनुकूल ना होतीं जितनी थीं—क्या तब भी आप वहाँ पहुँच सकते थे? संघर्ष तो शुक्राणु भी कर रहा है। देखिए किसी वीडियो में—कितनी तेज गति से वे दौड़ रहे हैं, जैसे दौड़-प्रतियोगिता चल रही हो। किसी दौड़-प्रतियोगिता में यदि आप कुछ लोगों को पीछे छोड़ देते हैं, तो आप बहुत खुश होते हैं; और यदि आप ही पीछे रह जाते हैं, तो दुःखी भी होते हैं। वह एक शुक्राणु लाखों-करोड़ों को पीछे छोड़कर आगे निकल जाता है—वह तो खुश नहीं होता। वह नहीं कहता कि "मैं" जीत गया या "मैंने" सफलता हासिल की। ना ही अन्य रोते हैं कि हम हार गए। आप कहते हैं। आपका खान-पान और परवरिश, आपका माहौल और अनुकूल परिस्थितियाँ, आपका शारीरिक और मानसिक स्वास्थ्य, आपकी सामाजिक, आर्थिक और राजनीतिक स्थिति, आपकी स्मृति-क्षमता और ऐसी अनेक बातें हैं—जिनका आपकी उपलब्धि में पूरा-पूरा योगदान है। मगर आप उसे नहीं देखते—और इसीलिए बीच में अहंकार आ जाता है, जो कहता है—"मैंने" यह उपलब्धि हासिल की है। इसी को अहंकार कहते हैं, इसी को बेहोशी कहते हैं। बेहोशी ही अहंकार है।

खेल सारा प्रक्रिया का है—मगर बीच में आ जाता है कोई कर्ता बनकर, जो कहता है कि "मैंने" किया। यह भ्रम ही अहंकार है। कर्ता तब बीच में आ जाता है, जब आप (चेतना) इस प्रक्रिया के प्रति सजग नहीं रहते और नहीं देखते कि खेल केवल प्रक्रिया का है। वहाँ आपके चुनाव जैसा कुछ नहीं है—और यदि है भी, तो बहुत सीमित है। इसका यह अर्थ बिल्कुल नहीं है कि आप इस बात का हवाला देकर ऐसे काम, रिश्तों, माहौल और लोग आदि को सहते रहें—जो सहने लायक नहीं हैं। प्रक्रिया को अपना काम करने दें। अन्यथा यह भी अहंकार की ही चालाकियाँ हैं, जो गुलामी को नियति या भाग्य मानकर सहता रहता है। तथ्य और सत्य के खिलाफ चालाकियाँ ही अहंकार है। जिस भी वस्तु, व्यक्ति, विचार,

नौकरी आदि की ओर आप दौड़ रहे हैं, क्या सचमुच वह आपकी अपनी इच्छा है या माहौल ने वह इच्छा पहले आपके भीतर डाल दी—और फ़िर उसका विचार आता है और आप उसकी तरफ दौड़ने लगते हैं? तथाकथित धर्मगुरु, संस्कृति, समाज, शिक्षा, परिवार, नेता, अभिनेता, विज्ञापन, मीडिया, आपके अनुभव आदि—सब पहले आपके मस्तिष्क में घुसकर आपकी स्मृति बनकर बैठ जाते हैं, और फ़िर 'वे' तय करते हैं कि आप क्या सोचेंगे, आप क्या इच्छा करेंगे, आप क्या चुनेंगे। वे आपका मन और आपकी मर्ज़ी बनकर बैठ जाते हैं। जिसे आप कहते हैं 'मेरी मर्ज़ी', क्या वह आपकी मर्ज़ी है भी? या कोई विचार है, जो किसी अन्य ने आपके भीतर डाल दिया है? क्या आप उसे समझते भी हैं? अगर नहीं समझते, तो ना आपकी मर्ज़ी आपकी है और ना ही आपका मन आपका है।

किसी भी विषय की कामना कहाँ से आ रही है? उस विषय से संबंधित जो कहानी, किस्से, मान्यताएँ, कल्पनाएँ, जानकारियाँ और अनुभव आदि आपके मस्तिष्क में स्मृति के रूप में पहले से संचित हैं—वहाँ से प्रतिक्रिया-स्वरूप विचार के रूप में वह कामना आ रही है। लेकिन जब आप यह नहीं देख पा रहे होते हैं, जब आप इस पूरी प्रक्रिया के प्रति सजग नहीं रहते हैं—तब वह बेहोशी ही "मैं" का रूप ले लेती है। वह बेहोशी ही कर्ता बन बैठती है और कहती है—मुझे फलानी वस्तु चाहिये, मुझे फलानी नौकरी चाहिये। भीतर कोई कर्ता नहीं है। मैं जैसा कुछ नहीं है। आप तो हैं ही नहीं, फ़िर आप कोई इच्छा कैसे करेंगे? मगर बेहोशी के कारण एक कर्ता-भाव खड़ा हो जाता है। यह जो कर्ता होने का भ्रम हो जाता है—यह भ्रम ही अहंकार है। किसी भी नौकरी, वस्तु या व्यक्ति आदि को लेकर आपकी जो कामना होती है, उसके पीछे अपनी दौड़ को जब आप कहते हैं—मेरी इच्छा, मेरा चुनाव, मेरा निर्णय—तो यह जो "मैं" है, यह अहंकार है। अहंकार माने—जो है नहीं, मगर प्रक्रिया के प्रति बेहोशी के कारण महसूस हो रहा है। और जहाँ ऐसा होता है, वहीं से फ़िर दुःख और हिंसा पैदा होते हैं। क्योंकि आप स्वयं को कुछ ऐसा मान लेते हैं, जो आप हैं नहीं—जो आपका स्वभाव नहीं है। शुक्राणु दौड़े तो जैविक प्रक्रिया, और आप दौड़ें तो चेतना—इसी को अहंकार कहते हैं। जो यह देख लेता है कि जैसे शुक्राणु की दौड़ उसका अपना चुनाव नहीं होता है, वैसे ही हमारी दौड़ भी हमारा अपना स्वतंत्र निर्णय नहीं होता है—बल्कि संस्कारबद्धता, समय, स्थान, समाज, संयोग, मीडिया, संस्कृति, शरीर, परिस्थिति आदि का परिणाम होते हैं—वह कर्ता होने के भ्रम से आज़ाद हो जाता है।

जैविक और संस्कारबद्ध प्रक्रिया के कारण जो गति हो रही है, उसको अपनी इच्छा या निर्णय कहना चेतना नहीं है। चेतना है—उस प्रक्रिया के प्रति सचेत होने में। प्रक्रिया बह रही है, मगर होश के प्रकाश में। मिठाई की तरफ आकर्षण हो रहा है—चेतना का मतलब है, यह देख पाना कि आकर्षित होने वाला "मैं" जैसा कुछ नहीं है। केवल एक जैविक और संस्कारबद्ध प्रक्रिया है। उधर से सुगंध आई, नाक के माध्यम से भीतर गई, विचार ने पूछा कि यह गंध कहाँ से आ रही है, आँखों ने उस विषय को देखा, फ़िर अतीत के अनुभव की यादें उभर आती हैं, कामना उठती है और एक प्रक्रिया के परिणाम-स्वरूप उसकी तरफ शरीर

खींचा चला जाता है। फ़िर चाहे वह यौन आकर्षण हो, मिठाई हो या किसी अन्य विषय की इच्छा—उनमें इच्छा या इच्छा कर्ता कोई नहीं है, केवल प्रक्रिया है—यह देख पाना चेतना या होश है। तो जो शुक्राणु हैं, उसमें ना इच्छा है ना अहंकार। क्योंकि वहाँ मैं-भाव या कर्ता होने का भ्रम नहीं है। वह दावा नहीं करता कि "मैं" दौड़ रहा हूँ या "मैं" दौड़ने का निर्णय ले रहा हूँ। उसे भ्रम नहीं है कि मेरी अपनी कोई पृथक और स्वतंत्र सत्ता है। यदि वह ऐसा दावा करता है या उसे यह भ्रम रहता है, तो वहाँ अहंकार है—जिसका मतलब है कि दुःख उत्पन्न होगा। फ़िर अंडाणु और शुक्राणु जब मिलते हैं, तो डीएनए जुड़ते हैं, जिससे पहली कोशिका बनती है। फ़िर यह प्रक्रिया आगे बढ़ती है और वह पहली कोशिका अनेक कोशिकाओं में बदलने के परिणाम-स्वरूप एक भ्रूण का रूप ले लेती है। क्या यह जो भ्रूण है, इसमें अहंकार होता है? और क्या दुःख भी होता है? शायद नहीं।

यदि अहंकार ना हो, तो दुःख नहीं हो सकता। और अहंकार का अर्थ है—मैं-भाव का होना। मगर मैं-भाव तब पनपने लगता है, जब किसी बच्चे को भ्रमवश अपने पृथक और स्वतंत्र अस्तित्व होने का अनुभव या एहसास होने लगता है। जब शरीर, शारीरिक अनुभवों और विचारों से निर्मित चेतना स्वयं को सत्य मानकर स्वयं से ही आसक्त होने लगती है, जिसके कारण उसे यह भ्रम होने लगता है कि वह विशेष है—तब अहंकार (मैं भाव) और दुःख पनपने लगते हैं। और शब्दों में वह "मैं" को तब व्यक्त कर पाती है, जब उसके पास भाषा हो—जो कि इस गर्भस्थ शिशु के पास अभी नहीं है। ना ही इस शिशु में चेतना यानी होश है। या कह सकते हैं कि उसकी स्थिति के अनुसार उसकी अपनी भाषा है, अनुभव है और चेतना है। वह बस वैसा नहीं है, जैसे अभी हम हैं। इसको कुछ अनुभव होते हैं, मगर अनुभव का होना मात्र होश या चेतना का प्रमाण नहीं है। होश का अर्थ है चेतना का स्वयं की गतिविधियों के प्रति सचेत या सजग हो जाना। जैसे आपको 'नहीं पता' कि भीतर क्या प्रक्रिया चल रही है, मगर आप यह 'मानते' हैं कि आप अपनी इच्छा या अपने निर्णय से मिठाई खा रहे हैं। अब मिठाई खाने के बाद आपको अच्छा अनुभव होगा, सुखद अनुभव होगा। मगर जब आप उसकी तरफ आकर्षित हुए और आपको जो सुखद अनुभव हो रहा है—उसके पीछे क्या प्रक्रिया चल रही है, उसके प्रति आप बिल्कुल जागरूक नहीं हैं। तो तथ्य कुछ और है, मगर आप मानते कुछ और हैं—यही तो भ्रम है। दुःख के अनुभव से तो हर कोई गुजरता है, मगर क्या वह दुःख की पूरी प्रक्रिया को समझता है? नहीं। तो अनुभव होने का अर्थ यह नहीं है कि आप उसे समझते भी हैं। अनुभवी तो हर इंसान होता है, मगर हर इंसान समझदार और करुणावान नहीं होता।

अगर वह समझ रहा होता, तो वह दुःख से मुक्त हो गया होता। क्योंकि दुःख सत्य नहीं है। दुःख शाश्वत नहीं है। दुःख के पीछे भ्रम हैं, मान्यताएँ हैं, बेहोशी है। अगर वह देख पाता कि इस दुःख के पीछे पूरी प्रक्रिया क्या है, तो दुःख से मुक्त हो गया होता। पर यदि वह दुःखी है, तो इसका अर्थ यह है कि वहाँ होश नहीं है। शिशु जब गर्भ में होता है, तब यदि बाहर बहुत शोर हो रहा होता है, तो उसको ध्वनि का अनुभव होता है। ध्वनि के प्रति प्रतिक्रिया होती है। माँ यदि अपने पेट पर हाथ फेरती है, तो वह उस स्पर्श को भी महसूस करता है। माँ की

मानसिक और शारीरिक स्थिति बच्चे को प्रभावित करती है। मगर यह सब एक प्रतिक्रिया जैसा है। वहाँ बच्चे का निर्णय या होश नहीं है। वहाँ ना अहंकार है, ना दुःख। दर्द ज़रूर हो सकता है। अभी बच्चे के पास वह मस्तिष्क नहीं है, जो संस्कारबद्ध है। उसके पास ना कोई नाम है, ना पहचान है। ना वह किन्हीं मान्यताओं और पहचानों में कैद है। ना भाषा है, ना भेद। ना मस्तिष्क इतना विकसित हुआ है कि वहाँ स्मृति संचित हो। अपने आप को ही देख लीजिए—जन्म के बाद चार-पाँच वर्ष तक की भी आपको कोई स्मृति नहीं है। और अगर है भी, तो बहुत कम और धुंधली। जहाँ स्मृति ही नहीं है, वहाँ केवल जैविक प्रक्रियाएँ हो सकती हैं। एक बच्चा—जो अभी छोटा है—क्या वह उन सारी मान्यताओं, सीमाओं, पहचानों, भेदभावों इत्यादि को लेकर पैदा होता है, जो आपके भीतर डाल दी जाती हैं?

नयना जी: नहीं। यह सब तो उसे सिखाया जाता है।

अचिंत्य: सिखाया जाता है। उसके लिए ना कोई आदमी-औरत है, ना कोई सुंदर-कुरूप। ना कोई हिंदू-मुसलमान है, ना अमीर-गरीब। ना कोई सफल या असफल है। उसके पास अभी ऐसी कोई मान्यता नहीं है। उसके लिए बस 'कुछ' है। मगर जो गर्भस्थ शिशु है, वहाँ तो इतना भी नहीं है।

नयना जी: शिशु के तल से अगर देखें, तो माँ और भ्रूण में कोई भेद ही नहीं है।

भ्रूण में अपने पृथक, स्वतंत्र और विशेष अस्तित्व होने जैसा कोई भ्रम या एहसास नहीं है। मगर चूँकि माँ संस्कारबद्ध है, आत्मबोध नहीं है, भ्रमित है—इसलिए वह ऐसा मानती है, जैसे कि उसके पेट में उससे पृथक और स्वतंत्र एक जीव है; दो जान हैं। जबकि वे दो नहीं हैं। वास्तव में वह शिशु माता और पिता दोनों का ही एक नया संस्करण मात्र है। क्योंकि डीएनए में जो जानकारी लिखी है, वही तो यह तय करेगी ना कि उस बच्चे का कद क्या होगा, वह कैसा दिखेगा, उसका व्यक्तित्व कैसा होगा, उसमें क्या प्रवृत्तियाँ होंगी। और माँ की मानसिक-शारीरिक स्थिति तथा डीएनए में बनी जानकारी ही तो यह तय करेगी ना कि शुक्राणु कैसे और किस हद तक अपनी संभावनाओं को साकार कर पाता है।

तो शिशु वास्तव में माँ से पृथक है ही नहीं। मगर माँ तो मानती है कि वह और शिशु पृथक और स्वतंत्र हैं—यही अहंकार है। शिशु अभी ऐसा कुछ नहीं मानता। उसको नहीं पता कि मैं कौन हूँ, मैं किसके गर्भ में हूँ, मैं हूँ भी या नहीं, मैं क्या हूँ। उसे कुछ भी ख़याल नहीं है। वास्तव में माँ को माँ भी वही शिशु बनाएगा, अभी वह माँ नहीं है। दोनों एक-दूसरे को जन्म देते हैं। महिला बच्चे के शरीर को जन्म देती है और बच्चा उस महिला को एक और पहचान देता है—माँ की पहचान। तो वे दोनों अपने होने के लिए एक-दूसरे पर आश्रित हैं। तो जिस माँ के बिना उस बच्चे का अस्तित्व नहीं हो सकता और जिस बच्चे के बिना माँ का अस्तित्व नहीं हो सकता, हम कैसे कह दें कि वह बच्चा उस माँ से पृथक और स्वतंत्र यानी विशेष है? उसी माँ से तो वह पोषण पाता है। भ्रूण गर्भ के भीतर छोटी माँ से उसी तरह पोषण पा रहा है, जिस तरह छोटी माँ इस प्रकृति-रूपी बड़ी माँ से पोषण पाती है। सूर्य की ऊर्जा, जल, वायु, मिट्टी, आकाश, भोजन और बहुत कुछ जो है—यह सब क्या हैं? ये सब प्रकृति ही तो हैं। आपका पूरा

शरीर भी प्रकृति ही है। क्या इन तत्वों के बिना आप इसी तरह जी सकते हैं?

नयना जी: बिल्कुल नहीं। इनके बिना तो मनुष्य क्या, पृथ्वी पर किसी भी जीव की कल्पना करना भी असंभव है।

अचिंत्य: तो जिसे हम कह रहे हैं "छोटी माँ", वह शरीर इस प्रकृति-रूपी बड़ी माँ से पोषण पा रहा है, और इस छोटी माँ के गर्भ में जो शिशु है, वह इस छोटी माँ के माध्यम से पोषण पा रहा है। यह प्रकृति एक गर्भ जैसा ही है। तो बड़ी माँ के गर्भ में छोटी माँ है, और छोटी माँ के गर्भ में भ्रूण है और भ्रूण के गर्भ में ना जाने कितने कीटाणु और वाइरस आदि हैं। जिस प्रकार छोटी माँ का बड़ी माँ से पृथक और स्वतंत्र कोई विशेष अस्तित्व नहीं है, उसी प्रकार भ्रूण का छोटी माँ से पृथक और स्वतंत्र कोई विशेष अस्तित्व नहीं है। भ्रूण में अपने पृथक और स्वतंत्र अस्तित्व होने का कोई भ्रामक भाव नहीं है, हो भी सकता है मगर बहुत सूक्ष्म। उसमें होश भी नहीं है। लेकिन जो छोटी माँ है, होश तो उसे भी नहीं है; पर चूँकि उसे आत्मबोध भी नहीं है—इसलिए अपने पृथक और स्वतंत्र अस्तित्व होने का एक झूठा, काल्पनिक और भ्रामक 'मैं'-भाव है। वह मानती है कि मेरे शरीर के भीतर कोई कर्ता है—जो कर्म करता है, जो चुनता है, जो इच्छा करता है। वह मानती है कि वह विशेष है। वह स्वयं को भ्रूण और इस जगत—दोनों से पृथक और स्वतंत्र मानती है। इसी भ्रम के कारण फ़िर छोटी माँ और हर कोई मनुष्य अपने बेहोश और हिंसक स्वार्थों के लिए इस प्रकृति-रूपी बड़ी माँ को नष्ट करता रहता है, इसको बर्बाद करता रहता है—बिना यह जाने कि उसके बिना उनका भी कोई अस्तित्व नहीं हो सकता। चूँकि भ्रूण को अभी यह भ्रम नहीं है, उसमें अहंकार नहीं है—इसलिए वह छोटी माँ के गर्भ को हानि नहीं पहुँचाता। वह उसको नष्ट नहीं करता। वह अगर गर्भ को नुक़सान पहुँचाएगा, तो ख़ुद भी पीड़ा पाएगा और माँ को भी पीड़ा देगा।

उसी तरह जब मनुष्य इस प्रकृति को अपने अहंकार, लालच, मनोरंजन और अंधे भोग के लिए नष्ट करता है, तब वह प्रकृति के साथ ख़ुद को भी नष्ट कर रहा होता है। प्रकृति को एक सीमा से अधिक आप हानि नहीं पहुँचा सकते, मगर वह आपको हमेशा के लिए मिट्टी में मिला सकती है। इसलिए उसके लिए नहीं, तो कम से कम अपने भले के लिए उसके साथ स्वस्थ संबंध रखो। प्रेमपूर्ण संबंध रखो। भ्रूण को नहीं पता है कि इस गर्भ के बिना वह नहीं हो सकता, मगर उसमें अहंकार भी नहीं है। वह तो पशुओं और अन्य जीवों की तरह है। क्या आपने ध्यान दिया—इंसानों ने नदियों, जंगलों, पहाड़ों, पर्वतों, वायु, मिट्टी, जल आदि सबको बर्बाद कर लिया है। क्या जंगलों में रहने वाले पशु-पक्षियों और अन्य जीवों ने इन सबको बर्बाद किया है?

नयना जी: बिल्कुल नहीं! वे तो प्रकृति से बस उतना ही लेते हैं, जितनी उनकी शारीरिक ज़रूरत होती है।

अचिंत्य: ना आसमान में उड़ते पक्षियों ने आसमान की वायु को गंदा किया। ना नदियों में रहने वाले जीव-जंतुओं ने जल को गंदा किया। ना जंगलों में रहने वाले पशु-पक्षियों और अन्य जीवों ने जंगलों को काटा और ना पहाड़ों को बर्बाद किया। मगर मनुष्य ने क्या किया?

सब बर्बाद कर डाला। तो भ्रूण उस पशु या जीव की तरह है, जिसमें अहंकार नहीं है—जो अबोध है, मगर प्रकृति के साथ सामंजस्य में है। इसलिए भ्रूण को दुःख नहीं होता, जैसा इंसानों को होता है। तो शिशु माँ के गर्भ को नष्ट नहीं करता। लेकिन ये जो छोटी माँ और छोटे पिताजी आदि हैं, ये बड़ी माँ को नष्ट करने की कोशिश करते रहते हैं। यदि हम कहें कि पृथ्वी बड़ी माँ है, तो देखो कि मनुष्यों ने इस पृथ्वी को कैसे बर्बाद कर दिया है। पूरी पृथ्वी पर मनुष्य ही मनुष्य छा गए हैं। 73% से अधिक प्रजातियाँ पिछले 50 वर्षों में सदा के लिए विलुप्त हो गईं। क्यों? अधिकांश केवल मनुष्यों के कारण। क्योंकि मनुष्य भ्रम में जी रहा है। वह यह देख ही नहीं पा रहा है कि यह पृथ्वी गर्भ जैसी ही है, जिसमें हम पल रहे हैं—एक भ्रूण की तरह। ये छोटी माँ और पिता बेहोशी में संतानें पैदा किए जाते हैं। कभी निर्दोष जीवों को मारकर उनका माँस खाते हैं—जबकि उसके बिना जिया जा सकता है। अपनी आबादी बहुत बढ़ा लेते हैं और उनको भी केवल भोग के पीछे दौड़ना सिखा देते हैं।

जिसके लिए जंगलों, नदियों, पहाड़ों, वायु, अन्य जीवों आदि सबको बर्बाद कर दिया जाता है। क्यों? क्योंकि यह भ्रम है कि मैं खास हूँ और मेरा पृथक व स्वतंत्र अस्तित्व है। वह मानती है कि "पेड़ और मैं" पृथक और स्वतंत्र हैं, क्योंकि वह नहीं जानती कि यदि सारे पेड़ ही नष्ट कर दिए जाएँ, तो वह भी फ़िर उसी तरह जीवित नहीं रह पाएगी जैसे अभी है। विशेष होने का यह जो भ्रम है—यह अहंकार है और इसीलिए अपूर्ण अनुभव करता है। भ्रूण यह नहीं कहता कि 'मैं' अनुभव कर रहा हूँ। माँ कहती है कि 'मैं' अनुभव कर रही हूँ। माँ के भीतर मैं-भाव है, भ्रूण में नहीं। इसीलिए भ्रूण माँ से बस उतना ही पोषण पाता है, जितने की उसको ज़रूरत रहती है। वह गर्भ के भीतर कोई संचय नहीं करता। मगर जब उसमें अहंभाव पैदा हो जाता है और वह एक संस्कारबद्ध वयस्क मनुष्य बनता जाता है, तो भ्रमवश वह एक ऐसी व्यवस्था का निर्माण करता है—जिसमें केवल संचय होता है। धार्मिक, राष्ट्रीय, सामाजिक, पारिवारिक, शारीरिक, मानसिक और हर तल पर केवल संचय। लोगों का संचय, घर में वस्तुओं का संचय, मन में मान्यताओं, पहचानों, अनुभवों इत्यादि का संचय। यह संचय उसे सीमित करता है, अहंकार को पोषण देता है, मैं भाव को मजबूती देता है, उसके लिए दुःख उत्पन्न करता है और हिंसा को बढ़ाता है। क्योंकि अहंकार ही दुःख और हिंसा का मूल है।

जिस दुनिया में कुल आबादी के सिर्फ़ 1% लोगों के पास दुनिया की 40-60 प्रतिशत से ज़्यादा धन और संपत्ति हो, क्या वहाँ न्याय है? नहीं। क्या ऐसे लोगों में प्रेम है? नहीं। ना इनमें प्रेम है, ना करुणा, ना संवेदनशीलता। मगर जिनके पास जितनी ज़्यादा संपत्ति है, उसी से यह पता चलता है कि वे बहुत गहरे भ्रम और अहंकार में जी रहे हैं। क्योंकि अहंकार से ही अपूर्णता, हीनता, भय, असुरक्षा का भाव, बेचैनी और दुःख उत्पन्न होते हैं—और उसी अपूर्णता को भरने के लिए फ़िर इतना संचय किया जाता है। उसी हीनता और असुरक्षा के भाव को मिटाने के लिए फ़िर इतना कुछ बटोरना पड़ता है। तो दुनिया में यह जो आर्थिक या किसी भी तरह की असमानताएँ, शोषण, भ्रष्टाचार, भुखमरी और गरीबी हैं—इन सबका

कारण भी अहंकार ही है। जो जितने गहरे अहंकार और पीड़ा में होगा, उसे अन्य लोगों की पीड़ा से उतना ही कम फ़र्क पड़ेगा। वह किसी अन्य की पीड़ा को कैसे समझेगा, जब वह अपनी ही पीड़ा को नहीं समझ पा रहा है। तो शुक्राणु और भ्रूण के तल पर ना अहंकार होता है, ना दुःख। हाँ, कुछ अनुभव और सूक्ष्म भाव ज़रूर गर्भ में ही शुरू हो जाते हैं। मैं भाव अभी बहुत सघन नहीं है। "मैं-भाव" की शुरुआत जन्म के साथ होने लगती है। जैसे ही शिशु गर्भ से बाहर आता है, तो यह वातावरण उसके लिए बिल्कुल नया रहता है—और यहाँ से होती है शारीरिक और मानसिक अनुभवों तथा संस्कारों के संचय की शुरुआत। शरीर में अनेक संस्कार तो जन्म से ही साथ आते हैं। मगर अभी तक इस दुनिया और शिशु के बीच में माँ के गर्भ की दीवार थी, लेकिन अब वह दीवार हट गई है। अभी तक वह जिस गर्भ के भीतर था, अब उसी के बाहर है।

अब यह बच्चा अनेक शारीरिक, जैविक और मानसिक अनुभवों से गुज़रेगा—जैसे चोट लगने पर दर्द से, कोई इच्छा पूरी ना होने के कारण दुःख से, कभी अचानक डर जाएगा, कभी भूख और प्यास की पीड़ा से गुज़रेगा। ठंडा और गर्म अनुभव करेगा। गर्भ के भीतर बड़ी माँ की व्यवस्था उसका ख़याल रख रही थी, जहाँ सब सहज, प्राकृतिक और सामंजस्यपूर्ण था। अब गर्भ के बाहर भ्रम, भय, मोह, ममता, भावनाओं, मान्यताओं, संस्कारों और अहंकार से ग्रसित छोटी माँ उसका ख़याल रखेगी—जहाँ ना सहजता होगी, ना सामंजस्य; ना संवेदनशीलता होगी, ना सजगता। तो जैसे ही शिशु का जन्म हुआ, उस शरीर के माध्यम से बहुत कुछ देखा जा रहा है, सुना जा रहा है। ठंड, गर्मी, धूप, छाया, दर्द, भूख, प्यास आदि का अनुभव हो रहा है। तेज आवाज़ आने पर बच्चा अचानक डर जाता है—यह एक जैविक प्रतिक्रिया है। कभी चलते-चलते गिर जाता है, हाथ-पैर या सिर में चोट लग जाती है। मगर इस दौरान वह शरीर और उस शरीर के आसपास का माहौल तथा वे सारी चीजें उसको यह अनुभव कराती हैं कि वह स्वयं शरीर है और वे सब चीजें उससे अलग हैं। उसको जब चोट लगती है, तो अन्य चीजों को कोई फ़र्क नहीं पड़ता। उसको अनुभव होने लगता है कि उसका दर्द सिर्फ़ उसका है। दीवार को पत्थर मारो, तो उसे दर्द नहीं होता। मगर उसे कभी सुखद अनुभव होता है, तो कभी दुःखद। माँ के पास जाकर वह शांत हो जाता है।

यह सारा खेल जैविक प्रक्रिया के अनुसार हो रहा है। अभी इसमें अहंकार बहुत सघन नहीं हुआ है। अभी इसमें बस विशेष होने का वह भाव पनपने लगा है, जो होश के अभाव में अनुभवों और मानसिक संचय के बढ़ने के साथ-साथ मज़बूत होता जाएगा। यह बच्चा तन और मन—दोनों से नंगा पैदा होता है और कुछ भी साथ लेकर नहीं आया होता है। लेकिन जैसे ही वह गर्भ से बाहर आता है, वैसे ही उसके ऊपर कई सारी काल्पनिक पहचानें, नाम, रिश्ते, ज़िम्मेदारियाँ, सीमाएँ, धर्म, जाति आदि सब थोप दिए जाते हैं—जो सब मिलकर उसमें 'विशेष' होने का भ्रामक भाव पैदा करते हैं। सबसे पहले देखा जाता है कि शरीर से यह लड़का है या लड़की। इस तरह उसकी पहचान उस शरीर से जोड़ दी जाती है—कि आप लड़के या लड़की हैं। वह इंसान पैदा हुआ था, समाज उसे लड़का या लड़की बना देता है। और जैसे

ही यह निश्चित होता है कि वह लड़का है या लड़की, फ़िर उसके लिंग के आधार पर ही यह तय किया जाता है कि अब उसको नाम क्या दिया जाए। इसीलिए तो आप किसी का नाम सुनकर ही बता पाते हैं कि वह शरीर से स्त्री होगी या पुरुष। फ़िर उसके लिंग से यह सब तय हो जाएगा कि अब आगे जीवन में यह क्या करेगा और क्या नहीं, कैसे जियेगा और कैसे नहीं, किस दिशा में बढ़ेगा और किस दिशा में नहीं।

यह कैसे कपड़े पहनेगा, शाम को घर से बाहर निकलेगा या नहीं, किनसे दोस्ती करेगा और किनसे नहीं, शिक्षा ग्रहण करेगा या नहीं—करेगा तो कितनी—और बहुत कुछ उसी समय निश्चित कर दिया जाता है, जब वह पैदा होता है। ये सब कुछ उस बच्चे के ऊपर उसके नाम, पहचान, ज़िम्मेदारियों, कर्तव्यों, धर्म और प्रेम इत्यादि के नाम पर थोप दिया जाता है। मगर उस बच्चे को अभी कुछ भी समझ नहीं है कि उसे किस दल-दल में धकेला जा रहा है। किस तरह उसे सीमित-संकुचित किया जा रहा है। लेकिन उसको बचपन से ये सब सिखा दिया जाता है। अनेक तरह की मान्यताएँ और संस्कार उस पर थोप दिए जाते हैं। कई पहचानों में उसको कैद कर दिया जाता है—जैसे कि आप बच्चे हैं या बूढ़े, आदमी हैं या औरत, काले हैं या गोरे, सुंदर हैं या कुरूप। हिंदू हैं, मुसलमान हैं या कोई अन्य। आपकी जात क्या है? धर्म क्या है? देश क्या है? और ना जाने कितनी भ्रामक, काल्पनिक और व्यर्थ पहचानों और मान्यताओं में उसको कैद कर दिया जाता है। इस तरह वह सीमित और संकुचित होता जाता है। शारीरिक और मानसिक दोनों तलों पर विशेष होने का भ्रम, भाव और एहसास बढ़ता जाता है।

ये सारे नाम, पहचानें, मान्यताएँ, सीमाएँ आदि सब मिलकर उस भाव को और मज़बूती दे देते हैं—जिसकी शुरुआत हुई थी इस शरीर के साथ। पृथक और स्वतंत्र अस्तित्व होने का यह भ्रामक भाव और मान्यताएँ ही मैं-भाव को उत्पन्न करती हैं। जैसे समंदर में, समंदर से बर्फ का एक पहाड़ खड़ा हो जाए और वह स्वयं को समंदर से पृथक और स्वतंत्र मानने लगे—यानि विशेष मानने लगे—यही भ्रम है और यह भ्रम ही अहंकार है। इसी से भय, असुरक्षा, हीनता, दुःख और हिंसा पनपते हैं। इस शरीर के कारण शिशु को सबसे पहले अपने होने का अनुभव होता है। जब वह बहुत छोटा होता है, तब उसे ना कोई भाषा आती है, ना उसको नाम या पहचानों की कुछ समझ होती है; मगर उसमें भ्रमवश अपने पृथक और स्वतंत्र अस्तित्व होने की मान्यता बन रही होती है। क्योंकि हर चीज़ उसको अपने से अलग दिखती है। शरीर को चोट लगती है, तो उसे दर्द होता है। दर्द का अनुभव, उस अनुभव से संबंधित बातें, नाम, छवियाँ, मान्यताएँ आदि चेतना या स्मृति बन जाती है। वह स्वयं को दृष्टा मान लेती है और शरीर से आसक्त हो जाती है। क्यों? क्योंकि बच्चा अबोध है, बेहोश है। अर्थात्, चेतना स्वयं के प्रति सचेत नहीं है। इसलिए चेतना—शरीर से चिपक जाती है। वास्तव में चेतना शरीर से स्वतंत्र नहीं है। तो बच्चा यह मानने लगता है कि मैं यही हूँ और इतना ही हूँ। मेरा होना अन्य सब से पृथक और स्वतंत्र है। उनमें और मुझ में कोई समानता नहीं। मैं किसी भी तरह अपनी हस्ती के लिए उन पर आश्रित नहीं हूँ—यह भ्रम उसको होने

लगता है। बार-बार अनुभव होते हैं; कभी शरीर के तल पर, कभी मन के तल पर, कभी मान्यताओं और कभी पहचानों के तल पर।

तो जो एक भाव खड़ा होता है, वह भाव भाषा, नाम, पहचानों, मान्यताओं, संस्कारों—इन सब के चलते और मज़बूत होता चला जाता है। उसी को अहंकार कहते हैं। यह जो मैं-भाव है, यह सत्य नहीं है; यह बस महसूस होता है। यह शरीर में ढूँढने से कहीं नहीं मिलेगा। तो सबसे पहली बात—बच्चा अबोध होता है, माने सजग नहीं है—ना स्वयं के प्रति, ना जगत के प्रति। उसे ना अपना तथ्य पता है ना जगत का। वह जगत के साथ संबंधित हो रहा है, उसकी तरफ से क्रियाएँ-प्रतिक्रियाएँ हो रही हैं; मगर समझता कुछ नहीं। तो अहंकार की शुरुआत होती है बेहोशी से। एक तरफ है बेहोशी और दूसरी तरफ है शरीर। तो बेहोशी, शरीर, शारीरिक और मानसिक अनुभव, भाषा, नाम, छवियाँ, पहचानें, मान्यताएँ, हर तरह के संस्कार और इनका संचय यानी स्मृति आदि—सब मिलकर उस भाव को पैदा करते हैं, जिसे हम मैं-भाव या अहंकार कहते हैं। तो अहंकार कोई वस्तु नहीं है। इसे अगर शरीर में खोजने जाओगे, तो कहीं नहीं पाओगे। यह केवल एक भाव है, जो भ्रम से पैदा होता है। यह एक मान्यता है, जो स्वयं और जगत को ना समझने के कारण भ्रमवश बन गई है। यह मान्यता कि इस जगत और शरीर से मेरी अपनी पृथक और स्वतंत्र सत्ता है। मैं माने शरीर और वह, जो मैं स्वयं को मानता हूँ। पृथक सत्ता माने मुझमें और इस जगत में कोई समानता नहीं है। और स्वतंत्र सत्ता माने मैं अपनी हस्ती के लिए किसी भी तरह से इस जगत पर आश्रित नहीं हूँ। ना तो मुझ में और इस जगत में कोई भी समानता है, ना मैं अपने होने के लिए इस पर आश्रित हूँ; मगर यह भ्रम भी है कि मैं भी सत्य हूँ और जगत भी सत्य है। जगत मुझसे पृथक और स्वतंत्र है और इसी में कुछ भोगकर या हासिल करके सुकून मिल जाएगा।

अब बच्चा इस मान्यता और भ्रम को बहुत जल्दी बातों और व्यवहारों में व्यक्त नहीं कर पाता है, क्योंकि उसके पास व्यक्त करने के लिए शब्द और भाषा नहीं है। अगर वह व्यक्त करता भी है, तो समझ किसको आए? लोग ख़ुद उन्हीं भ्रम और मान्यताओं में जी रहे हैं। लोग ख़ुद बेहोश हैं। जो बच्चा उनके ही जैसा है, वह उन्हें अजीब कैसे लगेगा? मगर उसको यह अलगाव महसूस होता है। और जैसे ही फ़िर उसको भाषा का ज्ञान मिलता है, वह बोलना भी सीख जाता है। वह देखता है कि उसके जैसा हर कोई जीव "मैं-मैं" बोल रहा है—मैं-तू की भाषा में बात कर रहे हैं। फ़िर उसको जो नाम, पहचानें, संस्कार, अनुभव आदि मिलते हैं, वे सब "मैं हूँ" का रूप ले लेते हैं। और फ़िर वह "मैं हूँ" क्या बन जाता है? मैं यह हूँ, मैं वह हूँ। मैं ऐसा हूँ, मैं वैसा हूँ। यह मेरी ज़िम्मेदारी है। ये मेरे कर्तव्य हैं। ये मेरे अधिकार हैं। यह मेरा धर्म है। यह मेरी जाति है—और बहुत कुछ। तो शायद शुक्राणु और भ्रूण को अपने 'होने' का भी कोई भाव नहीं होता है—कोई एहसास नहीं होता है। शिशु को अपने होने का एहसास होने लगता है। फ़िर समय के साथ, जैसे-जैसे उसको अनुभव होने लगते हैं, वह बहुत कुछ सीखता जाता है, मानसिक संचय होता जाता है और उसमें "मैं हूँ" का भाव पनपने लगता है। फ़िर जैसे-जैसे वह और अधिक नाम, पहचानों, मान्यताओं, अनुभवों इत्यादि से आसक्त होता

जाता है, वैसे-वैसे "मैं यह हूँ, मैं वह हूँ, मैं ऐसा हूँ, मैं वैसा हूँ"—इस भाषा में वह बात करने लगता है। यही अहंकार है।

तो शिशु को ये जितने भी शारीरिक और मानसिक अनुभव होते हैं, ये नाम, रूप, अर्थ और जानकारियों के रूप में संचित होते जाते हैं। उसका नाम, पहचानें, संस्कार, मान्यताएँ आदि सब जानकारी के रूप में संचित होते जाते हैं। इन सब से मिलकर निर्मित होती है 'स्मृति'। तो कह सकते हैं कि शरीर, अबोध अवस्था, स्मृति और उसके प्रति बेहोशी के कारण ही "मैं-भाव" खड़ा हो जाता है। अहंकार या मैं-भाव के लिए बेहोशी या भ्रम बहुत ज़रूरी है। क्योंकि स्मृति या शरीर का होना मात्र अपने आप में अहंकार और दुःख का कारण नहीं है। अन्यथा मुक्ति का अर्थ फ़िर शारीरिक मृत्यु हो जाएगा, क्योंकि इस शरीर और स्मृति से तब ही मुक्त हुआ जा सकता है। मगर यदि बेहोशी ना हो, तो स्मृति और शरीर के बावज़ूद जीवन-मुक्त हुआ जा सकता है। उसी तरह सिर्फ़ शरीर और बेहोशी ही पर्याप्त नहीं है—मानसिक संचय यानी स्मृति भी ज़रूरी है। अन्यथा शरीर और आत्म-अज्ञान यानी बेहोशी तो पशु-पक्षी और अन्य जीवों में भी होती है, मगर हम नहीं कहते कि वे अहंकार में जी रहे हैं। ना ही हम देखते हैं कि वे हमारी तरह दुःख में जी रहे हैं। ना वे हमारी तरह ऐसे सवालों से भरे हुए हैं। ना वे हर समय चिंता, तनाव और भविष्य की कल्पना से घिरे रहते हैं। ना ही उन्होंने अपनी बेचैनी और अपूर्णता को मिटाने के अंधे प्रयास में इस पृथ्वी को नर्क बनाया है। बल्कि वे तो प्रकृति के साथ सामंजस्य में होते हैं। तो बेहोशी और शरीर है, मगर मानसिक संचय नहीं है—इसलिए भ्रम नहीं है। हम अपने अनुभवों, जानकारियों और स्मृति को जाँचे-परखे बिना ही उन्हें सत्य मानकर उनसे आसक्त हो जाते हैं। वे संचित हो जाते हैं। तो अहंकार यानी मैं-भाव और दुःख के लिए शरीर के साथ मानसिक संचय और उसके प्रति बेहोशी बहुत ज़रूरी है।

मैं-भाव और पीड़ा से मुक्ति के लिए होश/सजगता पर्याप्त है। देख लो कि सारा खेल इन तीनों का है—शरीर, मानसिक संचय और बेहोशी। जन्म सिर्फ़ शरीर का नहीं, बेहोशी का भी होता है। शरीर के रूप में बेहोशी ही जन्म लेती है और स्मृति फ़िर जीवन के अनुभव, मान्यताएँ, परिवार, शिक्षा, समाज, संस्कृति, दोस्त, मीडिया, फ़िल्में आदि तैयार कर देते हैं। ये तीनों मिलकर मैं बन जाते हैं। तो यहाँ से अहंकार पनपता है—समझ रहे हो? क्योंकि यदि हम यह कहें कि सिर्फ़ बेहोशी ही अहंकार का मूल कारण है, तो शुक्राणु को भी कोई होश तो है नहीं। होश माने आत्मज्ञान। और उसे कोई ज़रूरत भी नहीं है—क्योंकि उसे दुःख भी नहीं है। इसलिए हम यह नहीं कहते कि शुक्राणु या अन्य जीवों में अहंकार है। क्योंकि ना तो उनमें इतना सघन मैं-भाव है, ना वे यह पूछते हैं कि मैं कौन हूँ? ना वे पूछते हैं कि यह जगत क्या है? कहाँ से आया? क्यों आया? किसने बनाया? है भी या नहीं? ना वे यह पूछते हैं कि मेरे जीवन का उद्देश्य क्या है? मैं पैदा क्यों हुआ? मैं कहाँ से आया? मरने के बाद कहाँ चला जाता हूँ? ऐसे कोई अस्तित्वगत सवाल उनको नहीं होते। और इसका प्रमाण उनके जीवन की सहजता है; प्रकृति के साथ उनका संबंध है। ऐसे सवाल हमें ही उठते हैं।

तो सिर्फ़ बेहोशी का होना या होश का ना होना मात्र अहंकार का कारण नहीं है। मानसिक संचय और उसको सत्य मानकर उसके प्रति आसक्ति भी ज़रूरी है। वहीं से यह भ्रम पनपता है कि मैं इस जगत से पृथक और स्वतंत्र हूँ। प्रकृति में प्रक्रियाएँ हैं, रासायनिक और जैविक गतिविधियाँ हैं; मगर वहाँ अहंकार नहीं है। अहंकार वहाँ है, जहाँ कोई इन रासायनिक और जैविक गतिविधियों का कर्ता-भोक्ता होने का दावा करने लग जाए। तो अहंकार के लिए शरीर, संचय और बेहोशी साथ चाहिये।

नयना जी: सिर्फ़ स्मृति को अहंकार का मूल कारण क्यों नहीं कहा जा सकता?

अचिंत्य: अभी हमने कहा था, क्योंकि यह संभव है कि स्मृति हो, पर यदि आप उसकी पूरी प्रक्रिया के प्रति सजग हैं कि खेल क्या चल रहा है, तो वहाँ अहंकार यानी भ्रम नहीं रहता। किसी बात को सुनकर मैं सुखी या दुःखी क्यों हो रहा हूँ? किसी घटना के प्रति एक ख़ास तरह की ही प्रतिक्रिया क्यों आ रही है? कहाँ से आ रही है? कोई बात सुनकर सुख या दुःख क्यों महसूस हो रहा है? क्यों किसी एक बात पर हँस रहे हैं और दूसरी पर रो रहे हैं? यदि इन संस्कारबद्ध प्रतिक्रियाओं और इनके स्रोत के प्रति सजगता है—तो स्मृति का होना अहंकार को पोषण नहीं देता। जब आप देख पा रहे हैं कि यह मैं कहाँ से, किस मान्यता या भ्रम से आ रहा है—तब इससे फ़र्क नहीं पड़ता कि स्मृति है या नहीं। तब क्या अनुभव हो रहा है? कौन सी भाषा में बात कर रहे हो? क्या नाम है? क्या पहचानें हैं? ये बहुत बड़ी बातें नहीं रह जाती हैं। क्योंकि ये सब केवल साधन होते हैं। यदि होश है, तो हर साधन उपयोगी हो जाता है और यदि बेहोशी है—तो हर साधन का केवल दुरुपयोग ही होता है। उसी तरह जब होश होता है, तो फ़िर इन सबके प्रति कोई आसक्ति नहीं रहती है। आप यह नहीं कहते कि मेरा यही नाम होना चाहिये, यही पहचान होनी चाहिये। जब होश होता है, तो मान्यताएँ और संस्कार नहीं रहते; क्योंकि होश का मतलब ही है कि आपने मान्यताओं और संस्कारों के झूठ, सीमाओं और व्यर्थता को देख लिया।

होश का मतलब ही है यह देख पाना कि यह शरीर अभी वही नहीं है, जो कुछ दिन, कुछ महीनों या कुछ वर्ष पहले था। शरीर तो सतत रूपांतरित हो रहा है। यह किसी ख़ास दिन नहीं मरेगा—यह तो सतत जन्म-मृत्यु से ही गुज़र रहा है। जन्म-मृत्यु एक साथ हैं और एक हैं। यह भी कह सकते हो—ना जन्म है, ना मृत्यु—केवल रूपांतरण है। जैसे समुद्र से लहरें उठती हैं और वापस उसी में एक हो जाती हैं। वास्तव में वे समुद्र से पृथक और स्वतंत्र कभी हुई ही नहीं, पर यदि उन्हें पृथक और स्वतंत्र होने का भ्रम हो जाए—तो यही अहंकार है और इसी में सारी पीड़ा है। मगर ऐसा लहरों के साथ नहीं होता, इंसान के साथ ज़रूर हो जाता है। है वह भी लहरों की ही भाँति, मगर स्वयं को विशेष मान लेता है। आपकी तथाकथित उम्र की तुलना में लहर बहुत कम समय के लिए उठती है और वापस समुद्र में खो जाती है, इसलिए आपको यह जन्म-मृत्यु जैसा प्रतीत नहीं होता। मगर सूर्य, आकाशगंगाओं, तारों, ग्रहों आदि की तुलना में तो आपका जीवन उतना भी नहीं है, जितना कि आपके जीवन की तुलना में लहर का होता है। सूर्य भी कह सकता है कि आप जन्में ही नहीं। आप हैं ही नहीं। लहर आपकी भाषा में बात

नहीं करती, इसलिए आपको लगता है कि आप विशेष हैं—यही अहंकार है। तो स्मृति और विचार की प्रक्रिया को नहीं समझने के कारण ही यह भ्रम रहता है कि मैं वही हूँ, जो दस वर्ष पहले मैं स्वयं को 'मानता' था। इसलिए यह नहीं कहा जा सकता कि स्मृति है, तो अहंकार होगा ही या बेहोशी है, तो अहंकार होगा ही।

जो पूरी तरह बेहोश है, मगर स्मृति नहीं है—तो वहाँ भी अहंकार नहीं है। जहाँ स्मृति भी है और होश भी है—वहाँ भी अहंकार नहीं है। अहंकार यानी मैं-भाव वहाँ पनपता है, जहाँ स्मृति भी है और बेहोशी भी है। और बेहोशी केवल तब तक है, जब तक कि आप यह ना देख लें कि आप बेहोश हैं। जब तक आप साफ-साफ यह ना देख लें कि भीतर 'मैं' जैसा कोई तत्व नहीं है। यह मैं-भाव केवल भ्रमवश ही अनुभव हो रहा था, मगर इसकी अपनी कोई स्वतंत्र सत्ता नहीं है—कोई कर्ता नहीं है। या फिर यह भी कह सकते हो कि मैं जैसी तो कोई सत्ता नहीं है; मगर यदि स्मृति नहीं है और केवल बेहोशी है, तो जैविक प्रक्रिया कर्ता (डूअर) है। यदि स्मृति तो है, मगर होश भी है—तो होश कर्ता है। और यदि स्मृति भी है और बेहोशी भी है—तो बेहोशी या भ्रम कर्ता है। मगर मैं जैसा भीतर कोई नहीं बैठा है। भ्रम ही है, जो मैं बनकर कभी दुःखी होने का दावा करता है और कभी सुखी होने का।

नयना जी: अनुभव, स्मृति, अहंकार और बोध में क्या अंतर है?

अचिंत्य: एक और चीज हम उसमें साथ जोड़ लेते हैं—बेहोशी। क्योंकि यहीं से अहंकार की शुरुआत होती है। बेहोशी का मतलब है, मनुष्य की वह अवस्था जहाँ उसके माध्यम से अनेक शारीरिक-मानसिक क्रियाएँ और प्रतिक्रियाएँ हो रही हैं, वह अनेक अनुभवों से गुज़र रहा है; मगर समझता कुछ नहीं कि चल क्या रहा है, कैसे चल रहा है, क्यों चल रहा है। लेकिन भ्रमवश उसमें मैं भाव पनप जाता है और वह स्वयं को कर्ता मान लेता है और दुःख भोगता है। यह बेहोशी की अवस्था है। हर मनुष्य बेहोशी में ही पैदा होता है। ऐसा भी कह सकते हैं कि बेहोशी ही जन्म लेती है। इसीलिए शरीर और बेहोशी के साथ-साथ जब स्मृति बनती जाती है, तो होश के अभाव में "मैं-भाव" खड़ा होता जाता है और मज़बूत होता जाता है। उस मैं भाव के आसपास भाषा, नामों, छवियों, पहचानों, संस्कारों, मान्यताओं, अनुभवों, अर्थों, तथाकथित जाति और धर्म आदि की परतें चढ़ती जाती हैं और अहंकार/भ्रम पोषण पाता जाता है। जैसे किसी दो सौ फीट लंबी रस्सी के एक या दो फीट लंबे एक सिरे पर आप बची हुई उस सैकड़ों फीट लंबी रस्सी को लपेट दें, और अब रस्सी को यह भ्रम हो जाए कि यह जो ऊपर लपेटा गया है—यह मेरा शरीर है, नाम है, पहचानें हैं, मान्यताएँ हैं, संस्कार और मेरे अनुभव आदि हैं; और मैं इनके बीच में इनसे अलग कुछ हूँ।

यह भ्रम ही अहंकार है। क्योंकि तथ्य क्या है? तथ्य यह है कि जो लिपटा हुआ है, उसके अलावा कोई दूसरा है ही नहीं। उसको भ्रम है कि इन सबके बीच में मैं हूँ, मगर जो बीच में है—वह भी रस्सी ही है। है तो रस्सी, मगर भ्रम क्या है? कि उसके अलावा कुछ और भी हूँ। ऐसा ही होता है अहंकार—जो है नहीं, मगर बस भ्रम के कारण महसूस होता है। इसीलिए कहता हूँ कि भ्रम ही अहंकार है, भ्रम ही मूल बंधन है, भ्रम ही दुःख है। क्योंकि यदि भ्रम नहीं

है—तब या तो आप मुर्दा हैं, या किसी अन्य प्रजाति के जीव हैं, या फिर बुद्ध या बोध मात्र हैं अर्थात् आप हैं ही नहीं। तो शिशु की शुरुआत होती है बेहोशी से। उसी बेहोशी में होते हैं अनेक शारीरिक और मानसिक अनुभव। उन्हीं अनुभवों के आधार पर निर्मित होती है स्मृति। उसी शरीर, बेहोशी और स्मृति के कारण जो 'कुछ होने' का एहसास होता है, जो एक भाव खड़ा होता है—उसे कहते हैं अहंकार। और वहीं से जीवन में आती है पीड़ा।

तो एक होता है अनुभव—जैसे सुखी या दुःखी होना, भयभीत होना, क्रोध या ईर्ष्या का अनुभव करना, हीनता या अपराध-बोध का अनुभव करना, यौन आकर्षण और यौन-सुख का अनुभव। ऐसे ही अनेक तरह के शारीरिक और मानसिक अनुभवों से बच्चा गुज़रता है। शारीरिक अनुभव—यानी दर्द या थकान महसूस करना, ठंडा या गर्म महसूस करना, धूप या छाया महसूस करना, स्वस्थ या अस्वस्थ महसूस करना, भूख, प्यास और यौन-सुख महसूस करना। मानसिक अनुभव—जैसे खुशी या ग़म महसूस करना, हीनता या अपराध-बोध अनुभव करना, असफलता, भय, चिंता, तनाव, ईर्ष्या, तुलना, मोह आदि महसूस करना। मगर इसका अर्थ यह बिल्कुल नहीं है कि शारीरिक और मानसिक अनुभव एक-दूसरे से पृथक और स्वतंत्र हैं, या शारीरिक अनुभव मन को और मानसिक अनुभव तन को प्रभावित नहीं करते। दोनों एक-दूसरे को प्रभावित करते हैं। संस्कारबद्ध मस्तिष्क से पृथक और स्वतंत्र कोई मन या स्मृति नहीं है। तो अनुभव, स्मृति, अहंकार और बोध में अंतर समझना ज़रूरी है। क्या आप समझते हैं कि अनुभव को आँखों या किसी मशीन से नापा या देखा नहीं जा सकता, और ना ही अनुभव का संचय किया जा सकता है? अनुभव/वर्तमान कभी स्मृति नहीं बनता।

नयना जी: फ़िर किसको देखा या नापा जा सकता है? और संचय किसका होता है?

अचिंत्य: संचय होता है उस कहानी का, नामों, छवियों और मान्यताओं आदि का—जो अनुभव के दौरान, अनुभव के आसपास घट रहे होते हैं। और नापा या देखा जाता है शरीर और मस्तिष्क के तल पर होने वाली उन गतिविधियों और प्रभावों को, जो अनुभव के दौरान घट रहे होते हैं। उन्हीं का संचय भी होता है। मान लीजिए कि एक युवा लड़का और एक लड़की किसी होटल में रात बिताते हैं। अन्य दोस्तों के साथ रात को पार्टी होती है। बहुत कुछ खाया, पिया, गाया, बजाया और नाचा जाता है। शारीरिक संबंध भी बनता है और बहुत कुछ होता है। अब एक महीने बाद यदि आप उनसे पूछें कि याद कीजिए और बताइए कि उस दिन आपका क्या अनुभव रहा? जैसे कि जब आप किसी होटल, रेस्टोरेंट या क्लब आदि में जाते हैं, तो उसकी वेबसाइट पर आप रिव्यू डालते हैं कि आपको वहाँ कैसा लगा। तो एक महीने बाद यह लड़का या लड़की जो बताएँगे—क्या वह अनुभव होगा? या वे अनुभव के बारे में और अनुभव की कहानी बता रहे हैं? इनके मस्तिष्क में क्या संचित है—अनुभव या अनुभव की कहानी? अनुभव की कहानी।

यह क्या बताएँगे? यह बता सकते हैं कि वे किस दिन होटल में गए, किस समय पर गए, वहाँ कितनी देर रुके, वहाँ कौन-कौन दोस्त थे, वहाँ इन्होंने क्या-क्या खाया और पिया, क्या-

क्या किया। यह नाचे और इन्होंने गीत गाए। शारीरिक संबंध बनाया और इसी तरह की कुछ बातें ये बता सकते हैं। मगर क्या यह बता सकते हैं कि उस दौरान इनको कैसा अनुभव हो रहा था? ये कह सकते हैं कि बहुत अच्छा, बहुत बुरा या उत्तेजक; मगर वह जो अनुभव हो रहा था—क्या ये अभी उसको महसूस कर सकते हैं? क्या उसकी बात कर सकते हैं? नहीं। इनको जो अनुभव हुआ था—ना तो ये उसको याद कर सकते हैं, ना ही उसको शब्दों में बयां कर सकते हैं। ये बस अनुभव के दौरान उसके आसपास घटने वाली कहानी को कुछ नाम देकर शब्द दोहरा सकते हैं। क्योंकि अनुभव संचित नहीं होता। अनुभव स्मृति नहीं बनता। अनुभव तो वर्तमान में घटता है। इसलिए यदि इन्हें दोबारा उसी अनुभव से गुज़रना है, तो इन्हें फ़िर वही प्रक्रिया दोहरानी पड़ेगी। मगर फ़िर भी बिल्कुल वही और वैसा का वैसा अनुभव इनको दोबारा नहीं मिल सकता। क्योंकि पहले जो था—वह बिल्कुल पहली बार था, बिल्कुल नया था—और अब ये व्यक्ति वही नहीं रहे, ये बदल चुके हैं। अब इनके पास पहले से ही उस अनुभव के संबंध में एक कहानी है और उस पिछले अनुभव को दोहराने की 'कामना' है। लेकिन जब पहली बार आप उस अनुभव से गुज़रे थे, तब ना आप वही थे—जो अभी हैं—ना आपके पास उस अनुभव से संबंधित कोई कहानी थी, ना उस अनुभव को दोहराने से संबंधित कोई कामना थी। तो पहली बात यह कि आपको उस प्रक्रिया को दोहराना पड़ेगा और दूसरी बात यह कि दोहराने के बाद भी आप उसी अनुभव से दोबारा नहीं गुज़र पाएँगे। अन्यथा अनुभव यदि मस्तिष्क में संचित होता, तो वे उसको याद करके ही रस ले सकते थे और उसे दोहराने की ज़रूरत नहीं रहती।

मगर हम देखते हैं कि यदि किसी को खाने-पीने में कुछ बहुत अच्छा लगता है, तो वह उसे बार-बार भोगता है। अब अगर ज़्यादा भोगेगा, तो शरीर को दिक्कत हो जाएगी। मगर भोगने के दौरान जो अनुभव हो रहा है, वह मिलता रहे—उसके लिए तो भोगते रहना पड़ेगा और यही बंधन बन जाता है, जब जीवन में सहज आनंद नहीं होता। क्योंकि तन के माध्यम से एक सीमा से ज़्यादा आप ना तो भोग और ना ही सुख ले सकते हैं। और ऐसे भोग के लिए अनेक तरह से कीमत भी चुकानी पड़ती है। इसके अलावा अनुभव की कीमत और उसका स्तर भी हर समय एक जैसा नहीं रहता। जिस बेरोज़गार ने दस हज़ार रुपए प्रति माह कमाने का सुख ले लिया है, अब उसे पाँच हज़ार रुपए प्रति माह कमाने में वह सुख नहीं मिलेगा। अब और सुख चाहिये, तो उसकी आमदनी प्रतिमाह बढ़नी ज़रूरी है। दस हज़ार प्रतिमाह कमाने वाले को एक लाख प्रतिमाह मिलने लगे, तो यह उसे सुख देगा। मगर पचास लाख प्रतिमाह कमाने वाले को जब दस लाख प्रतिमाह मिलने लगते हैं, तो वह उसे सुखद अनुभव नहीं देते। उसी तरह जब प्यासे होते हैं, तो पानी की पहली घूँट जितना सुख देती है, हर अगली घूँट के साथ वह सुख घटता जाता है और ज़्यादा पीने पर वही पानी पीड़ा का कारण बन जाता है। तो यह जो भी अनुभव है—उसका ना संचय होता है, ना दोहराव। मगर हम उसको नाम दे देते हैं, इसीलिए हम उसकी कहानी को याद कर-करके बार-बार उन्हीं कुछ विशेष अनुभवों को दोहराने में लगे रहते हैं। इसीलिए फ़िर जीवन में लगातार जो सहज अनुभव होते हैं, उनके

सौंदर्य और आनंद से हम चूक जाते हैं।

नयना जी: कई लोग सोचते हैं कि अनुभव को दोहराने से अनुभव में गहराई आती है। क्या ऐसा कुछ है?

अचिंत्य: आप रोज सोते हैं, क्या उससे नींद में गहराई आती है? नहीं ना? अनुभव में गहराई अनुभव को दोहराने से नहीं—अनुभव को समझने से आती है। जब समझते हैं, तो अनुभव ही बोध, आज़ादी और आनंद का द्वार बन जाते हैं और यदि नहीं समझते हैं—तो अनुभव ही भ्रम, भय, बंधन और दुःख का कारण भी बन जाते हैं। तो अनुभव के दौरान शरीर और मस्तिष्क के अलग-अलग हिस्सों में जो गतिविधियाँ और प्रभाव होते हैं, उनको किसी मशीन या आँखों के द्वारा देखा या नापा जा सकता है; अनुभव को नहीं। जब आप किसी अनुभव से गुज़र रहे होते हैं, तब आपके हाव-भाव बदल रहे होते हैं। शरीर और मस्तिष्क के भीतर किसी क्षेत्र में कुछ बदलाव आ रहे होते हैं, कुछ रसायन छूट रहे होते हैं। उन सबको देखा और नापा जा सकता है। मगर मशीन द्वारा यह नहीं बताया जा सकता कि आपको वास्तव में कैसा अनुभव हो रहा है—कितना सुख या दुःख हो रहा है, और आपके दुःख का मूल कारण क्या है। यह बताया जा सकता है कि जब सुख या दुःख होता है, तब कौन-सा रसायन छूटता है या मस्तिष्क के किस हिस्से में क्या गतिविधि होती है। मगर दुःख-सुख से तो आपको ही गुजरना पड़ता है।

जैसे क्रोध के दौरान आपके शरीर या चेहरे का हाव-भाव क्या है और मस्तिष्क के भीतर किस क्षेत्र में क्या गतिविधि हो रही है—यह भी नापा और देखा जा सकता है, मगर अनुभव को नहीं; क्योंकि अनुभव से बस गुज़रा जाता है। वह संचित नहीं होता। अनुभव वह है, जो घट रहा है—जिसको केवल उसके प्रति सजग रहकर ही देखा या जाना जा सकता है। स्थूल आँखों या मशीन से नहीं, बल्कि बोध के प्रकाश में। दोनों में अंतर समझना। जब अनुभव घट रहा होता है, तब केवल 'आप' उसे देख या जान सकते हैं, कोई अन्य व्यक्ति या मशीन नहीं। कोई मशीन कैसे बताएगी कि आप क्यों खुश अथवा दुःखी हैं? क्योंकि उसका कारण कुछ भी हो सकता है। कोई मान्यता आपके सुख या दुःख का कारण हो सकती है, मगर किसी भी मशीन को वह मान्यता मस्तिष्क में कहीं नहीं मिलेगी। एक ही बात या घटना पर कोई सुखी हो सकता है और कोई दुःखी। किसी को ज़्यादा सुख हो सकता है, किसी को ज़्यादा दुःख। ऐसा भी हो सकता है कि किसी को कोई फ़र्क ही ना पड़े। देखो कि जब किसी भी बात, स्थिति या घटना पर आपको दुःख हो रहा है, तब किनको सुख हो रहा है और किनको कोई फ़र्क ही नहीं पड़ रहा है। अगर ध्यान दोगे, तो यह भी समझ आएगा कि आपको दुःख क्यों हो रहा है। क्योंकि सिर्फ़ अनुभव का होना होश और आनंद का प्रमाण नहीं है। कोई अनुभव से गुज़र रहा है, तो वह होश में हो भी सकता है और नहीं भी; क्योंकि अनुभव का होना केवल एक शारीरिक और मानसिक गतिविधि है—जो होश में भी घट सकती है और बेहोशी में भी। बेहोशी में वह बंधन बनती है और होश में आनंद।

तो अनुभवों से हर कोई गुज़रता है, मगर इसका अर्थ यह नहीं है कि आप होश में हैं। यदि आप अनुभव से तो गुज़र रहे हैं, मगर जान नहीं रहे हैं कि यह अनुभव क्या चीज़ है—इसका स्रोत क्या है, मुझे एक ख़ास तरह का अनुभव क्यों हो रहा है, किसी बात पर मैं क्रोधित, सुखी या दुःखी क्यों हो रहा हूँ, किसी से मैं ईर्ष्या क्यों कर रही हूँ, किसी को देखते ही मेरे भीतर से क्रोध क्यों आने लग जाता है—तो यह होश नहीं है। अनुभवों से तो एक पशु भी गुज़रता है। वह भी कभी धूप और कभी छाया में बैठता है, कभी भूख और कभी प्यास के अनुभव से गुज़रता है। किसी निकट साथी की मृत्यु पर कुछ समय दुःख भी अनुभव करता है और खोए हुए साथी, बच्चे या माँ को पाकर सुखी भी अनुभव करता है। मगर वहाँ आत्मज्ञान नहीं है और उनको ज़रूरत भी नहीं है। क्योंकि उनके लिए दुःख, चिंता, तनाव, भय, ज़िम्मेदारियाँ, जीवन का मकसद जैसी चीज़ें बहुत बड़ा मुद्दा ही नहीं हैं। होश तब है, जब अनुभव, अनुभोक्ता और अनुभव्य विषय—तीनों के प्रति सजगता हो।

इसका अर्थ यह बिल्कुल नहीं है कि वहाँ स्मृति का संचय नहीं होगा। अनुभव का तो संचय होता ही नहीं है। क्यों? क्योंकि अनुभव वर्तमान में घटता है। उसको आप संचित नहीं कर सकते—बस जान सकते हैं। तो यदि संचय होगा भी, तो अनुभव के दौरान उसके आसपास घटने वाली कहानी का। मगर आप यदि उसे समझते हैं, तो उसका स्मृति के रूप में संचित होना बंधन नहीं बनता—क्योंकि यहाँ आप समझ रहे हैं कि चल क्या रहा है। इसलिए अब जो कर्म भी आएँगे, वे संस्कारबद्ध और बेहोश प्रतिक्रिया भर नहीं होंगे—अब होश के प्रकाश में कर्म होंगे। ऐसा भी कह सकते हैं कि जब आप यह जान रहे होते हैं कि कर्म भीतर के किस केंद्र से आ रहे हैं—तो वहाँ होश है। बोध के प्रकाश में चेतना ही चेतना की क्रियाओं-प्रतिक्रियाओं के प्रति सचेत रहती है, उसे ही मैं होश कह रहा हूँ। बोध ऐसा ही है, जैसे प्रकाश। प्रकाश का होना भर पर्याप्त है और सब सहज होता है। सूर्य के प्रकाश में सारा खेल चल रहा है—सूर्य साक्षी मात्र है। बोध/जागरूकता—प्रकाश-स्वरूप है। बोध के प्रकाश में जाना जा रहा है कि चल क्या रहा है। बेहोशी की अवस्था में अनुभव हो रहे होते हैं, अनुभव के दौरान घटने वाली कहानी भी संचित हो रही होती है—मगर समझते कुछ नहीं कि चल क्या रहा है, यह अनुभव क्यों हो रहा है, इसका कारण क्या है। लेकिन जो अहंकार खड़ा हो गया है, वह इस कहानी को ही सत्य मानता है और उसी के केंद्र से प्रतिक्रियाएँ भी करता है। यही एक आम इंसान की हालत होती है—जिसे यह 'भ्रम' है कि वह होश में है, मगर होश में है नहीं। इसीलिए फ़िर वह धोखे खाता है, पछताता है और दुःख पाता है।

तो यह होती है बेहोशी की अवस्था—जहाँ अनुभव हैं, संचय है, नासमझी है और उस संचय यानी स्मृति के केंद्र से प्रतिक्रियाएँ हो रही हैं; मगर समझते नहीं कि चल क्या रहा है। एक है बेहोशी की स्थिति और दूसरी तरफ है होश। फ़िर एक और स्थिति होती है—भ्रूण या पशु (अन्य जीवों) की। वे भी अनुभवों से गुज़रते हैं, मगर वहाँ वैसा संचय नहीं होता जैसा एक मनुष्य के मस्तिष्क में होता है। अन्य जीवों में जैविक ज़रूरतों के लिए एक तल का संचय हो सकता है, मगर बहुत अधिक नहीं, और वे उस संचय के बारे में बहुत सोचते भी

नहीं। जैसे पशुओं में तो क्षणिक प्रतिक्रिया होती है। पशु क्रोधित भी होता है—तो क्षण भर के लिए। वह भयभीत भी होता है—तो क्षण भर के लिए। फ़िर भूल जाता है। ऐसा नहीं होता कि उसको भविष्य की बहुत चिंता है या मृत्यु का डर है और वह परेशान बैठा है। या वह सोच रहा हो कि मेरे जीवन का उद्देश्य क्या है, या कैसे पिछले अनुभव को वापस दोहरा लूँ। इस तरह मनुष्य की भाँति अन्य कोई जीव संभवतः नहीं सोचता। पशु तो जैविक प्रक्रिया के अनुसार बह रहा है—भूख लगती है, तो शिकार की तलाश; प्यास लगती है, तो पानी की। बच्चे पैदा करने का मौसम है, तो विपरीत लिंगी की तलाश; और अगर नींद आई हो, तो सो जाता है।

हमारी तरह वह हर समय नहीं सोचता रहता है। हम तो यदि सो भी रहे हैं और नींद नहीं आ रही है, तो मन में बहुत कुछ सोचते रहते हैं और बस सोचे ही जाते हैं। वह बैठा है, तो बस बैठा है—बैठे-बैठे हमारी तरह कल्पनाएँ नहीं कर रहा है। देखो कभी किसी गाय को—जैसे उसके चेहरे पर कोई भाव ही नहीं है, कोई विचार ही नहीं है। जैसे वह ना सुखी है, ना दुःखी। वह ना चिंतित दिखेगी, ना परेशान। वह बस बगोल कर रही है। कर भी नहीं रही है, क्योंकि बगोल का होना एक जैविक प्रक्रिया है, जो चल रही है—और उससे संबंधित उसे कोई सवाल नहीं कि ऐसा हो क्यों रहा है। तो एक स्थिति होती है—पशु या भ्रूण की—जहाँ अनुभव है, मगर कोई संचय नहीं है और वे समझते भी नहीं कि चल क्या रहा है, क्यों चल रहा है, इस तरह का अनुभव क्यों हो रहा है। वहाँ बस प्रतिक्रियाएँ होती हैं, आकर्षण होता है। तो आपको कुछ अनुभव हो रहे हैं—इसका अर्थ यह बिल्कुल नहीं है कि आप होश में हैं। अनुभव करना होश नहीं होता है—अनुभव के दौरान अनुभव को जानना होश होता है। मगर जो लोग समझते नहीं, वे सवाल भी ऐसे ही पूछते हैं—अच्छा, आपका अनुभव बताइए? अरे भाई! अनुभव तो आप भी बहुत कुछ करते हैं, पर अगर उसे समझते नहीं—तो क्या उसे होश कहेंगे? नहीं। अनुभव को जानना होश है। उसके खेल को देख पाना होश है। होश में अनुभव को भी देखा जाता है, उसके प्रभाव को भी देखा जाता है और उसके कारण को भी देखा जाता है। और जब यह जाना जाता है—तो कर्म सहज हो जाते हैं, संबंध स्वस्थ हो जाते हैं, जीवन में सहजता और सरलता आती है, व्यवहार में सरलता आती है। क्योंकि अब आप देख पा रहे हैं कि भीतर कोई कर्ता नहीं है, केवल एक प्रक्रिया है।

तो यह भी मत सोचना कि बुद्ध हैं, तो वहाँ किसी अनुभव से नहीं गुज़रा जा रहा है। जिनको आप बुद्ध कहते हैं, वह भी चलते तो ज़मीन पर ही हैं ना? वह भी खाते-पीते हैं। शरीर थोड़ी ना बुद्ध है। बुद्धत्व या बोध शरीर के भीतर की कोई वस्तु थोड़ी ना है। बोध तो बस है। उसे शरीर में ढूँढने जाओगे, तो कहीं नहीं पाओगे—वह तो जागरूकता है। जैसे आसमान और पतंग है—पतंग उड़ रही है, आसमान की असीमता में, सूर्य के प्रकाश में। वैसे ही अनुभव घटते हैं—बोध के प्रकाश में। आप यदि उनके प्रति सजग हैं, तो होश है अन्यथा बेहोशी है। होश में भ्रम, भय, बंधन, अपूर्णता, दुःख जैसी पीड़ा हटती है और बेहोशी में यही सब बढ़ते हैं। सुख आ रहा है और सुख जा रहा है; दुःख आ रहे हैं, दुःख जा रहे हैं; क्रोध, ईर्ष्या, भय, भावनाएँ आ रहे हैं और जा रहे हैं—और बस होश है। दिख रहा है कि क्या चल रहा है। क्रोध

की भावना ही क्रोध के प्रति उसे कोई नाम दिए बिना और अच्छा या बुरा कहे बिना सचेत है। विचार ही विचार के प्रति सचेत है। तो अनुभव वह है—जो घट रहा है, जिसको जाना जा रहा है। स्मृति वह है—जो अनुभव के दौरान उसके आसपास कहानी घट रही है। आप कैसे कहेंगे कि कोई व्यक्ति क्रोध में है? उसके हाव-भाव देखकर। तो चेहरे का जो भाव है, जो व्यवहार है—उसका संचय होता है। उसको देखकर आप पहचान पाते हैं कि फलाना व्यक्ति क्रोध में है। आप उसे क्रोध नाम देते हैं। मगर क्रोध के क्षण में जो अनुभव घट रहा है और उसका जो कारण है—उसको कोई मशीन या अन्य व्यक्ति नहीं जान सकते। उसको वही देख सकता है—जो या तो ख़ुद होश में हो, या जिसके साथ अनुभव घट रहा है।

जिसके साथ अनुभव घट रहा है, वह भी यदि देख पा रहा है—तो वह होश में है। माने अनुभव को केवल होश में ही देखा या जाना जा सकता है। देख पा रहे हैं—तो होश में हैं। नहीं देख पा रहे हैं और बस अनुभव से गुज़र रहे हैं—तो होश में नहीं हैं। तो अनुभव है वह—जो घट रहा है, जिसको जाना जा रहा है; और होश है—जानना, देखना। होश माने—जानने वाले के बिना जानना, देखने वाले के बिना देखना। देखने या जानने 'वाला' कोई नहीं है—केवल होश है। अगर सचमुच देख रहे हैं—तो यह नहीं कह सकते कि 'मैं' देख रहा हूँ। जब देख रहे हैं, तो यह भी देख रहे हैं कि भीतर देखने वाला कोई नहीं है। क्रोध के अलावा क्रोध करने वाला भीतर कोई नहीं है। सुखी या दुःखी होने वाला भीतर कोई नहीं है। केवल एक प्रक्रिया है—और जैसे ही इस प्रक्रिया के प्रति सचेत होते हैं, सब सहज और सरल होता जाता है। सुख, दुःख, क्रोध, ईर्ष्या, भय, अपूर्णता आदि सब शून्य होते जाते हैं।

यही तो देखना है कि क्रोध, सुख, दुःख, अकेलापन आदि से गुज़रा तो जा रहा है; मगर यह कौन है जो दावा करता है कि मैं गुज़र रहा हूँ? यह कौन है जो सुखी या दुःखी होने का दावा कर रहा है? किसको क्रोध आ रहा है? और जब देखते हैं, तो क्या पाते हैं? कुछ नहीं। केवल एक जैविक, संस्कारबद्ध और बेहोश प्रतिक्रिया है। अतीत का संचय है—वहीं से प्रतिक्रियाएँ आ रही हैं; और शरीर व मस्तिष्क हैं, जो अनुभवों से गुज़र रहे हैं, मगर अनुभव करने वाला कोई नहीं है—यह देखना ही होश है। तो होश का अर्थ यह नहीं है कि देखने वाला कोई है। होश माने यह देखना कि देखने वाला, अनुभव करने वाला, सुखी या दुःखी होने वाला कोई नहीं है—केवल एक प्रक्रिया है। और जब उस प्रक्रिया पर बोध का प्रकाश पड़ता है, तो उस प्रक्रिया में सहजता आ जाती है, सरलता आ जाती है। वहाँ जो उलझनें हैं, वे सुलझ जाती हैं; जो भ्रम थे, वे हट जाते हैं। जब अंधकार को ही प्रकाश से प्रेम हो जाता है, अबोध को ही बोध से प्रेम हो जाता है, झूठ को सत्य से प्रेम हो जाता है, गुलाम को आज़ादी से प्रेम हो जाता है और अंधकार, अबोध, झूठ और गुलाम ही मिटना स्वीकार कर लेता है—तब वही द्वार खोल देता है। होश माने आपका द्वार खोलने और मिटने के लिए राज़ी हो जाना, और बोध माने द्वार का खुलना और आपका (अंधकार/अहंकार) का मिटना। द्वार खुलता है, तो ताज़ी हवा, पक्षियों का कलरव, प्रकृति का सौंदर्य, धूप और सूर्य का प्रकाश आदि—सब सहज ही उपलब्ध हो जाते हैं।

मैं या अहंकार को हटाया या मिटाया नहीं जाता है—बस यह देख लिया जाता है कि भीतर 'मैं' कहीं है ही नहीं। तो फ़िर मैं या अहंकार क्या हुआ? शरीर, बेहोशी, स्मृति, भय, स्वार्थ और आसक्ति के इस पूरे खेल को नहीं समझने के कारण भीतर किसी अनुभवकर्ता का खड़ा हो जाना—जो यह दावा करने लग जाए कि 'मैं' अनुभव कर रहा हूँ, 'मैं' हँस रहा हूँ, 'मैं' रो रहा हूँ, 'मैं' सुखी या दुःखी हो रहा हूँ, मुझे चोट लग गई, मेरा अपमान हो गया। जो स्वयं को प्रकृति यानी दृश्य से पृथक और स्वतंत्र मानता है। यह जो 'मैं' है—यह केवल एक भाव है, जो केवल आत्म-अज्ञान में ही पलता है। आत्मज्ञान के साथ यह मिटता जाता है। स्वयं को जानते जाते हैं, तो इसका झूठ दिखता जाता है। तो जैसे-जैसे बच्चे को भाषा का ज्ञान होने लगता है और वह आस-पास लोगों को 'मैं' शब्द के माध्यम से 'स्वयं' को संबोधित करते हुए देखता है—तो वह भी 'स्वयं' को संबोधित करने के लिए उस 'मैं' शब्द का प्रयोग करने लग जाता है। अब यह 'मैं' केवल एक 'शब्द' है—भीतर 'मैं' जैसा कोई तत्व नहीं है। चूँकि बच्चा यानी अबोध होते हैं, इसलिए हम शरीर और मानसिक संचय को इस पूरी प्रकृति से पृथक और स्वतंत्र 'मानते' हैं। अब यह एक भ्रामक मान्यता है—जिसमें ना तथ्य है, ना सत्य। मगर इस भ्रम के कारण जो एक 'अलगाव' अनुभव होता है—जो केवल शरीर, मानसिक संचय और आत्म-अज्ञान के कारण अनुभव हो रहा है—उस अलगाव को 'मैं' कहकर संबोधित किया जाता है। अलगाव केवल भ्रामक मान्यता है, लेकिन जब आप उसको नाम दे देते हैं—'मैं' कह देते हैं—तब वह सत्य प्रतीत होने लगता है। तो यह "मैं" उस अलगाव की भ्रामक मान्यता से उठे भाव को दिया गया "शब्द मात्र" है, जिसकी अपनी कोई स्वतंत्र सत्ता नहीं। अलगाव का भ्रम हट जाए—तो ना भाव रहेगा, ना मैं—और रहेगा केवल बोध मात्र, जागरूकता मात्र।

तो वह बच्चा किसे 'स्वयं' मान लेता है? शरीर, स्मृति और अबोध अवस्था के कारण अनुभव होने वाले अलगाव के भाव को—और उसी के लिए 'मैं' शब्द प्रयोग करने लग जाता है। मगर 'मैं' को शरीर और स्मृति से अलग कुछ मानता है। इसीलिए फ़िर वह कहता है—मेरा शरीर, मेरे विचार। बात बस इतनी है कि भ्रमवश पहले तो वह 'शरीर' से आसक्त हो जाता है और फ़िर उस संचय से, जिसे हम 'स्मृति' कहते हैं। समय के साथ अबोध अवस्था में ही अनुभव होते जाते हैं, स्मृति बनती जाती है और अलगाव सच्चा लगने लगता है—जिससे मैं-भाव यानी अहंकार को और पोषण मिलता जाता है। तो शरीर में ना तो आपको कहीं पर बोध मिलेगा, ना अनुभव मिलेगा और ना ही अहंकार मिलेगा। क्यों? क्योंकि बोध का तो शरीर से कोई लेना-देना ही नहीं है—वह शरीर से मुक्त है। वह बस है। अनुभव वर्तमान में घटता है और उसका संचय नहीं होता; इसलिए वह भी शरीर में ढूँढने से नहीं मिलेगा। और अहंकार यानी 'मैं' कुछ है ही नहीं—यह केवल एक भ्रम है, और भ्रम भी मस्तिष्क में कहीं संचित नहीं होता। अब उस बच्चे को जो भी अनुभव होते हैं, वे सब बहुत कुछ पर निर्भर करते हैं। अनुभव—अनुभोक्ता, अनुभव्य विषय, मान्यताओं, संस्कार, लिंग, उम्र, पूर्वाग्रहों और वातावरण आदि पर निर्भर करते हैं। आपकी मान्यताएँ आपके अनुभवों को बदल देती हैं। आपके मानसिक संस्कार आपके अनुभवों को बदल देते हैं। आपके संस्कार एक तरह के

हैं, तो आपके अनुभव कुछ और होंगे; आपके संस्कार दूसरी तरह के हैं, तो उसी स्थिति में आपके अनुभव कुछ और हो जाएंगे। आप स्वयं को क्या मानते हैं? या आपके मस्तिष्क में किन बातों को आपकी पहचान के रूप में डाल दिया गया है—उससे यह तय हो जाएगा कि मंदिर से आने वाली घंटियों-घड़ियालों की आवाज आपको कैसा अनुभव देगी और मस्जिद से आने वाली नमाज़ की आवाज आपको कैसा अनुभव देगी।

तो शरीर जैविक प्रक्रिया के रूप में प्राकृतिक रूप से कुछ अनुभवों से सहज गुजरता है, मगर आपके मानसिक संस्कार, मान्यताएँ, स्वार्थ, आसक्ति, भ्रम आदि सब मिलकर अनुभव को बदल देते हैं। अब होता यह है कि बच्चा जब अपने आस-पास देखता है, तो पाता है कि लोग नामों, छवियों, अर्थों, मान्यताओं आदि में जी रहे हैं। हर वस्तु, व्यक्ति, जीव, व्यवहार, भाव, अनुभव आदि सबको लोगों ने नाम दे रखे हैं। तो जब वह अबोध बच्चा कुछ देखता है, सुनता है, अलग-अलग अनुभवों से गुजरता है—तो वह भी हर अनुभव को कोई नाम और अर्थ देने लग जाता है और उसकी कोई छवि बना लेता है। कोई भी अनुभव होता है या कोई घटना घटती है, तो स्मृति में संचित जानकारियों, भाषा और अतीत का उपयोग करके मस्तिष्क उस अनुभव, व्यवहार या घटना आदि को कोई नाम दे देता है। जैसे एक घटना को 'जन्म' और दूसरी को 'मृत्यु' नाम दे दिया और उसके साथ कुछ अर्थ जोड़ दिया गया। ऐसे ही किसी स्थिति को सुख, किसी को दुःख, किसी को शांति और किसी को अशांति नाम दे दिया जाता है। ऐसे ही यह खेल बढ़ता रहता है और स्मृति निर्मित होती रहती है।

तो मस्तिष्क में भाषा है और मस्तिष्क उस भाषा का उपयोग करके हर अनुभव, हर दृश्य, हर विषय को कोई नाम दे देता है। नाम, रूप, अर्थों, छवियों, जानकारियों, प्रतीकों इत्यादि के रूप में वह अनुभव की कहानी को संचित कर लेता है। जब ऐसा होता है, तो एक तरह से हम किसी भी वस्तु, व्यक्ति, अनुभव या घटना आदि को देखना-जानना बंद कर देते हैं। जैसे ही हमारे सामने ऐसा कुछ आता है, मस्तिष्क तुरंत उसे कोई नाम दे देता है और हमें यह भ्रम हो जाता है कि जैसे हम उसे जानते हैं। अब इसके दौरान यदि हम जागरूक नहीं हैं, तो जो भी हमारा अनुभव होगा, जो भी हमारी मान्यताएँ और कल्पनाएँ होंगी—जो हमारा ही प्रक्षेपण होगा—वही सब सत्य का नाम लेकर मस्तिष्क में संचित हो जाएगा। मगर हमें समझना होगा कि जो कुछ भी हमें अनुभव होता है और जो कुछ भी मस्तिष्क में संचित होता है, वह बहुत सीमित और भ्रामक होता है। वह अनेक बातों पर आश्रित होता है। ख़ासकर वह द्रष्टा और दृश्य की प्रकृति पर निर्भर करता है। वह आख़िरी सत्य नहीं होता है।

हमारे अनुभव हमारी अपनी शारीरिक-मानसिक स्थिति, हमारी मान्यताओं, संस्कारबद्धता और वातावरण आदि पर निर्भर होते हैं। आप स्वयं को क्या मानते हैं—इससे भी आपके अनुभव बदल जाते हैं। आपकी शारीरिक या मानसिक अवस्था क्या है—उससे अनुभव बदल जाते हैं। आप बीमार हैं या स्वस्थ? आप शरीर से स्त्री हैं या पुरुष? ये सब आपके अनुभवों को प्रभावित करते हैं। अगर आप किसी घटना को शुभ 'मानते' हैं, तो आप उस घटना पर बहुत खुश हो जाएंगे; और किसी व्यक्ति को यदि यह सिखा दिया गया है कि

फलानी घटना अशुभ है—तो वह उसी घटना के घटने पर दुःखी हो जाएगा। मान लो किसी एक देश के लोगों की यह मान्यता है कि जब वे रास्ते से जा रहे हैं और तभी उनके सामने से यदि कोई बिल्ली गुजर जाए—तो यह एक शुभ घटना है। किसी अन्य देश में यह मान्यता हो सकती है कि जब आप रास्ते से गुजर रहे हैं, तब आपके सामने से यदि कोई बिल्ली गुजर जाए—तो यह एक बहुत अशुभ घटना है। तो दोनों व्यक्तियों के सामने घटना एक ही घट रही है और वह भी संयोग से, मगर दोनों व्यक्तियों के जैसे संस्कार हैं, उनकी जो मान्यताएँ हैं—उससे उनके अनुभव, उनके निर्णय, उनके कर्म, प्रतिक्रियाएँ आदि सब बदल जाते हैं।

तो अनुभव बहुत हल्की चीज़ है—वह सत्य नहीं है। आपको एक खास तरह का अनुभव हो रहा है, यह तथ्य है; मगर वैसा ही क्यों अनुभव हो रहा है—उसके पीछे एक पूरी प्रक्रिया है। अगर आप अनुभव की उस प्रक्रिया को पूरी ईमानदारी और निष्पक्षता से देखें, तो आप जानेंगे कि यह अनुभव कितना भ्रामक, सांयोगिक और अपूर्ण है। तो यह जो अभी-अभी पैदा हुआ बच्चा है, यह ऐसी ही अनेक मान्यताओं, संस्कारों आदि को परिवार, समाज, संस्कृति, फिल्मों, मीडिया, माहौल आदि से सोख लेता है और इसे पता भी नहीं होता है कि किस तरह ये सब मिलकर उसकी ज़िंदगी को आकार दे रहे होते हैं। यह बच्चा न जाने कितने शारीरिक-मानसिक अनुभवों से गुजरता रहता है, मस्तिष्क उन अनुभवों को नाम देता है, छवियाँ बनाता है और भ्रमवश वह उन्हें सत्य मान लेता है। ऐसे ही भ्रामक, अपूर्ण और सांयोगिक अनुभवों से हमारी ज़िंदगी भरी हुई है और उन्हीं अनुभवों को आधार बनाकर हम "आज के" फैसले लेते हैं। तो अब क्या हमारे फैसले सही हो सकते हैं? बिल्कुल नहीं।

मगर ऐसे ही यह बच्चा 'मैं' बोलना भी सीख लेता है। जैसे सब मानते हैं कि शरीर के भीतर कहीं कोई जीव या जीवात्मा या आत्मा है, जो किसी अन्य दुनिया से आया है और शरीर के मरने के बाद भी वह बचा रह जाता है—वैसे ही यह भी मान लेता है और मानता है कि वही तो 'मैं-मैं' बोलता है। कभी उसे जीव कह देता है, कभी जीवात्मा और कभी आत्मा। यह जान लेना ही आज़ादी की शुरुआत है कि भीतर कोई गुलाम (आत्मा या जीवात्मा) नहीं है। माटी का पुतला है और माटी में ही पूरी तरह मिल जाना है। रोज मिल ही रहा है। कुछ भी कहीं बाहर से नहीं आया है—जो है, अभी है और यहीं है। इसी दुनिया में जीना है; दूसरी कोई दुनिया नहीं है, जहाँ आप चले जाओगे। अब जीना कैसे है—यह आप देख लो।

प्रकृति के बिना इस देह की अपनी कोई स्वतंत्र सत्ता नहीं है। इस देह को आप नहीं—प्रकृति चला रही है। यह स्वयं प्रकृति है, अपने से चल रही है और अहंकार केवल भ्रम है। इस शरीर की अपनी एक खास संरचना है, जो अपनी प्रकृति के अनुसार क्रिया-प्रतिक्रिया करती है—वहाँ आपको कर्ता बनने की कोई आवश्यकता नहीं है। शरीर भी प्रकृति ही है और प्रकृति को अपना काम आता है—आप बीच में मत घुसो। भीतर 'मैं' जैसा कुछ नहीं है। 'मैं' बोलना और 'मैं' को लेकर जो कुछ भी किस्से-कहानियाँ हैं, वे सब हमने अपने ही जैसे संस्कारबद्ध, मान्यताओं के गुलाम और अबोध लोगों से सीख लिया है। फ़िर शरीर और मानसिक संचय मिलकर पृथक और स्वतंत्र अस्तित्व का भ्रामक अनुभव तो कराते

ही हैं—तो हमें यह भ्रम हो जाता है कि जैसे भीतर कुछ है। भीतर ऐसा कुछ नहीं है—केवल संस्कारबद्धता, मान्यताएँ और उनसे पनपा भ्रम मात्र है। यह भ्रम ही अहंकार है। भ्रम को भ्रम जान लो, समाज को मस्तिष्क से बाहर निकलने दो और शरीर को हो जाने दो प्रकृति के हवाले—और आप कुछ ना रहो।

'मैं' बोलना कोई बड़ी बात थोड़ी ना है—यह तो एक मशीन भी बोल सकती है। किसी पशु को 'मैं' बोलना नहीं सिखाया, तो वह नहीं बोल रहा—'मैं'। उसकी अपनी भाषा है। अन्यथा ऐसे कई जीव होते हैं, जिनको सिखा दो, तो वे भी शब्द दोहराने लग जाते हैं। खासकर तोता—आपने देखा होगा उसे बोलते हुए। अगर सिखा दो, तो तोता भी राम-राम बोलता है। आप उसे 'मैं' बोलना सिखा दो, तो वह 'मैं' बोलना सीख जाएगा। मगर इसका अर्थ यह नहीं है कि वह ख़ुद को जानता-समझता है। और उसे ज़रूरत भी नहीं है, क्योंकि उसे हमारी तरह कोई दुःख, चिंता, तनाव, भय जैसी पीड़ा नहीं है।

नयना जी: उसे ऐसी पीड़ा क्यों नहीं है?

अचिंत्य: क्योंकि वह प्रकृति के साथ सामंजस्य में है। वास्तव में वहाँ अहंकार है ही नहीं और केवल प्रकृति है। वहाँ ऐसा कोई भ्रम और मान्यता नहीं है कि इस प्रकृति से अलग मेरी अपनी कोई पृथक और स्वतंत्र सत्ता है, या मैं विशेष हूँ और मैं कहीं बाहर से इस पृथ्वी पर आया हूँ। इसीलिए आप पाओगे कि मनुष्य के अलावा कोई भी जीव इस प्रकृति को—नदियों, पहाड़ों, जंगलों, हवा, जल आदि को—ना गंदा करता है, ना बर्बाद। जब बेहोशी, बेईमानी, पाखंड और चालाकी के रूप में यह अहंकार बीच में आता है—तब ही सारी समस्याएँ शुरू होती हैं। तो इसी तरह जब एक बच्चा भी बस शब्द दोहराता है, मगर समझता कुछ नहीं; तो धीरे-धीरे वह भी चालाकियाँ, बेईमानी, पाखंड, झूठ आदि सब सीख लेता है। उसको बहुत सारी पहचानें और मान्यताएँ दे दी जाती हैं और वह उन्हीं में सीमित-संकुचित होकर कैद हो जाता है। उन्हीं पहचानों के आधार पर उसका पूरा जीवन तय हो जाता है—जैसे कि उसके कर्तव्य और ज़िम्मेदारियाँ क्या होंगी? उसको जीवन में क्या करना है, क्या नहीं करना है? पुरुष या स्त्री के प्रति कैसा व्यवहार करना है? किसको अपना मानना है और किसको पराया? किनसे दोस्ती करनी है और किनसे नहीं? कहाँ झुकना है और कहाँ नहीं? मगर ये मान्यताएँ और पहचानें समस्या तब बन जाती हैं, जब बच्चा इनको सत्य और आख़िरी मानकर पूजने लग जाता है और इनकी सीमाओं को नहीं समझता—जिसके कारण अनुभव विकृत हो जाते हैं और दुःख उत्पन्न होता है। द्वंद्व खड़े होते हैं।

जब बच्चे को नहीं पता होता है कि वह ख़ुद को जो भी मानता है, वह क्यों मानता है? जब वह ख़ुद को नहीं समझता है, तब उसे यह भी समझ नहीं आता कि जैसा असहज अनुभव उसे हो रहा है, वैसा क्यों हो रहा है। उसको नहीं पता होता कि उसको कुछ अच्छा या बुरा क्यों लग रहा होता है? किसी को अपना या पराया क्यों कहता है? किसी बात पर सुखी या दुःखी क्यों होता है? हम यह नहीं कह रहे कि अनुभव तथ्य नहीं है। अनुभव तथ्य है, मगर वह सत्य नहीं है। क्योंकि वह तो परिस्थितियों, शरीर और मानसिक संचय का उत्पाद है। जिस व्यक्ति

को देखकर आप डर जाते हैं, उसे देखकर कोई जानवर थोड़ी ना डर जाता है। आप किसी व्यक्ति को देखकर इसलिए डर रहे हैं, क्योंकि उसको लेकर आपके मन में कुछ मान्यताएँ और छवियाँ हैं। उससे आपका एक ख़ास तरह का संबंध है। कोई स्वार्थ है। मगर जब आपको ऐसा पता नहीं होता, तो आप यह मान लेते हैं कि उस व्यक्ति के बारे में आप जो भी सोच रहे हैं, वह सत्य है और डरना आवश्यक है। वह व्यक्ति वास्तव में वैसा है नहीं—बस आपके लिए वैसा है; क्योंकि आप दोनों के पास एक-दूसरे को लेकर कुछ छवियाँ और मान्यताएँ हैं। तो समस्या या दुःख इसमें नहीं है कि आप किस अनुभव से गुज़र रहे हैं; दुःख इसमें निहित है कि जिस भी अनुभव से आप गुज़र रहे हैं, आप उसको समझते भी हैं या नहीं? तो अहंकार क्या है?

सतत अनुभव घट रहे हैं। संस्कारबद्धता के कारण मस्तिष्क उन्हें कोई नाम दे रहा है, उससे संबंधित कोई छवि बना रहा है और वह सब मस्तिष्क में संचित हो रहा है—लेकिन इस प्रक्रिया के प्रति आप सजग नहीं हैं। मगर जो भी मानसिक संचय है, आप उसे सत्य मानकर उससे स्वार्थ जोड़ लेते हैं और उससे आसक्त हो जाते हैं। संचय से यह आसक्ति अलगाव का अनुभव कराती है, जो उस भाव को बल देती है—जो देह के कारण अनुभव हो रहा था—जिसे "मैं-भाव" या अहंकार कहते हैं। अब यदि आप अनुभव, अनुभोक्ता और अनुभव्य विषय के प्रति पूरी ईमानदारी और निष्पक्षता से सजग हैं, तो रूपांतरण स्वतः और सहज आता है—बिना किसी कर्ता और प्रयास के। अब ऐसा नहीं है कि आप "मैं" शब्द का प्रयोग ही नहीं करेंगे। प्रयोग तो करेंगे, मगर केंद्र बदल जाएगा—पहले केंद्र बेहोशी और अहंकार था, अब केंद्र होश या सत्य है। जब आप अनुभव और अहंकार के खेल को समझते हैं और जानते हैं कि भीतर कोई "मैं" नहीं है, कोई कर्ता नहीं है; तब यदि आप "मैं" शब्द का प्रयोग कर रहे हैं, तो उसमें अहंकार की कोई बात नहीं है। शब्द तो संचार और संबंध के साधन होते हैं।

क्योंकि अहंकार का तो मतलब ही है—इस भ्रम में जीना कि भीतर कोई बैठा है, जो सुखी या दुःखी होता है, जो कर्ता और भोक्ता है। इसके विपरीत यदि आप सजग नहीं हैं और किसी भी शारीरिक या मानसिक अनुभव के दौरान उस पूरे खेल को नहीं समझते; तो आप यह मान लेते हैं कि "मैं" अनुभव कर रहा हूँ। और तब अगर "मैं" शब्द का प्रयोग करते हैं, तो वह जो "मैं" है—वह अहंकार है। वही भ्रम और बेहोशी की अवस्था है। अब भले ही आप "मैं-मैं" बोल रहे हैं, हँस रहे हैं, रो रहे हैं, बात कर रहे हैं, चल-फिर रहे हैं; मगर आप बेहोश हैं। होश का अर्थ है—इस बोध के साथ जीना कि भीतर कोई नहीं बैठा है। जीवन में होश है या नहीं—इसका पता इस बात से चलता है कि जीवन में सहजता और सरलता है या नहीं। बेपरवाही है या नहीं। जीवन में असहजता, हिंसा, भय, पाखंड, अलगाव, दुःख, मान्यताएँ यह सब बेहोशी के प्रमाण हैं। यह ध्यान रहे कि बोध, अहंकार और अनुभव शरीर के भीतर कहीं नहीं होते हैं। अनुभव वर्तमान में घट रहा होता है—उसका संचय नहीं होता। अहंकार है ही नहीं; वह केवल भ्रम है, एक मान्यता है। तो वह शरीर में मिलेगा कैसे? और बोध का शरीर से कोई संबंध नहीं है। वह है, मगर शरीर के भीतर या बाहर नहीं—वह बस है। जैसे आकाश में चाहे पतंग हो या

ना हो, आकाश है। आकाश में पक्षी उड़ रहे हों या ना उड़ रहे हों—आकाश है। इसी तरह से बोध है—जिसमें सब-कुछ घट रहा है। यह जो जानना है, इस जानने को ही ध्यान कहते हैं। तो बोध की कोई छवि मत बना लीजिएगा, क्योंकि बोध का कोई नाम, रूप, छवि या आकार नहीं होता। वह बस है—उसका होना पर्याप्त है।

वह कुछ करता भी नहीं है। उसके होने से सब सहज होता है और उसके ना होने से जीवन में असहजता रहती है। उसके होने से सारे द्वंद्व, उलझनें, भ्रम, भय आदि सब हट जाते हैं। बोध के प्रकाश में सब-कुछ बदल रहा होता है—बोध नहीं बदलता। अनुभव बदलते रहते हैं, स्मृतियाँ बदलती रहती हैं। नाम, रूप, आकार, प्रकार—सब बदलते रहते हैं। यह बिल्कुल एक सूत्र की भाँति है। जैसे हम वापस शुक्राणु पर आते हैं—ध्यान से देखिएगा। शुक्राणु के तल पर केवल जैविक प्रक्रिया है। वहाँ रासायनिक आकर्षण है, प्रतिक्रियाएँ हैं—रसायनों का खेल है। मगर वहाँ ना कोई मान्यता है, ना संस्कारबद्धता है, ना पूर्वाग्रह हैं, ना कोई भ्रम है। वहाँ स्मृति का संचय भी नहीं है। शुक्राणु के पास अपना कोई नाम, पहचान या भाषा नहीं है। वह ख़ुद को कुछ भी मानता नहीं है। वह किसी तरह की कोई चालाकियाँ नहीं चल रहा है—इसलिए वहाँ अहंकार और दुःख नहीं है। फ़िर आते हैं गर्भस्थ बच्चे या भ्रूण पर। वहाँ भी ऐसा ही सब-कुछ है—बस थोड़ा-सा अंतर पड़ जाता है। जैसे किसी तरह की तेज ध्वनि के प्रति बच्चे के माध्यम से प्रतिक्रियाएँ होना। माँ यदि गर्भ के दौरान अपने पेट पर हाथ फेरती है, तो बच्चे को उस स्पर्श का अनुभव होता है। मगर वह भी एक जैविक प्रक्रिया ही है। वहाँ बच्चा ऐसा कुछ नहीं मानता या सोचता कि 'मुझे' अनुभव हो रहा है या मेरी अपनी पृथक और स्वतंत्र सत्ता है। इसलिए उस तल पर भी ना अहंकार है, ना दुःख।

अहंकार और दुःख की शुरुआत उसके बाद होती है। यहाँ पर सूत्र बिल्कुल बदल जाता है। बच्चा गर्भ से बाहर आता है। कुछ देर पहले तक उसके लिए 'दो' भी नहीं थे—एक भी नहीं था। उसके लिए तो वह 'स्वयं' भी नहीं था। लेकिन जैसे ही वह गर्भ से बाहर आता है और कुछ अनुभवों से गुज़रने लगता है, तो उसको तीन के होने का अनुभव होने लगता है—एक माँ, एक वह स्वयं और एक यह जगत है। जिसमें भिन्नता ही भिन्नता दिखती हैं। अर्थात् एक 'मैं', दूसरा 'मेरा' और तीसरा 'पराया'। अभी तक उसके लिए ना कोई माँ थी, ना कोई जगत था, ना वह स्वयं था। गर्भ से बाहर आने के बाद जैसे-जैसे समय बीतता जाता है और अनुभव बढ़ते जाते हैं, उसको दिखने लगता है कि एक वह स्वयं है—उसके अलावा दूसरा यह जगत है, और उस जगत में भी अनेक भेद हैं। मनुष्य हैं, पशु-पक्षी हैं, धरती-आकाश हैं, जल, वायु, ध्वनियाँ और बहुत कुछ हैं। तो गर्भ से बाहर आने के बाद उसके लिए सबसे पहले यह द्वैत खड़ा हो जाता है—जिसमें एक तो वह स्वयं है और दूसरा उसको अनुभव होने वाला यह जगत है। और इस जगत में भी अनेक भिन्नताएँ हैं। तो बच्चा जन्मता है और वह होता है 'अबोध', माने वह कुछ समझता नहीं है। ठीक? फ़िर वह अनेक तरह के शारीरिक-मानसिक अनुभवों से गुज़रता है और उन अनुभवों के दौरान उनके आस-पास घटने वाली कहानी मस्तिष्क में नाम, रूप, अर्थों, मान्यताओं, जानकारी आदि के रूप में संचित हो जाती है। परिवार, शिक्षा,

समाज, संस्कृति, माहौल, अनुभव आदि सब मिलकर उसको अनेक तरह से संस्कारित करते हैं। कई तरह की पहचानें, मान्यताएँ और ज़िम्मेदारियाँ उस पर थोप देते हैं—और वह इन सबको मानता चला जाता है। वह पहचानों-मान्यताओं में कैद होता जाता है। जिन्हें आप अपना नाम, पहचानें, मान्यताएँ आदि कहते हैं—क्या वे आपने स्वयं चुने थे?

नयना जी: बिल्कुल नहीं।

अचिंत्य: उसी तरह किसी भी बच्चे का ना कोई नाम होता है, ना पहचान; मगर उसको पहचानों के माध्यम से बाँट दिया जाता है, सीमाओं में बाँध दिया जाता है और सीमित-संकुचित कर दिया जाता है। उसकी सबसे पहली पहचान ही उसके शरीर से जोड़ दी जाती है, "जबकि मनुष्य की पहचान उसका शरीर मात्र नहीं बल्कि 'समझ' होती है।" इंसान उम्र से नहीं, समझ से बड़ा होता है। शारीरिक उम्र तो मूढ़, बेईमान, हिंसक, हत्यारे, भ्रष्ट लोगों की भी बढ़ जाती है—इससे क्या उन्हें बड़ा मान लें? बिल्कुल नहीं। मगर उस बच्चे को शरीर के लिंग, उसकी उम्र, उसके रंग, उसके वजन, उसकी लंबाई आदि से आँका जाता है। उसको लिंग, काल्पनिक जाति, तथाकथित संप्रदाय, मान्यता, संस्कृति, राष्ट्रीयता आदि में कैद कर दिया जाता है। उसको समय, स्थान, शरीर, रंग, भाषा आदि में बाँध दिया जाता है और मस्तिष्क इस सबको संचित करता जाता है। धीरे-धीरे इस शरीर, शारीरिक और मानसिक अनुभवों, भ्रम, भाषा और मानसिक संचय के कारण उसमें स्वयं के पृथक और स्वतंत्र अस्तित्व का भ्रामक भाव बढ़ने लगता है और यह भाव भीतर किसी काल्पनिक सत्ता को खड़ा कर लेता है—जिसे हम भाषा में 'मैं' नाम दे देते हैं। अब इस 'मैं' की अपनी कोई पृथक और स्वतंत्र सत्ता नहीं है, मगर यह मानता है कि यह सत्य है। अब चूँकि यह काल्पनिक है, इसलिए जब भी यह अपने होने का दावा करेगा तो हमेशा किसी ना किसी चीज़ से जुड़कर करेगा—इसीलिए यह हमें सच्चा लगने लग जाता है। इसलिए यह नाम, पहचानों, छवियों, भाषा, लिंग, देश, संप्रदाय, अनुभव आदि से आसक्त होता रहता है। इसीलिए अहंकार सिर्फ़ "मैं" नहीं बोलता; वह स्वयं को विशेष और सच्चा दिखा सके, इसके लिए वह बोलता है—मैं यह हूँ, मैं वह नहीं हूँ, मैं ऐसा हूँ, मैं वैसा नहीं हूँ इत्यादि। मतलब वह ख़ुद को 'कुछ' बताता है, ख़ुद के बारे में कुछ बताता है। क्यों? क्योंकि वह 'है' नहीं। ऐसे ही "मैं और मेरा का भाव" पनपने लगता है।

यह जिसे भी 'मेरा' कहता है, उसमें कुछ तथ्य होते हैं और बहुत कुछ केवल शब्द, कल्पनाएँ और मान्यताएँ। जैसे वह कहता है—मेरा नाम, मेरी पहचानें, मेरी जाति, मेरी परंपराएँ, मेरा धर्म आदि; तो यह सब केवल मान्यताएँ हैं और इनका अपना कोई अस्तित्व नहीं है। वह बस मानता है, क्योंकि उसे ऐसा सिखा दिया गया है और इसके अलावा उसके पास ऐसा कुछ नहीं है, जिसके आधार पर वह अपने विशेष होने का झूठा दावा कर सके। एक तरफ वह ख़ुद काल्पनिक है और दूसरी तरफ केवल मानी हुई चीज़ों के आधार पर वह अपने होने का दावा करता है। जबकि खेल सारा शरीर, मानसिक संचय और बेहोश प्रतिक्रियाओं का है। फ़िर अहंकार दूसरी चालाकी चलने लगता है और शरीर को कहने लगता है—मेरा शरीर।

जैसे कि वह शरीर के भीतर बैठी कोई पृथक और स्वतंत्र सत्ता हो। मगर वह है नहीं। वह जब भी अपने बारे में कुछ बताएगा, तो शरीर और मानसिक संचय से जुड़कर ही बताएगा; क्योंकि उसकी अपनी कोई सत्ता नहीं है—वह आत्म-अज्ञान से उठा एक भ्रामक भाव मात्र है। जैसे वह कहेगा—मेरा शरीर, मेरा वजन, मेरा रंग, मेरी उम्र आदि। अब ये सब शरीर के बारे में है, उसने अपना कुछ नहीं बताया क्योंकि वह है ही नहीं। फ़िर बताए कैसे। अगर वह होता तो अपने बारे में कुछ बताता। ऐसे ही वह कहता है—मेरा नाम, मेरी पहचानें, मेरी उपलब्धियाँ, मेरा परिवार, मेरी जाति इत्यादि। यहाँ भी उसने अपने बारे में कुछ नहीं बताया। ये बस मानी हुई बाते हैं। कैसे बताएगा—जब वह है ही नहीं। मन; समाज, मान्यताओं, संस्कारों, पूर्वाग्रहों और शारीरिक-मानसिक अनुभवों की कहानी मात्र है। मगर बच्चा यह नहीं समझता और ना ही इसके अलावा उसे अपना कुछ पता होता है, इसलिए वह इस अलगाव को सत्य मानकर जीता जाता है।

धीरे-धीरे इन सबसे स्वार्थ जुड़ जाते हैं, इनसे पहचानें जुड़ जाती हैं, इन्हीं के आधार पर संबंध बनते हैं और पूरी ज़िंदगी ही जैसे इन्हीं सब मान्यताओं पर टिकी होती है—इसलिए वह इनसे आसक्त रहता है। मगर इनमें सत्य तो नहीं है ना। वह बस मानता है। क्यों? क्योंकि माता-पिता ने सिखाया है और वह भी उनपर स्वार्थ और भ्रमवश भरोसा करता है। मगर तथ्य यह है कि अभिभावकों से यदि पूछोगे कि ये सब चीज़ें क्या हैं और आप इन्हें क्यों मानते हैं, तो पाओगे कि पता उनको भी कुछ नहीं है। वे भी इन्हें बस इसलिए ढो रहे हैं, क्योंकि आपकी ही तरह उनको भी उनके माता-पिता और दुनिया ने ये सब रटा दिया था और बिना कोई सवाल किए उन्होंने भी मान लिया था। और जब अहंकार के पास अपना कुछ नहीं होता है, तब वह डरा हुआ और असुरक्षित होता है। इसीलिए फ़िर वह ऐसी सड़ी-गली मान्यताओं को भी बड़े-बड़े नाम देकर ढोता रहता है। अहंकार उन्हें पूर्वजों की धरोहर, परंपरा, मान्यता, प्रथा जैसे नाम दे देता है। समझता कुछ नहीं, बस अपने ही जैसे अंधों की भीड़ के देखे-देखे जीता चला जाता है। फ़िर अपने बच्चों से भी कहता है कि अब तुम भी इन्हें आगे बढ़ाओ। तो अधिकांश अभिभावक बस यह करते हैं कि जो भी कचरा उनकी खोपड़ी में उनके पूर्वजों ने डाला है, वही कचरा वे अपनी संतानों की खोपड़ी में डाल देते हैं। समझता कोई नहीं कि यह चीज़ क्या है, यह है भी या नहीं। इसकी उपयोगिता क्या है? बस मानते हैं। अन्यथा बताओ कि आपके पास क्या है, जो सचमुच आपका अपना है? जिसे भी आप 'मैं' या 'मेरा' कहते हैं, वह सब प्रकृति, परिवार, शिक्षा, संस्कृति, समाज, तथाकथित धर्म, मीडिया, फ़िल्मों और माहौल का दिया हुआ है। यह शरीर, आपका नाम, पहचानें, मान्यताएँ, संस्कार, धर्म, जाति, पसंद-नापसंद आदि सब दूसरों का दिया हुआ है। मगर आप उन्हें मानते हैं। बिना जाने-समझे उनके अनुसार जीते जाते हैं। किस्सों, कहानियों, कल्पनाओं को सत्य मानकर पूजे जाते हैं।

यही सब तो भ्रम, भय, बंधन, हिंसा और दुःख का कारण है, मगर फिर भी आप उन्हें छोड़ते नहीं बल्कि उन बेड़ियों की रक्षा करते हैं। क्यों? क्योंकि आप उनसे आसक्त हो

जाते हैं। और आसक्त क्यों हो जाते हैं? क्योंकि आपने उनसे कई तरह के स्वार्थ जोड़ रखे हैं, उनसे आपकी पहचानें जुड़ गई हैं, उनके अलावा आपके पास अपना कुछ नहीं है और उनके कारण ही आपको अपने "कुछ होने" का और "विशेष होने" का एहसास होता है। यदि उनको हटा दिया जाए, छोड़ दिया जाए, तो आपको ऐसा लगता है जैसे कि मैं तो कुछ हूँ ही नहीं—जैसे सब शून्य है, खाली। और अहंकार इससे, यानी मिटने से डरता है। इसलिए वह इन काल्पनिक मान्यताओं, शरीर और मानसिक संचय से चिपका रहता है। इनकी रक्षा करता है। हर उस चीज़ को उचित ठहराने का प्रयास करता है—जो उसे अपने कुछ या विशेष होने का एहसास कराती है। क्योंकि वास्तव में मानसिक संचय के बिना "मैं कुछ नहीं है"। समझ रहे हैं? तो बच्चे का अबोध अवस्था में जन्म लेना, अनेक तरह के भ्रामक शारीरिक-मानसिक अनुभवों से गुज़रना, भाषा सीखना; नाम, रूप और पहचानों आदि को सत्य मानकर स्वीकार कर लेना—बच्चे के मस्तिष्क में मान्यताओं, संस्कारों, छवियों, जानकारियों इत्यादि का संचय होना, यानी स्मृति का निर्मित होना—और इन सबकी सीमाओं और झूठ के प्रति बच्चे का सजग ना होना—एक अलगाव का अनुभव कराता है। यही अलगाव "मैं-भाव" पैदा करता है, और वही "मैं" अहंकार कहलाता है।

तो मानसिक संचय और बेहोशी यदि साथ-साथ हैं, तो वह अहंकार या भ्रम की अवस्था है—जो कि हमारे आस-पास के अधिकांश मनुष्यों की स्थिति है। वे ख़ुद को कुछ ऐसा मानकर जी रहे हैं, जो केवल मानसिक संचय मात्र है। जिनको पता ही नहीं है कि जिसे वे "मैं" कह रहे हैं, जिसके आधार पर वे भेदभाव, हिंसा, अन्याय और शोषण जैसे कृत्य करते हैं—भीतर वैसा कुछ है ही नहीं। "मैं" केवल एक भ्रम है, जो बेहोशी और मानसिक संचय का उत्पाद है—और इसमें बहुत दुःख है। तो अब इस भ्रम, भय, बंधन, पीड़ा और बेचैनी से भरी ज़िंदगी से आज़ाद होने के लिए क्या चाहिये? इसके लिए चाहिये प्रेम, नीयत और ईमानदारी। आपकी हालत दुःख की है। आप भ्रम में जी रहे हैं। कुछ समझ नहीं आ रहा है। मगर जो हालत है, उससे आपने स्वार्थ जोड़ रखे हैं। आप चाहते हैं कि ज़िंदगी में सुकून हो, शांति हो, आनंद हो; मगर आप यह भी चाहते हैं कि वे सारे स्वार्थ, पहचानें, मान्यताएँ आदि—जो आपने पकड़ रखे हैं—वे छूटें नहीं। तो ऐसा संभव नहीं है। शांति और अशांति, प्रेम और हिंसा, आज़ादी और बंधन—साथ नहीं चल सकते। जो कुछ बेहोशी से आया है, वह बेहोशी के हटते ही जाएगा भी—और जाना भी चाहिये। तो सबसे पहले चाहिये प्रेम। किससे? सत्य से, होश से, बोध से और आज़ादी से—जो वास्तव में अलग-अलग नहीं हैं। जिसका अर्थ है—वर्तमान हालत के प्रति विद्रोह।

अगर आप यह कहें कि मुझे यह झूठ, बेहोशी, भ्रम, भय, बंधन, सीमाओं और पीड़ाओं से भरी ज़िंदगी नहीं जीनी, मुझे इससे आज़ादी चाहिये; मगर उससे मिलने वाले सुख यदि आप छोड़ना नहीं चाहते—तो क्या आज़ादी संभव है? बिल्कुल नहीं। गुलामी की सुख, सुविधा, सुरक्षा और आराम चाहिये तो दुःख भी लेने पड़ेंगे। अधिकांश लोग इसीलिए गुलामी की पीड़ा से मुक्त नहीं हो पाते, क्योंकि वे उसके क्षुद्र सुख-सुविधाओं को नहीं छोड़ना चाहते। ख़ुद

संघर्ष नहीं करना चाहते। गुलामी से बड़ा दुःख और असुविधा और क्या हो सकते हैं। लोग डरते हैं कि सही राह पर कुछ बुरा ना हो जाए। अरे आप डर में जी रहे हो, इससे बुरा आपके साथ और क्या हो सकता है। गुलामी के सुखों से यदि आप ऊबे नहीं हैं, तो आप उससे बाहर क्यों निकलना चाहेंगे? गुलामी से आपको बेचैनी ही नहीं हो रही है, तो आज़ादी से प्रेम कैसे निभाओगे। इसलिए सबसे पहले तो प्रेम चाहिये—सत्य के प्रति प्रेम। जिसका अर्थ है कि झूठ के सामने अब झुकूँगा नहीं, झूठ के केंद्र से जियूँगा नहीं। किसी भी कीमत पर झूठ का सम्मान नहीं करूँगा। झूठ के सामने हाथ फैलाऊँगा नहीं। बोध के प्रति प्रेम चाहिये—जिसका अर्थ है कि अब बेहोशी में गिरना स्वीकार नहीं, बेहोशी के केंद्र से जीना स्वीकार नहीं। जो बेहोशी ना हटाए, वह स्वीकार नहीं। ऐसी किसी भी वस्तु, व्यक्ति या काम की संगत स्वीकार नहीं—जो होश से दूर ले जाए। बेहोश लोगों की संगत स्वीकार नहीं।

होश के प्रति प्रेम चाहिये। आज़ादी के प्रति प्रेम चाहिये; जिसका अर्थ है कि भ्रम, बंधन और सीमाओं में जीना स्वीकार नहीं। कोई दीवार नहीं चाहिये। कोई सीमा नहीं चाहिये। किसी भी मान्यता की बेड़ी नहीं चाहिये। तो सबसे पहले प्रेम चाहिये। और वह यदि नहीं है, तो हमारी हालत बस वैसी ही है—जैसे सूअर की होती है। सूअर को यदि गंदगी से कोई "समस्या" ही नहीं है और सफाई के प्रति उसमें कोई "प्रेम" ही नहीं है, तो सूअर को आप ज़बरदस्ती बाहर कैसे लाओगे? उसे बाहर लाओगे भी, तो वह चीखेगा और चिल्लाएगा। सूअर को तो फ़िर भी ज़बरदस्ती नहलाया जा सकता है—हालाँकि वह वापस जाकर गंदा हो जाएगा—मगर एक इंसान को ज़बरदस्ती आज़ाद नहीं किया जा सकता। इसके लिए तो उसी में आज़ादी से प्रेम चाहिये और यह नीयत भी होनी चाहिये कि मुझे झूठी, बेईमान, हिंसक, भ्रामक, सीमित, संकुचित, कमज़ोर और गुलाम ज़िंदगी नहीं जीनी। और चालाकियाँ बिल्कुल नहीं चलेंगी—पूरी ईमानदारी होनी चाहिये। अन्यथा होगा यह कि जैसे-जैसे आपको यह पता चलेगा कि आप तो अनेक भ्रमों, बंधनों और मान्यताओं में जी रहे हैं; आपने तो अपने तन, मन, घर और जीवन में स्वार्थवश बहुत कुछ व्यर्थ ही पकड़ रखा है—तो जब उसके छूटने की बारी आएगी, आप चालाकियाँ चलने लगेंगे।

आप ख़ुद से झूठ बोलने लगेंगे और बेईमानी करने लगेंगे। तो भीतर चल रहे झूठों को, भ्रमों को, अहंकार के पूरे खेल को समझने के लिए ईमानदारी बहुत ज़रूरी है। ईमानदारी के बिना कुछ नहीं होता। वर्तमान हालत के प्रति ऊब और विद्रोह चाहिये। अपनी झूठी, सीमित, संकुचित, हिंसक, डरी हुई, कमजोर और भ्रमित ज़िंदगी को देखकर घिन आनी चाहिये और दुःख होना चाहिये। अन्यथा उससे बाहर निकलना ही क्यों चाहोगे। उससे बाहर निकलने की ऊर्जा कैसे आएगी। ख़ुद की बर्बाद हालत को देखकर ख़ुद पर तरस और करुणा आनी चाहिये। और जब ऐसा हो, तो उस आज़ादी के प्रति प्रेम होना चाहिये—जहाँ ये सब नहीं है। फ़िर संघर्ष करने की नीयत भी होनी चाहिये। ख़ुद की कमजोरियों, बंधनों, मान्यताओं, आदतों, निर्भरताओं आदि के खिलाफ जाने की नीयत होनी चाहिये। तो वर्तमान हालत से ऊब और बेचैनी, प्रेम, नीयत और ईमानदारी चाहिये—जो कि एक-दूसरे से पृथक और स्वतंत्र नहीं हैं।

और जब ऐसा होता है, तब ही आप उस सारे खेल के प्रति निष्पक्ष और निर्मम रूप से सजग रह पाते हैं, जो भीतर और बाहर चल रहा है। अब आप उस खेल को बस देख रहे हैं—कि चल क्या रहा है? कैसे चल रहा है? कैसे शुरू होता है? कहाँ से शुरू होता है? कैसे सब बदलता है? अहंकार चालाकियाँ चल रहा है, बेहोशी में क्रियाएँ और प्रतिक्रियाएँ हो रही हैं, मान्यताएँ और संस्कारबद्धता अपना काम कर रही हैं। वर्तमान में आकर अतीत बार-बार दखल दे रहा है—और आप उसके प्रति बस सजग हैं—पूरी ईमानदारी, निष्कामता, निर्भयता, निर्ममता और निष्पक्षता के साथ। तो यह जो होश है, यह जो सजगता है—इसके होने मात्र से सारी मान्यताएँ, झूठ, संस्कारबद्धता, भ्रम, भय, बंधन और चालाकियाँ हटते जाते हैं। मानसिक रूप से आप उन सबसे आज़ाद होते जाते हैं और उसी आज़ादी से फ़िर कर्म आते हैं। बशर्ते की आप यानी अहंकार कर्म में बाधा ना डाले। जिसे होश से प्रेम है, वह भ्रम को भ्रम जानकर भी भ्रम में ही क्यों रहना चाहेगा? जिसने जान लिया कि मेरी मान्यताएँ केवल मानी हुई हैं और वे मुझे केवल भटका रही हैं—वह क्यों उन मान्यताओं को पकड़ कर रखेगा?

वे हटेंगी ही। आप बस देख लीजिए कि आप किस तरह संस्कारबद्ध हैं—फ़िर आप एक मशीन की भाँति उस संस्कारबद्धता के केंद्र से नहीं जी पाएंगे—क्योंकि उसी में तो सारे भ्रम, भय, बंधन और दुःख हैं। अब जीवन बोध के प्रकाश में बहेगा—बेहोशी, संस्कारबद्धता या मान्यताओं के केंद्र से नहीं। जिसे सत्य से प्रेम होता है, वह झूठ को झूठ जानकर भी—झूठ में ही नहीं जीता रहता। और अगर झूठ में जी रहा है, तो उसे सत्य से ज़्यादा क्षुद्र स्वार्थ प्यारे हैं। तो जब पूरी ईमानदारी, निर्ममता, निर्भयता, निष्कामता और निष्पक्षता से देखते हैं, तो पाते हैं कि जो कुछ भी आप स्वयं को मानते हैं और जिसे भी आप अपना कहते हैं—वह सब केवल सीखा हुआ है। यदि आपकी स्मृति से वह सब हटा दिया जाए, तो ना मैं रहेगा, ना मेरा। तो वह जो मानसिक संचय है, उसी के कारण यह "मैं भाव" खड़ा होता है। अन्यथा मैं जैसा भीतर कुछ नहीं है। तन तो प्रकृति है। तन किसी अन्य व्यक्ति से क्या, सूर्य से भी पृथक और स्वतंत्र नहीं है—क्योंकि सूर्य ना हो, तो यह तन हो ही नहीं सकता। जल, वायु, मिट्टी, आकाश, अनाज, फल, सब्जी आदि ना हों, तो इनके बिना तन हो ही नहीं सकता। जिनके बिना तन हो ही नहीं सकता, वे आपस में पृथक और स्वतंत्र कैसे हो सकते हैं? और जिस तन के बिना मन नहीं हो सकता, वह मन भी उस तन से पृथक और स्वतंत्र कैसे हो सकता है। तो जैसे आपका शरीर है, वैसे ही अन्य व्यक्तियों का भी शरीर है। शरीर और शरीर में कोई अंतर नहीं होता। जैसे इस शरीर में अंदर और बाहर—हड्डियाँ, मांस, रक्त, मल, मूत्र, हृदय, फेफड़े, आँख, नाक, कान, हाथ, पैर आदि हैं; वही सब किसी अन्य शरीर में भी हैं—यहाँ तक कि अन्य प्रजातियों के जीवों में भी हैं। वे भी उसी तरह इस प्रकृति से पृथक और स्वतंत्र नहीं हैं, जैसे आप नहीं हैं। जैसे आपमें काम, क्रोध, लोभ, मोह, ममता, ईर्ष्या, भय आदि भावनाएँ उठती हैं—वही सब किसी अन्य व्यक्ति और जीव में भी हैं। जैसे आपको सुख, दुःख, बेचैनी, घुटन, अकेलापन महसूस होता है, वैसे ही अन्य को भी अनुभव होता है। तो मूल भेद कहीं कुछ है ही नहीं। सारा अंतर बस इस मानसिक संचय के कारण आ रहा है—जिसमें कुछ मान्यताएँ,

संस्कार और अनुभवों से संबंधित किस्से-कहानियाँ आदि हैं। जहाँ आपको कुछ सिखा दिया है और अन्य व्यक्ति को कुछ और सिखा दिया गया है; जहाँ आप कुछ मानते हैं और अन्य व्यक्ति कुछ और।

मगर जिस मानसिक संचय—यानी मान्यताओं, संस्कारों और अनुभवों—के कारण ये सारे भेद दिख रहे हैं, वे सत्य तो नहीं हैं। बल्कि वे तो सीमित, संकुचित, अपूर्ण, भ्रामक और केवल माने हुए हैं। जैसे एक ही व्यक्ति के बारे में दस लोगों की अलग-अलग मान्यताएँ हो सकती हैं। अब किसको सत्य मानें? किसी को नहीं—क्योंकि सब केवल मान्यताएँ हैं। सबने उसे अपने-अपने अहंकार और स्वार्थ के केंद्र से देखा है। उनके देखने में ना ईमानदारी है, ना निष्पक्षता और ना ही होश। तो जिन आधारों पर आप स्वयं को किसी भी व्यक्ति या जीव से पृथक और स्वतंत्र मानते हैं, वे आधार तो झूठे, भ्रामक और केवल माने हुए हैं। तो जैसे ही आप इस भ्रामक अलगाव के भ्रम को देख लेते हैं—फ़िर क्या मैं और तू का भेद बचेगा? बिल्कुल नहीं। तब केवल होश मात्र रहता है। तब भेद केवल यह रहता है कि "एक 'जानता' है कि कोई भेद सत्य नहीं है और दूसरा 'मानता' है कि भेद सच्चे हैं।" जब मैं और तू का भ्रम हटता है, तो बोध के प्रकाश में सारा खेल चलता है। और जैसे ही वहाँ कुछ गड़बड़ दिखती है, कुछ भ्रामक और झूठ दिखता है, मान्यताएँ और संस्कारबद्धता दिखती है—तो होश की आग उसे भस्म कर देती है। ऐसे ही समझो कि जैसे बोध के प्रकाश में "सहज छटनी" चल रही है। जो कुछ भी जैविक और व्यवहारिक रूप से उपयोगी है, बस वही रहता है; और बाकी जो कुछ भी तन, मन, स्मृति, घर और जीवन में भ्रामक और व्यर्थ ही पड़ा हुआ है—वह सब पीछे कहीं छूट जाता है। खो सा जाता है। उसका झूठ, बोझ, गंध और व्यर्थता अगर देख पा रहे हैं, तो फ़िर उसके प्रति आसक्ति नहीं रहती। उससे स्वार्थ छूट जाते हैं। फ़िर उसको महत्व नहीं दिया जाता।

और जिस भी चीज़ को आप महत्व नहीं देते हैं, जिससे आपका कोई स्वार्थ नहीं रहता है, जिसके प्रति आप आसक्त नहीं हैं, जिसकी व्यर्थता और झूठ को आप देख लेते हैं—वह सिर्फ़ जीवन में ही नहीं, बल्कि स्मृति में भी कहीं नहीं रहती है। स्मृति से भी जैसे कहीं खो सी जाती है। वैसे ही जैसे घर में जिन चीज़ों की आपको बहुत ज़रूरत नहीं होती है—वे घर में कहाँ रखी हैं या कहाँ पड़ी हैं—उनका आपको बहुत पता नहीं होता है। बल्कि एक लाभ यह रहता है कि जब किसी बात की सचमुच व्यवहारिक ज़रूरत होती है, तो अपने-आप और सहज ही वह स्मृति में उभर आती है। अन्यथा आप हलके रहते हैं। व्यर्थ बोझ नहीं रहता। ना अतीत को लेकर ग्लानि और पछतावा रहता है और ना ही भविष्य को लेकर चिंता और तनाव रहता है—आत्मबोध के प्रकाश में जीवन सहज बहता है। सहजता ही जीवन का सौंदर्य है। आसहजता से आज़ादी ही मनुष्य जीवन का उद्देश्य है। अबोध बालक जब संस्कारबद्ध हो जाता है और कुछ समझ नहीं पा रहा होता है, तो वह असहजता की ही स्थिति है। निष्पक्ष, निर्मम, निष्काम, निर्भय और ईमानदार अवलोकन द्वारा जब संस्कारबद्धता और उसकी व्यर्थता दिखती है—तो जीवन में सहजता स्वतः और सहज ही प्रकट होती है। सबकुछ आप

पर निर्भर करता है कि आप कैसे जीना चाहते हैं। आप यदि ना चाहें, तो कोई आपको आज़ाद नहीं कर सकता। आपको ही अपनी झूठी और बर्बाद हस्ती के विरुद्ध जाना होगा।

तो आपको केवल सही नीयत, प्रेम और निष्ठा के साथ निष्पक्ष, निर्मम, निष्काम, निर्भय और ईमानदार अवलोकन द्वारा स्वयं को जानने-समझने की ज़रूरत है—उसमें सब सहज होता है। हाँ, यह ध्यान रहे कि जब सहज बदलाव आए—तो अहंकार बीच में आकर उसमें टाँग ना अड़ाए। आपको ना तो कुछ "करने वाला कर्ता" बनना है; ना ही जो कुछ—बोध के प्रकाश में—सहज ही हो रहा है उसे "रोकने वाला कर्ता" बनना है। आपको मिटना है और बोध मात्र को रहना है—तो सबकुछ बदल जाता है। इसका यह अर्थ बिल्कुल नहीं है कि यदि होश है, तो अब अनुभव नहीं होंगे या भाषा नहीं होगी। सब कुछ होगा, बस केंद्र बदल जाएगा। अब आप समझते हैं कि चल क्या रहा है? कैसे चल रहा है? क्योंकि महत्वपूर्ण बस यही है कि आप समझ भी रहे हैं या नहीं। जैसे अभी मैं जो कुछ भी आपसे बातें कर रहा हूँ, इसमें सहमत या असहमत होना महत्वपूर्ण नहीं है; महत्वपूर्ण यह है कि आप समझ रहे हैं या नहीं? आपके भ्रम हट रहे हैं या नहीं? आप हल्के हो रहे हैं या नहीं? अन्यथा ये केवल शब्द हैं—इनकी अपनी कोई उपयोगिता नहीं है। आग के लिए हर पुस्तक एक समान है, वह सबको राख ही करेगी—मगर आपके लिए हर पुस्तक का महत्व अलग-अलग हो सकता है। उसी तरह ये बातें भी आपके लिए तो कुछ अर्थ और महत्व रख सकती हैं, मगर किसी पत्थर के लिए नहीं। अगर आप भी इनको समझें नहीं, इनपर ध्यान ना दें और केवल शब्द दौहरा लें या सहमत अथवा असहमत हो जाएँ मगर जिएँ नहीं—तो इनका कोई अर्थ नहीं। मशीन की भाँति शब्द सुनना और दौहराना बोध नहीं है—जानना और जीना बोध है।

तो बच्चा अबोध अवस्था में जन्म लेता है, स्मृति बनती जाती है, व्यक्तिगत, सीमित और संकुचित संसार खड़ा होता जाता है और सजगता के अभाव में "मैं भाव" पनपता जाता है—और वहीं से सारी पीड़ा की शुरुआत होती है। जिसे ये सीमाएँ, पीड़ा, बंधन आदि स्वीकार नहीं होता; वह सवाल करता है, ईमानदारी से समझता है और आज़ाद होता जाता है। अधिकांश लोग सवाल ही नहीं उठाते—वे बस मुर्दों की तरह जैसे सब जीते हैं वैसे ही जीते जाते हैं। यह जो मानसिक संसार है ना, इसी को कह रहा हूँ "व्यक्तिगत संसार"। बच्चा इसी में कैद होकर रह जाता है—फ़िर शरीर से चाहे वह जवान हो गया हो या बूढ़ा। आप जब इस मैं के इर्द-गिर्द अपना एक सीमित और संकुचित व्यक्तिगत संसार रच लेते हैं, दीवारें खड़ी कर लेते हैं और ख़ुद को उसमें कैद कर लेते हैं—तब वहीं से अकेलापन, अपूर्णता, असुरक्षा, बेचैनी, घुटन, दुःख, भ्रम, हिंसा—सब पैदा होते हैं। जब व्यक्तिगत संसार में कैद होने के कारण आप अपूर्णता, असुरक्षा, हीनता और क्षुद्रता अनुभव करते हैं—तब इनसे आज़ाद होने के लिए आप मैं और मेरा का विस्तार करने का प्रयास करते हैं। जो इस सीमित-संकुचित व्यक्तिगत संसार में कैद हो गया, जिसने दीवारें खड़ी कर लीं—उसे तो अकेलापन महसूस होगा ना? उसे तो घुटन होगी ना? दुनिया के सामने वह तो ख़ुद को अपूर्ण, हीन और क्षुद्र ही पाएगा ना? क्षुद्र है, तो असुरक्षित भी अनुभव करेगा ही। इसीलिए फ़िर वह चाहेगा कि 'मेरे' देश की सीमाएँ

बढ़ें। 'मेरा' धर्म फैले। मेरे धर्म में लोगों की संख्या बढ़े। क्यों? क्योंकि वह अपूर्णता, क्षुद्रता, हीनता और असुरक्षा से ग्रसित है। ऐसी पीड़ा से आज़ाद होने का सीधा, सरल और एकमात्र सही रास्ता है—व्यक्तिगत संसार की सीमाओं, झूठ और व्यर्थता को देखकर उससे आज़ाद हो जाना। मगर व्यक्तिगत संसार की उन मूल दीवारों को गिराने के स्थान पर वह बस अपने व्यक्तिगत संसार का ही और विस्तार करता रहता है।

मगर विस्तार करने से पूर्णता को कभी उपलब्ध नहीं हुआ जा सकता—क्योंकि दीवारें तो बची रहती हैं ना, अलगाव तो बचा ही रहता है। और जहाँ अलगाव है, वहाँ सीमा भी होगी; और जहाँ सीमा है, वहाँ अपूर्णता, असुरक्षा, हीनता और भय जारी रहेंगे—वहाँ पूर्णता कभी नहीं होगी। "मैं" के साथ आप चाहे "कुछ भी" जोड़ लें, चाहे "कितना भी कुछ" जोड़ लें और चाहे "कितनी ही बड़ी" कही जाने वाली पहचान या विषय जोड़ लें—मैं तो प्यासा ही रहेगा, क्योंकि उसमें और जोड़ा जा सकता है। मगर जो अहंकारी, बेहोश, भ्रमित, हिंसक और बेईमान लोग होते हैं—वे बाहर देश की सीमाएँ बढ़ाना चाहेंगे, धर्म को फैलाना चाहेंगे, दुनिया को लूटकर खूब धन अर्जित करना चाहेंगे—मगर भीतर से वे उन दीवारों को नहीं गिराना चाहेंगे, जिनमें उन्होंने स्वयं को भ्रमवश और स्वार्थवश ही कैद कर लिया है। क्यों? क्योंकि उन दीवारों में ही उनका अहंकार यानी मैं भाव पल सकता है। व्यक्तिगत संसार की दीवारें गिराना ऐसा है जैसे ख़ुद को मिटाना। वे ख़ुद को—यानी अहंकार को—नहीं मिटाना चाहेंगे। भ्रमवश आप जो कुछ भी स्वयं को मानते हैं, वह कुछ ऐसा है जो सीमाओं में ही पल सकता है। सीमाएँ ना हों—तो अहंकार बचेगा नहीं। ना कोई मैं रहेगा, ना मेरा और ना ही कोई तू बचेगा। इसलिए अहंकार स्वयं को बचाने के लिए सीमाएँ और अधिक फैला लेगा, लेकिन सीमाएँ छोड़ेगा नहीं। नई सीमाएँ खड़ी कर लेगा, मगर उन्हें छोड़ेगा नहीं।

आपका स्वभाव है आनंद—मगर आनंद दीवारों को गिराने में है, दीवारों से आज़ाद होने में है। लेकिन आपने दीवारें पकड़ रखी हैं। इसलिए आनंद की कमी को भरने के लिए फ़िर आप सुख-दुःख के खेल में फँसे रहते हैं। अन्यथा कोई सुख के पीछे इतना क्यों दौड़ेगा? स्वभाव है पूर्णता—मगर आप स्वयं को जो मानते हैं; उसमें केवल अपूर्णता ही पल सकती है। आप—माने अहंकार—दीवारों को गिराना नहीं चाहता, क्योंकि उनसे पहचानें और स्वार्थ जोड़ रखे हैं। उन्हीं से उसकी हस्ती है। इसीलिए फ़िर यह बाहर कुछ हासिल करके पूर्ण होना चाहता है। इसीलिए तो हर-कोई व्यक्ति फ़िर कुछ ऐसा बनना चाहता है, कुछ ऐसा करके दिखाना चाहता है, कुछ ऐसा हासिल करना चाहता है—जिसको दुनिया में बहुत बड़ा माना जाता है। यह विशेष या ख़ास बनने में लगा रहता है। मगर बाहर-बाहर चाहे आप कुछ भी हासिल कर लो, उससे बड़ा और बेहतर सदा कुछ मौजूद रहेगा ही। आप शरीर से गोरे नहीं थे, लेकिन किसी तरह अब आप गोरे हो गए—मगर लंबे नहीं हैं। किसी तरह लंबे हो गए, तो दिखा कि मोटे ज़्यादा हैं। फ़िर दिखा कि स्वास्थ्य बेहतर नहीं है। फ़िर आपने देखा कि आपको सिर्फ़ एक-दो ही कला आती हैं—बहुत सारी हैं जो आपको बिल्कुल नहीं आतीं। धन है, मगर सुंदर पत्नी नहीं है। आकर्षक पत्नी है, तो बच्चे नहीं हैं। बच्चे यदि हैं भी, तो वे सुनते

नहीं हैं। तो बाहरी जगत में चाहे कुछ भी हासिल कर लो—मगर पूरे कभी नहीं हो पाओगे। चाहे देश की सीमाएँ बढ़ा लो, चाहे तथाकथित धार्मिक मान्यताओं को फैला लो, चाहे कितनी ही संतानें पैदा कर लो—उसमें पूर्णता नहीं है। पूर्णता है उस व्यक्तिगत संसार की दीवारों के झूठ को जान लेने में, उन सीमाओं की व्यर्थता को जान लेने में। उनसे आज़ाद होकर जीने में। जीना ज़रूरी है।

इसीलिए कहता हूँ कि अनुभव सत्य नहीं होते। क्योंकि अनुभव तो माहौल, शरीर, संयोग, मान्यताओं, विचारधारा आदि का परिणाम होते हैं। इसका यह अर्थ बिल्कुल नहीं है कि अनुभव अनुपयोगी हैं। अनुभव बहुत उपयोगी हैं, बशर्ते आप उन्हें और उनकी सीमाओं को समझें। आपके अनुभव आपके व्यक्तिगत संसार से प्रभावित होते हैं। आपका व्यक्तिगत संसार आपके अनुभवों को बदल देता है और आपके अनुभव आपके व्यक्तिगत संसार को। इसीलिए तो एक ही विषय, व्यक्ति, बात या घटना इत्यादि को लेकर हर किसी व्यक्ति की मान्यताएँ अलग-अलग होती हैं। जैसी आपकी मान्यताएँ होती हैं—फ़िर वैसे ही आपको अनुभव भी होते हैं। एक व्यक्ति है जो स्त्री के साथ इंसान की तरह सहज होकर खड़ा हो पाता है, दूसरा है जिसकी टाँगें काँपती हैं। एक है जो स्त्री के साथ हँसता है, खेलता है, मौज-मस्ती करता है—और दोनों मस्त हैं। दूसरा है जो किसी स्त्री से आँखें तक नहीं मिला पाता है—और नाम उसे ब्रह्मचर्य का दे देता है। मूढ़ कहीं का। इतना भी नहीं समझता कि वह स्त्री नहीं इंसान है। स्त्री तो उसे इन बेहोश और शोषक लोगों ने बनाया है। ये लोग इंसान को इंसान नहीं रहने देते। मगर आप इंसान रहो। उतार फेंकों काल्पनिक ढप्पे। बाकी तो आप जानो—कैसे जीना है?

जो लोग प्रकृति को—नदियों, पेड़-पौधों, पृथ्वी, स्त्रियों—सबको माता कहते हैं, पूजते हैं, देवी कहते हैं—उन्होंने प्रकृति को बर्बाद कर डाला है। शर्म नहीं आती आपको? जिसको यह भ्रम है कि वह नदियों को पूजता है, उसे पता ही नहीं है कि वह नदियों को पूजने के नाम पर उन्हें केवल गंदा कर रहा है और अपने अहंकार को पोषण दे रहा है। दूसरे हैं जो प्रकृति को सिर्फ़ प्रकृति कहते हैं, गाय को गाय कहते हैं, स्त्री को स्त्री और नदी को नदी कहते हैं—मगर फ़िर भी उनका प्रकृति के साथ "तुलनात्मक रूप से" स्वस्थ संबंध है। क्यों? क्योंकि एक अलग मान्यताओं में जी रहा है, दूसरा अन्य मान्यताओं में। तो आपके सारे अनुभव पूरी तरह केवल शरीर पर आधारित नहीं होते हैं; वे आपकी मान्यताओं, मानसिक संचय, आपकी बेहोशी और पूरे व्यक्तिगत संसार द्वारा प्रभावित होते हैं। यह मत सोचो कि थोड़ा-बहुत बदलाव करके ज़िंदगी सुधर जाएगी, पूरा जीवन बदलना होगा। समस्या यह नहीं है कि अनुभव प्रभावित, अपूर्ण और भ्रामक होते हैं; पीड़ा और हिंसा इसमें है कि आप उनके तथ्य के प्रति पूरी ईमानदारी और निष्पक्षता से जागरूक नहीं हैं, उनको समझते नहीं हैं और फ़िर भी उनको सत्य मान लेते हैं—और उनके आधार पर स्वयं को विशेष मानने का भ्रम पाल लेते हैं। हर इंसान को यही लगता है कि उसके अनुभव खास हैं और वे सत्य हैं। इसीलिए वह स्वयं को विशेष मानने लगता है।

तो जो भ्रूण है, जन्म से पहले तक उसे ना तो यह भ्रम था कि वह विशेष है, ना ही उसकी ऐसी कोई मान्यता थी कि उसका अपना कोई स्वतंत्र अस्तित्व है। उसका अपना कोई नाम, पहचानें या अनुभव नहीं थे। लेकिन जन्म के बाद फ़िर वह स्वयं को उस माँ से भी पृथक और स्वतंत्र मानने लगता है—जिसके बिना वह हो ही नहीं सकता था। भ्रमवश वह स्वयं को अन्य वस्तुओं, व्यक्तियों, पशु-पक्षियों, सूर्य, जल और इस पूरे जगत से भी पृथक और स्वतंत्र मानने लगता है—जबकि वह ना तो पृथक है, ना स्वतंत्र है। पृथक होने का मतलब है कि "मैं इन सब से बिल्कुल अलग हूँ—मेरा और इनका कोई संबंध नहीं। मुझमें और अन्य सभी में कोई ख़ास समानता नहीं। मैं, मैं हूँ; वे, वे हैं।" और स्वयं को स्वतंत्र मानने का मतलब है कि "मैं अपने होने के लिए किसी भी तरह से किसी अन्य पर आश्रित नहीं हूँ। मेरी अपनी स्वतंत्र सत्ता है।" जैसे कोई कहने लग जाए कि चाहे सारे जंगल काट दो और चाहे वायु प्रदूषित कर दो—मगर हम स्वस्थ ही बचे रहेंगे; सूर्य रहे या ना रहे—'मैं' फ़िर भी रहूँगा। क्या यह संभव है? बिल्कुल नहीं। वह स्वयं को जो कुछ भी मानता है, उसकी सत्ता सूर्य, जल, वायु, वृक्ष, समाज आदि के बिना हो ही नहीं सकती। मगर कोई यदि वायु प्रदूषण, जल प्रदूषण, भूमि प्रदूषण कर रहा है और जंगलों को काटे ही जा रहा है, अन्य प्रजातियों को विलुप्त ही किए जा रहा है—तो इससे उसके बारे में क्या पता चलता है?

नयना जी: यही कि वह स्वयं को इन सबसे पृथक और स्वतंत्र—यानी विशेष—मानता है।

अचिंत्य: और यही भ्रम है, यही द्वैत है, यही अहंकार है। वह देखता है कि रात को तो सूर्य होता नहीं है—फ़िर भी मैं ज़िंदा तो रहता हूँ ना। पहली बात तो यह कि सूर्य कहीं चला नहीं जाता। मगर उसे ना स्वयं की समझ है, ना जगत को वह जानता है; ना दृष्टा का कुछ पता, ना दृश्य का—इसलिए भ्रमवश वह ऐसा मान लेता है कि मेरा कुछ होना सूर्य, मिट्टी, जल, वायु इन सब से पृथक और स्वतंत्र है। मगर इनके बिना वह नहीं हो सकता, जो वह बन कर जी रहा है। वह स्वयं को शरीर और मानसिक संचय के अलावा और क्या मानता है? कुछ नहीं। वह जो कुछ भी स्वयं को मानता है वह बस यही हैं और बाकी कल्पना। भीतर तो कोई जीव है नहीं। फ़िर बचा क्या? शरीर, मानसिक संचय और उसका भ्रम। मगर शरीर का तो इस जगत से स्वतंत्र और पृथक कोई अस्तित्व नहीं है—और शरीर के बिना मानसिक संचय और भ्रम का भी कोई अस्तित्व नहीं है। ज़रा सा मौसम बदलता है, तो उसकी यानी हामारी हालत खराब हो जाती है। शरीर बीमार हो जाता है। सूर्य अगर सदा के लिए ही विलुप्त हो जाए—तो क्या वह बचेगा? जिन पेड़ों को वह स्वयं से पृथक और स्वतंत्र मानकर काट देता है—उन सारे पेड़ों को अगर वह काट देगा, तो क्या वह 'सहज' जीवन जी सकेगा? नहीं। कैसे लेगा साँस? लेकिन जब आप सचमुच यह देख पाते हैं कि तन इस प्रकृति से पृथक और स्वतंत्र नहीं है—तब आप इसे नष्ट नहीं करते। और अगर नष्ट करते हैं, तो आप घोर बेहोशी और अहंकार में जी रहे हैं। पूरी तरह तो वह नष्ट हो भी नहीं सकती। मगर उससे स्वस्थ संबंध यदि नहीं रखोगे, तो वह आपको ज़रूर मिट्टी में मिला देती है। प्रकृति माने वह सब-

कुछ—जिसका अनुभव हो रहा है, जैसा अनुभव हो रहा है, जिनके माध्यम से अनुभव हो रहा है और जिसको अनुभव हो रहा है। अर्थात् अनुभव्य विषय, अनुभव, इंद्रियाँ और अनुभोक्ता। सब प्रकृति मात्र है।

जो कुछ दिखाई-सुनाई दे रहा है, वह सबकुछ प्रकृति है और इस तन को प्रभावित कर रहा है। मन भी उसी प्रकृति से आ रहा है। विचार भी तो उन्हीं सबको देखने, सुनने और अनुभव करने का परिणाम है—जो कुछ आस-पास चल रहा है। जब आप यह देख पाते हैं कि प्रकृति के रूप में जो कुछ भी है, उसके साथ मेरा जैसा भी संबंध है—वह केवल मानसिक संस्कारबद्धता, मान्यताओं और भ्रम के कारण है; वह इस मान्यता पर टिका है कि मेरी अपनी कोई पृथक और स्वतंत्र सत्ता है—और उसमें केवल हिंसा, शोषण और बेहोशी है—तब आपका व्यवहार पूरी तरह बदल जाता है। तब प्रकृति से संबंधित होने वाला भीतरी केंद्र बदल जाता है। अब संबंध बोध, प्रेम, करुणा और पूर्णता से आता है—ना कि बेहोशी, मान्यताओं, हिंसा, अपूर्णता और भोग की नीयत से। फ़िर द्वैत का भ्रम नहीं रहता। फ़िर आप यह नहीं कहते कि "मैं" मिट्टी पर चल रहा हूँ; फ़िर आप देखते हैं कि मिट्टी ही मिट्टी पर चल रही है। बस रंग, रूप, आकार, प्रकार आदि कुछ समय के लिए अलग-अलग प्रतीत हो रहे हैं। यह शरीर, जो अभी मिट्टी के ऊपर चल रहा है—कुछ समय बाद यह भी मिट्टी में ही मिल जाएगा, मिट्टी ही हो जाएगा। तथ्य तो यह भी है कि वह अभी ही लगातार मिट्टी भी हो रहा है; मगर भ्रम के कारण और ध्यान ना देने के कारण हम देख नहीं पाते हैं—और कभी बेईमानीवश देखकर भी स्वीकार नहीं करते हैं। क्योंकि स्वयं को पृथक और स्वतंत्र मानने में हमारा गहरा स्वार्थ रहता है। एक तरफ तो अहंकार बचा रहता है—और दूसरी तरफ यदि हम मिट्टी और इंसान में ही भेद नहीं करेंगे, तो इंसान और इंसान में कैसे भेद करेंगे? इंसान और उन जीवों में कैसे भेद करेंगे—जिनका हम अपने स्वाद, स्वार्थ और मनोरंजन के लिए शोषण करते हैं? इसलिए अधिकांश अहंकारी लोग बेईमानी कर जाते हैं।

अन्यथा जिस तन और मन को आप मैं और मेरा बोलते हैं—क्या वह उन फल, सब्जी, अनाज, जल आदि के बिना रह सकता है, जिनको आप खाते-पीते हैं? नहीं। मगर वे सब इसी मिट्टी और इसी जगत से आते हैं। वही मिट्टी, जल, रोशनी आदि रूपांतरित होकर फल, सब्जी, अनाज आदि बन जाते हैं—और उन्हीं की ऊर्जा से फ़िर यह तन बनता है और विचार गति कर पाते हैं। तो जो कुछ आप खाते-पीते हैं, उसी से तो यह तन बनता है ना। फ़िर वही सब मल-मूत्र के रूप में बाहर भी निकलता रहता है और मिट्टी बनता रहता है। वही मल फ़िर खाद और मिट्टी बनकर अनाज, फल, सब्जी आदि को उत्पन्न करता है। फ़िर से वही आपका शरीर हो जाते हैं। वही मूत्र वाष्पित होकर बादल और फ़िर वर्षा बन जाता है, नदी-नालों में पहुँच जाता है—और घूमते-फिरते फ़िर से आपके गिलास में आ जाता है। जब आप कहते भी हैं कि "मेरा वजन" इतना है—तो क्या उसमें मल-मूत्र का वजन नहीं है? है ना? अन्यथा आप किसके वजन की बात कर रहे हैं? उस वजन में मल-मूत्र, हाड़-मांस, रक्त आदि का ही तो वजन है ना? उसी को तो आप अपना वजन मानते हैं। तो क्या वही रोज मिट्टी नहीं

हो रहा है? मिट्टी तो आप लगातार हो रहे हैं—बस उस पर ध्यान नहीं दे रहे हैं। तो जब आप यह देख पाते हैं, तो फ़िर यह नहीं कहते कि मैं या शरीर मिट्टी पर चल रहा है या मैं मिट्टी से अलग हूँ—तब आप देख पाते हैं कि मिट्टी ही मिट्टी पर चल रही है, क्योंकि मिट्टी और तन दो नहीं हैं। फ़िर यह भी देख पाते हैं कि जैसे यह तन मिट्टी है, वैसे ही सामने वाला तन भी मिट्टी ही है—फ़िर चाहे वह इंसान का तन हो, चाहे किसी पशु, पक्षी या पेड़ का। कोई भी पृथक और स्वतंत्र नहीं हैं। दृष्टा ना हो, तो दृश्य नहीं—और दृश्य ना हो, तो दृष्टा नहीं। होंगे तो दोनों साथ होंगे—अन्यथा एक भी नहीं। दृश्य माने अनुभव का हर विषय।

जब आपने देख लिया कि दूसरा कोई है ही नहीं—फ़िर आप हिंसा कैसे करेंगे? क्योंकि हिंसा करने के लिए पहले किसी को पराया मानना पड़ता है। अन्यथा जब तक आप किसी को अपना 'मानते' हैं, तब तक आप उस पर हिंसा नहीं करना 'चाहते' हैं—बेहोशी में हिंसा होती है, वह बात और है; मगर चाहते नहीं हैं। वही जब आपको पराया लगने लगता है, तब आप उस पर हिंसा करना चाहते हैं और कर पाते हैं। पराया भी तब लगने लगता है जब आपके स्वार्थों की पूर्ति नहीं हो रही होती है। यदि सचमुच आप यह जान रहे हैं कि मेरा शरीर, अन्य जीवों का शरीर और यह प्रकृति—पृथक और स्वतंत्र नहीं हैं, तो क्या तब आप नदियों को गंदा करना चाहेंगे? क्या तब आप वायु या भूमि को जहरीला बनाना चाहेंगे? क्या तब आप पशु-पक्षियों और किसी भी जीव पर हिंसा करना चाहेंगे? नहीं। तब आप जंगलों, नदियों, पहाड़ों आदि को बर्बाद नहीं करना चाहेंगे। फ़िर आप किसी भी इंसान पर किसी भी रूप में हिंसा नहीं करना चाहेंगे। फ़िर आप किसी का शोषण नहीं करना चाहेंगे। फ़िर आप ऐसे भेदभाव नहीं करेंगे। फ़िर आपको सिर्फ़ दो ही तरह के लोग दिखेंगे—एक वे, जो जानते हैं कि सारे भेद भ्रम मात्र हैं; और दूसरे वे, जो भ्रम, स्वार्थ और बेईमानीवश मानते हैं कि सब पृथक और स्वतंत्र हैं। बस यही भेद होगा कि कौन होश में है और कौन बेहोश। और यह अंतर करना ज़रूरी है कि कौन सत्यनिष्ठ है और बोध के केंद्र से जी रहा है और कौन अहंकार को समर्पित है और बेहोशी के केंद्र से जी रहा है।

इसी तरह मानसिक तल पर जिस भ्रम, भय, बंधन, घुटन, दुःख, बेचैनी, अकेलेपन, अपूर्णता जैसी पीड़ा से आप गुजर रहे हैं—आप देखते हैं कि हर कोई इंसान उसी पीड़ा से गुजर रहा है। क्यों? क्योंकि सब भ्रम में जी रहे हैं। सबने कुछ ना कुछ मान्यताएँ पकड़ रखी हैं। समझते कुछ नहीं और मानते बहुत कुछ हैं। हर किसी ने अपना-अपना एक व्यक्तिगत संसार रच रखा है, जिसमें बहुत सारी मान्यताएँ, संस्कार, पहचानें, नाम, अनुभवों से संबंधित भ्रामक बातें, रूढ़िवादी परंपराएँ इत्यादि भरे हुए हैं। उनके कारण 'भ्रमवश' हमको ऐसा लगता है कि जैसे भेद सच्चे हैं, सब पृथक और स्वतंत्र हैं। मगर जैसे ही आप देखते हैं कि सारे भेद केवल माने हुए हैं और उनमें सत्य कहीं नहीं है—तो सारे भ्रम हटते जाते हैं, दीवारें गिरती जाती हैं। जीवन में सहजता, सरलता, सौंदर्य, आनंद और करुणा का आविर्भाव होता है। आप देखते हैं कि सामने वाला स्वयं को कुछ मानता है, मैं स्वयं को कुछ मानता हूँ—और हम दोनों स्वयं को जो कुछ भी मानते हैं, हमें पता ही नहीं कि हम क्यों मानते हैं। और जो

कुछ भी हम स्वयं को मानते हैं, उस चीज़ की अपनी कोई स्वतंत्र सत्ता ही नहीं है। हम बस मानते हैं और उसके नाम पर भेद करते हैं—आपस में ही लड़ते, मरते और मारते हैं। व्यर्थ ही एक-दूसरे से तुलना, ईर्ष्या और भय खाते हैं—जबकि भीतर से हालत दोनों की लगभग एक जैसी ही है। दोनों भ्रम में हैं। दोनों अपूर्ण, अशांत और परेशान हैं। जब आप ईमानदारी, निर्ममता और निष्पक्षता से ऐसा देख लेते हैं—तो मान्यताएँ हटती हैं, भ्रम हटते हैं, दीवारें टूटती हैं और व्यक्तिगत संसार से आज़ाद होते हैं। तन के तल पर पूरे हो जाते हैं और मन के तल पर शून्य हो जाते हैं। बाहर पूर्ण और भीतर शून्य—इसी में सच्ची आज़ादी है।

जो बाहर पूर्ण और भीतर शून्य है—वह मुक्त है। वहाँ सत्य है। वहाँ होश है। वहाँ आनंद है। उसी में पूर्णता है। वहाँ फ़िर कोई अकेलापन नहीं—वहाँ एकांत है। वहाँ मौन है। वहाँ फ़िर कोई क्षुद्रता या हीनता नहीं, क्योंकि यह पलती हैं तुलना में। उसके लिए चाहिये द्‌वैत। द्‌वैत के लिए चाहिये अहंकार। मगर तुलना करने के लिए भीतर कोई है ही नहीं। तुलना करने के लिए चाहिए कोई दूसरा, मगर आप देख रहे हैं कि ना मैं, मैं हूँ और ना ही दूसरा, दूसरा है। आप देखते हैं कि जिससे तुलना की जा रही थी—वह जो है, जैसा भी है—वह केवल एक माहौल की पैदाइश, एक बुलबुला मात्र है। अभी प्रतीत हो रहा है, थोड़ी देर में गिर जाएगा। तो व्यक्तिगत संसार की दीवारों का झूठ जानकर, जो उन दीवारों से आज़ाद हो जाता है—वह बाहर पूर्ण और भीतर शून्य हो जाता है। और ये दीवारें आपको तोड़नी होंगी। तोड़ने के लिए हथौड़ा नहीं—बस ध्यान चाहिये। ध्यान माने—पूरी ईमानदारी, निर्ममता, निर्भयता, निष्कामता और निष्पक्षता के साथ देखो, जानो, समझो—चल क्या रहा है? ज्यों का त्यों देखो। क्या आपने कभी ध्यान दिया—वह बच्चा जिसकी शुरुआत शुक्राणु से हुई थी, यानी मूल रूप से पिता से; लेकिन जन्म के बाद वही बच्चा अपनी माँ के साथ ज़्यादा आसक्त रहता है। क्यों? क्योंकि माँ से उसे पोषण मिल रहा है। वह एक तन मात्र ही तो है और वह तन पूरी तरह माँ से ही पोषण पा रहा है। उसी का हिस्सा है। तो पिता से थोड़ी दूरी हो जाती है। पिता माने वह शरीर—और वह शरीर क्या है? वह शरीर अपने आप में यह ब्रहमांड है। ब्रहमांड ही पिता रूपी शरीर है। वही शरीर शुक्राणु बनता है और वही शुक्राणु माँ रूपी ब्रहमांड के गर्भ में ब्रहमांड से ही पोषण पाकर शिशु बनता है। मगर जन्म के बाद वह माँ से ज़्यादा आसक्त हो जाता है, क्योंकि वह नौ महीने उसी के गर्भ में रहा है।

लेकिन समय बीतने पर जब दिखता है कि पिता से भी स्वार्थ पूरे हो रहे हैं—तो फ़िर पिता से भी आसक्ति होने लगती है। तथाकथित सामाजिक व्यवस्था के कारण और जैविक ज़रूरतों के लिए जब बच्चा अधिकांश समय माँ के ही साथ रहता है, तो दोनों के बीच एक तरह का चिढ़-चिढ़ापन आ जाता है। बच्चा थोड़ा बाहर भी जाना चाहता है। कुछ नया खाना, पीना, देखना चाहता है। ये ज़रूरतें जब पिता के माध्यम से पूरी होती हैं, तो पिता से भी लगाव होने लगता है। अभी बच्चे के लिए माता-पिता ही सबकुछ हैं, क्योंकि वे ही तो उसकी अधिकांश समय देखभाल करते हैं और जितना हो सके ज़रूरतें पूरी करते हैं। उन्हीं पर उसे सबसे ज़्यादा भरोसा रहता है। फ़िर जैसे-जैसे बच्चे का मस्तिष्क अनुभवों, नामों, छवियों,

किस्सों, घटनाओं आदि से भरता जाता है—जैसे-जैसे उसमें समाज, दोस्त-यार, रिश्तेदार, दुनिया, संस्कृति, मीडिया आदि घुसते जाते हैं—वह इन सब से दूर होता जाता है। उसकी स्मृति में अभिभावकों के अलावा भी बहुत कुछ संचित होने लगता है, जो उसके व्यक्तिगत संसार या 'मैं' की दीवारों के निर्माण में मसाले (रेत, गिट्टी, सीमेंट) जैसा काम करता है। तो मानसिक रूप से वह अपने अभिभावक से दूर होता जाता है। अलगाव घना होता जाता है। फ़िर जैसे-जैसे वह अपना शारीरिक पोषण भी ख़ुद कमाने लगता है, तो माता-पिता के प्रति आसक्ति और भी कम होती जाती है। क्योंकि अब वह अपने होने के लिए अभिभावकों पर बहुत आश्रित नहीं है। बस कुछ पहचानें हैं, जो उनसे मिली हैं। लेकिन जैसे-जैसे उसकी अपनी नई पहचानें बनती जाती हैं—वह ख़ुद दुनिया में कुछ बनता है, कुछ करके दिखाता है, उपलब्धियाँ पाता है—तो वह सब-कुछ उसको अपना लगने लगता है, जैसे कि उसने ख़ुद अर्जित किया है। मानसिक तल पर उसकी पहचानें जब ख़ुद से अर्जित की हुई होती हैं, जब वह अपना पोषण ख़ुद कमा रहा होता है—तो शारीरिक और मानसिक दोनों तलों पर उन्हीं माता-पिता से दूरी होती जाती है, जिनके बिना वह हो ही नहीं सकता था। क्योंकि दोनों का ही अब ना तो शरीर वही रहा, ना मानसिक संचय—सब बदल गया।

इस तरह इंसान में एक अलगाव, एक पृथकता, विशेष होने का एक भाव गहरा होता जाता है। दूरी बढ़ती जाती है। उसे ऐसा अनुभव होने लगता है कि जैसे मेरी अपनी कोई स्वतंत्र और पृथक सत्ता है। ऐसे ही वह स्वयं को पूरे जगत से स्वतंत्र और विशेष मानने लगता है। यही अहंकार की शुरुआत है। यही मान्यता, संस्कारबद्धता और अनुभव आदि उस 'मैं-भाव' को मज़बूत करते हैं। शिशु जब गर्भ में था—तब माँ की शारीरिक और मानसिक पीड़ा का असर भ्रूण पर भी होता था। अब जब वह गर्भ से बाहर है, अपने पैरों से चल रहा है, अपनी मेहनत से जीता है—तो दोनों को शारीरिक और मानसिक पीड़ा का अनुभव अलग-अलग होगा। अब जिसको चोट लगेगी, दर्द का अनुभव भी केवल वही करेगा। जिसको दुःख होगा—अनुभव की पीड़ा से भी केवल वही गुजरेगा। बच्चा यदि दुःखी है, तो माता-पिता यह तो देख सकते हैं कि वह दुःख में है, उसको पीड़ा हो रही है; मगर वे उस पीड़ा को बाँट नहीं सकते। उस पीड़ा का अनुभव नहीं कर सकते कि इसको अभी कैसा महसूस हो रहा है। और चूँकि वे स्वयं को भी नहीं समझते, इसलिए बच्चे के साथ एक स्वस्थ संबंध भी नहीं बना पाते। स्वस्थ संबंध के लिए ज़रूरी होता है कि कम से कम आप स्वयं को समझते हों। और जिससे संबंधित हो रहे हैं, यदि उसे भी समझते हैं—तो संबंध में खुलापन, संवेदनशीलता, करुणा, सहजता, सरलता और सौंदर्य सहज और स्वतः आ जाता है। लेकिन चूँकि उन्होंने स्वयं पर भी ईमानदारी से कभी ध्यान नहीं दिया होता है कि भीतर यह जो पीड़ा होती है—यह क्या है? यह कहाँ से पैदा होती है? क्यों पैदा होती है? इसका कारण क्या है? उन्होंने समझा नहीं। इसीलिए यह भी नहीं समझ पाते हैं कि अभी बच्चे को कैसा महसूस हो रहा होगा और उसके साथ जो कुछ हो रहा है, उसका मूल कारण क्या है। ऊपर-ऊपर वे कह देंगे कि बेटा यह मत करो या वह मत करो, मगर मूल समस्या नहीं जान पाएँगे।

तो अब बच्चे को अनुभव होता है कि मेरी पीड़ा बस मेरी है। मेरे दु:ख और दर्द को कोई नहीं समझ पा रहा है, कोई बाँट नहीं पा रहा है। तो वह जो पृथक और स्वतंत्र होने का भाव है, अलगाव और विशेष होने का भाव है—वह और गहरा होता जाता है। तो पीड़ा का 'अनुभव' पूरी तरह अलग-अलग हो जाता है। और हम अनुभवों को चूँकि सत्य मान लेते हैं, इसलिए भ्रमवश हम स्वयं को अन्य और जगत से पृथक और स्वतंत्र मानने लगते हैं। मगर इतना ज़रूर होता है कि माँ या पिता को जब पीड़ा होती है अथवा बच्चे को जब पीड़ा होती है—तो मानसिक तल पर ज़रूर ये एक-दूसरे के लिए थोड़ी फ़िक्र करते हैं। क्योंकि मन के तल पर तो वे एक-दूसरे को अपना मानते हैं ना। किसी अन्य व्यक्ति को जब पीड़ा होती है, तो उसे पीड़ा में देखकर बच्चे को मानसिक तल पर उतनी पीड़ा का अनुभव नहीं होता है—जितना कि तब होता है जब वह उस व्यक्ति को पीड़ा में देखता है, जिसे वह "मेरी माँ या मेरे पिता" कहता है। उसी तरह माता-पिता को भी अन्य बच्चों की तुलना में उस बच्चे की पीड़ा से ज़्यादा फ़र्क पड़ता है—जिसे वे अपना बच्चा 'मानते' हैं। क्योंकि जिसे आप "मेरा या अपना" कहते हैं ना—वह आपके "मैं यानी अहंकार का आधार" होता है। उस आधार के बिना अहंकार की अपनी कोई सत्ता नहीं है। तो वास्तव में आपको ना बच्चे की फ़िक्र है, ना माता-पिता रूपी किसी व्यक्ति की; आपको फ़िक्र है—अपनी यानी अहंकार की। मैं को बचाने की। बच्चे और माता-पिता के रूप में हम अपनी ही बात कर रहे हैं। इसे कोई कहानी मत मान लेना।

तो उस बच्चे ने देखा है कि इस औरत ने मुझे पाला-पोसा है। जब मैं असहाय था, तब मेरा ख़याल रखा है—और हर बच्चा ऐसे ही अनुभवों और मान्यताओं से गुजरता है। यहीं से फ़िर यह भाव पनपने लगता है कि मैं हूँ, मेरे माता-पिता हैं; कुछ अपने हैं और बाकी सब पराए हैं। मेरा दु:ख, दु:ख है; मेरी माँ का दर्द, दर्द है; मेरे पिता की पीड़ा, पीड़ा है और अन्य की पीड़ा, पीड़ा नहीं है। वह देख ही नहीं पाता है कि शरीर बदल जाने से पीड़ा का अनुभव नहीं बदल जाता है। यह जो भ्रामक अलगाव है—यही उस भाव को पैदा करता है, जिसको मैं भाव या अहंकार कहते हैं। पीड़ा के अनुभव में कोई अंतर नहीं होता है। जिस पीड़ा से आप गुजर रहे हैं, उसी पीड़ा से यदि आपके ही तल का कोई अन्य व्यक्ति गुजर रहा है—तो उसको भी वैसा ही अनुभव होगा, जैसा आपको अनुभव हो रहा था। फ़िर चाहे वह 'आपकी' माँ हो या कोई अन्य व्यक्ति—मगर पीड़ा में अंतर नहीं है। पीड़ा तो पीड़ा है। मगर आत्म-अज्ञान के कारण आप भ्रमवश यह मान लेते हैं कि आपकी पीड़ा, आपकी है; सामने वाले की पीड़ा, सामने वाले की है और माँ की पीड़ा, माँ की है। जब आप यह देख लेते हैं कि पीड़ा तो पीड़ा है—मैं यदि भ्रम में जी रहा हूँ, तो भ्रमवश मैं जिस पीड़ा से गुजर रहा हूँ; उसी भ्रम में यदि कोई अन्य व्यक्ति जी रहा है, तो वह भी वैसी ही पीड़ा पा रहा होता है जैसी कि मैं पा रहा हूँ—तो फ़िर आपकी दृष्टि बदल जाती है। अब किसी भी जीव के साथ आपके संबंध-व्यवहार सब बदल जाते हैं। फ़िर चाहे किसी से भी आप संबंधित हों, आपके संबंध में बोध, करुणा, संवेदनशीलता, सरलता और सहजता होती है। सत्य की झलक होती है, जो सहज ही भ्रम को हटाती है। फ़िर आप किसी भी व्यक्ति के लिए आईना हो जाते हैं। वह आपसे मिलकर आपसे नहीं मिलता, बल्कि

आपके माध्यम से वह ख़ुद से मिलता है। आपके माध्यम से वह देखता है कि कहाँ भ्रम हैं? कहाँ केवल मान्यताएँ हैं? कहाँ केवल संस्कार हैं?

नयना जी: और जैसे-जैसे भ्रम व मान्यताएँ हटती जाती हैं, व्यक्तिगत संसार की भीतरी और बाहरी दीवारें गिरती जाती हैं। भीतर शून्यता और बाहर पूर्णता का आविर्भाव होता है।

अचिंत्य: जी।

नयना जी: मतलब मानसिक संचय, शरीर और आसपास का माहौल, प्रकृति—सब आपस में गुथे हुए हैं और एक-दूसरे को प्रभावित करते हैं।

अचिंत्य: बिल्कुल! अहंकार ना हो, तो उसका जगत भी नहीं होगा और अहंकार का जगत यदि ना हो, तो अहंकार भी नहीं होगा। सिर्फ़ ऐसा नहीं है कि सूर्य ना हो, तो आप नहीं होंगे; अगर आप ना हो—तो सूर्य भी नहीं होगा। आप ना जागो, तो सूर्य भी उदय नहीं होगा। जब भी होंगे, तो दोनों साथ होंगे—अन्यथा एक भी नहीं। दृष्टा और दृश्य की अपनी कोई पृथक और स्वतंत्र सत्ता नहीं है। मगर जब आप ऐसा नहीं समझते, तो यह द्वैत रूपी भ्रम ही फ़िर हर जगह अनेक भेद खड़े करता रहता है—काल्पनिक भेद खड़े करता रहता है। किसी भी विषय का रंग, रूप, आकार, वजन, अनुभव आदि आपके तन का प्रक्षेपण है और उसका नाम, अर्थ, छवि आदि आपके मानसिक संचय का प्रक्षेपण है। आपके शरीर का तापमान यह तय करेगा कि किसी अन्य व्यक्ति का शरीर आपको कितना ठंडा या गर्म महसूस होगा, या बाहर जो मौसम है—वह आपको कितना ठंडा या गर्म महसूस होगा। आप स्वयं को क्या मानते हैं, यानी आपकी मानसिक संस्कारबद्धता से यह तय हो जाएगा कि आपको कैसा अनुभव होगा। जैसे मान लो कि एक व्यक्ति खड़ा है। अब उसके साथ खड़े होने पर आपको क्या अनुभव होगा, आपकी हालत कैसी रहेगी—यह इस बात से तय होगा कि "उस व्यक्ति के संबंध में, आप स्वयं को क्या मानते हैं?" वह यदि शरीर से स्त्री है और आप स्वयं को पुरुष मानते हैं, तो आपका अनुभव बदल जाएगा। अगर आप उस व्यक्ति को जानते हैं, तो अनुभव बदल जाएंगे; अगर नहीं जानते हैं, तो अनुभव बदल जाएंगे।

आप यदि स्वयं को पुत्र मानते हैं और वह पिता है, तो अनुभव बदल जाएगा। आप स्वयं को पति मानते हैं और वह पत्नी है, तो अनुभव बदल जाएगा। आप स्वयं को माता मानते हैं और उसे संतान, तो अनुभव बदल जाएगा। आप स्वयं को मुसलमान मानते हैं और वह स्वयं को यहूदि, ईसाई या हिंदू—तो आपका अनुभव बदल जाएगा। समझ रहे हैं? मानसिक तल पर आप स्वयं को क्या मानते हैं, या आपने क्या मान्यताएँ, भ्रम, संस्कार आदि पकड़ रखे हैं—वे आपके अनुभवों को बदल देते हैं। और यदि आपके मानसिक संचय को पूरी तरह बदल दिया जाए, तो आपके अनुभव बिल्कुल बदल जाएंगे। अगर आप देख पाएं, तो क्या हर व्यक्ति का मानसिक संचय केवल समय, स्थान, संस्कृति, माहौल और संयोग का ही परिणाम नहीं है? संयोग से जो जहाँ पैदा हुआ, जिस समय में और जिस माहौल में पैदा हुआ—उसके अनुसार उसका मानसिक संचय निर्मित होता गया और वह ख़ुद को कुछ विशेष मानने लग गया। मगर है तो ये सब मान्यता ही ना? सत्य तो नहीं है। इसलिए जब स्वयं को जानते हैं, ध्यान

देते हैं और ईमानदारी से देखते हैं कि भीतर चल क्या रहा है—यह मान्यताएँ, संस्कार, नाम, पहचानें आदि कहाँ से आ गए? इनमें कोई सच है भी या केवल मान्यताएँ हैं? तो पाते हैं कि यह सब केवल मान्यताएँ हैं, कल्पनाएँ हैं—इनमें कोई सत्य नहीं। और जब ये हटते हैं, इनके बिना देखते हो—तो बिल्कुल अलग कुछ दिखाई देता है। तब अनुभव बदल जाते हैं। तब अनुभव मानसिक संचय द्वारा विकृत नहीं होते।

तब यदि कुछ असहज अनुभव हो रहा है, तो आप देख पाते हैं कि ऐसा क्यों हो रहा है। कैसे हो रहा है। अनुभव के दौरान मानसिक संचय या अहंकार की दखल के प्रति आप सजग रहते हैं। आप देख पाते हैं कि वह कौन-सी मान्यता है? कौन-सा संस्कार है? कौन-सी पहचान है? कौन-सा भ्रम है—जिसके कारण ऐसा अनुभव हो रहा है? और जब हम यह नहीं देख पाते हैं, तो भ्रम रहता है। वही भ्रम अहंकार है। वही फ़िर पीड़ा और हिंसा को जन्म देता है। उसी के कारण कदम-कदम पर हम जीवन में धोखे खाते हैं। तो बोध का ना होना ही अहंकार है और बोध है—तो अहंकार नहीं है। बोध है, तो भीतर शून्य हो; बाहर पूर्ण हो और प्रत्यक्ष बोध से कर्म आ रहे हैं। होश नहीं है, तो भीतर और बाहर—अपूर्ण, सीमित, संकुचित, बेचैन, अशांत और परेशान रहते हैं। भीतर घुटन, भय, चिंता और तनाव बने रहते हैं। सारा खेल जानने और नहीं जानने का है—होश और बेहोशी का है। बेहोशी में अहंकार है, दुःख है, असहजता है, भय है। होश में आनंद है, सहजता है, करुणा है। तो जन्म के साथ ही बच्चे को अपने "कुछ होने" का अनुभव होता है। फ़िर जैसे-जैसे अनुभव बढ़ते हैं, भाषा सीखता है, तो "मैं हूँ" का भाव उसमें पनपने लगता है। फ़िर जैसे-जैसे वह संस्कारित होता जाता है, नाम, व्यक्तियों और पहचानों से आसक्त होता जाता है—तो भ्रमवश वह स्वयं को कुछ मानने लगता है और कहता है, "मैं यह हूँ, मैं वह हूँ, मैं ऐसा हूँ या मैं वैसा हूँ—और बहुत कुछ।" यही अहंकार है। इसी में दुःख है। यही दीवारें हैं, जो उसे पूर्ण से काट देती हैं और बाँट देती हैं।

शारीरिक और मानसिक रूप से बच्चा जो कुछ अनुभव करता है—देखता, सुनता या महसूस करता है—उन सबको वह कुछ नाम और अर्थ देता जाता है, उनकी छवियाँ बनाता जाता है। इस तरह स्मृति की परतें चढ़ती जाती हैं। अहम सघन होता जाता है। वह जो "कुछ होने" का भाव था, उस पर "मैं हूँ" की परत चढ़ती है। और "मैं हूँ" के भाव पर "मैं यह हूँ, मैं वह हूँ, मैं ऐसा या वैसा हूँ, मैं पृथक हूँ, विशेष हूँ" जैसी परतें चढ़ती जाती हैं। गर्भ में कह सकते हैं कि उसे अपने होने का भी अनुभव नहीं था। फ़िर शरीर के कारण "कुछ होने" का भाव और स्मृति बनने के साथ—मैं हूँ, मैं कुछ हूँ, मैं विशेष हूँ—का भाव गहरा होता जाता है। अगर यह समझते हैं, तो इसमें अपने-आप में कोई समस्या या दुःख नहीं है। दुःख होता है इसके तथ्य को ना जानने के कारण स्वयं को कुछ विशेष मान लेने में। स्वयं को विशेष मानने का मतलब ही है कि अब आपने ख़ुद को कुछ ऐसा मान लिया है, जो क्षुद्र ही है। फ़िर चाहे लोग उस पहचान को कितना ही बड़ा और पूजनीय क्यों ना मानते हों। मगर बस 'मानते' ही तो हैं ना—मानने से वह सत्य तो नहीं हो जाती है। बल्कि हक़ीकत यह है कि आप जितनी अधिक पहचानें स्वयं पर थोपते जाएंगे, आप उतने अधिक सीमित, संकुचित और क्षुद्र होते जाएंगे।

ये जितने भी नाम, जाति, धर्म, देश, रंग, लिंग, काम आदि पर आधारित आपकी पहचानें हैं—ये आपको विराट करती हैं या और क्षुद्र कर देती हैं? यह आपको जोड़ती हैं या बाँट देती हैं? जब तक आपका कोई नाम नहीं था, तब तक आप हर नाम से पुकारे जाने के लिए उपलब्ध थे। जब तक आपने स्वयं के ऊपर किसी तथाकथित जाति को नहीं चिपकाया था, तब तक या तो हर व्यक्ति अपना था अथवा सब पराए थे।

जब तक आप किसी एक तथाकथित धार्मिक 'मान्यता' से नहीं चिपके थे, तब तक या तो सब अपने थे या सब पराए। या तो सबकुछ अपना था, या कुछ भी नहीं। अपना तन भी अपना नहीं था। जब आप कहते हैं कि मैं काला हूँ, मैं सुंदर हूँ, मैं सफल या असफल हूँ, मैं गरीब या अमीर हूँ, आदमी या औरत हूँ, बच्चा या बूढ़ा हूँ, माता या पिता हूँ, मुसलमान या ईसाई हूँ, ब्राह्मण या वैश्य हूँ, मेरी मान्यताएँ, मेरे अनुभव आदि—तो आप यह क्या कर रहे हैं? आप ख़ुद को पिंजरों में कैद कर रहे हैं। ख़ुद को बहुत सीमित, संकुचित और क्षुद्र कर रहे हैं। आपने ऐसे ही हजारों पिंजरे खड़े कर रखे हैं और ख़ुद को बहुत छोटा कर लिया है। उन्हीं को मैं व्यक्तिगत संसार की दीवारें कह रहा हूँ। ये दीवारें ही तो हैं, जिनके कारण आपको भीतर बेचैनी हो रही है—आप घुट रहे हैं। उन्हीं के कारण आपको अकेलापन, अधूरापन, हीनता और अपूर्णता महसूस होती है। उन्हीं दीवारों के कारण तो भय, असुरक्षा और हिंसा पनपते हैं। क्योंकि जहाँ आपने ख़ुद को बहुत क्षुद्र कर लिया और बहुत सारे पराए खड़े कर लिए—दुश्मन खड़े कर लिए—वहाँ असुरक्षा, संदेह, भय और हिंसा आदि नहीं होगा तो क्या होगा? ख़ुद को बहुत सीमित, संकुचित और छोटा कर लोगे—तो मिटने से डरोगे ही। जो विराट है और जिसके लिए कोई पराया नहीं—वह किससे डरे? और क्यों डरे? जो जान रहा है कि द्वैत है ही नहीं—वह किससे डरे? क्यों डरे? किस बात के लिए डरे? किस बात से हीन महसूस करे? किससे तुलना और ईर्ष्या करे?

तो ये मानसिक दीवारें ही आपके पिंजरे हैं। इनको तोड़ना ही आज़ादी है। आज़ादी की पहचान ही है कि वह कुछ तोड़ेगी। वह भ्रम तोड़ती है, मान्यताएँ और अंधविश्वास तोड़ती है, ढर्रे और ढाँचे तोड़ती है, कमजोरियाँ तोड़ती है, आदतें तोड़ती है। तोड़ेगी ही—क्योंकि उन्हीं में तो आप कैद हैं। बल्कि आपके पिंजरे ही आपकी पहचान हो गए हैं, क्योंकि अपना तो आपको कुछ पता नहीं। तो जो कुछ आप स्वयं को मानते भी हैं—पहली बात तो आप वह "है नहीं" और दूसरी बात यह कि उसके "होने का एहसास" केवल उन पिंजरों और दीवारों के कारण हो रहा है। अन्यथा शरीर के भीतर 'मैं' आपको कहीं नहीं मिलेगा। तो जैसे ही दीवारों का झूठ दिखता है, जैसे ही आप देखते हैं कि वे केवल मानी हुई हैं—वैसे ही दीवारें गिर जाती हैं। गिरना माने—यह देख लेते हैं कि दीवारें हैं ही नहीं—दीवारों के होने का तो केवल भ्रम था। हाँ, यह ज़रूर हो सकता है कि यदि उन काल्पनिक दीवारों से ही आपका कोई स्वार्थ या धंधा जुड़ा है, तो आप उनके झूठ को देखकर भी स्वीकार ना करें और बेईमानी कर जाएँ। इसलिए मैंने पहले ही कहा है कि सत्य और आज़ादी से प्रेम, वर्तमान हालत के प्रति विद्रोह और उससे आज़ाद होने की नीयत और ईमानदारी सबसे पहले चाहिये। जो अपनी वर्तमान हालत से ही

परेशान नहीं है, उससे जो ऊब नहीं रहा—वह क्यों ही उससे बाहर निकलना चाहेगा।

इसलिए ईमानदारी से जैसे ही आप पिंजरों के झूठ को देखते हैं, तो वह जो 'मैं' भाव था और भीतर वह जो घुट रहा था, बेचैन था—वह भी खो जाता है। आप पाते हैं कि भीतर ऐसा कोई है ही नहीं, जिसे घुटन हो। आप पाते हैं कि भयभीत होने वाला कोई है ही नहीं। बेचैन होने वाला कोई है नहीं—केवल भ्रम था। और जैसे ही उस भ्रम पर भी ध्यान का प्रकाश पड़ा—तो पता चला कि वह भी नहीं है। भ्रम का मतलब ही है कि "जो है नहीं, मगर 'प्रतीत' ऐसे होता है, जैसे कि 'है'—और जो 'है', उसका पता ही नहीं चलता।" वैसे ही जैसे कि "दूर से देखो, तो दो अंडे उछल रहे हैं और पास जाकर देखो, तो दो गंजे उछल रहे हैं।" दूर से देखो, तो जैसे पानी भरा हुआ है और पास जाकर के देखो, तो रेत ही रेत है। इसी को भ्रम कहते हैं। इसी में धोख़ा और पछतावा है। इसी में दुःख है। इसी से सारी हिंसा आती है। मगर जब भ्रम हटता है, तो "जो है—वह होश है। वही आनंद है। वही करुणा है—जहाँ कोई दीवार नहीं, कोई सीमा नहीं।" तो इस दुनिया में उस बच्चे या आप को क्या दिखाई देगा? क्या सुनाई देगा? कैसा अनुभव होगा? आप किसी बात का क्या अर्थ लगाएंगे—यह सब आपके मानसिक संचय, मान्यताओं, अनुभवों, संस्कारों आदि से तय हो जाता है। देखने वाला बदल जाए, तो देखा जा रहा विषय भी बदल जाता है; और विषय यदि बदल जाए—तो देखने वाला विषयेता (दृष्टा) भी बदल जाता है। अब ध्यान से देखिए कि जिनको आप अपना कहते हैं, उन्हें अपना क्यों कहते हैं? आप जिन्हें पराया कहते हैं, उन्हें पराया क्यों कहते हैं? जिनसे भयभीत होते हैं, उनसे भयभीत क्यों होते हैं? जहाँ या जिन बातों पर खुश हो जाते हैं, वहीं खुश क्यों होते हैं? या जिन बातों और घटनाओं पर रोते हैं—वहीं क्यों रोते और दुःखी होते हैं?

फ़िर पूछिए ख़ुद से कि अगर मुझे यह सिखाया ना गया होता कि फलानी स्थिति में ऐसा व्यवहार करना है, ऐसी प्रतिक्रिया करनी है—क्या तब भी मैं ऐसा ही करता? अगर मैं किसी अन्य जगह पर, अन्य लोगों के बीच या आज से हज़ार वर्ष पहले अथवा बाद में पैदा हुआ होता—क्या तब भी मैं ऐसे ही जी रहा होता? क्या तब भी मैं इन बातों में विश्वास कर रहा होता? आपको सिखा दिया गया है कि किसी बच्चे का जन्म हो, तो आपको खुश होना है—और आप खुश हो जाते हैं; भले ही आज इंसानों की बढ़ती आबादी, उसकी बेहोशी और उसके भोग ने इस पृथ्वी को बर्बाद कर दिया हो। भले ही उसके कारण जलवायु परिवर्तन जैसी समस्या पैदा हो रही हो। भले ही उसके कारण हजारों-लाखों प्रजातियाँ सदा के लिए विलुप्त ही क्यों ना हो रही हों—मगर आप ख़ुश हो जाते हैं। ऐसे ही संस्कारवश मृत्यु होने पर दुःखी होते हैं। अगर आपको नहीं सिखाया गया होता, तो क्या आप उनको जन्म या मृत्यु भी कहते? क्या आप उन पर इसी तरह हँसते और रोते? शायद नहीं। सबकुछ बदल जाता है। आप बस मशीन की भाँति वह सब दोहरा रहे हैं, जो दोहराने के लिए या तो आपको सिखा दिया गया है अथवा भीड़ को देखकर आपने ख़ुद सीख लिया है। अगर ध्यान से देखिए, तो पाएंगे कि आपकी ज़िंदगी में वह सबकुछ पहले से ही निश्चित है कि—किस बात पर हँसना है, किस पर रोना है, कहाँ झुकना है, कहाँ सुखी अथवा दुःखी होना है, किस बात पर क्रोधित

होना है और गालियाँ देना है, कहाँ शर्माना है। अब बताइए यहाँ कौन-सी आज़ादी है? क्या यहाँ कुछ भी नया और मौलिक हो सकता है? कुछ नहीं। यह तो मशीन भी दोहरा सकती है—और आपसे बेहतर। इसको होश नहीं कहते हैं।

ये चलते-फिरते अधिकांश लोग केवल मशीन हैं और अपनी संस्कारबद्धता, मान्यताओं, विश्वासों, आदतों, प्रवृत्तियों, भावनाओं आदि के केंद्र से क्रिया-प्रतिक्रिया कर रहे हैं—जहाँ होश नहीं है। अधिकांश लोग केवल कठपुतली हैं और उन्हें पता भी नहीं है कि वे कठपुतली हैं। एक होती हैं प्रवृत्तियाँ और दूसरे होते हैं मानसिक संस्कार—ये इंसान को दौड़ाते रहते हैं। प्रवृत्तियाँ शारीरिक और जैविक होती हैं। जैसे शेर को देखकर हिरण डर जाती है और हिरण को देखकर शेर उसका शिकार करने के लिए दौड़ पड़ता है। तो हिरण में जो भय है, अपने बच्चों के प्रति उसमें जो लगाव और ममत्व है, बच्चे के मर जाने पर जो दुःख है, भूख और प्यास है—यह सब जैविक और क्षणिक होते हैं। इंसान की तरह हिरण इन सब के बारे में सोचती नहीं रहती है। अभी हिरण यदि घास चर रही है, तो उसको इस बात का भय नहीं है कि कहीं शेर आकर के उसे मार ना दे। हाँ, जब शेर सामने दिखाई देता है या कुछ आवाज़ आती है—तो उसके प्रति ज़रूर प्रतिक्रिया होती है, जैविक प्रतिक्रिया। मगर हिरण बैठकर के यह नहीं सोचती कि अगर मैं मर गई, तो मेरा क्या होगा? मेरे बच्चों का क्या होगा? कल जब वह शेर से बचकर भागी थी, तो उस बात का डर अभी तक उसमें नहीं बना हुआ है कि—अरे! वो शेर दोबारा आ गया तो? अरे! कल तो मरते-मरते बची। ऐसा वह नहीं सोचती। उसमें ये सवाल नहीं उठते कि मेरे जीवन का उद्देश्य क्या है? मैं कौन हूँ? यह जगत क्या है? यह कहाँ से आया? मरने के बाद मेरा क्या होगा? वह ऐसा कुछ नहीं सोचती और सोचती भी होगी तो बहुत कम। उसके जीवन से ऐसा कुछ दिखाई नहीं देता। क्योंकि प्रकृति में केवल जैविक प्रक्रियाएँ हैं—तत्क्षण प्रतिक्रियाएँ हैं।

लेकिन हम यह सब जो सोचते रहते हैं, कल्पना करते रहते हैं, डरते रहते हैं—यह सब हमने सीखा है। यह सब हमारी बेहोश और भ्रामक ज़िंदगी का परिणाम है। अब इससे मुक्त होकर जीने के दो ही तरीके हैं—या तो हम बिल्कुल ही बेहोश हो जाएँ, पशु-पक्षी या पत्थर की तरह; या स्वयं को जानते हुए होश में जिएँ। या तो मानसिक संचय ही ना हो, जैसे कि अन्य जीवों में बहुत नहीं होता है—जैविक और क्षणिक क्रियाएँ और प्रतिक्रियाएँ भर होती हैं। या फ़िर ऐसा हो कि मानसिक संचय तो है, मगर आप उसके प्रति सजग हैं, उसे समझते हैं—तो भी कोई समस्या नहीं थी। मगर पीड़ा इसमें निहित है कि मानसिक संचय भी है और आप उसे समझते भी नहीं—लेकिन जीते आप उसी के केंद्र से हैं। उसी के साथ आपने अपना नाम, पहचानें और पूरी हस्ती जोड़ रखी है। उसी पर आपकी पूरी ज़िंदगी और स्वार्थ टिके हैं। इसमें पीड़ा है। अन्यथा प्रकृति में इंसान के अलावा कोई जीव किसी बात को लेकर के अपराध-बोध या हीनता महसूस नहीं करता—आप क्यों करते हैं? क्योंकि यह आपने सीखा है। अन्यथा शेर तो हिरण को मार के खा जाता है—वह तो ना हीनता महसूस करता है, ना अपराध-बोध। वह कभी नहीं सोचता कि मैंने कोई पाप कर दिया। इसका मतलब मैं यह बिल्कुल भी नहीं कह

रहा हूँ कि आप भी जाकर हिंसा करें, क्योंकि आप उस तल पर गिर ही नहीं सकते कि आप हिंसा भी करें और आपको अपराध-बोध भी ना हो।

क्योंकि आपकी शारीरिक और मानसिक संरचना में ही यह निहित है कि यदि आप होश में नहीं जी रहे हैं—तो आप पीड़ा पाएंगे। शेर के लिए हिरण या किसी भी जीव को मारना और उसे खा जाना हिंसा नहीं है, क्योंकि वह एक जैविक प्रक्रिया है। लेकिन आप यदि ऐसा करते हैं, तो वह हिंसा है। क्योंकि आपको ऐसा करने की कोई ज़रूरत नहीं है। शेर के पास माँस के अलावा कोई अन्य विकल्प नहीं है, मगर आपके पास है। इंसान का तो मतलब ही है—वह जो चुन सकता है। आप यदि हिंसा चुन रहे हैं, तो वह एक जैविक ज़रूरत नहीं; बल्कि आपके स्वाद, स्वार्थ, मनोरंजन, हिंसकता और बेहोशी का प्रतीक है। आपकी कामनाएँ आपकी जैविक ज़रूरतें नहीं हैं—वे आपने सीखी हैं। आपके मस्तिष्क में बहुत सारे भ्रम, मान्यताएँ, संस्कार, छवियाँ, विज्ञापन आदि भरे हुए हैं—जहाँ से कामनाएँ आ रही हैं। कामनाएँ पहले आपके भीतर डाली जाती हैं, फ़िर वे स्मृति में संचित हो जाती हैं। और उस संचय—यानी स्मृति—से किसी 'विषय' के प्रति, प्रतिक्रिया स्वरूप एक विचार उठता है—जो माँग करता है कि मुझे फलानी वस्तु, व्यक्ति या पहचान चाहिये।

जैसे विज्ञापनों द्वारा पहले तो किसी विषय को आपकी इंद्रियों के माध्यम से आपके मस्तिष्क में डाल दिया जाता है। फ़िर जब आप उस विषय को कहीं किसी व्यक्ति के पास या किसी दुकान पर देखते हैं—तो आप उसे खरीदने के लिए दौड़ पड़ते हैं। आपको ऐसा लगता है जैसे कि वह आपकी कामना है और आप अपनी मर्ज़ी से उस विषय (Object) को खरीद रहे हैं। मगर वह कामना आपकी अपनी नहीं है। कोई और है, जो आपके मस्तिष्क का मालिक हो गया है। भविष्य का भय क्या है? यह भी आपने सीखा है। अगर मानसिक संचय ना हो, तो भविष्य जैसा कुछ होगा ही नहीं। मानसिक संचय क्या है? आज तक के अनुभवों से संबंधित किस्से, कहानियाँ, जानकारियाँ, मान्यताएँ, संस्कार, भाषा, ज्ञान, पहचानें आदि—ठीक। इसको आप अतीत मानते हैं, क्योंकि वो मस्तिष्क में संचित है और उसका आपको अभी पता है। इसीलिए फ़िर उसी के आधार पर भविष्य की भी कल्पना करते हैं, भविष्य के बारे में सोचते हैं, चिंता करते हैं। मगर क्या अतीत के आधार पर आप भविष्य की कल्पना कर सकते हैं? नहीं। क्योंकि अतीत सीमित है और उससे उठा विचार भी सीमित ही है। विचार केवल वही सोच सकता है, जो हो चुका है—वह नहीं, जो अभी हो रहा है। क्योंकि जो है—केवल अभी है। अतीत और भविष्य जैसा कुछ नहीं।

वह केवल मानसिक स्मृति और कल्पना है। स्मृति ना हो, तो ना बीता हुआ कल याद आएगा और ना ही भविष्य की चिंता सताएगी। मगर स्मृति तो रहेगी। इसलिए अतीत और भविष्य के बोझ से आज़ाद जीने का यही उपाय है कि आप इस पूरे खेल को अच्छी तरह समझें, उसके प्रति सचेत रहें—जिसकी हम अभी तक बात कर रहे हैं। मस्तिष्क के तल पर वह जो अतीत आपने पकड़ रखा है—यदि आप उसके झूठ, उसकी व्यर्थता और उसकी सीमाओं को देख लें—तो अतीत जैसा कुछ है ही नहीं। क्योंकि जीवन तो सतत् बह रहा है।

मृत्यु किसी खास दिन नहीं आती है, बल्कि जन्म और मृत्यु तो सतत और साथ बह रहे हैं। ऐसा भी कह सकते हैं कि जन्म और मृत्यु—दो हैं ही नहीं, एक ही हैं। फ़िर यह भी कह सकते हैं कि ना जन्म है, ना मृत्यु—केवल जीवन का बहाव है। प्रकृति का बहाव है, जहाँ सतत रूपांतरण है और मृत्यु कुछ होता ही नहीं—बस रूप बदल जाते हैं। जैसे मिट्टी से सब्ज़ी और अनाज, अनाज से आटा, आटे और सब्ज़ी से भोजन, भोजन से शरीर और शरीर बन जाता है मिट्टी। क्या जन्मा और क्या मरा? कुछ नहीं—केवल भ्रम। और भ्रम वह है, जो है ही नहीं। तो जीवन सतत् है। बस हम ही भ्रमवश मानसिक संचय—यानी व्यक्तिगत संसार—में अतीत की यादों और भविष्य की कल्पनाओं नामक दो भ्रामक मान्यताओं के बीच—झूला झूलते रहते हैं।

मगर मानसिक संचय ही यदि ना हो, तो अतीत किसको कहेंगे? इसलिए व्यक्तिगत संसार की दीवारों का ढह जाना ही आपको अतीत और भविष्य के बोझ से भी आज़ाद कर सकता है। हिरण को बहुत नहीं पता कि कल क्या हुआ था। इसलिए फ़िर वह आगे के बारे में भी बहुत नहीं सोचती और बस अभी सहज जीती है—प्रकृति के साथ बहती है। उसके माध्यम से प्राकृतिक जैविक प्रतिक्रियाएँ होती हैं, मगर वह कोई चुनाव नहीं करती। उसमें कोई कर्ता भाव नहीं है—जो कहे कि मैंने किया। हमारे माध्यम से भी होती तो प्रतिक्रियाएँ ही हैं, मगर हमें यह भ्रम हो जाता है कि जैसे "हमने किया" या "हमने चुना"। हम कर्ता बन बैठते हैं। यही तो अहंकार है। प्रतिक्रिया में कोई चुनाव नहीं होता है। पानी में पत्थर फेंकोगे, तो पानी उछलेगा। यह पानी का चुनाव नहीं है—यह बस प्रतिक्रिया है। तो प्रकृति में प्रतिक्रियाएँ हैं—वहाँ कोई कर्ता नहीं है। इसलिए भविष्य की चिंता, मौत का भय, ईर्ष्या आदि उस मानसिक संचय और उसके प्रति बेहोशी का परिणाम है। स्वयं को ना जानने के कारण आप कहते हैं—मेरे जीवन का उद्देश्य क्या है? मैं क्यों पैदा हुआ? मैं कहाँ से आया? कहाँ को जा रहा हूँ? मरने के बाद मेरा क्या होगा? आप यदि देख लें कि 'मैं' जैसा कुछ है ही नहीं—तो फ़िर कोई सवाल ही नहीं रह जाएगा।

फ़िर किसका जन्म और किसकी मृत्यु? किससे ईर्ष्या करूँ? किससे तुलना करूँ? तुलना कहाँ से और क्यों आ रही है? ईर्ष्या कहाँ से और क्यों आ रही है? यह अगर आप देख लें—तो ना तुलना रहेगी, ना ईर्ष्या। यदि आप देख लें कि भय के पीछे वह कौन सा स्वार्थ है, कौन सा भ्रम है, कौन सी मान्यता है—तो जैसे ही आप उस मान्यता का झूठ देखते हैं या उस स्वार्थ की व्यर्थता देखते हैं—भय शून्य हो जाता है। भय को बचे रहने के लिए आधार नहीं मिलता। आपके स्वार्थ और मान्यताएँ ही तो आपको गुलाम बनाते हैं—अन्यथा हाथ-पैर तो आपके खुले हुए हैं। तो समझ आ रहा है? देख पा रहे हैं कि किस तरह बच्चा अबोध अवस्था में जन्मता है, फ़िर भाषा सीखता है और अनेक अनुभवों से गुज़रता है। नाम, पहचानें, जानकारियाँ, छवियाँ, मान्यताएँ आदि सब मिलकर स्मृति बनते हैं—जिसके कारण अपने विशेष होने का भ्रम पैदा होता है। वही भ्रम 'मैं'—यानी अहंकार—का रूप ले लेता है। और वहीं से अपूर्णता, कामनाएँ, भेद, भय, हिंसा, दुःख और सारी पीड़ाएँ पनपने लगती हैं। अन्यथा

एक बच्चे के लिए आदमी और औरत, श्रेष्ठ या हीन जैसा कुछ नहीं है। उसके लिए अच्छा-बुरा, अपना-पराया, सफल या असफल, कुरूप या सुंदर, पाप-पुण्य, धर्म या जाति जैसा कुछ भी नहीं है। क्या कोई बच्चा पैदा होते ही इन सब की बातें करता है?

नयना जी: बिल्कुल नहीं! यह सब तो पहले उसको सिखाया जाता है। उसके पास तो ना अपना कोई नाम होता है, ना ही कोई पहचान।

अचिंत्य: यह सब पहले उसके मस्तिष्क में डाले जाते हैं, फ़िर वह इन सब से आसक्त होता है। यह सब मिलकर भीतर एक स्वतंत्र और पृथक सत्ता के होने का भ्रम उत्पन्न कर देते हैं। फ़िर वह "मैं" और "मेरा" कहने लगता है। चूँकि ना बच्चा स्वयं को समझता है, ना आप—इसलिए भ्रमवश आप यह मान लेते हैं, जैसे कि ये सब तो जन्म के साथ ही मिला होता है। लेकिन तथ्य यह है कि आपके मन-मस्तिष्क में जो कुछ भी भरा हुआ है, वह जन्म के बाद आपके भीतर डाला गया है। अन्यथा बच्चे का मस्तिष्क तो गीली मिट्टी जैसा होता है। उसमें वे सारी सामाजिक मान्यताएँ, संस्कार, पहचानें, भाषा, भेद आदि कुछ नहीं थे—जो दुनिया में चल रहे हैं और जिनके आधार पर आप जीते हैं। मगर देखिए, कैसा भ्रम है—कि पहले तो उस बच्चे के मस्तिष्क को परिवार, शिक्षा, समाज, संस्कृति, माहौल, विज्ञापनों, तथाकथित धर्मगुरुओं और मीडिया के द्वारा भरा जाता है; और चूँकि अबोध बच्चा इसको नहीं समझता—इसलिए फ़िर वह इसी को सत्य "मान" लेता है और इसको अपना कहने लगता है। तो यह जो बच्चा है, या जो व्यक्ति है—उसके मुँह से वह व्यक्ति नहीं बोल रहा है; उसके मुँह से पूरा समाज और संस्कृति बोल रहे हैं। उसके मुँह से नेता और तथाकथित धर्मगुरु बोल रहे हैं। उसके मुँह से अभिनेता, फ़िल्में और पूरा मीडिया बोल रहा है। मगर उस बच्चे को बेहोशीवश यह भ्रम हो जाता है कि जैसे ये सब कुछ वह अपनी मर्ज़ी से बोल रहा है।

उसे पता ही नहीं है कि उसकी मर्ज़ी—उसकी नहीं है। वही नहीं है, तो उसकी मर्ज़ी कैसे होगी। जिसे अपना नहीं पता कि "मैं कौन हूँ?" जिसे आत्मज्ञान नहीं है—अभी वह है ही नहीं। वह केवल कठपुतली है। मगर भ्रमवश वह मानता है कि "मैं हूँ" और "मैं कर्ता हूँ"—इसी को अहंकार कहते हैं। अन्यथा जिसे सचमुच दिख गया कि वह तो कठपुतली मात्र है—वह कठपुतली नहीं रहेगा और अहंकार गिर जाएगा। बेहोशी हटेगी। जिसको बच्चा "मैं" और "मेरा" कह रहा है—वह ना मैं है, ना मेरा है। "मैं" तो केवल एक भ्रम है, और जिसे वह "मेरा" कह रहा है—वो दूसरों ने उसके भीतर डाला है। आपसे पूछकर थोड़ी ना आपके ऊपर तथाकथित धर्म, जातियाँ, रिश्तेदारी, मान्यताएँ, परंपराएँ, भाषा और पहचानें आदि थोपे गए थे। आप तो ख़ुद अबोध थे। बच्चे को पता ही नहीं चला कि कब दुनिया ने उस पर क्या थोप दिया। आपको पता ही नहीं कि ये चीजें होती क्या हैं—मगर आप गधे की भाँति उन्हें ढोते जाते हैं। आपसे किसने कहा कि बड़ों का सम्मान करो? उन्हीं ने ना—जो चाहते हैं कि उनके सामने आप झुकें? मगर क्या आपने उनसे कभी पूछा कि—बड़ा माने कौन?

शरीर का क्या है—वह तो अपने-आप बड़ा हो जाता है। शरीर से तो हिंसक, बेईमान, चोर, भ्रष्ट, हत्यारे, बलात्कारी, पागल आदि भी बड़े हो जाते हैं। क्या उनको बड़ा कहेंगे? आपको

यही नहीं पता कि बड़ा माने कौन—मगर आप अंधों की भाँति और भीड़ के देखे-देखे—कभी शरीर के सामने, कभी भ्रष्ट और हिंसक सत्ताधारी नेता के सामने, कभी तथाकथित धर्मगुरु और धनपतियों के सामने झुकते रहते हैं। क्या यह भी कोई ज़िंदगी है—जहाँ यही नहीं पता कि मेरे माध्यम से जो कुछ भी हो रहा है—वह क्या, क्यों और कैसे हो रहा है? आपको अगर सिखाया ना गया होता कि किस मूर्ति के सामने झुकना है और किसे पूजना है—तो क्या आप इसी तरह उन्हीं मूर्तियों के सामने झुकते और पूजते? आपको कैसे पता कि एक ख़ास उम्र तक ही पढ़ना होता है और पढ़ाई सिर्फ़ नौकरी के लिए ही होती है—और फ़िर बस नौकरी ही करनी है?

नयना जी: भीड़ को देखकर सीखा!

अचिंत्य: इसीलिए आप भीड़ जैसे हैं। अन्यथा आपकी ज़िंदगी में भी वही सब, उसी तरह और उसी समय क्यों हो रहा होता—जो समाज के हर किसी व्यक्ति की ज़िंदगी में हो रहा होता है? भीड़ ने ही तो आपको सिखाया है ना कि जीवन में कब, क्या और कैसे करना है। और आपने बिना जाने-समझे सबकुछ ऐसे ही स्वीकार कर लिया। इसी को बेहोशी कहते हैं और यही गुलामी है। अन्यथा आपको कैसे पता कि शादी तो करनी ही होती है? एक ख़ास उम्र में ही करनी होती है? आपको कैसे पता कि शरीर से यदि लड़की हो, तो विवाह के बाद घर छोड़कर जाना ही होता है? बच्चे तो पैदा करने ही होते हैं? कैसे कपड़े पहनने हैं और कैसे नहीं? यह सब पहले आपको इसी परिवार, शिक्षा, समाज, संस्कृति, माहौल ने सिखाया है—और फ़िर वही "मैं" और "मेरा" बन जाता है। मगर वह ना मैं है, ना मेरा—इसीलिए इतने डरे हुए रहते हैं। इसीलिए आप सच्चाई के चलाए नहीं, बल्कि समाज के चलाए चलते हैं। इसीलिए आपको सत्य की नहीं, बल्कि इस बात की फ़िक्र रहती है कि—लोग क्या सोचेंगे?

कुछ दिख रहा है कि सही है—वहाँ भी आप क्यों सोचते हैं कि लोग क्या कहेंगे? क्योंकि आप भीड़ के आधार पर तय करते हैं कि क्या करना है और क्या नहीं—सही और ग़लत के आधार पर नहीं। भीड़ जिधर होती है, आप भी उधर ही हो जाते हैं—कभी स्वार्थवश, कभी भ्रमवश और कभी भयवश। आप भीड़ के गुलाम हैं। क्योंकि जो कुछ भी आप "स्वयं" को मानते हैं और जिस भी चीज़ को आप "अपना" कहते हैं—वो सब आपको उन्हीं से मिला है और अपना जो है, उसका आपको कुछ पता नहीं। आपके अलावा कोई अपना नहीं, मगर आप तो ख़ुद से ही अंजान हैं। आपको बहुत फ़िक्र रहती है कि कहीं आपका अपमान ना हो जाए। मगर आपको कैसे पता कि आप सम्माननीय हैं? आप ख़ुद को सम्माननीय मानते हैं, मगर किस आधार पर? उसी भीड़ के कुछ बेहोश और स्वार्थी लोग ऊपर-ऊपर से आपको सम्माननीय कहते हैं—इस आधार पर। कल को वही भीड़ अगर आपसे कह दे कि आप सम्माननीय नहीं हैं, तो आप हीन, क्षुद्र और अपमानित अनुभव करेंगे। तो आप ना सम्मानित हैं, ना अपमानित—आप भ्रमित कठपुतली मात्र हैं। आपके पास अपना कोई सम्मान है क्या? आपकी ज़िंदगी ही यदि ऐसी नहीं है कि आप ही अपना सम्मान कर सकें, तो कोई अन्य व्यक्ति आपका सच्चा सम्मान कैसे करेगा? आपकी ज़िंदगी ही यदि झूठ और

बेहोशी पर टिकी है, तो आपको सम्मान भी "झूठा" और "बेहोश" लोगों से ही मिलेगा। अभी तो आप भिखारी हैं। भिखारियों का कोई सम्मान करता है क्या? हाँ, लोग सम्मान का नाटक ज़रूर कर लेते हैं।

सम्माननीय होना तो छोड़िए, अभी तो आप ही नहीं हैं। आपको बस भ्रम है कि आप "हैं"? आप नहीं हैं। वह समाज, वह व्यवस्था, वह संस्कृति, वह मीडिया है—जो "मैं" बनकर आपकी खोपड़ी में बैठी है। जब आप बोलते हैं, तब आप नहीं बोल रहे होते हैं; तब आपके माध्यम से वह—समाज, संस्कृति, मीडिया, तथाकथित धर्मगुरु आदि—बोल रहे होते हैं। अन्यथा जिसके पास दूसरों का दिया हुआ कुछ नहीं है—और अगर है भी, तो उसको अपना मानने का भ्रम नहीं पालता—फ़िर सत्य, बोध और आज़ादी की राह पर वह क्यों परवाह करे कि चार लोग क्या कहेंगे? वह तो होश के प्रकाश में जिएगा, प्रेम में जिएगा। क्योंकि वह किसी समाज, मान्यता या संस्कृति को नहीं—अपितु सत्य और बोध को समर्पित है। उसे स्वार्थ नहीं, आज़ादी प्यारी है। या कह लो कि आज़ादी ही उसका स्वार्थ है। एक बच्चा, जो अभी समाज द्वारा संस्कारित नहीं है, वह केवल अबोध होता है; मगर जानने-समझने के लिए उपलब्ध रहता है। लेकिन ये परिवार, समाज, तथाकथित संस्कृति, संगठित धर्म आदि—सब ऐसे लोगों द्वारा भरे हुए हैं, जो ख़ुद बेहोश और नासमझ हैं। जब इनके बीच कोई बच्चा जन्मता है, तो ये उसे बर्बाद कर देते हैं। ये उसके मन को विकृत कर देते हैं। ये उस बच्चे को सिखाते नहीं, समझाते नहीं। उसको तथ्यों से रूबरू नहीं कराते। उसे आईना नहीं दिखाते—माने उसे उसकी ही संस्कारबद्धता और मान्यताओं के प्रति सचेत नहीं करते—बल्कि उल्टा उस पर भ्रामक नाम, पहचानें, संस्कार, मान्यताएँ आदि थोप देते हैं।

उसे उसकी पहचानों और मान्यताओं की सीमा और व्यर्थता नहीं दिखाते, बल्कि उसको पहचानों और मान्यताओं के नाम पर ही सीमाओं में कैद कर देते हैं। उसे सम्पूर्ण जगत से काट देते हैं और बाँट देते हैं। सीमाएँ खींच-खींचकर उसके लिए एक भीतरी और बाहरी—सीमित, संकुचित और क्षुद्र—व्यक्तिगत संसार निर्मित कर देते हैं। वह उसी में कैद होकर रह जाता है। अभी चूँकि वह अबोध है, इसलिए वह उसको सत्य मान लेता है। लेकिन यही व्यक्तिगत संसार—पृथक और स्वतंत्र होने के उस शारीरिक और भ्रामक अनुभव को और अधिक मजबूती देता है। बच्चे को ऐसा ही लगने लगता है, जैसे कि वह वही है—जैसा उसको सिखाया गया है। शुरुआत में उसको बहुत पीड़ा नहीं होती, और होती भी है तो विरोध नहीं कर पाता। लेकिन समय और अनुभवों के साथ-साथ अहंकार और पीड़ा—दोनों ही बढ़ते जाते हैं। विशेष होने का उसका भ्रम और मज़बूत होता जाता है। क्योंकि वह एक ऐसे जाल में फँस गया है, जहाँ वह कुछ समझ ही नहीं पा रहा है। अब वह क्या देखेगा, क्या सोचेगा, क्या सुनेगा और फ़िर कैसा अनुभव करेगा—यह भी उसे पहले ही सिखा दिया गया है। इसके लिए भी उसका मस्तिष्क संस्कारबद्ध हो गया है—कुछ प्राकृतिक रूप से और बहुत सारा माहौल द्वारा। अब वह ईमानदारी और निष्पक्षता के साथ—ना कुछ देख पा रहा है, ना सोच पा रहा है, ना सुन पा रहा है।

उसके सारे अनुभव विकृत से हो गए हैं। वृक्षों, पशुओं, रंगों और नदियों आदि को भी वह—पवित्र, अपवित्र, अपना, पराया, डरावना, सुंदर, कुरूप जैसी दृष्टियों से देख रहा है। वह अपनी मान्यताओं के नाम पर प्रकृति में ही भेद खड़े कर लेता है। लेकिन ये सब उस बच्चे को तभी सिखा दिया जाता है, जब वह अबोध, असहाय, कमज़ोर, आश्रित, भ्रमित और भयभीत रहता है। तो ऐसी उसकी हालत हो जाती है, जब उसे आत्मज्ञान नहीं होता है—जब उसे नहीं पता होता है कि भीतर और बाहर यह क्या खेल चल रहा है और कैसे चल रहा है। अब ऐसी हालत में उसके जीवन में यदि पीड़ा नहीं होगी, तो क्या होगा? अब उसके माध्यम से हिंसा ना होगी, तो क्या होगा? यही आपकी हालत है। यही अधिकांश इंसानों की हालत है। हमको सब रटा दिया गया है—किसके साथ कैसा व्यवहार करना है? अच्छा क्या है? बुरा क्या है? पाप और पुण्य क्या है? जाति, धर्म, बड़ा, छोटा, अपना, पराया आदि—सब हमको रटा दिया गया है और हमने भी मान लिया। जिन्होंने आपको ये सब सिखाया है, समझते वे भी कुछ नहीं हैं कि ये सब चीजें क्या होती हैं—या होती भी हैं कि नहीं।

बस इन सब में उनका कुछ स्वार्थ होता है—इसलिए पैदा होने वाले हर बच्चे को ये मान्यताएँ और संस्कार आदि पकड़ा दिए जाते हैं। पहले तो माँ-बाप उनके ऊपर ये सब थोप देते हैं; फ़िर शिक्षा, समाज, संस्कृति और ये दुनिया थोप देती है। फ़िर वही प्रक्रिया वे भी अपनी आने वाली पीढ़ियों के साथ दोहराते हैं। तो ये जो कुछ भी आपको सिखा दिया गया है—वही सब मिलकर मस्तिष्क में संचित होकर स्मृति बन जाता है। उसी से उठे विचार, भावनाएँ, कामनाएँ, प्रतिक्रियाएँ आदि आपको दौड़ाते हैं। उसी के केंद्र से जब आप कठपुतली की तरह जीते हैं, तब आपके हर कर्म में केवल पीड़ा और हिंसा ही होती है। जब आप अपने भीतर चल रहे इस खेल को नहीं समझते हैं—दैनिक जीवन के दौरान जब आप इसके प्रति सचेत नहीं रहते हैं—तो आप नहीं देख पाते हैं कि उसके बिना भी आप हो सकते हैं। उसके बिना भी जिया जा सकता है। सहज जीने के लिए प्रत्यक्ष बोध पर्याप्त है—अतीत के केंद्र से जीना आवश्यक नहीं है। अतीत के अनुभव, संस्कार और मान्यताएँ आदि लोगों की हालत समझने के केवल उपयोगी साधन हो सकते हैं, मगर केंद्र तो बोध ही हो। उस व्यक्तिगत, सीमित, संकुचित और भ्रामक संसार से आसक्त रहने की आवश्यकता नहीं है। उन दीवारों को बचाने की कोई आवश्यकता नहीं है।

मगर आप जब यह नहीं समझते हैं, तो आप ही इन दीवारों की रक्षा भी करते हैं। इसी को अहंकार कहते हैं। क्योंकि दीवारों के बिना 'आप' माने 'अहंकार' कैसे बचा रहेगा? ये दीवारें ही तो "मैं" और "तू" का भ्रामक भेद खड़ा करती हैं। ख़ुद ही सीमित-संकुचित बने रहते हैं, भयभीत होते हैं, हिंसा करते हैं और दुःख पाते हैं। अन्यथा बच्चा जब पैदा होता है, तब वह स्वयं को कुछ नहीं मानता है—ना अच्छा, ना बुरा; ना सुंदर, ना कुरूप; ना सफल, ना असफल; ना अमीर, ना गरीब; ना आदमी, ना औरत। इन अंधों की दुनिया में उसके जो अनुभव होते हैं, उन अनुभवों को लेकर उसकी जो मान्यताएँ बनती हैं, और इस भीड़ ने उसे जो सिखा दिया है—उन सबके कारण फ़िर वह कुछ मानने लगता है। अन्यथा वह शुरुआत में अबोध

ज़रूर होता है; मगर कोई मान्यता, संस्कार, परंपरा, काल्पनिक भेद आदि लेकर वह पैदा नहीं होता है। हाँ, कुछ जैविक और शारीरिक संस्कारबद्धता ज़रूर होती हैं। मगर अभी हम उनकी बात नहीं कर रहे हैं, क्योंकि वह हमारे दुःख का कारण नहीं होती है। कुछ महीनों पहले जन्मे किसी बच्चे को यदि आप गालियाँ भी देते हैं, तो उसे आपके "शब्दों से" कोई फ़र्क नहीं पड़ेगा। ना उसे अच्छा लगेगा, ना बुरा। ना वह क्रोध करेगा, ना हिंसा। आप मुस्कुराते हुए यदि उसे गालियाँ भी दोगे, तो वह संभवतः मुस्कुराएगा ही। क्योंकि उसे पता ही नहीं है कि इन शब्दों का मतलब क्या है, इनके माध्यम से मुझसे क्या कहा जा रहा है, और जो कुछ भी कहा जा रहा है—उस पर मुझे क्या प्रतिक्रिया करनी है। उसे कुछ नहीं पता है।

पर वह आपके चेहरे को देखता है, और आपके चेहरे के भाव उसे कुछ एहसास कराते हैं—तो उनके अनुसार फ़िर उसकी तरफ़ से कुछ शारीरिक प्रतिक्रियाएँ होती हैं। आप मुस्कुराते हैं, तो वह भी मुस्कुराने लगता है। मगर वही गालियाँ आप राह चलते किसी व्यक्ति को दीजिए—और फ़िर देखिए कि वह क्या तमाशा करता है। तो इससे क्या समझ आ रहा है? आप किसी शब्द के प्रति क्या प्रतिक्रिया करेंगे, या आपके माध्यम से किसी शब्द अथवा ध्वनि के प्रति क्या प्रतिक्रिया होगी—वह भी आपके नाम, पहचानों, संस्कारों, भाषा, मान्यताओं आदि से ही तय हो जाता है। मंदिर या मस्जिद से आ रही आवाज़ को सुनकर आपको कैसा अनुभव होगा, या आपके माध्यम से क्या प्रतिक्रिया होगी—यह इस बात से तय हो जाएगा कि आप स्वयं को क्या मानते हैं। यदि आप स्वयं को हिंदू मानते हैं, तो मंदिर से आ रही आवाज़ को सुनकर आपको जैसा अनुभव होगा और उसके प्रति आपके माध्यम से जो प्रतिक्रियाएँ होंगी—वैसा ही अनुभव और प्रतिक्रियाएँ उनके साथ नहीं घटेंगी, जो स्वयं को मुसलमान, ईसाई या कुछ और मानते हैं। यदि आप स्वयं को मुसलमान मानते हैं, तो मस्जिद से आ रही आवाज़ को सुनकर आपको जैसा अनुभव होगा और उसके प्रति आपके माध्यम से जो प्रतिक्रियाएँ होंगी—वैसा ही अनुभव और प्रतिक्रियाएँ उनके साथ नहीं घटेंगी, जो स्वयं को हिंदू, ईसाई या कुछ और मानते हैं।

उनके साथ कुछ अलग घटेगा। उन्हें कुछ और ही अनुभव होगा, क्योंकि उनकी मान्यताएँ कुछ और हैं। तो किसी गीत, शब्द या ध्वनि के प्रति भी आपकी क्या प्रतिक्रियाएँ आ रही हैं—वह भी आपको सिखा दिया गया है। उसके लिए आप संस्कारबद्ध हैं। वह भी आपके भीतर पहले डाला गया है। मगर आपको पता ही नहीं कि आपके माध्यम से एक ख़ास स्थिति में एक ख़ास तरह की ही प्रतिक्रिया क्यों हो रही है। बल्कि आपको तो यह भ्रम हो जाता है कि जैसे वह प्रतिक्रिया नहीं, बल्कि आपका चुनाव था। इससे यह भी पता चल रहा है कि हम कितने गहरे और सूक्ष्म रूप से संस्कारबद्ध और गुलाम हैं। बिना संस्कारबद्धता के किसी भी बच्चे के लिए—ना तो गंगा, गंगा है; ना गंगा पवित्र है। उसके लिए वह 'नदी' भी नहीं है। उसके लिए वह कुछ नहीं है। उस जल के साथ उसका केवल शारीरिक और जैविक संबंध हो सकता है। वह उसके जल को पी सकता है, उसमें स्नान कर सकता है। मगर उसके लिए ना तो कोई नदी पवित्र है, ना अपवित्र है, ना ही देशी अथवा विदेशी है। यह सब तो उसे आप

सिखाते हैं। अन्यथा प्रकृति में पवित्र, अपवित्र, श्रेष्ठ या हीन जैसा कुछ नहीं होता है।

जल तो जल है। हाँ, आप जब भ्रम में होते हैं, तो आप उनको गंदा ज़रूर कर देते हैं। इससे क्या पता चल रहा है? यही कि जिसको भी आप पवित्र या अपवित्र मानते हैं, पाप या पुण्य मानते हैं—वह सब भी आप केवल 'मानते' हैं, मगर आपके मानने से वह सत्य नहीं हो जाता। क्योंकि ऐसे तो कोई कुछ भी मान सकता है ना। अपने आप में सार्वभौमिक रूप से ना तो कुछ पवित्र होता है, ना कुछ अपवित्र; ना अच्छा, ना बुरा; ना सुंदर, ना कुरूप; ना पाप, ना पुण्य। यह तो निर्भर करता है कि "किसके लिए" किसी स्थिति विशेष में क्या शुभ है और क्या अशुभ। जैसे—शेर यदि हिरण को मारकर उसका माँस खाता है, तो यह उसके लिए ना शुभ है, ना अशुभ। लेकिन अपने अहंकार, बेहोशी, स्वार्थ या स्वाद के चलते, या किसी मान्यता और परंपरा के चलते—जब इंसान ऐसे किसी जीव को मारता है, उसकी बलि चढ़ाता है, उनको मारकर खाना त्योहार मानता है—तब यह उस मनुष्य के लिए अशुभ है। क्योंकि यह कर्म उसकी बेहोशी से आ रहा है। ऐसा करके वह अपने ही पैरों पर कुल्हाड़ी मार रहा है अर्थात् अपने ही जीवन को दुःख से भर रहा है। ऐसा करके वह अपने ही भीतर के प्रेम, संवेदनशीलता और करुणा से दूर होता जा रहा है। क्योंकि उसे पता भी नहीं है कि वह ये सब क्यों कर रहा है। इसके माध्यम से वह अंततः क्या चाहता है, और जो कुछ चाहता है—क्या वह ऐसे मिलेगा भी? इंसान को शांति और सुकून चाहिये, लेकिन हिंसा करके वह नहीं मिलेगा।

मगर उसे कुछ नहीं पता। और जब उसे पता ही नहीं कि इन सबके माध्यम से वह अपनी ही ज़िंदगी को नर्क बना रहा है—मानसिक रूप से हिंसक, क्रूर, कठोर, असंवेदनशील होता जा रहा है—तो बताइए, उसे शांति, सुकून और आनंद भी कैसे मिलेगा? शांति, सुकून और आनंद के लिए ही वह हिंसा करता है, मगर हिंसा करके ही वह उससे दूर हो जाता है। तो आपके जीवन में जो कुछ भी चल रहा है, वह सब आपको पहले सिखाया गया है। अन्यथा शरीर केवल अनुभवों से गुजरता है और उन अनुभवों के प्रति प्राकृतिक और जैविक प्रतिक्रियाएँ होती हैं। मगर उन अनुभवों के प्रति आप जो विशेष प्रतिक्रियाएँ करते हैं, वे आपने सीखी हैं। सतत दोहराव के कारण वे आपको सहज लगने लगती हैं। जब आपके माध्यम से बार-बार वे प्रतिक्रियाएँ होती हैं, आस-पास के लोगों को भी जब आप वैसी ही हरकतें करते हुए देखते हैं—तो आपको वे सहज लगने लगती हैं। मगर वे सहज हैं नहीं। बात बस इतनी है कि आप भीड़ को सही मानते हैं—कभी भ्रमवश, कभी स्वार्थवश और कभी भयवश। क्योंकि आप शायद नहीं जानते कि भीड़—पागलों और अंधों की भी हो सकती है। झुंड—गुंडों और लुटेरों का भी हो सकता है। झुंड तो सत्य से मुँह चुराकर भागे हुए कमजोर, कायरों, पाखंडियों, झूठों और अहंकारियों का भी हो सकता है।

तो शरीर केवल अनुभवों से गुजरता है, मगर उनके प्रति वे जो असहज प्रतिक्रियाएँ हैं—वो आपने सीखी हैं, और वहीं से फ़िर दुःख, हिंसा, भय और सारी पीड़ा पैदा होती है। तो इसके प्रति जागरूक रहिए कि यह जो विशेष तरह के अनुभव और आचरण आदि हैं, यह आपके भीतर कहाँ से आ रहे हैं। अपनी ही चोरियाँ और चालाकियाँ पकड़ना सीखिए। अपने ही भीतर

की सजगता रूपी चौकीदारी को जगाइए—जो देखती रहे कि कौन-सी प्रतिक्रिया अतीत की किस मान्यता, संस्कारबद्धता, छवि या अनुभव से आ रही है। जो आपकी बेईमानियों को तुरंत पकड़ ले—ताकि जीवन अतीत और बेहोशी के केंद्र से नहीं, बल्कि आत्मबोध और होश के प्रकाश में बहे। क्या इसका मतलब यह है कि हमने जो कुछ भी सीखा है—जैसे भाषा, नाम, अनुभव, संस्कार आदि—उनकी कोई उपयोगिता नहीं है? ऐसा नहीं है। इन सब की उपयोगिता है, लेकिन एक सीमित दायरे में। जैसे यदि किसी व्यक्ति विशेष को संबोधित करना है और उसके लिए आप किसी शब्द या नाम का प्रयोग करें, तो इसमें कोई समस्या नहीं है। मगर उस नाम या पहचान को ही यदि आप विशेष, पवित्र, अपवित्र, श्रेष्ठ या हीन आदि मान लें—तो यह ज़रूर समस्या बनती है। इसी से फ़िर भेदभाव, हिंसा, शोषण, भय, दुःख आदि पनपते हैं।

भाषा तो संबंध-व्यवहार का एक उपयोगी और ज़रूरी साधन है। उसमें क्या समस्या हो सकती है? दो व्यक्तियों के बीच चर्चा हो सके, उचित और सहज संबंध बन सके—उसके लिए भाषा एक माध्यम बन जाती है। अगर होश है और आपमें प्रेम है, तो आपके लिए हर वस्तु उपयोगी हो जाती है। इसीलिए मूल समस्या सिर्फ़ अतीत का संचय यानी स्मृति मात्र नहीं है, बल्कि उसके झूठ और सीमाओं के प्रति बेहोशी है। तो होश बना रहे—इसी के लिए तो भीतर सजगता-रूपी ईमानदार, निर्भय, निर्मम, निष्काम और निष्पक्ष चौकीदारी चाहिये। जितना ज़्यादा अपनी भीतरी चालाकियों, चोरियों, बेईमानियों और झूठ आदि पर 'ध्यान' दोगे—उतने ही आप (बेहोशी/अहंकार) मिटते जाओगे और "वह" बढ़ता (प्रकट होता) जाएगा। वह माने जागरूकता। वह माने बोध। वह माने आनंद। वह माने सहजता, करुणा और सौंदर्य। वह माने शांति और सुकून। वह माने आज़ादी। वह माने सत्य।

तो नाम, भाषा, पहचानें, अनुभव, स्मृति आदि जब तक संबंध, व्यवहार, संबोधन और ज़रूरी कामों आदि के लिए होशपूर्वक उपयोग हों, तो कोई समस्या नहीं है। लेकिन ये समस्या तब बन जाते हैं, जब कोई आपको नामों, पहचानों, मान्यताओं, सीमाओं और अतीत आदि में इसलिए कैद कर रहा है—ताकि वह आपका शोषण कर सके। या आप इनका इसलिए उपयोग करने लग जाएँ—ताकि किसी का शोषण कर सकें, उसके मालिक बन सकें और उसे अपने इशारों पर नचा सकें। जैसे अभिभावक और संतानों के संबंध में क्या ऐसा नहीं होता है? कोई माता-पिता बनकर बच्चों के सिर पर बैठा है, कोई किसी का पति बनकर चढ़ा हुआ है। कोई किसी का बड़ा भाई बनकर बैठा है, तो कोई सास या ससुर बनकर बैठे हैं। ये क्या है? ये नामों, शब्दों आदि का दुरुपयोग नहीं तो क्या है? आप व्यक्ति को, उसके व्यवहार को, उसकी समझ अथवा हिंसा को देख ही नहीं रहे हैं—बस नाम के नाते कोई शोषण कर रहा है, तो कोई शोषित हो रहा है।

ये हिंसा होती है—जब आप मान्यताओं और नामों में जीते हैं और नामों के नाते मूढ़ लोगों के सामने सिर झुकाते रहते हैं। क्योंकि आप नामों और पहचानों को ही सत्य मानकर उनसे आसक्त हुए बैठे हैं। ये नाम और पहचानें ही तो आपका बंधन हैं। उन्हीं में तो आप

कैद हैं। ये ही तो पिंजरे हैं। मगर आप इन्हें ढोते रहते हैं—कभी भ्रमवश, कभी भयवश और कभी स्वार्थवश। लेकिन यहाँ खेल बिल्कुल अलग चलता है। अगर आप किसी एक नाम या पहचान में कैद होते हैं, तो भ्रम और भयवश आप और अधिक पहचानों (यानी पिंजरों) की माँग करने लगते हैं। क्योंकि जब आप किसी नाम, पहचान, भाषा, लिंग या मान्यता आदि में कैद हो जाते हैं, तो आप स्वयं को बहुत सीमित, संकुचित, छोटा, अकेला और अपूर्ण पाते हैं। अब इसका सीधा समाधान तो यह है कि आप उन पिंजरों के झूठ और व्यर्थता को जानकर उनसे मुक्त हो जाएँ। मगर आप कभी भ्रम, कभी भय और कभी स्वार्थवश उन पिंजरों से चिपके रहते हैं और उस अपूर्णता या अकेलेपन को भरने का एक भ्रामक रास्ता चुन लेते हैं। आप सोचते हैं कि जब "मैं" के साथ बड़े-बड़े नाम और पहचानें चिपक जाएँगी, तब आप भी विराट और पूर्ण हो जाएँगे।

इसलिए फ़िर आप नई-नई पहचानें पाने के पीछे दौड़ते रहते हैं, ताकि आपको यह महसूस हो कि आप भी कुछ हैं। क्योंकि कुछ नहीं होने से आप डरते हैं, इसलिए कुछ होने के प्रयास में आप कई तरह के नाम, पहचानें, मान्यताएँ आदि पकड़ लेते हैं और उनसे आसक्त हो जाते हैं। उन्हीं के लिए जीते हैं, उन्हीं के लिए मरते और मार भी देते हैं। उन्हीं को बचाने का प्रयास करते हैं। उन्हीं के मिटने, उन्हीं पर धब्बा या कलंक लगने के भय से घबराते हैं। मगर इससे आपकी पीड़ा कम नहीं होती, बल्कि और बढ़ जाती है। इससे आप आज़ाद नहीं होते, बल्कि और नई दीवारें खड़ी हो जाती हैं। आप जब स्वयं को बहुत छोटा या अकेला महसूस करते हैं, तो आप सोचते हैं कि किसी बड़े धनपति या रूपपति से विवाह कर लेते हैं। और तब भी जब अकेलापन नहीं मिटता, तो आप बच्चे पैदा कर लेते हैं। कभी बड़ी नौकरी के नाम पर दौड़ते रहते हैं। कभी आप किसी ऐसी तथाकथित धार्मिक या जातिय मान्यता से चिपक जाते हैं, जिसका लाखों-करोड़ों लोग अंधानुकरण कर रहे हों—इस उम्मीद में कि यदि "मैं" के साथ वह पहचान जुड़ जाएगी, तो शायद आप पूर्ण हो जाएँगे।

शायद आपका अकेलापन और छुटपन मिट जाएगा। मगर क्या ऐसा होता है? बिल्कुल नहीं। अरे, वह भीड़ आपके ही जैसे अंधे और बेहोश लोगों की है—जो ख़ुद ही भीतर से भ्रमित, भयभीत, अपूर्ण, अकेले और बेचैन हैं। उनके बीच में खड़े होकर आपको चैन कैसे मिल जाएगा? उनके ही घरों में शांति नहीं है। दो भाइयों में प्रेम नहीं। पति-पत्नी में ईमानदारी और खुलापन नहीं। दो पड़ोसियों में बात तक नहीं होती। रिश्तेदारों से बनती नहीं। ऐसे लोगों की भीड़ जिन भी मान्यताओं और पहचानों को पकड़कर बैठी है—यदि आप भी उन्हीं के अनुसार जिएँगे, तो आपका भी वही हाल होना है, जो उनका हो रहा है। "मैं" के साथ तथाकथित नए और बड़े नाम, पहचानें, मान्यताएँ आदि जोड़कर ना अकेलापन मिटेगा, ना अपूर्णता। जो कुछ पहले से पकड़ रखा है, उसके झूठ, सीमाओं और व्यर्थता को जानकर ही आप इन काल्पनिक और भ्रामक बीमारियों से मुक्त हो सकते हैं। मगर जब आप किसी तथाकथित नाम, पहचान, मान्यता इत्यादि से आज़ाद होने के बारे में सोचते भी हैं, तो आपको दिखता है कि ऐसे तो आप अकेले हो जाएँगे। इसलिए आप उनसे चिपके रहते हैं—कभी भयवश

और कभी स्वार्थवश। मगर इतना जान लो कि आपकी कल्पना भी झूठी है। जब आपने उस आज़ादी का रस कभी लिया ही नहीं, तो आपको कैसे पता कि तब जीवन कैसा होता है? तब जीवन कुछ ऐसा होता है जैसे कि कोई चार दीवारी की घुटन से बाहर निकला हो। खुला आसमान है और उपलब्ध पूरा जहान (पूर्ण) है।

मगर अपनी वर्तमान बर्बाद, कमजोर और गुलाम हालत को देखो—क्या वह सही है? उसमें तो आप अभी ही पीड़ा पा रहे हैं। तो उसको देखो, उसके प्रति विद्रोह करो और बोध, सत्य व आज़ादी के प्रति निष्ठा और श्रद्धा रखो। सत्य की राह पर जो भी होगा, वही शुभ है। आज़ादी की राह पर जो भी टूटेगा और छूटेगा—वह ज़रूर बंधन, भ्रम और कमजोरियाँ ही होंगी। बोध की राह आपको भ्रम, भय और बंधनों से मुक्त ही करेगी। समझो कि सत्य, बोध और आज़ादी से प्रेम की राह पर अकेला होना भी शुभ है—बजाय उस भीड़ के साथ होने के, जो ख़ुद भ्रमित, बेहोश, हिंसक, प्रेमहीन, बोधहीन और गुलाम है। अन्यथा जो व्यक्ति अकेले चलने से घबराएगा, उसे तो फ़िर समाज का गुलाम होना ही पड़ेगा। उसे समाज से डरकर जीना पड़ेगा। सही काम को भी करने से पहले उसे इस बात की परवाह करनी पड़ेगी कि लोग क्या सोचेंगे। क्योंकि समाज चलता है झूठ पर। समाज चलता है मान्यताओं पर, सत्य पर नहीं। आप कोई एक मान्यता या पहचान पकड़ेंगे, मगर उसके नाम पर इस भीड़ द्वारा आपके ऊपर अनेक सीमाएँ और बंधन थोप दिए जाएँगे। अब आपको क्या करना है और क्या नहीं—यह आप तय नहीं करेंगे। यह भीड़ तय करेगी।

किसको अपना मानना है और किसको पराया, कैसे जीना है और कैसे नहीं जीना—ये सब आप नहीं तय करेंगे; वे रूढ़ियाँ, मान्यताएँ, परंपराएँ, संस्कार, पहचानें आदि तय करेंगी, जिनको आपने पकड़ रखा है। ये गुलामी है। इसमें बेचैनी, घुटन और पीड़ा ना होगी तो क्या होगा? मगर हम इसी तरह अपनी भीतरी अपूर्णता, छुटपन और भय जैसी पीड़ा को मिटाने का प्रयास करते हैं। कुछ बनने, होने या कुछ करके दिखाने का प्रयास करते रहते हैं। मगर यदि होश नहीं है, तो केवल दुःख, भय, हिंसा, अन्याय, कमजोरी और शोषण ही होगा। देखो कि आप जब स्वयं को स्त्री या पुरुष (यानी शरीर) मानकर दैनिक जीवन के फैसले लेते हैं, तो स्त्री या पुरुष होने के नाते आपको क्या-क्या करना पड़ता है और क्या-क्या नहीं करना होता है। कैसे जीना होता है और कैसे नहीं जीना होता। मगर क्या ये सब आपने भीड़ से ही नहीं सीखा है? और क्या इसमें आप सहज हैं? बिल्कुल नहीं। आपने उसे जीवन का हिस्सा मान लिया हो, तो वह बात अलग है। भ्रमवश भीड़ के कहे अनुसार आप उस शरीर से अपनी पहचान जोड़े बैठे हैं, जो लगातार बदल रहा है।

मगर कौन-सा शरीर आपकी पहचान है? क्या वह, जो अभी दिख रहा है? या वह, जो दस, बीस अथवा तीस वर्ष पहले था? या वह, जो दो-तीन किलो का गर्भ से बाहर आया था? आप अगर इसे अपनी पहचान मानकर नहीं जी रहे होते, तो क्या तब भी आपकी ज़िंदगी, आपके फैसले, आपकी पसंद, आपका काम, आपके दोस्त आदि सब ऐसे ही होते? बिल्कुल नहीं। तो ध्यान से देखो—क्या आप वही हैं, जो आप स्वयं को मानते हैं और समाज ने जो आपको

आपकी पहचान के रूप में बता दिया है? क्योंकि आप स्वयं को वही मानकर तो जीते हैं, इसीलिए आज ज़िंदगी वैसी है, जैसी है। तो भीतर और बाहर यह जो खेल चल रहा है—अगर आप इस सारे खेल को समझते हैं, तो होश है। अब चाहे कैसे भी अनुभव हो रहे हों, चाहे स्मृति का संचय हो रहा हो, चाहे प्रतिक्रियाएँ हो रही हों या नहीं हो रही हों—अब वह बंधन नहीं रहते। यदि समझते हैं, तो होश है और उसका प्रमाण यह है कि जीवन में सहजता, सरलता और निर्भयता स्वतः और सहज आती है। जीवन बदलता है।

क्योंकि जो कुछ भी केवल बेहोशी और भ्रमवश ही जीवन में था, वह तब नहीं रहेगा—जब होश होगा। भ्रम और बेहोशी हटने के साथ ही वह सब भी हट जाता है, जो भ्रम और बेहोशी से ही आया था। फ़िर वह ना जीवन में रहता है, ना तन पर रहता है और ना ही मन में। अब आप नहीं कहेंगे कि कुछ अनुभव हो रहा है, तो वह सत्य ही है। आप देखेंगे कि ये अनुभव क्यों हो रहा है, इसका कारण क्या है। भीतर वह कौन-सी चीज है—कौन-सी मान्यता या संस्कार है—जिसके कारण ये अनुभव हो रहा है? बाहर यानी अनुभव्य विषय में ऐसा क्या है, जिसके कारण यह अनुभव हो रहा है? अब आप बस आँखें मूँदकर और बिना जाने-समझे ही स्वीकार नहीं कर लेंगे। क्योंकि कुछ अनुभव हो रहा है—इसका मतलब यह बिल्कुल नहीं है कि वह सत्य ही है। और ना ही ऐसा है कि कोई व्यक्ति यदि किसी अनुभव से गुजर रहा है, तो वह उसको समझता भी है। अनुभव तो बहुत भ्रामक चीज़ है, और कोई व्यक्ति ऐसा नहीं होता—जो किसी तरह के अनुभवों से नहीं गुजर रहा हो। हर व्यक्ति दुःखी, अशांत, परेशान और भयभीत रहता है—यानी इन अनुभवों से गुजरता है। मगर यह बिल्कुल ज़रूरी नहीं है कि वह उन अनुभवों को समझता भी हो। लेकिन होश अनुभवों के होने में नहीं है—अनुभवों को समझने में है। समझना महत्वपूर्ण है। बीमारी और उसकी पीड़ा का अनुभव कौन करता है?

प्रश्नकर्ताः वही, जो बीमार है।

अचिंत्यः मगर उसका इलाज कौन करता है?

प्रश्नकर्ताः डॉक्टर।

अचिंत्यः डॉक्टर—यानी वह, जो उस बीमारी को समझता है। डॉक्टर अभी ना तो उस बीमारी से ग्रसित है, ना ही उसका अनुभव कर रहा है—मगर वह उसे "समझता" है। इसीलिए वह इलाज कर पाता है। तो अनुभव बहुत बड़ी चीज़ नहीं है। अनुभव तो कुछ भी हो सकते हैं। वो तो माहौल, शारीरिक स्थिति, मानसिक संचय और चेतना की अवस्था आदि पर निर्भर करते हैं। होश है—उसको जानने में। होश तब है, जब आप देख पाएँ कि चल क्या रहा है, कैसे चल रहा है, क्यों चल रहा है और किसके लिए चल रहा है। कौन है जो दावा कर रहा है कि ऐसा कुछ हो रहा है? जब केवल देखना मात्र रहे और देखने वाला कोई ना हो—वहाँ बोध है। जहाँ मानसिक संचय और बेहोशी है, वहाँ अहंकार है; और जहाँ बेहोशी नहीं है, वहाँ अहंकार नहीं—होश है। और यह देख पाएँ—उसके लिए देखने की नीयत, सत्य और आज़ादी से प्रेम, ध्यान, ईमानदारी निर्ममता और निष्पक्षता चाहिये। इनके बिना काम नहीं चलेगा। इसीलिए

जब आप समझते हैं, तो बच्चे को आप दिखाते हैं कि लहर (जीव) और लहर में अंतर नहीं है। ना तो एक लहर दूसरी लहर से पृथक और स्वतंत्र है, ना ही दोनों लहरें समुद्र (प्रकृति) से पृथक और स्वतंत्र हैं।

विशेष कुछ नहीं है। प्रकृति का बहाव है और सतत रूपांतरण है। इस रूपांतरण के बीच आप स्थिर, मौन और अटल—बोध मात्र हैं। आप वही हैं। जैसे मछली समुद्र से उत्पन्न होती है, उसी में जीती है और उसी में विलीन हो जाती है—वैसे ही यह सबकुछ है, जो अनुभव हो रहा है। यह इसी प्रकृति से उत्पन्न होता है, इसी में बहता है और इसी में विलीन हो जाता है। दृष्टा (अहंकार) और दृश्य (प्रकृति) दोनों ही उसी से हैं। जब अहंकार शून्य हो जाता है तो प्रकृति नहीं रहती, केवल वह रहता है। प्रकृति में सब भिन्न-भिन्न दिखते हैं, मगर भिन्नता का मतलब पृथक और स्वतंत्र होना नहीं होता। आटे से रोटी बनाओ, पराठा बनाओ, पूड़ी बनाओ या बाटी—है तो वह आटा ही ना। थोड़ा-बहुत अंतर प्रतीत होगा, मगर बस प्रतीत होगा—है नहीं। वही आटा जब इंसान हो जाता है, तो इंसान स्वयं को उससे पृथक और स्वतंत्र मानने लगता है। यही अहंकार है। उसी अनाज से पनपा मनुष्य जब हरे-भरे अनाज से लहराते खेतों को देखता है, तो वह स्वयं को अनाज नहीं बल्कि अनाज का मालिक कहता है। उसी जल से जीवित मनुष्य जल को गंदा करके यह दर्शाता है—जैसे वह उससे पृथक और स्वतंत्र है।

यही भ्रम है और यही बंधन है। जो इस भ्रम से मुक्त है, केवल वही 'है'—बाकी तो हैं ही नहीं। जिस जगत में आपको रंग, रूप, भेद आदि दिखते हैं, वह जगत स्वयं उसे देखने वाले पर आश्रित है। उसकी अपनी कोई स्वतंत्र सत्ता नहीं है। यदि देखने वाला यंत्र यानी तन अगर बदल जाए, तो जगत कुछ और होगा। यदि देखने वाला मन (मानसिक संचय) बदल जाए, तो जगत कुछ और होगा। यदि देखने वाली चेतना की अवस्था बदल जाए, तो जगत कुछ और होगा। इसके विपरीत यदि अनुभव्य जगत बदल जाए, तो देखने वाला तन, मन और चेतना बदल जाते हैं। यहाँ कुछ भी पृथक और स्वतंत्र नहीं है। और जो अपने होने के लिए किसी पर भी आश्रित है—वह है ही नहीं, केवल प्रतीत हो रहा है। उसका होना केवल तभी तक प्रतीत होता है, जब तक कि वह हो जिसपर वह आश्रित है। तन को जो दिखता और अनुभव होता है—वह तन का प्रक्षेपण है, और मन को जो दिखता और अनुभव होता है—वह मन का प्रक्षेपण है। तन और मन को जो कुछ अनुभव हो रहा है—वह चेतना की उस अवस्था का प्रक्षेपण है।

यही नियम समाज और व्यक्ति पर भी लागू होता है। समाज से व्यक्ति आता है और व्यक्ति से समाज। दोनों एक-दूसरे पर आश्रित हैं। समाज माने वह सबकुछ जो आपको दिखता और अनुभव होता है—जैसे प्राकृतिक वातावरण, लोग, परिवार, शिक्षा, संस्कृति, राजनीति, मीडिया, खान-पान आदि सब। सामाजिक व्यवस्थागत बदलाव और व्यक्तिगत बदलाव साथ-साथ चलते हैं। व्यवस्था बदलती है, तो व्यक्ति भी बदलते हैं। जैसे बच्चों की परवरिश बहुत हद तक उनके जीवन को आकार दे देती है। मगर उसका विपरीत भी उतना ही सत्य है। व्यक्ति बदलते हैं, तो व्यवस्था भी बदलती है। आपकी परवरिश किसी भी बच्चे को

एक सीमा तक ही कुछ सिखा सकती है, मगर उसकी नीयत, प्रेम, ईमानदारी, चुनाव आदि को आप पूरी तरह तय नहीं कर सकते। यही ताकत तो मनुष्य को मिली हुई है कि वह किसी भी स्थिति में चुन सकता है। लेकिन व्यवस्था को ना कोई दुःख होता है, ना बेचैनी। उसे कोई सवाल नहीं उठता। दुःख, भय, बेचैनी, अपूर्णता आप अनुभव करते हैं। इसलिए बदलाव की शुरुआत आपसे होगी। व्यवस्था के ख़ुद-ब-ख़ुद बदलने का इंतज़ार करने का कोई लाभ नहीं। ये स्वयं को मूर्ख बनाने के तरीके हैं कि जब सब बदलेंगे या जब व्यवस्था बदलेगी तब हम सुधरेंगे। बीमार होते हो तब नहीं कहते हो कि जब दुनिया का हर मनुष्य स्वस्थ हो जाएगा तब हम ईलाज कराएँगे। जब भूख लगती है तब आप नहीं कहते हैं कि जब पूरी दुनिया से भुखमरी समाप्त हो जाएगी तब हम भोजन ग्रहण करेंगे।

आप बदलेंगे, तो व्यवस्था भी बदलेगी। और व्यवस्था का बदलाव—आपको बदलाव के लिए और बल देगा। जैसे हज़ार झूठे, असंवेदनशील और हिंसक लोगों की भीड़ में जब किसी एक के भी दिल में सत्य, बोध, प्रेम और करुणा की आग सुलगती है, तो वह अन्य को भी प्रभावित करती है। उन्हें भी बदलती है। उसकी खुशबू बाकियों को भी मिलती है। किसी तरह यदि उनमें से दस लोग जाग जाते हैं, तो झूठ और हिंसा का पलड़ा हल्का होने लगता है और सत्य, प्रेम व करुणा की ताकत बढ़ती है—प्रकट होती है। यही है व्यवस्था से बदलाव के लिए बल मिलने का अर्थ। मगर इसमें चाहिये—प्रेम, संघर्ष, करुणा और धैर्य। जो दृष्टा और दृश्य की, व्यक्ति और समाज की इस परस्पर निर्भरता के चक्रव्यूह को जितनी गहराई और स्पष्टता से देख पाता है—वह इससे आज़ाद होता जाता है। और जो आज़ाद होता जाता है, वह उतना ही अधिक गहराई और स्पष्टता से इस खेल को समझता जाता है। जितना समझते जाते हैं, उतने ही हर तरह के भ्रम, भय, बंधन, दुःख आदि पीड़ा से मुक्त होते जाते हैं। इसलिए समझो।

बच्चा अबोध पैदा होता है, उसे जगाना होता है। उनको सहमत या असहमत नहीं किया जाता, उनको कुछ मनवाया नहीं जाता—उनको समझाया जाता है। लेकिन यह आपके माध्यम से केवल तभी हो सकता है, जब आप ख़ुद समझते हों। आप ही ना जाने क्या-क्या बनकर जी रहे हैं। ऐसी मान्यताओं और भ्रमों में जी रहे हैं, जिनका कोई अस्तित्व ही नहीं है—जो केवल माने हुए हैं। फ़िर आप बच्चों को क्या समझाएँगे? कुछ नहीं। आप उनको भी बर्बाद कर देंगे। इसीलिए बच्चे पैदा करना पाप है—'यदि' आप साफ़ नहीं हैं। यदि आप ही भ्रम में जी रहे हैं, तो अपने बच्चों को भी भ्रम के अलावा और क्या दे सकेंगे? भ्रम में जीना ही वास्तविक अपवित्रता है। बेहोशी ही हिंसा है। इसी में आप दुःख पाते हैं और दुःख ही बढ़ाते भी हैं, मगर दुःख में आप जीना तो नहीं चाहते ना? क्योंकि दुःख में जीना आपका स्वभाव नहीं है। और भ्रम में ना जीना—यानी बोध ही पवित्र है। उसी में शुभता है, उसी में सौंदर्य है। बोध ही प्रेम है और करुणा भी। बोध ही आनंद है—क्योंकि वही आपका स्वभाव है। आप वही हैं—बोधमात्र।

हर बच्चा उसी संभावना के साथ पैदा होता है। अब वह संभावना साकार होती है या नहीं—यह इसपर निर्भर करता है कि वह जागता है या नहीं। तो यह जो "मैं" है, यह 'होश' भी हो सकता है और 'बेहोशी' भी। अगर अनुभव, अनुभोक्ता और अनुभव्य विषय के संबंध को समझते हैं, अगर द्रष्टा, दृश्य और दर्शन के खेल को समझते हैं—तो होश है। फ़िर आप 'मैं' शब्द का प्रयोग चाहे करें या ना करें—उससे फ़र्क़ नहीं पड़ता। और यदि नहीं समझते हैं, भ्रमित हैं—तो वही बेहोशी है। फ़िर जो 'मैं' शब्द है, वह अहंकार को दर्शाता है। तो दुःख 'मैं' शब्द का प्रयोग करने में नहीं है; दुःख निहित है इस बात में कि वह शब्द—अहंकार से आ रहा है। वह बेहोशी, मान्यताओं और संस्कारबद्धता से आ रहा है। वह 'मैं' भीतरी पूर्णता से नहीं, बल्कि भीतरी अपूर्णता और सीमाओं से पनपा है। वह 'मैं' व्यक्तिगत संसार की दीवारों से आज़ाद नहीं है, बल्कि वह उन दीवारों से ही पनपकर उन्हीं की रक्षा के लिए प्रयोग हो रहा है—इसी में दुःख है, इसी में हिंसा है। अब आपको देखना है कि जब आप 'मैं' शब्द का प्रयोग करते हैं, तो उसके पीछे कौन होता है—होश या बेहोशी? सत्य या झूठ? प्रेम या स्वार्थ? करुणा या हिंसा? बोध या अहंकार? तथ्य या मान्यता? और इसके लिए चाहिये—ध्यान, नीयत, निष्पक्षता और ईमानदारी। उसके बिना तो कोई काम ही नहीं चलता। उसके बिना सजगता भी कुछ नहीं है। सजगता या ध्यान का मतलब होता है—चाहे स्वयं को देखो या जगत को, मगर अतीत के केंद्र से नहीं—सीधे देखो।

पूरी ईमानदारी और निष्पक्षता के साथ—ज्यों का त्यों देखो। जो है, उसे देखो; उसे नहीं जो आप देखना चाहते हैं या जैसा उसे होना चाहिए। जैसे—बच्चे को ऐसे मत देखो कि इसको ऐसा 'होना' चाहिए या ऐसा 'नहीं होना' चाहिए। देखने का अर्थ है—वह जो है, जैसा भी है—उसको वैसा ही देखो। कि हाँ, ऐसा है। ध्यान का अर्थ है—तथ्य को तथ्य और भ्रम को भ्रम की तरह देखना। मतलब यह कि 'अबोध' होने के कारण बच्चा या व्यक्ति 'मान्यताओं और कल्पनाओं' को 'सत्य' मान रहा है—यह उसका 'भ्रम' है। और अभी वह भ्रम में है—यह उसका तथ्य है। यदि मैं मान्यताओं में जी रहा हूँ, तो ध्यान का अर्थ है कि मान्यताओं को मान्यताओं की तरह ही देख लिया जाए। यह देख लिया जाए कि वे सत्य नहीं हैं—बस भ्रमवश आज तक ऐसा मानता आया हूँ। क्योंकि मुझे ऐसा ही सिखा दिया गया था, और मैंने भी जाने-समझे बिना ही बस मान लिया था। और जिन्होंने ये सिखाया—उन्होंने ऐसा क्यों सिखाया? क्योंकि उनको भी किसी ने सिखा दिया था। जानते वे भी नहीं थे। ना वे जानते थे, ना उनसे पहले वाले, ना मैं जानता था—केवल मानते थे। यह है—भ्रम को भ्रम की तरह देखना। और भ्रम को भ्रम जानना ही तथ्य को तथ्य जानना है। जैसे लोग 'मानते' थे कि मासिक धर्म (पीरियड) के समय महिलाएँ अपवित्र हो जाती हैं, इसलिए उनको मंदिर या रसोई जैसी जगहों पर नहीं जाना चाहिये।

लेकिन पीरियड तो एक प्राकृतिक चीज़ है—उसका मंदिर या अध्यात्म से कोई लेना-देना नहीं। मंदिर शरीर की शुद्धि के लिए नहीं, मन की शुद्धि के लिए जाया जाता है। तो शारीरिक सफ़ाई करके मंदिर जाने में कोई समस्या नहीं है। तो यह 'मान्यता' एक 'भ्रम'

है—मगर लोग इसे सत्य मानकर इसके अनुसार जी रहे हैं, यह उनका तथ्य है। इसी तरह एक समय तक अधिकांश लोग 'मानते' थे कि "सूर्य, पृथ्वी के आस-पास घूमता है और पृथ्वी चपटी है।" मगर आज हम मानते नहीं, बल्कि जानते हैं कि ना तो पृथ्वी चपटी है और ना ही सूर्य पृथ्वी के आस-पास घूम रहा है। पृथ्वी गोलाकार है और वह सूर्य के आस-पास अपनी कक्षा में घूमती है। तो उनकी 'मान्यता' एक 'भ्रम' थी—यह है भ्रम को भ्रम जानना। और वे भ्रम में थे—यह है तथ्य को तथ्य जानना। इसी में आज़ादी है। तो ध्यान का अर्थ क्या है? भ्रम को भ्रम और तथ्य को तथ्य की तरह देखना, ना कि सत्य मान लेना। जो है, जैसा है—उसे वैसा ही देखना। यह देख लेना कि ये जो कुछ भी मैं 'मान' रहा हूँ—ये सत्य नहीं हैं, ये केवल मान्यताएँ हैं। और मान्यता सत्य नहीं होती। तो यह आपका तथ्य है कि आप भ्रम में हैं, और यदि आपने देख लिया कि आप भ्रम में हैं—तो अब आप भ्रम से मुक्त हैं।

देखने मात्र से आप भ्रम से मुक्त हो जाते हैं। बेहोशी छूट जाती है—और उसमें समय नहीं लगता। कर्म, खान-पान, व्यवहार, संबंध आदि सब बदल जाते हैं। जीने और बात करने का ढंग बदल जाता है। जीवन के मुद्दे बदल जाते हैं। और यदि नहीं बदल रहे हैं—तो समझो कि अभी आप कुछ नहीं समझे। या फ़िर आप ख़ुद के साथ बेईमानी कर रहे हैं। यह अहंकार है—जो तथ्यों से भाग रहा है, क्योंकि वह केवल भ्रम और मान्यताओं में ही पल सकता है। अगर तथ्य जानेगा, तो वह बच नहीं पाएगा। तो यदि अहंकार बेहोशी मात्र है, भ्रम मात्र है—तो इसका अर्थ है कि अहंकार को मिटाना नहीं है। किसे मिटाओगे? वह तो है ही नहीं। अहंकार को मिटाना नहीं होता है; यह जाना जाता है कि अहंकार यानी 'मैं' तो है ही नहीं। केवल एक प्रक्रिया है, मगर भ्रमवश 'पृथक' और 'स्वतंत्र' अस्तित्व का एक "भ्रामक भाव" पनप जाता है, और वही 'मैं' के रूप में अनुभव होता है। अन्यथा भीतर ना कोई कर्ता है, ना ही भोक्ता। जब ना कोई कर्ता है, ना भोक्ता—तो भयभीत कौन होगा? कौन दुःखी होगा? कौन खुश होगा? कौन जन्मेगा? कौन मरेगा? कौन हारेगा और कौन जीतेगा? यही आज़ादी है। गुलाम का झूठ जान लेना ही गुलामी के भ्रम से आज़ादी है। इसी तरह जब अहंकार का झूठ देख लिया जाता है, तो होश मात्र रहता है—होशमंद कोई नहीं होता। बोध होता है; 'मुझे' बोध हुआ या 'मैं' बोधवान हूँ—ऐसा कहने वाला कोई नहीं होता। मैं बोध ही हूँ—यह कहा जा सकता है, मगर कहोगे तो बोध नहीं, अहंकार हो जाओगे।

'मैं' तो शून्य हो जाता है, जो कि भ्रम से पनपा था। जान लिया गया कि वह है ही नहीं। और बोध है—आकाश की भाँति। आप छत पर जाएँगे, तो आप भी वही खुला आकाश पाएँगे और पड़ोसी छत पर आएगा, तो वह भी वही खुला आकाश पाएगा—जहाँ ना मैं है, ना तू; ना कुछ मेरा है, ना कुछ तेरा। वहाँ ना कोई दीवार है, ना सीमाएँ हैं। आकाश तो आकाश है—आप नहीं कह सकते कि यह मेरा और वह तेरा। वहाँ आप बचते ही नहीं—केवल आकाश है। अगर आप भी हैं और आकाश भी—तो ना आप हैं, ना आकाश; केवल भ्रम है। हाँ, जब आप अपने द्वारा निर्मित क्षणभंगुर और व्यक्तिगत संसार रूपी कमरे के भीतर आओगे, तो आपके कमरे का माहौल कुछ होगा और उनके कमरे का माहौल कुछ और होगा। वहाँ भेद

होंगे। मेरा-तेरा होगा। अब इसे चाहे आप अपने तथाकथित घरों के कमरे की भाँति देख लो और चाहो तो मानसिक तल पर निर्मित व्यक्तिगत संसार रूपी कमरे की तरह देख लो। वहाँ जैसे ही आओगे, तो माहौल कुछ भिन्न पाओगे। वहाँ अंधेरा होगा, घुटन होगी, सीमाएँ होंगी, भय और बेचैनी होगी। लेकिन जिन्होंने अपने कमरों की दीवारें गिरा दी हैं—जो उस क्षुद्र, सीमित, संकुचित और व्यक्तिगत संसार रूपी घर की दीवारों को तोड़कर बाहर निकल आए हैं, जिन्होंने उनके झूठ को देख लिया है—अब उनके लिए खुला आसमान है। अब वे दो नहीं हैं—केवल आसमान है। वहाँ प्रकाश मात्र है। बोध मात्र है। कोई सीमा नहीं।

तो आज़ादी क्या है? भ्रम का ना रहना ही बोध है और बोध ही आज़ादी है। बेहोशी का ना रहना ही होश है और होश ही आज़ादी है। सुख-दुःख के झूठ को देख लेना ही आनंद है और आनंद ही आज़ादी है। परिवार, समाज, संस्कृति, देश और दुनिया की सारी समस्याएँ—भेद, भय, हिंसा, शोषण, भ्रष्टाचार, असमानताएँ, युद्ध, अन्याय, दुःख, भुखमरी, प्रदूषण, जलवायु परिवर्तन आदि—सब इसी अहंकार यानी भ्रमित इंसान से ही पनपते हैं। जब तक आप स्वयं को नहीं जानते और इसीलिए भ्रम में जी रहे हैं—तब तक जाने-अंजाने आप इन सब में भागीदार रहेंगे ही। इसलिए यदि आपमें प्रेम है और संवेदनशीलता है, तो पूरी ईमानदारी, निर्ममता, निर्भयता, निष्कामता और निष्पक्षता के साथ अपने दैनिक जीवन में घटने वाली हर घटना, क्रिया, प्रतिक्रिया, व्यवहार, हर निर्णय और चुनाव के प्रति सजग रहो। अवलोकन करो। देखो कि चल क्या रहा है—भीतर भी और बाहर भी। क्यों चल रहा है? भीतर के किस केंद्र से चल रहा है? हर अनुभव के प्रति सजग रहो। देखो कि भीतर ऐसा क्या है, जो बाहर को प्रभावित कर रहा है और बाहर ऐसा क्या है, जो भीतर को प्रभावित कर रहा है। दृश्य में ऐसा क्या है, जो दृष्टा को बदल रहा है और दृष्टा में ऐसा क्या है, जो उसके लिए दृश्य को बदल रहा है।

देखो कि दृष्टा और दृश्य में ऐसा क्या है कि अनुभव बदल रहे हैं। देखो कि मन में वे कौन-सी मान्यताएँ, नाम, संस्कार और छवियाँ आदि हैं, जिनके कारण एक व्यक्ति के साथ कुछ अनुभव होता है और अन्य व्यक्ति के साथ कुछ और। व्यक्ति बदलते ही उनके साथ आपका व्यवहार, बातें करने का ढंग, अनुभव, भाव आदि सब बदल क्यों जाते हैं? ऐसा क्या मानकर जी रहे हैं? कौनसा स्वार्थ या भय है? देखो उसे। और जो कुछ मान रहे हैं—क्या उसमें कोई सच्चाई है भी? या बस ऐसा सब मानते हैं, या कभी आपका कोई अनुभव रहा है—उस कारण अभी तक उसे मन में पकड़े बैठे हैं? अगर आप वह नहीं मान रहे होते, क्या तब भी ऐसे ही जीते? और यह सब आपको ही देखना है। इसीलिए हमने कहा है कि प्रेम, नीयत, ईमानदारी और ध्यान चाहिये। वर्तमान हालत से ऊब और उसके प्रति विद्रोह चाहिये। आज़ादी से प्रेम चाहिये। सत्य और बोध के प्रति निष्ठा (समर्पण) और उनपर श्रद्धा चाहिये। अपने ही विरुद्ध संघर्ष चाहिये। यह जो व्यक्तिगत संसार हमने खड़ा कर लिया है—यही है जो मिटने से डरता है, क्योंकि "मैं" इससे पृथक और स्वतंत्र कुछ नहीं है। यही है जो जन्मता है और यही है जो मिटता है। शरीर का तो बस रूप बदलता रहता है। अभी शरीर है—फ़िर मिट्टी हो

जाएगा, और उसी से फूल खिल जाएगा। उसका खेल चलता रहता है।

यह व्यक्तिगत संसार ही मिटने से डरता है—जो कि मानसिक, भ्रामक और काल्पनिक है। बस माना हुआ है—है नहीं। 'मैं' इसके मिटने से डरता है, क्योंकि 'मैं' इसी से पनपा भ्रामक भाव मात्र है। माने 'मैं' अपने ही मिटने से डरता है। जिसको भी 'मेरा' या 'मेरी' कहते हैं—उसके मरने, मिटने, छूटने या टूटने पर जो दुःख होता है, वह उसके मिटने का नहीं, बल्कि अपने मिटने का भय और दुःख होता है। क्योंकि जिसे 'मेरा' या 'मेरी' कहते हैं, उसके बिना 'मैं' भी कुछ नहीं। जैसे यदि मेरे माता-पिता ना रहें, तो कैसे कहूँगा कि मैं कौन हूँ? मैं किसकी संतान हूँ? अब कौन आपको बेटा या बेटी कहेगा? इन नामों, पहचानों, छवियों और मान्यताओं से ही तो यह 'मैं' भाव पनपता है। अर्थात् यह है नहीं—बस भ्रमवश प्रतीत होता है। जब 'मैं' कुछ है ही नहीं, तो 'मेरा' या 'मेरी' का भ्रम क्यों पकड़कर बैठे हो? जब 'मैं' कुछ है ही नहीं, तो किसके मिटने से डरते हो? कौन है जो मिटने से डरता है? भ्रम।

यह जो सामाजिक, शारीरिक और मानसिक तल पर एक सीमित, संकुचित और भ्रामक "व्यक्तिगत संसार" खड़ा हो गया है—इसी से 'मैं' भाव यानी अहंकार पनपता है, और इसी के मिटने का भय—मृत्यु का भय है। अन्यथा देह तो सतत रूपांतरित हो रही है। वह किसी ख़ास दिन नहीं मरती है, बल्कि वह तो मरती ही नहीं। वही देह सड़ जाए, तो उसमें कीड़े पड़ जाएँ—क्या मरा? कुछ नहीं। जो मरा, वह था तथाकथित काल्पनिक और भ्रामक व्यक्तिगत संसार। उसके भ्रम, झूठ और सीमाओं को जीते-जी जान लो, तो वह अभी मिट जाएगा। फ़िर कैसा भय? किसके मिटने का भय? शरीर तो प्रकृति है। देह और देह में कोई भेद नहीं है। देह और प्रकृति में कोई भेद नहीं है। देह तो ऐसे ही है जैसे समुद्र की लहरें उठती और गिरती हैं। तो मरा क्या? कुछ नहीं। देह नहीं मरती—बस रूप बदल जाता है। बचपन से लेकर बुढ़ापे तक क्या एक ही शरीर रहता है? नहीं। ऐसे ही एक दिन वह मिट्टी हो जाता है—फ़िर कुछ और। उसमें कैसा भय?

तो शरीर के अलावा यह जिसके मिटने का भय बना रहता है—वह इसलिए रहता है, क्योंकि वह झूठा है। वह है ही नहीं। तो इसके झूठ को देख लो और इसे मिट ही जाने दो। जब तक इस भ्रम को बचाओगे, इसके मिटने का भय बना रहेगा। जो भ्रम है, उसे भ्रम ही जान लो। फ़िर जैसे घर की सफ़ाई के बाद कूड़े-कचरे से कोई आसक्ति नहीं रहती, उसी तरह उन सबके प्रति भी कोई आसक्ति नहीं रहती—जो केवल मान्यताएँ, भ्रम, बंधन और कल्पनाएँ हैं। अब आप सिर्फ़ इसलिए किसी चीज़ को सत्य नहीं मान लेंगे, क्योंकि वह अनुभव हो रही है। जगत के रंग, रूप, आकार, प्रकार आदि सब इस तन, मस्तिष्क, मानसिक संचय और अहंकार के प्रक्षेपण मात्र हैं। किसी भी विषय का आपको जो आकार दिख रहा है, वह इस तन के ख़ास आकार के कारण दिख रहा है। यह तन अगर चींटी या कोई अन्य जीव हो जाए, तो इसको जो आकार दिखेंगे—वे बिल्कुल अलग होंगे। इसको जो रंग और रूप दिखेंगे—वो बिल्कुल अलग होंगे। यदि आपको कुछ भारी या हल्का लग रहा है, तो वह इस शरीर के वजन की तुलना में है। जो चीज़ आपके लिए बहुत हल्की है—वही चीज़ एक चींटी के लिए बहुत

भारी है। इसी तरह यदि कुछ आपको बहुत अच्छा, बुरा, सुंदर, कुरूप या आकर्षक दिख रहा है, तो वह भी मानसिक संचय और इस शारीरिक-जैविक संरचना का प्रक्षेपण है। यदि मानसिक संचय बदल जाए, या जैविक संरचना बदल जाए अथवा आपके भ्रम हट जाएँ—तो आपके सारे अनुभव बदल जाएँगे।

यदि आपको कुछ बहुत विशाल दिख रहा है—जैसे आप कहते हैं, इतना बड़ा ब्रह्मांड—तो पूछो किसके लिए है? और किसको दिख रहा है? क्योंकि आपको यदि कुछ बहुत बड़ा दिख रहा है, तो वह 'उसकी तुलना' में है—जिसको आप 'मैं' कहते हैं। आप इस शरीर को 'मैं' मानते हैं और छोटे-बड़े को लेकर कुछ मान्यताएँ आपकी स्मृति में संचित हैं। तो इस शरीर की तुलना में यह ब्रह्मांड बहुत बड़ा प्रतीत होता है। आप कहते हैं—यह पृथ्वी बहुत बड़ी है। ज़रा सूर्य से भी तो जाकर पूछो—क्या पृथ्वी बहुत बड़ी है? सूर्य के लिए आप हो ही नहीं। मगर मान लेते हैं कि वह कुछ कहता है। तो वह क्या कहेगा? सूर्य कहेगा कि पृथ्वी जैसी लाखों पृथ्वियों को मैं अपने में समा लूँ। यह कहाँ बड़ी है? यह तो छोटी-सी है। पृथ्वी जैसे और उससे बड़े कई ग्रह मेरे आस-पास घूमते हैं—सारे के सारे निगल जाऊँ। तो पृथ्वी बड़ी नहीं है। देखो कि आप स्वयं को ऐसा क्या मानते हैं, जिसकी तुलना में आपको यह पृथ्वी और ब्रह्मांड बहुत बड़े दिख रहे हैं। अन्यथा जिसे आप अपना शरीर कहते हैं, उस शरीर की आंत में ही कहीं कोई जीवाणु, कीटाणु या वायरस होगा। वह इतना सूक्ष्म है कि आप उसे अपनी नंगी आँखों से देख भी नहीं सकते। उस सूक्ष्म वायरस के लिए तो आपका शरीर ही एक विशाल ब्रह्मांड जैसा है। वह आंत ही उसके लिए बहुत बड़ी आकाशगंगा जैसी है। शायद उसको तो इस ब्रह्मांड का कुछ पता ही नहीं होगा—जिसको 'आप' ब्रह्मांड कहते हैं।

यदि वायरस में भी "मैं भाव" पनप जाए और वह भी अपने शरीर के उस आकार से आसक्त हो जाए, तो आपका शरीर ही उसके लिए ब्रह्मांड हो जाएगा। वायरस ऐसा मानता है या नहीं—अभी हम उसकी बात नहीं कर रहे हैं। हम बस उसके माध्यम से कुछ समझ रहे हैं। तो चूँकि आप इस शरीर और मानसिक संचय से आसक्त हैं, इसी को 'मैं' कहते हैं और इसी से आपकी पहचानें हैं—तो अब आपको जो भी दिखेगा, वह इस तन और मानसिक संचय का ही प्रक्षेपण होगा। वह इसी की तुलना में कुछ होगा। कुछ भारी या हल्का है—तो शरीर की तुलना में। कुछ बहुत विशाल या सूक्ष्म है—तो शरीर की तुलना में। अन्यथा सूर्य जैसे और उससे भी विशाल, ना जाने कितने तारे और ग्रह इस आकाशगंगा में प्रतीत होते हैं। मगर आकाशगंगा तो नहीं कहती कि सूर्य बहुत बड़ा है। इसके जैसे अरबों-खरबों उसमें तैर रहे हैं। तो जो कुछ भी और जैसा भी प्रतीत या अनुभव होता है—पूछो किसके लिए? एक चींटी आपके लिए तो बहुत छोटी है, मगर क्या अन्य चींटियों के लिए भी वह बहुत छोटी है? नहीं। एक चींटी के लिए दूसरी चींटी क्या वैसी ही नहीं होती है, जैसे एक मनुष्य के लिए दूसरा मनुष्य होता है? उनकी दुनिया में वे बहुत बड़े-बड़े हैं। जैसे धूप लगने पर आप किसी पेड़ की छाया में बैठ जाते हैं, वैसे ही चीटियाँ, कीड़े-मकोड़े आदि घास के पौधों के नीचे बैठ जाते हैं। जैविक प्रक्रियाएँ लगभग एक जैसी ही हैं—मगर वे दुःख में नहीं हैं, आप दुःख में हैं। क्योंकि

आप भ्रम पाल लेते हैं कि मैं विशेष हूँ, मैं ख़ास हूँ। आप भ्रम पाल लेते हैं कि जैसे भीतर कोई 'मैं' बनकर बैठा है।

चीटियाँ नहीं कहतीं कि वे 'हीन' हैं—आप कहते हैं कि हम 'श्रेष्ठ' हैं। इसीलिए वे दुःख में नहीं हैं। वे अशांत-परेशान नहीं हैं। उनके जीवन में हिंसा नहीं है। वे चिंता, तनाव और भय से ग्रस्त नहीं हैं। इसका प्रमाण यह है कि पशु-पक्षियों, वनस्पतियों और अन्य जीवों की ज़िंदगी को देखोगे, तो पाओगे कि वहाँ सबकुछ प्राकृतिक है। वे प्रकृति के साथ सामंजस्य में हैं। वहाँ प्राकृतिक व्यवस्था है। लेकिन जैसे ही वहाँ इंसान रूपी अहंकार के कदम पड़ते हैं—सबकुछ नष्ट और अव्यवस्थित हो जाता है। इंसान ने वायु, मिट्टी, नदियों, पहाड़ों, पर्वतों, जंगलों आदि सबको बर्बाद कर दिया। गंदा कर दिया। आज जल, वायु, मिट्टी, भोजन आदि में जो ज़हर है—वह अहंकार का ज़हर है। वह इंसान की बेहोश और प्रेमहीन ज़िंदगी का ज़हर है। इंसान ने विकास के नाम पर कितना कुछ खड़ा कर रखा है। उसने विकास के नाम पर विनाश कर रखा है। क्योंकि जब तक आप भीतर से भ्रम में हैं, जब तक आपका भीतरी विकास नहीं हो जाता, जब तक आपमें करुणा प्रकट नहीं होती—तब तक आपके माध्यम से विकास के नाम पर केवल विनाश ही होगा। क्या कोई अन्य जीव ऐसा विनाश कर रहा है? नहीं। क्योंकि वे पगलाए हुए नहीं हैं। वे भ्रम में नहीं जी रहे हैं। इसीलिए अशांत-परेशान भी नहीं हैं। वे प्रकृति के साथ सामंजस्य में हैं। वे प्रकृतिस्थ हैं, मगर आप ना प्रकृतिस्थ हैं, ना आत्मस्थ हैं। आप ना यह जान रहे हैं कि आप पूर्ण हैं, ना यह जान रहे हैं कि आप कुछ नहीं हैं। आप ना बाहर पूर्ण हैं, ना भीतर शून्य हैं। आप बीच में लटक रहे हैं। आप व्यक्तिगत संसार की अंधेरी दीवारों के बीच घुट रहे हैं। इन दीवारों के झूठ को अगर आप देख लें, तो पाओगे कि अभी तक आप स्वयं को जो मान रहे थे—वह शून्य हो गया, और वह मानने के कारण अपूर्णता का जो भाव था—वह भी शून्य हो गया।

आप जिसको समय भी कहते हैं—वह क्या है? वह बस उसकी उम्र का प्रक्षेपण है, जिसको आप 'मैं' और 'जीवित' कहते हैं। चूँकि आप स्वयं को शरीर मानते हैं और शरीर जिस क्षण गर्भ से बाहर आता है, तब से लेकर उसके मिट्टी में मिलने के बीच में जो कुछ 'रूपांतरण' होता है—उसको आप 'जीवन' और 'समय' कह देते हैं। अन्यथा समय और क्या है? कुछ नहीं। प्रकृति में केवल रूपांतरण है। प्राकृतिक समय माने रूपांतरण, और मानसिक समय केवल विचार यानी कल्पना। अगर ऐसा हो कि सबकुछ ठहर जाए और कोई रूपांतरण ही ना हो—ना जगत में, ना तन में, ना विचारों में—तो कैसे कहोगे कि समय है? और कहेगा कौन? क्योंकि समय है—ऐसा कहने के लिए भी विचार और भाषा चाहिये, और उसके लिए रूपांतरण चाहिये। विचार की गति चाहिये। मगर वह तो अभी ठहरा हुआ है। होठों से शब्द व्यक्त हो सकें—उसके लिए भी होठों में रूपांतरण और गति चाहिये, मगर वह तो ठहरा हुआ है। तो रूपांतरण और विचार के अतिरिक्त समय का कोई आधार नहीं है। लेकिन रूपांतरण और विचार भी आपस में एक-दूसरे पर ही आश्रित हैं। वे दोनों आपस में पृथक और स्वतंत्र नहीं हैं। रूपांतरण के बिना विचार नहीं और विचार के बिना रूपांतरण का कोई अस्तित्व ही

नहीं। मतलब वे भी सत्य नहीं हैं। जब आप गहरी नींद में होते हैं, तब ना कोई विचार बचता है और ना ही आपको रूपांतरण का कोई अनुभव होता है—इसलिए आपके लिए समय का भी कोई अस्तित्व नहीं रहता। क्योंकि आप यानी अहं ही नहीं रहता, तो समय रहेगा किसके लिए।

आप जब कहते हैं "दस हज़ार करोड़ वर्ष", और यह आपके लिए बहुत बड़ा समय होता है। यह बड़ा है, मगर किसकी तुलना में है? आप जिसको 'मैं' कहते हैं, उसकी तुलना में। आप स्वयं को शरीर मानते हैं और शरीर के आधार पर ही आप किसी मनुष्य को ज़िंदा या मुर्दा कहते हैं। तो जन्म से लेकर—आपके लिए जन्म का अर्थ है, जिस दिन बच्चा गर्भ से बाहर आया—मृत्यु के बीच का जो रूपांतरण है, उसका जो समय है, उसकी जो अवधि है; उसकी तुलना में आपके लिए कोई समय बहुत अधिक होता है और कोई बहुत कम। कोई बच्चा पैदा हुआ और एक दिन में ही मर गया या पैदा होते ही मर गया, तो आप कहेंगे—बेचारा जी ही नहीं पाया। मगर आपको कैसे पता कि वह जी ही नहीं पाया? आपको कैसे पता कि इंसान को कम से कम हस्सी-नब्बे वर्ष तो जीना ही चाहिये? 9 महीने से गर्भ में वह क्या कर रहा था? शुक्राणु और अंडाणु के रूप में वह क्या कर रहा था? उन स्त्री-पुरुष के रूप में वह क्या कर रहा था, जिनका वह अंश है? मिट्टी, जल, वायु, आकाश, सूर्य, फल, सब्ज़ी, अनाज आदि के रूप में वह क्या कर रहा था, जिनके बिना वे स्त्री और पुरुष हो ही नहीं सकते? मगर आप कहते हो कि बेचारा जी ही नहीं पाया। क्यों? क्योंकि आपके पास जीवन की भी एक छवि है। आप सिर्फ़ उसको जीवित मानते हैं, जो या तो आपकी तरह हो या आपके काम का हो—क्योंकि आपको यह भ्रम है कि आप श्रेष्ठ हैं। मगर इसे श्रेष्ठ होना नहीं, अहंकारी होना कहते हैं। आप कहते हैं—वह मर गया। आपको कैसे पता कि वह मर गया? शरीर ही तो था ना—अब वह किसी अन्य रूप में बह रहा है। आप स्वयं को ज़िंदा मानते हैं, मगर क्या आप आज भी वही बच्चा हैं—जो गर्भ से बाहर आया था? नहीं। वह तो बहुत पहले मर चुका है। मगर क्या आप स्वयं को मुर्दा मानते हैं?

नयना जी: नहीं।

अचिंत्य: कोई नहीं मानता। अभी इंसान की औसत आयु साठ से अस्सी वर्ष के आसपास है। यदि कोई इंसान दो-सौ वर्ष जीवित रहता है, तो उसका दो-सौ वर्ष जीवित रहना आपके लिए बहुत बड़ी बात होगी। क्यों? क्योंकि आपकी तुलना में दो-सौ वर्ष आपको बहुत अधिक लगते हैं। क्योंकि आप ख़ुद को शरीर मानते हैं और अभी आपका शरीर साधारणतया साठ से अस्सी वर्ष तक रहता है और फिर मिट्टी हो जाता है। मगर सूर्य से पूछो, तो उसके लिए करोड़ वर्ष भी कोई बड़ी बात नहीं है। इस ब्रह्मांड से पूछो, तो इसके लिए लाखों करोड़ वर्ष भी कोई बहुत बड़ी बात नहीं है। तो जो कुछ भी आप बस मानते हैं, उसे जाँचों-परखो। क्योंकि वह सत्य नहीं है। देखो कि जो कुछ भी दिख रहा है, वह किसको दिख रहा है? किसके लिए वह वैसा है, जैसा दिख रहा है? समय, आकार, प्रकार, नाम, रंग, रूप, वजन आदि सब आपके तन, मानसिक संचय, मान्यताओं, संस्कारबद्धता, बेहोशी आदि का प्रक्षेपण मात्र हैं। हर

वस्तु को आपने नाम, छवि, अर्थ, पहचानें आदि दे रखी हैं, इसलिए आपको भ्रम हो जाता है कि आप उसको जानते-समझते हैं। मगर नहीं—आप कुछ नहीं जानते-समझते। आप बस मानते हैं। आप भ्रम में हैं। इसी में दुःख है।

मगर ऐसे ही जीना ज़रूरी नहीं है। इन भ्रमों के बिना भी जिया जा सकता है, उस व्यक्तिगत संसार के बिना भी जिया जा सकता है—चुनाव आपका है। कुछ भी मानो नहीं, बस सवाल उठाओ। पूछो—हमें कैसे पता कि जो कुछ और जैसा भी हमें अनुभव हो रहा है, वह वैसा ही है? जब साफ़-साफ़ इस पूरे खेल को देख पाते हो, तो जो स्पष्टता रहती है—वह अपना काम सहज रूप से करती है। जगत से संबंध स्वस्थ हो जाते हैं। जीवन में सहजता और सरलता आती है। सहजता और सरलता ही—सौंदर्य है, आनंद है और आज़ादी है। मान्यताओं, भ्रम, भय, बंधनों, पहचानों, नामों, सीमाओं और बेहोशी से परे है 'वह'। इस व्यक्तिगत संसार से परे है वह। वही तुम हो। अन्यथा बेहोशी, भ्रम, भय, बंधन, दुःख, हिंसा, नफ़रत, कलेह, क्लेश, अशांति मुबारक हो। क्योंकि एक सीमा के बाद वक्ता का ईमानदार, निष्पक्ष और निर्मम होकर जीवन का अवलोकन करना, आपके काम नहीं आएगा। वह आपके लिए नहीं जाग सकता—आपको ही जागना होगा। भ्रम ही बंधन है, बोध ही आज़ादी—चुनाव आपका है।

आज के लिए इतना ही—धन्यवाद!

लेखक के बारे में

अचिंत्य स्वयं को किसी नाम, जाति, पद, उपलब्धि या अतीत के आधार पर परिभाषित नहीं करते। उनके अनुसार किसी भी मनुष्य की वास्तविक पहचान उसके द्वारा धारण की गई शारीरिक, मानसिक, सामाजिक या सांस्कृतिक उपाधियों में नहीं, बल्कि इस बात में निहित होती है कि उसके माध्यम से जीवन में क्या प्रकट हो रहा है—क्या उसके भीतर से प्रेम, करुणा, संवेदनशीलता, सत्यनिष्ठा और जागरूकता प्रवाहित हो रही है, या अहंकार, अलगाव, शोषण, भय और हिंसा।

उनका कहना है कि मनुष्य को जानने का सबसे प्रामाणिक तरीका उसका अतीत नहीं, बल्कि उसका वर्तमान जीवन और उसके संबंध होते हैं—मनुष्य के साथ, पशु-पक्षियों के साथ, सम्पूर्ण प्रकृति के साथ और स्वयं के साथ।

अचिंत्य का जन्म भारत के मध्यप्रदेश राज्य के सीहोर जिले के अंतर्गत एक साधारण ग्रामीण परिवेश में हुआ। बचपन में उनका नाम संदीप था, जो आज भी व्यवहारिक आवश्यकताओं के लिए प्रयोग होता है। उनके पिता एक साधारण किसान रहे और उनकी माता औपचारिक शिक्षा से वंचित रहीं। जीवन की प्रारम्भिक परिस्थितियाँ साधारण थीं, किन्तु भीतर प्रश्न करने और समझने की एक स्वाभाविक प्रवृत्ति मौजूद थी।

विद्यालय के दिनों में वे पढ़ाई में प्रायः अपनी कक्षा के पढ़ने वाले विधार्थियों में आगे रहा करते थे। पढ़ाई ही उनकी पहचान थी। बचपन में उन्होंने भारतीय सेना में जाने का सपना देखा और उसी दिशा में तैयारी भी की। बाद में परिस्थितियों, अनुभव और समझ के बदलने के साथ उन्होंने वह मार्ग छोड़ दिया और आगे चलकर चार्टर्ड अकाउंटेंसी (CA) की पढ़ाई के लिए इंदौर पहुँचे।

किन्तु वहाँ रहते हुए उन्हें यह अनुभव हुआ कि जीवन का उद्देश्य केवल व्यक्तिगत सफलता, धन या सामाजिक प्रतिष्ठा तक सीमित नहीं हो सकता। धीरे-धीरे उनके भीतर जीवन, समाज और मनुष्य के दुखों से जुड़े गहरे प्रश्न उठने लगे। इन्हीं प्रश्नों ने उन्हें बाहरी उपलब्धियों की दौड़ से हटाकर जीवन को मूल रूप से समझने की दिशा में अग्रसर किया।

अचिंत्य स्वयं को किसी भी परंपरा, संप्रदाय या विचारधारा का प्रतिनिधि नहीं मानते। वे स्वयं को गुरु के रूप में भी प्रस्तुत नहीं करते। उनके शब्दों में, वे केवल एक दर्पण हैं—जिसके माध्यम से मनुष्य स्वयं को देख सके।

उनकी बातचीत और लेखन का केंद्र मनुष्य की आंतरिक स्वतंत्रता है—ऐसी स्वतंत्रता जो भ्रम, भय, सीमाओं, अपूर्णता, अहंकार, संस्कारबद्धता और मानसिक बंधनों से मुक्त हो। उनका कहना है कि जब मनुष्य बिना किसी अतीत की छवियों, नामों, मान्यताओं और पूर्वाग्रहों के जीवन को देखना सीखता है, तभी प्रेम, करुणा और समझ का वास्तविक जन्म होता है।

अचिंत्य का आग्रह है कि मनुष्य बिना किसी विशेष पहचान के, बिना किसी संकीर्ण सीमा के एक-दूसरे से संबंधित होना सीखे—जैसे आकाश सबको स्थान देता है, जैसे वृक्ष बिना भेदभाव के छाया देता है, और जैसे फूल बिना प्रयास के सुगंध बिखेरता है।

आज अचिंत्य अपने विचारों को लेखन और संवाद के माध्यम से साझा करते हैं। उनका उद्देश्य किसी अनुयायी समूह का निर्माण करना नहीं, बल्कि मनुष्य को स्वयं को देखने, समझने और अपने भीतर के भ्रम, भय, बंधनों और अहंकार से स्वतंत्रता रहकर सहज, सरल और आनंद में जीने के लिए प्रेरित करना है।

पाठकों से संवाद के लिए:

Email: askyourquestiontoachintya@gmail.com

सोशल मीडिया:

YouTube: Swayam Se Satya Tak

Facebook: Swayam Se Satya Tak

Instagram: Swayam Se Satya Tak

App: Swayam Se Satya Tak

लेखक की अन्य पुस्तकें:

बेपरवाही: आज़ादी और प्रेम के साथ आती है

www.ingramcontent.com/pod-product-compliance
Lightning Source LLC
LaVergne TN
LVHW100251210926
848480LV00003B/891
9798903924448